Aktiengesellschaft

Bearbeitet

von

Dr. Walter Schmidt
Rechtsanwalt in Düsseldorf

Berlin 1952

WALTER DE GRUYTER & CO.

vormals G. J. Göschen'sche Verlagshandlung / J. Guttentag, Verlagsbuchhandlung / Georg Reimer / Karl J. Trübner / Veit & Comp.

Archiv-Nr. 28 17 52

Satz und Druck: Berliner Buchdruckerei Union GmbH., Berlin SW 29

Vorwort

Der von mir bearbeitete Teil der Auswahlsammlung der Reichsgerichtsentscheidungen umfaßt in vier Bänden die Entscheidungen zum Recht der Handelsgesellschaften: Aktiengesellschaft, Gesellschaft mit beschränkter Haftung, Genossenschaft, offene Handelsgesellschaft und Kommanditgesellschaft. Er enthält ferner ausgewählte Entscheidungen zum Bergrecht.

Die Fülle des zu bearbeitenden Materials machte es erforderlich, an die Auswahl der Entscheidungen strengste Maßstäbe zu legen, um den Zweck der Sammlung — Zusammenfassung der noch wichtigen Entscheidungen des RG. auf knappstem Raume — zu erreichen. Grundsätzlich ausgeschieden wurden daher sämtliche Entscheidungen, die für das geltende Recht nur noch von untergeordneter oder lediglich historischer Bedeutung sind. Dies gilt vor allem für die umfangreiche Rechtsprechung des RG. zum Aktienrecht, das durch das Aktiengesetz von 1937 in entscheidenden Punkten umgestaltet wurde. Soweit mehrere Entscheidungen zu der gleichen Rechtsfrage vorlagen, konnte in der Regel nur die jüngste aufgenommen werden. Andererseits ging mein Bestreben dahin, im Rahmen der Auswahlsammlung ein möglichst breites Bild der — gerade auf dem Gebiete des Gesellschaftsrechts besonders fruchtbaren — Judikatur des RG. wiederzugeben. Zu diesem Zwecke sind zahlreiche Entscheidungen, unter Weglassung unbedeutender Teile des Sachverhaltes und weiterer Ausführungen zu nicht mehr aktuellen Rechtsfragen, gekürzt wiedergegeben. Die Kürzungen sind jeweils besonders kenntlich gemacht, um den Leser evtl. zu einem Nachlesen des vollständigen Textes der amtlichen Sammlung anzuregen.

Bei der Durchsicht und Bearbeitung des außerordentlich umfangreichen Materials hat mich Frau Dr. Erna Scheffler, Richterin am Bundesverfassungsgericht, weitgehend unterstützt. Ihr gilt hierfür an dieser Stelle mein besonderer Dank.

Ich hoffe, daß die vorliegende Bearbeitung dazu beiträgt, den reichen Schatz des reichsgerichtlichen Gedankengutes einem weiten interessierten Kreise zugänglich zu machen.

Dr. Walter Schmidt

Inhaltsverzeichnis

Handelsgesellschaften

Teil 1

Verzeichnis

der aufgenommenen Entscheidungen

Die Entscheidungen sind grundsätzlich gekürzt gebracht worden. Die Auslassungen sind durch . . . gekennzeichnet.

Soweit eine Entscheidung mehrere Fachgebiete betrifft, ist sie nur in einem Fachgebiet aufgenommen worden. Die anderen Gebiete enthalten nur den Leitsatz der betreffenden Entscheidung mit einem Hinweis, wo der vollständige Abdruck erfolgt ist.

Um das Auffinden der Entscheidungen zu erleichtern, wird am Schluß der Gruppe ein Gesamt-Fundstellenregister erscheinen, in dem alle aufgenommenen Entscheidungen verzeichnet und nach der Fundstelle der alten und der neuen Sammlung zitiert sind.

Aktiengesellschaft

RGZ. 3, 123.

Ist die Generalversammlung einer Aktiengesellschaft befugt,

1. **die Überlassung des Betriebes des Unternehmens derselben an einen anderen gegen eine den Aktionären zu zahlende Dividende von jährlich gleichem Betrage,**
2. **die Einsetzung eines von den Beschlüssen der Gesellschaft unabhängigen, durch einen anderen zu besetzenden Vorstandes,**
3. **die Verpfändung des Gesellschaftsvermögens für eine fremde Schuld**

zu beschließen?

I. Zivilsenat. Urt. v. 19. Februar 1881.

I. Landgericht I Berlin. — II. Kammergericht daselbst.

...

Aus den Gründen:

...

Der Kläger ficht in seiner Eigenschaft als Aktionär die Rechtsbeständigkeit der von der Generalversammlung am 3. März 1880 gefaßten Beschlüsse an, durch welche der Abschluß eines Vertrages mit der rumänischen Regierung und die infolge hiervon nötig gewordene Statutenveränderung gebilligt wurden.

Der Vertrag bezweckt den Übergang der rumänischen Eisenbahnen auf den rumänischen Staat und das eventuelle Aufhören der Aktiengesellschaft.

Am einfachsten hätte dieser Zweck durch Liquidation der Aktiengesellschaft und Ankauf der Eisenbahn durch den rumänischen Staat erreicht werden können. Dieser Weg ist nicht eingeschlagen worden. Es ist von der zeitweiligen Fortexistenz der Aktiengesellschaft ausgegangen, und sind dem rumänischen Staate gegen eine von demselben zu beschaffende Gegenleistung weitgehende Rechte eingeräumt.

Es ist zu untersuchen, ob die Einräumung dieser Rechte zulässig war.

Der Vertrag geht zunächst dahin, daß die Aktiengesellschaft dem rumänischen Staate für die ganze Dauer ihrer Konzession den Betrieb ihres gesamten Eisenbahnnetzes überläßt und die rumänische Regierung sich dagegen verpflichtet, die Stammaktien und Stammprioritätsaktien der Gesellschaft gegen rumänische Staatsobligationen umzutauschen, denjenigen Aktionären aber, welche den Umtausch nicht vornehmen würden, jährlich $3^1/_3$ Prozent des Nominalbetrages der Stammaktien und 8 Prozent des Nominalbetrages der Stammprioritätsaktien als Dividende zu bezahlen.

Wäre etwas weiteres nicht verabredet, so würde die Generalversammlung, indem sie dem Vertrage zustimmte und die erforderliche Abänderung der Statuten vornahm, ihre Kompetenz nicht überschritten und das Recht des Klägers nicht verletzt haben.

Die Bestimmungen des Vertrages, welche den Aktionären das Recht beilegen, ihre Aktien gegen rumänische Obligationen umzutauschen, und durch das Versprechen der Zahlung einer Prämie an diejenigen Aktionäre, welche ihre Aktien binnen bestimmter Frist zum Umtausche deponieren, einen Anreiz zur Vornahme des Umtausches schaffen, berühren das Rechtsverhältnis der Aktionäre zur Aktiengesellschaft überhaupt nicht. Sie betreffen nur eine Veränderung der Personen der Aktienbesitzer und konnten an sich, abgesehen von der noch zu erörternden Hypothekbestellung, ohne Verletzung des Rechts der Aktionäre von der Aktiengesellschaft genehmigt werden.

. . .

Auch die Überlassung des Betriebes an den rumänischen Staat für eigene Rechnung gegen eine den Aktionären zu gewährende Dividende von jährlich gleichem Betrage... konnte von der Generalversammlung mit Stimmenmehrheit beschlossen werden. Es war darin eine Abänderung des ursprünglichen Statutes enthalten.... Eine Abänderung des Gegenstandes der Unternehmung der Aktiengesellschaft, welche nach Art. 215 HGB. nicht hätte durch Stimmenmehrheit beschlossen werden können, ist darin nicht zu erblicken. Zweck der Gesellschaft und Gegenstand ihres Unternehmens war nach § 3 der alten Statuten der Bau und Betrieb der rumänischen Eisenbahnen. Auf diesen Gegenstand ist das Unternehmen der Aktiengesellschaft auch nach dem Betriebsüberlassungsvertrage und der damit zusammenhängenden Statutenänderung gerichtet. Nur die Mittel zur Erreichung des unverändert gebliebenen Gesellschaftszweckes haben sich geändert, indem der Betrieb durch den rumänischen Staat gegen eine feste jährliche Vergütung an die Stelle des bisherigen Selbstbetriebes gesetzt wurde. Nach wie vor besteht das

Unternehmen der Gesellschaft darin, durch den Betrieb der rumänischen Bahnen Einkünfte zu ziehen und dieselben unter die Aktionäre nach Verhältnis ihrer Aktien zu verteilen. Ob es für die Aktionäre vorteilhafter sei, die Eisenbahnen selbst zu betreiben oder durch einen anderen betreiben zu lassen und im letzteren Falle den Betrieb für Rechnung der Gesellschaft oder gegen eine an die Gesellschaft zu zahlende Vergütung von festem Betrage für Rechnung des Dritten geschehen zu lassen, war eine Frage des Interesses, welche die Generalversammlung zu entscheiden befugt war. Darin, daß an die Stelle einer schwankenden eine feste Dividende gesetzt wurde, kann eine Verletzung des Rechtes der einzelnen Aktionäre nicht gefunden werden.

...

Der Vertrag und die auf Grund desselben beschlossene Statutenänderung beschränken sich aber nicht auf die Überlassung des Betriebes an den rumänischen Staat. Sie greifen zugleich tief in die Organisation der Gesellschaft ein.

Nach dem Handelsgesetzbuche wie nach der Natur der Sache muß jede Aktiengesellschaft ein Willensorgan haben, die Generalversammlung, und ein ausführendes Organ, den Vorstand. Aus Zweckmäßigkeitsgründen fügt das Handelsgesetzbuch ein kontrollierendes Organ, den Aufsichtsrat, hinzu. Es genügt aber zur Erfüllung der gesetzlichen Bestimmung, daß jede Aktiengesellschaft einen Vorstand haben muß (Art. 227 HGB.), nicht, daß eine Person oder mehrere als Vorstand bezeichnet und mit der Vertretung der Aktiengesellschaft betraut werden. Der Vorstand muß in der Tat Organ der Aktiengesellschaft, das heißt das Werkzeug sein, durch welches dieselbe ihren Willen zum Vollzuge bringt. Die Aktiengesellschaft muß daher die Möglichkeit haben, vom Vorstande zu erzwingen, daß er gemäß ihrem Willen handelt, insbesondere die Beschlüsse der Generalversammlung zur Ausführung bringt.

Das revidierte Statut der beklagten Gesellschaft scheint nun zwar im § 20 alle Organe anzuordnen, welche das Handelsgesetzbuch für notwendig erklärt, indem alle in dem alten Statute § 20 eingesetzten Gesellschaftsorgane mit Ausnahme der Betriebsdirektion und des Administrationsrates zu Bukarest, deren Tätigkeit durch den Übergang des Betriebes und der Administration auf den rumänischen Staat hinwegfiel, in dem revidierten Statute beibehalten sind. Bringt man aber den § 20 desselben mit den Bestimmungen des Vertrages in Verbindung, so ergibt sich, daß der sog. Vorstand in der Tat kein Organ der Aktiengesellschaft ist.

Der Vertrag bestimmt zunächst im Art. XIX nur, der rumänische Staat werde die Eisenbahnen durch eine Behörde administrieren, deren Mitglieder die rumänische Regierung zu ernennen hat, und welche von ihr nach ihrem freien Ermessen entlassen werden können. Im Art. XX aber wird dieser „Fürstlichen Direktion" die Vertretung der Aktiengesellschaft in vollem Umfange, wie sie nach dem Handelsgesetzbuche dem Vorstande zusteht, ohne andere Beschränkung, als die in Art. X, XXII des Vertrages enthaltenen, übertragen. Nach Art. XXI sollen mit dem Tage, an welchem die Verwaltung und der Betrieb der Eisenbahnen auf die rumänische Regierung übergehen, die Funktionen des bisherigen Vorstandes erlöschen; nach Art. XXII soll die Fürstliche Eisenbahndirektion nach Maßgabe des Gesetzes und des Vertrages und im übrigen lediglich nach Maßgabe der Instruktionen handeln, welche ihr von dem rumänischen Minister für öffentliche Arbeiten zu geben sind.

Demgemäß bestimmt das revidierte Statut im § 20:

„Die Organe der Gesellschaft sind nach Inkrafttreten des im § 3 erwähnten, mit dem rumänischen Staate geschlossenen Vertrages:

1. die Fürstliche Direktion der rumänischen Eisenbahnen, welche zugleich den Vorstand der Gesellschaft im Sinne des deutschen Handelsgesetzbuches bildet;
2. der Aufsichtsrat;
3. die Generalversammlung",

und überträgt im § 22 der Fürstlichen Direktion die Vertretung der Gesellschaft der Aktionäre mit allen Rechten und Pflichten des Vorstandes des deutschen Handelsgesetzbuches ohne andere Restriktionen, als die, welche in Art. X, XXII des im § 3 bereits erwähnten Vertrages spezifiziert sind.

Die Fürstliche Eisenbahndirektion wäre danach nicht allein imstande, Rechtshandlungen aller Art, auch solche, welche über den Umfang der Verwaltung des Gesellschaftsvermögens und des Bahnbetriebes hinausgehen, mit voller Wirkung Dritten gegenüber für die Aktiengesellschaft vorzunehmen (Art. 230, 231 HGB.), sondern auch der Gesellschaft gegenüber unterliegen ihre Verfügungen keinen anderen Beschränkungen, als den in Art. X, XXII des Vertrages festgesetzten. Nicht einmal bei Veräußerungen, Verpfändungen und Aufnahme von Anlehen ist die Zustimmung der Generalversammlung vorbehalten; Art. X des Vertrages untersagt die Veräußerung der Eisenbahnen nicht schlechthin, sondern nur für die Dauer der Amortisationsperiode der neuen rumänischen Staatsobligationen, mithin nicht zugunsten der Aktionäre, sondern der rumänischen Staatsgläubiger, und die Aufnahme von Anlehen, welche nach § 43 lit. c des alten Statutes an die Zustimmung der Generalversammlung gebunden war, ist nach § 43 des neuen Statutes von diesem Erfordernisse entbunden. Die Handlungen der Fürstlichen Eisenbahndirektion sind demnach von dem Willen der Aktionäre schlechthin unabhängig.... Der Aktiengesellschaft ... steht kein Mittel zu Gebote, ihren Willen gegenüber dem abweichenden Willen der Fürstlichen Eisenbahndirektion zur Geltung zu bringen und insbesondere dieselbe zur Befolgung der nach Art. 231 HGB. für den Vorstand verbindlichen Generalversammlungsbeschlüsse anzuhalten. Sie kann weder die Mitglieder des Vorstandes, welche sich ihrem Willen widersetzen, abberufen und durch andere Personen ersetzen, da das Recht der Ernennung und Entlassung der Direktionsmitglieder durch Art. XIX des Vertrages und § 21 des revidierten Statutes ausschließlich und unwiderruflich der rumänischen Staatsregierung überlassen ist, noch kann sie die Mitglieder des Vorstandes wegen Nichtbefolgung der Weisungen der Generalversammlung zur Verantwortung ziehen, da einer auf Grund der Art. 241, 226, 194 HGB. durch den Aufsichtsrat gegen sie zu erhebenden Klage die Einrede entgegenstände, daß die Vorstandsmitglieder nach den Instruktionen der rumänischen Staatsregierung gehandelt haben, denen sie nach Art. XXII des Vertrages und § 22 des revidierten Statutes Folge zu leisten verpflichtet waren.

Aus allem diesem ergibt sich der Schluß, daß die beklagte Gesellschaft nach dem revidierten Statute zwar noch das Organ besitzt, durch welches sie Beschlüsse fassen kann, aber kein Organ mehr für die Ausführung derselben, indem die Fürstliche Eisenbahndirektion zwar als Organ der Gesellschaft bezeichnet, in der Tat aber kein solches ist. *Die beklagte Gesellschaft entbehrt mithin infolge der Änderung der Statuten der zur Wesenheit der Aktiengesellschaft erforderlichen Organisation.* Die Generalversammlung kann die Gesellschaft in diese Lage ebensowenig versetzen, wie eine handlungsfähige physische Person durch freiwillige Unterwerfung unter die Vormundschaft eines anderen eine Selbstentmündigung herbeiführen könnte.

...

Man kann nicht einwenden, daß, wenn die Generalversammlung ... den Betriebsüberlassungsvertrag zu genehmigen befugt war, hieraus auch ihre Befugnis folgte, den Vorstand so, wie im revidierten Statute geschehen, zu organisieren. Wenngleich mit dem Aufhören des Selbstbetriebes der Eisenbahnen ein wesentlicher Teil der von den Organen der Aktiengesellschaft aufzuwendenden Tätigkeit hinwegfiel und darum wohl Grund vorlag, die lediglich zum Zwecke des Selbstbetriebes dienenden Organe und Anstalten der Gesellschaft zu beseitigen, so verblieb doch der Gesellschaft auch nach der Überlassung des Betriebes und der Verwaltung an den rumänischen Staat ein anderer Teil ihrer Wirksamkeit, insbesondere die Geltendmachung der aus dem Betriebsüberlassungsvertrage entspringenden Rechte der Gesellschaft gegen den rumänischen Staat und die Sorge für Erhaltung der Substanz des in der Verwaltung desselben befindlichen Gesellschaftsvermögens, und es bedurfte für diesen Überrest eigener Tätigkeit der Gesellschaft eines den Willen derselben zur Ausführung bringenden Organes, als welches die Fürstliche Eisenbahndirektion nicht angesehen werden kann. Überdies würde selbst dann, wenn die Gesellschaft, nachdem sie den Selbstbetrieb aufgegeben, ein für sie handelndes Organ nicht mehr bedurft hätte, die dem Vorstande gegebene Gestaltung nicht gerechtfertigt erscheinen. Aus dieser Voraussetzung könnte man den Schluß ziehen, daß kein Grund zum ferneren Bestehen der Gesellschaft vorhanden sei. Nachdem man aber diese Konsequenz aus irgendwelchem Grunde nicht gezogen, vielmehr den Fortbestand der Gesellschaft beschlossen hat, bleibt auch die Notwendigkeit gesetzmäßiger Organisation derselben bestehen.

Es kann endlich auch nicht eingewendet werden, daß der Beschluß vom 3. März 1880 mit einer Stimmenmehrheit gefaßt worden sei, welche nach § 43 lit. g des alten Statutes zur Auflösung der Gesellschaft genügte, mithin um so mehr für den in Rede stehenden, die Auflösung der Gesellschaft vorbereitenden Beschluß genügen müsse. Denn zwischen dem Auflösungsbeschlusse und dem in Rede stehenden Beschlusse besteht nicht ein solches Verhältnis, daß der erstere als der weitergehende den letzteren mit einschlösse, so daß von der Zulässigkeit des ersteren auf die Zulässigkeit des letzteren geschlossen werden könnte. Vielmehr sind beide Beschlüsse nicht allein in Ansehung der Gesellschaftsgläubiger, sondern auch der Aktionäre von so wesentlich verschiedener Wirkung, daß ein Schluß von dem einen auf den anderen gänzlich unzulässig ist. Insbesondere tritt die Verschiedenheit derselben darin hervor, daß der Beschluß der Auflösung der Gesellschaft die Liquidation und Verteilung des zur Zeit der Auflösung vorhandenen Gesellschaftsvermögens zur Folge gehabt haben würde, der fragliche Beschluß dagegen, welcher dem außerhalb der Gesellschaft stehenden rumänischen Staate das Recht der Verfügung über das Gesellschaftsvermögen einräumt, die Möglichkeit einer den Aktionären nachteiligen Einwirkung auf dasselbe für den Zeitraum bis zur demnächstigen Auflösung der Gesellschaft offen läßt.

Die bisher angeführten Gründe würden schon an sich genügen, dem Beschlusse der Generalversammlung die verbindende Kraft gegenüber der dissentierenden Minorität der Aktionäre abzusprechen. Es kommt aber noch ein weiterer Grund hinzu.

Die nach Art. VIII des Vertrages vom rumänischen Staate zu emittierenden neuen sechsprozentigen Obligationen im Nominalbetrage von 237 500 000 Franken werden nach Art. IX sichergestellt durch eine Hypothek auf das ganze Bahnnetz Roman-Verceorova nebst Zweigbahnen. Die Hypothek sollte durch ein rumänisches Gesetz bestellt werden und ist in dieser Weise bestellt worden. Die Generalversammlung vom 3. März 1880 hat durch die Genehmigung des Vertrages auch dieser Hypothekbestellung ihre Zustimmung erteilt. Ihre Befugnis, dem rumänischen Staate die Bestellung einer Hypothek am Gesellschaftsvermögen zu gestatten, reicht nicht weiter, als ihre Befugnis, die Bestellung einer solchen durch die Aktiengesellschaft selbst zu beschließen. Es würde nun zwar diese Befugnis der Generalversammlung nach § 43 lit. e des alten Statutes nicht abzusprechen sein, wenn es sich um Verpfändung des Gesellschaftsvermögens für eine Schuld der Aktiengesellschaft, insbesondere ein für dieselbe aufzunehmendes Anlehn gehandelt hätte. Die in Rede stehende Hypothek aber ist für eine Schuld des rumänischen Staates bestellt. Die Bestellung derselben ist, wie der erste Richter mit Recht angenommen hat, eine Interzession der Aktiengesellschaft für eine fremde Schuld. Wie aber die Generalversammlung einer Aktiengesellschaft eine Schenkung, als eine dem Gesellschaftszwecke fremde und widerstreitende Handlung, nicht beschließen kann, wenn dieselbe nicht wegen besonderer Umstände, z. B. als remuneratorische Schenkung, als im Interesse der Aktiengesellschaft gelegen erscheint,... so gehört auch die Interzession für fremde Verbindlichkeiten, abgesehen von besonderen Umständen, welche ein Interesse der Aktiengesellschaft an Übernahme derselben begründen, nicht zu dem Kreise der Angelegenheiten, für welche die Aktionäre im Gesellschaftsvertrage sich verbunden haben. Die in Rede stehende Hypothek ist aber nicht im Interesse der Aktiengesellschaft oder der Aktionäre, sondern ausschließlich im Interesse des rumänischen Staates und seiner Gläubiger bestellt.... Wie die Bestellung der Hypothek zunächst nur zum Vorteile des rumänischen Staates stattfand, so gereicht auch nach der Emission der Obligationen die durch die Hypothek bewirkte Sicherstellung nur zum Vorteile der Gläubiger des rumänischen Staates. Diejenigen Aktionäre, welche ihre Aktien gegen Obligationen umtauschten, genießen zwar diesen Vorteil, aber nicht in der Eigenschaft von Aktionären, sondern erst von dem Zeitpunkte an, wo sie aufhörten Aktionäre zu sein und Staatsgläubiger wurden. Diejenigen Aktionäre dagegen, welche von der Berechtigung zum Umtausche der Aktien gegen Obligationen keinen Gebrauch machten, haben von der Hypothek nicht allein keinen Vorteil, sondern laufen Gefahr, daß ihnen durch Geltendmachung des Pfandrechtes bei einer eventuellen Liquidation des Gesellschaftsvermögens der Hauptbestandteil desselben entzogen werde. Die Bestellung der Hypothek erscheint daher *als eine dem Zwecke der Aktiengesellschaft fremde Maßregel*, welche zu beschließen der Generalversammlung nicht zustand.

Ihre Befugnis zu dieser Maßregel kann um so weniger angenommen werden, da dieselbe eine unzulässige Bevorzugung eines Teiles der Aktionäre vor den übrigen zur Folge hat. Die durch Bestellung der Hypothek bewirkte Belastung des Gesellschaftsvermögens ist zwar an sich allen Aktionären gleichmäßig nachteilig. Insoweit aber der rumänische Staat durch Umtausch der Aktien gegen Obligationen Aktionär wird, gleicht sich der Nachteil, welchen er als Aktionär durch die Hypothekbestellung erleidet, durch den Vorteil aus, welcher ihm als Schuldner bei Realisierung der Hypothek durch Tilgung seiner Schuld erwächst. Diese Bevorzugung der in den Besitz des Staates übergegangenen Aktien vor denjenigen, welche im Besitze der nicht zum Umtausche schreitenden Aktionäre verbleiben, erscheint nicht als eine zufällige, sondern ist bei Bestellung der Hypothek von den Vertragschließenden gewollt; sie erscheint ebensowenig als eine nur vorübergehende, da die von der rumänischen Regierung im Umtausche gegen neue Obligationen erworbenen Aktien nach Art. VI des Vertrages außer Verkehr gesetzt werden und während der Dauer der rumänischen Eisenbahnaktiengesellschaft deponiert, mithin für immer in der Hand der rumänischen Regierung bleiben sollen.

Die beklagte Gesellschaft versuchte die Befugnis der Generalversammlung zur Bewilligung der Hypothekbestellung daraus herzuleiten, daß dieselbe eine der *Gegenleistungen* sei, welche die Aktiengesellschaft für die ihr oder ihren Aktionären von dem rumänischen Staate zugesicherten Leistungen übernommen habe. Das angefochtene Erkenntnis schließt sich dieser Ansicht an, indem es annimmt, die Generalversammlung habe, wie über die Zweckmäßigkeit jeder Geschäftsausgabe, so auch darüber zu befinden gehabt, ob das Gesellschaftsinteresse durch die vorliegende Hypothezierung unter Abwägung ihres Äquivalentes in dem Konventionsschlusse gefördert werde. Es ist aber nicht anzuerkennen, daß die Bestellung der Hypothek eine Gegenleistung der Gesellschaft für ihr gewährte Vorteile sei. Die von dem rumänischen Staate durch den Vertrag übernommenen Leistungen bestehen in dem Versprechen, die Aktien gegen Obligationen umzutauschen und den Besitzern der nicht umgetauschten Aktien eine feste Dividende zu zahlen. Das erstere Versprechen betrifft keine Leistung des Staates an die Aktiengesellschaft, sondern eine zum Zwecke des Erwerbes von Aktien deren Besitzern zu machende Leistung; demgemäß ist auch die Gegenleistung, bestehend in der Abtretung der Aktien, nicht von der Aktiengesellschaft, sondern von den Aktienbesitzern zu gewähren. Das andere Versprechen ist nach Art. XIII des Vertrages das Äquivalent für die Rechte, welche durch den Vertrag dem rumänischen Staate eingeräumt wurden, nämlich das Recht des Betriebes des Bahnnetzes und der Verwaltung des Gesellschaftsvermögens. Als Gegenleistung der Aktiengesellschaft für dieses Versprechen kann die Bewilligung der Hypothekenbestellung um so weniger angesehen werden, da im Falle der Realisierung des Pfandrechtes infolge des Pfandverkaufes mit dem Betriebe der Eisenbahnen durch den rumänischen Staat auch dessen Verpflichtung zur Zahlung der versprochenen festen Dividende hinwegfallen würde.

Das angefochtene Erkenntnis verstößt demnach, indem es die Beschlüsse der Generalversammlung vom 3. März 1880 für gültig und verbindlich erklärt, gegen die Rechtsgrundsätze über die notwendige Organisation der Aktiengesellschaften und die Grenzen zulässiger Gesellschaftsbeschlüsse.

RGZ. 7, 105.

Ist der Liquidator einer Aktiengesellschaft im Falle unzulänglichen Gesellschaftsvermögens zur gleichmäßigen Berücksichtigung aller bekannten Gläubiger bei den Verteilungen verpflichtet? Haftet er dem durch Nichtberücksichtigung verkürzten Gläubiger für den demselben entgangenen Betrag?

I. Zivilsenat. Urt. v. 10. Juni 1882.

I. Landgericht I Berlin. — II. Kammergericht daselbst.

Der Beklagte war Liquidator der Aktiengesellschaft Baltische Waggonfabrik, deren Vermögen zur vollen Befriedigung ihrer Gläubiger unzureichend war. Bei Verteilung des Vermögens, welche in mehreren Abschnitten, sobald Gelder disponibel geworden, stattfand, ließ er einen Teil der von Klägerin angemeldeten Forderung unberücksichtigt, so daß der Betrag der Masse, welcher bei gleichmäßiger Berücksichtigung dieses Forderungsteiles auf Klägerin entfallen wäre, an andere Gläubiger ausbezahlt wurde. Deshalb nahm Klägerin den Beklagten in Höhe des gedachten Betrages als ihr rechtswidrig entzogen persönlich in Anspruch. Beklagter bestritt jede unmittelbare Verantwortlichkeit gegen die Gesellschaftsgläubigers.

Aus den Gründen:

„Die unmittelbare Verantwortlichkeit des Liquidators einer Aktiengesellschaft gegenüber dem durch seine Verteilung verkürzten Gläubiger folgt, immer eine Verschuldung des Liquidators bei jener Nichtberücksichtigung des Gläubigers vorausgesetzt, aus der allgemeinen Tendenz der die Aktiengesellschaft betreffenden Normen wie auch aus ausdrücklichen Bestimmungen des Handelsgesetzbuches.

...

Die Pflicht der Berücksichtigung aller bekannten Gläubiger folgt aus dem Wesen der Liquidation und der Verteilung des Vermögens einer Handelsgesellschaft.... Der Liquidator, der jedem bekannten Gläubiger zahlen, bzw. wenn er sich nicht meldet, doch für ihn niederlegen soll, kann daher nicht an den einzelnen Gläubiger zahlen, wenn er nicht zugleich bei sorgfältiger Prüfung zu der Annahme gelangen kann, daß er auch für die anderen Gläubiger ausreichende Masse habe.

...

Hierzu kommt noch, daß im Art. 240 als gesetzliche Pflicht des Vorstandes die Beantragung der Konkurseröffnung, falls das Vermögen die Schulden nicht mehr deckt, und im Art. 241 noch besonders die Verantwortlichkeit desselben gerade für den Fall von Zahlungsleistungen zu einer Zeit, zu welcher ihm die Zahlungsunfähigkeit der Gesellschaft hätte bekannt sein müssen, ausgesprochen ist. Damit ist auf das deutlichste verordnet, daß der Vorstand für schuldbare Verletzung des Anspruches der Gläubiger auf verhältnismäßige Verteilung der unzulänglichen Masse verantwortlich ist. Die vom Gesetze im Interesse der Gläubiger ausdrücklich für den Vorstand während des Bestehens der Gesellschaft normierten Pflichten sind aber auch als Pflichten der Liquidatoren nach Auflösung der Gesellschaft zu erachten."

RGZ. 9, 36.

... Kann auf die Nichteinhaltung der im Art. 221 HGB.*) und im Statute vorgesehenen Fristen und Formen für die Einzahlungsforderungen bloß der Aktionär oder auch die Aktiengesellschaft die Unverbindlichkeit des daraufhin erfolgten Kaduzierungsbeschlusses gründen?...

I. Zivilsenat. Urt. v. 14. Februar 1883.

I. Landgericht Frankfurt a. O. — II. Kammergericht Berlin.

Aus den Gründen:

„Der Beklagte hat dem Anspruche aus seiner Aktienzeichnung auf Zahlung der ausgeschriebenen 90 % den Einwand entgegengestellt, ... er sei von einer Haftung über im ganzen 40 %, also über mit Rücksicht auf die gleich eingezahlten 10 % noch 30 % hinaus, gemäß Art. 220, 222 Nr. 2 HGB. deshalb befreit, weil ihn der Aufsichtsrat der Gesellschaft wegen verzögerter Einzahlung des eingeforderten Aktienbetrages seiner Anrechte aus der Zeichnung der Aktien und seiner geleisteten Einzahlungen für verlustig erklärt habe. In dieser Beziehung steht fest, daß § 6 des Statutes die Ausschreibung der weiteren Einzahlungen dem Aufsichtsrate übertrug, welcher sie in den von ihm zu bestimmenden Raten und Fristen durch öffentliche Bekanntmachung bewirken sollte. Es hieß hierauf weiter:

> „Der säumige Käufer verfällt in eine Konventionalstrafe von 10 % des restierenden Betrages. Statt dessen können auch die säumigen Aktionäre nach dreimaliger Aufforderung zur Leistung der rückständigen Teilzahlungen gemäß Art. 221 Abs. 2 HGB. durch Beschluß des Aufsichtsrates ihrer Anrechte aus der Zeichnung zu Gunsten der Gesellschaft verlustig erklärt werden. Diese Erklärung wird öffentlich bekannt gemacht, und es werden neue Aktien an Stelle der kraftlos erklärten emittiert."

Der Aufsichtsrat der Gesellschaft hatte im Oktober 1881 eine öffentliche Bekanntmachung, datiert vom 21. Oktober 1881, zur Einzahlung von 75 % des Aktienbetrages bis zum 30. Oktober 1881 durch die Gesellschaftsblätter ergehen lassen. Sodann hatte der Aufsichtsrat dem Beklagten an drei aufeinanderfolgenden Tagen, am 3., 4. und 5. November 1881, private Aufforderungsschreiben zur Zahlung des gedachten Betrages auf seine Aktien zugehen lassen, und hierauf hatte er in einer Sitzung vom 16. Dezember 1881 den Beschluß gefaßt, den Beklagten seiner Anrechte aus der Zeichnung für verlustig zu erklären.

*) Jetzt §§ 57, 58 AktG.

Dieser Beschluß wurde am 10. Februar 1882 von dem derzeitigen Aufsichtsrate wieder aufgehoben. Aber Beklagter erachtet diese Aufhebung an sich für unerheblich und hat auch behauptet, der Beschluß vom 16. Dezember 1881 sei ihm gleich darauf vom Vorsitzenden des Aufsichtrates und dem Vorstand der Gesellschaft, und zwar von ersterem auf Grund Ermächtigung des Aufsichtsrates, mitgeteilt worden. Von den Gründen, aus welchen das Berufungsgericht diesen Einwand verworfen hat, erscheint insbesondere der, daß der Kaduzierungsbeschluß, als der gesetzlichen und statutarischen Voraussetzungen entbehrend, auch für die Gesellschaft unwirksam und als nicht geschehen zu erachten sei, zutreffend. Gesetz und Statut erforderten als Voraussetzungen des Kaduzierungsbeschlusses dreimalige öffentliche Aufforderung und Einhaltung einer vierwöchentlichen Frist zwischen der letzten Aufforderung und dem für die Einzahlungen gesetzten Schlußtermine. Hier hatte nur eine einmalige öffentliche Aufforderung stattgefunden. Die drei privaten Aufforderungen enthielten überhaupt keinen Zahlungstermin, jedenfalls keinen von der letzten Aufforderung noch vier Wochen Frist setzenden ... Nun kann zugegeben werden, daß das wesentliche Motiv zur Festsetzung gedachter Formen durch das Gesetz die Rücksicht auf die Aktionäre gewesen sein wird. Insbesondere läßt sich in Rücksicht auf die Zulassung privater Aufforderung bei Namensaktien, wenn sie nur mit Genehmigung der Gesellschaft übertragbar sind, im Schlußsatze des Abs. 2 des Art. 221 nicht behaupten, daß die vorgeschriebene Öffentlichkeit der Bekanntmachung bei den anderen Aktien das Interesse der Gesellschaftsgläubiger wahren wolle. Gleichwohl erscheint eine zwiespältige Behandlung der durch Gesetz auferlegten, wie nochmals durch Statut in bezug genommenen Formen, wonach solche in Rücksicht auf ein aufzusuchendes, zu Grunde liegendes Interesse für den einen Teil als wesentlich, für den anderen als unwesentlich erachtet und danach zwiespältige Wirkungen ihrer Nichterfüllung angenommen werden, mit dem Wesen der Aktiengesellschaft unverträglich. Das innere Leben der Aktiengesellschaft beruht auf ihrer Vereinsregel. Nur entsprechend deren Festsetzungen entstehen rechtliche Wirkungen und Veränderungen aus dem Handeln der beteiligten Personen. Handlungen, die sich außerhalb dieser Regel bewegen, sind Handlungen, welche solche Wirkung nicht ausüben. Zu den wesentlichen Elementen der Vereinsregel gehören insbesondere auch die festgesetzten Formen. Unter den zwölf in Art. 209 behufs Eintragung der Gesellschaft erforderten Festsetzungen des Gesellschaftsvertrages betreffen drei ganz oder zum Teil Formen, die Nr. 12 ausdrücklich die Form der von der Gesellschaft ausgehenden Bekanntmachungen. Bei jeder Formfestsetzung werden bestimmte Momente den Anlaß geben, weshalb sie überhaupt und so, wie es geschieht, statt anders, festgesetzt wird, und diese Momente werden bei Statuierung von Interessenverschiedenheiten häufig gerade in der Richtung bloß des einen Interesses liegen. Gleichwohl muß bei solchen aus der vereinbarten Satzung ihr Leben schöpfenden Organismen jede festgesetzte Form präsumtiv als wesentlich, ihre Einhaltung als die Wirksamkeit des Handelns für den Organismus überhaupt bedingend erachtet werden. Verläßt man diesen Grundsatz, so kommt man unvermeidlich zur Desorganisation der Aktiengesellschaft. Es handelt sich aber auch nicht lediglich um die Frage, ob die Gesellschaft den Mangel einer Formerfüllung dem Beklagten entgegensetzen kann. Vielmehr handelt es sich auch darum, ob denn der Aufsichtsrat, indem er ohne Formerfüllung und Fristgewährung, wie es dem Gesetze und Statute entsprochen hätte, jene Verlustigerklärung aussprach, überhaupt etwas tat, was die Gesellschaft anzuerkennen hat. Auch dies muß verneint werden. Weder das Gesetz noch das Statut geben einem Gesellschaftsorgan schlechthin die Befugnis, einen Zeichner seiner Haftung über 40 % hinaus unter Verlust des bereits Eingezahlten zu entlassen. Das Gesetz gestattet nur ein bestimmtes Verfahren der Zahlungsaufforderung, das es eingehend gestaltet, und das mit einer Präklusion enden kann. Dies Verfahren ist nach § 6 des Statutes in die Zuständigkeitssphäre des Aufsichtsrates gelegt. Daraus folgt nun aber durchaus nicht, daß der Aufsichtsrat die Gesellschaft verbinde, wenn er, ganz aus den Schranken gedachten Verfahrens heraustretend, bloß eine Präklusion des Aktionärs ausspräche, die sich dieser gefallen lassen wollte. Handelnde, die sich außerhalb der dem Gesellschaftsorgane für sein Handeln gesetzten Normen bewegen, handeln, soweit es sich um interne Beziehungen zwischen Gesellschaft und Gesellschaftsmitgliedern handelt, eben nicht als Organ. Anderenfalls wäre das Ergebnis, daß der Aufsichtsrat den Aktionär einfach von der weiteren Haftung befreien kann, unvermeidlich. Könnte er von Form und Frist absehen, so könnte er auch jede Zahlungsaufforderung unterlassen und mit dem Aktionär verabreden, es solle so angesehen werden, als sei er aufgefordert. Ein wesentlicher Unterschied zwischen diesem Falle, bzw. dem der Präklusion auf bloße Erklärung des Aktionärs hin, er werde nicht zahlen, und dem des einfachen Verzichtes auf die weiteren 60 % gegen Verfall des schon Eingezahlten wäre nicht erkennbar. Man gelangte dann zu dem Satze, der Aufsichtsrat könne jederzeit den Aktionär gegen Aufgabe seines Anrechtes aus den Einzahlungen von der Verpflichtung zur

Zahlung von 60 % entheben, wenn dieser nur damit einverstanden ist. Sobald man auf dem Wirkungsgebiete der Aktiengesellschaft die festen Halte in Formen und materiellen Befugnisumgrenzungen, wie sie das Gesetz und Statut geben, verläßt, hört eben jedes vernünftige organische Leben für dieselbe überhaupt auf. In Konsequenz dieses Gesichtspunktes ist auch mit Recht der Klägerin wegen der Nichtinnehaltung des Zahlungstermines der öffentlichen Bekanntmachung im Oktober 1881 wie wegen der Nichtinnehaltung des Zahlungstermines der öffentlichen Aufforderung vom Dezember 1881 in betreff der weiteren 15 % die statutenmäßige Konventionalstrafe von 10% zugesprochen worden." ...

RGZ. 11, 160.

Maßgeblichkeit der statutengemäßen Feststellung des Jahresgewinnes bei einer Aktiengesellschaft zu Gunsten des auf Prozente des Reingewinnes normierten Tantiemeanspruches eines Gesellschaftsbeamten. Verschiedenheit des Begriffes „Reingewinn", je nachdem es sich um den Tantiemeanspruch des Gesellschaftsbeamten oder den Aktionäranspruch auf Dividendenverteilung handelt.

I. Zivilsenat. Urt. v. 5. April 1884.

I. Landgericht I Berlin. — II. Kammergericht daselbst.

Kläger war durch Vertrag vom 2. September 1881 von der Beklagten, einer Aktiengesellschaft, zu deren kaufmännischen Direktor gegen ein festes Gehalt und eine Tantieme von fünf Prozent des Reingewinnes der Gesellschaft bestellt worden. Auf Grund der Aufstellung der Bilanz für das Geschäftsjahr 1881 und deren Genehmigung durch Generalversammlungsbeschluß vom 16. Februar 1882, wonach der Reingewinn der Gesellschaft mittels Ansetzung gewonnener, aber noch nicht verkaufter nicht marktgängiger Rohöle zu dem präsumtiven Verkaufspreise des sich bei der erst vorzunehmenden Raffinerie voraussichtlich ergebenden Fabrikates auf 264 546 M angenommen, zugleich aber freilich entsprechend den Anträgen des Vorstandes und Aufsichtsrates beschlossen worden war, eine Dividendenauszahlung erst nach Realisierung entsprechender Bestände an Öl an einem vom Aufsichtsrate bekannt zu machenden Termine vorzunehmen, erachtete Kläger seinen Tantiemeanspruch in Höhe von 13 227 M begründet und machte, nachdem ihm in einem Vorprozesse darauf eingeklagte 500 M rechtskräftig zuerkannt worden, einen weiteren Teilbetrag hiervon gegen die Beklagte geltend. Das Berufungsgericht wies den Anspruch ab.... Das Reichsgericht hob das Berufungsurteil auf und verwies die Sache zur weiteren Verhandlung in die Instanz zurück.

Aus den Gründen:

... „Der bloße Mangel erforderlicher Barmittel zu Auszahlung des Gewinnes vermag dem bilanzmäßigen Gewinn nicht die Eigenschaft eines verteilungsfähigen zu nehmen.

... Sehr häufig werden die Inkonvenienzen, welche der Aktiengesellschaft durch eine Auszahlung bereitet würden, ihren Grund darin haben, daß bei treuer Bilanzaufnahme kein Überschuß sich hätte ergeben dürfen. Was insbesondere gewonnene Rohprodukte anlangt, so sind solche bei sorgfältiger Bilanzaufnahme, wenn sie zur Zeit der Bilanzaufstellung noch nicht veräußert sind, eben nicht zu dem bloß erhofften Verkaufspreise,... sondern, insbesondere wenn sie als Rohprodukte keinen Marktpreis haben, der Regel nach nur zu dem Herstellungspreise anzusetzen. Bei Beschlüssen, welche vermöge der Nichtinnehaltung solcher Grenzen zwar einerseits einen Überschuß feststellen, aber doch die Konsequenzen durch Verschiebung einer Verteilung bis zur wirklichen Erzielung des zu Unrecht antizipierten Ergebnisses zu beseitigen suchen, wird daher zu untersuchen sein, ob nicht in Wahrheit statt wirklicher definitiver Bilanzfeststellung mit Vertagung der Gewinnverteilung eine lediglich provisorische, bedingte Bilanzfeststellung gewollt worden ist, wobei übrigens dahingestellt bleiben kann, ob der damit betätigte Versuch, das nachträglich eintretende Ergebnis in den Kreis der Ergebnisse des ohne geschehene Veräußerung abgelaufenen Wirtschaftsjahres zu ziehen, Erfolg haben kann. Im vorliegenden Falle handelt es sich nicht um den Anspruch eines Aktionärs auf Gewinnverteilung, sondern um den eines Gesellschaftsbeamten auf Tantieme zu einem Prozentsatze des Reingewinnes nach dem Anstellungsvertrage. Kläger lehnt es dabei zunächst ab, mit der Beklagten darüber zu streiten, wie das Ergebnis des Geschäftsjahres nach richtigen Grundsätzen zu ziehen war. Er stützt sich darauf, daß eine bestimmte Bilanz mit einem Gewinnergebnis aufgestellt und von der Generalversammlung genehmigt, also für die Gesellschaft maßgebend geworden sei, und daß die Bestimmung über die Verteilung dieses festgestellten Gewinnes unter die Aktionäre seinen Tantiemeanspruch nicht berühre. Wären die seitens der Gesellschaftsorgane getroffenen Maßnahmen in der Tat im Sinne einer definitiven Bilanzfeststellung mit dem im Tatbestande angegebenen Überschußergebnisse unter bloßer Vertagung der Verteilung des an die Aktionäre auszuzahlenden Gewinnes aufzufassen, so wäre hierauf, wenn man zunächst von späteren Ereignissen absieht, der erhobene Anspruch allerdings zu begründen. Wenn im Anstellungsvertrage ein bestimmter Prozentsatz des Reingewinnes als Tantieme von der Aktiengesellschaft versprochen ist, so ist darunter als gemeint zu erachten der Reingewinn, wie er sich nach den Bewertungen der verfassungsmäßig festgestellten Jahresbilanz ergeben wird. Es kann der Regel nach nicht als beabsichtigt gelten, daß, während die Gesellschaft eine bestimmte Bilanz als ihren Vermögenszustand und seine Ergebnisse darstellend auf statutarischem Wege zur endgültigen Feststellung gebracht hat, diese im Verhältnis zu den Tantiemeberechtigten ignoriert werden sollte und ihnen gegenüber eine besondere oder abweichende Bewertung sollte Platz greifen dürfen. Ist eine bestimmte Bilanz als die wirtschaftlichen Ergebnisse der Gesellschaft darstellend statutengemäß festgestellt worden, so kann die Gesellschaft dem tantiemeberechtigten Angestellten die Berufung auf dieselbe nicht versagen. Erachtet sie diese Bilanz für falsch, gleichviel, aus welchem Grunde, so mag sie ihre Wiederbeseitigung oder Veränderung auf dem verfassungsmäßigen Wege herbeiführen. Aber sie kann nicht dieselbe im allgemeinen als maßgebend aufrechterhalten und doch ihre Ansätze dem Tantiemeberechtigten gegenüber verleugnen. Dagegen erscheint es bei der grundsätzlich verschiedenen Stellung der Aktionäre, die in Höhe des gemachten Gewinnes, auch soweit er nicht ausgezahlt wird, bereichert sind, da er immerhin ihnen zugute kommt, und des tantiemeberechtigten Beamten, der nichts anderes als den als Tantieme ausgezahlten Teil des Gewinnes erwirbt, für das Recht auf die Tantieme unerheblich, ob die Aktionäre in bezug auf den zur Verteilung bestimmten Gewinn wegen Mangels vorhandener Mittel zur Flüssigmachung desselben die Nichtauszahlung oder Vertagung der Auszahlung beschließen....

Es konnte daher, wenn man die Bilanzaufstellung und Feststellung pro 1881, wie sie Ende 1881 und am 16. Februar 1882 stattgefunden hat, für sich allein und unter Nichtberücksichtigung alles später Geschehenen betrachtet, der erhobene Anspruch nicht deshalb zurückgewiesen werden, weil nach den gesetzlichen Vorschriften die Bilanz nicht in dieser Weise hätte aufgenommen und genehmigt werden sollen. War in jenen Akten eine wirkliche definitive Bilanzfeststellung, bei der nur die Gewinnauszahlung wegen Mangels flüssiger Mittel vertagt wurde, zu finden — eine Frage, welche das Berufungsgericht gerade ungeprüft läßt —, so war zwischen den Parteien nicht zu erörtern, ob die Bilanz richtigen Grundsätzen entsprach oder ob dies nicht der Fall war. War aber in jener Bilanzfeststellung nur eine provisorische, von einer Bedingung, die nicht eingetreten, abhängige zu finden, so mußte sich doch die weitere Frage ergeben, zu welchem wirklichen definitiven Abschlusse für das Jahr 1881 die Gesellschaft schließlich gelangt ist und ob nicht doch nach diesem dem Kläger noch ein Tantiemeanspruch zusteht." ...

RGZ. 24, 54.

Steht der Art. 191 Abs. 2 HGB. (Reichsgesetz vom 18. Juli 1884, betreffend die Kommanditgesellschaften auf Aktien und die Aktiengesellschaften) der Zulässigkeit von Zuwahlen neuer Mitglieder in den ersten Aufsichtsrat auf Grund einer Erhöhung der Mitgliederzahl durch Statutenänderung entgegen? Kann das zugewählte Aufsichtsratsmitglied schon vor der Eintragung der Erhöhung der Mitgliederzahl in das Handelsregister in Funktion treten?

I. Zivilsenat. Urt. v. 17. April 1889.

I. Landgericht Frankfurt a. M. — II. Oberlandesgericht daselbst.

... In betreff des Aufsichtsrates war eine Veränderung der ursprünglichen Statutenbestimmung dahin beabsichtigt: „Der erste Aufsichtsrat der Gesellschaft besteht aus drei Mitgliedern und wird von den Gründern gewählt. Die Zahl der Mitglieder des ersten, durch die Gründer gewählten Aufsichtsrates, kann jederzeit durch die Generalversammlung von drei auf vier und nötigenfalls auf fünf Mitglieder erhöht werden." Noch vor Abhaltung dieser Generalversammlung, aber nach dem Zeitpunkte ihrer Einberufung, erklärte das eine der bisherigen Mitglieder des Aufsichtsrates schriftlich sein Ausscheiden aus dem Aufsichtsrate. In der Generalversammlung wurde hiervon keine Mitteilung gemacht. Dieselbe beschloß die Abänderung des Statutes entsprechend den gemachten Vorlagen, insbesondere auch bezüglich der Zusammensetzung des ersten Aufsichtrates, und es wurde sodann die Wahl eines vierten Aufsichtsratsmitgliedes beschlossen, welche auf den Dr. T. fiel. Noch an demselben Tage und ohne daß zuvor die Statutenänderungsbeschlüsse zur Eintragung in das Handelsregister angemeldet worden waren, traten die beiden verbliebenen Mitglieder des Aufsichtsrates und Dr. T. als neugewähltes Mitglied zu einer Aufsichtsratssitzung zusammen und beschlossen die Einrufung der restierenden letzten 40 Prozent Einzahlungen auf die Aktien zu bestimmten Terminen.... Der Beklagte, welcher Aktionär der Gesellschaft ist, leistete die Einzahlungen nicht, und er hat der Klage der Gesellschaft auf dieselben entgegengesetzt, daß der Einrufungsbeschluß unwirkam sei, weil die darin in Betracht kommenden Personen zur Zeit der Beschlußfassung einen gesetz- und statutengemäßen Aufsichtsrat nicht gebildet hätten....

...

Aus den G r ü n d e n :

...

Wenn es im Art. 191 Abs. 1 heißt: „Der Aufsichtsrat besteht, sofern nicht der Gesellschaftsvertrag eine höhere Zahl festsetzt, aus drei von der Generalversammlung usw. zu wählenden Mitgliedern", so ist unter dem Gesellschaftsvertrage sowohl der ursprüngliche, wie der rechtswirksam abgeänderte zu verstehen. Der Abs. 2 bestimmt aber nur über die Zeitdauer, für welche die Wahl des ersten Aufsichtsrates, gleichviel aus wieviel Mitgliedern er besteht und rechtsgültig bestehen darf, unabänderlich gilt. Er bestimmt nicht, daß für diese Zeitdauer der Aufsichtsrat nur in derjenigen Anzahl der Mitgliederstellen bestehen dürfe, welche der ursprüngliche Gesellschaftsvertrag oder in Ermangelung einer Bestimmung durch denselben das Gesetz vorgesehen hat. Dagegen läßt sich nicht geltend machen, daß, wenn erst später auf Grund eine Änderung des Gesellschaftsvertrages eine Zuwahl von Aufsichtsratsmitgliedern erfolgt, man nicht mehr von einem aus der ersten Wahlhandlung hervorgegangenen Aufsichtsrate sprechen könne. Da das Gesetz weder verhindern kann, daß aus der ersten Wahlhandlung hervorgegangene Aufsichtsratsmitglieder während der dem Aufsichtsrate zugemessenen Funktionsdauer ausscheiden, noch verhindern will, daß ihre Bestellung während dieses Zeitraumes durch die Generalversammlung widerrufen werden kann... so kann die Notwendigkeit eines Ersatzes sämtlicher bisheriger Aufsichtsratsmitglieder durch neue Wahlhandlungen eintreten. Gleichwohl bleibt der aus lediglich durch neue Wahlhandlungen hervorgerufenen Mitgliedern bestehende Aufsichtsrat der erste Aufsichtsrat im Sinne des Art. 191 Abs. 2, weil für alle Mitglieder dieselbe Zeitdauer ihrer Wirksamkeit bestehen bleibt, welche das Gesetz dem durch die erste Wahlhandlung hervorgerufenen Aufsichtsrat vorschreibt. Das gleiche gilt auch für diejenigen hinzugewählten Mitglieder, um welche sich der erste Aufsichtsrat durch Erweiterung seiner Mitgliederzahl im Wege der Abänderung des Gesellschaftsvertrages vergrößert hat....

Das Berufungsurteil stellt sich aber, ohne daß es einer Prüfung seines eventuellen Entscheidungsgrundes bedurfte, wonach die Wahl des Dr. T. zum vierten Aufsichtsratsmitgliede nicht habe stattfinden dürfen, bevor die Änderung des Gesellschaftsvertrages, welche in der Hinzufügung einer eventuellen vierten Mitgliedsstelle im Aufsichtsrate bestand, im Handelsregister eingetragen war, deshalb als richtig dar, weil jedenfalls, bevor solche Eintragung erfolgt war, die eventuell in jene Stelle gewählte Person nicht als Aufsichtsratsmitglied in Funktion treten konnte und deshalb der am 15. Oktober 1887 gefaßte Beschluß der Einforderung der Restzahlungen kein rechtswirksamer Aufsichtsratsbeschluß war. Die Revisionsbegründung erachtet solche Beschlußfassung unter antizipierter Mitwirkung des in Voraussetzung der Eintragung der beschlossenen Änderung des Gesellschaftsvertrages in die neugeschaffene Stelle gewählten Aufsichtsratsmitgliedes für rechtswirksam, sofern nur die seine Grundlage bildende beschlossene Änderung des Gesellschaftsvertrages nachträglich zur Eintragung gelangt. Ein solches Ergebnis, welches die Revisionsbegründung dahin formuliert, es würden die inzwischen vorgenommenen Rechtshandlungen durch die erfolgende Eintragung aufrechterhalten, ist zu verwerfen. Dasselbe würde den Rechtszustand innerhalb der Gesellschaft in einer unzulässigen, den größten Verwirrungen Raum gebenden Weise ungewiß machen. Die Aktiengesellschaft kann nicht nach einer bloß bedingt gültigen, noch pendenten Regel leben, noch kann sie für irgend einen Zeitraum die Wahl zwischen der bisherigen und einer davon abweichenden Lebensregel haben. Wenn es im Art. 214 Abs. 2 HGB. heißt: „Der Beschluß hat keine rechtliche Wirkung, bevor derselbe usw. in das Handelsregister eingetragen ist", so ist damit etwas durchaus anderes gesagt, als daß der Beschluß schon ohne weiteres wirksam werde, sofern er nur zur Eintragung in das Handelsregister — irgend einmal oder doch bis zu einer Betätigung entsprechend dem Beschlusse, wie man hinzusetzen muß und darf — gelangt. Es ist vielmehr hierdurch das der Natur der Sache allein Entsprechende, wenn überhaupt die Eintragung in das Handelsregister ein für die Gültigkeit wesentliches Erfordernis bilden soll, zum Ausdrucke gebracht, daß der Beschluß der Generalversammlung, den Gesellschaftsvertrag zu ändern, diese Änderung noch nicht bewirkt, vielmehr nur die Willensäußerung, daß solche Änderung bewirkt werden soll, und das Gebot an die zuständigen Gesellschaftsorgane, durch entsprechende Anmeldung des Beschlusses das für solche Änderung Erforderliche vorzunehmen, enthält. Bis die Eintragung erfolgt, muß die Gesellschaft nach der bisherigen Gesellschaftsregel, von dem Augenblicke der Eintragung ab nach der geänderten leben. Klägerin hatte also bis zu einer erfolgten Eintragung der Veränderung der Organisation ihres bisher nur auf drei Mitgliederstellen bemessenen

Aufsichtsrates nur ihren bisherigen, im Falle des geschehenen Ausscheidens des Rechtsanwaltes F. beschlußunfähig gewordenen Aufsichtsrat. Eine Antizipation des Funktionsantrittes des Dr. T. als Aufsichtsratsmitgliedes, bevor die Mitgliedsstelle, für welche er gewählt worden, rechtswirksam bestand, war nicht möglich. Dr. T. hätte für ein solches antizipiertes Handeln auf Grund einer Stellung, die er noch nicht antreten konnte, weil sie eben noch nicht bestand, auch die an diese Stellung geknüpfte Verantwortlichkeit nicht tragen können.

In Übereinstimmung mit dem Berufungsgericht konnte aber die Wahl des Dr. T. auch nicht eventuell als eine Ersatzwahl für das ausgeschiedene Aufsichtsratsmitglied angesehen werden." ...

(Es wird dies näher aus den Hergängen begründet.)

„Daß etwa nach geschehener Eintragung der Generalversammlungsbeschlüsse eine Bestätigung jenes Einrufungsbeschlusses seitens des nunmehrigen Aufsichtsrates noch vor der Veröffentlichung der Aufforderung, die Resteinzahlungen zu leisten, stattgefunden hätte, dafür fehlt es an jeder Andeutung. Der bloße spätere Nichtwiderspruch nunmehr zum Fungieren befugter Aufsichtsratsmitglieder gegen jene Aufforderung und gegen die Empfangnahme der Gelder seitens des Vorstandes vermöchte den fehlenden Aufsichtsratsbeschluß als die für die Betätigung des Organs allein maßgebende Willensäußerung nicht zu ersetzen." ...

RGZ. 24, 70.

Wird dadurch, daß bei Auflösung der Aktiengesellschaft das bisherige Vorstandsmitglied die durch die Generalversammlung erfolgende Bestellung zum Mitliquidator annimmt, das der Bestellung zum Vorstande zu Grunde liegende Dienstvertragsverhältnis hinfällig?

I. Zivilsenat. Urt. v. 9. Oktober 1889.

I. Landgericht I Berlin. — II. Kammergericht daselbst.

...

Aus den Gründen:

...

„Es ist bereits wiederholt ausgesprochen worden, daß, da die Aktiengesellschaft mit ihrer Auflösung nicht zu existieren aufhört, sondern für den Zweck ihrer Liquidation fortbesteht, die Tatsache der Auflösung schlechthin noch nicht die von der Aktiengesellschaft geschlossenen Verträge, die auf Dauer bestimmte Leistungen zum Gegenstande haben, zur Auflösung bringt.

Vgl. Entsch. des RG.s in Zivils. Bd. 5 S. 7 flg., Bd. 9 S. 14, 15.

Es ist vielmehr nach Maßgabe des Inhaltes des in Betracht kommenden Vertrages in bezug auf die Art der darin festgesetzten Leistungen und ihre wirtschaftliche Bedeutung für die Beteiligten zu prüfen, ob die Leistungen oder ihre Annahme wegen der in den Verhältnissen der Aktiengesellschaft durch den Eintritt in den Liquidationszustand eintretenden Veränderung entweder überhaupt oder doch in der durch den Vertrag ihnen zugewiesenen Bedeutung und Zweckbestimmung unmöglich werden. Danach läßt sich aber durchaus nicht mit dem Berufungsgericht allgemein annehmen, daß mit der Auflösung der Aktiengesellschaft alle von derselben mit ihren Bediensteten geschlossenen Dienstverträge von selbst aufgelöst würden. Ebenso erscheint die speziell auf den vorliegenden Dienstvertrag angewendete Ausführung, daß, wenn die dienstlich übernommene Stellung die des Vorstandes der Aktiengesellschaft war, und der Bedienstete bei Auflösung der Gesellschaft sich zum Liquidator bestellen ließ, die Auflösung des bestandenen Dienstverhältnisses infolge der Auflösung der Aktiengesellschaft keinem Bedenken unterliegen könne, da mit Eintritt der Liquidation der Bedienstete seinen Wirkungskreis als Vorstand verloren habe und nur noch als Liquidator tätig sein könne, in dieser Allgemeinheit nicht zutreffend. Der Wirkungskreis des Vorstandes einer ihr Unternehmen uneingeschränkt betreibenden Aktiengesellschaft und der des Liquidators einer in Liquidation getretenen sind, vom Dienstvertrage aus betrachtet, nicht derartig gegensätzlich, daß nicht die Übernahme der Dienste als Liquidator lediglich die im Rahmen des die Anstellung als Vorstand betreffenden Vertrages geschehene und im Sinne desselben gebotene Anpassung der Art der Dienstleistungen entsprechend der Veränderung der Lage der Gesellschaft sein könnte. Hierfür spricht schon der Art. 244 Abs. 1 HGB.: „Die Liquidation geschieht durch den Vorstand, wenn nicht dieselbe durch den Gesellschaftsvertrag oder einen Beschluß der Aktionäre an andere Personen übertragen wird." Die Übertragung der Vorstandsstellung wird in der Regel nicht lediglich im Sinne einer bloßen Vollmacht zur Vornahme erforderlicher Rechtsakte namens der Gesellschaft, sondern, wenn sie unter Abschluß eines Dienstvertrages erfolgt, unter Übertragung der Geschäftsführung geschehen. Erfolgt dieselbe bei einem industriellen Unternehmen an eine mit den entsprechenden technischen Kenntnissen ausgerüstete Person, so daß ein sogenannter technischer Direktor bestellt wird, so liegt das Interesse der Gesellschaft daran nahe, sich dieser Kraft auch für die Liquidation, bei welcher die Abwicklung der Geschäfte und die vorteilhafte Realisierung der Maschinen und Utensilien ebenfalls technische Kenntnisse erfordern und welche Jahre in Anspruch nehmen kann, auch für einen Geschäftsbetrieb zum Zwecke der Ausführung bereits vor der Auflösung empfangener Aufträge, wie zur Aufarbeitung vorhandenen Materiales noch Raum läßt, noch zu bedienen und der betreffenden Person die Vertretungsfunktion, nunmehr natürlich innerhalb der Grenzen, welche die Einschränkung des Zweckes mit sich bringt, zu belassen.

Außer acht darf nicht gelassen werden, daß es sich für den vorliegenden Fall nicht darum handelt, ob das Vorstandsmitglied wegen der Auflösung der Gesellschaft Auflösung des Vertrages fordern konnte. Kläger hat solches Verlangen nicht erhoben. Er steht auf dem Standpunkte, daß das Vertragsverhältnis, ungeachtet der Auflösung, fortgesetzt wurde. Das Berufungsgericht aber will das Recht der Beklagten, den Vertrag als aufgelöst zu betrachten, daraus folgern, daß der Vertrag infolge der Auflösung ohne weiteres hinfällig werde und aus ihm nur ein Entschädigungsanspruch des Vorstandsmitgliedes für den Zeitraum, welchen der Vertrag noch zu dauern gehabt hätte, übrig bleibe. Allerdings möchte man, wenn die Übernahme der Liquidation seitens des bisherigen Vorstandes nicht ohne weiteres erfolgt, vielmehr die Personen, welche bisher den Vorstand bildeten, durch die Generalversammlung zu Liquidatoren bestellt werden und diese Bestellung annehmen, hieraus folgern wollen, daß hiermit ein neues, selbständiges Verhältnis begründet wird, so daß gerade deshalb das bisherige als aufgelöst erscheinen müßte. Allein auch dies läßt sich nicht allgemein ohne Würdigung der konkreten Umstände des Einzelfalles behaupten, da jene Bestellung und Annahme derselben sehr wohl lediglich die Bedeutung eines ausdrücklichen Einverständnisses darüber, daß der bisherige Vorstand seine Dienste nunmehr entsprechend dem nunmehrigen Liquidationszwecke und mit einer diesem entsprechenden Vertretungsmacht fortsetzen soll, haben kann, insbesondere wenn dabei ein neuer Dienstvertrag nicht abgeschlossen und eine besondere Vergütung nicht festgesetzt wird, der bisherige Dienstvertrag aber wegen seiner sich noch erstreckenden Zeitdauer die Gesellschaft zu weiteren Gehaltszahlungen auch bei Nichtannahme weiterer Dienste verbinden würde." ...

RGZ. 30, 50.

1. Kann der Klage auf Anfechtung eines Beschlusses der Generalversammlung einer Aktiengesellschaft entgegengesetzt werden, daß der

Kläger nicht Eigentümer der auf den Inhaber lautenden Aktien sei, auf Grund deren er das Stimmrecht in der Generalversammlung ausgeübt hat?

2. Ist dem Erfordernisse des Art. 190a HGB. genügt, wenn der Anfechtungskläger gegen die Abhaltung der nicht gehörig berufenen Versammlung protestiert hat, ohne gegen die einzelnen Beschlüsse Widerspruch zu erheben?

I. Zivilsenat. Urt. v. 23. November 1892.

I. Landgericht II Berlin. — II. Kammergericht daselbst.

Aus den Gründen:

„Wenn auf Inhaber lautende Aktien ausgestellt sind, so ist der Inhaber der Urkunde zur Ausübung der Mitgliedschaftsrechte legitimiert. Insbesondere erstreckt sich die Legitimation auf die Befugnis zur Teilnahme an der Generalversammlung sowie zur Erhebung der Anfechtungsklage gemäß Art. 190a HGB. Der Einwand, daß der Inhaber nicht Eigentümer der in seinem Gewahrsam befindlichen Aktien sei, steht der Anfechtungsklage regelmäßig nicht entgegen. Ob dieser Einwand dann zuzulassen ist, wenn die Ausübung des Stimmrechtes auf Grund fremder, dem Inhaber nicht gehöriger Aktien den Tatbestand einer nach Art. 249f HGB. strafbaren Handlung enthält, oder wenn durch dieselbe eine Umgehung der Vorschrift des Art. 190 Abs. 3 HGB. oder etwaiger statutarischer Bestimmungen über die Ausübung des Stimmrechts bezweckt wird, ist im gegenwärtigen Prozeß nicht zu erörtern, da, auch wenn die Behauptungen der Beklagten als richtig vorausgesetzt werden, keiner dieser Fälle gegeben sein würde.

Mit Unrecht beschwert sich die Revision sodann darüber, daß der Berufungsrichter den Einwand, Kläger habe nicht gegen bestimmte Beschlüsse der in Rede stehenden Generalversammlung Widerspruch erhoben, verworfen hat. Wenn einzelne Beschlüsse der Generalversammlung als gesetz- oder statutenwidrig angefochten werden sollen, so ist nach Art. 190a HGB. allerdings erforderlich, daß der Widerspruch gegen den betreffenden Beschluß in der Generalversammlung zu Protokoll erklärt ist. Ein genereller Protest gegen alle zu fassenden Beschlüsse ist in diesem Falle nicht ausreichend. Anders aber liegt die Sache, wenn, wie im gegenwärtigen Falle, der Protest und die Anfechtung darauf gegründet sind, daß die Berufung der Versammlung nicht gehörig erfolgt war. Alsdann kann nicht neben dem allgemeinen Proteste gegen die Abhaltung der Generalversammlung noch ein besonderer Widerspruch gegen die einzelnen von der Versammlung gefaßten Beschlüsse verlangt werden. Daß dies nicht der Sinn des Gesetzes sein kann, ergibt sich schon daraus, daß dasselbe die Anfechtungsbefugnis wegen nicht gehöriger Berufung der Generalversammlung auch den Aktionären gibt, die in der Versammlung überhaupt nicht erschienen sind."...

RGZ. 34, 57.

Kann die Generalversammlung einer Aktiengesellschaft in Liquidation gegen den Widerspruch eines einzelnen Aktionärs die Entlastung der Liquidatoren ohne Legung einer Schlußrechnung beschließen?

HGB. Art. 190a, 245 Abs. 4 (jetzt §§ 103 ff. AktG.)

I. Zivilsenat. Urt. v. 13. Oktober 1894.

I. Landgericht I Berlin. — II. Kammergericht daselbst.

...

Aus den Gründen:

...

„Im § 34 des Gesellschaftsstatuts der Beklagten vom 27. September 1888 ist bestimmt, daß nach beendeter Liquidation eine Generalversammlung zur Vorlegung der Schlußrechnung und Erteilung der Decharge zu berufen ist. Diese Bestimmung steht im Einklange mit Art. 245 Abs. 4 HGB., der ebenfalls die Legung einer Schlußrechnung bei Beendigung der Liquidation vorschreibt, und mit dem allgemeinen Rechtsgrundsatze, daß jeder Verwalter über das Ergebnis seiner Verwaltung Rechnung zu legen hat. Im vorliegenden Falle mußte die Rechnungslegung das Ergebnis der länger als zwei Jahre andauernden Liquidation dartun, d. h. es war der Stand des Vermögens der liquidierenden Gesellschaft für den Zeitpunkt des Vertragsschlusses mit der Weimarischen Bank durch eine ordnungsmäßige Bilanz zu erweisen. Von dieser Verpflichtung konnten die Liquidatoren durch den Beschluß der Generalversammlung gegen den Widerspruch auch nur eines einzigen Aktionärs nicht befreit werden. Denn wenn es im allgemeinen auch dem Geschäftsherrn zusteht, dem Rechnungspflichtigen die Rechnungslegung zu erlassen, so hat doch jeder Aktionär ein vom Mehrheitswillen unabhängiges Recht darauf, daß ihm die Möglichkeit gewährt werde, sich ein selbständiges Urteil über die Verwaltung der Liquidatoren zu bilden, um sich hiernach bei der Abstimmung in betreff der Entlastung derselben zu richten. Dieses Recht wird beeinträchtigt, wenn den Aktionären die Grundlagen für ihre Beschlußfassung vorenthalten werden, auf deren Mitteilung sie nach dem Gesetze und dem Gesellschaftsvertrage Anspruch haben."...

RGZ. 36, 24.

Anfechtung des Generalversammlungsbeschlusses einer Aktiengesellschaft, durch welchen die Dauer der Redezeit eingeschränkt ist.

I. Zivilsenat. Urt. v. 2. November 1895.

I. Landgericht I Berlin. — II. Kammergericht daselbst.

...

Aus den Gründen:

„Kläger hat die Klage im wesentlichen darauf gestützt, daß der Beschluß über die Redezeit einer Entziehung des Wortes gleichkomme, da es ihm mit Rücksicht auf die mißliche und verwickelte Vermögenslage der Beklagten unmöglich gewesen sei, in der Frist von zehn Minuten seine Ansicht klarzustellen und zu begründen. Beklagte hat dies bestritten und Gegenbehauptungen aufgestellt, aus denen hervorgehen soll, daß der gedachte Beschluß keine Unbilligkeit enthalten habe, vielmehr nach Lage der Sache gerechtfertigt gewesen sei....

In der Sache selbst hat die rechtliche Beurteilung davon auszugehen, daß die Generalversammlung befugt ist, innerhalb der durch das Gesetz und den Gesellschaftsvertrag gezogenen Grenzen über die Handhabung der Geschäftsordnung in der betreffenden Versammlung zu entscheiden und auch ohne besondere Ankündigung dahingehende Beschlüsse zu fassen. Als gesetzwidrig muß aber ein solcher Beschluß bezeichnet werden, wenn derselbe die Möglichkeit ausschließt, die auf der Tagesordnung stehenden Gegenstände einer sachgemäßen Erörterung zu unterziehen. Die Generalversammlung ist das Organ, durch das nach Art. 221 HGB. die Aktionäre die Rechte ausüben, die ihnen in den Angelegenheiten der Gesellschaft, insbesondere in bezug auf die Führung der Geschäfte, die Prüfung der Bilanz und die Gewinnverteilung zustehen. Das Gesetz spricht allerdings nur aus, daß diese Rechte durch Beschlußfassung ausgeübt werden sollen. Allein die Beschlußfassung setzt voraus, daß die Möglichkeit einer Diskussion gewährt werde, in welcher neben der Mehrheit die Minderheit zum Worte kommt, und das Stimmrecht in der Generalversammlung, das einen wesentlichen Bestandteil des Aktienrechtes bildet, begründet auch ein Recht des Aktionärs darauf, daß der Abstimmung eine solche Erörterung vorhergehe. Es steht der Generalversammlung zwar zu, der Diskussion gewisse Genzen zu ziehen, sie kann den Schluß der Debatte beschließen, unter Umständen auch von vornherein die Dauer der Redezeit für die einzelnen Redner einschränken. Es dürfen aber, namentlich im letzteren Falle, die Grenzen nicht so eng gesteckt werden, daß dadurch eine sachgemäße Erörterung unmöglich gemacht wird.

Darüber, ob der hier fragliche Beschluß aus den dargelegten Gründen rechtswidrig ist, kann nur auf Grund einer Würdigung der konkreten Sachlage und der zum Teile noch streitigen Parteibehauptungen entschieden werden. Das Berufungsgericht hat sich dieser Prüfung aus Erwägungen entzogen, die nicht gerechtfertigt erscheinen. Es bedarf nicht des Nachweises eines Kausalzusammenhanges zwischen dem Beschlusse über die Redezeit und dem Entlastungsbeschlusse, und ebensowenig steht der Klage der Umstand entgegen, daß Kläger nicht versucht hat, seine Ansicht über die Bilanz und die Entlastung des Vorstandes und des Aufsichtsrates in der ihm frei gelassenen Zeit darzulegen. Enthielt jener Beschluß eine ungebührliche Einschränkung der Redezeit, so brauchte Kläger sich auf einen derartigen Versuch nicht einzulassen." ...

RGZ. 37, 62.

Kann der Anspruch des Aktionärs auf die durch Generalversammlungsbeschluß festgesetzte Dividende durch einen späteren Beschluß der Generalversammlung aufgehoben werden, und bedarf es zur Erhaltung und Durchführung des Anspruches der Anfechtung und Beseitigung des späteren Beschlusses?

I. Zivilsenat. Urt. v. 29. April 1896.

I. Landgericht I Berlin. — II. Kammergericht daselbst.

...

Aus den Gründen:

... Es handelt sich hier einfach um die Frage, welche rechtliche Bedeutung der statutenmäßigen Feststellung der zu zahlenden Dividende durch die dazu berufene Generalversammlung beizulegen ist. Diese Frage ist vom Berufungsgericht mit vollem Rechte dahin entschieden, daß durch eine solche Feststellung ... das Dividendenrecht der Aktionäre sich zu einem unantastbaren Gläubigerrecht derselben gegenüber der Gesellschaft gestalte, welches ihnen von der letzteren auch durch einen späteren abweichenden Beschluß der Generalversammlung nicht wieder entzogen werden könne.

Diese Entscheidung, nach welcher durch die statutenmäßig geschehene Festsetzung der für ein bestimmtes Geschäftsjahr zu verteilenden Dividende den Aktionären ein unbedingtes und unentziehbares Sonderrecht gegenüber der Gesellschaft erworben wird, steht nicht nur im Einklange mit den angezogenen Entscheidungen des

Reichsgerichts (Bd. 22 S. 113 flg. in Verbindung mit Bd. 11 S. 160 flg. und Bd. 15 S. 95 flg.), sondern auch mit der Rechtsprechung des vormaligen Reichsoberhandelsgerichtes.

Vgl. Entsch. des ROHG.'s Bd. 18 S. 153 flg., Bd. 19 S. 141 flg. Ebenso ist dies die in der Literatur allgemein herrschende Ansicht. Einer desfallsigen näheren Ausführung bedarf es daher hier nicht....

Die Revision macht hiergegen zwar noch geltend, daß der Kläger sich auf den Beschluß der Generalversammlung vom 18. September 1893 nicht mehr berufen könne, weil er es unterlassen habe, gegen den Beschluß vom 14. September 1894 die Anfechtungsklage nach Maßgabe von Art. 222 in Verbindung mit Art. 190a und 190b HGB. zu erheben. Mit Recht hat aber das Berufungsgericht angenommen, daß eine Anfechtung dieses Beschlusses zur Aufrechterhaltung des klägerischen Anspruches nicht erforderlich gewesen sei. Denn die Folge der Nichtanfechtung eines Beschlusses der Generalversammlung — daß nämlich derselbe, obwohl er gesetz- oder statutenwidrig ist, gültig wird — kann nur insoweit als eintretend angenommen werden, als es sich bei dem Beschlusse um dispositive, dem Verfügungsrechte der Generalversammlung unterliegende Gegenstände handelt, nicht aber bei Beschlüssen, die gegen das öffentliche Recht verstoßen oder Sonderrechte der Aktionäre betreffen, welche diesen nicht entzogen werden dürfen....

In solchen Fällen ist der Aktionär nicht darauf angewiesen, die Anfechtungsklage zu erheben, da es ihm vielmehr unbenommen bleibt, wegen seiner Ansprüche an die Gesellschaft ohne Berücksichtigung des entgegenstehenden Generalversammlungsbeschlusses Klage zu erheben. Da durch einen Gewinnverteilungsbeschluß für den Einzelaktionär der Dividendenanspruch als ein dem Willen der Gesamtheit entzogenes reines Gläubigerrecht zur Existenz gelangt, so kann ein solcher durch eine neue Generalversammlung rechtlich nicht aufgehoben und trotz eines solchen Aufhebungsbeschlusses der Dividendenanspruch ohne weiteres eingeklagt werden."...

RGZ. 37, 112.

Kann die bei Anfechtung von Beschlüssen der Generalversammlung einer Aktiengesellschaft auf Verlangen der Gesellschaft zu leistende Sicherheit auch ganz oder teilweise mit den bei der Klageerhebung vom Kläger hinterlegten Aktien geleistet werden?

(HGB. Art. 190a, 222.)

I. Zivilsenat. Urt. v. 8. Juli 1896.

I. Landgericht I Berlin. — II. Kammergericht daselbst.

Die vorstehende Frage ist unter Zurückweisung der Revision der Beklagten bejaht worden aus folgenden

Gründen:

... „In der Sache selbst handelt es sich zur Zeit lediglich um die Frage, ob es statthaft sei, daß die Sicherheit, die zufolge Art. 190a HGB. bei der Anfechtung von Generalversammlungsbeschlüssen einer Aktiengesellschaft vom Anfechtungskläger auf Verlangen der beklagten Gesellschaft zu bestellen ist, ganz oder teilweise mit den hinterlegten Aktien geleistet werden kann, oder ob die Sicherheitsleistung in anderen Werten als den durch die Hinterlegung gesperrten Aktien bewirkt werden muß. Das Reichsgericht schließt sich der vom Berufungsgericht gebilligten ersten Ansicht an. Der Wortlaut des Gesetzes ist allerdings nicht deutlich, steht aber dieser Auslegung nicht entgegen. Daß die Möglichkeit vorhanden ist, mit den Aktien, die während der Dauer des Anfechtungsprozesses hinterlegt bleiben sollen, der Beklagten wegen der sie im Falle einer unbegründeten Anfechtung bedrohenden Nachteile Sicherheit zu bestellen, ist nach den maßgebenden Bestimmungen des preußischen Rechts nicht zu bezweifeln. Gegen eine schikanöse Ausübung der Anfechtungsbefugnis ist die Aktiengesellschaft durch das Erfordernis der Hinterlegung hinlänglich geschützt. Wäre es schlechthin ausgeschlossen, die hinterlegten Aktien als Mittel der Sicherheitsleistung zu verwenden, so würde sich hieraus eine durch das Interesse der Gesellschaft nicht gebotene, unter Umständen sehr erhebliche Erschwerung des Anfechtungsrechtes ergeben, die nicht als im Sinne des Gesetzes liegend betrachtet werden kann. Es steht demnach nichts im Wege, daß das Gericht, welches über Höhe und Art der zu leistenden Sicherheit nach freiem Ermessen zu bestimmen hat, die hinterlegten Aktien als Sicherheit zuläßt." ...

RGZ. 38, 95.

1. Steht der Aktiengesellschaft bei Herabsetzung ihres Grundkapitals durch Zusammenlegung von Aktien das Recht zu, an die Nichteinreichung der alten Aktien in bestimmter Frist den Verlust des Dividendenbezuges und des Stimmrechtes und die Ungültigkeit der Aktien zu knüpfen?

2. . . .

I. Zivilsenat. Urt. v. 16. Dezember 1896.

I. Landgericht Hamburg. — II. Oberlandesgericht daselbst.

...

Aus den G r ü n d e n:

...

„Der Aktiengesellschaft steht das Recht nicht zu, die alten Aktien ihrer Dividenden und die Inhaber der alten Aktien ihres Stimmrechtes für den Fall der Säumigkeit in der Einreichung zum Umtausch schlechthin zu berauben; dies so wenig, wie die alten Aktien schlechthin für ungültig zu erklären, um so die übrigen Aktionäre auf Kosten der säumigen zu bereichern.

Beschließt eine Aktiengesellschaft die Herabsetzung des Grundkapitals unter Zusammenlegung von Aktien und die Aufforderung zum Umtausch unter einem derartigen unzulässigen Präjudiz, so bleibt die Unzulässigkeit des Präjudizes bedeutungslos, wenn alle Aktionäre der Aufforderung Folge geben, ihre alten Aktien zum Umtausche einreichen und dagegen die neuen Aktien entgegennehmen. Der Beschluß der Herabsetzung des Grundkapitals unter Zusammenlegung von Aktien erweist sich dann trotz des unzulässigen Präjudizes als gültig und vollwirksam. Werden aber die alten Aktien von einem oder von einigen Aktionären nicht zum Umtausch eingereicht, und schreitet die Aktiengesellschaft dennoch zur Neukonstituierung auf Grund des gefaßten Generalversammlungsbeschlusses, erlangt sie auch den Eintrag in das Handelsregister, so wird dadurch die Ausschließung derjenigen Aktionäre, welche ihre Aktien nicht eingereicht haben, auch dann nicht gültig, wenn diese den Generalversammlungsbeschluß innerhalb der einmonatigen Frist des Art. 222 durch Klage anzufechten unterlassen haben. Die Aktiengesellschaft ist vielmehr verpflichtet, auch nach Ablauf der unter einem unzulässigen Präjudiz gestellten Präklusivfrist jenen Aktionären den Umtausch so zu gestatten, wie es dem Generalversammlungsbeschlusse, abgesehen von dem unzulässigen Präjudize, entspricht, und der säumige Aktionär hat ein Recht, dies zu beanspruchen.

Nun hat sich zwar der Vorstand der klagenden Gesellschaft im vorliegenden Falle erboten, dem Beklagten, wenn er seine alten Aktien noch einreicht, dieselben in Gemäßheit des Beschlusses der Generalversammlung vom 28. Juni 1893 umzutauschen, bezw. auszuzahlen. Allein zunächst ist d i e s e s Erbieten nicht umfassend genug. Der Generalversammlungsbeschluß vom 28. Juni 1893 ist ein einheitlicher. Es wurde z u g l e i c h eine Herabsetzung des Grundkapitals und eine eventuelle Erhöhung des herabgesetzten Grundkapitals beschlossen. Es wurde die Ausgabe b e v o r r e c h t i g t e r Aktien neben nicht bevorrechtigten Aktien beschlossen, und es wurde den alten Aktionären das Recht gegeben, unter Nachzahlung sich den Bezug solcher bevorrechtigter Aktien gegen ihre alten Aktien zu sichern. Wenn dies in die Form gekleidet ist, daß gegen Hingabe zweier neuer Aktien und Zuzahlung von 500 M eine nicht bevorrechtigte Aktie à 1500 M und eine Vorrechtsaktie à 1000 M gewährt werden soll, so ist das nichts weiter als eine Art der Umrechnung, die gleichbedeutend ist mit dem Satze, daß der Inhaber von fünf alten Aktien das Recht hat, unter Nachzahlung von 500 M eine bevorrechtigte neue Aktie à 1000 M und eine nicht bevorrechtigte neue Aktie à 1500 M oder ohne Nachzahlung zwei nicht bevorrechigte neue Aktien à 1000 M zu beziehen. Hat die Gesellschaft einmal ein unrichtiges und unzulässiges Präjudiz gestellt, und hat der Vorstand der Gesellschaft unter dem unzulässigen Präjudize des gänzlichen Verlustes aller Rechte zum Umtausch der Aktien aufgefordert, so muß er auch dem Beklagten nach Ablauf der Frist den Umtausch auf derselben Grundlage gestatten, auf welcher dieser den Umtausch innerhalb der Frist hätte bewirken können."...

RGZ. 40, 33.

Ist die Generalversammlung einer Aktiengesellschaft befugt, gegen den Widerspruch eines Aktionärs die Bildung eines durch das Statut nicht vorgesehenen Beamtenunterstützungsfonds zu beschließen, weil er ethisch und sozial geboten ist?

2—3 . . .

I. Zivilsenat. Urt. v. 12. Juli 1897.

I. Landgericht I Berlin. — II. Kammergericht daselbst.

. . .

Aus den Gründen:

„In der Sache selbst hat das Berufungsurteil nicht aufrechterhalten werden können, weil die Absetzung der 10 000 M vom Reingewinn zur Bildung eines Beamtenunterstützungsfonds gegen das Statut der verklagten Gesellschaft verstößt, und bei der Beurteilung des gegen die Erhöhung des Erneuerungsfonds um 62 000 M erhobenen Widerspruches der § 259 CPO. verletzt ist.

Das Gesetz schreibt nur den Reservefonds zur Deckung bilanzmäßigen Verlustes vor. Das Statut der Gesellschaft läßt außerdem nur noch den Erneuerungsfonds zu. Der § 13 der Statuten bestimmt absolut den Verteilungsmodus dahin, daß von dem bilanzmäßigen Reingewinn 5 Prozent zum Reservefonds zu entnehmen sind, die Aktionäre sodann 4 Prozent Dividende erhalten, der Überrest mit 10 Prozent Tantieme an den Aufsichtsrat, mit 90 Prozent als Superdividende zu verteilen ist. An diesen Verteilungsmodus ist die Generalversammlung gebunden. Die ethischen und wirtschaftlichen Gründe für die Bildung eines Unterstützungsfonds, die von der Beklagten und den Instanzrichtern geltend gemacht werden, sind durchaus anzuerkennen, und das Reichsgericht trägt kein Bedenken, ihnen beizustimmen. Aber was statuten- und gesetzwidrig ist, wird dadurch nicht zulässig, daß es nützlich und sittlich oder sozial geboten ist. Das kann nur dahin führen, daß die Gesellschaft ihr Statut ändert....

RGZ. 40, 80.

1—2. . . .

Wird die Anfechtung eines unter nicht gerechtfertigter Zurückweisung eines Bevollmächtigten zustandegekommenen Beschlusses der Generalversammlung dadurch ausgeschlossen, daß der durch den Bevollmächtigten vertretene Aktionär selbst die Anfechtungsklage nicht erhoben hat?

(HGB. Art. 183, 190, 190a.)

I. Zivilsenat. Urt. v. 10. November 1897.

I. Landgericht I Berlin. — II. Kammergericht daselbst.

...

Aus den Gründen:

...

„Dem Kläger, der unstreitig alle formellen Vorbedingungen für die Anfechtungsklage (Erklärung des Widerspruches zum Protokoll der Generalversammlung, Klageerhebung innerhalb eines Monats, Hinterlegung seiner Aktie und Sicherheitsleistung) erfüllt hat, kann nicht entgegengesetzt werden, daß der Bevollmächtigte S. gegen seine Nichtzulassung nicht protestiert, und dessen Machtgeberin, Frau R., durch Nichterhebung der Anfechtungsklage an den Tag gelegt habe, daß sie sich bei der Zurückweisung ihres Bevollmächtigten beruhigen wolle. Der Kläger ficht die Beschlüsse der Generalversammlung nicht wegen der Verletzung der Rechte der Frau R., sondern aus eigenem Rechte an, weil dieselben unter Verletzung des Gesetzes und des Statutes zustandegekommen und deshalb ungültig seien (Art. 109a Abs. 1 HGB.). Da für die angefochtenen Beschlüsse (Änderung des Statutes und Erhöhung des Grundkapitals) vom Gesetze eine Mehrheit von drei Vierteilen des in der Generalversammlung vertretenen Grundkapitals erfordert wird (Art. 215, 215a HGB.) und das Statut eine abweichende Vorschrift nicht enthält, so sind die Beschlüsse unter Verletzung des Gesetzes gefaßt, wenn auch die 19 Aktien der Frau R. dem in der Versammlung vertretenen Grundkapital hinzugerechnet werden müssen; denn unter Hinzurechnung derselben waren 48 Aktien vertreten, so daß die erforderliche Mehrheit 36 betragen hätte, während die Beschlüsse nur mit 28 Stimmen gefaßt sind. Die von der Revisionsklägerin versuchte Ausführung, daß, da der Bevollmächtigte der Frau R. sich nach der Zurückweisung seiner Vollmacht entfernt habe, die 19 Aktien der Frau R. *nicht vertreten gewesen seien, bedarf keiner Widerlegung,* da es sich ja eben darum handelt, ob der Bevollmächtigte, der als Vertreter der Frau R. in der Generalversammlung erschienen war, mit Recht, oder widerrechtlich an deren Vertretung v e r h i n d e r t worden ist. Daß er ohne diese Verhinderung an der Beschlußfassung teilgenommen haben würde, ist nicht mit irgend welchem Grunde zu bezweifeln." ...

RGZ. 43, 283.

Steht demjenigen Mitgliede eines zum Zwecke der notwendigen Erhöhung des Grundkapitals einer Aktiengesellschaft gebildeten Konsortiums, welches für Rechnung eines sich weigernden Konsorten die von diesem übernommenen Aktien gezeichnet und bezahlt hat, ein Anspruch auf Erstattung des gezahlten Betrages gegen den Konsorten zu?

ALR. I. 16 § 46, I. 13 §§ 234—237, I. 5 § 270 (jetzt § 124 AktG.)

I. Z i v i l s e n a t. Urt. v. 18. Februar 1899.

I. Landgericht I Berlin. — II. Kammergericht daselbst.

Die Aktiengesellschaft Berliner Privatpost und Spedition beabsichtigte im Sommer 1896 eine Erhöhung ihres Aktienkapitals. In der zur Beschlußfassung hierüber auf den 28. August 1896 berufenen Generalversammlung wurde ein vom 27. August 1896 datiertes Schriftstück folgenden Wortlautes bekanntgegeben:

„Hierdurch beteilige ich mich an dem Konsortium, welches der Berliner Privatpost und Spedition, Aktiengesellschaft, die Begebung eines Mindestbetrages von 125 000 M Aktien oder Vorzugsaktien der in der Generalversammlung vom 28. cr. zu beschließenden Kapitalserhöhung garantiert, mit dem untenstehenden Betrage:"

worauf dann eine Reihe von Namen mit danebenstehenden Geldbeträgen, darunter die Firma der Beklagten mit dem Betrage von

5000 M, folgen. In der Generalversammlung wurde hierauf die Kapitalserhöhung beschlossen....

Die Beklagten, welche von dem Vorstande der mitklagenden Aktiengesellschaft am 16. Oktober 1896 brieflich aufgefordert worden waren, gemäß ihrer in dem Schriftstück vom 27. August 1896 übernommenen Verpflichtung 5000 M der neuen Aktien zu zeichnen und einzuzahlen,... versahen jedoch weder die Zeichnungsscheine mit ihrer Unterschrift, noch zahlten sie trotz erneuter Aufforderung vom 19. und 21. Oktober 1896 die geforderten 5000 M.... Infolgedessen zeichnete am 30. November 1896 der Kläger F. W., wie die Kläger behaupten, für Rechnung der Beklagten die fehlenden 5000 M neuer Aktien und zahlte dafür den Betrag von 5000 M nebst den laufenden Stückzinsen ein.... Nachdem diese Aktien den Beklagten von beiden Klägern gegen Zahlung des Kapitalbetrages von 5000 M wiederholt vergeblich angeboten worden waren, erhoben die beiden Kläger gegen die Beklagten Klage, mit dem Antrage,

die Beklagten zu verurteilen, nach ihrer Wahl an einen der Kläger gegen Abnahme von 5000 ℳ neuer Aktien der klagenden Gesellschaft 5000 M nebst 4 Prozent Stückzinsen vom 20. Oktober bis zum 30. November 1896 und 6 Prozent Verzugszinsen seit dem 30. November 1896 zu zahlen....

Das Gericht erster Instanz verurteilte, unter Abweisung der Klage der mitklagenden Aktiengesellschaft, die Beklagten auf die Klage des Mitklägers F. W. nach dem Klagantrage. Die Berufung der Beklagten ist zurückgewiesen worden, ebenso die Revision....

Aus den Gründen:

...

Gegen die Begründung des Berufungsurteils bestehen mehrfache Bedenken. Zunächst ist nicht zu billigen, daß das Berufungsgericht meint, es sei durch Annahme der Offerte der Unterzeichner des Schriftstückes vom 27. August 1896 seitens der Generalversammlung ein Vertrag mit der Aktiengesellschaft zustandegekommen. Allerdings pflegt die Generalversammlung als das oberste Organ einer Aktiengesellschaft bezeichnet zu werden. Das geschieht insofern mit Recht, als die für das Bestehen und Gedeihen der Aktiengesellschaft wichtigsten Maßnahmen ihrer Beschlußfassung vorbehalten sind. Allein daraus folgt nicht die Befugnis der Generalversammlung, namens der Aktiengesellschaft mit dritten Personen zu kontrahieren. Der Generalversammlung, als einem Organ der Aktiengesellschaft, sind ebenso, wie den anderen Organen derselben, durch Gesetz und Statut bestimmte Funktionen zugewiesen. Zu diesen gehört die Vertretung der Aktiengesellschaft nach außen nicht. Daraus folgt, daß die Generalversammlung vom 28. August 1896 die Offerte der Unterzeichner des Schriftstückes vom 27. August nicht mit der Wirkung annehmen konnte, daß dadurch ein Vertrag zwischen den Unterzeichnern und der Aktiengesellschaft geschlossen wurde.... Auch aus dem Gesichtspunkte einer zum Zwecke der Schadensabwendung erfolgten Geschäftsbesorgung (§§ 234—237 ALR. I. 13), welche in der Erwartung geschieht, daß der Geschäftsherr vernünftigerweise ebenso hätte handeln müssen, läßt sich ein Anspruch des Geschäftsbesorgers dann nicht rechtfertigen, wenn der Geschäftsherr seine Weigerung, das von dem Geschäftsbesorger vorgenommene Rechtsgeschäft selbst vorzunehmen, bereits erklärt hat, und diese Weigerung dem Geschäftsbesorger bekannt war....

Ungeachtet dieser Bedenken gegen die Begründung des Berufungsurteiles ist dasselbe dennoch aufrechtzuerhalten, weil die Entscheidung sich aus anderen Gründen rechtfertigt (§ 526 ZPO.).

Schon aus dem Wortlaut des Schriftstückes vom 27. August 1896 geht hervor, daß die Unterzeichner desselben zu einem Konsortium zusammengetreten waren, um der Aktiengesellschaft Berliner Privatpost und Spedition die Erhöhung ihres Aktienkapitals zu ermöglichen, indem sie derselben die Begebung neuer Aktien im Betrage von 125 000 M garantierten. Wie das Berufungsgericht auf Grund der Zeugenaussagen ... für bewiesen erachtet, konnte die beabsichtigte Kapitalserhöhung, deren die Aktiengesellschaft behufs der Beschaffung von Barmitteln notwendig bedurfte, mit Aussicht auf Erfolg nur beschlossen werden, wenn wenigstens 125 000 M der neuen Aktien fest übernommen waren. Da nach der damaligen Lage der Gesellschaft eine Beteiligung dritter Personen bei der Aktienzeichnung nicht erwartet werden konnte, wurde versucht, die Garantie für die Beschaffung dieses Kapitals im Kreise der nächstinteressierten Personen zu erlangen, was auch im Laufe der Generalversammlung vom 28. August 1896 in der Weise gelang, daß sich von den in der Generalversammlung Anwesenden die Unterzeichner des vom vorhergehenden Tage datierten Schriftstückes bereitfanden, die verlangte Garantie zu übernehmen, indem jeder von ihnen zugleich denjenigen Betrag zeichnete, mit dem er für seine Person sich beteiligen wollte. Aus dieser Entstehung des Schriftstückes ergibt sich aber, daß nicht bloß ein jeder der Unterzeichner sich zu der Garantieleistung oder Aktienzeichnung in Höhe der von ihm angegebenen Summe verpflichten wollte, sondern daß die Unterzeichner sich zu dem gemeinsamen Zwecke vereinigt haben, der Aktiengesellschaft das notwendige Kapital von 125 000 M zu verschaffen.

Da der Zweck dieser Kapitalbeschaffung nur erreicht wurde, wenn das ganze Kapital aufgebracht wurde, woran alle Unterzeichner interessiert waren, so muß weiter geschlossen werden, daß nach dem Vertragswillen der Unterzeichner ein jeder von ihnen allen anderen gegenüber zur Aufbringung der von ihm angegebenen Summe verpflichtet sein sollte.

Muß aber von dieser rechtlichen Stellung der Unterzeichner untereinander ausgegangen werden, so hatte jeder von ihnen, nachdem die Generalversammlung die Kapitalserhöhung beschlossen hatte, und zur Ausführung dieses Beschlusses geschritten werden sollte, gegen jeden der Mitunterzeichner den Anspruch darauf, daß derselbe den von ihm übernommenen Betrag neuer Aktien zeichne und deren Nominalbetrag einzahle. Der Kläger würde also, nachdem die Beklagten mit ihrer Leistung in Verzug geraten waren, indem sie die an sie ergangene Aufforderung zur Aktienzeichnung ablehnten, rechtlich in der Lage gewesen sein, die Beklagten zu der verweigerten Aktienzeichnung und demnächstigen Einzahlung des Nominalbetrages (ein anderer Zeichnungspreis kam den Umständen nach nicht in Frage) klagend anzuhalten und nach erfolgter Verurteilung die Zwangsvollstreckung gegen sie zu betreiben. Bei Einschlagung dieses Weges hätte aber die Erhöhung des Aktienkapitals, der der Konsortialvertrag die Wege ebnen sollte, bis zur Durchführung der Zwangsvollstreckung unausgeführt bleiben müssen. In dieser Weise war also der Vertragszweck, der auf alsbaldige Beschaffung der dringend notwendigen Barmittel für die Aktiengesellschaft gerichtet war, nicht zu erreichen. In so gearteten Fällen... war der Kläger befugt, zur Beseitigung der Gefahr, daß durch den Verzug der Beklagten die beabsichtigte Erhöhung des Aktienkapitals gänzlich vereitelt werden möchte, die von der Beklagten nicht gezeichneten 5000 M neuer Aktien selbst, und zwar nicht als freiwilliger Aktienzeichner, sondern, wie das Berufungsgericht auf Grund der Beweisaufnahme festgestellt hat, für Rechnung der Beklagten, zu zeichnen und zu bezahlen und dann von den Beklagten sein Interesse zu fordern."...

RGZ. 45, 153.

Befugnis des Liquidators einer aufgelösten Aktiengesellschaft zur Einforderung rückständiger Aktienbeträge.

I. Zivilsenat. Urt. v. 9. Dezember 1899.

I. Landgericht I Berlin. — II. Kammergericht daselbst.

Es handelt sich um eine Aktiengesellschaft, die am 7. März 1873 errichtet worden war, am 18. Februar 1874 ihre Auflösung beschloß und seitdem sich in Liquidation befindet. Auf das Grundkapital von 200 000 Taler hatte der Beklagte R. den Betrag von 100 000 Taler gezeichnet, und ebenso wie die übrigen Aktionäre die nach dem Statute und dem Gesetz vom 11. Juni 1870 erforderliche Einzahlung von 10 Prozent geleistet. In betreff der weiteren Einzahlungen bestimmte der Gesellschaftsvertrag:

„Die übrigen Einzahlungen werden durch Bekanntmachung des Aufsichtsrates eingefordert werden. Über die geleisteten Ratenzahlungen werden auf den Namen des betreffenden Zeichners lautende Interimsscheine erteilt und nach Zahlung des vollen Nominalbetrages gegen Aktien der Gesellschaft ausgetauscht."

In Verbindung mit der Auflösung hatte die Generalversammlung beschlossen, eine Revisions- und Kontrollkommission, aus den Mitgliedern bestehend, einzusetzen und ihr die Befugnisse des Aufsichtsrates zu übertragen. Beklagter R. ist im vorliegenden Prozesse vom Liquidator der Aktiengesellschaft auf Zahlung von 10 000 Taler in Anspruch genommen als Teilbetrag der auf seine Aktienzeichnung noch rückständigen 90 Prozent. Die Klage wurde in beiden Vorinstanzen abgewiesen. Die Revision der Klägerin wurde für begründet erachtet.

Aus den Gründen:

„Das Berufungsgericht verneint die Frage, die allein den Gegenstand der Schlußverhandlung in der Vorinstanz gebildet hat, und hat die Klage abgewiesen, weil es an der nach § 7 des Gesellschaftsstatutes gebotenen Einforderung der eingeklagten Einzahlung durch den Aufsichtsrat gebricht. Dabei geht das angefochtene Urteil davon aus, daß die durch den Beschluß der Generalversammlung vom 18. Februar 1874 eingesetzte Kontroll- und Revisionskommission für die Zwecke der Liquidation als der gesetzlich und statutarisch vorgesehene Aufsichtsrat zu betrachten sei. Auch wenn der letzteren nicht zweifelsfreien Auffassung beigetreten wird, kann der Entscheidungsgrund des Berufungsurteils nicht gebilligt werden. Richtig ist, daß der Aufsichtsrat als

Gesellschaftsorgan, auch während die Gesellschaft sich im Liquidationszustande befindet, fortbesteht, daß seine gesetzlichen und statutarischen Befugnisse im allgemeinen erhalten bleiben und daß er namentlich die Geschäftsführung des Liquidators zu überwachen hat. Dieser in Art. 244a HGB. in der Fassung des Gesetzes vom 18. Juli 1884, ebenso in § 298 des neuen Handelsgesetzbuches ausdrücklich anerkannte Grundsatz galt auch schon unter der Herrschaft des hier maßgebenden Gesetzes vom 11. Juni 1870. (Vgl. v. Hahn, Kommentar 1. Bd. 3. Aufl. S. 755.)

Allein die für den Aufsichtsrat während des Bestehens der Aktiengesellschaft geltenden Bestimmungen können im Liquidationszustande doch nur entsprechende Anwendung finden; die Anwendung muß eine Einschränkung erleiden, insoweit sie mit dem Zwecke der Liquidation und den diesem Zwecke dienenden zwingenden gesetzlichen Vorschriften in Widerspruch treten würde; denn bei der Aktiengesellschaft ist die Liquidation sowohl in bezug auf ihren Beginn wie in bezug auf ihren weiteren Verlauf eine notwendige Folge der Auflösung. Zwingend ist die Vorschrift, daß Einschränkungen der den Liquidatoren durch das Gesetz gewährten Vertretungsmacht Dritten gegenüber unwirksam sind.

Vgl. Handelsgesetzbuch Art. 244 (Fassung von 1870, Art. 244a, Fassung von 1884) in Verbindung mit Art. 138 — neues Handelsgesetzbuch §§ 298, 151.

Eine derartige Einschränkung ist aber in einer Statutenbestimmung zu erblicken, welche die Liquidatoren hindern würde, die Gesellschaftsaktiva, zu denen auch die Ansprüche gegen die Aktienzeichner gehören, flüssig zu machen. Der Liquidator kann in dieser Hinsicht nicht in wirksamer Weise an die Zustimmung des Aufsichtrates gebunden oder von einer Einforderung der ausständigen Beträge durch den Aufsichtsrat abhängig gemacht werden. Mit Unrecht legt das Berufungsgericht Gewicht auf Art. 219 in der älteren Fassung:

> „Der Aktionär ist nicht schuldig, zu den Zwecken der Gesellschaft und zur Erfüllung ihrer Verbindlichkeiten mehr beizutragen als den statutenmäßig zu leistenden Beitrag."

Das hervorgehobene Wort weist auf den Nennbetrag der Aktien und einen etwa hiervon verschiedenen Ausgabepreis hin, trifft aber den vorliegenden Fall überhaupt nicht. Der Aktienzeichner wird, wenn die Einforderung vom Liquidator ausgeht, nicht über das Maß seiner durch die Zeichnung begründeten und begrenzten Verpflichtung in Anspruch genommen. Die Bestimmung im Gesellschaftsstatut, daß die Einforderung weiterer Einzahlungen durch Bekanntmachung des Aufsichtsrates erfolgen sollte, bewirkt nicht, daß die Verpflichtung der Zeichner erst durch die Einforderung des Aufsichtrates zur Entstehung gelangt; sie hat nur Bedeutung für die Fälligkeit der weiteren Einzahlungen, die allerdings durch die vorgängige Einberufung bedingt ist. Eine Einberufung wird aber nach der hier gebilligten Ansicht auch im Liquidationszustande vorausgesetzt; wenn dafür als das zuständige Gesellschaftsorgan an Stelle des Aufsichtsrates der Liquidator tritt, so kann hierin eine Erschwerung der Verpflichtung des Aktionärs ebensowenig gefunden werden wie darin, daß im Falle des Gesellschaftskonkurses die Befugnis zur Ausschreibung der rückständigen Einzahlungen auf den Konkursverwalter übergeht, was anerkannten Rechtes ist.

Vgl. u. a. das Urteil des Reichsgerichts vom 25. März 1899 i. S. B. u. Gen. w. Akkumulatorensystem L., Rep. I. 334/99.

Allerdings wird der Liquidator Einzahlungen nicht einfordern können, deren es zum Zwecke der Liquidation, namentlich behufs Befriedigung von Gläubigern, überhaupt nicht bedarf. Indes liegen zur Zeit substantiierte und erwiesene Behauptungen der Beklagten nach dieser Richtung nicht vor."...

RGZ. 47, 1.

Ist die persönliche Haftung desjenigen, welcher im Namen einer noch nicht eingetragenen Aktiengesellschaft handelt, davon abhängig, daß er dem Dritten das Bestehen der Aktiengesellschaft vorspiegelt, oder daß dem Dritten das Nichtbestehen unbekannt ist?

HGB. Art. 211 Abs. 2 (§ 200 Abs. 1 Satz 2 n. F.), (jetzt § 34 AktG.)

VII. Zivilsenat. Urt. v. 21. September 1900

I. Landgericht Breslau. — II. Oberlandesgericht daselbst.

Das Reichsgericht hat obige Frage verneint...

Aus den Gründen:

...

Der Revisionskläger will die Anwendung der Vorschrift, welche lautet:

„Ist vor der Eintragung im Namen der Gesellschaft gehandelt worden, so haften die Handelnden persönlich und solidarisch",...

auf den hier nicht vorliegenden Fall beschränken, daß der Handelnde der anderen Vertragspartei das Bestehen der Aktiengesellschaft vorgespiegelt hat, oder daß wenigstens die Nichtexistenz der Gesellschaft dieser Partei unbekannt war....

Dieser Ansicht steht zunächst der Wortlaut des Gesetzes entgegen, das ... einfach und bedingungslos die persönliche Haftung des Handelnden, d. h. die Verpflichtung, den Vertrag zu erfüllen, als Folge des Handelns im Namen einer noch nicht eingetragenen Aktiengesellschaft aufstellt.... Hierzu kommt, daß nach den Motiven des für die Gestaltung des Art. 211 vorbildlich gewesenen Art. 181 des preußischen Entwurfes zum Handelsgesetzbuch die Bestimmung des Abs. 2 „verhüten soll, daß Aktiengesellschaften vor erteilter landesherrlicher Genehmigung faktisch als solche ihre Geschäfte beginnen", womit deutlich erklärt ist, daß der Gesetzgeber hier nicht etwa lediglich die Anwendung allgemeiner Grundsätze sichern, sondern durch Androhung einer nachteiligen Folge für den Handelnden einen bestimmten Zweck erreichen will. Sind nun auch infolge des Gesetzes vom 11. Juni 1870 an Stelle der landesherrlichen Genehmigung jetzt Normativbestimmungen getreten, deren Beobachtung der Registerrichter vor der Eintragung zu überwachen hat, so ist doch Art. 211 (wie 178) unverändert stehengeblieben, und es steht nichts im Wege, anzunehmen, daß die Vorschrift des Abs. 2 nunmehr ein Handeln vor erfolgter Prüfung durch den Registerrichter verhüten soll, so daß keinerlei Veranlassung besteht, eine anderweite Absicht des Gesetzgebers zu unterstellen.... Zufolge der positiven Bestimmung des Aktiengesellschaftsrechtes ist es demzufolge aus Zweckmäßigkeitsgründen dem, welcher infolge seines Handelns im Namen einer noch nicht eingetragenen Aktiengesellschaft persönlich von dem Dritten in Anspruch genommen wird, versagt, eine Einrede der Arglist daraus zu entnehmen, daß der Dritte beim Abschluß des Vertrages von dem Fehlen der Eintragung Kenntnis hatte; vielmehr ist durch das Gesetz der Dritte insofern begünstigt, als er im Vertrauen auf die ihm vom Gesetz gewährleistete persönliche Haftung des Handelnden sich mit diesem einlassen darf, obwohl er weiß, daß die Aktiengesellschaft, in deren Namen letzterer auftritt, noch nicht besteht. Zwingendes Recht enthalten die Art. 211 Abs. 2 und 178 Abs. 2 allerdings nicht; der Gesetzgeber verbietet keineswegs, daß der Handelnde durch Vereinbarung mit dem Dritten seine persönliche Haftung ausschließe, sei es in der Weise, daß beim Nichtentstehen der Aktiengesellschaft der Vertrag überhaupt hinfällig werden soll, oder in der, daß wenigstens beim Entstehen der Gesellschaft die persönliche Haftung wegfallen soll. Der Abschluß einer derartigen Vereinbarung ist aber vom Beklagten gar nicht behauptet worden."...

RGZ. 49, 77

Ist die Bestimmung des Statuts einer Aktiengesellschaft gültig, daß der Aktionär ausgeschlossen werden kann, insbesondere wenn er aufhört, Mitglied des Bundes der Landwirte zu sein, und daß er in diesem Falle seine Aktien gegen Zahlung des Nominalbetrages an einen ihm zu bezeichnenden Dritten übertragen muß?

Allg. Deutsches Handelsgesetzbuch Art. 207, 209, 219, 184 flg., 225d, 244, 245d.

Deutsches Handelsgesetzbuch §§ 211, 212, 178, 180, 218—221, 227, 288, 291 (jetzt §§ 48 flg. AktG.)

I. Zivilsenat. Urt. v. 25. September 1901.

I. Landgericht I Berlin. — II. Kammergericht daselbst.

...

Aus den Gründen:

...

Der § 14 des Statuts ist ungültig und rechtsunverbindlich, weil er dem Gesetze und dem Wesen der Aktiengesellschaft widerspricht.

Daß dies jedenfalls insoweit zutrifft, als der § 14 besagt, daß die Generalversammlung jeden Aktionär nach ihrem Ermessen und ohne Gründe ausschließen und seines Aktienrechtes verlustig erklären könne, zieht die Revision nicht in Zweifel.

Vgl. Entsch. des ROHG. s. Bd. 21 S. 84.

Sie macht nur geltend, daß nach allgemeinen Rechtsgrundsätzen bei der Aktiengesellschaft, wie bei jeder Gesellschaft, durch den Gesellschaftsvertrag, wie der Eintritt in die Gesellschaft so auch die Ausstoßung aus der Gesellschaft, an das Vorhandensein oder den Fortfall einer bestimmten Tatsache müsse geknüpft werden dürfen. Gegenüber dem gesetzlich festgelegten Wesen der Aktiengesellschaft ist dies aber nicht richtig.

Das Wesen der Aktiengesellschaft besteht nach Art. 207, 219 des alten wie nach den §§ 178, 211, 212 des neuen Handelsgesetzbuches in der Vereinigung von Vermögen oder vermögensrechtlichen Leistungen zu den Zwecken der Gesellschaft. Der Zweck der Gesellschaft kann ein eigennütziger der Aktionäre oder ein gemeinnütziger sein (Art. 207a Abs. 2 des alten, § 180 Abs. 2 des neuen HGB.), aber immer nur ein Zweck, der durch Vermögen oder vermögensrechtliche Leistungen erreicht werden kann. Denn nach dem Begriffe der Aktiengesellschaft, wie das Gesetz sie gestaltet hat, erschöpft sich die Verpflichtung des Aktionärs in vermögensrechtlichen Leistungen. Die Person des Aktionärs, seine persönliche Leistung, seine persönliche Qualifikation tritt ganz zurück; nicht die Person zählt, sondern die Aktie, die vermögensrechtliche Beteiligung. Auf die Vereinigung von Personen zu gemeinsamer Tätigkeit für einen bestimmten individuellen, nur von bestimmten Einzelpersonen zu erreichenden oder nur solchen dienenden Zweck ist die Aktiengesellschaft vom Gesetz nicht angelegt. Dafür stellt das Gesetz andere Gesellschaftsformen zur Verfügung. Durch die Namensaktie und die Möglichkeit, deren Übertragung an die Zustimmung der Gesellschaft zu binden (Art. 207a Abs. 3, § 180 Abs. 3 a. a. O.), bietet das Gesetz auch der Aktiengesellschaft einen Weg, ihren Bestand mit einem gewissen Personenkreis zu verbinden. Aber für eine anders gestaltete Verbindung von Verein und Aktiengesellschaft läßt das Gesetz keinen Raum. Damit hängt zusammen, daß das Gesetz über das Ausscheiden von Aktionären keinerlei Bestimmungen enthält und den Ausschluß von Aktionären nur bei Verzug in Zahlung der Einlage, im Falle der Herabsetzung des Grundkapitals und im Falle der Auslosung behandelt (Art. 219, 184—184c, 248, 215d und §§ 218 bis 221, 288—291, 227 a. a. O.). Aus dem Gesetz ist nicht zu entnehmen, daß es andere Fälle des unfreiwilligen Ausscheidens von Aktionären der Bestimmung durch den Gesellschaftsvertrag hat überlassen wollen. Weder das alte noch das neue Handelsgesetzbuch bestimmt für die Aktiengesellschaft, wie für die offene Handelsgesellschaft, daß das Rechtsverhältnis der Aktionäre zu der Aktiengesellschaft sich zunächst nach dem Gesellschaftsvertrage richte. Die Vorschriften über die Rechtsverhältnisse der Gesellschafter und der Aktiengesellschaft sind vielmehr dispositiver Natur nur soweit, als das Gesetz es ausdrücklich zuläßt (vgl. Art. 216—226 des alten, §§ 210—230 des neuen Handelsgesetzbuches). Eine ausdrückliche Vorschrift, welche eine Verwirkungsklausel zur Strafe für Handlungen oder Unterlassungen außerhalb des Kreises den Leistungen zu den Zwecken der Gesellschaft zuläßt, enthält weder das alte noch das neue Handelsgesetzbuch. Jeder Ausschluß eines Aktionärs unter Rückzahlung seiner Einlage auf das Grundkapital enhält eine Herabsetzung des Grundkapitals, die das Gesetz nur unter Voraussetzungen zuläßt, die hier nicht zutreffen. Der § 14 der Statuten sieht zwar vor, daß der ausgeschlossene Aktionär seine Aktien an einen Dritten übertragen muß. Aber was geschehen soll, wenn ein Dritter sich zum Erwerbe der Aktien nicht bereit findet, ist nicht gesagt, und der erzwungene Erwerb der Aktien des ausgeschlossenen Aktionärs durch die Aktiengesellschaft steht einer Enteignung des Aktionärs gleich, die das Gesetz nicht zuläßt.

Die angefochtene Bestimmung des Statuts läßt sich auch nicht von dem Gesichtspunkte eines separaten Vertrages des Aktionärs mit der Gesellschaft halten. Was das Gesetz, wie dargelegt, als Inhalt des Gesellschaftsvertrages nicht zuläßt, kann nicht dadurch Gültigkeit erlangen, daß man ihm, obwohl es zum Inhalte des Gesellschaftsvertrages gemacht ist, die Hintertür des Separatvertrages öffnet." ...

RGZ. 52, 417.

Ist das Versprechen der Lieferung von Aktien einer Aktiengesellschaft, die keine Aktienurkunden hatte herstellen lassen, als Versprechen einer unmöglichen Leistung anzusehen?

I. Zivilsenat. Urt. v. 8. November 1902.

I. Landgericht I Berlin. — II. Kammergericht daselbst.

. . .

Aus den Gründen:

...

Gegenstand der Lieferungspflicht waren, worüber der Wortlaut der Urkunde nicht im Zweifel läßt, Aktienurkunden, und zwar Aktienurkunden, von denen der Beklagte in seinem Schreiben vom 23. Juli 1898 erklärt hatte, daß sie bei der Genossenschaftsbank hinterlegt seien, und von denen daher W. & H. annehmen mußten, daß sie bereits vorhanden seien. Fest steht nun aber, daß in Wirklichkeit selbst zur Zeit der letzten Berufungsverhandlung, am 11. Januar 1902, noch keine Aktienurkunden errichtet worden waren, und daß durch einen Generalversammlungsbeschluß der Aktionäre vom 20. März 1901 die Aktien im Verhältnis von 5 zu 1 zusammengelegt worden sind, wonach es, jedenfalls nicht für absehbare Zeit, gewiß ist, daß solche Aktienurkunden, wie sie der Beklagte zu liefern versprochen hat, überhaupt nicht zur Entstehung gelangen werden. Daraus folgt, daß der Beklagte sich zu einer unmöglichen Leistung verpflichtet hat und deshalb der gegen ihn erhobene Anspruch auf Zurückzahlung der empfangenen 5500 M sowie der Nebenanspruch auf Zinsen begründet ist. — Allerdings schloß das Fehlen von Aktienurkunden weder das Bestehen der Aktiengesellschaft noch das Bestehen von Aktienrechten noch endlich die Möglichkeit aus, Aktienrechte zu veräußern.

Vgl. Entsch. des RG.s in Zivils. Bd. 34 S. 115.

Versprochen war aber eben nicht die Verschaffung von unverbrieften Aktienrechten, sondern die Lieferung von angeblich hinterlegten, auf den Inhaber lautenden Aktienurkunden als Trägern von Aktienrechten, und dieses war etwas wesentlich anderes als jenes wegen der Vorteile, welche Inhaberpapiere in der Erleichterung des Rechtsausweises und der Rechtsveräußerung gewähren, und wegen des Grundes, aus welchem man von der alsbaldigen Errichtung von Aktienurkunden abgesehen hatte....

RGZ. 55, 41.

1. Ist nach dem 1. Januar 1900 die Bestimmung des Statutes einer Aktiengesellschaft, daß nur großjährige männliche Aktionäre persönliches Stimmrecht haben, noch rechtswirksam?

2. Ist die Bestimmung des Statutes noch gültig, daß der Bevollmächtigte, durch welchen das Stimmrecht ausgeübt werden soll, ein Aktionär sein müsse?

I. Zivilsenat. Urt. v. 23. Mai 1903.

I. Landgericht Hamburg, Kammer für Handelssachen. — II. Oberlandesgericht daselbst.

Von den obigen Fragen hat das Reichsgericht die erste verneint, die zweite bejaht.

Aus den Gründen:

... „Nach dem gegenwärtig geltenden Aktienrecht kann die Bestimmung, daß Witwen der Aktionäre, wenn sie im Besitz einer Aktie sind, das persönliche Stimmrecht versagt, und sie auf die Ernennung von Bevollmächtigten angewiesen seien, als rechtsgültig und wirksam nicht mehr angesehen werden. Sie ist mit § 252 HGB. unvereinbar. Nach Abs. 1 Satz 1 des § 252 gewährt jede Aktie das Stimmrecht, und Abs. 2 räumt zwar jedem Aktionär die Befugnis ein, sein Stimmrecht durch eine schriftlich dazu bevollmächtigte Person auszuüben; aber einen Zwang zu einer derartigen Stimmrechtsausübung durch Bevollmächtigte und einen Unterschied in der persönlichen Stimmbefugnis, je nachdem der Aktionär ein Mann oder eine Frau ist, kennt das Gesetz nicht. Eine solche Unterscheidung ist auch mit den Grundsätzen des Bürgerlichen Gesetzbuchs, welches hinsichtlich der Geschäftsfähigkeit zwischen männlichen und weiblichen Personen keinen Unterschied macht, nicht in Einklang zu bringen....

Nun ist allerdings auch nach dem jetzigen Recht eine statutarische Bestimmung dahin möglich, daß ein Aktionär, welcher sein Stimmrecht nicht persönlich ausüben will, als Bevollmächtigten, wenn er einen solchen aufstellt, nur einen Aktionär wählen kann; eine derartige Bestimmung hebt die Befugnis, durch einen hierzu schriftlich Bevollmächtigten die Aktionärrechte geltend zu machen, nicht auf und fällt unter die Bedingungen für die Ausübung des Stimmrechtes, welche nach § 252 Abs. 4 HGB. auch jetzt noch mit rechtlicher Wirkung aufgestellt werden können und alle Aktionäre gleichmäßig treffen. Es entzieht sich aber jeder Beurteilung, welcher im gegebenen Falle der Gang der Beratung und Abstimmung gewesen wäre, wenn dort die persönliche Stimmberechtigung der Witwen, welche im Besitze von Aktien sind, anerkannt, und dem für die Klägerin erschienenen und von ihr bevollmächtigten Nichtaktionär eröffnet worden wäre, daß der persönlichen Ausübung des Stimmrechtes durch seine Auftraggeberin ein Hindernis nicht entgegenstehe." ...

RGZ. 55, 65.

Ist derjenige, der auf Grund des Beschlusses der Generalversammlung einer Aktiengesellschaft, daß das Grundkapital um einen bestimmten Betrag erhöht werden solle, unter der Bedingung neue Aktien gezeichnet hat, daß die erfolgte Erhöhung des Grundkapitals bis zu einem bestimmten Tage in das Handelsregister eingetragen werde, an seine Zeichnung gebunden, wenn die Zeichnungen den beschlossenen Betrag nicht erreichen, durch neuen Beschluß die Erhöhung des Grundkapitals um den gezeichneten Betrag beschlossen, und die Erhöhung des Grundkapitals um den gezeichneten Betrag in der in dem Zeichnungsschein bestimmten Frist auf Grund des ersten Beschlusses in das Handelsregister eingetragen ist?

HGB. §§ 278 flg. 189, 196.

I. Zivilsenat. Urt. v. 30. Mai 1903.

I. Landgericht Duisburg. — II. Oberlandesgericht Hamm.

Aus den Gründen:

„In Frage steht allein, ob der Kläger an seine Zeichnung vom 22. März 1901 gebunden ist, obwohl er auf eine Kapitalserhöhung von 1 750 000 M gezeichnet hat, diese nicht ausgeführt und nicht eingetragen ist, sondern nur eine Erhöhung von 600 000 M. Beide Instanzrichter verneinen die Frage, in der Begründung wesentlich dahin übereinstimmend, daß der Kläger sich durch seine Zeichnung nur unter der Bedingung verpflichtet habe, daß die Erhöhung um 1 750 000 M durchgeführt und bis zum 31. März 1902 eingetragen werde. Dem ist im Ergebnis durchaus zuzustimmen....

Der Kläger hat auf Grund des Beschlusses vom 10. März 1900, der die Erhöhung des Grundkapitals um 1 750 000 M vorsieht, gezeichnet, und in dem Schlußsatze des Zeichnungsscheins ist die Hinfälligkeit der Zeichnung ausgesprochen, wenn die erfolgte Erhöhung des Grundkapitals nicht bis zum 31. März 1902 in das Handelsregister eingetragen sei. Die beschlossene Erhöhung ist nicht erfolgt, und die im März 1902 eingetragene Erhöhung um 600 000 M am 7. März 1902 beschlossen. Diesem Beschluß hat der Kläger unstreitig nicht zugestimmt.

Danach ist die Zeichnung für den Kläger unverbindlich, und die Rückforderung der auf Grund dieser Zeichnung von ihm eingeforderten Beträge begründet. Dadurch, daß der Registerrichter die erfolgte Erhöhung des Grundkapitals um 600 000 M eingetragen hat, wobei auch der Zeichnungsschein des Klägers zur Grundlage gedient haben, und übersehen sein muß, daß er auf Grund des nicht zur Ausführung gekommenen Beschlusses vom 10. März 1900 gezeichnet ist, wird an der Unverbindlichkeit des Zeichnungsscheines nichts geändert. Der von dem Reichsgericht in den Entsch. in Zivils. Bd. 2 S. 131, Bd. 9 S. 36, Bd. 19 S. 126, und auch in neuester Zeit wiederholt ausgesprochene Rechtsgrundsatz, daß der Zeichner auf ursprüngliches und auf erhöhtes Grundkapital sich dem Anspruch der Aktiengesellschaft aus der Zeichnung gegenüber *nach erfolgter Eintragung des Kapitals* darauf nicht berufen könne, das Grundkapital sei nicht gezeichnet, oder nur zum Schein gezeichnet, oder nur infolge Irrtums oder Betrugs, findet im vorliegenden Fall keine Anwendung. Der Kläger beruft sich nicht darauf, daß er zwar gezeichnet, aber in Wirklichkeit nicht habe zeichnen wollen, sondern darauf, daß seine Zeichnung nicht auf das eingetragene Grundkapital erfolgt und deshalb nach dem Inhalt des Zeichnungsscheins unverbindlich sei. Nach § 281 Abs. 2 finden die Vorschriften in Abs. 4, 5 des § 189 HGB. auf den Fall der Zeichnung neuer Aktien Anwendung. Danach ist der Zeichner nach Eintragung der erfolgten Erhöhung des Grundkapitals aus seinem Zeichnungsschein, *wenn derselbe nichtig oder unverbindlich ist*, nur dann verpflichtet, *wenn er in einer Generalversammlung stimmt oder später als Aktionär Rechte ausübt oder Verpflichtungen erfüllt*. Davon ist hier nicht die Rede. Die Vorschrift in § 189 Abs. 4 zeigt, daß die Eintragung der erfolgten Erhöhung des Grundkapitals allein die Berufung auf die Unverbindlichkeit der Zeichnung nicht beseitigt. Ist der Kläger nicht Aktionär geworden, die Voraussetzung im Schlußsatze seines Zeichnungsscheins in Wirklichkeit nicht eingetreten, nur durch ein Versehen des Registerrichters als eingetreten angesehen, so wird durch dieses Versehen die Unverbindlichkeit der Zeichnung nicht geheilt." ...

RGZ. 62, 56.

1. Kann die Generalversammlung der Aktiengesellschaft im Liquidationsstadium mit einfacher Stimmenmehrheit beschließen, daß Bestandteile der Liquidationsmasse nicht versilbert, sondern in Natur unter die Aktionäre verteilt werden sollen?

2. Was ist unter gleichmäßiger Verteilung des Vermögens nach dem Verhältnis der Aktienbeträge zu verstehen?

HGB. §§ 149, 151, 152, 298, 300, 303 (jetzt §§ 209, 210, 212, 255 AktG.). BGB. § 752.

I. Zivilsenat. Urt. v. 15. November 1905.

I. Landgericht Mannheim, Kammer für Handelssachen.
II. Oberlandesgericht Karlsruhe.

Die verklagte Aktiengesellschaft war durch Beschluß der Generalversammlung im Juni 1903 aufgelöst worden und befand sich in Liquidation. Zur Liquidationsmasse gehörten Aktien.... In der Generalversammlung vom 13. Juli 1904 wurde mit 2592 gegen 1290 Stimmen beschlossen, die Liquidation in bezug auf diese Wertpapiere so zu bewirken, daß sie auf die Aktionäre nach Verhältnis ihres Aktienbesitzes verteilt würden.... Der Beschluß besagte, daß die Aktionäre pro rata ihres Aktienbesitzes 48 Prozent in Aktien der Lagerhausgesellschaft und 14 Prozent in Aktien der Dampfschleppschiffahrtsgesellschaft erhalten sollten. Soweit hierbei einem Aktionär seine Quote nicht im Stück zugeteilt werden könne, solle der Aktionär in barem Gelde befriedigt werden, indem die nicht zur Auslieferung gelangten Wertpapiere verkauft, und der Erlös... auf diese Aktionäre anteilsmäßig verteilt werde....

Aktionäre der Beklagten fochten diesen Beschluß im Wege der Klage an....

Die erste Instanz hatte den Beschluß der Generalversammlung für nichtig erklärt, die zweite aber die Klage abgewiesen.

Das Reichsgericht hat die Revision der Kläger zurückgewiesen.

Aus den Gründen:

„Die Entscheidung des Rechtsstreits hängt von der Beantwortung folgender beiden Fragen ab:

1. Kann die Generalversammlung im Liquidationsstadium mit einfacher Stimmenmehrheit beschließen, daß Bestandteile der Liquidationsmasse nicht versilbert, sondern in Natur unter die Aktionäre verteilt werden sollen?

2. Verstößt — wenn dies zu bejahen ist — der vorliegende Beschluß, insbesondere mit Rücksicht auf die Behandlung der sog. Spitzen, doch deswegen gegen das Gesetz, weil der Anspruch der Aktionäre auf eine gleichmäßige Verteilung des nach Berichtigung der Schulden verbleibenden Vermögens nach dem Verhältnis der Aktienbeträge (§ 300 HGB.) *verletzt ist?*

Die erste Frage ist von beiden Vorinstanzen mit Recht bejaht worden.

... Auszugehen ist davon, daß die Umsetzung des Vermögens in Geld zu den Pflichten der Liquidatoren gehört. Damit ist aber nicht ausgeschlossen, daß die Generalversammlung eine andere Verwertung des Vermögens, insbesondere die Verteilung in Natur oder etwa statt der Einziehung der Forderungen deren öffentliche Versteigerung, beschließt. Ein solcher Beschluß könnte jedenfalls nur in einer besonderen Bestimmung des Gesellschaftsvertrags oder in dem von den Liquidatoren zu beachtenden Befriedigungsrechte der Gläubiger eine Schranke finden — was hier nicht in Frage steht —, nicht aber in den Vorschriften des Gesetzes, insbesondere nicht in der Vorschrift des § 300, wonach das nach der Berichtigung der Schulden verbleibende Vermögen der Gesellschaft unter die Aktionäre nach dem Verhältnis der Aktienbeträge verteilt werden soll. Denn diese Vorschrift kann ebensowohl durch Naturalverteilung, wie durch Versilberung und Ausschüttung des Gelderlöses erfüllt werden....

Die zweite Frage ist vom Landgericht bejaht, vom Oberlandesgericht aber verneint worden. Das Reichsgericht schließt sich der Ansicht des Oberlandesgerichts an....

Die Entscheidung kann nur aus den Bestimmungen des Handelsgesetzbuchs abgeleitet werden. Hieraus ergibt sich, daß der Beschluß der Generalversammlung an dem aus § 300 HGB. folgenden Sonderrechte des Einzelaktionärs auf die Liquidationsquote eine Schranke findet. Die Verteilung in Natur darf nur beschlossen werden, wenn sie das Recht des Aktionärs auf eine gleichmäßige, den Aktienbeträgen entsprechende Verteilung des Vermögens nicht verletzt....

Was aber jene Verschiedenheit anlangt, so darf die Frage, was eine gleichmäßige Verteilung im Sinne des Gesetzes ist, nicht rein mechanisch nach dem Gesichtspunkte absolut gleicher Objekte, sondern sie muß auf Grund wirtschaftlicher Gesichtspunkte und im Hinblick auf die Verkehrssitte beantwortet werden. In dieser Beziehung kommt entscheidend in Betracht, daß die zu verteilenden Aktien, wie nicht streitig ist, eine verkaufsfähige und marktgängige Ware sind. Wertpapiere dieser Art werden im Verkehr allgemein nach ihrem Kurse gewertet, d. h. nach dem Preise, zu dem man kaufen oder verkaufen kann. Wer Stücke bekommt, kann sie verkaufen; wer Geld bekommt, kann Stücke kaufen. Die Lieferung im Stück zwingt nicht zu einer dauernden Beteiligung an den Unternehmungen, die von den beiden Aktiengesellschaften betrieben werden, und die Lieferung des Geldes *schließt* davon *nicht* aus. Die Wirkung des Beschlusses ist demnach im wirtschaftlichen Ergebnisse darin für alle Aktionäre gleich, daß jedem einzelnen überlassen bleibt, an den fremden Gesellschaften weiter beteiligt zu bleiben, oder nicht." ...

RGZ. 63, 203.

Wirksamkeit eines Vergleichs, den der Verwalter im Konkurs einer Aktiengesellschaft mit den Mitgliedern des Aufsichtsrats über die Ersatzansprüche aus Verletzung der Aufsichtsratspflichten geschlossen hat. Kann, entgegen einem solchen Vergleiche, die „Aktionärschaft" diese Ersatzansprüche noch für sich geltend machen?

I. Zivilsenat. Urt. v. 25. April 1906.

I. Landgericht Leipzig. — II. Oberlandesgericht Dresden.

Aus den Gründen:

... Für die Unterscheidung von Gesellschaftsvermögen, das der Aktiengesellschaft als juristischer Person, und Gesellschaftsvermögen, das der Aktionärschaft gehörte, wäre unerläßliche Voraussetzung, daß beide, Aktiengesellschaft als solche und Aktionärschaft, besondere Vermögensträger sein könnten.... Daß aber die Annahme zweier selbständiger Vermögensträger in der Tat völlig verwerflich wäre, kann keinem Zweifel unterliegen....

Wenn es hiernach unmöglich ist, das Gesellschaftsvermögen an zwei getrennte, selbständige Träger zu verteilen, so kann doch die Unterscheidung noch Bedeutung für die Frage haben, ob von dem Vermögen der Aktiengesellschaft nur ein Teil zur Befriedigung der Gesellschaftsgläubiger zu dienen habe, während der andere Teil den Aktionären vorbehalten bleibe. Die Kläger haben eine solche Teilung behauptet. Es soll unterschieden werden zwischen dem Haftungsvermögen, an welches allein sich die Gläubiger halten könnten, und allem anderen Vermögen, worauf ein Zugriff der Gläubiger nicht stattfinde. Zu dem letzteren sollen die Regreßansprüche gegen Vorstand und Aufsichtsrat gehören, welche sich nicht auf die in § 241 Abs. 3 aufgeführten besonderen Verfehlungen gründen. Das Berufungsgericht hat diese Unterscheidung abgelehnt. Gestützt auf § 210 Abs. 1 hat es ausgesprochen, daß alles, was die Aktiengesellschaft erwerbe, worunter auch der Regreßanspruch gegen Vorstand und Aufsichtsrat falle, in ihr selbständiges Vermögen gelange und mangels einer gesetzlichen Beschränkung den Gläubigern hafte. Dem ist beizutreten.... Den Gläubigern ist mit dem selbständigen Klagrecht etwas verliehen, was sie an sich nicht haben würden, zur Verbesserung ihrer Rechtsposition, um sie gegen die Nachteile besonders naheliegender Einwirkungen auf den Ersatzanspruch zu schützen (§ 241 Abs. 2 Satz 2), nicht zur Beschränkung der ihnen an sich zukommenden Befugnisse.... Sodann scheint die Revision, was freilich von ihrem Standpunkt aus nicht folgerichtig wäre, sich auch des Gedankens nicht ganz entschlagen zu haben, daß der Verwalter im Konkurse der Aktiengesellschaft die Regreßansprüche zugunsten der Gläubiger nur soweit verfolgen könne, als diesen ein eigenes Klagrecht zustehen würde.... In erster Linie sind es aber unzweifelhaft die Regreßansprüche der Gesellschaft, die, wie das übrige Gesellschaftsvermögen, zur Konkursmasse gehören, und die der Konkursverwalter deshalb für diese verwertet.... Der Regreßanspruch der Gesellschaft ist und bleibt seinem ganzen Bestande nach ein Teil des Gesellschaftsvermögens, das beim Konkurs in die Masse fällt. Diese Masse zum Zwecke der Verteilung an die Konkursgläubiger zu verwenden, soweit es erforderlich ist, ist Pflicht und Recht des Konkursverwalters....

Über das Vermögen einer Aktiengesellschaft kann ein Konkursverfahren stattfinden (§ 207 KO.). Gerichtet ist dieses Verfahren gegen die Aktiengesellschaft als einheitlichen, selbständigen Träger des Gesellschaftsvermögens. Gegenstand ist dieses gesamte Vermögen, soweit es bei Eröffnung des Konkurses vorhanden war und der Zwangsvollstreckung nicht entzogen ist. Regreßansprüche der Gesellschaft gegen Mitglieder des Aufsichtsrats aus Verletzungen der Dienstobliegenheiten gehören zum Vermögen der Aktiengesellschaft. Daß die Regreßansprüche, auf welche sich das Feststellungsbegehren der Kläger bezieht, bei Eröffnung des Konkursverfahrens bereits entstanden waren, unterliegt keinem Zweifel. Den Klägern ist es auch nicht gelungen, einen Grund darzulegen, weshalb diese Ansprüche von dem Zugriffe der Gläubiger sollten ausgeschlossen sein. Sie fielen daher in die Konkursmasse. Über die Konkursmasse verfügt zu den Zwecken des Konkurses der Konkursverwalter. Daß er auch zum Abschlusse von Vergleichen über zur Masse gehörige Außenstände berechtigt ist, ist anerkanntes Recht.

Vgl. § 133 Ziff. 2 KO., Entsch. des RG.s in Zivils. Bd. 29 S. 82, Bd. 39 S. 64.

Wenn die Revision darauf hinweist, daß der Konkursverwalter doch nichts verschenken dürfe, so kann es darauf nicht ankommen. Denn daß der Vergleich vom 27. Februar 1902 von dem Konkursverwalter in Schenkungsabsicht betätigt worden sei, ist in den Instanzen, wohin die Behauptung gehört hätte, niemals geltend gemacht worden. Allerdings ist dem Konkursverwalter die Befugnis zum Abschlusse von Vergleichen, sowie überhaupt das ihm über die Masse eingeräumte Verwaltungs- und Verfügungsrecht (§ 6 KO.) nur für die Aufgaben des Konkurses beigelegt. Aber die Gültigkeit der zur Erfüllung dieser Aufgaben vorgenommenen Verfügungen hängt nicht davon ab, daß sie objektiv erforderlich waren. Der Hinweis der Revision auf den gewaltigen Unterschied zwischen der Vergleichssumme und dem Betrage der verglichenen Schadensersatzforderung ist deshalb ohne Bedeutung. Es würde sich dabei nur um das in die Verfügungsmacht des Konkursverwalters fallende Ermessen handeln, dessen fehlerhafte Ausübung ihn zwar verantwortlich machen, nicht aber die Gültigkeit des abgeschlossenen Vergleichs in Frage stellen könnte. Durch diesen Vergleich ist aber nicht nur die Vergleichssumme, oder nur der Ersatzanspruch aus § 249 Abs. 3 HGB., oder der Ersatzanspruch nur insoweit, als er die Konkursforderung gedeckt haben würde, sondern der Ersatzanspruch im vollen Umfange und nach jeder Richtung zum Zwecke der konkursmäßigen Befriedigung der Gläubiger verbraucht worden. Dadurch entfallen die Ausführungen der Revision, welche auf dem Unterschied im Betrage der Vergleichssumme, der Gläubigerforderungen und der Regreßansprüche beruhen.

Die Revision hat auch die formellen Angriffe gegen die Gültigkeit des Vergleichs wiederholt: der Vergleich soll ungültig sein, weil der Konkursverwalter nicht vorher einen Beschluß der Generalversammlung eingeholt, und weil er auch unterlassen habe, dem Vorstande der Gemeinschuldnerin eine Mitteilung von dem beabsichtigten Vergleichsabschlusse zu machen. In Übereinstimmung mit dem Landgericht hat das Berufungsgericht unter Bezugnahme auf § 136 KO. die Erheblichkeit dieser Angriffe verneint. Dem ist einfach beizutreten.

Demnach ist es nicht rechtsirrig, sondern entspricht vielmehr dem Gesetze, wenn die Instanzgerichte angenommen haben, daß diejenigen Ersatzansprüche gegen den Beklagten, auf welche sich die mit der Klage begehrte Feststellung bezieht, unter den vom Konkursverwalter abgeschlossenen Vergleich fallen und nach Zahlung des Vergleichsbetrags erloschen sind." ...

RGZ. 64, 258.

1. Hat der Aktionär, welcher einen Bilanzgenehmigungsbeschluß der Generalversammlung auf Grund des § 271 HGB. wegen Verletzung des Gesetzes oder des Gesellschaftsvertrages angefochten hat, nötig, auch alle während Schwebens des Prozesses gefaßten folgenden Bilanzgenehmigungsbeschlüsse, die auf jenem ersten beruhen, mit Klage anzufechten? Bedeutung seines Nichterscheinens in den Generalversammlungen, in welchen über die folgenden Bilanzen Beschluß gefaßt wird.

2. Tragweite der Vorschrift des § 261 Nr. 3 HGB.

3. Hat sich das Gericht im Falle des § 271 HGB. darauf zu beschränken, den mit Erfolg angefochtenen Bilanzgenehmigungsbeschluß aufzuheben, oder ist es, sofern es hierzu nach den Umständen des Falles überhaupt in der Lage ist, berechtigt und verpflichtet, anstatt der als gesetz- oder statutenwidrig erkannten Bilanz die richtige im Urteil festzustellen?

HGB. §§ 261, 271—273 (jetzt §§ 133, 197—199 AktG.).

I. Zivilsenat. Urt v. 7. November 1906.

I. Landgericht Tilsit. — II. Oberlandesgericht Königsberg.

Aus den Gründen:

„I. Die Kläger, welche im vorliegenden Prozesse den Beschluß der Generalversammlung vom 13. Dezember 1902 und die mit demselben ausgesprochene Genehmigung der Bilanz für das Geschäftsjahr 1901/02 nebst Entlastung des Vorstandes und Aufsichtsrats anfechten, sind in der Generalversammlung des folgenden Jahres vom 28. November 1903 nicht erschienen und haben die in dieser beschlossenen Genehmigung der Bilanz für 1902/03 nicht angefochten. Die Revisionsklägerin findet hierin den Ausdruck des Willens der Kläger, ihren Widerspruch auch gegen den Generalversammlungsbeschluß vom 13. Dezember 1902 aufzugeben....

Nirgends bestimmt das Gesetz, daß der Aktionär, welcher einen Beschluß der Generalversammlung mit Klage anficht, nun auch genötigt wäre, alle folgenden Beschlüsse, welche die Gültigkeit jenes zur Voraussetzung haben, mit Klage anzufechten. Anfechtungsprozesse währen, falls sie durch die Instanzen verfolgt werden, erfahrungsgemäß nicht selten mehrere Jahre. Nach der dargelegten Auffassung wäre der Anfechtungskläger fast regelmäßig genötigt, seiner ursprünglichen Klage eine Reihe weiterer folgen zu lassen. Ganz abgesehen von dieser unpraktischen und bedenklichen Konsequenz, welche das Anfechtungsrecht des Aktionärs außerordentlich erschweren und verteuern würde, ist jedenfalls die Annahme der Revisionsklägerin unrichtig, daß durch die späteren Bilanzgenehmigungsbeschlüsse die Anfechtungsklage gegenstandslos geworden sei....

II. ...

III. Das Landgericht Tilsit hat sich in seinem Teilurteile vom 10. Dezember 1903 dem Antrage der Kläger entsprechend nicht darauf beschränkt, den die Genehmigung der Bilanz für 1902/03 mit dem Zusatzantrag Br. aussprechenden Generalversammlungsbeschluß für nichtig zu erklären; es hat die Beklagte zugleich verurteilt, anzuerkennen, daß die von dem vereidigten Bücherrevisor in Königsberg unterm 28. Oktober 1903 aufgestellte Bilanz für 1901/02 für sie maßgebend sei, und in diesem Umfange ist die Entscheidung des Landgerichts vom Oberlandesgericht gebilligt. In der Literatur ist neuerdings mehrfach die Ansicht vertreten worden, daß das Gericht im Falle der erfolgreichen Anfechtung eines Generalversammlungsbeschlusses, welcher eine gesetzwidrige Bilanz genehmigte, sich darauf zu beschränken habe, diesen Beschluß aufzuheben; dagegen sei das Gericht nicht berufen und auch nicht befugt, die nach seiner Auffassung richtige an Stelle der gesetzwidrigen Bilanz zu setzen.

Vgl. Staub, 8. Aufl. (im Gegensatz zu den vorausgehenden) § 260 Anm. 2, § 273 Anm. 2; Makower, 13. Aufl. § 271 Bem. III; Rehm, Bilanzen S. 801 Fußnote 2; vgl. auch Oberlandesgericht Naumburg, Urteil vom 30. Mai 1902, mitgeteilt in Holdheims Monatsschrift Bd. 11 S. 247 flg.

Obwohl die Revision in dieser Richtung einen Angriff nicht erhoben hat, war der Senat nach § 559 Satz 2 ZPO. veranlaßt, die Richtigkeit des Standpunktes der Vorentscheidungen nachzuprüfen. Das Reichsgericht hat bisher zu der beregten Frage ausdrücklich noch nicht Stellung genommen. Wohl aber ergibt die Entscheidung des Senats in seinem Urteil vom 6. Juli 1895 (Rep. I 137/05), daß derselbe damals grundsätzlich davon ausging, es sei Sache des Richters, nicht nur die Nichtigkeit des angefochtenen Beschlusses auszusprechen, sondern den Parteianträgen gemäß das dem Gesetz Entsprechende an seine Stelle zu setzen, soweit der Richter hierzu nach den Umständen des Falles in der Lage ist. Diese Auffassung entspricht den leitenden Gesichtspunkten, welche das Reichsoberhandelsgericht in der Entscheidung vom 20. Oktober 1877 (Entsch. dess. Bd. 23 S. 273 flg.) hinsichtlich des damals noch nicht näher normierten Anfechtungsrechtes des Aktionärs in dieser Hinsicht aufstellt. „Über die Forderungen, die infolge dieses Rechts gestellt werden können, lassen sich allgemeine Grundsätze nicht aufstellen, während doch in jedem einzelnen Falle zur Vermeidung von Erkenntnissen unbestimmten und deshalb in seinen Folgen unübersehbaren Inhalts ein klares und der konkreten Lage der Gesellschaft (wie sie infolge der gesetz- oder statutenwidrigen Handlungen geschaffen) entsprechendes Klagebegehren gefordert werden muß." Das Handelsgesetzbuch hat es dementsprechend unterlassen, Grundsätze für den Inhalt des Klagebegehrens bei der Anfechtungsklage aufzustellen. Indem es aber in § 273 ausspricht,

> „daß das Urteil auch für und gegen die Aktionäre wirke, die nicht Partei sind, soweit der Beschluß durch rechtskräftiges Urteil für nichtig erklärt ist",

gibt es damit einen Fingerzeig, daß der Richter sich nicht auf die rein negative Tätigkeit der Aufhebung des gesetzwidrigen Beschlusses zu beschränken, sondern positiv die Grenzlinien zu bezeichnen hat, innerhalb deren der Beschluß aufrechterhalten werden kann.

> Vgl. hierzu Staub, Komm. zum Handelsgesetzbuch 6. und 7. Aufl. § 260 Anm. 2; Staub-Hachenburg, Gesetz, betreffend die Gesellschaften mit beschränkter Haftung, § 45 Anm. 29; Merzbacher, Aktiengesetz § 271 Anm. 5.

In dem vorliegenden Prozesse ist auf Grund eingehender Beweisaufnahme festgestellt, welche Mindestabschreibungen vorzunehmen waren, damit die Bilanz für 1901/02 als eine gesetzmäßige zu erachten war. Der Beklagten, welche noch geringere Abschreibungen vorgenommen hatte und diese auch im Prozesse vertrat, war hinreichend Gelegenheit gegeben, gegenüber den Anträgen der Kläger alle für ihren Standpunkt sprechenden Momente geltend zu machen. Auf Grund der stattgehabten Verhandlungen und der Ergebnisse der Beweisaufnahme war der Richter nach der konkreten Sachlage durchaus imstande, die zwischen den Parteien bestehende Streitfrage zu entscheiden, und zwar nicht nur negativ durch Aufhebung des gesetzwidrigen Bilanzgenehmigungsbeschlusses, sondern positiv durch Verurteilung der Beklagten zur Anerkennung der nach richtigen, dem Gesetz entsprechenden Bilanzgrundsätzen aufgestellten Bilanz. Dieser Aufgabe haben sich die Vorinstanzen ohne erkennbaren Rechtsirrtum unterzogen und damit dem in Rechten begründeten Anspruch der Kläger sowie ihrer gesetzlichen Pflicht entsprochen."

RGZ. 65. 91.

Kann der Beschluß der Generalversammlung einer Aktiengesellschaft, dessen Beurkundung der Formvorschrift des § 259 HGB.*) entspricht, als ungültig angefochten werden, weil das über die Verhandlung aufgenommene notarielle Protokoll gegen die Vorschrift des Gesellschaftsvertrages nicht von drei, sondern nur von zwei Aktionären mitunterzeichnet ist?

I. Zivilsenat. Urt. v. 12. Januar 1907.

I. Landgericht Hildesheim. — II. Oberlandesgericht Celle

Aus den Gründen:

... „Der § 259 HGB. macht die Gültigkeit der Beschlüsse der Generalversammlung einer Aktiengesellschaft nur von der Beobachtung der von ihm vorgeschriebenen Form abhängig.... Diese Form ist unstreitig hier gewahrt. Der § 259 bestimmt im Abs. 4 Satz 2 ausdrücklich, daß die Zuziehung von Zeugen nicht erforderlich sei. Der § 28 Abs. 2 des Statuts, der nur insofern nicht beobachtet ist, als nicht drei, sondern nur zwei Aktionäre das Protokoll mitunterzeichnet haben, ist neben dem § 259 HGB. ohne Bedeutung.... Überall, wo in dem Abschnitt über die Aktiengesellschaft dem Gesellschaftsvertrage keine ergänzende oder abändernde Macht eingeräumt ist, sind die Vorschriften des Abschnitts als absolute anzusehen, die durch den Gesellschaftsvertrag weder ergänzt, noch abgeändert werden können. Das ist auch für den § 259 anzunehmen." ...

RGZ. 65, 241.

1.—2. . . .

3. Ist es überhaupt zulässig, durch Generalversammlungsbeschluß einzelne Mitglieder des Vorstandes oder Aufsichtsrates zu entlasten, andere zur Verantwortung zu ziehen?

---

*) Jetzt § 111 AktG.

I. Zivilsenat. Urt. v. 23. Februar 1907.

I. Landgericht Bremen, Kammer für Handelssachen. — II. Oberlandesgericht Hamburg.

...

Aus den Gründen:

...

Wenn der Kläger rügt, daß der angefochtene Generalversammlungsbeschluß nicht im Rahmen der Tagesordnung geblieben sei, welche Beschlußfassung über Entlastung des Vorstandes und des Aufsichtsrates im ganzen ankündigte, während nunmehr diese Entlastung nur unter gleichzeitiger Verweigerung der Entlastung des Vorstandsmitgliedes Sch. erfolgt sei, so steht dieser Angriff in Verbindung mit der weiteren Rüge, daß es überhaupt gesetzlich unzulässig sei, ein einzelnes Mitglied des Vorstandes oder Aufsichtrates von der Entlastung oder der Verantwortlichmachung auszunehmen, daß vielmehr nur der Vorstand und der Aufsichtsrat als solche, als Organe der Gesellschaft, also ungeteilt, entlastet oder zur Verantwortung gezogen werden könnten. Für diese Rechtsauffassung beruft sich der Revisionskläger auf das Urteil des Senates vom 6. Juni 1903, Rep. I 45/03 (Entsch. Bd. 55 S. 75 flg.). Damals lag dem Senate die Frage zur Entscheidung vor, ob es, wenn über die Entlastung des Aufsichtsrates zu beschließen ist und Mitglieder des Aufsichtsrates auch Aktionäre sind, zulässig sei, daß über die Entlastung jedes einzelnen Aufsichtsratsmitgliedes gesondert abgestimmt werde, und sich dabei jedesmal alle übrigen Aufsichtsratsmitglieder (mit Ausnahme allein desjenigen, über dessen Entlastung abgestimmt wurde) bei der Abstimmung beteiligten. Der Senat hat dies verneint und dabei ausgeführt, daß in dem gegebenen Falle nur über die Entlastung des Aufsichtsrates im ganzen hätte Beschluß gefaßt werden können. In der Begründung wird ausgeführt, daß, wie es regelmäßig geschieht und auch damals geschehen war, die durch die Vorlagen der Generalversammlung vor Augen geführte Verwaltungstätigkeit überhaupt, die in dem verflossenen Geschäftsjahre entfaltete Wirksamkeit der durch die Vorlagen Rechenschaft ablegenden Organe der Gesellschaft durch den beantragten Entlastungsbeschluß für einwandfrei erklärt werden sollte. Für diesen regelmäßigen Fall trifft die Entscheidung des Senates in jenem Urteile zweifellos zu, daß über die Verwaltungstätigkeit des Organes (Aufsichtsrates oder Vorstandes) als solchen von der Generalversammlung entschieden wird, und daher alle einzelnen Mitglieder des Organes bei der Beschlußfassung beteiligt sind. Dies ändert sich aber, sobald, sei es durch die Vorlagen selbst, sei es durch die in der Generalversammlung gestellten Anträge, hinsichtlich der Verantwortlichkeit für die Tätigkeit des Organes unter den einzelnen Mitgliedern unterschieden wird....

Indem jene Entscheidung sich ausdrücklich auf den regelmäßigen, damals vorliegenden Fall beschränkte, gab sie zugleich zu erkennen, daß in anderen als den regelmäßigen Fällen auch die Entlastung eines einzelnen Mitgliedes des Aufsichtsrates oder Vorstandes in Frage kommen kann. Die Entlastung der Organe des Vorstandes oder Aufsichtsrates *mit Ausnahme bestimmter einzelner* Mitglieder oder umgekehrt die Verantwortlichmachung, wieder unter Ausnahme einzelner Mitglieder, ist zweifelsohne gesetzlich zulässig und entspricht, wie auch in der Literatur hervorgehoben wird, einem praktischen Bedürfnisse. Die Ankündigung der Beschlußfassung über Entlastung des Vorstandes und Aufsichtsrates deckt aber sowohl den regelmäßigen Fall, daß Vorstand und Aufsichtsrat als Organe der Gesellschaft entlastet oder verantwortlich gemacht werden, als auch die Ausnahmefälle, daß die Generalversammlung Veranlassung nimmt, aus besonderen Gründen hinsichtlich der Tätigkeit der einzelnen Mitglieder ihrer Organe zu unterscheiden und einzelne unter Ausschluß der übrigen zu entlasten, andere zur Verantwortung zu ziehen."

RGZ. 66, 37.

1. Ist die Vertretung der Kommanditgesellschaft auf Aktien in Anfechtungsprozessen durch den persönlich haftenden Gesellschafter und den Aufsichtsrat als Gesamtvertretung aufzufassen?

2. Wer trägt die Kosten, wenn ein Rechtsmittel als unzulässig verworfen wird, weil es ůnerachtet einer notwendigen Gesamtvertretung nur von einem Vertreter eingelegt worden ist?

I. Zivilsenat. Urt. v. 20. April 1907.

I. Landgericht I Berlin, Kammer für Handelssachen. — II. Kammergericht daselbst.

In einem Rechtsstreite wegen Anfechtung eines Generalversammlungsbeschlusses der verklagten Kommanditgesellschaft auf Aktien wurde namens des Aufsichtrates gegen das Urteil des Berufungsgerichts Revision eingelegt. Das Reichsgericht verwarf die Revision als unzulässig und legte die Kosten des Rechtsmittels den Mitgliedern des Aufsichtsrates auf.

Aus den Gründen:

„Die Klage bezweckt die Anfechtung eines Beschlusses der Generalversammlung der verklagten Gesellschaft. Diese muß in dem Reichsstreite gemäß §§ 272 Abs. 1, 325 Nr. 4 HGB. durch ihren persönlich haftenden Gesellschafter und ihren Aufsichtsrat vertreten werden. Die gemeinsame Vertretung durch beide Organe der Gesellschaft ist als Gesamtvertretung aufzufassen. Hierfür spricht, außer der allgemeinen Erwägung, daß auf dem Gebiete des Privat-, wie des öffentlichen Rechtes die an mehrere erteilte Vollmacht, wenn sich aus ihr nicht das Gegenteil ergibt, dahin zu verstehen ist, daß die mehreren Bevollmächtigten zusammenwirken müssen, um ihren Machtgeber zu verpflichten,... sowohl der Wortlaut des § 272 Abs. 1 HGB., wie der Zweck dieser Vorschrift.... Die für den Anfechtungsprozeß vorgesehene besondere gesetzliche Vertretung der Gesellschaft bezweckt die Überwachung des einen Organs durch das andere.... Hätte einem jeden Einzelvertretungsmacht eingeräumt werden sollen, so würde das Gegenteil jenes Zweckes erreicht werden, nämlich das eine Organ durch seine Handlungen die des anderen wirksam durchkreuzen, beispielsweise die vom Aufsichtsrate eingelegte Revision vom persönlich haftenden Gesellschafter ohne Eiwilligung des Aufsichtsrates zurückgenommen werden können (§§ 566, 515 ZPO.).

Das Urteil des erkennenden Senats vom 25. Februar 1885 (Entsch. des RG.s in Zivils. Bd. 14 S. 142) nimmt zu der vorstehend erörterten Frage keine grundsätzliche Stellung, sondern verneint nur die Erstattungspflicht des Gegners für die Kosten eines zweiten Prozeßbevollmächtigten.

Aus der Notwendigkeit des Zusammenwirkens beider Organe der Gesellschaft folgt, daß sie auch nur gemeinsam einen Prozeßbevollmächtigten bestellen, und Rechtsmittel nur von dem gemeinsam bestellten Prozeßbevollmächtigten eingelegt werden können.... Die eingelegte Revision war daher gemäß § 554a ZPO. als unzulässig zu verwerfen.

Die Entscheidung des Kostenpunktes beruht auf der Erwägung, daß jemand, der als gesetzlicher Vertreter eines anderen auftritt, ohne hierzu berechtigt zu sein, diesen durch seine Handlungen nicht verpflichten kann. Die Beklagte hat daher nicht die Kosten des Rechtsmittels zu tragen, das ihr Aufsichtsrat ohne Vertretungsmacht für sie eingelegt hat. Dagegen ist dieser selbst, da ihn die Wirkungen seiner Handlung treffen, hinsichtlich der Kostenpflicht als Partei zu behandeln und gemäß § 97 ZPO. in die Kosten des von ihm ohne Erfolg eingelegten Rechtsmittels zu verurteilen." ...

RGZ. 66, 181.

1. Ist der Konkursverwalter zur Aufnahme des Prozeßverfahrens befugt, wenn der Gemeinschuldner den Klaganspruch nach der Rechtshängigkeit, aber vor der Eröffnung des Konkursverfahrens abgetreten hat?

ZPO. § 265. KO. § 10.

2. Sind gegen den von einer Aktiengesellschaft erhobenen Anspruch auf Brandentschädigung Einwendungen des Versicherers, dahingehend, der Vorstand der Gesellschaft habe den Brand vorsätzlich angelegt, Rettung böswillig unterlassen, wissentlich falsche Angaben über den Schaden gemacht, zuzulassen?

VII. Zivilsenat. Urt. v. 4. Juni 1907.

I. Landgericht Stuttgart. — II. Oberlandesgericht daselbst.

Die Aktiengesellschaft B. war bei verschiedenen Versicherungsgesellschaften gegen Brandschaden versichert. In ihren Fabrikräumen brach Feuer aus, und sie erhob Klage auf Zahlung der Brandentschädigung. Nach der Zustellung der Klage trat sie den Anspruch aus den Versicherungsverträgen an die W. Vereinsbank ab; demnächst wurde der Konkurs über das Vermögen der Aktiengesellschaft eröffnet, und der Konkursverwalter nahm das Verfahren auf. Die verklagten Versicherungsgesellschaften bestritten die Befugnis des Konkursverwalters hierzu und wendeten weiter ein, daß der Anspruch auf die Versicherungssumme verwirkt sei, da der die versicherte Aktiengesellschaft zur Zeit des Brandes vertretende Direktor den Brand vorsätzlich angelegt, Rettung böswillig unterlassen und wissentlich falsche Angaben über den Schaden gemacht habe. Beide Instanzen haben die Aufnahme des Verfahrens durch den Konkursverwalter zugelassen, vom Oberlandesgericht ist dies durch Zwischenurteil ausgesprochen.

Über den Anspruch selbst erkannte das Landgericht unter Zulassung des Einwandes falscher Schadensliquidation auf einen Eid für den Konkursverwalter. Das Oberlandesgericht wies die erwähnten Einwendungen der Beklagten aus Rechtsgründen zurück und verurteilte durch Teilurteil zur Zahlung der festgestellten Entschädigungssumme an die W. Vereinsbank.

Auf die Revision der Beklagten wurde dieses Urteil aufgehoben.

Aus den Gründen:

„I. Der erste Angriff der Revision ist gegen die im Zwischenurteile vom 6. Oktober 1905 getroffene, nach § 548 ZPO. der Beurteilung des Revisionsgerichts mitunterliegende Entscheidung gerichtet. Die Revision erachtet die Zurückweisung der Einrede der Beklagten, der Konkursverwalter sei, da die Ansprüche auf die Versicherungssumme bereits vor der Konkurseröffnung abgetreten seien, zur Geltendmachung dieser Ansprüche nicht befugt, für rechtsirrtümlich.

Dieser Angriff ist nicht gerechtfertigt. Die Zulassung des Konkursverwalters als Kläger findet vielmehr, ohne daß es des Eingehens auf die weiteren Entscheidungsgründe des Berufungsgerichts bedarf, schon ihre Rechtfertigung in der, auch im Zwischenurteile in erster Reihe angezogenen, Bestimmung des § 265 ZPO.

Unstreitig sind die Abtretungen nach Erhebung der Klage seitens der Aktiengesellschaft B., also nach Rechtshängigkeit (§ 263 ZPO.) der Streitsache erfolgt. Solche nach § 265 Abs. 1 ZPO. zulässigen Abtretungen haben nach der Vorschrift des Abs. 2 Satz 1 a. a. O. auf den Prozeß keinen Einfluß. Danach bleiben, ungeachtet der Abtretung der im Streit befangenen Forderung und ohne Rücksicht auf die materielle Wirkung der Zession, die Parteien hinsichtlich der formellen Prozeßführung dieselben und sind ebenso berechtigt wie verpflichtet, die zur Fortführung und Erledigung des Rechtsstreits nach der Prozeßordnung erforderlichen Handlungen vorzunehmen.

Vgl. Entsch. des RG.s in Zivils. Bd. 40 S. 340.

Die Aktiengesellschaft B. hätte somit, falls der Konkurs nicht eröffnet wäre, den Prozeß fortzuführen gehabt; sie blieb für das Prozeßverfahren die den Versicherungsanspruch verfolgende Klägerin. Durch die Konkurseröffnung trat in dieser Beziehung ein Änderung nicht ein; der Prozeß blieb auch nach der Eröffnung des Konkurses als ein solcher der Aktiengesellschaft anhängig. Die Konkurseröffnung hatte nur zur Folge, daß das einen vermögensrechtlichen Anspruch betreffende Verfahren gemäß § 240 ZPO. unterbrochen wurde, und daß der Rechtsstreit nun nicht mehr durch die Gemeinschuldnerin, sondern nach erfolgter Aufnahme des Verfahrens durch den Konkursverwalter fortzuführen war. Daß letzterer, wenn die Abtretungen nicht erfolgt wären, nach § 10 KO. zur Aufnahme des Rechtsstreits befugt war, ist nicht zweifelhaft. Die Abtretungen können diese Befugnis nicht aufheben, denn sie haben, wie ausgeführt ist, auf die prozessuale Lage des Rechtsstreits keinen Einfluß. Zu entscheiden bleibt über einen von der Gemeinschuldnerin erhobenen vermögensrechtlichen Anspruch, über den die Verfügung jetzt dem Konkursverwalter zugefallen ist. Erachtet er die Weiterverfolgung dieses Anspruchs, obwohl das materielle Gläubigerrecht auf andere übergegangen ist, dennoch im Interesse der Konkursmasse für dienlich, so sind die Beklagten nicht berechtigt, der Aufnahme des Verfahrens zu widersprechen. Ihre prozessuale Lage ist dadurch in keiner Weise verschlechtert; der materiellen Bedeutung der Abtretungen trägt der vom Kläger gestellte Eventualantrag, nach dem in den Vorinstanzen auch erkannt ist, Rechnung.

II. Weiter greift die Revision die Beurteilung des Berufungsgerichts, daß das von den Beklagten behauptete Verhalten des Direktors G. den erhobenen Ansprüchen auf die Versicherungsumme nicht entgegenstehe, als rechtsirrtümlich an. Diesen Angriffen war der Erfolg nicht zu versagen. Die Ausführungen, mit denen das Berufungsgericht die von den Beklagten in der erwähnten Richtung erhobenen Einwendungen zurückweist, sind nicht aufrechtzuerhalten. Sie lassen, indem sie aus allgemeinen Rechtsgrundsätzen die Verantwortlichkeit der versicherten Gesellschaft für die ihrem Vorstande zur Last gelegten Verschuldungen verneinen, der vorliegend durch die Versicherungsverträge begründeten besonderen Rechtslage nicht ausreichende Würdigung zuteil werden.

Auszugehen ist davon, daß es sich hier um Ansprüche handelt, welche für die versicherte Aktiengesellschaft aus mit ihr abgeschlossenen V e r t r ä g e n geltend gemacht werden, daß deshalb die in den Versicherungsbedingungen niedergelegten Satzungen für die Berechtigung ihrer Forderung maßgebend sind, und nicht allgemeine Rechtsgrundsätze ihr Verhältnis zu den verklagten Versicherungsgesellschaften regeln. Der Versicherungsvertrag ist ein gegenseitiger, und zu den Pflichten des Versicherten gehört neben der Zahlung der Prämie auch noch ein solches Verhalten, wie es die Versicherungsbedingungen von ihm fordern; aus der Verletzung der vertragsmäßigen Verhaltungspflichten kann vom Versicherer der Verlust des Versicherungsanspruchs hergeleitet werden.

Versichert ist hier eine Aktiengesellschaft; sie kann als solche nur durch ihre Organe in das Rechtsleben eingreifen, nur durch sie Rechte erwerben, Verpflichtungen erfüllen. Das zu ihrer Vertretung berufene Organ ist ihr Vorstand (§ 231 HGB.). Durch ihn erwirbt die Gesellschaft den Versicherungsanspruch; durch ihn erfüllt sie ihre Vertragspflichten, und folgerecht wirkt deshalb auch Nichterfüllung oder Zuwiderhandeln gegen die Vertragspflichten seitens des Vertretungsorgans unmittelbar gegen die Gesellschaft selbst. Verletzung solcher Vertragspflichten, die nach den Versicherungsbedingungen den Verlust des Anspruchs auf die Versicherungssumme nach sich ziehen, halten die Beklagten aber der Klageforderung entgegen....

Aus diesen rechtlichen Gesichtspunkten ist die Einwendung der Beklagten, der Anspruch auf die Versicherungssumme sei infolge von

Vertragsverletzungen durch den Direktor G. verwirkt, vom Berufungsgericht einer erneuten tatsächlichen Prüfung zu unterziehen."...

RGZ. 66, 369.

Ist ein Aufsichtsratsbeschluß gültig gefaßt, wenn nicht sämtlichen Aufsichtsratsmitgliedern Gelegenheit zur Mitwirkung gegeben war?

I. Zivilsenat. Urt. v. 12. Oktober 1907.

I. Landgericht Hamburg, Kammer für Handelssachen. — II. Oberlandesgericht daselbst.

...

Aus den Gründen:

... „An der Aufsichtsratssitzung vom 21. Dezember 1905, in welcher der Kündigungsbeschluß gefaßt worden ist, haben von den fünf Mitgliedern des Aufsichtsrats nur drei teilgenommen. Der Vorsitzende hat sich nicht beteiligt, weil er sich in der Angelegenheit als Partei ansah. Das in der Sitzung nicht anwesende Aufsichtsratsmitglied Dr. Schr. in Berlin war gar nicht geladen. In der unterbliebenen Zuziehung dieses Aufsichtsratsmitgliedes erblickt das Berufungsgericht den entscheidenden Mangel des gefaßten Beschlusses. Es sieht in dem satzungsgemäß aus fünf Mitgliedern bestehenden Aufsichtsrate der Beklagten ein Kollegium und ist grundsätzlich der Meinung, für die Beschlußfassung gehöre es zum Wesen eines solchen Kollegiums, daß seinen sämtlichen Mitgliedern Gelegenheit zur Mitwirkung gegeben werde. Der Beschluß einer gleichgültig wie großen Anzahl von Mitgliedern einer Körperschaft, an dem mitzuwirken nicht sämtlichen Mitgliedern Gelegenheit gegeben worden, sei in Wirklichkeit kein Beschluß dieser Körperschaft, möge er sich auch so nennen, sondern nur ein Beschluß der Gesamtheit der dabei beteiligten Mitglieder.

Dieser Auffassung ... tritt der Senat bei. Für den Aufsichtsrat der Beklagten gelten nach Art. 21 der Satzung die einschlagenden Vorschriften des Aktienrechts. In der Literatur viel verhandelt und verschieden beantwortet ist die Frage, ob der Aufsichtsrat nur bei Mitwirkung aller Mitglieder beschlußfähig sei. Diese Frage erledigt sich hier dadurch, daß die Satzung selbst in Art. 18 Abs. 2 darüber Bestimmung getroffen hat: der Aufsichtsrat ist beschlußfähig, wenn mindestens drei Mitglieder anwesend sind. Damit ist hier aber noch nichts über die hier allein erhebliche, ganz andere Frage entschieden, ob ein Aufsichtsratsbeschluß, bei genügender Präsenz und auch genügender Stimmenzahl, dann vorhanden ist, wenn nicht allen Mitgliedern wenigstens die Möglichkeit der Mitwirkung gegeben, also bei in Sitzungen gefaßten Beschlüssen, wenn ihnen nicht wenigstens die Sitzung mitgeteilt war.

Dem Berufungsgericht ist zuzugeben, daß sich die Verneinung dieser Frage mit Notwendigkeit aus dem Wesen des Aufsichtsrats, als eines Kollegiums, ergibt, da es sich dabei um die Bildung eines Kollegialwillens, nicht um die bloße Summierung der Einzelwillen der Mitglieder handelt. Deswegen kann es auch nicht darauf ankommen, ob man bereits aus der Summierung der Einzelwillenserklärungen mit Sicherheit entnehmen könnte, daß die Majorität des Kollegiums sich in einem bestimmten Sinne entscheiden würde, und es darf kein Gewicht darauf gelegt werden, daß sich die Übergehung nur auf ein Mitglied, oder auf eine so geringe Anzahl von Mitgliedern bezieht, daß die Übergangenen keinen bestimmenden Einfluß auf das Ergebnis der Beschlußfassung hätten haben können. Auch in diesem Falle ist ein Beschluß des Kollegiums nicht zustande gekommen. Daraus, daß es möglich gewesen wäre, einen ordnungsmäßigen Kollegialbeschluß gleichen Inhalts zu erreichen, folgt nicht, daß man den mangelhaften Beschluß dieses Inhalts als einen ordnungsmäßigen, auf dem Kollegialwillen beruhenden behandeln darf...

Der Vertreter der Revision hat die Ansicht aufgestellt, daß ein solcher Verstoß im Verfahren der Beschlußfassung nur eine innere Angelegenheit des Aufsichtsrats sei und daher wohl für die Aufsichtsratsmitglieder die Anfechtbarkeit des Beschlusses begründen könne, nach außen aber, Dritten gegenüber, die Gültigkeit des Beschlusses nicht berühre.... Die Revision verkennt, daß der begangene Fehler dem tatsächlich gefaßten Beschlusse die Eigenschaft eines Aufsichtsratsbeschlusses entzogen hat, so daß ein Aufsichtsratsbeschluß überhaupt nicht zustande gekommen ist.... Es ist nicht ersichtlich, warum sich auf diesen Mangel nicht auch ein Dritter sollte berufen können, warum insbesondere der Kläger nicht sollte geltend machen können, daß der Aufsichtsrat, der hierzu satzungsmäßig allein befugt war, die Kündigung gar nicht beschlossen habe.

Die Satzung der Beklagten setzt regelmäßig voraus, daß die Beschlüsse des Aufsichtsrats in Sitzungen gefaßt werden. Für eilige Fälle aber kennt sie auch eine Beschlußfassung im Wege schriftlicher oder telegraphischer Abstimmung (Art. 18 Abs. 2 letzter Satz). Das Berufungsgericht hält auch eine Verbindung beider Verfahren für zulässig und bejaht das Vorhandensein eines Eilfalles. Es hält daher die briefliche Zustimmung des Dr. Schr. vom 5. März 1906 nicht für wirkungslos, will ihr aber eine Wirkung nur in dem Sinne zuerkennen, daß erst im

Augenblicke des Beitritts dieses bisher nicht befragten Aufsichtsratsmitgliedes ein Aufsichtsratsbeschluß zustande gekommen sei. Es verneint eine Rückbeziehung auf den Zeitpunkt der früheren Beschlußfassung und lehnt insbesondere die Anwendung des § 184 BGB. ab, da es sich nicht um eine nachträgliche Zustimmung im Sinne dieses Paragraphen handele. Auch diese Ausführungen ... sind rechtlich nicht zu beanstanden. Daraus folgt ohne weiteres, daß der nachträgliche Beitritt des Dr. Schr. für die Frage, ob die Kündigung der Beklagten schon zum 1. April 1906 wirksam war, keine Bedeutung haben kann." ...

RGZ. 68, 314.

Unter welchen Voraussetzungen kann ein Beschluß der Generalversammlung über die Entlastung des Vorstandes und des Aufsichtsrates einer Aktiengesellschaft nach § 271 HGB. wegen Verletzung des Gesetzes angefochten werden?

HGB. §§ 260, 268, 271. (Jetzt § 197 AktG.). BGB. § 826.

II. Zivilsenat. Urt v. 1. Mai 1908.

I. Landgericht Offenburg. — II. Oberlandesgericht Karlsruhe.

Aus den Gründen:

... „Auch wenn mit dem Berufungsgerichte davon auszugehen ist, die Kreditgewährungen an die Gesellschaft m. b. H. hätten wegen ihrer Höhe und Gefährlichkeit bei Anwendung der schuldigen Sorgfalt nicht als durch das Statut erlaubt und durch die übrige Sachlage gestattet erachtet werden dürfen und die Aktiengesellschaft habe danach gegen Vorstand und Aufsichtsrat einen Schadensersatzanspruch gehabt, so kann das angefochtene Urteil mit der Begründung, wie sie jetzt vorliegt, nicht aufrechterhalten werden. Zwar gereicht an sich jeder Verzicht auf begründete Regreßansprüche gegen zahlungsfähige Mitglieder des Vorstandes und des Aufsichtsrats zum Nachteil der Aktiengesellschaft. Es ist indes nicht zu bezweifeln, daß ein solcher Entlastungsbeschluß dadurch allein grundsätzlich noch nicht gegen das Gesetz verstößt, und zwar auch dann, wenn die Schuldner gegen das Statut gefehlt haben. Gegen das Statut würde aber eine solche Entlastung nur verstoßen, wenn in dem Statute bestimmt wäre, daß auf solche Regreßansprüche nicht verzichtet werden dürfe.

Dagegen ist nicht zu leugnen, daß ein solcher Entlastungsbeschluß gegen das Gesetz verstoßen kann. Dies ist dann anzunehmen, wenn die Mehrheit der Aktionäre bei der Beschlußfassung in einer gegen die guten Sitten verstoßenden Weise vorsätzlich zum Nachteile der Aktiengesellschaft oder zum Nachteile der Minderheit gehandelt hat. Das ergibt sich aus den in dem § 826 BGB. ausgesprochenen Grundsatze. Dabei ist unter der „Mehrheit", deren Handeln im Sinne des § 826 — anders gesagt: deren „dolus" — vorliegen muß, um einen Entlastungsbeschluß ungesetzlich zu machen, nicht die Gesamtheit derjenigen zu verstehen, welche für die Entlastung gestimmt haben. Ein solches Handeln im Sinne des § 826 — der „dolus" — braucht bloß bei dem Teile vorhanden zu sein, der im gegebenen Falle mindestens erforderlich war, *um einen Mehrheitsbeschluß hervorzubringen.*"...

RGZ. 71, 377.

Haftet der Übernehmer des ganzen Vermögens einer Aktiengesellschaft für nicht mit übernommene Schulden der Aktiengesellschaft?

BGB. § 419. HGB. §§ 25, 303, 305, 306. (Jetzt §§ 203 ff. AktG.).

VII. Zivilsenat. Urt. v. 10. Juli 1909.

I. Landgericht I München. — II. Oberlandesgericht daselbst.

Die Aktiengesellschaft H., die ihr ganzes Vermögen an die Klägerin verkauft hatte, war vorher der bayerischen Staatskasse eine Gebühr von 12 000 M schuldig geworden, wegen deren sich die Staatskasse an die Übernehmerin halten wollte. Diese erhob Klage auf Feststellung, daß ein Anspruch des Beklagten gegen sie auf Zahlung der Gebühr nicht bestehe, wurde aber mit der Klage in allen Instanzen abgewiesen.

Gründe:

„Fest steht, daß die Klägerin durch den Vertrag vom 22. Oktober 1902 das ganze Vermögen der Aktiengesellschaft H. übernommen hat, ohne deren Handelsgeschäft unter der gleichen Firma fortzuführen und ohne deren sämtliche Schulden zu übernehmen. Ferner besteht kein Streit darüber, daß zur Zeit des Vertragsschlusses die Gebührenforderung des verklagten Fiskus gegen die Gesellschaft H. in Höhe von 12 000 M bereits bestand. Auf Grund dieser Tatsachen hat das Berufungsgericht angenommen, daß die Haftung der Klägerin für die fragliche Schuld zwar nicht auf Grund des § 25 HGB., wohl aber auf Grund und nach Maßgabe des § 419 BGB. begründet sei.

Die Anwendbarkeit des § 419 BGB. auf den vorliegenden Fall hatte die Klägerin hauptsächlich unter Berufung auf Art. 2 EinfG. z. HGB. bekämpft, wonach in Handelssachen die Vorschriften des Bürgerlichen

Gesetzbuchs nur insoweit zur Anwendung kommen, als nicht im Handelsgesetzbuche oder im Einführungsgesetze dazu ein anderes bestimmt ist. Sie vertrat die Meinung, daß die Haftung des Übernehmers eines Handelsgeschäfts für die Schulden des Veräußerers durch § 25 HGB. erschöpfend geregelt und daher für die Anwendung des bürgerlichen Rechtes kein Raum sei. Das Berufungsgericht hat diese Meinung im Anschlusse an das Urteil des Reichsgerichts, VI. Zivilsenats, vom 22. Juni 1908 — Entsch. Bd. 69 S. 284 — zutreffend widerlegt. In diesem Urteile, dem der erkennende Senat beitritt, ist eingehend dargelegt, daß sich § 25 HGB. und § 419 BGB. nicht decken und nicht ausschließen, vielmehr beide nebeneinander Anwendung zu finden haben, wenn das übernommene Handelserwerbsgeschäft, wie das bei Gesellschaften die Regel bildet, zugleich das ganze Vermögen der übertragenden Gesellschaft darstellt.

Die Revision ist denn auch auf diesen rechtlichen Gesichtspunkt nicht zurückgekommen, sie sucht aber die Unanwendbarkeit des § 419 BGB. auf den vorliegenden Fall aus dem Zwecke dieser Bestimmung in Verbindung mit den Gläubigerschutzvorschriften des § 303 HGB. herzuleiten, jedoch mit Unrecht. Wenn eine Einzelperson sämtliche Aktivbestandteile ihres Vermögens einzeln veräußert, so kann keine Rede davon sein, daß der oder die Erwerber — abgesehen von den auf einzelnen Sachen lastenden dinglichen Rechten — für die Schulden des Veräußerers hafteten. Dagegen haftet unbestreitbar, wer alle Aktiva einer Einzelperson als Ganzes, als Vermögensinbegriff, übernimmt. Der gleiche Unterschied in der Haftung zeigt sich bei Auflösung und Liquidation einer offenen Handelsgesellschaft und ebenso bei Auflösung und Liquidation einer Aktiengesellschaft.

Bei der Aktiengesellschaft trifft das Handelsgesetzbuch allerdings noch besondere Vorsorge für den Schutz der Gläubiger: nach § 297 müssen die Gläubiger zur Anmeldung ihrer Ansprüche öffentlich aufgefordert werden, und nach § 301 darf die Verteilung des Vermögens erst nach Ablauf des sog. Sperrjahres erfolgen. Diese Vorschriften finden auch im Falle des § 303 bei Verwertung des Gesellschaftsvermögens durch Veräußerung des Vermögens im ganzen Anwendung. Inwiefern aber hierdurch die Anwendung des § 419 BGB. ausgeschlossen sein sollte, ist nicht abzusehen. Allerdings ist zuzugeben, daß im Hinblicke auf das Sperrjahr und die öffentliche Aufforderung der Gläubiger das Bedürfnis einer Haftung des Vermögensübernehmers ein geringeres ist, als in den gewöhnlichen Fällen; allein anderseits verringert sich durch die erwähnten Maßregeln auch die Gefahr für den Übernehmer, von den Gläubigern der aufgelösten Gesellschaft in Anspruch genommen zu werden. Jedenfalls aber kann aus den Liquidationsvorschriften der §§ 294 flg. HGB. nicht geschlossen werden, daß § 419 BGB. auf die Veräußerung des ganzen Vermögens einer Aktiengesellschaft keine Anwendung finden soll. Nicht die Anwendbarkeit des § 419, sondern der Ausschluß seiner Anwendung hätte positiver Festsetzung bedurft. Und daß auch bei der Liquidation von Aktiengesellschaften für deren Gläubiger ein Bedürfnis bestehen kann, sich an den Vermögensübernehmer zu halten, zeigt der vorliegende, sowie der in dem erwähnten Urteile des VI. Zivilsenats erörterte Fall.

Die Revision hat weiter ausgeführt, daß es auffallend wäre, wenn die Frage der Schuldenhaftung im Falle des 303 HGB. nicht nur anders geregelt wäre als im Regelfalle der §§ 294 flg., sondern auch anders als im Falle der Fusion nach §§ 305, 306 HGB. Die hierbei vorausgesetzte Verschiedenheit der Haftung besteht jedoch nicht. Auch im Falle der Fusion haftet die aufnehmende Gesellschaft auf Grund des § 419 BGB. mit dem übernommenen Vermögen für die Schulden der aufgenommenen Gesellschaft; auf dieses Vermögen haben die Gläubiger der aufgenommenen Gesellschaft ein die Gläubiger der aufnehmenden Gesellschaft ausschließendes Aussonderungsrecht, § 306 Abs. 3 HGB. Streitig ist oder war wenigstens früher in der Literatur, ob sich die Gläubiger der aufgenommenen Gesellschaft nicht schon während des Sperrjahres auch an das Vermögen der aufnehmenden halten könnten. Dagegen besteht nicht der geringste Zweifel darüber, daß nach Vollzug der Fusion, nach Vereinigung der beiden Vermögen den Gläubigern der aufgenommenen Gesellschaft... das gesamte vereinigte Vermögen unbeschränkt haftet. Der Steueranspruch des Fiskus wäre also auch dann gegen die Klägerin begründet, wenn diese das Vermögen der Gesellschaft H. im Wege der Fusion übernommen hätte. Die Haftung bei der Fusion ist eine weitere, nicht, wie die Revision annimmt, eine engere als im Falle des § 303 HGB.

Die Revision hat noch geltend gemacht, § 419 BGB. treffe nur Fürsorge für Gläubiger aus privatrechtlichen Schuldverbindlichkeiten, nicht für die hier streitige, im öffentlichen Rechte wurzelnde Staatsgebühr. Diese Meinung findet im Gesetze keinen Anhalt. Der Paragraph spricht einfach von den „Gläubigern" des Veräußerers, und daß zu den Gläubigern auch der Staat wegen Steuer- und ähnlichen Forderungen gehört, bedarf keiner weiteren Erörterung. Zählt doch der § 61 KO. diese Forderungen als solche von Konkurs*gläubigern* auf."

RGZ. 73, 78.

Aktiengesellschaft. Geltendmachung eines Ersatzanspruches gegen den Aufsichtsrat auf Verlangen einer Minderheit der Aktionäre. Umfaßt die Verpflichtung der Minderheit, der Gesellschaft gegenüber die Kosten des Rechtsstreits zu tragen, auch die Pflicht, der Gesellschaft den nach § 81 GKG. von ihr eingezogenen Gebührenvorschuß alsbald zu erstatten?

HGB. § 269 Abs. 4. (Jetzt § 123 Abs. 4 AktG.).

I. Zivilsenat. Urt. v. 2. März 1910.

I. Landgericht Dortmund. — II. Oberlandesgericht Hamm.

Aus den Gründen:

... „Entscheidend ist allein, ob die Klage durch § 269 Abs. 4 HGB. gerechtfertigt wird, der bestimmt: „Die Minderheit ist der Gesellschaft gegenüber verpflichtet, die Kosten des Rechtsstreits zu tragen." Während das Landgericht diese Frage bejaht hatte, nimmt das Oberlandesgericht an, daß sich die Vorschrift auf Kostenvorschüsse nicht beziehe, sondern nur die endgültige Tragung der Kosten des als unbegründet abgewiesenen Regreßanspruchs im Auge habe. Es ist aber der Ansicht der ersten Instanz beizutreten. Die Vorschrift bietet weder ihrer Wortfassung, noch ihrem Zwecke nach einen genügenden Anlaß zu der Unterscheidung, die das Oberlandesgericht aufstellt. Was die Fassung angeht, so kommt in Betracht, daß die entsprechende Vorschrift des Allgemeinen Deutschen Handelsgesetzbuchs anders lautete. In Art. 223 des Gesetzes vom 18. Juli 1884 hieß es: „Die Minderheit ist verpflichtet, die der Gesellschaft auferlegten Prozeßkosten ihr zu erstatten." Damit war der Gedanke deutlich ausgedrückt, daß nur die Kosten der ganz oder zum Teil abgewiesenen Regreßklage, die deshalb der Gesellschaft nach den §§ 91 flg. ZPO. (früher §§ 87 flg.) aufzuerlegen waren, hinterher von der Minderheit zu erstatten seien. Die jetzige Fassung aber greift weiter. Sie spricht nicht von der Erstattung auferlegter Kosten, sondern schlechthin von der Tragung der Kosten des Rechtsstreits....

Auch der Zweck der Bestimmung spricht gegen die Auffassung des Oberlandesgerichts.... Wenn das Gesetz anordnet, daß die Minderheit „der Gesellschaft gegenüber" verpflichtet sei, die Kosten des Rechtsstreits zu tragen, so hat es dabei eine durch die Regeln der natürlichen Billigkeit gebotene Ausgleichung zwischen den Interessen der ihren Willen durchsetzenden Minderheit und den Interessen der zum Nachgeben gezwungenen Mehrheit im Auge. Soweit es sich um das innere Verhältnis der Gesellschaft handelt, soll die Minderheit selbst die Gefahr und die Kosten des von der Mehrheit nicht gewollten Rechtsstreits auf sich nehmen. Es liegt auf der Hand, daß dieser deutlich erkennbare Zweck des Gesetzes nur unvollkommen erreicht werden würde, wenn die Gesellschaft erst das Ende des Prozesses abwarten müßte, ehe sie die Minderheit wegen der Kosten in Anspruch nehmen könnte." ...

RGZ. 73, 234.

Wie ist zu verfahren, wenn innerhalb des Aufsichtsrats einer Aktiengesellschaft eine gültige Wahl des Vorsitzenden nicht zustande kommt? Bleibt der Vorsitzende auch über die im Statute bestimmte Zeit im Amte, bis eine gültige Neuwahl erfolgt ist?

HGB. § 243. (Jetzt §§ 86, 87 AktG.).

I. Zivilsenat. Urt. v. 19. März 1910.

I. Landgericht Bremen, Kammer für Handelssachen. — II. Oberlandesgericht Hamburg.

...

Aus den Gründen:

„Unbedenklich ist den beiden Vorinstanzen darin beizutreten, daß einerseits die Entscheidung durch das Los kein geeignetes Mittel zur Herstellung eines gültigen Beschlusses des Aufsichtsrates darstellt, und daß andererseits, wenn wegen Stimmengleichheit ein Beschluß des Aufsichtsrates nicht zustande kommt, ... die Generalversammlung der Aktionäre zur Entscheidung berufen ist....

Hiernach spitzt sich die Entscheidung auf die Frage zu, ob der Vorsitzende des Aufsichtsrates so lange im Amte bleibt, bis sein Nachfolger gewählt ist....

Das Oberlandesgericht meint, es könne nicht gewollt sein, daß im Falle der Verzögerung der Neuwahl der Aufsichtsrat auf längere oder kürzere Zeit des Vorsitzenden beraubt sein sollte.... Diese Begründung erscheint nicht stichhaltig.

Es ist nicht anzuerkennen, daß die Funktion des Vorsitzenden nicht einmal vorübergehend ausfallen könnte.... Es ist auch gar nicht zu vermeiden, daß der Vorsitzende fortfallen kann, ohne daß unmittelbar ein anderer an seine Stelle tritt, z. B. durch Tod, durch plötzlich eintretende Unfähigkeit, den Posten zu versehen, bei Nichtwiederwahl als Mitglied des Aufsichtsrats usw.... Nach § 243 Abs. 2 und 3 HGB.

endigt die Mitgliedschaft zum Aufsichtsrate ohne weiteres mit Ablauf der dort bestimmten Fristen, selbst wenn eine rechtzeitige Neuwahl unterlassen ist.... Aus diesem Grunde ist Art. 191 des alten HGB., wo die Fristen auf ein Jahr und fünf Jahre bestimmt waren, geändert worden, damit nicht das Ausscheiden der Aufsichtsratsmitglieder regelmäßig zu einem Zeitpunkte stattfände, in dem die Möglichkeit von Neuwahlen durch die ordentliche Generalversammlung nicht bestehe.

Vgl. Denkschrift z. HGB., S. 141....

Hiernach ist anzunehmen, daß die Generalversammlung mit Grund eingeschritten ist, und daß der angefochtene Beschluß nicht gegen Gesetz oder Satzung verstößt."

RGZ. 73, 343.

Inwieweit können sich Mitglieder des Aufsichtsrats einer Aktiengesellschaft, die mit dem Vorstande der Gesellschaft einen Kaufvertrag abgeschlossen haben, auf die Vorschrift des § 235 Abs. 2 HGB. berufen, nach der Dritten gegenüber eine Beschränkung der Vertragsbefugnis des Vorstandes unwirksam ist?

HGB. § 235. (Jetzt § 74 AktG.).

II. Zivilsenat. Urt. v. 10. Mai 1910.

I. Landgericht Dortmund, Kammer für Handelssachen. — II. Oberlandesgericht Hamm.

Aus den Gründen:

... „Es ist dem Berufungsrichter darin allerdings beizustimmen, daß ein Aufsichtsratsmitglied einer Aktiengesellschaft, das mit dem Vorstande der Gesellschaft einen Kaufvertrag über Waren abschließt, an sich Dritter im Sinne des § 235 HGB. ist: jeder, dem gegenüber der Vorstand der Gesellschaft diese in Geschäften der bezeichneten Art vertritt, ist Dritter im Sinne des Gesetzes (Entsch. des Reichsoberhandelsgerichts Bd. 6 S. 140/141). Es ist auch unbestrittenen Rechtens, daß die Rechtsverbindlichkeit eines vom Vorstand mit einem Dritten abgeschlossenen Vertrages nicht dadurch in Frage gestellt wird, das dem Dritten die Beschränkung, welche der Vorstand der Gesellschaft gegenüber hätte einhalten sollen, bekannt war; und die Rechtsverbindlichkeit eines solchen Vertrages mag auch um deswillen noch nicht zu bezweifeln sein, weil der Dritte Mitbegründer und Aufsichtsrat der betreffenden Gesellschaft ist und in dieser seiner Eigenschaft die Beschränkung des Vorstandes in der Vertragsbefugnis gekannt hat. Hier gehen aber die von der Beklagten zu ihrer Verteidigung geltend gemachten Tatsachen weiter. Die Beklagte hat behauptet, der Inhaber der klagenden Handlung habe bei dem in Frage stehenden Vertragsabschluß die ihm als Mitglied des Aufsichtsrats der Beklagten obliegenden Pflichten, auch durch den Abschluß ohne Zustimmung des Aufsichtsrats, gröblich verletzt, und er habe sich als Aufsichtsratsmitglied sagen müssen, daß der (enorme) Abschluß mit ihm neben dem früheren Abschluß mit einer anderen Firma nicht im Interesse der noch jungen Gesellschaft gelegen habe. Die Beklagte hat nach ihrem gesamten Vorbringen auch geltend gemacht, der Vertrag sei für sie schadenbringend; sie werde geschädigt, wenn sie den Vertrag durch Abnahme der großen, von ihr nicht gebrauchten Warenmenge erfüllen müsse. Ist es aber wahr, daß der Inhaber der klagenden Handlung mit dem Abschluß des Vertrages die ihm als Mitglied des Aufsichtsrats der Beklagten obliegenden Verpflichtungen verletzte, und daß der Beklagten aus dieser Verletzung Schade entstanden ist, oder, wenn sie den Vertrag erfüllen müßte, Schade entstehen würde, so liegen die Voraussetzungen des § 249 Satz 2 BGB. vor. Der Inhaber der klägerischen Handlung wäre — einerlei, ob er mit dem Vorstande der Beklagten (Direktor Sch.) kolludiert hat oder nicht — der Beklagten für ihren Schaden haftbar. Daraus ergibt sich vor allem aber auch, daß er der Beklagten gegenüber einen Anspruch aus dem Vertrage nicht geltend machen könnte (§ 249 BGB.; Entsch. des RG.s in Zivils. Bd. 58 S. 356/357)." ...

RGZ. 73, 366.

Findet die Bestimmung des § 289 Abs. 3 HGB.*) über die Befriedigung und Sicherstellung der Gläubiger im Falle der Herabsetzung des Grundkapitals einer Aktiengesellschaft Anwendung auf ausländische Aktiengesellschaften, welche im Inlande eine Zweigniederlassung haben, in deren Betrieb die betreffende Forderung des betreffenden Gläubigers entstanden ist?

II. Zivilsenat. Urt. v. 27. Mai 1910.

I. Landgericht I Berlin — II. Kammergericht daselbst.

...

Aus den Gründen:

... „Was die Hauptfrage anlangt, so bestimmen sich die Rechtsverhältnisse der Aktiengesellschaften im allgemeinen nach dem Rechte

*) Jetzt § 178 AktG.

des Staates, in dem sie gegründet sind und ihren Sitz haben. Das gilt nicht nur für die Fragen der Rechts- und Handlungsfähigkeit, sondern auch für die Fragen der Verfassung und Geschäftsführung, für den Gesellschaftsvertrag und dessen Abänderungen, sowie die rechtlichen Folgen dieser Abänderungen. Dazu gehören auch die Bestimmungen über die Herabsetzung des Grundkapitals und die in dieser Hinsicht zur Sicherung der Gläubiger gegebenen Vorschriften, die, was insbesondere das deutsche Aktienrecht anlangt, im 4. Titel des 2. Buchs des Handelsgesetzbuchs unter „Abänderungen des Gesellschaftsvertrages" enthalten sind. Es kann keinem begründeten Bedenken unterliegen, daß diese Vorschriften, in denen u. a. das für die Herabsetzung einzuschlagende Verfahren, die Anmeldung des Beschlusses zur Eintragung in das Handelsregister, die Aufforderung an die Gläubiger zur Anmeldung ihrer Forderungen, die eventuellen Zahlungen an die Aktionäre usw. eingehend geregelt sind, nur für inländische Aktiengesellschaften gegeben und auf diese anwendbar sind. Es erscheint aber nicht angängig, eine einzelne Bestimmung, wie den Abs. 3 des § 289, aus dem Zusammenhang dieser Vorschriften herauszugreifen und dieselbe insbesondere aus dem Gesichtspunkte, daß es sich insoweit um eine Schutzvorschrift für die inländischen Gläubiger handele, gegenüber ausländischen Aktiengesellschaften zur Anwendung zu bringen. Daß dies im vorliegenden Falle um deswillen angenommen werden müsse, wie zur Begründung der Revision geltend gemacht wird, weil die Beklagte sich durch Gründung einer Zweigniederlassung in Deutschland dem deutschen Aktienrecht unterworfen habe, ist grundsätzlich verfehlt. Ob eine ausländische Aktiengesellschaft im Inland eine Niederlassung hat oder nicht, ist für die Frage, nach welchem Recht ihre aktienrechtlichen Verhältnisse, insbesondere ihre Verpflichtungen den Gläubigern gegenüber auf Grund des Aktienrechts, zu beurteilen sind, nicht von Bedeutung. Daß aber das holländische Recht, das hiernach für die vorwürfige Frage maßgebend ist, eine dem § 289 Abs. 3 gleiche oder ähnliche Vorschrift enthalte, hatte die Klägerin nicht behauptet....

Es kann sich daher nur noch fragen, ob sich die Klägerin gegenüber der Anwendung des ausländischen Rechts nicht mit Erfolg auf die Bestimmung des von ihr angezogenen Art. 30 EinfGes. z. BGB. (vgl. auch § 328 Abs. I Nr. 4 ZPO.) berufen kann, wonach die Anwendung des ausländischen Gesetzes ausgeschlossen ist, wenn dessen Anwendung gegen die guten Sitten oder gegen den Zweck eines deutschen Gesetzes verstoßen würde. Indessen auch das ist zu verneinen. Von einem Verstoß gegen die guten Sitten kann keine Rede sein, und was die Frage des Verstoßes gegen den Zweck eines deutschen Gesetzes anlangt, so hat der erkennende Senat in dem auch vom Berufungsgericht bezogenen Urteile vom 21. März 1905 (Entsch. Bd. 60 S. 296 flg.) mit eingehender Begründung unter Hinweis auf die Entstehungsgeschichte der Bestimmung sich dahin ausgesprochen, daß dazu keinesfalls eine, wenn auch grundsätzliche, Verschiedenheit des ausländischen und des inländischen Gesetzes, die im Ergebnis zu entgegenstehenden Entscheidungen führen würde, genügt, daß vielmehr die Anwendung des an sich maßgebenden ausländischen Rechtes durch die Bestimmung des Art. 30 a. a. O. nur dann ausgeschlossen wird, wenn der Unterschied der staatspolitischen oder sozialen Anschauungen, auf denen das deutsche und das konkurrierende ausländische Recht beruht, ein so erheblicher ist, daß die Anwendung des ausländischen Rechtes die Grundlagen des deutschen staatlichen oder wirtschaftlichen Lebens angreifen würde. An diesem Standpunkt hält der Senat fest.

Eine solche Tragweite kann aber, ebenso wie in dem damals entschiedenen Falle des § 25 Abs. 1 HGB., so auch hier dem § 289 Abs. 3 nicht beigelegt werden,... zumal da es sich wesentlich um eine Zweckmäßigkeitsbestimmung handelt, bezüglich deren eine abweichende Auffassung der verschiedenen Gesetzgebungen durchaus erklärlich ist."...

RGZ. 74, 297.

1. Kann dem Aufsichtsrate einer Kommanditgesellschaft auf Aktien durch das Statut im voraus und allgemein die Befugnis erteilt werden, Abänderungen des Gesellschaftsvertrages mit den persönlich haftenden Gesellschaftern zu vereinbaren?

2. Kann dem einzigen persönlich haftenden Gesellschafter einer Kommanditgesellschaft auf Aktien die Vertretungsmacht entzogen werden?

I. Zivilsenat. Urt. v. 24. Oktober 1910.

I. Landgericht I Berlin, Kammer für Handelssachen. — II. Kammergericht daselbst.

Die Vermögensverwaltungsstelle für Offiziere und Beamte war eine Kommanditgesellschaft auf Aktien, deren einziger persönlich haftender Gesellschafter der Beklagte war. Der Aufsichtsrat klagte im Namen der Gesamtheit der Kommanditisten mit dem Antrage, dem Beklagten aus näher angegebenen „wichtigen" Gründen die Befugnis zur Geschäftsführung und zur Vertretung der Gesellschaft zu entziehen.

Das Gericht der ersten Instanz wies die Klage ab, während das Berufungsgericht ihr stattgab.

Der Beklagte hatte u. a. eingewandt, er habe das Vertragsverhältnis am 28. September 1908 auf den 1. April 1909 gekündigt; die Gesellschaft sei daher mit diesem Tage aufgelöst, und die Klage gegenstandslos. Ferner: es sei mit dem Wesen der Kommanditgesellschaft unvereinbar, daß dem einzigen Komplementar die Geschäftsführung und die Vertretungsmacht dauernd entzogen werde.

Das Reichsgericht hat die Revision des Beklagten zurückgewiesen und sagt über diese beiden Verteidigungsbehelfe in den

Gründen:

... 1. „Nach dem ursprünglichen Vertrage war die Dauer des Verhältnisses fest bestimmt auf die Zeit bis zum 1. April 1905. Zugleich war ausgemacht, daß falls nicht 6 Monate vor diesem Zeitpunkte eine Kündigung erfolge, sich das Vertragsverhältnis jedesmal für weitere 3 Jahre fortsetze. Nach diesen Bestimmungen hätte am 28. September 1909 der Vertrag erst auf den 1. April 1911 gekündigt werden können. Hieran vermochte der Vertrag vom 6. Januar 1905, der andere Kündigungsfristen vorsah, um deswillen nichts zu ändern, weil er nach dem festgestellten Sachverhalte auf seiten der Kommanditisten ausschließlich durch den Aufsichtsrat vereinbart worden ist....

Die Bestimmungen über die Dauer der Gesellschaft sind ein sehr wesentlicher Bestandteil des ganzen Vertragsverhältnisses und können nur in dem Gesellschaftsvertrage selbst getroffen werden, sei es in dem ursprünglichen Vertrage, sei es in einem abändernden Nachtrage, der dann aber wiederum in den für den Gesellschaftsvertrag selbst vorgeschriebenen Formen geschlossen werden muß. Es ergibt sich das unmittelbar aus den Vorschriften des Gesetzes. Die engen Grenzen, welche in § 274 HGB. in Beziehung auf die Aktiengesellschaft der Übertragung von Befugnissen der Generalversammlung auf den Aufsichtsrat gezogen werden, müssen nach § 320 Abs. 3 HGB. auch für das Recht der Kommanditgesellschaft auf Aktien gelten.

Vgl. Staub (8. Aufl.) Anm. 108 zu § 320.

2. Die Revision stellt aufs neue die Frage zur Entscheidung, ob dem einzigen persönlich haftenden Gesellschafter der Kommanditgesellschaft auf Aktien die Befugnis zur Vertretung der Gesellschaft entzogen werden kann. Nach § 320 Abs. 2 HGB. richtet sich das Rechtsverhältnis der persönlich haftenden Gesellschafter zu den Kommanditisten und zu Dritten, insbesondere ihre Befugnis zur Geschäftsführung und zur Vertretung der Gesellschaft, nach den für die Kommanditgesellschaft geltenden Vorschriften, eine Bestimmung, welche über die §§ 170,

161 Abs. 2 HGB. auf das führt, was in dieser Beziehung für die offene Handelsgesellschaft gilt.

Die Meinung, es sei mit dem Wesen der offenen Handelsgesellschaft nicht zu vereinen, daß nicht nur einigen Gesellschaftern, sondern schließlich auch dem letzten zur Vertretung noch befugten Gesellschafter diese Befugnis entzogen werde, sei es durch Vertrag, sei es durch Richterspruch,

vgl. Staub a.a.O. Anm. 3 zu § 125 und Bacmeister in der Ztschr. f. d. ges. Hand.-R. Bd. 55 S. 417,

würde einer gewissen Grundlage nicht entbehren, wenn bei der „Vertretung der Gesellschaft", von welcher § 125 HGB. spricht, nicht nur an „Stellvertretung" sondern auch an die Vertretung eigenen Rechtes, d. h. an jene Betätigung der berechtigten Persönlichkeit in Beziehung auf die Ausübung ihrer Rechte zu denken wäre, welche mit begrifflicher Notwendigkeit jedem existierenden subjektiven Rechte inhäriert, ohne welche ein subjektives Recht als existierend nicht gedacht werden kann. Es liegt — was die offene Handelsgesellschaft angeht — in der Wahrnehmung der Rechte der gesamten Hand untrennbar miteinander verbunden die „Vertretung" eigenen Rechts und die Stellvertretung in der Wahrnehmung der Rechte der Genossen. Wenn es nach positiver Vorschrift des Gesetzes zulässig ist, dem einzelnen Gesellschafter mit der Befugnis zur Stellvertretung, zugleich die Befugnis zu jener Vertretung eigenen Rechts zu nehmen — welche Vertretung alsdann dem mit der Vertretungsmacht ausgestatteten Gesellschafter obliegt —, so würde sich unter obiger Voraussetzung das Bedenken geltend machen, ob das auch da möglich sei, wo nur noch eine zur Vertretung berufene Persönlichkeit existiert, so daß mit ihrem Wegfalle die Rechte der Gesellschaft hilflos daständen, falls nicht auf irgend eine — im positiven Rechte freilich nirgends vorgesehene — Weise für Einsetzung einer Stellvertretung gesorgt wird, ähnlich, wie für Rechte Unmündiger durch die gesetzliche Vertretung Vorsorge getroffen ist. Staub gibt diesem Zweifel nach. Er erklärt eine solche Maßregel für unzulässig, und wenn er berichtet, daß hierin die ganz überwiegende Mehrzahl der Autoren wie die Judikatur anderer Meinung seien, so ist das im Grunde genommen nicht richtig. Die meisten erklären zwar eine solche Gestaltung des Rechtsverhältnisses für zulässig, aber nicht ohne deren Wirkung dahin zu bestimmen, daß alsdann eben sämtliche Gesellschafter zusammen handeln müßten und handeln könnten. Das wäre aber nicht Entziehung der Vertretungsmacht, deren Unmöglichkeit Staub behauptet, sondern lediglich eine Beschränkung der Vertretungsmacht, über deren Zulässigkeit ein Streit nicht möglich ist, weil sie sich ohne weiteres aus dem Gesetze ergibt.

Vgl. v. Hahn, Komm. z. allg. dtsch. HGB. (4. Aufl.) § 7 zu Art. 115; Puchelt-Förtsch, Bem. 10 zu Art. 86; Makower 13. Aufl.) Bem. Vb zu § 125; Lehmann-Ring Nr. 8 zu § 125; Goldmann Nr. 11 zu § 125; Weinhagen in Buschs Archiv Bd. 1 S. 149; OLG. Dresden in den Entsch. der OLG. Bd. 2 S. 516.

Das Reichsgericht vermag indes, auch was die völlige Beseitigung jeglicher Vertretungsmacht angeht, den dagegen obwaltenden Bedenken durchschlagende Bedeutung nicht beizumessen. Das Handelsgesetzbuch gestattet nun einmal schlechthin die Ausschließung des Gesellschafters von der Vertretungsmacht. Es schreibt vor, daß einem Gesellschafter, wenn ein wichtiger Grund dazu vorliegt, die Vertretungsmacht auch gerichtlich entzogen werden kann, und es ist nicht nur ein Schluß zwingender Logik, daß was von einem Gesellschafter schlechthin bestimmt wird, eben von jedem gelten muß, sondern es ist auch nicht einzusehen, weshalb die Maßregel gerade da als unzulässig entfallen soll, wo der einzige zur Vertretung berechtigte Gesellschafter Anlaß zu gerechtfertigter Beschwerde gibt und ein Einschreiten der Gerichte zum Schutze der übrigen Gesellschafter besonders dringlich erscheinen muß.

Es ist dem Vorderrichter auch darin beizustimmen, daß wenigstens dann, wenn es sich um eine Kommanditgesellschaft auf Aktien handelt, jeder etwa entstehenden Schwierigkeit auf dem durch den § 29 BGB. gebotenen Wege abgeholfen werden kann. Mag auch bei dieser Vorschrift in erster Linie an Fälle einer vorübergehenden Verhinderung gedacht sein, so besteht doch kein Grund, sie nicht auch da anzuwenden, wo eine voraussichtlich lange oder eine auf andere Weise überhaupt nicht zu beseitigende Vakanz die Beschaffung eines Notbehelfs doppelt erforderlich macht. Gerade in Fällen der letztgenannten Art wird sich ein gerichtliches Einschreiten ohne weiteres auf den § 29 stützen können, wenn es lediglich dafür Sorge trägt, durch Beschaffung einer vorübergehenden Vertretung dem Vereine die Rückkehr zu geordneten Verhältnissen zu ermöglichen." ...

RGZ. 74, 301.

1. Erlischt die Vertretungsmacht von Vertretern, welche zur Erhebung der Klage besonders bestellt sind (§ 268 Abs. 2 HGB.), dadurch, daß die Gesellschaft in Liquidation tritt?

2. Ist eine Klage gegen Vorstand und Aufsichtsrat einer Aktien-Kommanditgesellschaft, welche die Generalversammlung der Kommanditisten beschlossen hat, im Namen der Gesellschaft oder im Namen der Gesamtheit der Kommanditisten zu erheben?

I. Zivilsenat. Urt. v. 24. Oktober 1910.

I. Landgericht I Berlin, Kammer für Handelssachen. — II. Kammergericht daselbst.

Die in der vorigen Nummer erwähnte Kommanditgesellschaft auf Aktien erhob durch besondere in der Generalversammlung gewählte Vertreter gegen den persönlich haftenden Gesellschafter und gegen frühere Mitglieder des Aufsichtsrates Klage auf Schadensersatz wegen mangelhafter Geschäftsführung und Aufsicht....

Aus den Gründen:

... „Wäre die Klage von der regelmäßiger Weise zur Vertretung der Gesellschaft berufenen Persönlichkeit erhoben, so würde mit dem Eintritte in die Phase der Liquidation eine Veränderung in der gesetzlichen Vertretung einzutreten haben. Vorliegendenfalls kann aber davon keine Rede sein, wo die Klage von besonderen Vertretern erhoben ist, welche in Gemäßheit der §§ 320 Abs. 3, 325 Nr. 7, 327 Abs. 3, 268 Abs. 2 (vgl. auch § 328 Abs. 2) HGB. von der Generalversammlung gewählt sind. Es besteht kein Grund anzunehmen, daß mit der Veränderung der gesetzlichen Vertretung, wie sie die Liquidation nach § 331 HGB. oder im einzelnen Falle etwa nach statutarischen Bestimmungen zur Folge hat, die Vertretungsmacht jener besonderen Vertreter erlischt. Es ist eine einzelne, wenn vielleicht auch umfangreiche, so doch fest umgrenzte Angelegenheit in ihre Hände gelegt, die unabhängig von den übrigen Abwicklungsgeschäften erledigt werden kann....

Es handelt sich um eine Klage gegen Mitglieder des Aufsichtsrats nach §§ 320 Abs. 3, 249, 268 HGB. ... Es klagt hier nicht — wie es in § 328 HGB. durch positive Gesetzesbestimmung vorgesehen ist — die Gesamtheit der Kommanditisten, sondern die Gesellschaft, deren Entschließungen in Fällen der vorliegenden Art durch die besonderen Bestimmungen, worauf vorhin verwiesen ist, in die Beschlüsse ausschließlich der Generalversammlung verlegt sind. Nach § 327 Abs. 3 hätte es selbst in dem Falle, daß neben dem Beklagten S. noch weitere Komplementare vorhanden gewesen wären, eines weiteren nicht bedurft, als eines Beschlusses der Kommanditisten in der Generalversammlung. § 328 Abs. 2 spricht allerdings nur von Rechtsstreitigkeiten mit den persönlich haftenden Gesellschaftern, nicht von Klagen gegen Mitglieder des Aufsichtsrats. Offenbar hat aber diese Gesetzesvorschrift nur den Fall im Auge, wo zwischen den Kommanditisten als solchen und den übrigen Gesellschaftern ein Streit entsteht, wie er unter den Mitgliedern einer Gesellschaft nach gemeinem Rechte durch die actio pro socio zum Austrage zu bringen war."

RGZ. 75, 234.

1. Hat ein Aktionär, der zugleich Vorstandsmitglied ist, Stimmrecht, wenn die Generalversammlung über seine vorzeitige Abberufung Beschluß fassen soll?

2. Enthält § 626 BGB. zwingendes Recht? Kann die Kündigung aus wichtigen Gründen dadurch erschwert werden, daß Vermögensnachteile an die Ausübung des Kündigungsrechts geknüpft werden? Verstößt es gegen die guten Sitten, wenn vereinbart wird, daß das Vorstandsmitglied einer Aktiengesellschaft ohne Schadloshaltung nur dann entlassen werden kann, wenn es Handlungen begeht, die den Verlust der bürgerlichen Ehrenrechte zur Folge haben?

3. Ist es ein wichtiger Grund zur Entlassung, wenn das Vorstandsmitglied durch eine vorgeschobene Person mit der Aktiengesellschaft Spekulationsgeschäfte macht?

HGB. §§ 252 Abs. 3, 231 Abs. 3.
BGB. § 626.

I. Zivilsenat. Urt. v. 15. Februar 1911.

I. Landgericht Hamburg, Kammer für Handelssachen. — II. Oberlandesgericht daselbst.

Aus den Gründen:

„Für die Revisionsinstanz kommt nur die vom Beklagten teils im Wege der Aufrechnung, teils im Wege der Widerklage geltend gemachte Gegenforderung auf Gehaltszahlung für die Zeit nach dem 6. Oktober 1908 in Betracht. . . . Was die Aberkennung dieser Gegenforderung betrifft, so handelt es sich um drei Fragen:

1. Ist die Entlassung des Beklagten Chr. rechtswirksam beschlossen?
2. Ist die Klausel des Anstellungsvertrages rechtswirksam, wonach ihm der Gehalt bis 1914 zu bezahlen ist, sofern die Entlassung nicht auf Handlungen beruht, welche mit dem Verluste der bürgerlichen Ehrenrechte bedroht sind?
3. Hatte die Klägerin einen wichtigen Grund zur Entlassung?

1. Bezüglich der ersten, vom Berufungsgerichte bejahten Frage hat die Revision keinen Angriff erhoben. Dem Berufungsgerichte ist auch unbedenklich beizutreten. Es kommt darauf an, ob sich B. an der Abstimmung über die sofortige Entlassung der beiden Beklagten als Mitglieder des Vorstandes beteiligen durfte. Durfte er es nicht, wie das Oberlandesgericht annimmt, so sind die von ihm oder für ihn abgegebenen Stimmen nicht zu zählen, und der Antrag auf Entlassung hat alsdann die statutenmäßige Mehrheit erlangt. Das Reichsgericht hat in den Entsch. in Zivils. Bd. 60 S. 172 ausgesprochen, daß ein Aktionär *nicht gehindert sei, bei seiner eigenen Wahl als Mitglied des Aufsichtsrates mitzuwirken*, weil es sich dabei vorwiegend um Bildung eines Gesellschaftsorgans handle und regelmäßig ein Widerstreit der wechselseitigen Interessen nicht bestehe. Dasselbe wird von der Wahl zum Mitgliede des Vorstandes gelten müssen.

. . .

Ob aber auch dann, wenn es sich darum handelt, ein Mitglied des Vorstandes in Gemäßheit des § 231 HGB. vor Ablauf der vertragsmäßigen Amtsdauer abzurufen, ist schon zweifelhaft. . . .

Indes bedarf es der Entscheidung eines solchen Falles hier nicht. Nach der Feststellung des Oberlandesgerichts handelte es sich hier um die Frage, ob das Dienstverhältnis der beiden Beklagten wegen wichtiger Gründe, nämlich auf Grund schwerer Pflichtverletzungen, ohne Einhaltung einer Kündigungsfrist aufgehoben werden sollte, und es war bereits ein Antrag der Gesellschaft auf Erlassung einer einstweiligen Verfügung gestellt worden, wonach aus diesem Grunde die Beklagten ihres Amtes vorläufig enthoben werden sollten. Es konnte auch nach Lage der Sache nicht zweifelhaft sein, daß der Aufsichtsrat und die Aktionäre, welche die sofortige Amtsniederlegung der Beklagten forderten, dies in dem Sinne taten, daß das Dienstverhältnis ohne Schadloshaltung der Beklagten aufzuheben sei, und daß die Beklagten sich dieser Forderung entschieden widersetzten. Materiell handelte es sich somit um die Frage, ob der bereits gegen die Beklagten von der Gesellschaft im Wege eines Antrages auf einstweilige Verfügung anhängig gemachte Rechtsstreit, in dem es sich um sehr erhebliche Vermögensinteressen beider Teile handelte, weiter verfolgt, oder fallen gelassen werden sollte. Die Beschlußfassung betraf daher nicht nur ein mit den Beklagten vorzunehmendes Rechtsgeschäft — Kündigung auf sofort —, sondern auch die Einleitung eines Rechtsstreites zwischen ihnen und der Gesellschaft, und es bestand in dieser Beziehung ein erheblicher Widerstreit der beiderseitigen Interessen. Daß in einem solchen Falle, wo das berechtigte Interesse des Aktionärs, an der Bildung der Gesellschaftsorgane mitzuwirken, weit zurücktritt hinter dem Interesse der Gesellschaft, ihre Beschlüsse nicht durch unsachliche und gegnerische Beweggründe bestimmt zu sehen, § 252 Abs. 3 Anwendung findet, hat das Oberlandesgericht mit Recht angenommen. War hiernach B. von der Abstimmung überhaupt ausgeschlossen, so kommen seine Stimmen für den gefaßten Beschluß auch insoweit nicht in Betracht, als er sich gegen den Beklagten Chr. richtete.

2. Ebenso ist den Erwägungen des Oberlandesgerichts, aus denen die streitige Klausel des Anstellungsvertrages für unwirksam erklärt wurde, im wesentlichen beizustimmen. Der Senat hat bereits in den Entsch. in Zivils. Bd. 69 S. 365 den absoluten Charakter des § 626 BGB. betont. Dem Gesetze liegt der Gedanke zugrunde, daß bei dem auf eine gewisse Dauer berechneten und auf beiderseitigem Vertrauen begründeten Dienstverhältnisse nichtvorgesehene Umstände eintreten können, welche die sofortige Aufhebung des Verhältnisses erheischen, wenn nicht das Interesse der einen oder andern Partei in unbilliger Weise geschädigt werden soll. Weil aber das Gesetz mit unvorhergesehenen Ereignissen rechnet und die Billigkeit entscheiden lassen will, ist es unzulässig, das Kündigungsrecht aus wichtigen Gründen im voraus auszuschließen oder zu beschränken. Auch wenn die Parteien darüber einig waren, daß gewisse Gründe zur Aufhebung nicht berechtigen sollten, so kann dies doch nicht ausschließen, daß bei besonderer Gestaltung der Verhältnisse auch solche Gründe die Aufhebung herbeiführen; die Vereinbarung kann nur als Moment bei der Entscheidung über die Frage der Wichtigkeit in Betracht gezogen werden. (In der Literatur sind allerdings vielfach andere Ansichten vertreten. Vgl. Staub-Könige § 70 Anm. 10; Staudinger § 626 Anm. 8; Lotmar, Arbeitsvertrag Bd. 1 S. 616 flg.; Planck § 626 Bem. 3 a. E.)

Nun hat allerdings der Anstellungsvertrag der Beklagten das sofortige Kündigungsrecht wegen wichtiger Gründe nicht direkt ausgeschlossen; er hat es aber dadurch in unzulässiger Weise beschränkt, daß er der Gesellschaft für die wichtigsten Fälle der Ausübung eine Vertragsstrafe auferlegte, die bei beiden Beklagten insgesamt fast einem Drittel ihres Aktienkapitals gleichkommen konnte. Daß auch eine solche Beschränkung der Freiheit der Entschließung, die das Gesetz gewahrt wissen will, nichtig ist, hat der Senat bereits für den ähnlich liegenden Fall des § 723 Abs. 3 BGB. in den Entsch. in Zivils. Bd. 61 S. 328 ausgesprochen.

Dem Berufungsgericht muß aber auch darin beigestimmt werden, daß die streitige Klausel gegen die guten Sitten verstößt und daher auch nach § 138 BGB. nichtig ist. Indem sich die Beklagten das Recht ausbedangen, im Falle ihrer Entlassung aus wichtigen Gründen für die ganze Vertragszeit, die von vornherein auf 10 Jahre vereinbart war, ihr volles Gehalt weiter zu beziehen, sofern sie nur nicht Handlungen begingen, die mit dem Verluste der bürgerlichen Ehrenrechte bedroht waren, ließen sie sich gewissermaßen im voraus einen Freibrief für alle denkbaren Pflichtverletzungen, auch gröblichster Art, mit Ausnahme der erwähnten Handlungen, ausstellen, der nicht nur ihr Verantwortungsgefühl erheblich schwächen mußte, sondern sie unter Umständen sogar dafür belohnte, daß durch ihre Schuld das Dienstverhältnis für die Klägerin unerträglich wurde. Eine solche mit der verantwortungsvollen Stellung des Vorstandes einer Aktiengesellschaft unvereinbare Vertragsbestimmung muß als unsittlich bezeichnet werden.

3. Das Berufungsgericht stellt fest, daß die Beklagten gemeinschaftlich in vier Fällen, wo es sich um recht erhebliche Beträge handelte, nicht nur, gegen § 236 HGB. verstoßend, auf dem Geschäftsgebiete der Klägerin eigene Spekulationsgeschäfte gemacht haben, sondern dabei auch durch eine vorgeschobene Person mit der Klägerin selbst kontrahieren ließen, so daß also ihre Spekulation eine dem Interesse der Klägerin entgegengesetzte Tendenz hatte. Sie nahmen der von ihnen selbst vertretenen Klägerin ohne Äquivalent eine Ware ab, von der sie erwarteten, daß sie im Kurse steigen werde, und setzten zugleich die Klägerin der Gefahr aus, durch Kreditgewährung Verluste zu erleiden. Mit Recht hat das Berufungsgericht in dieser Handlungsweise der Beklagten einen so groben Vertrauensbruch in ihrer Eigenschaft als Vorstandsmitglieder der Klägerin erblickt, daß danach ihre sofortige Entlassung ohne Entschädigung gerechtfertigt erschien. Daß auch die Absicht der Beklagten auf eine Vermögensbeschädigung der Klägerin gerichtet war, hat das Berufungsgericht nicht angenommen; dies brauchte auch nicht festgestellt zu werden, um einen groben Vertrauensbruch der Beklagten zu begründen. Daher kommt es nicht darauf an, ob die Gegenkontrahenten der Klägerin bei den fraglichen Geschäften zur Zeit des Abschlusses mehr oder weniger kreditwürdig waren."

RGZ. 75, 308.

1. Steht der statutenmäßige Anspruch auf einen Gewinnanteil dem Aufsichtsrat als solchem zu? oder den einzelnen Mitgliedern?

2. Kann dem einzelnen der Gewinnanteil vorenthalten werden, weil er völlig untätig gewesen ist?

3. Welche Bedeutung hat bei dieser Einrede der Beschluß der Generalversammlung, der den Gewinnanteil des Aufsichtsrates festsetzt?

I. Zivilsenat. Urt. v. 22. Februar 1911.

I. Landgericht I Berlin. — II. Kammergericht daselbst.

Der Kläger war bis zum Januar 1908 Mitglied des Aufsichtsrates der verklagten Aktiengesellschaft gewesen. Er verlangte Verurteilung der *Beklagten zur Auszahlung seines Anteils an der Vergütung für das* letzte Geschäftsjahr, die durch Beschluß der Generalversammlung für den Aufsichtsrat festgesetzt worden war. Die Beklagte wandte u. a. ein, sie sei passiv nicht legitimiert, weil sie die gesamte Vergütung an den Vorsitzenden des Aufsichtsrates habe zahlen müssen und gezahlt habe. Ferner, der Kläger habe in dem in Betracht kommenden Geschäftsjahre keinerlei Tätigkeit für die Gesellschaft entfaltet.

Das Landgericht verurteilte die Beklagte nach dem Klagantrage. Die zweite Instanz wies die Berufung der Beklagten zurück. Das Reichsgericht hat die Zurückweisung der erwähnten Einwendungen gebilligt, das Berufungsurteil aber wegen eines anderen, hier nicht interessierenden Streitpunktes aufgehoben und die Sache zurückverwiesen.

Gründe:

„Die Einrede der mangelnden Passivlegitimation der Beklagten hat der Vorderrichter mit Recht zurückgewiesen. Die Beklagte begründet sie damit, daß sie die Vergütung lediglich dem Aufsichtsrate als solchem, nicht anteilweise den einzelnen Mitgliedern schulde. In § 12 der Statuten lautet es:

„Der Aufsichtsrat bezieht . . . für seine Mühewaltung eine feste Vergütung von zusammen 20 000 M und den in § 35 festgesetzten Anteil am Reingewinn.“

Und § 35 bestimmt in dieser Beziehung:

„Es erhalten . . . von dem über 4 v. H. des Aktienkapitals zur Verteilung kommenden Dividendenbetrage die Mitglieder des Aufsichtsrats zusammen eine Tantieme von 10 v. H.“

Der Vorderrichter weist den Einwand mit der Begründung zurück, es handle sich bei der Vergütung um eine teilbare Leistung, so daß nach § 420 BGB. jedes Mitglied seinen Anteil unmittelbar von der Gesellschaft fordern könne. Der Vorsitzende sei nicht gesetzlicher Vertreter des Aufsichtsrats; auch lasse sich eine Befugnis des Vorsitzenden zum Empfange der Gesamtvergütung weder aus den Statuten herleiten, noch aus einer bei der Beklagten herrschenden Übung. Nur in der Richtung möge eine Übung als bestehend und vielleicht bindend anzuerkennen sein, daß der Vorsitzende des Aufsichtsrats einen erhöhten Anteil (zwei Kopfteile) erhalte.

Das erscheint rechtlich unanfechtbar. Der Aufsichtsrat einer Aktiengesellschaft ist nicht selbst wiederum eine „Gesellschaft" oder gar eine selbständige Rechtspersönlichkeit. Er ist eine Mehrheit von Personen, die in ihrer Gesamtheit nichts sind, als eines der Organe der Gesellschaft, die diese bestellt. Wo sie als Organ tätig werden, treten sie unter Umständen und in bestimmten Beziehungen als eine mehr oder weniger organisierte Einheit auf. Unter diesem Gesichtspunkte hat der erkennende Senat in dem Urteile Entsch. in Zivils. Bd. 55 S. 75 entschieden, daß bei der Beschlußfassung der Generalversammlung über die Entlastung der Aufsichtsrat der Gesellschaft als eine Gesamtheit gegenüberstehe, so daß von der Abstimmung sämtliche Mitglieder des Aufsichtsrats . . . nach § 252 Abs. 3 HGB. ausgeschlossen seien. Es handle sich dabei — so wird dort ausgeführt — im Regelfalle nicht um eine Entschließung darüber, ob anzuerkennen sei, daß gegen dieses oder jenes Organsmitglied kein Anspruch wegen einer Pflichtverletzung bestehe, sondern darum, ob die Verwaltungstätigkeit der Organe der Gesellschaft, Vorstand und Aufsichtsrat, überhaupt für einwandfrei erklärt werden solle.

Wie es sich hiernach da, wo Ersatzansprüche wegen Pflichtverletzungen einzelner Mitglieder geltend gemacht werden, lediglich um ein Rechtsverhältnis der Gesellschaft eben zu diesen Einzelnen handelt, so kann auch der teilbare und daher nach § 420 BGB. geteilte Anspruch auf die Vergütung nur dem Einzelnen unmittelbar gegen die Gesellschaft zustehen. Auch die §§ 12 und 35 der Statuten besagen gerade nur dies, wenn sie von dem sprechen, was dem Aufsichtsrate „zusammen" zukommen soll, das Ganze also als eine „Summe" der Einzelvergütungen bezeichnen.

Die Beklagte lehnt die Zahlung auch deswegen ab, weil der Kläger in seiner Eigenschaft als Aufsichtsratsmitglied überhaupt nichts getan habe. Das weist der Vorderrichter im wesentlichen damit zurück, daß sich die Vergütung als eine Risikoprämie für die Verantwortlichkeit darstelle, die den Aufsichtsrat und seine Mitglieder treffe. Zwar könne durch die Statuten die Vergütung von einer besonderen Tätigkeit abhängig gemacht werden; das sei im vorliegenden Falle indes nicht geschehen, auch nicht durch § 12, wenn er von einer Vergütung für

„Mühewaltung" rede. Es ergebe sich das aus der Art, wie die Verteilung der Vergütung tatsächlich gehandhabt worden sei. Die Verantwortlichkeit aber habe der Kläger in vollem Maße getragen.

Mit Recht macht hiergegen die Revision Bedenken geltend. Zweifellos trifft den Aufsichtsrat eine große, oft nicht ungefährliche Verantwortlichkeit, und in vielen Fällen wird das nicht ohne erheblichen Einfluß auf die Höhe der Vergütung sein. Aber doch ist nicht so sehr die Verantwortlichkeit, die mit den Obliegenheiten eines Aufsichtsratsmitgliedes verbunden ist, als vielmehr die einwandfreie *Erfüllung dieser Obliegenheiten die mit der Tantieme zu entgeltende* Leistung, welche das Mitglied schuldet.

Gleichwohl ist dem Vorderrichter in der Sache beizustimmen. Die Beklagte weigert sich zu leisten, weil die Gegenleistung nicht beschafft sei. Dabei sind Vereinbarungen darüber, was den einzelnen Mitgliedern des Aufsichtsrats, was insbesondere dem Kläger obliegen sollte, nicht getroffen. Auch wird nicht behauptet, daß der Kläger aufgefordert wäre, in bestimmter Weise eine Tätigkeit zu entfalten. Und auf der andern Seite hat die Beklagte dafür nichts vorbringen können, daß es in dem betreffenden Geschäftsjahre in irgendeiner Beziehung an dem gefehlt habe oder daß in dem etwas verfehlt sei, was dem Aufsichtsrate zu tun obgelegen hat. Schon aus diesem Grunde wäre die Einrede des nicht erfüllten Vertrages hinfällig.

Sodann aber hätte sich die Beklagte dieses Einwandes dadurch begeben, daß die Generalversammlung in Kenntnis der Sachlage ohne jede Einschränkung beschlossen hat, die statutenmäßige Vergütung an den Aufsichtsrat auszuzahlen. Wenn nach der oben erwähnten Entscheidung dieses Gerichts der Beschluß, die Entlastung zu erteilen, nur die Gesamtheit des Aufsichtsrats, nicht notwendig auch das einzelne Mitglied angeht, so handelt es sich, wie ausgeführt wurde, bei der Vergütung um Rechtsverhältnisse lediglich zu den einzelnen Mitgliedern, so daß ein diesen Punkt betreffender Beschluß nicht die Gesamtheit, sondern notwendig die Einzelnen angeht." . . .

RGZ. 76, 244.

Anfechtung gesetz- oder statutenwidriger Generalversammlungsbeschlüsse einer Aktiengesellschaft. Gegen wen ist die Anfechtungsklage zu richten, wenn die Gesellschaft nach Fassung der Beschlüsse in Konkurs gerät?

HGB. §§ 271, 272.
KO. § 6.

I. Zivilsenat. Urt. v. 6. Mai 1911.

I. Landgericht III Berlin, Kammer für Handelssachen. — II. Kammergericht daselbst.

An den Gründen:

. . .

Der Streit der Parteien dreht sich, soweit er in die Revisionsinstanz erwachsen ist, darum, ob der Kläger richtig verfahren ist, als er die nach Eröffnung des Konkurses über die Aktiengesellschaft erhobene Anfechtungsklage gegen den Konkursverwalter richtete. . . .

Die Entscheidung hängt in Wahrheit nur davon ab, ob die Verteidigung der hier in Rede stehenden Beschlüsse eine gesetzliche Obliegenheit des Konkursverwalters bildet. Das Gesetz weist dem Verwalter die Aufgabe zu, das Massevermögen zu verwalten und zu verwerten (§§ 6, 117 KO.). Nur wenn die Abwehr der erhobenen Klage einen Akt der Konkursverwaltung bedeutet, ist er gegenüber der Klage passiv legitimiert. Ein Streit, der seines Amtes nicht ist, kann ihm nicht aufgezwungen werden. In einen solchen Streit haben die Organe der Aktiengesellschaft einzutreten, die ja auch im Konkurse bestehen bleiben. Auf der andern Seite würde, wenn die Legitimation des Verwalters gegeben wäre, damit auch feststehen, daß die Gesellschaftsorgane, denen die Klage gleichfalls zugestellt ist, mit der Sache nichts zu tun haben. . . . Wie dies für die regelmäßige Vertretung der Gesellschaft durch den Vorstand gilt (§ 231 Abs. 1 HGB.), so müßte es nicht minder für den Ausnahmefall anerkannt werden, in welchem das Gesetz (§ 272 Abs. 1 HGB.) zur Verhütung von Kollusionen eine Gesamtvertretung durch Vorstand und Aufsichtsrat angeordnet hat. Von dem Standpunkte der Auffassung des Konkursverwalters als Partei aus wäre dann die Klage gegen die Gemeinschuldnerin wegen fehlender Sachlegitimation abzuweisen. Dem Begehren der Revision, den Verwalter kumulativ neben Vorstand und Aufsichtsrat in den Prozeß hineinzuziehen, kann daher keinesfalls Erfolg zuteil werden.

Über den Inhalt der Beschlüsse, die am 27. Mai 1909 gefaßt wurden, hat der Kläger nähere Angaben nicht gemacht. Aus den vorgetragenen Schriftstücken geht aber hervor, daß eine Zusammenlegung von zehn Aktien in eine und gleichzeitig eine Erhöhung des Grundkapitals beschlossen wurde; daß ferner der bisherige Aufsichtsrat abgesetzt und statt seiner ein neuer gewählt wurde; endlich daß den Mitgliedern des bisherigen Aufsichtsrates Entlastung erteilt wurde. Alle diese Beschlüsse sind mit der Klage angefochten; deren Antrag lautet, sie sämtlich für nichtig zu erklären.

Daß die Beschlüsse über Herabsetzung und Erhöhung des Grundkapitals die Verwaltung der Konkursmasse nicht berühren, leuchtet ohne weiteres ein. Es handelte sich dabei um Sanierungsmaßregeln, die das Fortbestehen der Aktiengesellschaft auch nach ihrer produktiven Seite hin zur Voraussetzung hatten. . . .

Ebenso gleichgültig für die Konkursmasse ist, wie kaum erwähnt zu werden braucht, der Wechsel in den Personen der Aufsichtsratsmitglieder. Aber auch die Tatsache, daß dem Kläger die nachgesuchte Entlastung verweigert wurde hat in diesem Zusammenhange keine Bedeutung. Selbstverständlich konnte ein Anspruch des Klägers auf Entlastung, wenn er an sich begründet war, durch den Willen der Versammlung nicht beeinträchtigt werden. Dem Kläger bleibt es unverwehrt, auf Erteilung der Entlastung oder auf Feststellung des Nichtbestehens von Schadensersatzansprüchen zu klagen. Daß eine solche Klage gegen den Konkursverwalter gerichtet werden müßte, hat der Senat aus Anlaß von Zweifeln, die von dem damaligen Gerichte der zweiten Instanz angeregt waren, erst kürzlich ausgesprochen (vgl. Urteil vom 28. Dezember 1910, Rep. I. 192/10). Anders aber würde es sich verhalten, wenn etwa der Kläger daran dächte, den Weg der Anfechtung nach §§ 273, 272 HGB. zu beschreiten. Ob überhaupt von einem anfechtbaren Beschlusse (auf Verweigerung der Entlastung) gesprochen werden darf, oder ob nur die Ablehnung eines Beschlusses (des Entlastungsbeschlusses) vorliegt, mag auf sich beruhen. Auch wenn man der ersteren Ansicht folgt (vgl. z. B. Staub-Pinner § 260 Anm. 12 mit § 271 Anm. 1 HGB.), wäre bei einem Zuspruch der Klage zwar der Verweigerungsbeschluß aufgehoben, die Entlastung aber deshalb immer noch nicht erteilt.

Allerdings trifft es nicht zu, was von der herrschenden Meinung gelehrt wird, daß eine Anfechtungsklage begrifflich nur ein negatives Ergebnis zeitigen könnte. . . . Aber . . . die Entlastung von Organen der Gesellschaft stellt eine rechtsgeschäftliche Erklärung, einen Verzicht auf Ersatzansprüche dar. Ob die Generalversammlung verzichtet haben würde, wenn die mit der Anfechtungsklage gerügte Gesetzes- oder Statutenverletzung nicht begangen wäre, ist nach wie vor ungewiß. Es kann keine Rede davon sein, daß das Prozeßgericht, das mit dem hierfür maßgeblichen Tatsachenmaterial gar nicht befaßt ist, von sich aus den Verzicht erklären könnte. Endlich mag bemerkt werden, daß auch ein etwaiger Beschluß nach § 268 HGB. für die Konkursmasse keine Bedeutung haben würde. Ein Gebot der Generalversammlung an den Vorstand, Ersatzansprüche aus der Gründung oder der Geschäftsführung zu verfolgen, ist für den Konkursverwalter ebensowenig von Belang wie die Aufhebung eines solchen Gebots. Er hat nach eigenem pflichtmäßigen Ermessen zu entscheiden, ob er den Anspruch geltend machen will oder nicht (vgl. RG. in Jur. Woch. 1896 S. 697 Nr. 29).

Nur der Beschluß, wodurch dem Vorstande und den Aufsichtsratsgenossen des Klägers die Entlastung erteilt ist, bleibt hiernach zu prüfen übrig. Die Aufhebung der Entlastung bildet denn auch das eigentliche Ziel der Klage, da der Kläger — freilich rechtsirrtümlich — befürchtet, daß die Entlastung ihm den Rückgriff gegen die neben ihm haftenden Gesamtschuldner vereiteln möchte. . . . Aber auch zu diesem Teil der Anfechtungsklage verdienen die Ausführungen der Revision keine Billigung.

Auch ein Entlastungsbeschluß wirkt nicht notwendig auf die Konkursmasse ein. In den hauptsächlichsten Fällen von Pflichtverletzungen, die sich ein Mitglied des Vorstandes oder des Aufsichtsrats zuschulden kommen lassen kann, nämlich in den Fällen des § 241 Abs. 3 HGB., steht den Gläubigern der Aktiengesellschaft ein selbständiger Ersatzanspruch zu, der vom Konkursverwalter geltend gemacht wird (vgl. Entsch. des RG.s in Zivils. Bd. 39 S. 62, Bd. 74 S. 428). Dieser Anspruch wird, wie § 241 Abs. 4, § 249 Abs. 3 bestimmt, durch einen Verzicht der Gesellschaft nicht getilgt.

Ist die Pflicht zur Beobachtung der Sorgfalt eines ordentlichen Geschäftsmannes in anderer Weise als durch die in § 241 Abs. 3 aufgezählten Verstöße verletzt, so kann freilich ein Interesse des Konkursverwalters an dem Entlastungsbeschlusse nicht geleugnet werden. Aber dieses Interesse läuft dem des Anfechtungsklägers nicht etwa zuwider, sondern stimmt mit ihm gerade überein. Es geht eben dahin, daß der Beschluß aufgehoben wird. Sieht man von der Möglichkeit ab, die Entlastung nach § 32 Nr. 1 KO. als unentgeltliche Verfügung der Gemeinschuldnerin anzufechten, so ist die Ausübung des aktienrechtlichen Anfechtungsrechts die Vorbedingung, von der die Erhaltung eines Bestandteils der Masse abhängt. Zweifelsohne wäre deshalb der Verwalter berufen, die Klage nach §§ 271 flg. HGB. als Nebenintervenient des Klägers zu unterstützen. Dagegen muß es als ausgeschlossen gelten, daß er dieser Klage als Beklagter gegenübertreten könnte. Die Vorschrift des § 272 Abs. 1, wonach der Vorstand der Aktiengesellschaft, wenn er aus irgendwelchen Gründen von eigener Klagerhebung Abstand nimmt, als Mitvertreter der Gesellschaft für sie tätig werden muß, leidet auf den Konkursverwalter keine entsprechende Anwendung. Die Rechtshandlungen des Verwalters finden in seiner Aufgabe, die Konkursmasse zur Befriedigung der Gläubiger zu verwerten, ihre gesetzliche Schranke. Handlungen, die diesem Zwecke des Konkurses ihrer Natur nach widerstreiten, liegen außerhalb seines Machtbereichs und sind rechtlich unwirksam (vgl. Entsch. des RG.s in Zivils. Bd. 53 S. 193, Bd. 57 S. 199 flg. mit Zitaten). Mit dem Konkurszwecke aber wäre es schlechterdings unvereinbar, wollte der Verwalter den Verzicht auf ein Masseaktivum, der unter Verletzung des Gesetzes oder der Statuten zustande kam, durch Bekämpfung der Klage der Aufhebung entziehen. Die Verteidigung widerrechtlicher Entlastungsbeschlüsse kann niemals Sache des Konkursverwalters sein. Auf der andern Seite kann das Gesetz nicht wohl beabsichtigt haben, die Beklagtenrolle einer Person aufzudrängen, deren amtliche Verpflichtungen sie in jedem Zweifelsfalle zu einem Anerkenntnis des Klaganspruchs nötigen würden. Dies zwingt zu der Folgerung, daß der Prozeß von den Organen der Gesellschaft geführt werden muß.

Ob die angeblichen Pflichtverletzungen, auf deren Verfolgung durch den Entlastungsbeschluß vom 27. Mai 1909 verzichtet wurde, unter den § 241 Abs. 3 fallen, ist aus dem Vorbringen des Klägers nicht zu ersehen. Es kommt hierauf aber auch nichts an. Zur Abweisung der Klage, die gegen den Verwalter gerichtet ist, genügt es, daß die gefaßten Beschlüsse die Masse zum Teil sicher unberührt lassen, und daß, wenn dies bei dem Entlastungsbeschluß anders sein sollte, gerade ein Sieg der Klage im Interesse der Masse gelegen wäre."

RGZ. 77, 88.

Zur Auslegung des § 217 HGB.*). . . . Was ist unter „Zinsen" zu verstehen? Wann ist guter Glaube des Aktionärs gegeben?

IV. Zivilsenat. Urt. v. 2. Oktober 1911.

I. Landgericht I Berlin. — II. Kammergericht daselbst.

. . .

Aus den Gründen:

. . . Die Revision meint, es sei klar, daß in § 217 Abs. 1 Satz 2 nur an Zinsen solcher Art gedacht werde, deren Zahlung nach dem Handelsgesetzbuch überhaupt zulässig sei, die also als Bauzinsen nach § 215 Abs. 2 gezahlt seien, so jedoch, daß tatsächlich die Voraussetzungen ihrer Zahlbarkeit nicht vorgelegen hätten. Eine derartige

*) Jetzt § 56 AktG.

Einschränkung findet jedoch im Gesetz keine Stütze. . . . § 217 Abs. 1 Satz 2 spricht ganz allgemein von „Zinsen". Muß schon deshalb angenommen werden, daß sich die Bestimmung auf alle Zinsen bezieht, die ein Aktionär als solcher entgegen den Vorschriften des Handelsgesetzbuchs, auf die in Satz 1 Bezug genommen ist, also entgegen den Vorschriften der §§ 215 und 216, von der Gesellschaft empfangen hat, so kommt hinzu, daß, wenn das Gesetz unter „Zinsen" nur Bauzinsen hätte verstanden wissen wollen, nichts näher gelegen hätte, als dem durch den Zusatz „der in § 215 Abs. 2 bezeichneten Art" oder durch eine ähnliche Wendung einen unzweideutigen Ausdruck zu geben. Unter diesen Umständen geht es nicht an, in das Gesetz eine Unterscheidung hineinzutragen, die nicht darin liegt, und für die auch weder die Entstehungsgeschichte einen Anhalt bietet, noch auch ein genügender gesetzgeberischer Grund ersichtlich ist. . . .

Gutgläubigkeit im Sinne des § 217 Abs. 1 Satz 2 bedeutet nach der Meinung des Kammergerichts die Überzeugung von der Rechtmäßigkeit des Empfangs. Seine Ansicht, die Witwe F. sowohl wie ihre Testamentsvollstrecker hätten in diesem Sinne die Zinsen in gutem Glauben bezogen, stützt das Kammergericht auf die Ausführung, daß sich die Witwe F., wenn sie auch nach den von ihr abgegebenen Erklärungen Eigentümerin der 70 000 M Aktien geworden sei, doch nur als Darlehnsgläubigerin angesehen und als solche zum Zinsbezuge für berechtigt gehalten habe, und daß die Testamentsvollstrecker gleicher Meinung gewesen seien. . . . Es ist richtig, daß durch einen Rechtsirrtum, wenigstens wenn er, wie das Kammergericht hier ohne rechtlichen Verstoß annimmt, entschuldbar ist, der gute Glaube eines Empfängers nicht ausgeschlossen wird, und unzutreffend, wenn die Revision andeutet, der festgestellte Irrtum laufe in Wahrheit auf bloße Nichtkenntnis des in § 215 gegebenen Verbotsgesetzes hinaus. . . .

RGZ. 77, 255.

1. . . .

2. Kann eine Aktiengesellschaft bei Erhöhung ihres Grundkapitals zum Zwecke der Erweiterung ihres Unternehmens den neuen Aktionären gültig Bauzinsen zusagen?

HGB. § 215 Abs. 2 (jetzt § 54 AktG.).

I. Zivilsenat. Urt. v. 6. November 1911.

I. Landgericht I Berlin, Kammer für Handelssachen. — II. Kammergericht daselbst.

. . .

Aus den G r ü n d e n :

. . . Der Wortlaut des § 215 Abs. 2 HGB., die Entstehungsgeschichte des Art. 217 Abs. 2 des ADHG., aus dem § 215 Abs. 2 des nunmehrigen Rechtes hervorgegangen ist, und der Zweck dieser Bestimmung führen zu dem Ergebnis, daß Bauzinsen von bestimmter Höhe für einen im voraus kalendermäßig bestimmten Zeitraum, den die Vorbereitung des Unternehmens bis zum Anfang des vollen Betriebes erfordert, nicht *allein in dem unsprünglichen*, sondern auch in dem abgeänderten Gesellschaftsvertrag und insbesondere gelegentlich eines Kapitalserhöhungs-Beschlusses mit rechtlicher Wirksamkeit beschlossen werden können. . . .

Es ist, wie bereits in den Entsch. des RG.s in Zivils. Bd. 68 S. 240 hervorgehoben wurde, im allgemeinen davon auszugehen, daß, was im ursprünglichen Gesellschaftsvertrage festgesetzt werden kann, auch der Einführung im Wege der Statutenänderung . . . grundsätzlich zugänglich ist. Wo dies ausgeschlossen sein soll, bedarf es einer Begründung aus dem Gesetze. In bezug auf § 215 Abs. 2 liegt ein Anhaltspunkt für die Beschränkung seiner Wirksamkeit auf den Gründungvertrag im Gesetze nicht vor. Im Gegenteil spricht die Tatsache, daß schon in der Praxis des preußischen Aktiengesetzes von 1843 die Ausgabe junger Aktien mit Bauzinsen als zulässig angesehen wurde, in Verbindung mit dem Umstande, daß der wesentliche Inhalt des Art. 217 Abs. 2 ADHG. dem preußischen Gesetz entnommen wurde und bei den Beratungen der Nürnberger Konferenz ohne Debatte und ohne daß es einer Abstimmung bedurfte, angenommen worden ist (vgl. L u t z , Prot. Beil. Bd. 1 S. 314), entschieden dafür, daß es nicht beabsichigt war, die seitherige Wirksamkeit dieser Bestimmung irgendwie einzuschränken. Das aber ist allgemein anerkannt, daß der Bestimmung des preußischen Gesetzes die Absicht zugrunde lag, die Beteiligung des Kapitals an der Herstellung großer Eisenbahnlinien im öffentlichen Interesse dadurch zu erleichtern, daß man den Aktionären für den voraus bestimmten Zeitraum, den die Vorbereitung des Unternehmens bis zum Anfange des vollen Betriebes erforderte, einen Zinsbezug in bestimmter Höhe für ihr Kapital zusicherte. Das wirtschaftliche Bedürfnis, das zur Zulassung von Bauzinsen überhaupt mit der im Gesetze selbst ausgesprochenen Begrenzung geführt hatte, ergab sich aber in ganz gleicher Weise, wenn es sich um den Ausbau einer bereits bestehenden Unternehmung handelte, und zu diesem Zweck eine Erhöhung des bereits aufgenommenen Kapitals sowie die Ausgabe neuer Aktien notwendig wurde. Es ist nicht abzusehen, warum die Gewährung von Bauzinsen in dem Maß, in welchem sie Art. 217 Abs. 2 ADHG. als unbedenklich bei der Gründung der Gesellschaft aus Nützlichkeitsgründen zuließ, nicht in der gleichen Weise hätte verwertet werden dürfen, wenn das Unternehmen auf eine erweiterte Grundlage gestellt, zu diesem Zwecke das Kapital der Gesellschaft erhöht, zugleich aber neuerdings eine Sachlage geschaffen wurde, wobei für den Zeitraum, den die Vorbereitung des Unternehmens bis zum Anfange des vollen Betriebes umfaßt, ein sofortiger nutzbringender Betrieb der erweiterten Anlage noch nicht möglich war. Es war selbstverständlich, daß auch von den neu beitretenden Aktionären eine angemessene Vergütung für den Zinsverlust erwartet werden mußte, der ihnen durch die Verwendung ihrer Mittel zum Ausbau des Unternehmens zuging. . . .

RGZ. 77, 268.

1. Verschmelzung von Aktiengesellschaften. Zur Unterscheidung der Fälle, wenn die Verschmelzung nach vorgängiger Liquidation und wenn sie sofort eintreten soll.

2. Kann die übernehmende Gesellschaft mit Aktien der aufgelösten Gesellschaft, die sie während der Liquidation gegen eigene Aktien umgetauscht hat, das Stimmrecht ausüben?

HGB. §§ 305, 326 (jetzt §§ 233—248, 226 AktG.).

I. Zivilsenat. Urt. v. 8. November 1911.

I. Landgericht Halberstadt, Kammer für Handelssachen. — II. Oberlandesgericht Naumburg a. S.

Am 15. Oktober 1907 schloß die Bankfirma Wernigeröder Kommanditgesellschaft auf Aktien, Fr. Krumbhaar (Krumbhaarbank, KB.) mit der Aktiengesellschaft Magdeburger Privatbank (MPB.) einen Verschmelzungsvertrag. Das Vermögen der KB. sollte auf die MPB. übertragen werden; auf je 2400 M Aktien der übertragenen Gesellschaft sollten 1500 M Aktien der Übernehmerin entfallen. In einer Generalversammlung der KB. vom 2. November 1907, die diesen Vertrag genehmigte, wurde zugleich beschlossen, neben den persönlich haftenden Gesellschaftern zwei andere Personen zu Liquidatoren zu ernennen. Die Ernannten beriefen zum 4. April 1908 eine neue Generalversammlung, auf deren Tagesordnung die Entlastung der bisherigen Organe der Gesellschaft stand. Inzwischen hatte die MPB. den Aktionären der

KB. durch Zirkular mitgeteilt, daß die MPB.-Aktien zum Umtausche gegen die KB.-Aktien bereit lägen. Eine große Anzahl von Aktionären hatte der Aufforderung Folge geleistet und ihre alten Aktien gegen Empfang von neuen Aktien der Übernehmerin ausgehändigt. In der Versammlung vom 4. April 1908 erhob der Kläger, ein Aktionär der KB., Widerspruch dagegen, daß die MPB. auf Grund jener Aktien das Stimmrecht ausübe. Der Widerspruch fand bei dem Leiter der Versammlung kein Gehör. Als beantragt wurde, vor Erteilung der Entlastung die Bücher und Bilanzen durch Revisoren nachprüfen zu lassen, nahm die MPB. mit 945 Stimmen an der Abstimmung teil. Infolge davon wurde unter Ablehnung des Antrags die Entlastung der persönlich haftenden Gesellschafter und des Aufsichtsrats beschlossen. Hätten die 945 Stimmen gefehlt, so würde der Antrag auf Nachprüfung angenommen sein.

Der vom Kläger frist- und formgerecht erhobenen Anfechtungsklage entsprachen die Vorinstanzen, indem sie den Generalversammlungsbeschluß für nichtig erklärten. Die Revision führte zur Abweisung der Klage aus folgenden

Gründen:

„1. Die Revision ist in erster Linie der Meinung, daß zwischen den beiden Gesellschaften eine Fusion mit sofortiger Verschmelzung der Vermögen, wie sie § 306 HGB. regelt, zustande gekommen sei. Die Ernennung von Liquidatoren beruhe auf Mißverständnis. . . .

Die Voraussetzung des Revisionsangriffs trifft nicht zu. Ein sofortiger Übergang des Vermögens der KB. auf die MPB. hat nicht stattgefunden; vielmehr ist eine Liquidation eingetreten bis zu deren Beendigung der Übergang aufgeschoben ist.

Käme freilich allein der Vertrag vom 15. Oktober 1907 in Betracht, so hätte die Revision mit ihrer abweichenden Meinung Recht. Dieser Vertrag kann nur dahin ausgelegt werden, daß eine liquidationslose Verschmelzung vereinbart wurde. . . .

Die Ernennung von Liquidatoren war hiernach in der Tat ein Mißverständnis. Nur übersieht die Revision, daß der Fehler gemacht wurde in dem Beschlusse der Generalversammlung vom 2. November 1907, der die Genehmigung der Fusion enthielt. Da der Beschluß eine Einheit darstellt und einheitlich aufgefaßt werden muß, ist als Tatsache anzuerkennen, daß die Versammlung nur eine Verschmelzung nach vorgängiger Liquidation genehmigt hat. Dies wird zum Überfluß auch noch durch die Erklärung außer Zweifel gerückt, die sich im Protokolle findet, daß auf Regreßansprüche gegen die Komplementäre und Aufsichtsratsmitglieder nicht verzichtet werden sollte. Nun bildete die Genehmigung der Generalversammlung eine unerläßliche Voraussetzung der Wirksamkeit des Vertrags. Wie jede Vereinbarung, die die Verwertung des Vermögens einer Aktiengesellschaft oder Kommandit-Aktiengesellschaft im ganzen zum Inhalte hat, so bedarf auch eine Fusion zu ihrer Gültigkeit der Zustimmung des obersten Organs der aufzunehmenden Gesellschaft (§§ 303 Abs. 1, 304 Abs. 2, 306 Abs. 1, 320 Abs. 3 HGB.). Während aber eine sofortige Verschmelzung rechtswirksam *nicht* zustande gekommen ist, wurde eine Liquidation mit nachfolgender Verschmelzung gültig vereinbart. Die Vertreter der beiden Gesellschaften haben sich dem Willen der Generalversammlung der KB. gefügt. Nicht allein, daß die KB.-Vertreter die Auflösung der Gesellschaft und die Ernennung von Liquidatoren zur Eintragung ins Handelsregister angemeldet haben. Am 6. Januar 1908 fand noch einmal eine Verlautbarung des Fusionsvertrags statt, wobei der Vorbehalt der Genehmigung der Generalversammlung als erledigt weggelassen wurde. Die mit dem ersten Vertrage gleichlautenden Bestimmungen dieses zweiten Schriftstückes, die für sich genommen auf eine sofortige Verschmelzung hindeuten würden, müssen angesichts der geschilderten Stellungnahme der Generalversammlung und im Hinblicke darauf, daß man allerseits dem Versammlungsbeschlusse nachkommen wollte, eine ihrem Zweck annähernd entsprechende Auslegung erfahren.

Wie das Vorstehende ergibt, befindet sich die KB. seit Anfang 1908 im Zustande der Abwicklung. Vor Erledigung der anhängig gemachten Anfechtungsklage konnte dieser Zustand nicht beendigt werden. . . .

2. Hiernach läßt sich die Untersuchung nicht umgehen, ob die 945 von der MPB. abgegebenen Stimmen mit Recht mitgezählt worden sind. . . .

Soll der Verschmelzung zweier Aktiengesellschaften die Liquidation der aufzunehmenden Gesellschaft vorangehen, und ist vereinbart, daß deren Aktionäre für eine bestimmte Anzahl Aktien solche der aufnehmenden Gesellschaft zugeteilt erhalten, so kommt es darauf an, in welchem Zeitpunkte sich der Austausch vollzieht. Geschieht er, was die Regel sein wird, erst nach Vollendung der Liquidation, so werden allerdings der aufnehmenden Gesellschaft mit den Aktienurkunden der aufgelösten Gesellschaft Mitgliedsrechte an dieser nicht übertragen. Dies aber nur aus dem Grunde, weil es solche Mitgliedsrechte nicht mehr gibt. . . .

Ganz anders liegt es, wenn der Austausch während der Liquidation vorgenommen wird. Hier sind die Aktien der aufgelösten Gesellschaft nach wie vor der Auflösung Träger von Mitgliedsrechten. Die Ansicht, daß diese Rechte, insbesondere das Stimmrecht, auf die übernehmende Gesellschaft nicht übertragen würden, ist willkürlich und hat im Gesetze keinen Boden. Zweifellos können die Aktionäre, die sich auf den Austausch einlassen, nicht ferner als Inhaber der Mitgliedsrechte aufgefaßt werden. Ebenso ausgeschlossen würde es sein, ein verhältnismäßiges Anwachsen an die Rechte derjenigen Aktionäre anzunehmen, welche den Umtausch bisher nicht mitgemacht haben. Aber auch der Gedanke eines Unterganges der Mitgliedsrechte ist eine rechtliche Unmöglichkeit. Das Oberlandesgericht meint, mit dem Umtausche der Aktien sei ein Teil des Substrates der KB. erloschen. Das wäre ein Fall der Herabsetzung des Grundkapitals, der im Gesetze nicht vorgesehen ist und jeder inneren Rechtfertigung entbehrt.

Die abweichenden Anschauungen der Vorinstanzen beruhen, wie die Revision mit Recht betont, auf einer Verkennung der wirtschaftlichen Verhältnisse. Wenn der Austausch der Aktien für gewöhnlich erst nach beendeter Liquidation und nach Ablauf des Sperrjahres erfolgt, so rührt dies daher, daß vor jenem Zeitpunkt oft nicht feststeht, ob die aufzunehmende Gesellschaft vertragsmäßig erfüllen kann. Es könnten z. B. unvermutete Ansprüche von Gläubigern hervortreten, die das Vermögen der Gesellschaft aufzehrten. Namentlich wenn die Übernehmerin ihr Kapital erhöhen muß, wird sie Bedenken tragen, diese Gefahr zu laufen. Aber ein früherer Austausch ist gesetzlich nicht verboten, und im vorliegenden Falle wurde die MPB. durch ihr Interesse auf eine Verfrühung hingedrängt. Eine Kapitalerhöhung kam für sie nicht in Betracht, da sie eigene Aktien in genügender Menge zur Verfügung hatte. Andererseits stellte es eine wichtige Aufgabe dar, Störungen des Bankbetriebes nach Möglichkeit fernzuhalten. Wie erwähnt, hätte sich aus diesem Grunde die Ausschließung der Liquidation empfohlen. Wurde dies verabsäumt, so mußte der MPB., für deren Rechnung die Abwickelung geschah, daran gelegen sein, sich sobald als tunlich entscheidenden Einfluß auf den Gang der Abwickelung zu sichern. Zu diesem Behufe mußte sie versuchen, eine genügende Anzahl Aktien der aufgelösten Gesellschaft zu erwerben. Die Aktionäre, die das Angebot annahmen, erzielten dadurch den Vorteil, daß sie gegen Übertragung der schwer verwertbaren Aktien der Liquidationsgesellschaft auf die Übernehmerin früher als sonst in den Besitz von umlaufsfähigen und kurshabenden Papieren gelangten. Für beide Teile handelte es sich mithin um ein gesundes Geschäft, das nach den Anschauungen des Verkehrs nicht beanstandet werden kann.

Auch die besondere Richtung, in der die MPB. ihren Einfluß auszuüben trachtete, gibt zu Bemängelungen keinen Anlaß. Ob die in Liquidation befindliche KB. Ersatzansprüche gegen Komplementäre und Aufsichtsratsmitglieder geltend machen sollte, war eine Frage, die sachlich nur die MPB. anging. Bestanden solche Ansprüche zu Recht, so mußten sie mit dem gesamten übrigen Vermögen der KB. der MPB. zufallen. Die Aktionäre der KB. waren hieran nicht interessiert. Etwaige eigene Ansprüche, die sie für ihre Person nach § 826 oder § 823 Abs. 2 BGB. erheben zu können glaubten, konnten durch die Beschlüsse der Generalversammlung nicht beeinträchtigt werden. Glaubte daher die MPB., daß es in ihrem Interesse liege, eine Beunruhigung ihrer Kunden durch Einsetzung von Revisoren und Anstrengung von Regreßklagen zu vermeiden, so ist nicht erfindlich, was sie hätte hindern können, dieser Ansicht mit den gesetzlichen Mitteln Folge zu geben. Wie unrichtig der Standpunkt der Vorderrichter ist, beweist die Tatsache, daß sie die Geschäftsführung der Liquidatoren der Willkür einer kleinen, der MPB. feindlich gesinnten Minderheit von Aktionären unterwerfen wollen, obgleich an dem schließlichen Ergebnis, dem Übergange aller Rechte auf die MPB., nichts geändert werden kann.

. . .

Endlich geht fehl, was das Oberlandesgericht über die mangelnde Form der Übertragung bemerkt. Es ist richtig, daß die Statuten der KB. das Indossament als Übertragungsform zwingend vorschreiben, und daß nur der kleinere Teil der der MPB. ausgehändigten Aktien mit einem Indossamente versehen war. Hierauf kann sich aber der Kläger nicht berufen, denn die MPB. wurde vor der Generalversammlung auf ihren Antrag mit Zustimmung der Liquidatoren als Erwerberin in das Aktienbuch der KB. eingetragen. Nach § 223 Abs. 3 HGB. gilt der im Aktienbuche Verzeichnete im Verhältnis zur Gesellschaft als Aktionär. Daß der Buchführer bei ordnungsmäßiger Prüfung das Fehlen der Indossamente hätte rügen sollen, tut der Anwendbarkeit dieser Vorschrift keinen Abbruch. Vergeblich sucht das Oberlandesgericht das Gegenteil dadurch annehmbar zu machen, daß es von „wahllosen und rein handwerksmäßigen Eintragungen" spricht. Der wirkliche Entscheidungsgrund der Vorderrichter ist die Behauptung, daß sich der § 223 Abs. 3 auf den Fall eines Aktienumtausches zur Durchführung einer Fusion nicht beziehe. Diese Behauptung ist im vorstehenden widerlegt." ...

RGZ. 77, 333.

Zur rechtlichen Natur der Gewinnanteilscheine.

VI. Zivilsenat. Urt. v. 9. Oktober 1911.

I. Landgericht Leipzig. — II. Oberlandesgericht Dresden.

Zum Vermögen der am 29. Juni 1909 gestorbenen verwitweten B. hatten die Aktien der Leipziger Kreditbank Nr. 1030 und Nr. 3845 gehört. Im Nachlaß befand sich von jener nur der Gewinnanteilscheinbogen, von dieser nur der Mantel. Der Beklagte besaß von jener den Mantel, von dieser den Gewinnanteilscheinbogen. Der Kläger forderte als Testamentsvollstrecker für den Nachlaß der verwitweten B. vom Beklagten die Herausgabe dieser in seinem Besitz befindlichen Wertpapiere. Der Beklagte wendete ein: die Erblasserin habe ihm kurz vor ihrem Tode die Aktie Nr. 1030 schenkungsweise übergeben; anstatt des zu dieser Aktie gehörigen Gewinnanteilscheinbogens habe in dem Mantel der zur Aktie Nr. 3845 gehörige gelegen. Er erhob zugleich Widerklage mit dem Antrag, den Kläger zur Herausgabe des zur Aktie Nr. 1030 gehörigen Gewinnanteilscheinbogens gegen Rückgabe des zur Aktie Nr. 3845 gehörigen zu verurteilen.

Das Landgericht legte dem Beklagten einen richterlichen Eid über die behauptete Schenkung auf. Bei dessen Leistung sollte die Klage abgewiesen, und der Kläger nach dem Widerklagantrag verurteilt werden. Bei Verweigerung des Eides sollte der Beklagte unter Abweisung der Widerklage nach dem Klagantrag verurteilt werden. Das Oberlandesgericht wies die Berufung des Klägers zurück. Die Revision hatte nur insofern Erfolg, als die Widerklage unbedingt abgewiesen wurde.

Aus den Gründen:

. . .

Hiervon ist soviel richtig, daß der Gewinnanteilschein in der Regel ein Inhaberpapier im weiteren Sinne ist, derart, daß das Recht auf den in ihm verbrieften Gewinnanteil durch Übergabe des Scheins übertragen wird; er ist selbständig, auch ohne die Aktie, veräußerlich; er gilt bei Verpfändung der Aktie nicht ohne weiteres als mitverpfändet, sondern nur wenn er mit übergeben wird (§ 1296 BGB.); er ist der Träger des Gewinnanteilrechtes (vgl. hierüber Staub, Komm. z. HGB. 8. Aufl. zu § 213 Anm. 15). Da der zu der schenkungsweise übergebenen Aktie Nr. 1030 gehörige Gewinnanteilscheinbogen von der verwitweten B. dem Beklagten nicht mit übergeben worden ist, so ist auch die Schenkung insoweit nicht vollzogen worden. Das formlose

Schenkungsversprechen, wenn überhaupt ein solches der Übergabe der Aktie vorangegangen sein sollte, würde daher insoweit ungültig, und der Mangel der Form nicht geheilt sein (§ 518 BGB.). Daraus folgt, daß dem Beklagten der widerklageweise geltend gemachte Anspruch auf Herausgabe jenes Bogens nicht zusteht, auch nicht gegen Rückgabe des ihm übergebenen, zu der andern Aktie gehörigen Bogens. . . .

Dagegen ist der Anspruch des Klägers auf Herausgabe des zur Aktie Nr. 3845 gehörigen Bogens nicht begründet, wenn der Beklagte den ihm auferlegten Eid leistet. Mag auch dieser Bogen einmal nur *versehentlich in die Aktie Nr. 1030 geraten sein, dafür, daß der Wille* der verwitweten B. nicht auch auf Übertragung dieses Bogens gerichtet gewesen sein sollte, fehlt es nach dem festgestellten Sachverhalt an jedem Anhalt. Es handelt sich hier nicht um die Veräußerung und den Erwerb einer Aktie im geschäftlichen Verkehr. Bei Personen des Standes, dem die verwitwete B. angehörte, wird kein Wert darauf gelegt, daß der schenkungsweise mitübergebene Gewinnanteilscheinbogen nach Nummern und Buchstaben gerade zu dem geschenkten Stammpapiere paßt. . . .

Es wird im Interesse der Parteien liegen, daß sie, wenn der Beklagte den ihm auferlegten Eid geleistet haben wird, die beiden Bogen gegeneinander austauschen. Auch wenn dies nicht geschehen sollte, so wird doch jeder Teil dagegen geschützt sein, daß der andere sich neue Gewinnanteilscheine zu der ihm nicht gehörigen Aktie von der Aktiengesellschaft aushändigen läßt. Denn wenn auch der Inhaber des (am Gewinnanteilscheinbogen befindlichen) Erneuerungsscheins der Aktiengesellschaft gegenüber zum Empfang der neu auszugebenden Gewinnanteilscheine legitimiert ist, so geht ihm doch der Besitzer der Aktie vor; widerspricht dieser der Ausgabe neuer Scheine an den Inhaber des Erneuerungsscheins, so hat dieselbe zu unterbleiben, und die neuen Scheine sind ihm auszuhändigen, wenn er die Aktie vorlegt (§ 230 HGB.).“*) . . .

RGZ. 79, 174.

1. Ist der Anspruch der Aktiengesellschaft aus der Aktienzeichnung oder Aktienübernahme ein Anspruch aus zweiseitigem Vertrag im Sinne von § 17 KO.?

2. Kann die Aktiengesellschaft, wenn der Aktionär in Konkurs gerät, die rückständige Einlage zur Konkursmasse anmelden, oder ist

*) Jetzt § 69 AktG.

sie auf das Kaduzierungsverfahren nach § 219*) HGB. und auf Geltendmachung eines etwaigen Ausfalls gegen die Konkursmasse beschränkt?

I. Zivilsenat. Urt. v. 3. April 1912.

I. Landgericht I Berlin. — II. Kammergericht daselbst.

Im Jahre 1906 beschloß die Generalversammlung der B.er Aktiengesellschaft „Hilfsverein Deutscher Lehrer" (im folgenden Hilfsverein genannt) die Erhöhung ihres Grundkapitals. Nachdem die neuen Aktien gezeichnet waren, wobei sich die Zentral-Militär- und Darlehnskasse für Lehrer, Aktiengesellschaft in B. (hier als Zentralkasse bezeichnet), beteiligt hatte, wurde die durchgeführte Erhöhung in das Handelsregister eingetragen. In der Folge wurde über das Vermögen beider Gesellschaften das Konkursverfahren eröffnet. Im Konkurse der Zentralkasse meldete der klagende Konkursverwalter des Hilfsvereins die rückständige Zeichnungssumme an. Da die Forderung bestritten wurde, erhob er Feststellungsklage.

Beide Vorinstanzen gaben der Klage statt. Die Revision des Beklagten wurde zurückgewiesen aus folgenden

Gründen:

Der Kläger fordert Erfüllung der durch die Zeichnung übernommenen Verpflichtung. Daß sich der Hilfsverein, dessen Grundkapital erhöht wurde, im Konkurse befindet, steht der Forderung nicht entgegen. Die versprochenen Einzahlungen müssen auch zur Konkursmasse der Aktiengesellschaft geleistet werden. Der Beklagte hat eingewendet, die Schulden der Gesellschaft könnten auch ohne die geforderten Einlagen gedeckt werden. Das war an sich schlüssig; denn da die Gesellschaft durch den Konkurs aufgelöst wurde (§ 292 Nr. 3**) HGB.), mithin produktive Zwecke nicht weiter verfolgen konnte, brauchten die Gesellschafter nur insoweit noch zu leisten, als es durch den Zweck der Abwicklung der Gesellschaft geboten war. Die Einrede scheitert aber an der tatsächlichen Feststellung des Berufungsrichters, daß die Befriedigung der Gesellschaftsgläubiger viel mehr noch als die Klagsumme erfordert.

Größere Schwierigkeiten bereitet die Frage, ob für den erhobenen Anspruch auch der Konkurs der Aktionärin, der Zentralkasse, belanglos ist. Der Beklagte bestreitet das mit dem Hinweise darauf, daß er die Aktienurkunden verlangt und der Kläger deren Herausgabe ver-

*) Jetzt § 58 AktG.
**) Jetzt § 203 AktG.

weigert hat. Aus dieser Tatsache glaubt er verschiedene Verteidigungsgründe herleiten zu können, die von der Revision sämtlich aufrecht erhalten werden.

Vor allem ist dem Berufungsrichter darin beizupflichten: ein Anspruch auf Aushändigung der Aktienurkunden steht dem Aktionär, bevor er die Aktien voll eingezahlt hat, überhaupt nicht zu. Vergeblich beruft sich die Revision auf § 179 Abs. 4 HGB., wonach Namensaktien, sofern nur die gezahlten Teilbeträge in den Urkunden zum Ausdrucke gelangen, vor der vollen Leistung der Einzahlungen ausgegeben werden dürfen. Diese Vorschrift, die gegenüber dem Art. 215 c Abs. 3 der Novelle vom 18. Juli 1884 eine Neuerung bedeutete, gibt nur den Aktiengesellschaften,, nicht aber den Aktionären ein Recht. Sie will den Bedürfnissen derjenigen Gesellschaften entgegenkommen, welche, wie die Versicherungsvereine, ihr in Namensaktien zerlegtes Grundkapital zum größten Teil als Garantiefonds behandeln, an dessen Einforderung regelmäßig nicht gedacht wird. Solche Gesellschaften sollten der Notwendigkeit überhoben werden, sich mit der Ausgabe von Interimsscheinen zu begnügen (vgl. die Denkschrift zum HGB. S. 119 flg.). Ob von der hierin liegenden Vergünstigung Gebrauch gemacht wird, ist Sache der Generalversammlung. Hat die Versammlung, wie hier, einen dahingehenden Beschluß nicht gefaßt, so kann der einzelne Aktionär daran nichts ändern. Es kann mithin auch nicht verlangt werden, daß die Aktie gegen Zahlung der bloßen Konkursdividende ausgehändigt wird. In gleichem Sinne hat der erkennende Senat schon 1880 entschieden. . . . (Entsch. des RG.s in Zivils. Bd. 2, 264.)

. . . Nicht erledigt ist durch das Gesagte der Angriff, der in erster Linie erhoben ist, daß ein zweiseitiger Vertrag vorliege, kraft dessen § 17 KO. Platz greifen müsse. . . .

In der Tat hatte der Senat in der angezogenen Entscheidung Bd. 2, indem er sich damals noch dem ROHG. Bd. 19 S. 233, Bd. 25 S. 292 anschloß, die Aktienzeichnung für einen gegenseitigen Vertrag erklärt. Aber diese Anschauung wird von der reichsgerichtlichen Rechtsprechung, auch der des I. Zivilsenats, schon längst nicht mehr geteilt. In einer Reihe von Urteilen ist dargelegt, daß die Aktienrechte mit der Aktiengesellschaft selber, mit ihrer Eintragung ins Handelsregister — oder im Falle der Kapitalerhöhung mit der Eintragung der erfolgten Erhöhung — entstehen,

vgl. z. B. Entsch. des RG.s in Zivils. Bd. 31 S. 21, Bd. 34 S. 115, Bd. 41 S. 13, Bd. 52 S. 423, Bd. 55 S. 67.

In dem Augenblicke, wo die Gesellschaft oder die Kapitalerhöhung ins Leben tritt, ist die Verpflichtung zur Gewährung der Aktienrechte kraft Gesetzes erfüllt. Die Aktienurkunden, auf die allerdings die Aktionäre ein Recht haben, dienen nur zur Legitimation. Sieht man von der Vollzahlung als Bedingung dieses Rechts auf die Urkunde ab, so wird im übrigen seine Grundlage nicht durch die Aktienzeichnung oder Aktienübernahme, sondern durch die Aktionäreigenschaft gebildet. Das durch das Rechtsgeschäft hervorgerufene Rechtsverhältnis ist in Wahrheit der Grund; man fordert die Aktie, weil man Aktionär ist, nicht weil man das Versprechen erhalten hat, Aktionär werden zu dürfen. . . .

Zu prüfen bleibt hiernach nur noch der letzte Einwand, daß der Kläger nach § 219 HGB. habe verfahren müssen. . . . Ist der Anspruch auf die Einlage eine Forderung aus einseitigem Rechtsverhältnis, so kann er auch im Konkurse des Aktionärs geltend gemacht werden. Ob die Aktiengesellschaft den säumigen Aktionär seines Anteilsrechts für verlustig erklären will, um die Aktie anderweit zu verwerten, oder ob sie es ihm beläßt und die gewöhnlichen Schritte zur Beitreibung ihrer Forderung ergreift, ist im allgemeinen ihrem Belieben anheimgestellt. Hätte beim Konkurse des Aktionärs etwas anderes gelten sollen, so hätte dies bestimmt werden müssen. . . .

RGZ. 80, 81.

1. Inwieweit darf die Generalversammlung einer Aktiengesellschaft, wenn sie die Herabsetzung des Grundkapitals durch Zusammenlegung der Aktien beschließt, die Bestimmung der Frist, binnen deren die Aktien bei der Gesellschaft eingereicht werden müssen, dem Vorstand überlassen?

2. Worauf ist behufs gleichmäßiger Behandlung der Aktionäre zu achten, wenn ein Beschluß auf Zusammenlegung der Aktien mit einer Aufforderung zu Zuzahlungen ohne Erhöhung des Grundkapitals verbunden werden soll?

HGB. §§ 185, 288, 290 (jetzt §§ 11, 175, 179 AktG.).

I. Zivilsenat. Urt. v. 18. September 1912

I. Landgericht Bremen, Kammer für Handelssachen. — II. Oberlandesgericht Hamburg.

Am 24. November 1909 beschloß die Generalversammlung der verklagten Aktiengesellschaft die Herabsetzung ihres in 175 Aktien zu je 1000 M zerlegten Grundkapitals durch Zusammenlegung der Aktien im Verhältnis von 2 : 1. Zu diesem Zwecke sollten die Aktien bis zum

28. Februar 1910 eingereicht werden. Akien, auf welche 400 M zugezahlt würden, sollten der Zusammenlegung nicht unterliegen, nicht eingereichte Aktien und Spitzen nach § 290 HGB. behandelt werden. Auf Grund dieses Beschlusses forderte der Vorstand die Aktionäre in den Nummern des Deutschen Reichsanzeigers vom 7. Januar, 4. Februar und 4. März 1910 auf, ihre Aktien zur Zusammenlegung bis zum 28. Februar 1910 einzureichen; bis dahin müßten auch etwaige Zuzahlungen an die Gesellschaftskasse abgeführt werden. Aktien, die bis zum 15. April 1910 nicht eingereicht seien, würden für kraftlos erklärt werden.

Die Klägerin war Inhaberin von 19 Aktien, die am 28. April 1910, weil nicht eingereicht, für kraftlos erklärt wurden. Mit ihrer im März 1911 erhobenen Klage beantragte sie, die Rechtsunwirksamkeit der Kraftloserklärung festzustellen. Sie machte geltend, daß der Vorstand der Beklagten nicht gehörig zur Einreichung der Aktien aufgefordert habe und daß der Beschluß der Generalversammlung wegen ungleichmäßiger Heranziehung der Aktionäre nichtig sei.

Während die Kammer für Handelssachen der Klage stattgab, erkannte das Oberlandesgericht auf Abweisung. Die Revision der Klägerin führt zur Wiederherstellung des ersten Urteils aus folgenden

Gründen:

„1. . . .

Mit dem Oberlandesgericht und im Gegensatze zum ersten Richter muß allerdings davon ausgegangen werden, daß die Generalversammlung den Zeitpunkt, nach welchem die nicht eingereichten Aktien für kraftlos erklärt werden durften, nicht offen gelassen, sondern für ihn den 28. Februar 1910 vorgeschrieben hat. Dafür spricht die ganze Fassung des Beschlusses, der ohne Willkür gar nicht anders ausgelegt werden kann. Allein die Revision verkennt, daß die Fristvorschrift des Beschlusses eine doppelte Aufgabe erfüllen sollte, auch einen doppelten Rechtsnachteil als Versäumnisfolge vorsah, aber nur in e i n e r Beziehung entscheidende Bedeutung für die Kapitalsherabsetzung besaß.

Gesetzlich notwendig war eine Fristvorschrift zu dem Zwecke, den Betrag der Herabsetzung zu bestimmen. Da das Kapital nicht schlechthin auf die Hälfte herabgemindert wurde, vielmehr den Gesellschaftern freigestellt blieb, ihre Aktien durch Zuzahlung von je 400 M der Zusammenlegung zu entziehen, bedurfte es eines Endtermins für die Ausübung der Wahl. Und zwar mußte die Bestimmung des Termins von der Generalversammlung ausgehen, denn dem Gutdünken des

Vorstandes kann das Maß der Kapitalsherabsetzung nach dem Gesetze (§ 288) nicht anheimgegeben werden. In dieser grundlegenden Bedeutung ist der 28. Februar 1910 in den Veröffentlichungen des Vorstandes der Beklagten beibehalten worden, so daß ordnungsmäßig beschlossen und bekanntgemacht wurde, das Grundkapital um denjenigen Betrag zu mindern, der sich nach Ablauf jenes Tages nach Maßgabe der bis dahin ausgeübten Wahl ergeben würde.

Nun hat freilich die Generalversammlung außerdem noch beschlossen, daß der Vorstand, um die Gesellschafter zur Einreichung ihrer Aktien behufs Vernichtung der ungültig werdenden und Abstempelung der gültig bleibenden Stücke zu nötigen, von dem ihm durch das Gesetz dargebotenen Mittel Gebrauch machen sollte, die nicht eingereichten Aktien für kraftlos zu erklären und die darauf entfallenden abgestempelten Stücke für Rechnung der Beteiligten öffentlich zu versteigern. Als Frist, innerhalb deren die Aktionäre diesen Nachteil vermeiden und sich die abgestempelten Aktien sichern konnten, sollte die für die Ausübung des Zuzahlungsrechts bestimmte Zeit bis zum 28. Februar 1910 festgesetzt werden. Indessen bei diesem Teile des Beschlusses handelte es sich nur um Anweisungen an den Vorstand, die die Ausführung des Herabsetzungsbeschlusses betrafen, nicht um ein Wesenserfordernis des Beschlusses selbst. Die Gültigkeit der Kapitalsherabsetzung hing nicht davon ab, daß die Generalversammlung die bezeichneten Ausführungsmaßregeln vorschrieb; tat sie es aber, so konnte deren Nichtbeobachtung höchstens eine Schadensersatzpflicht des Vorstandes zur Folge haben.... Davon, daß die Kraftloserklärung wegen ungenügender Ankündigung der gesetzlichen Grundlage ermangelt hätte, kann deshalb keine Rede sein.

2. Der gegen die Bekanntmachungen des Vorstandes gerichtete Tadel ist aber nicht der einzige Grund der Klage. Hauptsächlich hat die Klägerin den Beschluß der Generalversammlung selber angegriffen. Sie wirft ihm vor, durch die Art, wie dort die Zusammenlegung der Aktien mit einem Rechte auf Zuzahlung verknüpft worden sei, gegen den im § 185 HGB. zum Ausdruck gelangten Grundsatze der Gleichberechtigung der Aktionäre verstoßen zu haben. Damit ist behauptet, daß die Generalversammlung ihre Zuständigkeit überschritten und die Aktienrechte der Klägerin in unzulässiger Weise geschmälert habe. Nach der ständigen Rechtsprechung des erkennenden Senats (vgl. besonders Entsch. in Zivils. Bd. 36 S. 136, Bd. 38 S. 99) ist eine so begründete Klage an die Monatsfrist des § 271 Abs. 2 HGB. nicht gebunden. Hierin ist auch das Oberlandesgericht derselben Meinung. Wenn es trotzdem die Klage

abgewiesen hat, so beruht dies darauf, daß es den Begriff der Gleichberechtigung anders als die Klägerin und der erste Richter versteht.

Über die Frage der sogenannten kombinierten Sanierungsbeschlüsse hat sich der Senat in dem Urteile Bd. 52 S. 287 der Sammlung ausgesprochen. Namentlich wird dort auch des Falles gedacht, wenn ohne gleichzeitige Erhöhung des Grundkapitals die Herabsetzung durch Verminderung der Zahl (oder Kürzung des Nennbetrags) der Aktien mit der Einforderung von Zuzahlungen verbunden werden soll, als Entschädigung der Zuzahlenden aber nicht eine Gewährung von Vorzugsrechten in betreff der Gewinnverteilung oder der Verteilung des Gesellschaftsvermögens in Aussicht gestellt wird (vgl. § 185 HGB.), sondern eine Begünstigung mit Bezug auf die Zusammenlegung selbst. Der Senat hat es abgelehnt, im einseitigen Interesse der Sanierungen die Gleichberechtigung der Aktionäre schon deshalb als gewahrt anzusehen, weil das Wahlrecht jedem von ihnen eingeräumt wird. Er hat auch ausgeführt, daß aus der Ausnahmevorschrift des § 262 Nr. 3 HGB., die es der Mehrheit der Generalversammlung gestattet, gegen freiwillige Zuzahlungen à fonds perdu Vorzugsaktien zu schaffen, keine Schlüsse auf die Erlaubtheit jedweder anderen Zurücksetzung der nicht zuzahlenden Gesellschafter gezogen werden dürfen. Im übrigen ist das Urteil vielfach mißverstanden worden. Es ist nicht richtig, daß der Senat es schlechthin für unzulässig erklärt hätte, Zuzahlungen bei Vermeidung der Zusammenlegung (oder der Schmälerung des Nennbetrags) der Aktien zu fordern. Wohl aber hat er einen unstatthaften Zwang dann angenommen, wenn angedroht wird, die Aktien der nicht zuzahlenden Aktionäre in stärkerem Maße zusammenzulegen, als es der Rücksicht auf den Betrag der unterbliebenen Zuzahlung rechnungsmäßig entsprechen würde. Er vertrat den Standpunkt, daß, soweit die Anteilsrechte in Betracht kommen, das Opfer der die Zahlung verweigernden Gesellschafter nicht größer sein darf als das Opfer, das die anderen in Gestalt der Barzahlung bringen. Zugleich hat er darüber keinen Zweifel gelassen, daß bei Prüfung der Frage, ob im gegebenen Falle gleiche oder ungleichmäßige Behandlung vorliegt, einfach auf den Nennbetrag der Aktien geachtet werden muß (a. a. O. S. 294).

An dieser Auffassung wird auch gegenüber den abweichenden Meinungen, die in der Literatur laut geworden sind, fesgehalten.... Wollte man aber den Zuzahlungszwang, wie es befürwortet ist, nur durch die allgemeine Vorschrift des § 138 BGB. über die Nichtigkeit unsittlicher Geschäfte begrenzen, so würde dies praktisch auf die Preisgabe des aktienrechtlichen Grundsatzes der Gleichbehandlung hinauslaufen.

Hiernach kann das angefochtene Urteil nicht aufrechterhalten werden. Nach dem Beschlusse vom 24. November 1909 leisten die nicht zuzahlenden Aktionäre für eine neue Aktie zum Nennbetrage von 1000 M zwei alte über je 1000 M, verlieren also von jeder alten 50 %, wogegen diejenigen, welche sich zu der Zuzahlung verstehen, gegen eine einzige alte Aktie sowie 400 M bar eine neue erhalten, also von der alten nur 40 % des Nennbetrages verlieren. Entweder mußte bei einer Zusammenlegung von 2 : 1 die Zuzahlung auf 500 M bemessen werden, oder die Aktien hätten, wenn nur 400 M Zuzahlung verlangt werden sollten, im Verhältnis von 5 : 3 zusammengelegt werden müssen.

...

Dem Vorstehenden nach ist der Beschluß der Generalversammlung vom 24. November 1909 nichtig. Die Folge ist, daß die Kraftloserklärung der Aktien, die sich auf dem Beschluß stützte, in sich zusammenfällt." ...

RGZ. 80, 95.

Sind Aktien mit Rübenlieferungspflicht und Aktien ohne solche Pflicht Gattungen von Aktien mit verschiedener Berechtigung im Sinne des § 275 Abs. 3 HGB.?*)

I. Zivilsenat. Urt. v. 25. September 1912.

I. Landgericht Bromberg. — II. Oberlandesgericht Posen.

Das Grundkapital der verklagten Aktiengesellschaft ist eingeteilt in 334 Aktien (Lit. A) über je 1000 M und in 732 Aktien (Lit. B) über je 500 M. Die Eigentümer der Aktien B sind der Beklagten gegenüber zum Rübenanbau verpflichtet.... § 24 der Satzung der Beklagten bestimmt:

... „Der nach Zahlung eines Rübenpreises von 80 Pf. für den Zentner reiner Rüben sich ergebende jährliche Reingewinn kommt, wie folgt, zur Verteilung:

1.... 2.... 3.... 4. Der dann noch verbleibende Reingewinn wird derartig verteilt, daß zunächst die Rübenproduzenten einen Pfennig Nachzahlung für den Zentner gelieferter reiner Rüben, demnächst die Aktionäre 1 % des Aktienkapitals als Superdividende erhalten, bis der zur Verfügung stehende Gewinnbetrag erschöpft ist" ...

*) Jetzt § 146 AktG.

Durch Beschluß der Generalversammlung vom 29. April 1911 wurden in dieser Bestimmung der Satzung mit mehr als drei Viertel Mehrheit des bei der Beschlußfassung vertretenen Grundkapitals an die Stelle der Worte „einen Pfennig" die Worte „zwei Pfennige" gesetzt. Der zur Verhandlung kommende Gegenstand war bei der Einberufung der Generalversammlung in den Gesellschaftsblättern und durch Einschreibebriefe den Aktionären bekannt gemacht, aber dabei war unter den Zwecken der Genralversammlung nicht ausdrücklich angekündigt worden, daß es neben dem Beschlusse der Generalversammlung eines in gesonderter Abstimmung gefaßten Beschlusses der Aktionäre der Aktien Lit. A über die beabsichtigte Statutenänderung bedürfe. Nach Ansicht des Klägers, eines Aktionärs der Lit. A, der in der Generalversammlung nicht anwesend war, bedurfte es einer solchen Ankündigung, weil die Statutenänderung unter die Vorschrift des § 275 Abs. 3 HGB. falle. Er focht daher den Beschluß der Generalversammlung als nichtig an.

Das Landgericht wies die Klage ab. Auf die Berufung des Klägers erklärte das Oberlandesgericht den Beschluß für nichtig. Die Revision wurde zurückgewiesen.

Aus den Gründen:

...

Das Oberlandesgericht geht zutreffend davon aus, daß die von der Beklagten ausgegebenen Aktien Lit. A und B Gattungen von Aktien mit verschiedener Berechtigung im Sinne des § 275 Abs. 3 HGB. darstellen. Die Aktien Lit. A fallen unter § 211, die Aktien Lit. B unter § 212 HGB. Es sind damit Anteilrechte mit der Pflicht zu wiederkehrenden Leistungen (nämlich der Verpflichtung zum Rübenanbau) neben Anteilrechten ohne solche Pflicht, also verschiedene Aktiengattungen (§ 185 HGB.) durch die Satzung der Beklagten geschaffen worden. Es sind aber auch Aktien verschiedener Berechtigung. Den Aktionären der Aktien Lit. B steht nach § 24 Nr. 4 der Satzung a. F. im Unterschiede von denen der Aktien Lit. B nicht bloß der Anspruch auf Zahlung eines festen Rübenpreises von 80 Pf für den Zentner reiner Rüben, sondern auch der Anspruch auf Nachzahlung von 1 Pf für den Zentner gelieferter reiner Rüben aus dem nach der satzungsmäßigen Verteilung des Reingewinns (§ 24 Nr. 1, 2, 3) verbleibenden Reingewinne zu. Es besteht daher zwischen beiden Gattungen von Aktien eine Rechtsverschiedenheit gerade auch hinsichtlich der Gewinnverteilung, wie sie der § 185 HGB. beispielsweise für die Festsetzung verschiedener Rechte für einzelne Gattungen von Aktien hervorhebt. Allerdings sollen nach § 24 Nr. 3 der Satzung aus dem Reingewinn alle Aktionäre bis 5 % des Aktienkapitals als Dividende erhalten. Auch ist im § 24 Nr. 4 die Zahlung einer Superdividende für alle Aktionäre vorgesehen; aber diese darf erst gezahlt werden, wenn und soweit die Nachzahlung für die Rüben Gewinn zur Verteilung übrig läßt. Die Nachzahlung geht der Superdividende vor. Die Möglichkeit, sie wirtschaftlich als Erhöhung des Rübenpreises anzusehen, stellt die durch die Satzung in betreff der Verteilung des Reingewinns zwischen den Aktiengattungen Lit. A und B begründete rechtliche Verschiedenheit ebensowenig in Frage, wie der Gebrauch des Wortes „Rübenproduzenten" im § 24 Nr. 4. Denn es ist selbstverständlich, daß damit auch Aktionäre der Lit. B bezeichnet werden sollen und daß nur ihnen aus dieser Bestimmung des Statuts Gesellschaftsrechte erwachsen, mag sie auch zugleich eine Ermächtigung des Vorstandes der Aktiengesellschaft enthalten, entsprechende Preise bei Verträgen über Anbau und Lieferung von Zuckerrüben mit nicht zu den Aktionären gehörenden dritten Personen zu vereinbaren.

Bei dieser Sachlage braucht die Frage, ob Aktien mit der Verpflichtung zu wiederkehrenden, nicht in Geld bestehenden Leistungen (§ 212 HGB.) und Aktien ohne solche Verpflichtung stets auch Aktiengattungen mit verschiedener Berechtigung im Sinne des § 275 Abs. 3 HGB. sind, nicht entschieden zu werden. Die verneinende Antwort findet aber für das geltende Handelsrecht keine Stütze in dem bei Bolze, Praxis des Reichsgerichts Bd. 5 Nr. 757 auszugsweise abgedruckten Urteile des III. Zivilsenats vom 9. Dezember 1887. Dieses Urteil betrifft zwar den mit § 275 Abs. 3 Satz 1 wesentlich übereinstimmenden Art. 215 Abs. 6 HGB. (a. F.); indessen erklärt sich der Ausspruch, daß die Aktien mit Rübenlieferungspflicht und die Aktien ohne solche Pflicht nicht verschiedene Gattungen im Sinne des Gesetzes seien, aus der von der damaligen Rechtsprechung des Reichsgerichts (vgl. Entsch. in Zivils. Bd. 17 S. 15, Bd. 26 S. 87) vertretenen Auffassung, daß die statutarischen Bestimmungen über die Lieferungspflicht und die entsprechenden Rechte den Inhalt eines besonderen Vertrags bilden, der neben dem Gesellschaftsvertrage zwischen der Gesellschaft und jedem Aktionär als einer dritten Person abgeschlossen wird. Die Schwierigkeiten, die sich hieraus ergaben, führten zu der Bestimmung im § 212 n. HGB., die dem alten Handelsgesetzbuche fehlte (vgl. Denkschrift zum Entwurf des n. HGB. S. 131).

Mit Recht endlich hat hiernach das Oberlandesgericht angenommen, daß durch den angefochtenen Beschluß das bisherige Verhältnis der Aktien Lit. A und B zum Nachteile der Aktien B geändert worden ist. Da der Beschluß die Erhöhung der Nachzahlung von 1 Pf auf 2 Pf bezweckte, so sollten die bisherigen Grundsätze über das Verhältnis, in welchem die Aktien an dem verteilbaren Reingewinne teilnahmen, geändert werden, und zwar zum Nachteile der Aktionäre der Lit. A, die sich ohne diese Änderung der Satzung bei der Festsetzung der Superdividende mit den Aktionären der Lit. B in den Mehrbetrag des Reingewinns gleichmäßig geteilt haben würden. Der Beschluß bezweckte und erreichte eine unmittelbare Änderung des bisherigen Verhältnisses beider Gattungen von Aktien bei der Verteilung des Reingewinns und benachteiligte dadurch die Aktien der Lit. A."

RGZ. 81, 17.

1. Wird die Aktiengesellschaft Darlehnsschuldnerin, wenn der Vorstand in ihrem Namen unter Überschreitung seiner Vertretungsbefugnis von Aktionären Darlehne nimmt?

2. Sind Darlehnsschulden, deren Rückzahlung nur aus dem Reingewinne zu erfolgen hat, als Passiva in die Jahresbilanz der Aktiengesellschaft einzustellen?

HGB. §§ 235, 261, 40.

II. Zivilsenat. Urt. v. 26. November 1912

I. Landgericht I Berlin. — II. Kammergericht daselbst.

...

Aus den Gründen:

... „Die Klägerin würde mit der auf Grund des § 271 HGB. erhobenen Anfechtungsklage nur dann durchdringen können, wenn die von ihr angefochtenen Beschlüsse der Generalversammlung vom 4. Juli 1911 unter Verletzung des Gesetzes oder des Gesellschaftsvertrags zustande gekommen wären. Beides ist jedoch vom Berufungsgerichte mit Recht verneint worden. Es mag der Klägerin zugegeben werden, daß die Bereicherungsansprüche, die ihrer Ansicht nach den Einzahlern der 2 674 025 M wegen Nichtigkeit der den Einzahlungen zugrunde liegenden Verträge zustehen sollen, als Passiva in die Bilanz für das Jahr 1910 hätten eingestellt werden müssen, obgleich sie gar nicht behauptet hat, daß von den Einzahlern die Nichtigkeit der Verträge geltend gemacht und Bereicherungsansprüche erhoben worden seien; sie hat lediglich die von der Beklagten für alle Fälle aufgestellte Behauptung bestritten, daß die Einzahler auf ihre Bereicherungsansprüche verzichtet hätten. Allein die Verträge sind keineswegs nichtig. Ihr Inhalt geht dahin, daß die einzelnen Aktionäre an die Beklagte zu deren freier Verfügung je 750 M zahlten und die Beklagte sich verpflichtete, aus dem jährlichen Reingewinn ihres Unternehmens, nach Abführung von 20 % an den zur Deckung etwaiger Ausfälle bestimmten Reservefonds und nach Ausschüttung der Dividende, einen Betrag von höchstens einem Fünfzehntel der eingezahlten Gesamtsumme auszusondern und nach Aussonderung eines der Gesamteinzahlung gleichkommenden Betrags, also nach frühestens 15 Jahren, diesen Betrag zur Erstattung der Einzahlungen zu verwenden. Es handelt sich demnach um Darlehnsverträge, die allerdings die Besonderheit aufweisen, daß die Darlehne erst dann und nur dann zurückgezahlt werden sollen, wenn 80% der von der Darlehnsnehmerin in ihrem Unternehmen während eines Zeitraums von wenigstens 15 Jahren erzielten jährlichen Reingewinne nach Abzug der (höchstens 4 % des Aktienkapitals betragenden) Jahresdividenden den Gesamtbetrag der Darlehne erreichen. Daß die Verträge, wie die Klägerin behauptet, zur Gesundung der Vermögenslage der Beklagten und zur Stützung des Kursstandes der Aktien errichtet worden sind, beeinflußt ihre rechtliche Natur nicht. Auch im Falle der Richtigkeit der Behauptung sind die beiderseitigen Rechte und Verbindlichkeiten nicht solche aus dem zwischen der Beklagten und den Aktionären bestehenden Gesellschaftsverhältnisse; die Verträge liegen völlig außerhalb dieses Verhältnisses und die Einzahler als solche stehen der Beklagten nicht anders gegenüber als irgendein fremder Darlehnsgeber. Demgemäß kann es völlig dahingestellt bleiben, ob die Bestimmung der Satzung, daß der jährliche Reingewinn nach Abzug der Dividende ganz dem zur Deckung von Verlusten bestimmten Reservekapital zuzuführen ist, eine der Beklagten gegenüber einzuhaltende Beschränkung in der Befugnis, sie zu vertreten, darstellt (vgl. § 235 Abs. 1 HGB.), und ob der Vorstand bei Abschluß der Verträge mit den Einzahlern diese Befugnis überschritten hat. Denn gegenüber den Einzahlern, die trotz ihrer Aktionäreigenschaft als Dritte im Sinne des § 235 Abs. 2 Satz 1 HGB. zu gelten haben und denen, nach der unangefochtenen Feststellung des Berufungsgerichts, eine Kollusion mit dem Vorstande nicht zur Last fällt, war die etwaige Beschränkung des Vorstandes unwirksam (Entsch. des RG.s in Zivils. Bd. 4 S. 72 flg., Bd. 22 S. 70 flg., Bd. 73 S. 343 flg.). Die Verträge sind also gültig und den Einzahlern stehen Bereicherungsansprüche gegen die Beklagte nicht zu.

Eine Überschreitung seiner Vertretungsbefugnis durch den Vorstand hätte der Generalversammlung nur Anlaß geben können, dem

Vorstande die Entlastung zu versagen. Gegen den Beschluß auf Erteilung der Entlastung richtet sich jedoch die erhobene Anfechtungsklage nicht. Die Klägerin ficht die Beschlüsse der Generalversammlung nur insoweit an, als „die Bilanz für das Jahr 1910 mit Gewinn- und Verlustrechnung so genehmigt worden ist, wie es der Vorstand im Geschäftsberichte vorgeschlagen hat", und als „an die Aktionäre eine Dividende von 3 1/2% verteilt werden soll".

Die Anfechtung dieser Beschlüsse ist aber auch nicht deshalb begründet, weil die den Einzahlern aus den gültigen Verträgen gegen *die Beklagte erwachsenen* Rückforderungsansprüche nicht als Passiva in die Bilanz eingestellt worden sind. Nach den Verträgen können die Einzahler die Erstattung der der Beklagten für den 31. Dezember 1910 zur Verfügung gestellten Beträge, wenn überhaupt, nur aus dem Reingewinn des Unternehmens der Beklagten verlangen, und zwar nicht schon aus dem des Jahres 1910, sondern erst aus dem der folgenden Jahre. Ihre Forderungen belasten demnach das Stammvermögen der Beklagten in keiner Weise. In die zur Ermittelung des Gewinns oder Verlustes bestimmte Jahresbilanz sind aber bloß die eigentlichen Vermögensschulden aufzunehmen. Schulden, deren Bezahlung nur für den Fall der Erzielung eines, sei es gegenwärtigen, sei es zukünftigen Reingewinnes und nur aus diesem Gewinne zu erfolgen hat, müssen bei der Ermittelung, ob ein Gewinn erzielt worden ist, naturgemäß außer Betracht bleiben (vgl. Simon, Bilanzen der Aktiengesellschaften 2. Aufl. S. 427 flg.; Rehm, Bilanzen der Aktiengesellschaften S. 749 flg;. Staub-Könige zu § 261 HGB. Anm. 12, 9. Aufl. S. 983). Ebensowenig sind solche Schulden bei der Entscheidung über die Zulässigkeit einer Dividendenverteilung zu berücksichtigen, wenn, wie hier, die Dividende vereinbarungsgemäß vorab aus dem Reingewinn zu entnehmen ist." ...

RGZ. 81, 153.

Liquidationslose Verschmelzung von Aktiengesellschaften. Haben die Aufsichtsratsmitglieder der aufgelösten Gesellschaft Anspruch darauf, daß ihre Vergütung durch die übernehmende Gesellschaft fortgezahlt wird?

BGB. §§ 611, 675, 620.

HGB. §§ 306, 243 Abs. 4 (jetzt §§ 233—248, 87 AktG.).

II. Zivilsenat. Urt. v. 3. Januar 1913.

I. Landgericht Duisburg. — II. Oberlandesgericht Düsseldorf.

Die Frage wurde, abweichend von dem Urteil des Landgerichts, aber in Übereinstimmung mit dem Berufungsurteile, verneint aus folgenden

Gründen:

...

Das dem Klaganspruche zugrunde liegende Vertragsverhältnis ist als ein Dienstvertrag aufzufassen, der eine Geschäftsbesorgung zum Gegenstande hat (§§ 611, 675 BGB.). ... Bei Dienstverträgen, die eine Geschäftsbesorgung zum Gegenstande haben, folgt sogar aus dem hierauf anwendbaren § 672 Satz 1 BGB., daß der Untergang der übertragenden Gesellschaft, der die gleiche rechtliche Bedeutung hat, wie der Tod des Dienstberechtigten, wenn dieser eine natürliche Person ist, im Zweifel das Erlöschen des Dienstverhältnisses nicht zur Folge hat.

Gleichwohl führen bei dem Dienstverhältnis, das zwischen den Mitgliedern des Aufsichtsrats und der Aktiengesellschaft besteht, überwiegende Gründe zu der Annahme, daß die Beendigung der Aktiengesellschaft im Falle der Fusion ohne Liquidation das Erlöschen dieses Dienstverhältnisses ohne weiteres, insbesondere ohne das Erfordernis eines Widerrufs gemäß § 243 Abs. 4 HGB. nach sich zieht.

Der erkennende Senat hat bereits in dem Urteil Entsch. des RG.s in Zivils. Bd. 68 S. 223 flg. auf die Besonderheit der Stellung der Aufsichtsratsmitglieder und des mit ihnen geschlossenen Vertragsverhältnisses hingewiesen. In dieser Entcheidung ist für den Fall des Widerrufs gemäß § 243 Abs. 4 HGB. ausgesprochen, daß es der Generalversammlung einer Aktiengesellschaft jederzeit frei steht, die Bestellung zum Mitgliede des Aufsichtsrats mit der Wirkung zu widerrufen, daß dem Mitgliede von da an die Vergütung, die es für seine seitherige Tätigkeit im Interesse der Gesellschaft auf Grund der Satzungen oder besonderer Generalversammlungsbeschlüsse bezogen hat, nicht weiter zusteht, und daß es wegen des Wegfalls der Vergütung auch keine Entschädigung zu beanspruchen hat, immer vorausgesetzt, daß es sich um die Vergütung für die gewöhnliche Tätigkeit des Aufsichtsrats als Organs der Gesellschaft, nicht aber um Vergütungen handelt, die dem Mitglied auf Grund einer besonderen Vereinbarung zustehen. Diese Rechtsauffassung wird zunächst daraus hergeleitet, daß in § 243 Abs. 4, abweichend von den §§ 231 Abs. 3 und 52 Abs. 1 HGB. — die den jederzeitigen Widerruf der Bestellung zum Mitgliede des Vorstandes einer Aktiengesellschaft und der Prokura im übrigen in gleicher Weise regeln, wie dies in § 243 Abs. 4 bezüglich der Bestellung zum Mitgliede des Aufsichtsrats geschehen ist. — der Zusatz „unbeschadet des Anspruchs auf die vertragsmäßige Vergütung" weggelassen ist. Diese verschiedene Behandlung der Mitglieder des Vorstandes und der Mitglieder des Aufsichtsrats einer Aktiengesellschaft wird dann weiterhin durch die Verschiedenheit der gesamten Stellung und der Pflichten der Mitglieder des einen und des anderen Organs erklärt. In dieser Hinsicht wird ausgeführt, daß die Vorstandsmitglieder in der Regel durch die Erfüllung der ihnen in dieser Eigenschaft obliegenden Verpflichtungen vollständig in Anspruch genommen würden und daß daher die ihnen nach dem Anstellungsvertrage von der Gesellschaft hierfür zu gewährenden Vergütungen in der Regel ihren Haupterwerb darstellten, daß die Vorstandsmitglieder auch in der anderweitigen Verwertung ihrer Arbeitskraft durch die Vorschriften des § 236 HGB. beschränkt seien. Demgegenüber bilde die den Aufsichtsratsmitgliedern obliegende Tätigkeit in der Regel eine nur geringe Zeit in Anspruch nehmende Nebenbeschäftigung und die ihnen hierfür von der Gesellschaft gewährte Vergütung meistens nur einen Teil ihres aus ihrer Erwerbstätigkeit fließenden Einkommens; auch seien die Aufsichtsratsmitglieder durch ihre Stellung in der anderweitigen Verwertung ihrer Arbeitskraft gesetzlich nicht beschränkt. Der vorzeitige Widerruf der Bestellung zum Aufsichtsratsmitgliede sei daher in der Regel für ein solches Mitglied von weit geringerer wirtschaftlicher Bedeutung, als die vorzeitige Abberufung eines Vorstandsmitglieds ohne Fortgewährung der vertragsmäßigen Vergütung oder entsprechende Entschädigung für das Vorstandsmitglied sein würde.

Die weitere Ausgestaltung dieser Erwägungen führt dazu, der geschilderten Eigenart der Tätigkeit und Vergütung der Aufsichtsratsmitglieder auch die fernere Bedeutung beizulegen, daß, sofern nichts Gegenteiliges besonders vereinbart ist, mit der Beendigung der Aktiengesellschaft das mit den Aufsichtsratsmitgliedern geschlossene Dienstverhältnis ohne weiteres aufhört und damit jeder Anspruch dieser Mitglieder auf Vergütung oder Entschädigung für die Zukunft wegfällt. Mit dem Untergange der übertragenden Aktiengesellschaft bleibt für Ausübung der Tätigkeit des Aufsichtsrats als Organs dieser Gesellschaft kein Raum mehr. Die Besonderheit dieser Tätigkeit einerseits und der dafür zu gewährenden Vergütung anderseits rechtfertigen nun aber die Annahme, daß nach dem Sinne des Vertrags, sobald die Möglichkeit, diese Tätigkeit für die Aktiengesellschaft auszuüben, wegfällt, auch der Anspruch auf die Vergütung von selbst erlischt. Für diese Auffassung spricht auch die erwähnte freie Widerruflichkeit der Bestellung zum Aufsichtsratsmitgliede gemäß § 243 Abs. 4 HGB. Kann die Aktiengesellschaft diese Bestellung jederzeit mit der Wirkung widerrufen, daß dem Aufsichtsratsmitgliede kein Anspruch auf Fortgewährung der Vergütung oder auf Entschädigung zusteht, so entspricht es auch dem Sinne des Vertrags, daß die gleiche Wirkung eintritt, wenn die Aktiengesellschaft überhaupt als Rechtspersönlichkeit zu bestehen aufhört.

Dem kann auch nicht entgegengehalten werden, daß im vorliegenden Falle die Dauer des Vertragsverhältnisses zwischen dem Kläger und der untergegangenen Aktiengesellschaft auf Ende 1913 genau bestimmt war. Denn eine solche Bestimmung der Vertragsdauer schließt nicht aus, daß aus der Beschaffenheit und dem Zwecke der Dienste auch noch eine andere Begrenzung der Vertragsdauer als dem Willen der Vertragschließenden entsprechend herzuleiten ist (§ 620 BGB.). Eine solche weitere Begrenzung liegt nach dem Gesagten in dem Untergange der übertragenden Aktiengesellschaft." . . .

RGZ. 81, 332.

1. Muß der eine bloße Unterbrechung der Generalversammlung anordnende Beschluß im Protokoll beurkundet werden?

2. Endet das Amt des Aufsichtsrats einer Aktiengesellschaft mit Eröffnung des Konkurses? Hat der Konkursverwalter das Recht der Kündigung?

3. Hat der Aufsichtsrat während des Konkurses Anspruch auf die satzungsgemäße oder angemessene Vergütung?

HGB. §§ 245, 246, 259.
KO. §§ 22, 23, 59 Nr. 2.

II. Zivilsenat. Urt. v. 14. Februar 1913.

I. Landgericht III Berlin. — II. Kammergericht daselbst.

Die Kläger forderten für ihre Tätigkeit als Mitglieder des Aufsichtsrats einer seit 3. Juni 1909 im Konkurs befindlichen Aktiengesellschaft 4100 M als die satzungsmäßige und, wie sie zugleich geltend machten, angemessene Vergütung für die Zeit vom 27. Mai 1909, dem Tage ihrer Wahl durch die Generalversammlung, bis zum 30. September 1909. Der verklagte Konkursverwalter bestritt die Gültigkeit der Wahl und sprach den Klägern jedes Recht auf Vergütung ab, zumal er am 11. Juni 1909 gekündigt habe. Widerklagend begehrte er die Feststellung, daß den Klägern auch für die Zeit nach dem 30. September 1909 Vergütungsansprüche auf Grund ihrer Wahl nicht zuständen. Während das Landgericht in Höhe von 4000 M nach dem Klagantrage erkannte, wies das Kammergericht die Klage ab und entsprach der Widerklage. Die Revision wurde zurückgewiesen aus folgenden

Gründen:

„Die Kläger sind in einer Generalversammlung der Aktionäre vom 27. Mai 1909 zu Mitgliedern des Aufsichtsrats der Gesellschaft gewählt worden. Der Berufungsrichter hält die Wahl für ungültig, weil der sie aussprechende Beschluß nicht in der durch § 259 HGB. vorgeschriebenen Weise beurkundet sei. . . .

Dem Berufungsrichter konnte in dieser Beurteilung nicht beigepflichtet werden. In der Versammlung vom 27. Mai 1909 stellte der Vorsitzende, wie das notarielle Protokoll ergibt, ohne Widerspruch aus der Versammlung fest, die Generalversammlung von diesem Tage sei ordnungsmäßig dadurch berufen, daß die Generalversammlung vom Tage vorher sich auf diesen Tag vertagt habe. Es ist schon an sich in hohem Grade unwahrscheinlich, daß diese Feststellung von dem Vorsitzenden der Wahrheit zuwider getroffen sein sollte. Äußerstenfalls hätte die Anfechtungsklage gemäß § 271 HGB. durchgeführt werden müssen, worüber der Tatbestand des angefochtenen Urteils nichts ergibt und auch der Revisionsbeklagte nichts vorträgt. Der Registerrichter hat die Beschlüsse vom 27. Mai eingetragen, was erkennen läßt, daß er den Nachweis ordnungsmäßiger Tagung für erbracht angesehen hat. Daß dieser Nachweis nur auf dem Wege der Beurkundung eines Vertagungsbeschlusses vom 26. Mai hätte beschafft werden können, kann nicht zugegeben werden; es handelte sich lediglich um eine Fortsetzung der Versammlung vom vorigen Tage, die aus rein äußeren Gründen, vor allem wegen Nichterschöpfung der Tagesordnung bei Ablauf des Arbeitstags, tatsächlich also mit bloßer Unterbrechung der Arbeit, hatte angeordnet werden müssen. Dies brauchte auch nach § 259 HGB. nicht durch einen beurkundeten Beschluß erwiesen zu werden. Kann doch selbst der Nachweis, daß die ganze Generalversammlung ordnungsmäßig berufen ist, außerhalb des Protokolls geführt werden, indem die Belege dem Protokoll nicht beigefügt, sondern nur unter Angabe ihres Inhalts im Protokoll aufgeführt werden. Strengere Anforderungen dürfen auch für eine bloße Fortsetzung der Versammlung nach zeitweiser Unterbrechung nicht gestellt werden.

Der Revision war hiernach zuzugeben, daß die Kläger am 27. Mai 1909 ordnungsmäßig zu Mitgliedern des Aufsichtsrats gewählt worden sind. Daß sie für ihre Tätigkeit an und für sich eine Vergütung zu beanspruchen hatten, ergibt § 21 der Satzung. Ihr Anspruch für die Zeit vom 27. Mai bis 3. Juni 1909, dem Tage der Konkurseröffnung, ist daher zweifelsfrei, auch der Höhe nach nicht bestritten. Es handelt sich aber um einen Konkursanspruch, der zur Tabelle hätte angemeldet werden müssen; eine Klage gegen den Verwalter auf Zahlung ist insoweit ausgeschlossen. Beide Vorinstanzen haben also mit Recht die Klage bezüglich dieser 100 M abgewiesen.

Für die Zeit nach Eröffnung des Konkurses, dem 3. Juni 1909, fordern die Kläger weitere 4000 M bis zum 30. September, während sie für die Zeit vom 1. Oktober ab gleichfalls noch zu nicht unerheblichen Ansprüchen berechtigt zu sein behaupten. Der Berufungsrichter hat die Frage, in welcher Weise das Amt des Aufsichtsrats etwa durch die Konkursverwaltung als solche beeinflußt wird, nicht geprüft, weil dies von seinem Standpunkte der Rechtsunwirksamkeit des Beschlusses vom 27. Mai 1909 nicht erforderlich war. Die Prüfung ist jetzt nicht zu umgehen. Hätten die Kläger mit der Konkurseröffnung aufgehört, Aufsichtsratsmitglieder zu sein, so wäre damit ihren Ansprüchen ohne weiteres der Boden entzogen.

Die Rechtsmeinung, daß der Konkurs der Aktiengesellschaft das Amt des Aufsichtsrats beende, wird in der Literatur gelegentlich vertreten, insbesondere auf Grund des § 23 Abs. 2 KO. Hat sich jemand durch einen Dienst- oder Werkvertrag verpflichtet, ein ihm vom Gemeinschuldner übertragenes Geschäft für diesen zu besorgen, so erlischt der Vertrag nach dieser Gesetzesbestimmung mit Eröffnung des Konkurses. Das Amt des Aufsichtsrats gründet sich auf ein Dienstverhältnis, das eine Geschäftsbesorgung zum Gegenstande hat, genauer eine fortdauernde Reihe solcher Besorgungen, wie Gesetz und Gesellschaftsvertrag sie näher bestimmen. Dabei handelt es sich unzweifelhaft gleichzeitig um Dienste höherer Art, die auf Grund besonderen Vertrauens übertragen zu werden pflegen. Ist die Dienstführung des Aufsichtsrats hiernach in bestimmten rechtlichen Beziehungen gemäß § 675 BGB. den Grundsätzen des Auftrags zu unterstellen, so ist doch die Folge, daß nun auch gemäß § 23 Abs. 2 KO. sein Amt mit der Konkurseröffnung ende, abzulehnen. Bei dem Aufsichtsrat einer Erwerbs- und Wirtschaftsgenossenschaft im Sinne des Gesetzes vom 1. Mai 1889, in der Fassung des Art. 10 EG. z. HGB., steht es mit dem Rechtsverhältnis, auf dem das Amt beruht, nicht wesentlich anders, und § 104 dieses Gesetzes läßt klar erkennen, daß der Gesetzgeber den Fortbestand des Aufsichtsrats von der Konkurseröffnung nicht hat berührt wissen wollen. Die Generalversammlung, so heißt es dort, sei ohne Verzug zur Beschlußfassung darüber zu berufen, ob die bisherigen Mitglieder des Aufsichtsrats beizubehalten, oder ob andere zu bestellen seien. Auch die Genossenschaft aber wird, wie die Aktiengesellschaft, durch die Eröffnung des Konkursverfahrens aufgelöst. Da sich dies lediglich auf die erzeugende Tätigkeit der Gesellschaft bezieht, während die Gesellschaft für die Zwecke des Konkursverfahrens fortbesteht, muß sie auch ihre Organe haben, ohne die sie rechtlich nicht zu denken ist. Und da das Gesetz nicht vorschreibt, daß es einer Bestätigung oder Neuwahl der Mitglieder des Aufsichtsrats einer Aktiengesellschaft im Falle ihres Konkurses bedürfe, so bleibt der bisherige Aufsichtsrat eben bestehen.

Diesem Willen des Gesetzes gegenüber wäre die Anwendbarkeit des § 23 Abs. 2 KO. selbst dann ausgeschlossen, wenn im übrigen alles dazu zwänge, das Dienstverhältnis zwischen Aufsichtsrat und Gesellschaft als ein unter § 23 fallendes Vertragsverhältnis anzusehen. Das ist aber nicht einmal der Fall. Der Hauptzweck des § 23 KO., und zwar auch in seinem sich lediglich dem § 675 BGB. anschließenden Absatz 2, ist, wie J ä g e r KO. zu § 23 Anm. 1 zutreffend hervorhebt, der, die ordnungsmäßige Verwaltung und Verwertung der Masse durch den Konkursverwalter gemäß der allgemeinen Bestimmung des § 6 KO. sicherzustellen. In der Erfüllung der ihm zugewiesenen Aufgabe, seinerseits das gesamte zur Konkursmasse gehörige Vermögen seiner konkursmäßigen Bestimmung, der Verteilung, entgegenzuführen, und es bis dahin nach eigenen Entschlüssen zu verwalten, soll der Konkursverwalter nicht durch die Tätigkeit eines Dritten behindert sein, den der Gemeinschuldner hinsichtlich eines zur Masse gehörigen Gegenstandes mit einer Geschäftsbesorgung betraut hat. Deshalb soll der Vertrag erlöschen; der Dritte hat seine Tätigkeit einzustellen, er kann sie nicht für den Konkursverwalter fortsetzen, wenn der Verwalter ihn nicht neu bestellt. Dieser Grund des Gesetzes paßt für das Verhältnis zwischen Aufsichtsrat und Konkursverwalter in keiner Weise. Abgesehen davon, daß der Aufsichtsrat nicht ein einzelnes Geschäft für die Gesellschaft zu besorgen, sondern eine dauernde Tätigkeit zu entwickeln hat, ist der Konkursverwalter, soweit dem Aufsichtsrate nach der Konkurseröffnung noch Aufgaben geblieben sind, gar nicht in der Lage, sie selbst zu erfüllen oder durch einen Dritten erfüllen zu lassen, während umgekehrt auch dem Aufsichtsrate die Grenzen seiner Tätigkeit gegenüber dem Konkursverwalter genau gezogen sind. Das Fortbestehen des Aufsichtsrats hindert also die konkursmäßige Abwickelung nicht nur nicht, er ist vielmehr noch jetzt, wenn auch in sehr beschränktem Maße, berufen, sich daran zu beteiligen. So hat er das Recht und die Pflicht, eine Generalversammlung zusammenzurufen, wenn dies im Interesse der Gesellschaft erforderlich ist (§ 246 HGB.), und erforderlich kann es beispielsweise sein, wenn ein Zwangsvergleich abgeschlossen oder das Verfahren mit Zustimmung der Gläubiger eingestellt und danach die Gesellschaft gemäß § 307 HGB. fortgesetzt werden soll. Unzweifelhaft muß der Aufsichtsrat auch vorhanden sein, um die Gesellschaft mit dem Vorstande zusammen bei Erhebung von Anfechtungsklagen gemäß § 272 HGB. zu vertreten, denn der Konkursverwalter ist hierzu nicht berufen (vgl. Entsch. des RG.s in Zivils. Bd. 76 S. 244).

Nach alledem kann rechtlich kein Zweifel daran sein, daß auch im vorliegenden Falle das Amt der Kläger als Mitglieder des Aufsichtsrats infolge der Konkurseröffnung nicht endete. Der Beklagte macht einen weiteren Beendigungsgrund geltend, die Kündigung. Es kann dahingestellt bleiben, auf welchen Zeitpunkt die Kündigung vom 11. Juni 1909 zu beziehen gewesen wäre, wenn der Konkursverwalter als solcher und ohne Zustimmung der Generalversammlung ein Recht dazu gehabt hätte, denn ein derartiges Recht ist nicht anzuerkennen. Wollte man an sich auch das Dienstverhältnis des Aufsichtsrats, wie dies bezüglich des Vorstandes vom Reichsgericht geschehen ist (vgl. Urteil vom 12. Mai 1909 Rep. I. 357/08, Leipz. Zeitschr. 1909 S. 689), dem § 22 KO. unterstellen, obwohl die wesentliche Verschiedenheit der Aufgben beider Organe mehrfach schon zu wesentlich abweichender Beurteilung ihrer Rechtsstellung geführt hat (vgl. Entsch. des RG.s in Zivils. Bd. 68 S. 227), so wäre es trotzdem unmöglich, dem Konkursverwalter ein von der Zustimmung der Generalversammlung unabhängiges Recht zur Kündigung des Amtes des Aufsichtsrats zu gewähren, und zwar hauptsächlich aus den oben schon erörterten Gründen, aus denen die Stellung des Aufsichtsrats mit zwar beschränktem, aber doch selbständigem Arbeitsfeld, auch nach der Eröffnung des Konkurses erhalten bleibt. Der Konkursverwalter kann den bestehenden Aufsichtsrat nicht eigenmächtig beseitigen, wie er auch einen neuen Aufsichtsrat nicht an die Stelle zu setzen vermöchte. Es kommt hierauf aber im vorliegenden Falle nicht weiter an, weil den Klägern auch bei Unwirksamkeit der Kündigung des Verwalters für die Zeit nach der Konkurseröffnung ein Anspruch auf Vergütung nicht mehr zusteht.

Die Kläger behaupten das Gegenteil unter Berufung auf § 21 der Satzung. Nach § 21 sollte die Vergütung des Aufsichtsrats bestehen in einem an anderer Stelle näher festgesetzten Anteil am Reingewinn, mindestens aber, für alle Mitglieder zusammen, in einer „garantierten Jahresvergütung“ von 12000 M. Schon hier ist die Mindestvergütung in Beziehung gebracht zum Reingewinn. An den Fall, daß der Konkurs eröffnet werden und damit jede Gewinnerzielung aufhören sollte, ist ersichtlich nicht gedacht; jedenfalls hat die Bestimmung nach verständiger Auslegung für diesen Fall keinen Anspruch mehr auf fortdauernde Geltung. Das würde Treu und Glauben verletzen. Die Kläger beachten nicht, daß die Satzung das Entgelt für die Tätigkeit des Aufsichtsrats naturgemäß nach dem Maße an Verantwortung bestimmt, das seinen Mitgliedern, insonderheit gemäß § 246 HGB., zufällt. Die dort dem Aufsichtsrate zugewiesenen Aufgaben sind aber mit der Konkurseröffnung fast ausnahmslos fortgefallen. Die Geschäftsführung der Gesellschaft ist nicht mehr zu überwachen, und von dem Gange der Angelegenheiten der Gesellschaft brauchen sich zu diesem Zwecke die Mitglieder des Aufsichtsrats regelmäßig nicht mehr zu unterrichten. Die Aufgabe, Bücher und Schriften zu prüfen, ist ebenso fortgefallen, wie die weitere, den Bestand der Gesellschaftskasse und die Bestände an Waren und Wertpapieren zu untersuchen. Jahresrechnungen, Bilanzen, Gewinnverteilungsvorschläge zu prüfen, sind die Aufsichtsratsmitglieder während des Konkurses nicht berufen. Der Konkursverwalter untersteht in der Verwaltung und Verfügung der Konkursmasse nicht den Anordnungen des Aufsichtsrats (vgl. Bauer, Der Aufsichtsrat, 4. Aufl. S. 374), also hat der Aufsichtsrat auch nicht die mit Erteilung solcher Anordnungen verbundene Verantwortung.

Berücksichtigt man, daß hiernach nur noch sehr wenige und mit nennenswerter Verantwortlichkeit kaum verknüpfte Aufgaben für die Tätigkeit des Aufsichtsrats während des Konkursverfahrens verbleiben, so muß nicht nur der Grundsatz aufgestellt werden, daß den Mitgliedern des Aufsichtsrats vom Augenblicke der Konkurseröffnung an die im Gesellschaftsvertrage festgesetzte Vergütung nicht mehr zusteht, sondern auch der Gedanke ist abzuweisen, es stünde ihnen noch ein Teil davon als angemessene Vergütung zu. Die Erwartung, der Aufsichtsrat werde die noch übrig bleibenden Dienste der Gesellschaft den Umständen nach nur gegen eine Vergütung leisten, ist nicht begründet, sondern die umgekehrte Annahme hat ihre Berechtigung. Das Interesse der Gläubiger steht allem voran. Der Konkursverwalter darf davon ausgehen, daß sich auch der Aufsichtsrat dem nicht verschließt und daß nicht gerade er in erster Linie der notleidenden Gesellschaft gegenüber Ansprüche gemäß § 59 Nr. 2 KO. erhebt, deren Befriedigung zur Minderung der Masse beitragen würde. Wie sehr dem Aufsichtsrate für die Dauer des Konkurses grundsätzlich jeder Anspruch auf Vergütung versagt werden muß, beweist der vorliegende Fall noch besonders durch die Aufzählung der Dienste, die Kläger geleistet haben wollen, im landgerichtlichen Urteile. Danach haben sie an Stelle einer verloren gegangenen Aktie eine neue hergestellt. Einige Male haben sie Unterredungen mit einem Rechtsberater gehabt. Eine Reihe nicht nennenswerter Bemühungen hat sich angeschlossen. Das sind alles Dinge, die, soweit sie überhaupt dem Interesse der Gesellschaft zu dienen bestimmt waren und nicht etwa dem persönlichen Interesse der einzelnen Aufsichtsratsmitglieder, zwar nicht mit der unhaltbaren Unterscheidung erledigt werden können, der Aufsichtsrat sei nach Eröffnung des Konkurses nicht Organ der Aktiengesellschaft als Konkursmasse, sondern Organ der Aktiengesellschaft als Gemeinschuldnerin, weshalb nur von der Gesellschaft als Gemeinschuldnerin eine Vergütung gefordert werden könne. Wohl aber beweisen sie durch ihre Bedeutungslosigkeit die Berechtigung des Satzes, daß der Aufsichtsrat nach Eröffnung des Konkurses über das Vermögen der Gesellschaft Ansprüche auf Bezahlung für seine Tätigkeit überhaupt nicht mehr erheben kann. . . .

RGZ. 82, 72.

Welche Bedeutung hat es, wenn

1. die satzungsmäßige Vorschrift, wonach Namensaktien nur mit Zustimmung der Gesellschaft übertragen werden dürfen, oder

2. die dem Aktionär in der Satzung auferlegten Nebenleistungen in der Aktienurkunde nicht erwähnt sind?

HGB. § 180 Abs. 3, 4, § 212 Abs. 1 Satz 2 (jetzt §§ 8, 50, 61 AktG.).

II. Zivilsenat. Urt. v. 18. März 1913.

I. Landgericht Wiesbaden, Kammer für Handelssachen. — II. Oberlandesgericht Frankfurt a. M.

Aus den Gründen:

. . . „Die Klägerin kann die Ungültigkeit der Rübenlieferungsverpflichtung nicht daraus herleiten, daß in den Namensaktien der Beklagten den gesetzlichen Vorschriften zuwider nicht angegeben ist, daß sie nur mit Zustimmung des Vorstandes und des Aufsichtsrats übertragbar sind und daß ihren Inhabern die Rübenlieferungspflicht obliegt.

Wenn die Beschränkung der Übertragbarkeit (§ 8 Abs. 1 der Satzung) nicht in den Aktienurkunden angegeben ist, so hat dies nicht die Ungültigkeit dieser Beschränkung, noch weniger die der Rübenlieferungspflicht, zur Folge. Dies erhellt schon aus § 180 Abs. 4 HGB., wo nur bestimmt ist, daß derartige Beschränkungen in den Aktien ersichtlich gemacht werden sollen.

Hinsichtlich der Rübenlieferungspflicht bestimmt nun zwar § 212 Abs. 1 Satz 2 HGB., daß die Verpflichtung und der Umfang der Leistungen aus den Aktien oder Interimsscheinen zu ersehen sein müssen. Daraus ist aber, wie auch von den Gesetzesauslegern überwiegend angenommen wird (vgl. Staub, Handelsgesetzbuch 9. Aufl., § 212 Anm. 25), nicht zu folgern, daß die Nichtbeachtung dieser Vorschrift die Ungültigkeit der Verpflichtung oder sogar der Aktie überhaupt nach sich ziehe. Da das Anteilsrecht des Aktionärs von der Aktienurkunde unabhängig ist, so ist kein innerer Grund dafür ersichtlich, diese strenge Folge an die Verletzung der Vorschrift zu knüpfen. Dem ersten Aktionär liegt daher gemäß dem Gesellschaftsvertrage die Rübenlieferungspflicht ob, auch wenn sie in der Aktie nicht erwähnt ist. Rechtliche Bedeutung gewinnt dagegen die Vorschrift bei der Veräußerung der Urkunde. Der gutgläubige Erwerber darf sich auf die Richtigkeit des Inhalts der Aktie in Ansehung solcher Verpflichtungen verlassen; sind sie in der Aktie nicht angegeben, so braucht er sie nicht gegen sich gelten zu lassen. Gü. (der Rechtsvorgänger seiner Witwe, die auf Feststellung des Nichtbestehens der Rübenlieferungspflicht klagte) hat nun zwar die Aktien erst von anderen Aktionären erworben. Er ist aber, sofern in den Aktien die Rübenlieferungspflicht nicht angegeben ist, in dieser Hinsicht nicht als gutgläubig anzusehen, da aus den gleichzeitig mit dem Erwerbe der Aktien von ihm mit der Beklagten geschlossenen Verträgen hervorgeht, daß ihm diese Verpflichtung und ihr Inhalt bekannt war." . . .

RGZ. 82, 138.

Selbständige Nachbezugsrechte der Vorzugsaktionäre. Können Rechte dieser Art noch nach Feststellung des Dividendenausfalls durch Satzungsänderung beseitigt werden?

II. Zivilsenat. Urt. v. 8. April 1913.

I. Landgericht Dortmund, Kammer für Handelssachen. — II. Oberlandesgericht Hamm.

Aus den Gründen:

... Nach § 213 HGB. steht der Anspruch auf den verteilbaren Reingewinn den Aktionären zu. Während sich dieser Anspruch von Gesetzes wegen in dem Anteil an dem bilanzmäßigen Gewinn eines

Geschäftsjahres erschöpft, wird mitunter durch die Satzung ein Teil der Aktionäre in der Weise bevorzugt, daß ihnen der Ausfall eines gewinnlosen Jahres in späteren Jahren nachvergütet wird. Hierin allein liegt kein Grund, das Vorzugsrecht aus dem Rahmen der gesellschaftsrechtlichen Befugnisse herauszunehmen. Es handelt sich um eine Abweichung von der gesetzlichen Regel, die indes dem Wesen des Dividenden- und Aktionärrechts nicht widerstrebt. Deshalb muß es im allgemeinen als zutreffend anerkannt werden, daß Nachbezugsrechte unter Beobachtung der Erfordernisse der §§ 274 flg. HGB. durch Beschluß der Generalversammlung aufhebbar sind.

Eine andere Beurteilung gebietet sich aber dann, wenn die Nachzahlung dem Inhaber des Dividendenscheins des Ausfalljahres versprochen ist. Durch eine Bestimmung dieses Inhalts wird das innere Band zwischen Aktie und Nachbezugsrecht gelöst und eine besondere Gattung von Rechten ins Leben gerufen, die man die der selbständigen Nachbezugsrechte nennen kann. Notwendig ist eine solche Ordnung der Dinge keineswegs. Wie der Senat aus seiner amtlichen Tätigkeit weiß, versprechen manche Aktiengesellschaften, zumal in neuerer Zeit, die Nachzahlung auf den Dividendenschein desjenigen Jahres, aus dessen Gewinn der Ausfall gedeckt werden soll. Eine derartige Regelung, die die Verbindung mit der Aktie aufrecht erhält, mag sich aus verschiedenen Gründen empfehlen. Sie erleichtert künftige Sanierungen; sie nötigt nicht dazu, den Gewinn für Personen zurückzulegen, die ihre Mitgliedschaft in schlechten Zeiten aufgegeben haben. Allein wenn eine Aktiengesellschaft diese Erwägungen nicht anstellt, kann sie sich den Folgen ihrer Handlungsweise nicht entziehen. Lassen sich selbständige Nachbezugsrechte auch für die Zukunft durch Statutenänderung beseitigen, so wird doch durch die Feststellung eines Ausfalls die Sachlage verändert. Nunmehr werden die Dividendenscheine von den Bogen getrennt und gehen vielfach in die Hände von Nichtaktionären über. Die Interessen dieser neuen Besitzer fallen mit denen der Aktionäre nicht zusammen, Beschlüsse der Generalversammlung können von ihnen nicht angefochten werden. Wollte man gleichwohl der Versammlung die Macht einräumen, solche Dividendenscheine durch Streichung des Nachbezugsrechts für die Vergangenheit inhaltslos zu machen, so würde damit ein Einbruch in eine fremde Rechtssphäre gutgeheißen werden, für den man eine Rechtfertigung vergeblich suchen müßte.

Diese Erwägungen zwingen zu dem Schlusse, daß bei Aktien mit selbständigen Nachbezugsrechten durch die Feststellung des Gewinnausfalls für ein bestimmtes Geschäftsjahr ein Forderungsrecht erwächst.

Der Inhaber des betreffenden Dividendenscheins ist Gläubiger der Gesellschaft geworden. Allerdings kann er Befriedigung nur aus dem Reingewinn künftiger Geschäftsjahre verlangen. Die Forderung ist inhaltlich dadurch bedingt, daß Gewinn, und zwar über die in erster Reihe zu deckenden Posten hinaus, erzielt wird. Da außer den übrigen Organen der Aktiengesellschaft auch die Generalversammlung, die nach § 260 HGB. die Bilanz zu genehmigen und den Gewinn zu verteilen hat, einen Einfluß auf den Gang der Bedingung ausübt, steht der Nachbezugsberechtigte den Beschlüssen der Versammlung auch nach Feststellung des Ausfalls *nicht so unabhängig gegenüber wie der Inhaber* des laufenden Dividendenscheins nach Feststellung der Dividende. Sein Recht kann noch immer durch Vereitelung der Bedingung hinfällig gemacht werden, indem dem Eintritt der tatsächlichen Voraussetzungen entgegengewirkt wird. Aber eine Vernichtung des Rechtes durch Beseitigung seiner rechtlichen Grundlage ist der Aktiengesellschaft nicht mehr möglich. Freilich hat die Beklagte gemeint, es sei widerspruchsvoll, ihr die Vereitelung eines verteilungsfähigen Gewinns zu gestatten, wenn sie die Satzungsvorschrift über die Nachzahlung früherer Ausfälle nicht auch aufheben dürfe. Allein es ist klar, daß dies rechtlich und wirtschaftlich einen Unterschied bedeutet. Eine durch ein willkürliches Tun des Schuldners bedingte Verpflichtung ist etwas anderes als eine Verpflichtung, die von seinem nackten Belieben abhängig ist. Die Aktiengesellschaft aber wird durch ihre eigenen Bedürfnisse so sehr dahin gedrängt, um die Gewinnerzielung bemüht zu sein, daß eine Verhinderung des Gewinns, nur um nicht Dividendenausfälle nachvergüten zu müssen, nur selten befürchtet zu werden braucht.

Das Oberlandesgericht hat zur Begründung seiner abweichenden Meinung darzutun versucht, daß sie die Meinung der höchsten Gerichtshöfe sei. Das beruht durchweg auf Mißverständnis der angezogenen Urteile.... In dem Urteile des Reichsgerichts Entsch. in Zivils. Bd. 14 S. 168 flg. ist die Frage, ob ein Nachbezugsrecht nach der Verstaatlichung des Betriebes und der Auflösung der Aktiengesellschaft noch auszuüben sei, zwar verneint worden, aber nur deshalb, weil dann keine Reinerträge von der Gesellschaft mehr gewonnen würden. In den Gründen heißt es, wie das Recht des Aktionärs auf Gewährung seines statutenmäßigen Anteils am Geschäftsgewinn, gehöre das Nachbezugsrecht zu den Rechten der einzelnen, die durch Gesellschaftsbeschluß nicht entzogen oder geschmälert werden könnten; nur sei es seinem Inhalte nach so beschaffen, daß die Verwirklichung durch die Beschlüsse der Gesellschaft beeinflußt werde (S. 170). Das Urteil des Reichsgerichts

Bd. 15 S. 95 flg., dessen Tatbestand nach Ansicht des Berufungsrichters dem gegenwärtigen ähnlich sein soll, behandelt in Wahrheit die für jede Aktiengattung gleichliegende Frage, ob der Inhaber des laufenden Dividendenscheins vor Feststellung der Dividende einen Anspruch auf Zahlung gegen die Gesellschaft hat. Das Nachbezugsrecht der Vorzugsaktionäre gab nur die äußere Veranlassung zum Streite, insofern die Gesellschaftsorgane irrigerweise geglaubt hatten, die älteren Dividendenscheine vor dem des Gewinnjahres berücksichtigen zu müssen. Am Schlusse des Urteils wird aber gesagt, ein Grund zur Abweisung der Klage könne vielleicht auch daraus entnommen werden, „daß die Nachbezugsforderungen der Dividendenscheine aus früheren Jahren wahre, wenn auch lediglich aus den späteren Gewinnen zu bezahlende Gläubigerforderungen seien" (S. 101). Endlich haben die beiden letzten Entscheidungen, auf die der Berufungsrichter zur Bekräftigung verweist, — Bd. 22 S. 113 und Bd. 37 S. 62 — mit Nachbezugsrechten überhaupt nichts zu schaffen....

...

Im vorliegenden Falle wurde durch das Schema der Dividendenscheine klar und deutlich zum Ausdruck gebracht, daß das Nachbezugsrecht verselbständigt war. „Gegen Vorlegung dieses Dividendenscheins" sollte die Dividende des betreffenden Betriebsjahres gezahlt werden und „eventuell", d. h. wenn Gewinn nicht oder nicht in der gewährleisteten Höhe verteilt wurde, die spätere Nachzahlung erfolgen. Nicht der Kupon des Gewinnjahres also — nicht die Aktie —, sondern der Kupon des Ausfallsjahres sollte der Träger des Nachbezugsrechts sein."...

RGZ. 82, 182.

1. Wie ist die Auskunftspflicht des Vorstandes und des Aufsichtsrats einer Aktiengesellschaft in der Generalversammlung geltend zu machen? Steht dem einzelnen Aktionär als solchem ein Recht auf Erteilung der Auskunft zu?

2. Zum Begriffe des Beschlusses der Generalversammlung als Voraussetzung der Anfechtungsklage.

II. Zivilsenat. Urt. v. 22. April 1913.

I. Landgericht Köln, Kammer für Handelssachen. — II. Oberlandesgericht daselbst.

In der Generalversammlung des verklagten Aktienvereins vom 11. Dezember 1911 wurde über die Genehmigung der Bilanz, die Verwendung des Reingewinns sowie über die Entlastung des Vorstandes und des Aufsichtsrats beraten. Vorgeschlagen war, von dem Reingewinn a) 60 000 M zur Rückstellung für Talonsteuer, b) 600 000 M zur Zahlung einer Dividende von 6%, c) 119 205,04 M für vertragsmäßige Gewinnanteile und Gratifikationen, d) den Rest zum Vortrag auf neue Rechnung zu verwenden. Der Kläger, ein Aktionär, beanstandete den Posten c. Auf seine Fragen, wieviel von den 119 205,04 M auf jede der drei Gruppen Vorstand, Aufsichtsrat und sonstige Beamte entfalle und wie die Aufsichtsratstantieme berechnet werde, wurde ihm vom Vorstande die dem Wortlaut der Satzung entsprechende Anwort erteilt, der Aufsichtsrat erhalte außer einer festen Vergütung von 9000 M eine Tantieme von 9%; die Tantieme werde von dem Reingewinn berechnet, der nach Vornahme sämtlicher Abschreibungen und Rücklagen sowie nach Abzug eines für die Aktionäre bestimmten Betrags von 4% des eingezahlten Grundkapitals verbleibe. Darüber, wie hoch sich die Bezüge des Aufsichtsrats ziffermäßig stellten, wurde dem Kläger die Auskunft verweigert. Die Versammlung beschloß gegen seine Stimmen nach den Vorlagen, wogegen er Widerspruch zu Protokoll erklärte.

Die frist- und formgerecht erhobene Anfechtungsklage wurde darauf gestützt, daß der Kläger durch Verweigerung der Auskunft gesetzwidrig in seinem Stimmrechte beschränkt worden sei.... Beide Vorinstanzen gaben der Klage statt....

Die Revision führte zur Abweisung der Klage.

Aus den Gründen:

...

Die Revision machte geltend...

Alle diese Angriffe können unerörtert bleiben, da dem Berufungsrichter in der Grundanschauung von dem Fragerecht des Aktionärs nicht beigetreten werden kann. § 260 Abs. 2 HGB.*) schreibt vor, daß den Aktionären zur Vorbereitung der Beschlußfassung über die Bilanz, die Entlastung und die Gewinnverteilung bestimmte vom Vorstand auszuarbeitende Schriftstücke vorzulegen sind. Es sind das der Bilanzentwurf, eine Gewinn- und Verlustrechnung sowie ein mit den etwaigen Bemerkungen des Aufsichtsrats versehener Geschäftsbericht. Sind diese schriftlichen Vorlagen lückenhaft oder undeutlich, so kann die Generalversammlung oder auch eine Minderheit von 10% Vertagung (§ 264**) und, wenn es ihr nötig scheint, die Einsetzung von

*) Jetzt § 127 AktG.
**) Jetzt § 125 AktG.

Revisoren (§ 266***) verlangen. Daß dies nicht die einzigen Hilfsmittel sind, daß vielmehr Vorstand und Aufsichtsrat unter Umständen auch mündliche Erläuterungen und Ergänzungen vorzunehmen haben, ergibt sich aus der Natur der Sache und wird im Vorbeigehen auch in den Gesetzesbestimmung erwähnt.... Der § 314 Nr. 1****) spricht von dem Falle, daß die Verhältnisse der Gesellschaft „in den in der Generalversammlung gehaltenen Vorträgen" unwahr dargestellt oder verschleiert werden. Die Aufklärungspflicht, die hiernach der Verwaltung obliegt, ist in weitem Sinne zu verstehen und muß ohne engherzige Geheimniskrämerei ausgeübt werden. Sobald ein Aktionär in der Generalversammlung eine Frage stellt, deren Bantwortung ohne Verletzung der Interessen der Gesellschaft möglich ist, wird die Antwort zu erteilen sein, zumal stets gewärtigt werden muß, daß sich die Mehrheit der Versammlung die Frage aneignet.

Läßt der Vorstand eine Frage, auf die er Auskunft geben müßte, unbeantwortet, so sind die Rechtsfolgen nach dem Grundwesen der Aktiengesellschaften zu bestimmen. Danach hat sich der anfragende Aktionär an die Generalversammlung zu wenden und zu beantragen, daß sie die Stellung der Frage beschließt. Wird diesem Antrag entsprochen, so tritt die Antwortpflicht der Verwaltung, die Unschädlichkeit der Frage vorausgesetzt, aus dem Kreise der Pflichten des Anstandes und der geschäftlichen Kulanz heraus und gewinnt nunmehr den Charakter einer Rechtspflicht. Der Generalversammlung als dem übergeordneten Organ der Gesellschaft hat der Vorstand von Rechts wegen Auskunft zu erteilen. Daß er sich grundlos weigern würde, ist auch nicht zu befürchten. Hat es doch die Generalversammlung in der Hand, die Ernennung der Vorstandsmitglieder jederzeit zu widerrufen und gefügigere Personen an deren Stelle zu setzen (vgl. § 231 Abs. 3 HGB.).

Wird beschlossen, die beantragte Frage nicht zu stellen, so hat sich der Aktionär in aller Regel damit zu bescheiden. Allerdings ist es möglich, daß ein solcher Beschluß eine Rechtsverletzung enthält, wenn nämlich die Auskunftspflicht schon ohne Rücksicht auf den Wunsch der Generalversammlung als Rechtspflicht besteht. So lag es in dem Falle Entsch. des RG.s in Zivils. Bd. 34 S. 57, wo die Liquidatoren nach Gesetz und Statut Rechenschaft zu legen hatten. In einem solchen Falle kann der Beschluß, der die Stellung der Frage verweigert, nach § 271 HGB. angefochten werden. Es mag auch sein, daß eine Anfechtungsklage in besonderen Ausnahmefällen mit der Darlegung begründet

***) Jetzt §§ 118—120 AktG.
****) Jetzt § 296 AktG.

werden kann, die Verweigerung der Fragestellung enthalte einen Mißbrauch des Majoritätsrechts und verstoße gegen die guten Sitten (vgl. § 138 BGB.). Näher brauchen diese Zweifel nicht untersucht zu werden, weil der Kläger einen Antrag auf Befragung des Vorstandes nicht gestellt und die Generalversammlung die Verweigerung der Befragung nicht beschlossen hat. Daß die Versammlung durch ihren die Verwaltungsvorlage genehmigenden Beschluß über die Fragen des Klägers stillschweigend zur Tagesordnung übergegangen ist, steht der Fassung eines Verweigerungsbeschlusses keineswegs gleich. Beschluß der Generalversammlung und damit Gegenstand einer möglichen Anfechtung ist nur, was auf Grund der Abstimmung vom Verhandlungsleiter als Beschluß verkündet und im Protokoll beurkundet ist (vgl. § 259 HGB.).

...

Welche Gefahren die Aufstellung eines Individualrechts auf Auskunft zur Folge haben würde, braucht auch kaum ausgeführt zu werden. Dürfte der einzelne Aktionär, unbekümmert um den entgegenstehenden Willen der Generalversammlung, die Beantwortung aller von ihm für notwendig erachteten Fragen fordern, und würde die Nichtbeantwortung die gefaßten Beschlüsse anfechtbar machen, so wäre ihm ein Mittel gegeben, die Verwaltung lahmzulegen." ...

RGZ. 82, 346.

Kann wirksam vereinbart werden, daß der Wegfall der Entschädigung, die dem Vorstand einer Aktiengesellschaft für den Fall der Kündigung zugesagt ist, von einem die Kündigung verfügenden Beschlusse der Generalversammlung abhängen soll? Umfang des dem Aufsichtsrat einer Aktiengesellschaft zustehenden Kündigungsrechts.

BGB. § 626. HGB. § 247.

II. Zivilsenat. Urt. v. 27. Mai 1913

I. Landgericht Lübeck. — II. Oberlandesgericht Hamburg.

Der Kläger wurde im Jahre 1902 bei der Gründung der beklagten Aktiengesellschaft als Vorstand bestellt. Nach dem Gesellschaftsvertrage stand der Widerruf der Bestellung (§ 231 Abs. 3 HGB.) dem Aufsichtsrate zu, jedoch nur in der Weise, daß dem Kläger noch für eine gewisse Zeit sein Gehalt zu zahlen war. Eine Entlassung, bei der diese Verpflichtung wegfiel, sollte nur von der Generalversammlung beschlossen werden können. Im Jahre 1910 beantragte der Aufsichtsrat bei der Generalversammlung die Entlassung wegen pflichtwidrigen Verhaltens des Klägers. Nach Ablehnung des Antrags sprach er selbst auf den nächsten nach § 622 BGB. zulässigen Zeitpunkt die Kündigung aus, indem er dem Kläger gegenüber außerdem geltend machte, daß auch ein wichtiger Grund zur fristlosen Kündigung im Sinne des § 626 a. a. O. vorliege. Der Kläger schied als Vorstand aus, behielt sich aber den Anspruch auf die weitere Gehaltszahlung vor. Beide Vorinstanzen erklärten den Anspruch des Klägers mit einer hier nicht interessierenden Einschränkung für gerechtfertigt. Die Revision der Beklagten wurde zurückgewiesen.

Aus den Gründen:

„Die Beklagte hatte geltend gemacht, in der für das Anstellungsverhältnis des Klägers maßgebenden Gesellschaftssatzung sei der hier gegebene Fall, daß der Dienstvertrag auf Grund des § 622 BGB. unter Einhaltung der gesetzlichen Frist gekündigt werde, überhaupt nicht geregelt. Daraus hatte sie gefolgert, daß es im Falle einer solchen Kündigung lediglich bei der gesetzlichen Regel bewende, daß also der Kläger keinen Anspruch auf weiteren Gehaltsbezug habe.

...

In dem Urteile Entsch. Bd. 75 S. 234 wird es wegen des absoluten Charakters der Vorschrift des § 626 BGB. für unzulässig erklärt, das Kündigungsrecht aus wichtigem Grunde im voraus auszuschließen oder zu beschränken.... Von dem dort behandelten Falle unterscheidet sich der vorliegende schon dadurch, daß damals die Generalversammlung die Entlassung beschlossen hatte, während hier die Generalversammlung, die nach dem Statut für den Ausspruch einer nicht mit der weiteren Gehaltszahlung verbundenen Entlassung allein zuständig sein sollte, durch nicht angefochtenen Mehrheitsbeschluß die Kündigung abgelehnt und dann der Aufsichtsrat die Kündigung erklärt hat. Daraus ist aber, entgegen den Ausführungen der Revision, zu folgern, daß der Kläger den für den Fall seiner Enthebung vereinbarten Gehaltsanspruch nicht verloren hat.

Seiner wesentlichen Bestimmung nach ist der Aufsichtsrat nicht Vollzugsorgan der Aktiengesellschaft, sondern dazu berufen, die Geschäftsführung zu überwachen. Die Verwaltungs- und Vertretungstätigkeit, die ihm das Gesetz in einzelnen Fällen (§§ 222 Abs. 4, 238, 246 Abs. 2, 247 HGB.) zuweist, ändert an dieser seiner grundsätzlichen Stellung nichts. Deshalb ist auch die Bildung der Gesellschaftsorgane, wozu nicht nur die Bestellung, sondern auch die Enthebung von Vorstandsmitgliedern gehört, keine Angelegenheit, die schon nach dem Gesetz in den Geschäftskreis des Aufsichtsrats fällt. Nur durch den

Gesellschaftsvertrag kann sie ihm nach § 246 Abs. 3 HGB. übertragen werden. Im gegebenen Falle enthält allerdings der Gesellschaftsvertrag eine solche Bestimmung, indem § 12 Abs. 1 die Ausübung des nach § 231 Abs. 3 HGB. bestehenden Widerrufsrechts dem Aufsichtsrate zuweist, und es ist auch, wie schon bemerkt, dem Berufungsgericht unbedenklich darin zu folgen, daß sich diese Statutenbestimmung nicht nur auf die Entziehung der Geschäftsführungs- und Vertretungsbefugnis, sondern allgemein auf die Kündigung des Dienstverhältnisses bezieht. Allein das Statut hat insofern wieder eine Einschränkung vorgenommen, als es eine Kündigung, die ausnahmsweise die Gesellschaft nicht zur Zahlung der bedungenen Entschädigung verpflichten soll, der Generalversammlung vorbehält. Darin ist weder im Hinblick auf die gesetzliche Stellung des Aufsichtsrats noch bei Berücksichtigung der Vorschrift des § 626 BGB. etwas Unzulässiges zu finden. Wenn das Statut die Ausübung des Kündigungsrechts dem Aufsichtsrat überhaupt nicht zu übertragen brauchte, durfte es bei der Übertragung auch eine Einschränkung vornehmen. Eine mit der zwingenden Vorschrift des § 626 a. a. O. unvereinbare Erschwerung der Entlassung ist in der Art, wie das Statut die Kündigungsbefugnis zwischen Aufsichtsrat und Generalversammlung verteilt, deshalb nicht enthalten, weil das Statut, indem es den Vorbehalt zugunsten der Generalversammlung macht, gegenüber dem gesetzlichen Zustande keine Erschwerung schafft, sondern nur von einer möglichen Erleichterung absieht.

Etwas anderes ist auch dem § 247 HGB. nicht zu entnehmen. Auch wenn man der in Abs. 1 daselbst dem Aufsichtsrate beigelegten Befugnis, die Gesellschaft bei der Vornahme von Rechtsgeschäften mit den Vorstandsmitgliedern zu vertreten, die Bedeutung beilegt, daß eine von dem Aufsichtsrat ausgehende Kündigung stets als von einer dazu ermächtigten Person erklärt zu gelten hat und deshalb stets geeignet sein kann, die Beendigung des Dienstverhältnisses herbeizuführen, so bleibt dabei im Einzelfalle doch immer die Frage offen, ob die Grenzen der Vertretungsmacht eingehalten sind. Ist dies nicht der Fall, so mag zwar die Kündigung formell zu Recht bestehen, dem betroffenen Vorstandsmitglied ist aber die Geltendmachung der Rechte, die ihm zur Sicherung der Einhaltung der gesetzlichen oder statutarischen Bestimmungen vertragsmäßig eingeräumt sind, nicht verwehrt. Von einer unzulässigen Beschränkung des Kündigungsrechts kann hier nicht die Rede sein, weil das Recht so, wie es in Wahrheit besteht, von der Beschränkung gar nicht berührt wird." ...

RGZ. 82, 360.

Kann eine Kommanditgesellschaft auf Aktien wider den Willen des einzigen persönlich haftenden Gesellschafters in eine Aktiengesellschaft umgewandelt werden?

HGB. §§ 332, 142, 320, 327, 330. (Jetzt §§ 260, 219, 227, 231 AktG.).

II. Zivilsenat. Urt. v. 6. Juni 1913.

I. Landgericht I Berlin, Kammer für Handelssachen. — II. Kammergericht daselbst.

Der Beklagte war der einzige persönlich haftende Gesellschafter der Vermögensverwaltungsstelle für Offiziere und Beamte, Kommanditgesellschaft auf Aktien in Berlin. In einem Vorprozesse, der mit dem Urteile des I. Zivilsenats des Reichsgerichts vom 24. Oktober 1910, Entsch. in Zivils. Bd. 74 S. 298, endete, wurde ihm die Befugnis zur Geschäftsführung und zur Vertretung der Gesellschaft entzogen. Am 22. April 1911 beschloß die Generalversammlung die Umwandlung der Gesellschaft in eine Aktiengesellschaft. Da der Beklagte sich weigerte, dem Beschlusse zuzustimmen, erhob die Gesamtheit der Kommanditisten Klage mit dem Antrage, ihn hierzu zu verurteilen.

Während der erste Richter die Klage abwies, gab ihr das Kammergericht statt. Die Revision hatte keinen Erfolg.

Aus den Gründen:

...

Ohne Rechtsirrtum hat das Kammergericht den Fall, wenn die Kommanditisten einer Kommanditgesellschaft auf Aktien gegen den Widerspruch des einzigen Komplementars zur Umwandlung der Gesellschaft in eine Aktiengesellschaft für befugt erklärt werden sollen, mit dem andern Falle verglichen, wenn bei einer aus zwei Personen bestehenden offenen Handelsgesellschaft dem einen Gesellschafter vom Gerichte das Recht eingeräumt wird, das Geschäft mit Aktiven und Passiven zu übernehmen. Der entscheidende Punkt ist in beiden Fällen der, daß das Geschäft nicht zerstört wird, sondern unter Ausschließung des bisherigen Mitgesellschafters erhalten bleibt. Daß dieser Zweck auf verschiedenem Wege erreicht wird — dort Änderung des rechtlichen Charakters der Gesellschaft, hier Erlöschen der Gesellschaft unter Fortführung des Gewerbes — kommt dabei nicht in Betracht. Die Analogie ist trotzdem begründet und liegt um so näher, als auch bei der einfachen Kommanditgesellschaft, wenn nur ein persönlich haftender Gesellschafter und ein Kommanditist vorhanden sind, der Kommanditist auf Übernahme des Geschäfts nach § 142 HGB. klagen darf. Dazu kommt, was der I. Zivilsenat des Reichsgerichts in dem Urteil Entsch. in Zivils. Bd. 74 S. 298 als Satz des geltenden Rechtes nachgewiesen hat, daß dem einzigen Komplementar die Vertretung und Geschäftsführung entzogen werden kann. Mit diesem Rechtssatze würde es nicht im Einklang stehen, wollte man bei einer Aktienkommanditgesellschaft den Kommanditisten das Recht versagen, unter der Form der Umwandlung der Gesellschaft praktisch genommen den Komplementar ausschließen zu lassen. Das Gesetz steht im allgemeinen auf dem Standpunkt, daß dieselben Gründe, die für die Entziehung der Geschäftsführung und Vertretung erforderlich sind, für die Ausschließung genügen; vgl. die zunächst für die offene Handelsgesellschaft gegebenen Vorschriften der §§ 117, 127 mit §§ 133, 140 HGB.

Auch in der Anwendung der Regel auf den streitigen Fall tritt ein Rechtsirrtum des Kammergerichts nicht zutage. Mit Recht hat es die einfache Tatsache, daß dem Beklagten Vertretung und Geschäftsführung dauernd entzogen sind, als einen in seiner Person liegenden wichtigen Grund betrachtet. Es kann der Gesellschaft nicht zugemutet werden, auf Personen ihres Vertrauens für immer zu verzichten und die Geschäfte durch richterlich bestellte Ersatzmänner (vgl. § 29 BGB.) erledigen zu lassen. Zu dieser Erwägung des Kammergerichts ist noch hinzuzunehmen, daß die Entziehung der Vertretung und Geschäftsführung nichts an der Vorschrift des § 327 Abs. 2 HGB. ändert, wonach Generalversammlungsbeschlüsse in Angelegenheiten der Gesellschaft, soweit nicht die Ausnahmen des § 327 Abs. 3 platzgreifen, der Zustimmung aller persönlich haftenden Gesellschafter bedürfen. Der Beklagte hätte es danach in der Hand, die wichtigsten Beschlüsse der Generalversammlung durch Verweigerung seiner Zustimmung zu vereiteln. Nicht einmal die Auflösung der Gesellschaft könnte wirksam beschlossen werden!"

RGZ. 83, 172.

1. Kann der Generalversammlungsbeschluß einer Aktiengesellschaft, durch den die Bilanz genehmigt wird, auch deshalb wegen Gesetzesverletzung angefochten werden, weil Aktivposten in der Bilanz unter falscher Bezeichnung erscheinen?

2. Wie sind Aufwendungen zur Verbesserung von Betriebsgegenständen bilanzmäßig zu behandeln? Kommt es immer darauf an, ob die Betriebsgegenstände Eigentum der Aktiengesellschaft sind?

HGB. §§ 261, 271. (Jetzt §§ 133, 197—199 AktG.).

II. Zivilsenat. Urt. v. 9. Oktober 1913.

I. Landgericht Amberg. — II. Oberlandesgericht Nürnberg.

Die beklagte Aktiengesellschaft hatte bei ihrer Gründung für 2 000 000 M von den 1000 Kuxen der Gewerkschaft K. 999 zu Eigentum erworben und sich den letzten Kux mit der Abrede verpfänden lassen, daß sie alle darauf entfallenden Zubußen selbst zu zahlen habe. Dieser Weg war gewählt worden, damit die Gewerkschaft als solche fortbestände und rechtliche Zweifel hinsichtlich des Fortbestandes vermieden würden. In ihren Bilanzen pflegte die Beklagte einen Aktivposten „Kuxenkonto" zu bilden, der das gesamte Eigentum der Gewerkschaft, Maschinen, Berechtsame (d. h. Bergwerkseigentum) zerlegt, enthielt. So auch in dem Bilanzentwurf auf den 31. März 1910, worin das Kuxenkonto mit 6 385 991,89 M abschloß.

In der Generalversammlung vom 30. Juli 1910 wurde die Bilanz genehmigt. Der Kläger, ein überstimmter Aktionär, erhob Anfechtungsklage mit der Begründung, die Vorschriften über die Aufstellung der Bilanz seien verletzt. Nur die Kuxe, behauptete er, hätten als Aktiva in die Bilanz aufgenommen werden dürfen; der dafür anzusetzende Anschaffungswert habe nicht höher sein dürfen als 2 000 000 M. Die Beklagte berief sich darauf, daß sie außer dem Ankaufspreise der Kuxe an Anschaffungen für die Gewerkschaft und an Betriebskosten über $4^1/_2$ Millionen Mark, jedenfalls mehr als 4 385 991,89 M aufgewandt habe.

Der erste Richter gab der Klage statt und erklärte den Beschluß für nichtig. Die Berufung der Beklagten wurde zurückgewiesen. Die Revision führte zur Abweisung der Klage.

Aus den Gründen:

...

Allerdings gibt es Fälle, in denen die Einsetzung eines Aktivums unter falscher Bezeichnung einen Verstoß gegen § 261 HGB. enthält. Es läßt sich denken, daß die unrichtige Bezeichnung Zweifel wachrufen kann, ob die Bestimmungen über die Bewertung der Aktiven zutreffend angewendet sind. In einem solchen Falle greift der begangene Fehler über die bloße Unrichtigkeit des Ausdrucks hinaus und gewinnt sachliche Bedeutung, kraft deren er ebenso wie ein falscher Wertansatz behandelt werden muß. Allein von den Bilanzen der Beklagten erweckt keine einzige den Anschein, ols ob das Bergwerk im Rechtssinne der Beklagten gehörte. Überall, insbesondere auch in der hier angefochtenen Bilanz auf den 31. März 1910, erscheinen die bezüglichen Werte unter dem Titel „Gewerkschaft K., Kuxenkonto". Damit wurde die Tatsache, daß die Gewerkschaft als von der Beklagten gesonderte Person fortbestand und die Beklagte Gewerkin war, deutlich zum Ausdruck gebracht. Erläuternde Bemerkungen finden sich in den Geschäftsberichten hinzugefügt; in dem Berichte vom Mai 1907 ist z. B. gesagt, die für den Ausbau der Gewerkschaft gemachten Aufwendungen seien dem Kuxenkonto zugeschrieben worden. Wenn die Beklagte unter solchen Umständen in der Bilanz auch die Gegenstände bezeichnete, auf welche die Aufwendungen gemacht waren, so mag sich die Zweckmäßigkeit dieser den Geschäftsbericht in die Bilanz hineinziehenden Behandlungsweise allerdings bezweifeln lassen. Eine gesetzwidrige Unklarheit über die Bewertung wurde hierdurch aber nicht erzeugt. Von einer Verletzung des § 261 HGB. kann, soweit nur die Nennung der Bergwerksbestandteile in Betracht kommt, keine Rede sein.

Das Oberlandesgericht hat weiter auch die Höhe des Wertansatzes beanstandet. Freilich schließt es sich nicht dem Kläger an, der unter Berufung auf § 261 Nr. 2 HGB. nur die bei Erwerb der Kuxe gezahlten 2 000 000 M als bilanzfähiges Aktivum gelten lassen will. Das Oberlandesgericht gibt zu, daß die Aufwendungen, die die Beklagte nach dem Erwerbe gemacht hat, um das Bergwerk in Betrieb zu bringen, irgendwie berücksichtigt werden müssen. Es sieht hierin aber Forderungen gegen die Gewerkschaft und ist der Meinung, daß sich der Wert der Forderungen im Hinblick auf die Vermögenslage der Schuldnerin zurzeit nicht beurteilen lasse. Auch in diesem Punkte kann dem Oberlandesgericht nicht beigetreten werden. Wie feststeht, sind die Gelder gezahlt worden, um Grubenfelder, Grundstücke, Maschinen usw. anzuschaffen und die Betriebskosten zu bestreiten. Daß diese Summen darlehnsweise gegeben worden wären, hat der Kläger nicht behauptet; in Übereinstimmung mit der Beklagten geht er von einer endgültigen Hergabe der Gelder aus. Der Gedanke an Zahlungen behufs späteren Rückempfangs wird durch die Sachlage auch ausgeschlossen. Darlehen stellten die Zahlungen der Beklagten ebensowenig dar, wie bei einem gewerkschaftlichen Betriebe im eigentlichen Sinne die Zubußen der Gewerken Darlehen sind. Es handelte sich um Aufwendungen, wie sie der Eigentümer zur Verbesserung seiner Sache macht. Die Beklagte verlangte von niemandem Wiedererstattung, sondern suchte und fand ihren Nutzen in der Wertsteigerung, die das Bergwerk durch die Aufwendungen erfuhr.

Wurden hiernach Forderungen durch die Geldleistungen nicht begründet, so kommt die Zahlungsfähigkeit der Gewerkschaft als Bewertungsfaktor nicht in Betracht. Es läßt sich dann aber auch nichts dagegen erinnern, daß der Geldbetrag der Aufwendungen unter den Aktiven der Bilanz aufgeführt wurde. Zahlungen zur Verbesserung von Betriebsgegenständen — im Gegensatz zu Zahlungen, die gegenüber der Abnutzung nur zur Herstellung des ursprünglichen Zustandes dienen — schaffen neue Werte und sind der Nr. 3 des § 261 HGB. zu unterstellen. Sie dürfen in voller Höhe angesetzt werden; bleibt der Wert der Verbesserung hinter der Zahlung zurück, so ist ein entsprechender Betrag abzuschreiben. Das wird, soweit zu ersehen, auch von der bisherigen Rechtsprechung angenommen (vgl. das Urteil des IV. Strafs. des RG.s in Holdheims Monatsschr. 1904 S. 192). Die Besonderheit, die der hier vorliegende Fall aufweist, wo das Bergwerk dem Rechte nach nicht im Eigentum der Beklagten steht, vermag eine abweichende Behandlung nicht zu rechtfertigen. Wirtschaftlich liegt die Sache genau so, wie wenn die Beklagte Eigentümerin wäre. Da ihr von den 1000 Kuxen der Gewerkschaft 999 gehören und der tausendste verpfändet ist, hat sie nach jeder Richtung die freieste Verfügung. Die Wertverbesserung durch Aufwendungen auf das Bergwerk kommt ihr allein zugute; der Umstand, daß sie Kuxeninhaberin ist, ändert hieran nichts. Daher geht es nicht an, bei Aufstellung der Bilanz, für welche wirtschaftliche Gesichtspunkte maßgebend sein müssen, die gemachten Aufwendungen beiseite zu setzen." ...

RGZ. 83, 248.

Steht den besonderen Vertretern einer Aktiengesellschaft, die auf Verlangen der Minderheit der Generalversammlung Ersatzansprüche gegen den Vorstand oder den Aufsichtsrat geltend zu machen haben, ein eigener Anspruch auf Vorlegung von Geschäftsbüchern oder Geschäftspapieren zu?

HGB. § 268. (Jetzt § 122 AktG.).

II. Zivilsenat. Urt. v. 4. November 1913.

I. Landgericht Dortmund, Kammer für Handelssachen. — II. Oberlandesgericht Hamm.

...

Aus den Gründen

„Nach § 268 HGB. müssen die Schadensersatzansprüche der Aktiengesellschaft aus der Gründung oder aus der Geschäftsführung nicht nur dann geltend gemacht werden, wenn es die Generalversammlung mit einfacher Mehrheit beschließt, sondern auch in dem Falle, wenn der zehnte Teil des Grundkapitals in der Versammlung die Geltendmachung verlangt. Es liegt in der Natur der Sache, daß das Minderheitsverlangen vielfach auf den Widerstand der Gesellschaftsorgane und insbesondere des Vorstandes stoßen wird. Auch wenn der Vorstand weder selbst zum Ersatz herangezogen werden soll noch über die meisten Aktien verfügt, wird er doch häufig glauben, auf die Wünsche der Mehrheit Rücksicht nehmen zu müssen. Daß sich der Gesetzgeber dieser im gewöhnlichen Zusammenhange der Dinge begründeten Gefahr bewußt war, beweist das der Minderheit verliehene Recht, bestimmte Personen zu bezeichnen, die vom Registergerichte zur Führung des Ersatzprozesses zu bestellen sind. Die hierin liegende Ausschaltung des Vorstandes erklärt sich nur aus der Erwägung, daß das ordentliche Vertretungsorgan unter Umständen keine Gewähr für eine sachgemäße Durchführung der Schadensklage bietet. Angesichts dieser Bestimmung würde es dem Sinne des Gesetzes aber auch widersprechen, wenn man den Vorstand für berechtigt erachten wollte, den Prozeßbetrieb der Sondervertreter durch Vereitelung der nötigen Information zu durchkeuzen. Der Gesetzgeber kann nicht mit der einen Hand genommen haben, was er mit der anderen Hand gab. Diejenigen Bücher und Schriften der Gesellschaft, deren Einsichtnahme bei der Führung des Prozesses nicht entbehrt werden kann, müssen deshalb den Sondervertretern auch entgegen dem Willen des Vorstandes zugänglich sein.

Das Berufungsgericht ist bis hierher der nämlichen Ansicht. Es gibt zu, daß die Kläger, die auf Verlangen der Minderheit den Ersatzprozeß gegen den Aufsichtsrat zu führen haben, ungeachtet des Widerstrebens des Vorstandes in der Lage sein müssen, die gewünschten Urkunden zu benutzen. Der Punkt, in dem es im Gegensatze zum ersten Richter von der Auffassung der Kläger abweicht, bezieht sich nur auf die Art und Weise, wie zu diesem Behufe vorgegangen werden soll. Das Berufungsgericht meint, Aktiv- und Passivlegitimation der Klage auf Urkundenvorlegung seien unrichtig bestimmt. Nicht die Sondervertreter im eigenen Namen hätten klagen und nicht die Gesellschaft, vertreten durch den Vorstand, habe verklagt werden dürfen, vielmehr sei der Prozeß anzustrengen gewesen von den Sondervertretern namens der Gesellschaft gegen den Vorstand in eigener Person.

Der Auffassung des Berufungsgerichts kann nicht beigepflichtet werden. Sie muß daran scheitern, daß das Ziel, das angestrebt wird, auf dem bezeichneten Wege nicht erreicht werden kann. Das Berufungsgericht hat schon selbst darauf hingewiesen, daß die Kläger zu Gesellschaftsvertretern lediglich zwecks Führung eines Prozesses gegen den Aufsichtsrat bestellt worden sind. Eine Erstreckung der Ermächtigung auf die Prozeßführung gegen andere Personen läßt sich nicht rechtfertigen. Noch erheblicher aber ist das Hindernis, das durch die Natur des Vorlegungsanspruchs und durch die maßgebenden Besitzverhältnisse geschaffen wird. Nach §§ 809, 810 BGB. muß der Anspruch auf Vorlegung der Bücher und Papiere gegen deren Besitzer gerichtet werden. Da der Vorstand die Urkunden nur in seiner Eigenschaft als solcher und in Ausübung seiner Vertretungsmacht innehat, ist nicht er selbst, sondern die Gesellschaft unmittelbarer Besitzer. Es trifft nicht zu, wenn der Berufungsrichter hiergegen einwendet, soweit der Vorstand auf den den Sondervertretern zugewiesenen und damit seiner Vertretung entzogenen Aufgabenkreis durch Handlungen oder Unterlassungen störend einwirke, komme er als Vertreter der Gesellschaft nicht in Betracht. Dabei ist übersehen, daß die Aufbewahrung der Urkunden dem Vorstande keineswegs entzogen worden ist. Nach wie vor Ernennung der Sondervertreter ist er hiermit betraut; die Sondervertreter würden Herausgabe überhaupt nicht fordern können. Durch die Verweigerung der Vorlegung hat der Vorstand zwar die Gesellschaft ins Unrecht gesetzt, nicht aber für sich selbst Besitz ergriffen. Der Besitz der Gesellschaft ist vielmehr unberührt bestehen geblieben, und allein gegen die Gesellschaft kann der Anspruch auf Vorlegung gerichtet werden.

Führt hiernach mit Rücksicht auf die Beklagtenrolle nur das von den Klägern eingeschlagene Verfahren zum Ziele, so ist dieses Verfahren anderseits Bedenken mit Bezug auf die Aktivlegitimation nicht unterworfen. Die Kläger sind durch ihre gerichtliche Bestellung berufen, als Vertreter der Gesellschaft den Schadensersatzanspruch gegen den Aufsichtsrat gerichtlich durchzuführen. In bezug auf diesen Rechtsstreit gilt der Wille der Minderheit der Aktionäre als der Wille der Gesellschaft; ihn zur Ausführung zu bringen, ist das Amt der Sondervertreter. In dem hierdurch umgrenzten Geschäftskreise hat der Wille der regelmäßigen Organe der Gesellschaft – Mehrheit der Generalversammlung und Vorstand – zurückzutreten. Setzen diese Organe der Durchführung der Aufgabe Widerstand entgegen, so sind die Sondervertreter kraft ihres Amtes berechtigt und verpflichtet, diesen Widerstand zu brechen, und daher müssen sie auch als legitimiert anerkannt werden, zu diesem Zwecke, so wie es hier geschehen ist, den Rechtsweg zu beschreiten. Sie sind berufen, das Geschäft des Schadensprozesses für die Gesellschaft und in deren Namen zu führen und haben kraft dieses Amtes einen Anspruch gegen die Gesellschaft auf Duldung und Unterstützung ihrer Tätigkeit. Wenn das Berufungsgericht die Aktivlegitimation der Kläger mit der Begründung verneint, eine nur zur Vertretung der Gesellschaft berufene, durch kein weiteres Rechtsverhältnis mit ihr verbundene Person könnte nicht als Gegner der Gesellschaft auftreten, so wird es der Eigenart des Sachverhalts nicht gerecht. Die Regel, wonach dem Beauftragten oder sonstigen Geschäftsführer ein Recht auf Ausführung des übernommenen Geschäfts nicht zusteht, enthält keine Rechtsnotwendigkeit; im vorliegenden Falle muß eine Ausnahme anerkannt werden. Entscheidend ist, daß die Kläger, obwohl sie vom Gesetze zu Vertretern der Gesellschaft im Ersatzprozesse gestempelt werden, doch durch Anstrengung des Prozesses dem Willen der Generalversammlung als des obersten Gesellschaftsorgans und insofern dem Willen der Gesellschaft selber zuwiderhandeln. Die Kläger sind Zwangsvertreter der Gesellschaft, um eine von der Ansicht der Mehrheit abweichende Auffassung der Gesellschaftsinteressen zur Geltung zu bringen; das Gesetz nötigt die Gesellschaft, ihre Tätigkeit zu dulden. Da eine solche Geschäftsführung nicht ohne Zusammenstoß zwischen Vertreter und Vertretenen zu verlaufen pflegt, entspricht es allerdings dem Wesen der Sache, wenn dem Geschäftsführer ein Recht darauf eingeräumt wird, daß ihn der Geschäftsherr zur Erfüllung seiner Aufgabe zuläßt."

...

RGZ. 83, 377.

Kann sich eine Aktiengesellschaft einem anderen gegenüber gültig verpflichten, Gewinn nicht über ein bestimmtes Maß hinaus zu verteilen? Welche Wirkungen kommen einer solchen Verpflichtung zu?

II. Zivilsenat. Urt. v. 16. Dezember 1913.

I. Landgericht Chemnitz. — II. Oberlandesgericht Dresden.

Die klagende Stadtgemeinde hatte die Räumung der Düngergruben im Bezirk der Stadt Ch. einschließlich der Abfuhr und Verwertung des Düngers der zu diesem Zwecke gegründeten beklagten Aktiengesellschaft übertragen.... Die Klägerin stellte verschiedene Bedingungen, vor allem die, daß die Gewährung einer 6 % übersteigenden Dividende an ihre Zustimmung geknüpft sein sollte. In einer deshalb einberufenen außerordentlichen Generalversammlung der Beklagten vom 6. April 1909 wurde beschlossen, den Vorstand zu ermächtigen, die Bedingungen der Klägerin anzunehmen. Demgemäß schloß der Vorstand mit der Klägerin einen Vertrag, der die Verteilung von mehr als 6 % Dividende von der Einwilligung der Klägerin abhängig machte.

... Obgleich die Klägerin für das Geschäftsjahr 1911 nur 8 % erlaubt hatte, beschloß die Generalversammlung vom 22. April 1912 eine Dividende von 10 %....

Die Klägerin erhob Klage auf Feststellung, daß die Beklagte nicht berechtigt sei, für das Geschäftsjahr 1911 eine höhere Dividende als 8 % zu verteilen. Beide Vorinstanzen gaben diesem Antrage statt. Auch die Revision des Beklagten blieb ohne Erfolg.

Aus den Gründen:

„*Die Begründung des Berufungsurteils leidet an dem Fehler, daß* die Verhältnisse der Klägerin zur Beklagten und der Beklagten zu ihren Aktionären nicht genügend auseinandergehalten sind. ... Zufolge §§ 31, 32 der Satzung hatte die Generalversammlung zu bestimmen, wieviel sie dem gesetzlichen Reservefonds über das vorgeschriebene Maß hinaus zuführen wollte; der Überschuß, der sich ergab, wenn die Abschreibungen und Rücklagen, ferner die Vorstandstantieme, die die Grundlage der Dividende ausmachenden 4 % vom Kapital sowie endlich die Aufsichtsratstantieme abgezogen wurden, sollte nach ihrem freien Ermessen unter die Aktionäre verteilt oder zu anderen Zwecken verwendet werden. Durfte statt dessen die Generalversammlung in der Verteilung von Dividenden nur noch bis 6 % gehen und war sie darüber hinaus an die Zustimmung der Klägerin gebunden, so bedeutete das allerdings eine Einschränkung ihrer Rechte. Durch die Behauptung, der Reingewinn sei von Anfang an nur mit der Beschränkung verfügbar gewesen, kann diese Tatsache nicht verschleiert werden. Was verteilungsfähiger Reingewinn ist, ergibt allein die nach dem Gesetz und der Satzung aufzustellende Bilanz. Um daher der Generalversammlung ihre Verfügungsbefugnis zu schmälern, würde es einer Abänderung der Satzung bedurft haben. Die Erfordernisse, die hierfür vom Gesetze vorgeschrieben sind, können durch den Vertrag der Parteien nicht ersetzt werden. Weder die Frage, ob die Dividendenbeschränkung im wohlverstandenen Interesse der Beklagten lag, kommt dabei in Betracht, noch ist es von Erheblichkeit, ob die Tatsache des Abschlusses des Vertrags in Chemnitz offenkundig war oder nicht.

Eine Abänderung der Satzung ist nicht zustande gekommen. Ob der Beschluß vom 6. April 1909, den Vorstand zur Eingehung des Vertrags nach Maßgabe der Bedingungen der Klägerin zu ermächtigen, formell den an eine Satzungsänderung zu stellenden Ansprüchen entsprach, braucht nicht erörtert zu werden. Jedenfalls ist die Änderung in das Handelsregister nicht eingetragen worden. Daher hätte der von der

Klägerin beanstandete Beschluß vom 22. April 1912 über die Verteilung einer Dividende von 10% nicht einmal auf Anfechtungsklage eines Aktionärs beseitigt werden können. Die Anfechtungsklage des § 271 HGB. setzt Gesetz- oder Satzungswidrigkeit voraus; der Umstand, daß der Beschluß mit einem von der Gesellschaft geschlossenen Vertrag in Widerspruch steht, genügt nicht. Um so weniger ist hier, wo eine Anfechtung gar nicht stattgefunden hat, daran zu zweifeln, daß der Beschluß rechtswirksam war und gültige Forderungen auf Auszahlung der Dividende für die Aktionäre ins Leben rief.

Allein der Vertrag der Parteien braucht keine unmittelbaren Folgen gegen die Aktionäre zu haben, um dennoch ein bindender Vertrag zu sein und die Wirkungen zu äußern, die ihm nach Vertragsgrundsätzen zukommen. Auch wenn die Klägerin rechtlich nicht imstande war, die Verteilung der höheren Dividende zu hindern, konnte sie doch sehr wohl geltend machen, daß die Beklagte durch Fassung des Verteilungsbeschlusses dem Vertrage zuwidergehandelt habe. Nur so verstanden hatte die Klage überhaupt einen Sinn. Wenn auch zugegeben werden muß, daß unter den in erster Instanz gestellten Anträgen einzelne sich befanden, denen zufolge die Klägerin, ähnlich wie das Oberlandesgericht es getan hat, eine unmittelbare Rechtswirkung gegen die Generalversammlungen für möglich hielt, so gilt dies doch nicht von dem Antrage, der allein aufrechterhalten worden ist. Die Klagbitte, festzustellen, daß die Beklagte für 1911 nicht mehr als 8% Dividende verteilen durfte, ist irgendwelchen Zweifeln über die Bedeutung, in der sie gemeint ist, nicht unterworfen. Ebenso wie die Urteile, die ihr stattgegeben haben, kann sie nur dahin aufgefaßt werden, daß der Beklagten das Recht zur Verteilung allein der Klägerin gegenüber abgesprochen wird. Wie hierin bei der Relativität schuldrechtlicher Verpflichtungen etwas Widersinniges liegen soll, ist nicht wohl verständlich. Die Tatsache, daß jemand gegen einen anderen eine rechtlich bindende Verpflichtung eingeht, eben dadurch aber die ihm einem Dritten gegenüber obliegenden Pflichten verletzt, gehört zu den alltäglichen Erscheinungen des Rechtslebens. Die Wirkung der von der Beklagten behaupteten Vertragsverletzung würde in einem Anspruch auf Schadensersatz wegen Nichterfüllung bestehen, namentlich aber sich darin äußern, daß die Klägerin unter den Voraussetzungen der §§ 325, 326 BGB. vom Vertrage zurücktreten könnte.

Muß hiernach der Prüfung der Rechtsgültigkeit des Vertrags nähergetreten werden, so ist so viel ohne weiteres klar, daß Bedenken gegen die Gültigkeit aus der Vertretung der Beklagten nicht zu entnehmen sind. Nach § 235 Abs. 2 HGB. war die Vertretungsmacht des Vorstandes, der den Vertrag schloß, Dritten gegenüber unbeschränkbar. Es braucht daher nicht einmal darauf hingewiesen zu werden, daß die Generalversammlung vom 6. April 1909 ihre Zustimmung zum Vertragsschluß erklärt hat. Nur der sachliche Inhalt der von der Beklagten übernommenen Verpflichtung kann darüber entscheiden, ob ein solcher Vertrag von der Rechtsordnung zugelassen wird oder nicht.

In dieser Hinsicht ist es zunächst unschlüssig, wenn die Beklagte behauptet hat, es sei für sie rechtlich unmöglich gewesen, sich zu einer Statutenänderung zu verpflichten. Auf der einen Seite hatte die Beklagte, um dem Vertrage genügen zu können, eine Statutenänderung gar nicht nötig. § 32 ihrer Satzung ließ der Generalversammlung darüber, ob sie die Superdividende ganz oder teilweise von der Verteilung zurückhalten wollte, freie Hand. Nur um sie hierin im Sinne des Vertrages zu binden, hätte es einer Änderung der Statuten bedurft. Anderseits ist weder der Klagantrag auf Vornahme einer Statutenänderung gerichtet, noch hat die Klägerin mittelbar einen Anspruch dieses Inhalts erhoben. Was sie verlangt, erschöpft sich darin, daß keine höhere als die zugestandene Dividende verteilt werden soll. Wie die Beklagte es fertig bringt, das verbotene Ergebnis zu vermeiden, ist ihre Sache. Die inneren Verhältnisse der Beklagten brauchen die Klägerin nicht zu kümmern, ebensowenig wie sich sonst ein Gläubiger darum zu kümmern hat, wie sich der Schuldner zur Vertragserfüllung einrichten muß.

Die Beklagte hat sodann die angebliche Ungültigkeit des Vertrags darauf zu stützen gesucht, daß er sich auf Angelegenheiten des körperschaftlichen Lebens der Aktiengesellschaft bezieht. Den Aktionären gegenüber, meint sie, müsse sich die Gesellschaft frei betätigen können, ohne durch Verträge mit Dritten gebunden zu sein. Allein was die Revision in dieser Richtung vorgebracht hat, reicht nicht hin, um einen so weitgreifenden Satz als Bestandteil des geltenden Rechtes nachzuweisen. Daß die Satzung keine Abordnung von Außenstehenden in den Aufsichtsrat verfügen darf, ist zwar in § 243 Abs. 1 HGB. wortdeutlich vorgeschrieben, kommt aber für die aufgeworfene Frage nicht in Betracht. Im übrigen hat das Reichsgericht bisher nur ausgesprochen, daß die Organe der Aktiengesellschaft in Tat und Wahrheit Organe der Gesellschaft sein müssen und nicht gezwungen sein dürfen, blindlings in allen Dingen den Befehlen Dritten zu gehorchen (vgl. Entsch. des RG.s in Zivils. Bd. 3 S. 129, Bd. 82 S. 308). Davon kann hier keine Rede sein. Es handelt sich nur um einen einzigen Punkt, worin der

Wille eines Dritten für die Gesellschaft maßgebend sein soll. In allen übrigen Beziehungen bleibt ihr Selbstbestimmungsrecht unangetastet.

Von den sonstigen Verteidigungsgründen der Beklagten sind es hauptsächlich die Eigenschaft der Aktiengesellschaft als Erwerbsgesellschaft und der natürliche Gewinnanspruch der Aktionäre, die dem Vertrag entgegengehalten werden. Die Revision hat ausgeführt, die §§ 213, 260 HGB. gewährleisteten der jedesmaligen Generalversammlung schlechthin Freiheit in der Beschlußfassung darüber, ob und wie sie den Gewinn verteilen wolle. Auf alle Fälle sei ein Vertrag nichtig, der dem Ermessen eines Dritten für die Gewinnverteilung bestimmende Bedeutung einräume. Auch diese Behauptungen können nicht gebilligt werden. Daß das Gesetz keine Zwangsvorschrift enthält, wonach die jeweilige Generalversammlung in der Verfügung über den Gewinn unbedingt frei sein müßte, bedarf keiner weitläufigen Begründung. Schon der Wortlaut des § 213 HGB. läßt keinen Zweifel daran, daß der Gesellschaftsvertrag den an sich verteilbaren Reingewinn von der Verteilung ausschließen kann. Die Gültigkeit von Satzungsbestimmungen, wonach nur eine gewisse Höchstdividende beschlossen werden darf und der Überschuß einem Reservefonds zugeführt werden muß, wird denn auch nirgends bestritten. Kann doch durch die Satzung sogar vorgeschrieben werden, daß der Überschuß Nichtaktionären, z. B. den Inhabern von Genußscheinen oder, wie in dem vom Berufungsrichter angezogenen Falle, Rechtspr. d. OLG. Bd. 11 S. 31, den Mitgliedern einer anderen Aktiengesellschaft zufließen soll.

Auch die Ansicht, die jede Beeinflussung der Dividendenfestsetzung durch das Ermessen eines Dritten als gesetzwidrig ablehnt, geht zu weit. Allgemeine Grundsätze werden sich in dieser Hinsicht schwerlich aufstellen lassen; die Beschaffenheit des Einzelfalls, insbesondere die Zwecke und Absichten des Vertrags, müssen maßgebend sein. Im vorliegenden Falle walten Bedenken mit Rücksicht auf den verfolgten Zweck nicht ob. ...

RGZ. 83, 414.

1. Muß die aktienrechtliche Anfechtungsklage einem in seiner Wohnung nicht angetroffenen Aufsichtsratsmitglied im Geschäftslokale der Gesellschaft zugestellt werden?

2. ...

ZPO. §§ 181, 182, 184 Abs. 2. HGB. § 185.

II. Zivilsenat. Urt. v. 2. Januar 1914.

I. Landgericht Hamburg, Kammer für Handelssachen. — II. Oberlandesgericht daselbst.

. . .

Aus den Gründen:

. . .

Dem Oberlandesgerichte muß darin beigepflichtet werden, daß § 184 ZPO. auf die Zustellung einer Klage aus § 271 HGB. an ein Mitglied des Aufsichtsrats überhaupt nicht anwendbar ist. Allerdings geht es zu weit, wenn das Oberlandesgericht dem Aufsichtsrate die Eigenschaft als gesetzlicher Vertreter der Aktiengesellschaft in Anfechtungsprozessen bestreitet. Da unter diesen Begriff nach § 51 ZPO. jeder fällt, dem nach den Vorschriften des bürgerlichen Rechtes die Vertretung einer nicht prozeßfähigen Partei zusteht, läßt sich nicht wohl bezweifeln, daß im Falle des § 271 HGB. neben dem Vorstand auch der Aufsichtsrat zu den gesetzlichen Vertretern der Aktiengesellschaft gehört. Aber die Vorschriften des § 184 ZPO. über die Zustellung im Geschäftslokal passen auf den Aufsichtsrat nicht, und deshalb kann nicht angenommen werden, daß sie im Sinne des Gesetzes darauf bezogen werden müßten. Das Gesetz geht davon aus, daß sich der gesetzliche Vertreter während der gewöhnlichen Geschäftsstunden im Geschäftslokal aufzuhalten pflegt. Das gilt wohl von dem mit der Führung der laufenden Geschäfte betrauten Vorstande, nicht aber von den Mitgliedern des Aufsichtsrats. Überaus häufig wohnen diese Personen in aller Welt zerstreut und fern vom Sitze der Aktiengesellschaft; im Geschäftslokal der Gesellschaft sind sie fast niemals anzutreffen. Müßte es hiernach als eine lästige Formvorschrift erscheinen, wenn gleichwohl die Zustellung an den Aufsichtsrat im Geschäftslokal vorzunehmen wäre, so kommt noch eine andere Erwägung hinzu, derzufolge eine solche Bestimmung den Zwecken des Gesetzes geradezu zuwiderlaufen würde. Die Anordnung einer Doppelvertretung bei den Anfechtungsklagen hat ihren Grund in dem Bestreben, ein arglistiges Zusammenwirken des Klägers mit dem Vorstande zu verhüten. Dieser Zweck wird verfehlt, wenn der Vorstand den Aufsichtsrat über die Tatsache der Klagerhebung in Unkenntnis halten kann. Nach der Auslegung aber, die die Revision vertritt, würde er hierzu imstande sein. Ob man unter den „Beamten", an die nach § 184 Abs. 1 bei Abwesenheit im Geschäftslokal zugestellt werden müßte, die Mitglieder des Vorstandes mitzuverstehen hätte oder nicht, fiele hierfür praktisch nicht einmal ins Gewicht; stets könnten sie sich das Exemplar, das der Aufsichtsrat erhalten soll, verschaffen. Auch wenn der Vorstand selbst die Klage erheben würde, könnte er nach dieser Ansicht die Ersatzzustellung in der Weise bewerkstelligen lassen, daß ihm selber die Klageschrift ausgehändigt würde. Derartiges kann der Gesetzgeber nicht gewollt haben. . . .

RGZ. 84, 328.

Liegt eine gesellschaftliche Verpflichtung vor, wenn Gewerbetreibende, die Aktien einer Eisenbahngesellschaft zeichnen, sich gleichzeitig verpflichten, alle ihre Güter durch die von der Gesellschaft betriebene Bahn befördern zu lassen? Abhängigkeit dieser Verpflichtung von dem Fortbestande der Aktionärstellung?

HGB. § 212. (Jetzt § 50 AktG.).

II. Zivilsenat. Urt. v. 30. Januar 1914.

I. Landgericht Hagen. — II. Oberlandesgericht Hamm.

. . . In einer Generalversammlung vom 23. Mai 1900 wurde beschlossen, das Grundkapital um 310 000 M zu erhöhen. . . . Die Erhöhung hatte den Zweck, den Bahnbetrieb auf die Täler der Else und Öster auszudehnen. Zuvor hatten Verhandlungen mit den Interessenten der beiden Täler stattgefunden. Am 12. November 1900 gaben diese Interessenten, darunter der Kläger, der im Elsetale seine gewerbliche Niederlassung hat, folgende Erklärung ab:

„Die Plettenberger Straßenbahn-Aktiengesellschaft zu Plettenberg beabsichtigt, ihre Bahn in das Öster- und Elsetal fortzuführen und hat zu diesem Zweck eine Erhöhung des Grundkapitals beschlossen, bei welcher wir uns als neue Aktionäre beteiligen. Außerdem übernehmen wir, beziehentlich die von uns vertretenen Firmen für ihre im Elsetal bzw. Östertal belegenen Werke die Verpflichtung, alle zur Beförderung mit der Staatsbahn bestimmten abgehenden Güter und alle mit der Staatsbahn ankommenden Güter durch die Aktiengesellschaft Plettenberger Straßenbahn befördern zu lassen.“ . . .

. . . Am 22. Dezember 1908 beschloß die Generalversammlung, den Inhabern der neuen Aktien deren Nennwert zurückzuzahlen und für 210 000 M andere Aktien auszugeben. . . . Der Beschluß wurde auch ausgeführt, insbesondere wurden dem Kläger die von ihm eingezahlten 94 000 M zurückerstattet. Von den auf Grund des Beschlusses vom 22. Dezember 1908 ausgegebenen Aktien ist nichts an den Kläger gelangt.

Der Kläger stellte sich auf den Standpunkt, daß er nach der Zurückgabe seiner Aktien an die Verfrachtungsverpflichtung nicht mehr gebunden sei, und erhob, da die Beklagte widersprach, Klage auf Feststellung des Nichtbestehens dieser Verpflichtung. Das Landgericht wies die Klage ab, das Oberlandesgericht gab ihr statt. Das Reichsgericht hob das Berufungsurteil auf und verwies die Sache an das Berufungsgericht zurück.

Aus den Gründen:

. . .

Die Ausführungen des angefochtenen Urteils beruhen in doppelter Hinsicht auf einer unrichtigen Grundlage. Einmal ist nicht oder doch nicht genügend beachtet, daß zwei an sich verschiedene Verpflichtungen -- hier die Beförderungspflicht und die vereinbarungsgemäß erfolgte Beteiligung der Interessen durch Übernahme der neuen Aktien-, auch wenn sie gleichzeitig übernommen werden und wirtschaftlich auf das engste zusammenhängen, doch die ihnen an sich zukommende rechtliche Verschiedenheit bewahren können. Vor allem ist aber verkannt, daß von einer aktienrechtlichen Verpflichtung nur dann die Rede sein kann, wenn den Aktionären als solchen in dem Sinne Leistungen obliegen, daß der Verpflichtete nicht wegen der ausschließlich bei ihm vorhandenen besonderen Verhältnisse, sondern schlechthin als Eigentümer der Aktie die Leistung zu bewirken hat. Diese Voraussetzung trifft wohl regelmäßig zu bei den von dem Berufungsgericht als Ausgangspunkt genommenen Leistungen, die den Mitgliedern von Rübenzuckeraktiengesellschaften als gesellschaftliche Beiträge auferlegt sind, nicht aber in dem hier gegebenen Falle. Die Interessenten der beiden Täler haben sich der Beförderungspflicht überhaupt nur unterwerfen können als Inhaber bestimmter gewerblicher Betriebe, und dementsprechend ist die Beförderungspflicht nicht verbunden worden mit der in der Aktie verkörperten Rechtsstellung, sondern sie wurde nur übernommen für die in Betracht kommenden Betriebe. Deren Inhaber, und zwar, wie das Berufungsgericht auf Grund der Vorverhandlungen feststellt, auch die Rechtsnachfolger sollten die Verpflichteten sein.

Daß die Aktienzeichnung und die Übernahme der Beförderungspflicht zeitlich zusammenfielen und daß mit beiden derselbe wirtschaftliche Zweck, die Erlangung des Bahnanschlusses, verfolgt wurde, ist ein für die innere Natur des Rechtsverhältnisses gleichgültiger Umstand. ... Auch darauf kann es bei der Beurteilung der Natur des Rechtsverhältnisse nicht ankommen, ob, wie das Berufungsgericht als Willen der Verpflichteten annimmt, die Verpflichtung nur für die Zeit der Gesellschaftszugehörigkeit übernommen wurde. Damit wäre lediglich eine zeitliche Begrenzung gegeben, die an dem der Willkür der Parteien entrückten Wesen des Rechtsverhältnisses nichts ändern würde.

Auf die aktienrechtliche Natur der Beförderungspflicht kann danach die Klage nicht gestützt werden. Vielmehr ist davon auszugehen, daß die in Rede stehende Verpflichtung nicht die Eigenschaft einer gesellschaftlichen hat. Das Berufungsgericht will allerdings auch für den letzteren Fall die Klage als begründet ansehen, indem es, wieder unter Hinweis auf die Rübenzuckeraktiengesellschaften, ausführt, die *Verpflichtung sei, auch wenn sie den Gegenstand eines selbständigen* Vertrages gebildet habe, mit dem Ausscheiden des Klägers aus der Gesellschaft erloschen, weil ein solcher Vertrag seinem Inhalte nach unter der Bestimmung stehe, daß er von selbst aufhöre, wenn der Verpflichtete aufhöre, Mitglied der Gesellschaft zu sein. Diese Begründung ist unzutreffend. Die Gleichstellung des vorliegenden Verhältnisses mit der Rübenlieferungspflicht verbietet sich auch hier dadurch, daß es sich eben nicht um eine Verpflichtung der Aktionäre handelt, sondern um eine Last, die von vornherein den Inhabern bestimmter Betriebe, wenn auch gleichzeitig mit der Übernahme von Aktien, auferlegt wurde. Deshalb kommt es nicht darauf an, welche Beurteilung vom Standpunkte der für die Rübenzuckeraktiengesellschaften geltenden Grundsätze aus Platz zu greifen hätte. Für das vorliegende Verhältnis kann nur angenommen werden, daß die streitige Verpflichtung des Klägers an sich unabhängig ist von der Fortdauer der Aktionärstellung.

Das schließt bei den Beziehungen, die zwischen der Beförderungspflicht und dem Aktienerwerbe bestehen, freilich nicht aus, daß besondere Umstände vorliegen, die dem Kläger das Recht geben könnten, im Hinblick auf den Wegfall der Aktionärstellung die Erfüllung der Beförderungspflicht zu verweigern. Der Kläger hat auch solche Umstände geltend gemacht, indem er behauptete, daß die Aktionärstellung für ihn von erheblicher Bedeutung gewesen sei und daß die Beklagte ihn und die übrigen Interessenten der beiden Nebenlinien aus dieser Stellung absichtlich verdrängt habe." . . .

RGZ. 85, 366.

Müssen rückständige Aktienbeträge von allen Aktionären gleichmäßig eingefordert werden?

HGB. § 218. (Jetzt § 57 AktG.).

II. Zivilsenat. Urt. v. 23. Oktober 1914.

I. Landgericht Leipzig. — II. Oberlandesgericht Dresden.

Aus den Gründen:

„Allerdings sind die Organe einer Aktiengesellschaft verpflichtet, deren Rechte und Interessen in bezug auf die Einzahlung der Aktienbeträge gegenüber allen Aktionären gleichmäßig wahrzunehmen. Sie sind hierfür der Gesellschaft verantwortlich. Das ist zweifellos. Aber eine Vernachlässigung dieser Pflicht berechtigt nicht den einzelnen Aktionär, von dem der Betrag seiner Aktie eingefordert wird, zu einer Einrede gegenüber der Gesellschaft. Die Verbindlichkeit zur Einzahlung dieses Betrages beruht auf einem einseitigen Schuldverhältnisse des Aktionärs zur Gesellschaft. Der Aktionär kann keine Einrede daraus herleiten, daß andere gleichgestellte Schuldner ihre Verbindlichkeit gegenüber der Aktiengesellschaft nicht erfüllen. Er kann ebensowenig eine Einrede darauf begründen, daß die Organe der Aktiengesellschaft ihre Pflicht zur ordnungsmäßigen Führung der Geschäfte in bezug auf die Einziehung der übrigen rückständigen Aktienbeträge nicht erfüllen.

Voraussetzung der Fälligkeit der zu leistenden Einzahlung ist allerdings ihre dem § 218 Abs. 3 HGB. entsprechende Einforderung durch die Organe der Gesellschaft. Deswegen ist vom Oberlandesgericht mit Recht geprüft worden, ob eine solche Aufforderung im Streitfall auf gültige Weise erlassen ist. Die geschehene Aufforderung entspricht aber den Vorschriften der Satzung und des Gesetzes. Sie wird auch von dem Beklagten nur deswegen beanstandet, weil sie nicht an alle Aktionäre gleichmäßig gerichtet sei. Das ist jedoch vom Gesetze nicht vorgeschrieben. Es ist weder im § 218 ausgesprochen, noch ist es aus dem Zusammenhange des Gesetzes zu entnehmen, daß die Aufforderung zur Einzahlung der Aktienbeträge an alle rückständigen Aktionäre gleichzeitig ergehen muß. Im Gegenteil weist die verschiedene Fassung der §§ 218 und 219, wenn auch nicht mit Bestimmtheit, so doch mit einiger Wahrscheinlichkeit darauf hin, daß der Gesetzgeber die Aufforderung zur Einzahlung als ein gegenüber dem einzelnen Aktionär vorzunehmendes Rechtsgeschäft, die Kaduzierung dagegen als ein nur gleichzeitig gegenüber sämtlichen säumigen Aktionären zulässiges Verfahren erachtet hat. Zudem ergibt der Kommissionsbericht zum HGB. von 1897 (Hahn, Materialien S. 591), daß man sich in den Verhandlungen der Kommission eine verschiedenartige Behandlung der Aktionäre als möglich und, sofern sie im Interesse der Gesellschaft liegt, als berechtigt vorgestellt hat. Auch innere Gründe sprechen in keiner Weise dafür, die Pflicht des einzelnen Aktionärs zur Leistung des ausstehenden Aktienbetrages davon abhängig zu machen, daß dieser von allen gleichgestellten Aktionären gleichmäßig eingefordert wird. Vielmehr müßte es zu bedenklichen und für die Gesellschaft möglicherweise gefährlichen Verwickelungen führen, wenn jeder Aktionär das Recht hätte, gegenüber dem an ihn gerichteten Anspruch auf Zahlung des Aktienbetrages Einreden aus dem Rechtsverhältnis der Gesellschaft zu anderen Aktionären zu entnehmen und die Gesellschaft in einen Streit darüber zu verwickeln, ob andere Aktionäre den Betrag ihrer Einlagen noch schulden oder schon getilgt haben.

Die Sicherheit gegen eine pflichtwidrig ungleichmäßige Behandlung der einzelnen Aktionäre muß in der Verantwortlichkeit des Vorstandes und Aufsichtsrats gegenüber der Generalversammlung gefunden werden. Außerdem ist es natürlich jedem Aktionär unbenommen, geltend zu machen, daß die an ihn gerichtete Aufforderung gegen die §§ 226 oder 826 BGB. verstoße. Dies steht hier nicht in Frage. Der Beklagte hat nur behauptet, daß in der veröffentlichten Aufforderung gewiß noch nicht volleingezahlte Aktien ohne Grund ausgelassen seien. Dies berechtigt ihn, auch wenn es richtig ist, nicht, die Zahlung des auf seine Aktien unstreitig noch rückständigen Betrages zu verweigern."

RGZ. 87, 155.

Inwieweit kann in der Generalversammlung einer Aktiengesellschaft über nicht angekündigte Anträge Beschluß gefaßt werden?

HGB. § 256 Abs. 2. (Jetzt § 108 AktG.).

II. Zivilsenat. Urt. v. 8. Oktober 1915.

I. Landgericht I Berlin. — II. Kammergericht daselbst.

Aus den Gründen:

... „Nach § 256 Abs. 2 HGB. können über Gegenstände, deren Verhandlung nicht ordnungsmäßig mindestens eine Woche vor dem Tage der Generalversammlung angekündigt ist, Beschlüsse nicht gefaßt werden. Dazu war in Art. IV 2 Abs. 2 der Statuten der Beklagten bestimmt, daß Anträge eines Aktionärs für die ordentliche Versammlung des laufenden Jahres nur berücksichtigt werden könnten, wenn sie vor dem 1. März bei dem Vorstand eingingen. Während nun die Tagesordnung für die Generalversammlung vom Juni 1913 auf Erhöhung des Grundkapitals um 1 Million lautete, wurde auf einen aus dem Schoße der Versammlung gestellten Antrag hin beschlossen, das Kapital um

5 Millionen zu erhöhen. Ein solcher Antrag hat mit einem Abänderungs- oder Ergänzungsantrage, wie er in der Rechtsprechung des Reichsgerichts als zulässig anerkannt wird (vgl. Jur. Wochenschr. 1897 S. 246 Nr. 63, RGZ. Bd. 67 S. 109), nichts mehr zu tun, geht vielmehr weit über die Grenzen eines Amendements hinaus. Mit Unrecht meint das Kammergericht, der Kern der Tagesordnung habe in der Erhöhung des Grundkapitals schlechthin bestanden, jede Abweichung von der vorgeschlagenen Summe sei erlaubt gewesen. Vielmehr würde sich der Beschluß im Sinne des § 256 Abs. 2 nur dann im Rahmen des angekündigten „Gegenstandes" halten, wenn ihm wirtschaftlich ungefähr die gleichen Wirkungen wie dem Vorschlage zukämen. Indem aber die Generalversammlung das Grundkapital von 10 Millionen Mark, statt, wie vorgeschlagen war, um ein Zehntel, um die volle Hälfte erhöhte, stellte sie die Gesellschaft auf eine ganz andere Basis und änderte von Grund aus deren bisherige Lebensbedingungen. Das war ohne gehörige Ankündigung nicht angängig."

RGZ. 89, 396.

Klage von Vorstands- oder Aufsichtsratsmitgliedern einer Aktiengesellschaft auf Entlastung. Tragweite des der Klage stattgebenden Urteils. Beweislast.

II. Zivilsenat. Urt. v. 6. Februar 1917.

I. Landgericht Hannover. — II. Oberlandesgericht Celle.

Aus den Gründen:

. . . „Das Gesetz (§ 260 HGB.) läßt deutlich erkennen, daß der Verwaltung, die durch Vorlegung der Bilanz und der Gewinn- und Verlustrechnung sowie durch Abgabe der sonst etwa erforderten Erklärungen eine, soweit zu ersehen, einwandfreie Geschäftsführung nachgewiesen hat, die Entlastung nicht aus Willkür verweigert werden darf. Allerdings kann die Klage auf Entlastung nicht gegen das Organ, die Generalversammlung, sondern nur gegen die Aktiengesellschaft selbst gerichtet werden, und dieser Unterschied von der außergerichtlichen Geltendmachung des Anspruchs hat auch materielle Wirkungen im Gefolge. Dem Urteil auf Entlastung kommt eine größere Bedeutung zu als der freiwillig erteilten Entlastung. Der in der Rechtsprechung feststehende Satz, daß sich die Tragweite einer Entlastungserklärung auf dasjenige beschränkt, was der Generalversammlung in erkennbarer Weise unterbreitet wurde (vgl. erst kürzlich wieder das Urteil des

Senats vom 2. Februar 1917 Rep. II 327/16), stützt sich auf die Erwägung, daß die Versammlung bei der Art ihrer Zusammensetzung und der Kürze der zur Verfügung stehenden Zeit gar nicht imstande ist, die Geschäftsführung einer selbständigen Nachprüfung zu unterziehen. Wird die Entlastung durch Prozeß gegen die Gesellschaft verfolgt, so ist die Lage eine andere. Auch wenn der Gesellschaft ein besonderer Vertreter nach § 57 ZPO. bestellt werden mußte, hat sie immer die Geschäftsbücher zur Hand und kann sich schlüssig machen, ob und welchen Schadensersatz sie von dem Kläger beanspruchen will. Damit entfällt der Grund, die Tragweite des Urteils nach dem Umfange dessen, was die voraufgegangene Generalversammlung überblicken konnte, zu begrenzen. Spricht das Gericht für eine bestimmte Geschäftsführungszeit die Entlastung aus, so heißt dies, daß der Gesellschaft aus Anlaß jener Geschäftsführung Schadensersatzansprüche gegen den Kläger schlechthin nicht zustehen. Das Urteil hat daher die gleiche Bedeutung wie die Zusprechung einer negativen Feststellungsklage. Das ist der berechtigte Kern der freilich zu weit gehenden Ansicht Hachenburgs in Staubs GmbHG. § 46 Note 25, daß die Klage auf Entlastung eine solche Feststellungsklage sei. In Wirklichkeit ist sie eine Leistungsklage wie die Klage auf Quittung im Falle des § 368 BGB.; die Vollstreckung erfolgt nach § 894 ZPO.

Aus der geschilderten Bedeutung der Entlastungsklage folgt, daß im Prozesse die volle Behauptungs- und Beweislast grundsätzlich die verklagte Gesellschaft trifft. Anders verhält es sich nur dann, wenn der Kläger in der Generalversammlung, die die Entlastung verweigerte, seine Rechenschaftspflicht nicht erfüllt hat. . . ."

RGZ. 90, 206.

1. . . .

2. . . .

3. Ist das Minderheitsrecht auf Vertagung der Generalversammlung nur dann gegeben, wenn die Bemängelung eines Bilanzpostens die Bilanz als solche betrifft, oder auch dann, wenn geltend gemacht wird, daß der Posten bei richtiger Geschäftsführung nicht entstanden wäre?

HGB. §§ 263, 264, 271 flg. (Jetzt §§ 125—127, 197—199 AktG.).

II. Zivilsenat. Urt. v. 11. Mai 1917.

I. Landgericht II Berlin, Kammer für Handelssachen. — II. Kammergericht daselbst.

Aus den G r ü n d e n :

. . .

Unstreitig besaß der Kläger mehr als zehn Prozent des Grundkapitals, und ebenso ist außer Streit, daß er sich nicht gegen die Bilanz im allgemeinen gewendet, sondern einen ganz bestimmten Bilanzposten, die Forderung gegen die Aktiengesellschaft für Bahnen und Tiefbau, herausgegriffen hat. Die Sache liegt auch nicht etwa so, — die Beklagte *selbst behauptet es nicht* —, daß der Kläger *diesen* Posten nur der Form wegen genannt hätte, um ohne sachliche Gründe eine Vertagung durchzusetzen. Vielmehr bestand ein Gegensatz zwischen ihm und der Verwaltung der Beklagten, deren Aufsichtsratsvorsitzender zugleich Großaktionär der Aktiengesellschaft für Bahnen und Tiefbau war. Diese Gesellschaft hatte den Betrieb der Beklagten gepachtet; nach dem Vertrage war sie verpflichtet, die erzielten Einnahmen monatlich abzuführen. Der Kläger wollte geltend machen, der Vorstand habe zu Unrecht die alsbaldige Einziehung der Forderung versäumt und eine Rückbehaltung des Betrags durch die Schuldnerin wegen angeblicher Gegenansprüche zugelassen. ... Die Parteien sind einig darüber, daß sich die nach Ausweis des Protokolls erteilte Antwort gerade auf diesen Punkt bezogen hat, daß also die Anfrage richtig verstanden worden ist. Danach hat der Kläger zugleich einen bestimmten Mangel des Postens angegeben, nämlich den, daß der Betrag, statt beigetrieben zu sein, als ausstehende Forderung in der Bilanz erschien. Ob die Antwort, die er hierauf erhielt, stichhaltig und genügend war, kommt nicht in Betracht. Das Gesetz will dem Aktionär, der einen bestimmten Ansatz der Bilanz in gehöriger Weise bemängelt und über zehn Prozent des Grundkapitals verfügt, eine Frist zur Überlegung bis zur nächsten Verhandlung gewähren; er soll nicht genötigt sein, in dem engbemessenen Zeitraume der Generalversammlung sich sofort ein Urteil zu bilden (vgl. RG. Rep. I 605/05 vom 19. Mai 1906, Jur. Wochenschr. S. 479).

Gleichwohl meint das Berufungsgericht, eine Bemängelung, wie sie § 264 HGB. im Auge habe, liege nicht vor, weil sich der Tadel nicht gegen die Bilanzierung als solche, sondern nur dagegen richtete, daß der Vorstand Kredit gewährt hatte. Das Vertagungsverlangen könne mit der Beanstandung eines Bilanzpostens nur dann begründet werden, wenn die Minderheit behaupte, der Posten sei zu hoch oder zu niedrig angesetzt (oder, wie im Sinne des Berufungsgerichts hinzuzufügen ist, wenn sie die Unübersichtlichkeit oder Unklarheit eines Postens rüge). Greife sie aber mit Bezug auf einen Bilanzposten die Geschäftsführung des Vorstandes an, so sei ein Anspruch auf Vertagung nicht gegeben. Diese Auslegung des Gesetzes kann nicht gebilligt werden. Der Wortlaut steht ihr nicht zur Seite; einen Ansatz der Bilanz „bemängelt" auch derjenige, der geltend macht, daß der Posten bei richtiger Geschäftsführung in die Bilanz nicht habe aufgenommen werden dürfen. ... Der Anspruch auf Vertagung ist ein Verteidigungsmittel, das das Gesetz der Minderheit in die Hand gibt, um sie nicht ungehört der Übermacht der Mehrheit erliegen zu lassen. Muß sie sich fügen, so soll sie doch wenigstens auf Klarheit dringen dürfen. Die Auslegung, die das Berufungsgericht vertritt, würde diesem Minderheitsrecht einen großen Teil seines Wertes rauben. Auf der anderen Seite hat das Erfordernis der Bemängelung eines bestimmten Ansatzes nur den Zweck, Mißbräuche zu verhüten und für das weitere Verfahren eine geeignete Grundlage zu gewinnen (so die Motive zur Novelle a. a. O.); es ist unbestreitbar, daß dieser Zweck auch bei einer Bemängelung, wie sie hier in Rede steht, erreicht wird. Daher muß daran festgehalten werden, daß es genügt, wenn die Minderheit einen Bilanzposten überhaupt bemängelt, und daß ein Unterschied, je nachdem der Mangel das materielle Bilanzrecht oder die Pflichten der Geschäftsführung betrifft, nicht gemacht werden darf."

RGZ. 91, 313.

Zur Berechnung der Tantiemen des Vorstandes und des Aufsichtsrats einer Aktiengesellschaft. Sind Reingewinnteile, die die Generalversammlung für Wohlfahrtszwecke bestimmt, als Rücklagen anzusehen? Gilt dies auch dann, wenn die Beträge Fonds oder Kassen mit juristischer Persönlichkeit oder selbständiger Organisation zufließen sollen?

HGB. § 237, § 245 Abs. 1. (Jetzt §§ 77, 98 AktG.).

II. Zivilsenat. Urt. v. 11. Januar 1918.

I. Landgericht Halberstadt, Kammer für Handelssachen. — II. Oberlandesgericht Naumburg a. S.

Das Reichsgericht hat beide Fragen bejaht.

Aus den Gründen:

... „Unstreitig sind die Tantiemen von einer Summe berechnet, bei welcher folgende Posten der Gewinnverteilung mitberücksichtigt wurden:

Kriegsfürsorge	300 000	M
Zuwendung an den Arbeiter-Dispositionsfonds	60 000	„
Zuwendung an die Arbeiter-Pensionskasse	250 000	„
Zuwendung an den Unterstützungsfonds für Beamte	250 000	„
Für Kriegswohlfahrts- und gemeinnützige Zwecke	200 000	„

Mit alledem wird Fürsorge getragen für künftige Ausgaben zu sozialen Zwecken, sei es zum allgemeinen Nutzen, sei es für das Personal der Aktiengesellschaft. Der Revision ist recht zu geben, daß Tantiemen von diesen Reingewinnteilen nicht zulässig sind....

Sämtliche „Rücklagen" müssen nach § 237, § 245 Abs. 1 vorgenommen sein, bevor die Tantieme berechnet werden darf.... Der Begriff der Rücklage ist weiter zu erstrecken als der des Reservefonds. Er umfaßt auch solche Gwinnteile, die nicht länger für die Zwecke der Gesellschaft zurückgehalten werden, sondern in dem neuen Geschäftsjahr alsbald Verwendung finden sollen.

Legt man diese Begriffsbestimmung zugrunde, so sind die Zuwendungen für soziale Zwecke als Rücklagen anzusehen. Die betreffenden Reingewinne werden von der Generalversammlung aus dem Reingewinne des abgelaufenen Jahres zurückgestellt, um Bedürfnisse des laufenden Jahres zu befriedigen. Eben weil man hierfür die Mittel bereit halten will, werden sie nicht als Dividende ausgeschüttet. Es ist auch willkürlich, wenn die Beklagte eine Ausnahme behauptet für die Zuwendungen an den Dispositions-, den Pensions- und den Unterstützungsfonds, weil die Fonds juristische Persönlichkeit hätten oder doch eine eigene Organisation und Verwaltung besäßen. Auf diesen Umstand wird zwar in der Literatur Gewicht gelegt (vgl. Simon, Bilanzen 2. Aufl. S. 254 flg. sowie die Kommentare von Staub-Pinner, Brand, Lehmann-Ring zu § 237), jedoch mit Unrecht. Auch wenn beschlossen wird, aus dem Reingewinne bestimmte Beträge selbständigen Instituten, wie Pensionskassen, Stiftungen, gemeinnützigen Gesellschaften zuzuwenden, ist der Beschluß der Generalversammlung ein Internum der Gesellschaft und hat bindende Kraft nur insoweit, als überhaupt die Kraft eines Versammlungsbeschlusses reicht. Der Beschluß ist kein Vertrag, also auch kein Vertrag zugunsten Dritter, so daß die Fonds und Kassen, zu deren Gunsten er lautet, keine Rechte daraus ableiten können. Noch weniger wird durch den Beschluß der ausgeworfene Betrag veräußert. Die Erklärung des Protokolls der Versammlung vom 25. März 1916 „die Beträge scheiden aus dem Vermögen der Gesellschaft aus und werden ihren Zwecken zugeführt" stellt sich als ein theoretischer Rechtfertigungsversuch dar, dem rechtliche

Bedeutung nicht beiwohnt. Erst wenn der Vorstand auf Grund des Beschlusses das Geld ausgibt, scheidet es aus dem Gesellschaftsvermögen aus. Die Einstellung der Beträge in die Gewinnverteilung des Bilanzjahres bleibt also auch in solchem Falle eine Rücklage für Ausgaben des Nachjahres und macht deshalb die Beträge tantiemefrei." ...

RGZ. 91, 316.

1. Zur Tantieme des Vorstandes und des Aufsichtsrats einer Aktiengesellschaft. Ist der Vortrag auf neue Rechnung Rücklage? Muß vor Berechnung der Tantieme diese selber abgezogen werden? Ist die Tantieme des Aufsichtsrats erst nach Abzug der Vorstandstantieme zu berechnen?

2. Kann, wenn die Anfechtungsklage in der gesetzlichen Monatsfrist erhoben worden ist, nach Ablauf der Frist ein neuer Klaggrund nachgeschoben werden?

3. ...

HGB. §§ 237, 245, 271. (Jetzt §§ 77, 98, 197—198 AktG.).

II. Zivilsenat. Urt. v. 11. Januar 1918.

I. Landgericht Köln, Kammer für Handelssachen. — II. Oberlandesgericht daselbst.

Die Kläger waren Mitglieder es beklagten Aktienvereins. In der Generalversammlung vom 4. Dezember 1915 wurden Punkt 2 der Tagesordnung „Beschlußfassung über die Genehmigung der Jahresrechnung; Entlastung des Aufsichtrats; Entlastung des Vorstandes" sowie Punkt 3 „Beschlußfassung über die Verwendung des Reingewinns" entgegen ihren Stimmen nach den Vorschlägen der Verwaltung angenommen, worauf sie Widerspruch zu Protokoll einlegten und die Anfechtungsklage erhoben. ...

Aus den Gründen:

„1. ...

a) Zunächst handelt es sich um den Gewinnvortrag auf das nächste Rechnungsjahr und um den aus dem Vorjahr übertragenen Gewinnposten. Während die Kläger den ersteren, nicht aber den letzteren Posten zur Tantieme heranziehen wollen, hat der Beklagte in beiden Beziehungen die entgegengesetzte Methode angewandt. Die Ansicht des Beklagten, der die Vorinstanzen beigetreten sind, entspricht dem Gesetze. Sie ist auch schon vom Reichsgericht als die zutreffende anerkannt worden; vgl. das Urteil I. 16/05 (Jur. Wochenschr. 1905 S. 345), womit I. 278/10 (Leipz. Zeitschr. 1911 S. 771) übereinstimmt. Der Sinn der

§§ 237, 245 ist der, daß die Tantiemen nicht, wie dies aus § 261 Nr. 6 HGB. hergeleitet werden könnte, von dem ganzen Reingewinn (Jahresgewinn) berechnet werden sollen, der sich aus der Kürzung der Aktiven um die Passiven der Bilanz, insbesondere auch um die notwendigen Rücklagen ergibt, sondern daß nur derjenige Rest des Reingewinns zugrunde zu legen ist, der nach Abzug auch der freiwilligen Rücklagen übrig bleibt. Was hierbei als Rücklage zu gelten hat, darüber gibt das Handelsgesetzbuch keine Vorschriften.... Nach allgemeinen Begriffen ist unter diesem Worte alles zu verstehen, was nicht verteilt wird, sondern zur Verfügung der Gesellschaft bleibt. Ob es auf dem Gewinnsaldo belassen oder von dort auf ein Sonderreservekonto übertragen wird, ist gleichgültig, und ebensowenig kommt darauf an, wenn die Generalversammlung bestimmt, daß ein Betrag nur für dieses Bilanzjahr nicht verteilt werden, aber den verteilungsfähigen Gewinn des nächsten Jahres herstellen oder vermehren soll. Auch eine nur für kurze Zeit bestimmte Zurückhaltung genügt. Es kann auch nicht unterschieden werden, ob bei Schaffung des Gewinnvortrags mehr der Zweck der Kapitalansammlung oder der einer Abrundung der Verteilungsmasse durch Beseitigung von Spitzen vorwaltet. Vielmehr bildet der Gewinnvortrag in allen Fällen für das Jahr seiner Entstehung eine echte Rücklage und ist als solche tantiemefrei. Im folgenden Jahre verliert er die Selbständigkeit, indem er als einer der verschiedenen Rechnungsfaktoren den Gewinn herbeiführt oder den Verlust vermindert. Ohne Grund wird eingewandt, daß der Vortrag nach dieser Behandlungsweise bei einem Personenwechsel andern Verwaltungsmitgliedern zufalle, als die ihn verdienen halfen. Gegenüber dem erkennbaren Gesetzeswillen greift eine solche Billigkeitsrücksicht nicht durch, zumal das gleiche auch bei unzweifelhaften freiwilligen Rücklagen möglich ist und von der Reichstagskommission bei Schaffung der §§ 237, 245 Abs. 1 bewußt in Kauf genommen wurde. Soweit die Vorstandsmitglieder, heißt es in dem Kommissionsberichte S. 73, durch die vorgeschriebenen Abzüge in einem Jahre geschädigt werden, finde sie den Ausgleich durch die spätere Einstellung solcher Rücklagefonds in die Aktiva, „allerdings nur sofern sie in diesem späteren Jahre noch im Amte sind."

b) Sodann verteidigen die Kläger, abweichend von den Vorinstanzen und von der herrschenden Meinung, die Auffassung, daß die soeben als Reingewinnrest bezeichnete Summe (Reingewinn abzüglich der freiwilligen Rücklagen) noch um den Betrag der Tantieme selber gekürzt werden müsse.... Es handelt sich um eine Künstelei, die im praktischen Leben nicht vorkommt und aus den schlichten Worten

„Anteil am Jahresgewinn" nicht herausinterpretiert werden kann. Die vermeintliche innere Notwendigkeit ist in Wirklichkeit nicht vorhanden. Alles, was die Kläger über das Widerspuchsvolle einer „Tantieme von der Tantieme" vorgebracht haben, gründet sich nur auf eine vorgefaßte Meinung von dem Begriffe des Reingewinns. Darüber ist sogleich noch zu sprechen.

c) Einen Hauptpunkt der Klage bildet nämlich die Behauptung, daß die Aufsichtsratstantieme erst nach Vorwegnahme der Vorstandstantieme zu berechnen sei....

Zuzugeben ist, daß eine Reihe angesehener Aktiengesellschaften, namentlich in neuerer Zeit, die Vorstandstantieme vorab kürzen. Eine solche Behandlungsweise mag sich in manchen Fällen als billig empfehlen. Ordnet der Gesellschaftsvertrag sie an oder beruht sie auf langjähriger Übung, so kann sie, da das Gesetz ihr nicht entgegentritt, auch gegen den Willen der Verwaltung erzwungen werden. Alles das steht aber hier nicht in Frage, wo ein abweichendes Herkommen sich nicht gebildet hat und der § 13 der Satzung nur den Wortlaut des Gesetzes wiederholt. Der Beschluß der Generalversammlung, der die Berechnung der Aufsichtsratstantieme ohne Vorwegnahme der Vorstandstantieme billigt, läßt sich nur dann mit Erfolg anfechten, wenn das Gesetz den Vorabzug gebietet.

Klar und deutlich zählt § 245 Abs. 1 auf, was vor Berechnung der Aufsichtsratstantieme vom Reingewinn abgezogen werden muß. Abgesehen von den Abschreibungen und Rücklagen, die nach § 237 auch bei der Vorstandstantieme abzuziehen sind, ist das nur die Vordividende in Höhe von 4 % des Grundkapitals. Hätte das Gesetz außerdem auch den Abzug der Vorstandtstantieme gewollt, so hätte es dies vorschreiben müssen.... Ganz ohne Bedeutung in dieser Hinsicht ist der Umstand, daß der Paragraph über die Vorstandstantieme räumlich vor dem über die Aufsichtsratstantieme steht. Es liegt das nur an der Stoffanordnung des Gesetzes, das die Tantieme getrennt für beide Organe in Verbindung mit den sonstigen für ein jedes gegebenen Bestimmungen erörtert und an erster Stelle vom Vorstande spricht. Aber auch damit ist für die gegenteilige Meinung nichts gewonnen, daß die Vordividende der Aufsichtsratstantieme vorgeht. Die Behauptung, der Vorstandstantieme wiederum gebühre vor der Vordividende der Vorrang, trifft als allgemeiner Rechtssatz nicht zu. Nach dem Gesellschaftsvertrag oder dem Herkommen kann es gewiß so sein; es kann sich danach aber ebensogut so verhalten, daß die Tantieme der Dividende nachgesetzt ist. Das Gesetz ordnet keines von beiden an, vielmehr hat die Generalversammlung beim Schweigen der Satzung frei zu bestimmen, wie ein Gewinn, der für beide Zwecke zusammen nicht ausreicht, verwendet werden soll.

Um die hier vertretene Ansicht zu widerlegen, verweisen die Kläger auf den Fall, wenn der zur Verfügung stehende Reingewinn durch die Vordividende und die Vorstandstantieme aufgezehrt wird. Alsdann hat allerdings der Aufsichtsrat eine Tantieme zu beanspruchen, die er mangels verfügbarer Masse nicht erlangen kann. Allein die Unstimmigkeit, die hierin liegt, erklärt sich einfach aus der Tatsache, daß der Betrag der Vordividende von dem Umfange des Reingewinns unabhängig ist, während nur der Aufsichtsrat, nicht aber der Vorstand, ihren Abzug dulden muß.

... Was Reingewinn ist, bestimmt § 261 Nr. 6*); in dem Überschußposten, der danach am Schlusse der Bilanz besonders angegeben werden muß, sind auch die Beamtentantiemen enthalten. Der Reingewinn wird durch die Tantieme nicht geschmälert, gleich als ob er vor deren Abzug nicht vorhanden wäre, vielmehr wird er durch sie ganz oder teilweise aufgezehrt....

2....

Die Rüge, 561 Stimmen seien von Nichtberechtigten abgegeben worden, findet sich nicht in der Klagschrift, sondern wurde erst durch den Schriftsatz vom 11. März 1916, also längst nach Verstreichen der Monatsfrist des § 271 Abs. 2 HGB., in den Prozeß eingeführt. Das Reichsgericht hat wiederholt dargelegt, daß die Ausschlußfrist von Amts wegen beachtet werden muß und daß deshalb neue Klaggründe — darum handelt es sich hier, nicht, wie die Kläger wollen, um eine bloße Ergänzung der Klage nach § 268 Nr. 1 ZPO. — auch mit Einwilligung der beklagten Gesellschaft nach Fristablauf nicht mehr nachgeschoben werden können (vgl. RG. I 162/03 Jur. Wochenschr. 1903 S. 390; RG. II 456/12 Warneyer 1913 S. 196)." ...

RGZ. 92, 315.

Können die Statuten von Versicherungsgesellschaften auf Aktien vorschreiben, daß die Gesellschaft den nicht sofort eingezahlten Betrag des Grundkapitals nach Bedarf in Form von Nachschüssen der Aktionäre, unter Vorbehalt der Rückerstattung aus späterem Gewinn, einfordert?

HGB. §§ 211 — 213. (Jetzt §§ 49—52 AktG.).

*) Jetzt § 132, II AktG.

II. Zivilsenat. Urt. v. 12. März 1918.

I. Landgericht Magdeburg. — II. Oberlandesgericht Naumburg a. S.

Aus den Gründen:

Das Berufungsgericht geht mit Recht von der Annahme aus, daß die „Nachschüsse', die der Kläger auf Erfordern der Beklagten gezahlt hat, lediglich Einlagen auf das Grundkapital sind und nicht als Geldleistungen neben den durch den Nennbetrag der Aktien begrenzten Kapitaleinlagen angesehen werden können. Die Bestimmung in § 11 des Statuts der Beklagten, wonach jeder Aktionär verpflichtet ist, diese Nachschüsse zu zahlen, ist daher rechtswirksam; die §§ 211, 212 HGB. stehen ihr nicht entgegen. Als Nachschüsse sind diese Leistungen nur bezeichnet im Gegensatz zu den $33^1/_3$ % des Nennbetrags der Aktien, die nach § 7 des Statuts sofort „bar eingeschossen" sind. „Für die übrigen $66^2/_3$ %", heißt es in § 7 unter Verweisung auf § 11 weiter, „haften die Aktionäre und stellen darüber Wechsel aus". In § 11 ist dann gesagt, daß die Zahlung der Nachschüsse unter Vorbehalt der Rückerstattung erfolgt und bis dahin in Höhe des gezahlten Nachschusses die Wechselverpflichtung der Aktionäre ruht, während nach dem bezogenen § 51 des Statuts in Höhe der erfolgten Rückerstattung die Wechselverbindlichkeit der Aktionäre wieder in Kraft tritt, bei Ausschluß der Rückerstattung durch Generalversammlungsbeschluß aber die gezahlten Nachschüsse auf den Wechseln abgeschrieben werden. Bei Nichtzahlung der Nachschüsse binnen bestimmter Frist wird nach § 11 zur Präsentation der Wechsel und zur Wechselklage, und falls hierdurch der eingeforderte Nachschuß nicht gedeckt wird, zum Kaduzierungsverfahren gemäß § 219 HGB. geschritten.

Daraus ergibt sich, daß die in § 11 des Statuts geregelten Nachschüsse nichts weiteres sind als regelmäßig, unter Vorbehalt der Rückerstattung aus späterem Gewinn, geleistete Bareinzahlungen auf die $66^2/_3$ % des Nennbetrags, die vorläufig nicht eingezahlt waren, deren Einzahlung aber durch die von den Aktionären ausgestellten Wechsel gesichert wurde. § 213 HGB. steht der späteren Rückerstattung der Nachschüsse nicht entgegen, weil sie nicht endgültig als Einlagen einzahlt sind."

. . .

RGZ. 93, 338.

Zur Überwachungspflicht des Aufsichtsrats einer Aktiengesellschaft.

HGB. § 246.

II. Zivilsenat. Urt. v. 4. Oktober 1918.

I. Landgericht I Berlin. — II. Kammergericht daselbst.

Aus den Gründen:

„*Die Revision sieht einen Rechtsirrtum* in der Annahme des Berufungsgerichts, daß der Beklagte durch die Prüfung der Inventuren seitens des O. und des Z. deshalb nicht entlastet sei, weil diese zwar die Größe des vorhandenen Lagers, nicht aber dessen Bewertung durch den Vorstand im einzelnen nachgeprüft hätten und dieser Mangel dem Aufsichtsrat erkennbar gewesen sei....

An diesen Darlegungen ist so viel richtig, daß es unzweckmäßig und oftmals undurchführbar wäre, bei jeder Verrichtung des Aufsichtsrats ein Zusammenwirken sämtlicher Mitglieder zu verlangen. Das Gesetz selbst — § 246 Abs. 1 HGB. — sieht eine Einsicht der Bücher und Schriften der Gesellschaft usw. durch einzelne vom Aufsichtsrate zu bestimmende Mitglieder vor und weist damit auf eine zweckmäßige Arbeitsteilung hin (vgl. Hagen, Gruchots Beitr. Bd. 42 S. 337). Aber wie weit diese Arbeitsteilung gehen darf, ist eine tatsächliche Frage, für welche die nach § 246 Abs. 1 maßgebende Sorgfalt eines ordentlichen Geschäftsmannes den Maßstab bildet. Keinesfalls ist dem Standpunkte der Revision beizupflichten, daß die Prüfung von Bilanz und Inventur nur den damit beauftragten Aufsichtsratsmitgliedern zufalle und die übrigen nichts weiter zu tun hätten, als den Bericht der Beauftragten entgegenzunehmen. Das liefe darauf hinaus, daß Aufgaben des Aufsichtsrats durch einzelne seiner Mitglieder erledigt würden, was — wie Stier-Somlo in Goldschmidts Zeitschr. Bd. 53 S. 54 richtig betont — eine vollständige Umkehr der rechtlichen Stellung des Aufsichtsrats, wie sie das Gesetz auffaßt, bedeuten würde. Die Überwachungspflicht liegt nach § 246 „dem Aufsichtsrat" ob, also dem ganzen Kollegium. Wenn gewisse Prüfungen aus praktischen Gründen einzelnen Mitgliedern übertragen werden, muß das Ergebnis, soweit dies nach den Umständen des Einzelfalls erforderlich erscheint, von den übrigen nachgeprüft werden. In diesem Sinne hat der I. Zivilsenat in seinem Urteil vom 30. Juni 1906 I. 63/06 die Auffassung für rechtsirrig erklärt, daß das bloße Vorhandensein einer Kommission, welche

Mängel der Bilanzen entdeckte und dem Aufsichtsrat nicht mitteilte, genüge, um die der Kommission nicht angehörigen Mitglieder von ihrer gesetzlichen Verantwortung für eine falsche Bilanz zu entlasten; und weiter wird dort das Verlangen des damaligen Berufungsgerichts gebilligt, daß ein Mitglied, welches der Kommission nicht angehörte, auch bei der Entgegennahme des Berichts der Kommission seine Pflichten nicht vernachlässige.

Von diesem Rechtsstandpunkt aus macht das Berufungsgericht mit Recht den mit der Prüfung von Bilanzen und Inventuren der Lederfabrik nicht selbst befaßten Mitgliedern des Aufsichtsrats, darunter dem Beklagten, den Vorwurf, daß sie sich nicht hätten berichten lassen, in welcher Weise die Prüfung von Inventur und Bilanz stattgefunden habe, insbesondere in welcher Weise die Bewertung der Aktiven nachgeprüft worden sei." ...

RGZ. 98, 112.

Geht der Aktionär, der den die Jahresbilanz genehmigenden Beschluß der Generalversammlung angefochten hat, seines Anfechtungsrechts dadurch verlustig, daß er, während die Klage schwebt, in der folgenden Jahresversammlung für die Genehmigung der dieser vorgelegten Bilanz stimmt?

HGB. § 271. (Jetzt §§ 197–199 AktG.).

II. Zivilsenat. Urt. v. 6. Februar 1920.

I. Landgericht Magdeburg, Kammer für Handelssachen. — II. Oberlandesgericht Naumburg a. S.

Aus den Gründen:

. . .

Es ist richtig, daß die aufeinanderfolgenden Bilanzen eines Unternehmens miteinander in Zusammenhang stehen, was buchmäßig darin zum Ausdruck kommt, daß in der Abrechnung des neuen Geschäftsjahres der Saldo des voraufgegangenen vorgetragen wird. Aber es steht nichts im Wege, der durch eine erfolgreiche Anfechtung einer früheren Bilanz notwendig gewordenen Abänderung derselben dadurch Rechnung zu tragen, daß die späteren Abrechnungen und Bilanzen entsprechend geändert werden. Derartiges kann sich auch in andern Verhältnissen und unter andern Umständen ereignen und ist immer durchführbar. Zwar sind in den Fällen der vorliegenden Art die späteren Bilanzen inzwischen von der Generalversammlung genehmigt worden.

Aber die Frage, ob deswegen der anfechtende Aktionär gehalten ist, in den späteren Fällen das Verfahren nach § 271 HGB. zu wiederholen, hat der I. Zivilsenat in der angezogenen Entscheidung (Bd. 64 S. 258) mit einer Begründung verneint, der der erkennende Senat sich nur anschließen kann. Nicht um dem Aktionär die Kosten der Prozeßführung zu ersparen, sondern weil es eine Formalität wäre, für welche ein Zweck nicht erfindlich ist, kann und muß von dem Erfordernis einer erneuten Anfechtung Abstand genommen werden. Der gegenteiligen Auffassung (S t a u b HGB. § 213 Anm. 1) scheint der Gedanke zugrunde zu liegen, als habe die genehmigte Bilanz die Bedeutung einer rechtskräftigen Entscheidung. Davon kann keine Rede sein. Auch die genehmigte Bilanz unterliegt der Berichtigung auf Grund nachträglich festgestellter Fehler. Die Feststellung eines solchen Fehlers kann in der Weise erfolgen, daß die Anfechtung einer früheren Bilanz durchdringt und sich dadurch der Ausgangssaldo als unrichtig ergibt. Die Genehmigung der späteren Bilanz enthält an sich nur die Erklärung des Aktionärs, daß er die daraus ersichtlichen Geschehnisse und Vorschläge für das abgelaufene Geschäftsjahr billigt. Die Frage, ob er dabei wegen der Anfechtung der früheren Bilanz und seiner daraus herzuleitenden Rechte einen Vorbehalt machen muß, liegt hier nicht anders wie in andern Fällen auch. Es hängt davon ab, ob nach den gegebenen Umständen die vorbehaltlose Erklärung würde mißverstanden werden können, und in Fällen der vorliegenden Art ist gerade das nicht zu befürchten. Angesichts dessen, daß die Klage erhoben und der Prozeß in der Durchführung begriffen war, hätte die Generalversammlung nur unter besonderen Umständen Veranlassung haben können, das Verhalten des Klägers, der sich stillschweigend der Akklamation anschloß, dahin zu deuten, daß er damit die so umständlich eingeleitete Aktion aufgeben wolle. Kein Verständiger hätte diesem Verhalten mehr als höchstens das entnehmen können, daß er es möglicherweise so meine. Das würde aber nicht genügen.

Die Ansicht des Vorderrichters, daß hier zwischen der Anfechtung der früheren und der Genehmigung der neuen Bilanz ein deutlicher Widerspruch gelegen haben würde, findet in dem Prozeßstoff keine Grundlage. Dem Verlangen des Klägers, daß gewisse Abschreibungen vermindert und der dadurch frei werdende Betrag zur Amortisation von Vorzugsaktien verwendet werde, wird dadurch nicht abgeholfen, daß im folgenden Jahre allerdings danach verfahren ist und aus dem Gewinne dieses Jahres 26 Vorzugsaktien amortisiert worden sind. Die Annahme des Vorderrichters, daß die Generalversammlung dieser

Amortisation nur hätte zustimmen können, weil für das voraufgehende Jahr eine Amortisation nicht in Frage kam, und daß der Kläger sich das habe sagen müssen, ist unverständlich. Es wäre anders — und damit wäre dann in der Sache der Beschwerde des Klägers abgeholfen —, wenn die Amortisation für 1914 aus denjenigen Mitteln erfolgt wäre, welche der Kläger für 1913 dafür verwendet wissen will. Aber offenbar ist das nicht der Fall. Wenigstens sind in der Bilanz für 1914 die bisherigen Abschreibungen beibehalten und neue Abschreibungen gemacht. Es ist daher auch nicht richtig, wenn der Vorderrichter sagt, daß die Generalversammlung 1914 im wesentlichen bewilligt habe, was der Kläger verlange."

RGZ. 101, 199.

Wann hat eine Aktiengesellschaft, die ihr Grundkapital behufs Beseitigung einer Unterbilanz herabsetzen will, die Herabsetzung bewirkt?

VII. Zivilsenat. Urt. v. 11. Januar 1921.

I. Landgericht Hamburg. — II. Oberlandesgericht daselbst.

Die Klägerin hat in der außerordentlichen Generalversammlung vom 6. Januar 1914 beschlossen, ihr Grundkapital zur Deckung eingetretener Verluste von 1 500 000 M auf 900 000 M herabzusetzen. Die Aktien sollten im Verhältnis von 5 zu 3 zusammengelegt werden. Der Beschluß ist am 24. Januar 1914 in das Handelsregister eingetragen worden. Die ordentliche Generalversammlung fand am 26. Juni 1914 statt. Sie genehmigte eine für den 31. März 1914, den Schluß des Geschäftsjahres, aufgestellte Bilanz, in der das Grundkapital noch in der alten Höhe aufgeführt war und die demzufolge einen Verlust ergab. Der Verlustvortrag von 574 611,68 M hatte sich um 60 456,38 M auf 514 155,30 M herabgemindert. Neben dieser Bilanz wurde noch ein Bilanzentwurf vorgelegt, um zu zeigen, wie sich die Lage der Klägerin unter Berücksichtigung der Herabsetzung des Grundkapitals gestalten würde. Dieser Entwurf wies ein Grundkapital von nur 900 000 M auf, übertrug 600 000 — 574 611,68 = 25 388,32 M, d. h. den Überschuß des eingezogenen Kapitals über den Verlustvortrag, auf Reservefonds-Konto und schloß demzufolge mit einem Gewinnvortrag von 60 456,38 M ab. Die für den 31. März 1915 aufgestellte Bilanz knüpfte nicht an die genehmigte Bilanz, sondern an den Bilanzentwurf an.

Durch endgültigen Kriegssteuerbescheid vom 24. November 1917 ist die Klägerin zu einer Kriegssteuer von 187 824 M veranlagt worden. Sie hat den Betrag bezahlt und fordert ihn jetzt nebst 5 % Zinsen seit dem Zahlungstage zurück. Sie rügt einmal, es sei nicht beachtet, daß sie nach der genehmigten und deshalb maßgebenden Bilanz für den 31. März 1914 mit einem Verlust in das erste Kriegsgeschäftsjahr eingetreten sei, und sie rügt weiter, daß der Durchschnittsgewinn für die Friedensgeschäftsjahre zu Unrecht nur von dem herabgesetzten Grundkapital berechnet worden sei. Bei der ersten Frage handelt es sich unstreitig um 104 808 M, bei der zweiten um 83 016 M.

Das Landgericht trat der Klägerin in der zweiten Frage bei, lehnte ihre Auffassung in der ersten Frage aber ab und verurteilte demgemäß den Beklagten unter Abweisung der Klage im übrigen zur Zahlung von 83 016 M nebst Zinsen. Das Oberlandesgericht wies durch Teilurteil die Anschlußberufung der Klägerin zurück. Ihre Revision hatte keinen Erfolg.

Gründe:

Soweit der Rechtsstreit bisher an das Revisionsgericht gelangt ist, hängt seine Entscheidung lediglich davon ab, ob das Grundkapital der Klägerin am 31. März 1914 bereits auf 900 000 M herabgesetzt war oder nicht. Der Berufungsrichter hat die Frage mit Recht bejaht.

Die Bilanzen der Aktiengesellschaften sind, von Ausnahmen wie z. B. dem Falle des § 240 Abs. 2 HGB. abgesehen, Gewinnermittelungsbilanzen. Es muß also das alte Vermögen von dem neuen gesondert werden, in dem sich eben der Gewinn verkörpert. Deshalb bestimmt § 261 Nr. 5 HGB., daß der Betrag des Grundkapitals und der Betrag eines jeden Reserve- und Erneuerungsfonds unter die Passiva der Bilanzen aufzunehmen sind. Das Grundkapital in diesem Sinne ist also nichts weiter als ein Rechnungsposten bei der Gewinnermittelung. Setzt die Gesellschaft dieses Grundkapital wie im gegenwärtigen Fall auf einen bestimmten anderen Betrag herab, so wird damit die Annahme ausgesprochen, als ob die Gesellschaft mit einem geringeren Grundkapital gegründet worden sei, als es tatsächlich geschehen ist. Die Tatsache selbst und die — wie vorliegend — schon bewirkte volle Einzahlung des Grundkapitals können nicht nachträglich beseitigt werden. Aber das Gesetz läßt es der Aktiengesellschaft im § 288 HGB. nach, daß sie sich durch einen Beschluß mit besonders starker Mehrheit auf den Standpunkt stellt, als ob das Grundkapital von vornherein niedriger gewesen sei. Um zu der beabsichtigten Annahme zu gelangen, würde an sich der Beschluß genügen, aber, da er eine Abänderung des Gesellschaftsvertrags enthält, wird er erst mit seiner Eintragung in das Handelsregister wirksam (§ 277 HGB.). Weitere Maßnahmen sind zu einer Herabsetzung des Grundkapitals jedenfalls dann nicht erforderlich, wenn diese, wie vorliegend, zur Deckung einer Unterbilanz vorgenommen wird, wenn ihr Zweck sich also darin erschöpft, den bereits eingetretenen Verlust von Grundkapital anzuerkennen und ihn rechnungsmäßig durch die oben gekennzeichnete Annahme zu beseitigen. Von einem Eingehen auf Fälle, in denen andere Zwecke verfolgt werden, wird hier abgesehen. Im gegenwärtigen Falle war also mit der am 24. Januar 1914 bewirkten Eintragung des Beschlusses in das Handelsregister das Grundkapital herabgesetzt, in jede hinterher aufgestellte Bilanz war der ermäßigte Betrag einzurücken.

Nur eine Folge der bereits bewirkten Herabsetzung des Grundkapitals war es, daß die Gesamtheit der ausgegebenen Aktien über einen höheren Grundkapitalsbetrag lautete als den nunmehr für die Gesellschaft maßgebenden. Diese Folge mußte beseitigt werden, entweder durch Herabsetzung des Nennbetrages der einzelnen Aktien, die dann gemäß § 180 Abs. 3 HGB. in Namensaktien umzuwandeln gewesen wären, oder durch Zusammenlegen der Aktien in bestimmtem Verhältnis, oder auch, wenn etwa die einzuziehenden Aktien der Gesellschaft bereits zur Verfügung gestellt waren, durch Einziehen eines Teiles der Aktien. Welche von diesen Maßnahmen zu ergreifen war, hatte die Generalversammlung der Klägerin in dem Herabsetzungsbeschluß zu bestimmen (§ 288 Abs. 2 HGB.). Sie hat sich für ein Zusammenlegen der Aktien entschieden. Dies war nach der Behauptung der Klägerin am 31. März 1914 noch nicht durchgeführt. Im Anschluß an Ansichten, die im Schrifttum hervorgetreten sind, meint die Revision, daß schon deshalb das Grundkapital am 31. März 1914 noch nicht herabgesetzt gewesen sei. Dem kann nicht beigepflichtet werden. Die erwähnten Maßnahmen, die das Gesetz in §§ 288 Abs. 2, 290 Abs. 1 HGB. als „zur Ausführung" der Herabsetzung bestimmt bezeichnet, haben mit dieser selbst nichts zu tun. Wollte man das Gegenteil annehmen, so würde die Herabsetzung unter Umständen überhaupt in Frage gestellt werden können. Für den Fall der Zusammenlegung der Aktien gibt das Gesetz in § 290 HGB. zwar der Gesellschaft die nötigen Zwangsmittel, um sie für alle Aktien durchzuführen. Solche Zwangsmittel sind aber z. B. nicht gegeben, wenn die einzelnen Aktien auf einen geringeren Nennwert herabgesetzt werden sollen. Wäre hier die Herabsetzung selbst an die Voraussetzung geknüpft, daß alle Aktien durch Umtausch oder Abstempeln berichtigt sind, so könnte ein einzelner Aktionär durch die Zurückhaltung einer einzigen Aktie die Absichten der Gesellschaft durchkreuzen. Man will diesem Ergebnis ausweichen, indem man nur das durchgeführte Zusammenlegen der Aktien zur Voraussetzung der Herabsetzung des Grundkapitals selbst machen will. Für eine solche Unterscheidung fehlt es aber an inneren Gründen. Was dem einen Fall recht ist, muß dem anderen billig sein. Gelangt man auch nur in einem Fall zu unhaltbaren Ergebnissen, so erweist sich der ganze Gedankengang als rechtsirrig.

Es läßt sich auch nicht sagen, daß, weil § 290 HGB. eine Kraftloserklärung der Aktienurkunden vorsehe, das Gesetz offenbar annehme, ohne eine solche Kraftloserklärung bleibe die betreffende Mitgliedschaft bestehen. Mit der Herabsetzung des Grundkapitals werden vielmehr auch die einzelnen Anteilsrechte herabgesetzt, d. h. es wird so angesehen, als ob sie von vornherein auf einen geringeren Nennbetrag gelautet hätten. Diese Mitgliedschaftsrechte bleiben bestehen und werden erforderlichenfalls neu beurkundet. Für kraftlos erklärt werden nur gewisse alte Aktienurkunden, und das geschieht aus rechtspolizeilichen Gründen, um Recht und Urkunde in Übereinstimmung zu bringen.

Ebensowenig steht § 291 HGB. der hier vertretenen Ansicht entgegen. Danach ist auch die „erfolgte" Herabsetzung des Grundkapitals zur Eintragung in das Handelsregister anzumelden. Darüber herrscht Einigkeit, daß diese zweite Eintragung nicht zu den Voraussetzungen der Herabsetzung selbst gehört. Da hier die „erfolgte" Herabsetzung anzumelden ist, muß sie jedenfalls schon vorher vollendet sein. Über die Bedeutung des Wortes „erfolgt" wird im übrigen gestritten. Nimmt man an, daß die Herabsetzung nur „geschehen" zu sein braucht, also der Beschluß gefaßt und in das Handelsregister eingetragen sein muß, so hat die zweite Eintragung keinen ersichtlichen Zweck. Es wird daher richtig sein, daß unter „erfolgen" im Sinn des § 291 HGB. das zu verstehen ist, was die §§ 288 und 290 a. a. O. als „ausführen" bezeichnen. Das ergibt sich namentlich aus der Stellung des § 291 hinter dem eine besondere Ausführungsart behandelnden § 290. Alsdann entbehrt die zweite Eintragung auch nicht eines vernünftigen Zweckes. Die erste wirkt gewissermaßen als ein Sperrvermerk und weist darauf hin, daß die Gesamtheit der ausgegebenen Aktien ein unrichtiges Grundkapital beurkundet, und die zweite Eintragung hebt den Sperrvermerk wieder auf, indem sie feststellt, daß die Aktienurkunden inzwischen in der durch den Herabsetzungsbeschluß vorgeschriebenen Weise mit dem herabgesetzten Grundkapital in Übereinstimmung gebracht sind.

Nun hat man auf dieser Grundlage den Schluß zu ziehen versucht: wenn „erfolgt" in § 291 HGB. soviel bedeutet wie „ausgeführt", so ist die Herabsetzung selbst nicht eher „erfolgt", als bis sie „ausgeführt" ist. Das ist ein Trugschluß. Dem Worte „erfolgt" wird dabei ein doppelter Sinn beigelegt, einmal der von „ausgeführt" und einmal der von „geschehen". Nimmt man aber an, daß „erfolgt" in § 291 HGB. mit „ausgeführt" gleichzusetzen ist, so hat es dort eben auch nur diese Bedeutung.

Ein zweites Bedenken der Revision knüpft an § 289 HGB. an. Diese Vorschrift dient dem Schutze der Gläubiger der Gesellschaft. Ihre Sicherheit wird durch ein Herabsetzen des Grundkapitals regelmäßig gemindert. Das ist ohne weiteres klar, wenn ein Teil des Grundkapitals zurückgezahlt oder wenn die Aktionäre von der Verpflichtung zu weiteren Einlagen auf die Aktien befreit werden sollen. Es trifft aber auch zu, wenn ein Teil des Grundkapitals in einen Reservefonds übergeführt werden oder wenn, wie vorliegend, eine Unterbilanz gedeckt werden soll. Ein Reservefonds gehört zwar auch zu den Passiven der Bilanz, seine Ausschüttung kann aber von der Generalversammlung mit einfacher Mehrheit beschlossen werden, und nach Deckung einer Unterbilanz aus dem Grundkapital kann es leichter zu einer Gewinnverteilung kommen, als wenn der Verlust erst aus den erzielten Reingewinnen gedeckt werden müßte. Aus diesen Gründen ordnet § 289 HGB. an, daß die Herabsetzung des Grundkapitals in bestimmter Weise und wiederholt bekannt zu machen ist, daß die sich meldenden Gläubiger auf Verlangen zu befriedigen oder sicherzustellen sind, und daß Zahlungen an die Aktionäre auf Grund der Herabsetzung des Grundkapitals erst nach Ablauf eines Sperrjahres seit der letzten Bekanntmachung und nach Befriedigung oder Sicherstellung derjenigen Gläubiger geleistet werden dürfen, die sich gemeldet haben. Erst mit dem bezeichneten Zeitpunkt werden auch die Aktionäre frei, wenn ihnen die Verpflichtung zu weiteren Einlagen auf die Aktien erlassen wird. Die Revision vertritt nun, wiederum in Anlehnung an Äußerungen der Literatur, die Ansicht, daß das Grundkapital der Klägerin nicht herabgesetzt war, ehe nicht den Vorschriften des § 289 HGB. genügt und das Sperrjahr abgelaufen war. Auch das kann aber nicht für richtig erachtet werden auf Grund folgender Erwägung. Das Zahlungsverbot wäre nicht notwendig, wenn nicht die Rechnung bereits die Möglichkeit der Zahlung ergäbe, und diese Möglichkeit kann wiederum nur die Folge davon sein, daß das Grundkapital schon herabgesetzt ist, daß die daraufhin erforderlichen Buchungen vorgenommen sind, und daß in eine aufgenommene Bilanz das Grundkapital nur noch in dem verminderten Betrage eingestellt ist. Ohne diese Maßnahmen könnten

Bücher und Bilanz nicht zu einem Ergebnis führen, welches an sich die Zahlung an die Aktionäre gestattete. Die Forderungen der Aktionäre entstehen trotz der Vorschriften des § 289 HGB. sofort, aus Rücksicht auf den Schutz der Gläubiger dürfen sie aber erst nach dem Ablauf einer bestimmten Frist und nach der Erfüllung bestimmter Bedingungen beglichen werden. Soll z. B. auf Grund der Herabsetzung des Grundkapitals eine Dividende gezahlt werden, die sonst nicht hätte gezahlt werden können, so ist der betreffende Gewinnbetrag verteilbar, er scheint es nicht nur zu sein. Daß die Auszahlung nicht sofort vorgenommen werden darf, steht dem nicht entgegen. Das Freiwerden der Aktionäre von der Verpflichtung zu weiteren Einlagen tritt dagegen erst in Wirksamkeit, wenn die Frist abgelaufen und die Bedingungen erfüllt sind. Diese Regelung wäre auch mit der Gegenansicht vereinbar. Das vermag aber die Beweiskraft obiger Ausführungen nicht zu beeinträchtigen.

Die Revision hat endlich darauf hingewiesen, daß trotz der Eintragung des Beschlusses in das Handelsregister die Klägerin noch gar nicht habe wissen können, ob sich der Beschluß werde „durchführen" lassen. Ein im Jahre vorher unternommener Versuch, das Grundkapital herabzusetzen, sei z. B. daran gescheitert, daß ein Aktionär den Beschluß angefochten habe. Dem ist entgegenzuhalten, daß ein erfolgreiches Anfechten des Beschlusses mit seiner Durchführung an sich nichts zu tun hat. Durch die Anfechtung wird klargestellt, daß ein wirksamer Beschluß überhaupt nicht ergangen ist. Die „Durchführung" scheitert dann daran, daß kein Beschluß vorhanden ist, der durchgeführt werden könnte. Einen wirksam gefaßten Beschluß auch wirklich durchzuführen, kann aber die Aktiengesellschaft in einem Falle wie dem vorliegenden durch die einzelnen Aktionäre nicht gehindert werden. Es ist dazu nach den früheren Darlegungen nichts weiter erforderlich, als daß der Beschluß zur Eintragung in das Handelsregister angemeldet wird. Mit der Eintragung ist das Grundkapital herabgesetzt. Dem ist alsdann in den Büchern und Bilanzen Rechnung zu tragen, auch die Aktienurkunden sind mit dem herabgesetzten Betrage des Grundkapitals in Übereinstimmung zu bringen. Alles das ist aber, wie ebenfalls bereits dargelegt, nicht ein Erfordernis der Herabsetzung selbst, es werden damit nur die notwendigen Folgerungen aus der bereits geschehenen Herabsetzung gezogen.

Die neuere Rechtsprechung hat sich auch auf den hier vertretenen Standpunkt gestellt. Das Reichsoberhandelsgericht hat allerdings in einer Entscheidung vom 4. Februar 1876 ausgeführt (Bd. 18 S. 426), daß bis zur Erfüllung der Ausführungsvorschriften in den Art. 243, 245, 202 Abs. 2 und 3 AllgDHGB. in der damals geltenden Fassung auch der innere Status der Gesellschaft unverändert, insbesondere in den Bilanzen auf der Passivseite das Grundkapital unverkürzt bleiben müsse, so daß nur der bei dessen Abzug auf der Aktivseite sich ergebende Überschuß verteilungsfähiger Gewinn sei. Aber schon im Jahre 1889 hat das Kammergericht (Johow Bd. 9 S. 20) sich dahin geäußert, daß die Gesellschaft nicht etwa innerhalb des Sperrjahres auf der Grundlage des höheren, d. h. des nicht herabgesetzten Grundkapitals fortbestehe; das Sperrjahr diene lediglich dem Schutze der Gläubiger. Und weiter hat das Kammergericht im Jahre 1907 (Johow Bd. 34 A S. 146) ausgesprochen, daß die Maßnahmen des § 290 HGB. nur bestimmt und erforderlich seien, um eine äußere Übereinstimmung der Gesamtheit der nach der Herabsetzung verbleibenden Aktien mit der neuen Grundkapitalsziffer herbeizuführen.

Auch das Reichsgericht selbst hat bereits mehrfach in diesem Sinne entschieden. In einem Urteile des IV. Zivilsenats (JW. 1896 S. 6 Nr. 23) heißt es mit Bezug auf einen Fall, in welchem das Grundkapital und der Nennbetrag der Aktien herabgesetzt war, daß es unerheblich sei, ob die alten Aktien abgestempelt oder eingezogen und durch neue ersetzt würden, es seien das nur verschiedene Maßregeln, durch welche dem Herabsetzungsbeschluß äußerlich Ausdruck gegeben werde. Der I. Zivilsenat sagt in dem Urteile vom 4. Juni 1902 I 135/02 geradezu: „Besteht die Herabsetzung einzig und allein darin, daß der Nennwert sämtlicher Aktien vermindert wird, so ist sie mit der Eintragung des Herabsetzungsbeschlusses schon in Wirksamkeit getreten." Derselbe Senat läßt in Holdheim Bd. 13 S. 111 im Falle der Herabsetzung des Grundkapitals und der Zusammenlegung alter Aktien zu neuen die Rechte der berechtigten Aktieninhaber an den neuen Aktien, einschließlich des Rechtes auf die Dividende, schon mit der Eintragung des Herabsetzungsbeschlusses im Handelsregister entstehen, und zwar auch dann, wenn die neuen Aktien sich noch in den Händen der Gesellschaft befinden. Endlich eine Entscheidung wiederum des I. Zivilsenats vom 12. Dezember 1906 I 209/06 hält es für möglich, daß ein Aktionär schon vor Ablauf des Sperrjahrs Klage erhebt auf Feststellung der bedingten Verpflichtung der Gesellschaft zur Zahlung, wenn das Grundkapital herabgesetzt ist, um einen Teil davon zurückzuzahlen.

Die Ansichten im Schrifttum sind geteilt, doch stehen z. B. Staub-Pinner, Anm. 8 zu § 291, Rehm, Bilanzen 1. Aufl. S. 399, 2. Aufl. S. 170, und Ritter, Anm. 1 zu § 291 grundsätzlich auf dem hier vertretenen Standpunkt, während Simon, Bilanzen S. 211 von anderen Ausgangspunkten für den gegenwärtig zu entscheidenden Fall zu dem gleichen Ergebnis kommt wie die vorgenannten.

Die richtige Bilanz für den 31. März 1914 war nach alledem nicht die von der Generalversammlung am 26. Juni 1914 genehmigte, sondern der ihr nur zur Kenntnisnahme vorgelegte Bilanzentwurf. Legt man ihn zugrunde, so hatte die Klägerin am 31. März 1914 keine Unterbilanz mehr. In den früheren Instanzen herrschte darüber Streit, ob sich der Staat mit den von den Gesellschaften festgestellten Bilanzen zu bescheiden habe, oder ob er falsche Ansätze berichtigen dürfe. Die Revision ist auf diese Frage nicht ausdrücklich zurückgekommen, immerhin hat sie die entsprechenden Sätze in den Urteilen der Instanzgerichte vorgetragen und damit die Frage wenigstens zur Nachprüfung gestellt. Den Instanzgerichten ist aber auch in dieser Entscheidung unbedenklich beizutreten, schon § 16 KriegsstG. läßt darüber keinen Zweifel.

Im übrigen brauchte der Staat im gegenwärtigen Falle nicht einmal von seiner Berichtigungsbefugnis Gebrauch zu machen. Wenn er ermitteln wollte, ob die Klägerin am 1. April 1914 in ihr erstes Kriegsgeschäftsjahr mit einer Unterbilanz eingetreten sei, so brauchte er nur die für dieses Jahr von der Klägerin selbst festgestellte Bilanz einzusehen, um zu finden, daß es nicht der Fall gewesen ist. Die Bilanz für das Geschäftsjahr 1914/15 ist mit der Klageschrift überreicht und als Anlage dieses erstinstanzlichen Schriftsatzes nach dem Tatbestande des Berufungsurteils auch in zweiter Instanz vorgetragen worden. Diese Bilanz weist für den Beginn des Geschäftsjahres bereits einen mit 25 388,32 M ausgestatteten Reservefonds und einen Gewinnvortrag aus 1914 von 60 456,38 M auf. M. a. W.: Diese Bilanz knüpft nicht an die für das Geschäftsjahr 1913/14 genehmigte Bilanz an, sondern an den damals aufgestellten Bilanzentwurf, der die Herabsetzung des Grundkapitals bereits berücksichtigte. Das innere Schwergewicht der wirklichen Sach- und Rechtslage ist eben stärker gewesen als die theoretischen Bedenken der Leitung der Klägerin. Nach der jetzt von ihr vorgetragenen Auffassung hätte auch in die Bilanz für den 31. März 1915 noch nicht das herabgesetzte Grundkapital eingesetzt werden dürfen, denn sie behauptet ja, daß die „Durchführung" der Maßregel sich bis zum Mai 1915 hingezogen habe. Auch über dies Bedenken ist man aber damals hinweggegangen. Daß es sich bei alledem nur um rechtliche Bedenken gehandelt hat, daß die Frage der Kriegssteuer die Aufstellung der Bilanzen in keiner Weise beeinflußt hat, ist von der Revision zutreffend hervorgehoben worden. Als am 26. Juni 1914 die vom Beklagten beanstandete Bilanz genehmigt wurde, war noch nicht einmal der Krieg ausgebrochen.

RGZ. 101, 279.

Muß der Gewinnverteilungsvorschlag zwei Wochen lang vor der Generalversammlung der Aktiengesellschaft ausgelegt werden?

II. Zivilsenat. Urt. v. 8. Februar 1921.

I. Landgericht Köln. — II. Oberlandesgericht daselbst.

Die Frage wurde in Übereinstimmung mit den Vorinstanzen vom Reichsgericht verneint.

Gründe:

In erster Linie glaubt der Kläger eine Verletzung der §§ 260, 263 HGB. rügen zu können, weil der der Generalversammlung vorgelegte Nachtrag zum Geschäftsbericht nicht zwei Wochen lang zur Einsicht der Aktionäre ausgelegen hat. Allein nach der Feststellung des Berufungsgerichts enthielt der Nachtrag nur den Hinweis auf die nach Herausgabe des Geschäftsberichts erlassene Verordnung vom 15. November 1918 (RGBl. S. 1387), die eine erhöhte Kriegssteuerrücklage vorschrieb, und im Anschluß daran einen geänderten Gewinnverteilungsvorschlag. Mit Recht erwägt das Berufungsgericht, daß, da ein Gewinnverteilungsvorschlag überhaupt nicht zu den nach § 260 Abs. 2 der Generalversammlung zu unterbreitenden Vorlagen gehört, auch der Inhalt des Nachtrags nicht in der Frist des § 263 Abs. 1 bekannt gegeben zu werden brauchte. Der von der Revision betonte Umstand, daß der ursprüngliche Vorschlag mit ausgelegt war, ist hierfür ohne Belang. Die Aktionäre müssen immer darauf vorbereitet sein, daß der ausgelegte Vorschlag vor oder in der Sitzung noch geändert wird. ...

RGZ. 101, 383.

Können die Vorstandsmitglieder einer Aktiengesellschaft Tantiemen auch von demjenigen Teil des Jahreserträgnisses der Gesellschaft fordern, der als Kriegssteuer gezahlt worden ist?

II. Zivilsenat. Urt. v. 4. März 1921.

I. Landgericht Bochum, Kammer für Handelssachen. — II. Oberlandesgericht Hamm.

Der Kläger ist Vorstandsmitglied der Beklagten und hat als solcher Anspruch auf 5 % Tantieme vom Reingewinn. Von dem im Geschäftsjahre vom 1. Juli 1917 bis 30. Juni 1918 erzielten Gewinne stellte die Beklagte 803 050 M auf Grund des Sicherungsgesetzes vom 24. Dezember 1915 (RGBl. S. 837) als Sonderrücklage zurück; im Jahre 1919 hat sie diese Summe auf Grund des Kriegssteuergesetzes vom 21. Juni 1916 (RGBl. S. 561) an den Reichsfiskus gezahlt. Der Kläger ist der Ansicht, daß ihm die Tantieme auch hiervon gebühre, und hat Klage erhoben auf Verurteilung zur Zahlung eines Teilbetrags von 5000 M.

Während die Kammer für Handelssachen die Klage abwies, gab das Oberlandesgericht ihr statt. Die Revision führte zur Herstellung des ersten Urteils.

Gründe:

Das Berufungsgericht würde das Klagebegehren, falls es sich noch um die Rücklage des Sicherungsgesetzes handelte, im Anschluß an das Urteil des erkennenden Senats vom 14. Juni 1918 RGZ. Bd. 93 S. 147 für unbegründet halten. Es ist aber der Meinung, daß die Rechtslage durch die Zahlung der Abgabe eine andere geworden sei. Auch Rücklagen, führt es aus, würden von dem Tantiemeanspruch erfaßt, wenn sie demnächst in einer Weise verwendet würden, daß tatsächlich Gewinn ausgekehrt werde. Davon, ob das hier zutreffe, hänge die Entscheidung ab. Nun folge aus der Fassung des Gesetzes vom 21. Juni 1916, daß eine Gewinnbeteiligung des Reichs beabsichtigt sei. Nach § 13 hätten die dort genannten Gesellschaften vom „Mehrgewinn" eine näher festgelegte „Kriegsabgabe" zu leisten. Die Zahlung der Kriegssteuer stelle daher ebenso wie die Auszahlung des Anteils an einen sonstigen Gewinnanteilberechtigten eine Gewinnauskehrung dar. Eine Bestätigung finde diese Ansicht in § 20 der Kriegssteuer-Ausführungsbestimmungen des Bundesrats vom 30. November 1916, wonach die Anteile der Vorstandsmitglieder am Jahresgewinn, auf welche diese einen Rechtsanspruch haben, als abzugsfähige Betriebskosten anzusehen seien.

Diesen Ausführungen läßt sich nicht beitreten. Vorweg ist zu bemerken, daß aus dem Kriegssteuergesetz und aus dem Sicherungsgesetze zur Lösung der Streitfrage gar nichts folgt. Mag auch der in Bd. 93 S. 148 aufgeworfene Zweifel wegen der Vereinbarkeit des § 20 Ausf.-Best. mit § 16 KStG. seine Berechtigung verloren haben, seitdem der Satz in § 22 Abs. 2 des Kriegsabgabegesetzes vom 26. Juli 1918 (RGBl. S. 964) übernommen worden ist, so bleibt doch bestehen, daß der Begriff des Gewinnes (Jahresgewinns, Reingewinns) einer verschiedenen Bestimmung fähig ist und jedesmal das betreffende einzelne Gesetz ausgelegt werden muß, wenn beurteilt werden soll, was dieses

Gesetz als Gewinn behandelt. Es ist keineswegs etwas Auffallendes, geschweige denn ein innerer Widerspruch, wenn der Jahresertrag der Aktiengesellschaft zur Berechnung der Kriegssteuer um die Vorstandstantieme und umgekehrt zur Berechnung der Vorstandstantieme um die Kriegssteuer gekürzt werden muß.

Die entscheidende Frage ist sonach vom Berufungsgerichte zu allgemein gefaßt. Sie darf nicht dahin gestellt werden, ob in der Entrichtung der Kriegsabgabe eine Gewinnauskehrung zu erblicken ist, vielmehr fragt sich, ob darin im Sinne des § 237 HGB. eine Gewinnauskehrung liegt. Das muß verneint werden. Zur Auslegung des HGB. sind nur die Anschauungen der Handelswelt verwertbar, und danach erscheinen alle von der Gesellschaft zu entrichtenden Steuern als Unkosten, die abzuziehen sind, bevor von einem Gewinne die Rede sein kann. Daß aber die Kriegssteuer des Gesetzes vom 21. Juni 1916 eine Steuer, eine an das Reich kraft öffentlichrechtlichen Zwanges abzuführende Abgabe ist, kann nicht dem geringsten Zweifel unterliegen. Die Höhe und die Einmaligkeit der Abgabe ändern daran ebensowenig wie der Umstand, daß sie nach Prozenten vom Jahresertrтägnis berechnet wird. Trifft letzteres doch auch für die Einkommensteuer zu, nur mit dem Unterschiede, daß für diese die Erträgnisse früherer Jahre maßgebend sind.

Schließlich würde sich der Kläger auch darauf nicht berufen können, daß der als Kriegssteuer gezahlte Betrag, solange er noch auf Grund des Sicherungsgesetzes zurückbehalten wurde, auch im Sinne des HGB. einen Teil des Reingewinns ausmachte. Er verlor diese Eigenschaft in dem Augenblick, als die Steuerschuld fällig wurde. Nunmehr stellte sich heraus, daß das Jahreserträgnis, aus dem die Rücklage entnommen war, um deren Betrag gekürzt werden mußte und daß nur der übrigbleibende Rest den wirklichen Gewinn der Beklagten bedeutete.

RGZ. 102, 385.

1. Kann die Aktiengesellschaft ihre Forderung auf Einzahlung der noch ausstehenden Kapitaleinlage abtreten?

2. Kann bei einer zur Sicherung vorgenommenen Abtretung der Drittschuldner dem Zessionar entgegenhalten, daß dieser vom Zedenten befriedigt worden sei?

3. Wird der Drittschuldner, welcher trotz Empfangs der Anzeige von der Abtretung Zahlung an den Zedenten leistet, weil er die Abtretung für unwirksam hält, befreit?

II. Zivilsenat. Urt. v. 23. September 1921.

I. Landgericht Neuwied. — II. Oberlandesgericht Frankfurt a. M.

Aus den Gründen:

Die Revision bittet um Nachprüfung der Frage, ob nach § 221 HGB. die Abtretung der Forderung auf Einzahlung der restlichen Kapitalseinlage zulässig ist. Es muß aber diese Frage mit dem Berufungsgericht bejaht werden. Die Dinge liegen hier nicht anders als bei der Gesellschaft mit beschränkter Haftung, für welche das Reichsgericht bereits mehrfach im gleichen Sinne entschieden hat (vgl. RGZ. Bd. 76 S. 436, Bd. 85 S. 352). § 221 HGB. verbietet dem Aktionär, gegenüber der Einlageforderung mit einer Gegenforderung aufzurechnen, um der Gesellschaft den wirklichen Eingang des Aktienkapitals zu sichern. Insofern besteht ein öffentliches Interesse. Die Gläubiger der Gesellschaft sollen darauf rechnen dürfen, daß die Gesellschaft, welcher sie Kredit geben, das öffentlich bekannt gegebene Vermögen wirklich besitzt oder doch wenigstens hereinbekommen hat. Gegen diesen Zweck wird nicht verstoßen, wenn die Gesellschaft mit den ihr satzungsgemäß zufallenden Mitteln einen Gläubiger befriedigt. Im Gegenteil: zu solcher Befriedigung ist sie verpflichtet, und das Aktienkapital soll nicht nur der Eingehung neuer Geschäfte, sondern vor allem auch der Tilgung der alten Geschäftsschulden dienen. Ob nun die Gesellschaft restliche Einlagen von den Aktionären einzieht und ihre Gläubiger aus den so eingehenden Mitteln befriedigt, oder ob sie ihre Forderung auf die Einlageeinzahlung an Gläubiger abtritt, ist gleichgültig. Die wirtschaftliche Wirkung ist die gleiche, und es wäre eine leere Förmlichkeit, wollte man auf dem umständlicheren Wege der Doppelzahlung bestehen. Mit Recht hat das Berufungsgericht verneint, daß § 717 BGB. der Abtretungsmöglichkeit entgegenstehe; insoweit mag auf die Ausführungen des Reichsgerichts in RGZ. Bd. 76 S. 436 verwiesen werden. Ebensowenig kommt im vorliegenden Falle die Vorschrift des § 399 BGB. in Betracht, da nicht einzusehen ist, inwiefern die Leistung an den Rechtsnachfolger des Gläubigers eine Änderung erleiden sollte (vgl. übrigens auch Staub HGB., 10. Aufl., § 221 Anm. 6 und Fischer in Ehrenbergs Handb. des ges. Handelsrechts Bd. 3, Abt. 1 S. 365).

Die Revision rügt ferner, daß das Berufungsgericht zu Unrecht die Einwendung des Beklagten, daß der Kläger oder seine Rechtsvorgänger wegen des Restes der Forderung von 39 000 M befriedigt seien, für unbeachtlich gehalten habe. Es sei arglistig, wenn der Kläger die Forderungen, die ihm nur zur Deckung abgetreten worden seien, eintreiben wollte, obgleich diese Forderung getilgt sei.

Auch dieser Angriff kann nicht zum Ziele führen. Die Sicherungsabtretung ist eine Vollabtretung im Interesse des Zessionars. Dieser wird Gläubiger, ohne daß der Zedent die Möglichkeit hätte, die Abtretung zu widerrufen; vgl. u. a. Urteil des RG. vom 13. Dezember 1907, II 328/07; Oertmann, Vorb. 3b zu §§ 398 flg. BGB. Dem Zedenten steht, wenn er den Zessionar befriedigt hat, lediglich das Recht zu, *die Rückübertragung der abgetretenen Forderung* zu beanspruchen. Ein ipso-jure-Rückfall der Forderung findet nur ausnahmsweise dann statt, wenn die Abtretung unter der auflösenden Bedingung der Befriedigung des Zessionars erfolgt ist. Ein solcher Ausnahmefall liegt hier nicht vor. Im übrigen bewirkt die Abtretung als abstrakte Verfügung die Übertragung der Forderung ohne Rücksicht auf den unterliegenden Rechtsgrund. Das hat auch für die Sicherungszwecken dienende, sogenannte fiduziarische Abtretung zu gelten. Es kann daher dem Drittschuldner nicht gestattet sein, dem Zessionar Einwendungen entgegenzuhalten, welche sich auf Inhalt und Fortdauer des der Abtretung zugrunde liegenden Rechtsverhältnisses stützen. Ob die Entscheidungen des Reichsgerichts in RGZ. Bd. 39 S. 166, Bd. 53 S. 417 und vom 13. Dezember 1907, II 328/07, mit diesem Grundsatze in Einklang stehen, braucht hier nicht entschieden zu werden. In den dort erörterten Fällen handelte es sich um eine zu Einziehungszwecken erfolgte und dann vom Abtretenden widerrufene Abtretung (Einziehungsvollmacht). Im vorliegenden Rechtsstreit ist eine Behauptung dahin, daß es sich um eine Abtretung zu Einziehungszwecken handle, nicht nur nicht aufgestellt, sondern es steht unstreitig fest, daß die Abtretung zur Sicherung des Zessionars, also in dessen Ineresse vorgenommen worden ist. Was im übrigen der Inhalt der zwischen den Abtretungsparteien bestehenden Rechtsbeziehungen ist oder war, ob insbesondere die Geltendmachung der abgetretenen Forderung im Einverständnis der Abtretenden oder gegen ihren Willen erfolgt, steht völlig dahin. In dieser Beziehung sind von keiner Partei Behauptungen aufgestellt worden. Diese Rechtsbeziehungen im Rechtsstreit zwischen Zessionar und Drittschuldner aufzurollen, ist aber auch dem letzteren versagt. Es würde sich um die Erhebung von Einreden aus der Person eines Dritten handeln.

Dem Berufungsgericht ist endlich auch darin beizutreten, daß der Zahlung, die trotz Mitteilung von der geschehenen Abtretung an die

Zedentin geleistet wird, die befreiende Wirkung zu versagen ist. Die in § 407 BGB. behandelte Kenntnis des Drittschuldners liegt regelmäßig dann vor, wenn dieser die Mitteilung erhalten hat, daß sein Gläubiger die Forderung einem Dritten durch entsprechende Willenserklärung abgetreten habe. Das allein ist notwendig, um den guten Glauben des Drittschuldners auszuschließen. Es soll nur durch die Abtretung die Stellung des Drittschuldners nicht verschlechtert werden. Dieses Ziel wird durch die Benachrichtigung von der Abtretung hinlänglich erreicht. Darüber hinaus hat der Grundsatz, daß durch die Abtretung der Zessionar die abgetretene Forderung erwirbt, daß er — wie § 398 Satz 2 vorschreibt — an die Stelle des bisherigen Gläubigers tritt, das Anrecht auf vorzugsweise Berücksichtigung. Der Drittschuldner, welchem die erfolgte Abtretung zweifelsfrei bekanntgegeben worden ist, und der trotzdem an seinen ursprünglichen Gläubiger leistet, kann im Sinne des § 407 BGB. nicht mehr als gutgläubig angesehen werden. Versagt er der Abtretung auf Grund eigener Rechtsüberzeugung die Wirksamkeit, so tut er das auf seine Gefahr. Er hat auch kein berechtigtes Interesse auf den Schutz seiner Rechtsansicht; denn es besteht für ihn die Möglichkeit, sich über deren Richtigkeit Rat einzuholen und in zweifelhaften Fällen gemäß § 372 BGB. die geschuldete Leistung zu hinterlegen.

Daß der Drittschuldner, der eine zunächst sich als zuverlässig darstellende Mitteilung von der erfolgten Abtretung erhalten hat, verpflichet ist, seinerseits etwaigen Zweifeln nachzugehen und sich Gewißheit zu verschaffen, hat das Reichsgericht bereits RGZ. Bd. 88 S. 4 ausgesprochen. Der hier erörterte Fall, in dem die Rechtswirksamkeit der Abtretung in Frage steht, ist entsprechend zu behandeln; im übrigen vgl. noch über die Kenntnis des Drittschuldners beim gesetzlichen Forderungsübergang (cessio legis) RGZ. Bd. 60 S. 204.

RGZ. 103, 6.

Inwiefern ist die Anfechtung eines Beschlusses einer Generalversammlung der Aktionäre dadurch bedingt, daß der Beschluß auf dem gerügten Verstoß beruht? Beweislast und Behauptungspflicht.

II. Zivilsenat. Urt. v. 4. Oktober 1921.

I. Landgericht Verden. — II. Oberlandesgericht Celle

Der Kläger ficht als Aktionär der verklagten Aktiengesellschaft auf Grund des § 271 HGB. eine Reihe von Beschlüssen an, welche in der Generalversammlung der Gesellschaft am 27. März 1920 gefaßt worden sind. In der ordnungsgemäß erfolgten Berufung zu dieser war als Zweck der Versammlung u. a. angegeben:

... „4. Erhöhung des Grundkapitals durch Ausgabe von 250 Vorzugsaktien mit bevorzugtem Dividendenbezug und erhöhtem Stimmrecht usw. 5. Übernahme der auf die Bezüge des Aufsichtsrats fallenden Sonderabgaben durch die Gesellschaft. 6. Berechtigung des Aufsichtsrats, aus seiner Mitte Ausschüsse zur selbständigen Erledigung einzelner Geschäftskreise zu bilden. 7. Die Bestimmung, daß die Aufsichtsratsmitglieder deutsche Reichsangehörigkeit besitzen müssen. 8. Die durch vorstehende *Vorschläge bedingte Änderung der Statuten.*" ...

Am 22. März 1920 hatte der Kläger die Beklagte ersucht, ihm die gestellten Anträge mitzuteilen, und darauf unter Beifügung des Statuts wiederum nur die veröffentlichte Tagesordnung erhalten. In der Generalversammlung machte er, als es zur Beschlußfassung zu Punkt 4 bis 8 kommen sollte, den Verstoß gegen § 256 Abs. 1 Satz 2 HGB. geltend und beantragte, die Verhandlung zu diesen Punkten zu vertagen, was abgelehnt wurde. Punkt 4 erhielt nicht die erforderliche Dreiviertelmehrheit. Der Kläger, der sich unter Wahrung seines Standpunktes an der Abstimmung beteiligte, stimmte gegen den Antrag. Die Punkte 5 bis 7 wurden gegen die Stimme des Klägers angenommen, ebenso die dadurch bedingten Abänderungen des Statuts.

Die Anfechtung der letzteren Beschlüsse ist in beiden Instanzen zurückgewiesen worden. Die Revision des Klägers hatte keinen Erfolg.

Gründe:

Der Vorderrichter führt aus, daß die Zusendung der Tagesordnung an den Kläger die im § 256 HGB. vorgeschriebene Mitteilung der Anträge nicht habe ersetzen können, und fährt fort, es frage sich indessen, ob ein Verstoß dieser Art unter allen Umständen die Anfechtung begründe, was verneint werden müsse. Die Formvorschriften seien nicht um ihrer selbst willen gegeben. Die Mitteilung der Anträge sei vorgeschrieben, damit der Aktionär seine Entschließung vorbereiten könne und in der Versammlung nicht überrascht werde; habe der Verstoß eine solche Folge nicht gehabt, so sei der Aktionär in seinem materiellen Rechte nicht beeinträchtigt worden und es fehle an jedem Grunde zur Anfechtung. So liege es hier jedenfalls bei den Punkten 5 bis 7, die fast wörtlich mit den Anträgen selbst übereingestimmt hätten, während allerdings zu Punkt 4 die Anträge viel ausführlicher gewesen seien, als in der Tagesordnung angegeben. Aber auch hier seien die Interessen des Klägers nicht verletzt worden, weil er gegen den Antrag gestimmt habe, der dann auch nicht angenommen worden sei; er könne gegen die von ihm selbst gebilligte Ablehnung des Antrages keine Anfechtungsklage aus einem Verstoße herleiten, der seine Aktionärrechte nicht beeinträchtigt habe, wie er denn auch den Beschluß zu 4 gar nicht anfechte. Erst recht könne er nicht aus Gründen, die in Punkt 4 unter Umständen hätten in Betracht kommen können, Beschlüsse anfechten, die mit Punkt 4 nichts zu tun hätten.

Die Revision beanstandet das ohne Grund. Es ist feststehende Rechtsprechung des Reichsgerichts, daß Verstöße gegen wesentliche Formvorschriften das weitere Verfahren und dessen Gültigkeit nicht unter allen Umständen in Frage stellen, daß es vielmehr auch darauf ankommt, ob der Verstoß in irgendeiner Weise auf die Beschlußfassung Einfluß geübt hat (vgl. Bolze Bd. 17 Nr. 531, Bd. 23 Nr. 583; RGZ. Bd. 90 S. 206, Bd. 65 S. 242). Das ist nicht unwidersprochen geblieben. Aber die gegnerische Auffassung führt zu einem für das heutige Rechtsbewußtsein unerträglichen Formalismus. Es würde damit der Zweck der Formvorschrift, welche den einzelnen in der Wahrnehmung seiner Interessen schützen soll, verfehlt, indem sie zu einer Handhabe würde, ihm einen sachlichen Einfluß auf die Entscheidungen der Generalversammlung zu gewähren, den er nach Absicht eben desselben Gesetzes nicht haben soll. Allen Bedenken gegen eine zu lässige Auffassung erscheint dadurch ausreichend begegnet, daß man es mit dem dem Gegner obliegenden Beweis der Einflußlosigkeit streng nimmt. Ist also an dieser Rechtsprechung festzuhalten, so ergibt sich, daß hinsichtlich jedes einzelnen Beschlusses die Bedeutung der Formverletzung selbständig geprüft werden muß und zu den einzelnen Beschlüssen verschieden beurteilt werden kann.

Der Punkt 4 der Tagesordnung und der hierzu gefaßte Beschluß ist nicht angefochten und kommt daher nicht weiter in Frage. Angefochten sind nur die Beschlüsse zu Punkt 5 bis 7. Hier hätte die Zusendung der Anträge dem Kläger nichts gesagt, was er nicht in derselben Vollständigkeit der Tagesordnung entnehmen konnte. Er würde nur erfahren haben, daß mehr und Eingehenderes, als er schon wußte, mit den Anträgen nicht angeregt würde. Unter diesen Umständen konnte der Vorderrichter ohne Bedenken annehmen, daß auch bei Übermittelung der Anträge an den Kläger die Dinge gar nicht anders gelaufen wären, als es geschehen ist. Wenn Kläger ausführt, er hätte, wäre ihm die Mitteilung geworden, seinen Widerspruch vorbereiten, sich mit anderen Aktionären in Verbindung setzen und sie für seine Auffassung interessieren und gewinnen können, so ist das nur ganz allgemein gesprochen. Blickt man auf den konkreten Fall, so lag für den Kläger in der Erkenntnis, daß in den Anträgen nicht mehr stand als die Tagesordnung besagte, nichts, was ihn in seinen eigenen Überlegungen und in seiner werbenden Tätigkeit im geringsten hätte anregen oder fördern können.

Freilich ist, wie schon hervorgehoben, der Gegner der beweispflichtige Teil. Aber diese Verteilung der Beweislast und daß man es mit diesem Beweis streng nehmen soll, bedeutet nicht, daß der Kläger jeder Darlegungspflicht enthoben wäre. Er soll nicht schweigen, wo er reden kann, wenn er mit seinem Schweigen dem Gegner jede Möglichkeit nimmt, mit Behauptungen und mit Beweisen oder Widerlegungen einzusetzen. Die hier angefochtenen Änderungen der Satzung klingen, an sich betrachtet, ganz verständig, jedenfalls durchaus verständlich, und schon dazu, was sachlich gegen sie einzuwenden wäre, hat Kläger nichts beigebracht. Vollends aber ist gar nichts darüber gesagt — und hierauf würde es ankommen —, inwiefern er seinen Widerspruch hätte wirkungsvoller machen können, wenn er gewußt hätte, daß die Anträge nicht mehr besagen als die Tagesordnung. Das alles liegt so sehr auf der Hand, daß beim Schweigen des Klägers nicht einzusehen war, was hier die Beklagte noch hätte behaupten, beweisen oder widerlegen sollen. Es muß aber auch anerkannt werden, daß bei diesem Zusammenhang für den Kläger die Aufforderung, seinen Widerspruch und seinen Kampf gegen die angefochtene Bestimmung zu motivieren, sein Interesse an dem, was er durch Mitteilung der Anträge erfahren hätte, darzulegen, so sehr in der ganzen Prozeßlage begründet war, daß den Richter kein Vorwurf trifft, wenn er seinerseits hierzu nicht aufgefordert hat.

Der Beschluß, durch welchen die Generalversammlung den Vertagungsantrag abgelehnt hat, ist vom Kläger gar nicht angefochten worden, konnte übrigens selbständig auch gar nicht angefochten werden; die Versammlung hatte es in der Hand, ob sie des Verstoßes ungeachtet und auf die Gefahr hin, ungültige Beschlüsse zu fassen, verhandeln und die Tagesordnung erledigen wollte. Damit verstieß sie weder gegen ein Gesetz noch gegen das Statut (§ 271 Abs. 1 HGB.).

RGZ. 103, 367.

Kann ein Rücklagekonto, das gemäß Generalversammlungsbeschluß aus dem zufolge Herabsetzung des Grundkapitals einer Aktiengesellschaft freigewordenen Kapitalbetrage gebildet ist, zur Aus-

schüttung von Dividende und zur Gewährung von Gewinntantieme verwendet werden?

II. Zivilsenat. Urt. v. 23. Dezember 1921.

I. Landgericht Stuttgart. — II. Oberlandesgericht daselbst.

Aus den Gründen:

... Die Bildung freiwilliger Reservefonds, insbesondere auch als Verfügung über einen bei der Aktienzusammenlegung freiwerdenden Teil des Grundkapitals, durch Beschluß der Generalversammlung ist ein keineswegs ungewöhnlicher Vorgang im Leben der heutigen Aktiengesellschaft (vgl. Denkschrift zum HGB. vom 10. Mai 1897 S. 160; Horrwitz, Recht der Generalversammlungen, S. 438, Staub-Pinner, HGB., 10. Aufl., Anm. 14, Abs. 3 zu § 288). Um so weniger kann es als rechtsirrtümlich bezeichnet werden, wenn das Berufungsgericht die Rückstellung (das Rücklagekonto), deren Verwendungsmöglichkeit im Herabsetzungsbeschlusse selbst nicht näher bestimmt und demnach auch nicht irgendwie eingeschränkt wurde, als einen zur freien Verfügung der Aktiengesellschaft, namentlich der Generalversammlung, stehenden Vermögensteil auffaßt. Dem steht nicht entgegen, daß der Beschluß vom 20. Oktober 1909 die Ermöglichung des Ausschüttens einer Dividende nicht ausdrücklich als einen der Zwecke der Kapitalherabsetzung bezeichnet. Herabsetzungszweck im Sinne des § 288 Abs. 2 HGB. war nach dem Beschlusse neben der Beseitigung der Unterbilanz und der Herbeiführung von Abschreibungen die Schaffung einer „Rücklage", deren Unverwendbarkeit zur Dividendenverteilung sich nicht, jedenfalls nicht zwingend, aus dem Fehlen jeder Angabe über ihre Zweckbestimmung im einzelnen ergibt. Die Auslegung des Oberlandesgerichts ist daher mit dem Inhalt des Herabsetzungsbeschlusses wohl vereinbar. Durfte aber das Rücklagekonto, wie geschehen, teilweise zur Dividendenverteilung — und, was rechtlich ebenso zu beurteilen ist, zur Verabreichung von Tantieme an den Vorstand und Aufsichtsrat und von Gratifikationen an Beamte — verwendet werden, so ist für die Annahme, daß die beiden Bilanzen 1909 und 1910 falsch gewesen und die Gesellschaftsgläubiger durch sie getäuscht worden wären, kein Raum. Denn dann brauchte das Rücklagekonto jeweils nur in der Höhe aufgenommen zu werden, die sich nach Abzug des ihm entnommenen und zum Reingewinn geschlagenen Betrages ergab; daß der gesetzliche Reservefonds durch die am Rücklagekonto vorgenommenen Veränderungen nicht berührt wurde, ist außer Streit und geht ohne weiteres aus der Vergleichung der Bilanzen für 1908, 1909 und 1910 hervor. . . . Die Annahme, daß die dem Rücklagekonto entzogenen und zum Reingewinn genommenen Beträge in Wirklichkeit Grundkapital gewesen seien und deshalb nicht hätten verteilt werden dürfen, ist gleichfalls ungerechtfertigt. Ihre Eigenschaft als Bestandteil des Grundkapitals hatten die ganzen 400 000 M, um die das Aktienkapital herabgesetzt wurde, zufolge der Zusammenlegung verloren. Die Herübernahme gewisser Beträge aus dem Rücklagekonto in den Reingewinn war aber deshalb nicht ordnungswidrig, weil der bilanzmäßige Reingewinn nicht gleichbedeutend ist mit Betriebsgewinn, sondern auch insoweit Reingewinn bleibt, als er nicht dem Geschäftsbetriebe im engeren und eigentlichen Sinne des Wortes seine Entstehung verdankt. Und nach § 215 Abs. 1 HGB. ist verteilungsfähig, was sich nach der jährlichen Bilanz — ohne Rücksicht auf die sachliche Herkunft — als Reingewinn ergibt. . . .

RGZ. 104, 349.

Bedarf es, wenn eine vom Gesetz in zulässiger Weise abweichende Satzungsbestimmung infolge Änderung der Gesetzgebung undurchführbar wird, eines besonderen, die Satzungsbestimmung aufhebenden Beschlusses der Generalversammlung, oder tritt ohne weiteres der dem Gesetze entsprechende Zustand ein? Verteilung einer Superdividende an die der Gesellschaft Spiritus liefernden Aktionäre; Verbot solcher Lieferung durch das Gesetz über das Branntweinmonopol.

II. Zivilsenat. Urt. v. 19. Mai 1922.

I. Landgericht Leipzig, Kammer für Handelssachen. — II. Oberlandesgericht Dresden.

. . .

Aus den Gründen:

. . .

§ 214 HGB. Abs. 1 schreibt vor, daß sich die Anteile am Gewinn nach dem Verhältnis der Aktienbeträge bestimmen. Abs. 3 läßt jedoch eine andere Regelung durch den Gesellschaftsvertrag zu. Eine derart vom Grundsatz abweichende Regelung ist in § 32 Abs. 5 der Satzungen der beklagten Gesellschaft vorgesehen. Danach soll ein gewisser Teil des Jahresgewinns unter diejenigen Aktionäre verteilt werden, welche in dem betreffenden Geschäftsjahr Rohspiritus an die Gesellschaft geliefert haben, und zwar im Verhältnis zu der von dem einzelnen Aktionär gelieferten Rohspiritusmenge. Wurde diese Bestimmung infolge Eingreifens der Gesetzgebung undurchführbar, so mußte sie ohne weiteres entfallen und der gesetzliche Zustand wieder eintreten, d. h. die Anteile am Gewinn bestimmten sich von nun an wieder nach dem Verhälnisse der Aktienbeträge. Zur Herbeiführung dieser Wirkung bedurfte es nicht einmal eines Beschlusses der Generalversammlung. Wurde er dennoch gefaßt, so kann ihm keine andere Bedeutung beigemessen werden, als daß er einen von selbst eingetretenen Rechtszustand öffentlich bestätigte. Unter diesen Umständen kann natürlich auch keine Rede davon sein, daß der angefochtene Beschluß, der nichts weiter als eine solche Bestätigung des sich von selbst vollziehenden Rechtsvorgangs war, gegen die guten Sitten verstieß. Auf alle diesen Punkt behandelnden Erörterungen kommt es daher nicht an.

. . .

RGZ. 105, 236.

1. Hat der Inhaber von Genußscheinen oder solchen Rechten, welche durch Genußscheine verbrieft zu werden pflegen, Einfluß auf die Geschäftsführung der Aktiengesellschaft? Kann er insbesondere die Gesellschaft wegen fahrlässiger Verletzung seiner Rechte durch die Geschäftsführung verantwortlich machen?

2. . . .

II. Zivilsenat. Urt. v. 20. Oktober 1922.

I. Landgericht Hamburg, Kammer für Handelssachen. — II. Oberlandesgericht daselbst.

Der Kläger war früher persönlich haftender Gesellschafter der Kommanditgesellschaft Sprengstoffwerke Dr. R. N. & Co. in D. Die Beklagte übernahm bei der Gründung das Geschäft der Kommanditgesellschaft und traf mit dem Kläger, um ihn für seine Ansprüche aus dem bisherigen Verhältnis abzufinden, folgende, in § 28 des Gesellschaftsvertrags niedergelegte Vereinbarung:

> „Herr N. (d. h. der Kläger) und sein Rechtsnachfolger erhält von dem jährlichen zur Verteilung disponibeln Reingewinn der Aktiengesellschaft, welcher nach Zahlung einer 6prozentigen Dividende an die Aktionäre verbleibt, 40 %, während der Restbetrag von 60 % als weitere Dividende an die Aktionäre verteilt wird." . . .

Nach § 2 des Gesellschaftsvertrags sollte die Beklagte berechtigt sein, sich zum Zwecke der Förderung ihres Geschäfts auch an anderen Unternehmungen in jeder zulässigen Form zu beteiligen. . . . In einem am 23. Februar 1912 geschlossenen, von der Generalversammlung ihrer Aktionäre genehmigten Vertrage räumte sie dann der Nebenintervenientin einen weitgehenden Einfluß auf ihre gesamten Verhältnisse ein. . . . Dieser Vertrag wurde durch einen Zusatzvertrag vom 26. Oktober 1915 mit Rückwirkung auf den 1. Januar 1914 teilweise abgeändert. . . .

Der Kläger behauptete, daß die beiden Verträge von 1912 und 1915 als sogenannte Knebelverträge wegen Verstoßes gegen die guten Sitten nichtig seien, und daß er durch sie in dem ihm laut § 28 des Gesellschaftsvertrags der Beklagten zustehenden Rechte beeinträchtigt sei. Die Anträge der von ihm am 2. Dezember 1912 eingereichten Klage gingen nach mehrfachen Änderungen schließlich u. a. dahin:

Festzustellen, daß die von der Beklagten mit der Nebenintervenientin am 23. Februar 1912 und am 21. Juli 1915 (richtig 26. Oktober 1915) getroffenen Abmachungen das Rechtsverhältnis der Parteien nicht berühren, und die Beklagte zu verurteilen, dem Kläger 40% nach 6% Dividende von dem Reingewinn für die Jahre 1912 bis 1916 auszuzahlen, der sich ohne Rücksicht auf die beiden vorgenannten mit der Nebenintervenientin geschlossenen Verträge, und zwar lediglich unter Zugrundelegung des tatsächlichen Betriebs und Geschäftsergebnisses der Beklagten ergibt, nach Abzug der für die Jahre 1912 bis 1916 an den Kläger ausgezahlten Beträge von 14 000 M für 1912, 14 000 M für 1913, 14 000 M für 1914, 131 000 M für 1915, 112 000 M für 1916, mindestens aber 200 000 M, sowie auch dem Kläger zur Feststellung des ziffermäßigen Betrags des Reingewinns die nach dem Geschäftsergebnis ordnungsmäßig aufgemachten Bilanzen vorzulegen.

Ferner stellte der Kläger noch den Hilfsantrag, die Beklagte zu verurteilen, ihm am 31. Dezember 1925 85 761,80 M zu zahlen.

. . .

Das Landgericht erkannte im wesentlichen nach den Hauptanträgen. Dagegen wies das Oberlandesgericht diese Anträge ab. Insoweit hatte die Revision keinen Erfolg. Nur wegen Nichtabgabe einer Entscheidung über den Hilfsantrag des Klägers wurde das Berufungsurteil aufgehoben und die Sache in die Vorinstanz zurückverwiesen.

Aus den Gründen:

. . .

. . . Die Revision vertritt in erster Linie den Standpunkt, daß der Kläger unmittelbar auf Grund des mit der Beklagten geschlossenen Vertrags (und nicht erst auf dem Umwege des Schadensersatzes) den von ihm beanspruchten höheren Dividendenanteil fordern könne. Dem steht entgegen, daß ein unmittelbarer aus dem Vertrage folgender Erfüllungsanspruch hier nicht in Frage kommen kann. Auch das landgerichtliche Urteil, dessen Aufrechterhaltung der Kläger in der Berufungsinstanz erstrebt hat, spricht, wie die Formel und auch die Begründung ergeben, dem Kläger nicht etwa einen Anteil an dem von der Beklagten wirklich erzielten Gewinn (oder an der Dividende, die unter Zugrundelegung dieses wirklich erzielten Gewinns zu verteilen gewesen wäre) zu, sondern will den Kläger so gestellt wissen, wie wenn die Verträge von 1912 und 1915 überhaupt nicht geschlossen wären, die Beklagte also ihr Geschäft weiter betrieben hätte, ohne sich überhaupt in die beanstandete Interessengemeinschaft einzulassen. So hat der Kläger auch seinen Anspruch begründet, indem er geltend machte, daß bei Fortdauer des Zustandes, der nach dem Abschlusse des sogenannten Exportvertrags eingetreten war, die Verhältnisse der Beklagten sich weit günstiger gestaltet hätten. Hiervon abgesehen ist ein Erfüllungsanspruch um deswillen undenkbar, weil die Beklagte den Vertrag, d. h. die ihr im § 28 der Satzungen auferlegte Verpflichtung, unstreitig erfüllt hat. Sie hat den Kläger an dem durch die Generalversammlung endgültig und unangefochten festgesetzten Geschäftsgewinn vorschriftsmäßig beteiligt. Der Geschäftsgewinn, welchen der Kläger seiner Forderung zugrunde legt, hat aktienrechtlich überhaupt niemals bestanden. Die Beklagte hat nach Maßgabe der von ihr beliebten und durch die Generalversammlung gutgeheißenen Geschäftsführung einen solchen Geschäftsgewinn niemals gemacht. Mit Recht erwägt aber auch das Berufungsgericht, daß die Beklagte jahrelang den beanstandeten Verträgen nachgelebt habe, und daß es praktisch ein Unding wäre, den durch die jahrelange Geschäftsgebarung geschaffenen Zustand aus der Welt bringen zu wollen.

Es kann sich daher nur darum handeln, ob die Beklagte durch ihre Geschäftsführung und die mit ihr notwendig verbundene Art der Gewinnerzielung die Vertragsrechte des Klägers verletzt und sich infolgedessen ihm schadensersatzpflichtig gemacht hat. Diese Frage hat das angefochtene Urteil mit Recht verneint. Das Berufungsgericht weist zutreffend darauf hin, daß dem Kläger vermöge der ihm eingeräumten Gewinnbeteiligung kein Einfluß auf die Geschäftsführung der Beklagten zugestanden habe. In seinen weiteren Ausführungen hält es aber — zum Nachteil der Beklagten — diesen Gedanken nicht fest. Der dem Kläger zugesagte Betrag ist nach dem von den Parteien Vereinbarten festgesetzt auf einen Anteil an der von der Beschlußfassung der Generalversammlung abhängigen Superdividende und hat damit seine bestimmte und klare Umgrenzung in dem Sinne gefunden, daß der Reingewinn, nach dem der Anspruch der Aktionäre sich richtet, auch maßgebend ist für den Anspruch des Klägers. Die Frage, wie dieser Gewinn erzielt wurde, ist eine innere Angelegenheit der Beklagten, die den auf das schließliche Ergebnis angewiesenen Kläger nicht berührt. Das Berufungsgericht kommt deshalb dem Kläger zu weit entgegen, wenn es allgemein die Haftung der Beklagten für ein etwaiges Mindererträgnis schon für den Fall bejahen will, daß die Beklagte ein Verschulden trifft. Die Beklagte hatte dem Kläger gegenüber freie Hand, wie sie ihre Geschäfte führen und eine Dividende erwirtschaften wollte, und haftbar wäre sie ihm erst dann geworden, wenn sie, was hier nicht in Betracht kommt, absichtlich zu seinem Nachteil gehandelt hätte. Daher kann der Kläger aus der angeblichen Nichtigkeit der mit der Nebenintervenientin geschlossenen Verträge nichts für sich ableiten. Auch wenn die Verträge nichtig sein sollten, müßte er, ohne Rücksicht auf ein etwaiges Verschulden der Beklagten und eine etwaige nachteilige Wirkung, die Dividendenverteilung der Beklagten ebenso gegen sich gelten lassen, wie wenn das dieser Festsetzung zugrundeliegende Geschäftsergebnis durch irgendwelche sonstige nichtige Rechtsakte beeinflußt wäre.

Hieran ändert auch nichts die in § 2 der Satzungen der Beklagten enthaltene Bestimmung, daß die Beklagte berechtigt sein soll, sich zum Zwecke der Förderung ihres Geschäfts auch an anderen Unternehmungen in jeder „zulässigen" Form zu beteiligen. Die Bestimmung ist kein Teil der mit dem Kläger getroffenen Vereinbarung, sondern regelt nur gemäß § 182 Abs. 2 Nr. 2 HGB. den Gegenstand des Unternehmens, indem sie neben der eigenen Herstellung und dem eigenen Vertriebe von Erzeugnissen der Sprengstoffindustrie auch diese Beteiligung an anderen Unternehmungen anführt. Auch bezweckt sie offensichtlich nicht eine Beschränkung der Beklagten, sondern will ihr im Gegenteil möglichste Bewegungsfreiheit vorbehalten. Endlich ist die mit der Nebenintervenientin vereinbarte Interessengemeinschaft an sich keine unzulässige Beteiligung. Etwas Unzulässiges würde in ihr erst liegen, wenn sie, wie der Kläger behauptet, wegen übermäßiger Bindung der Beklagten gegen die guten Sitten verstoßen würde. Ob ein solcher Fall hier vorliegt, braucht aber auch um deswillen nicht erörtert zu werden, weil der Kläger selbst die benachteiligende Wirkung nicht auf die übermäßige Bindung der Beklagten, sondern darauf zurückführt, daß die Beklagte sich überhaupt auf die Interessengemeinschaft eingelassen hat, statt ihr Geschäft in der bisherigen Weise weiterzubetreiben. Es ist in dieser Hinsicht zu erwägen, daß sich die Beklagte auch bei Begründung eines das zulässige Maß überschreitenden Abhängigkeitsverhältnisses ebensogut oder noch besser stellen konnte, als sie vorher stand. Die unzulässige Art, wie sich die Beklagte an einem anderen Unternehmen beteiligt hat, wäre deshalb nicht ursächlich für die Minderung der Bezüge des Klägers.

Wie endlich eine Haftung der Beklagten aus § 823 BGB. folgen soll, ist nicht ersichtlich; ebenso fehlt es an jeder Unterlage für die Anwendung des § 826. Es wäre zudem unbegreiflich, wenn die Beklagte tatsächlich die Absicht gehabt haben sollte, durch Eingehung der Interessengemeinschaft mit der Nebenintervenientin die Rechte des Klägers zu verletzen. Würde sie doch durch eine solche Handlungsweise notwendig auch sich selbst schwer geschädigt haben. Bei solcher Sachlage kommt es nicht darauf an, ob das Berufungsgericht mit prozessual einwandfreier Begründung die Annahme ablehnt, daß die streitigen Verträge zu einer Schädigung der Beklagten (und damit des Klägers) geführt hätten. Die auf § 139 ZPO. gestützten Revisionsbeschwerden können schon deshalb keinen Erfolg haben, weil sie für die Entscheidung unerheblich sind. Daß der Kläger, wenn er keinen Zahlungsanspruch hat, auch nicht die Vorlage von Bilanzen der Beklagten verlangen kann, die der Ermittlung des Umfangs des Zahlungsanspruchs dienen sollen, liegt auf der Hand.

. . .

RGZ. 105, 289.

1.–2. . . .

3. Wann ist eine Vollmacht zur Aktienvertretung in Generalversammlungen in der durch § 252 Abs. 2 Satz 2 HGB. (jetzt § 114 Abs. 3 AktGes.) erforderten Schriftform erteilt?

VII. Zivilsenat. Urt. v. 24. Oktober 1922.

Die Entscheidung ist abgedruckt unter „Bürgerliches Recht, Allgemeiner Teil".

RGZ. 106, 258.

1. Kann die Anfechtungsklage des § 271 HGB. darauf gestützt werden, daß die Generalversammlung davon abgesehen hat, von dem das Stimmrecht Beanspruchenden die Vorlegung der Aktie zu verlangen oder daß das Stimmrecht durch einen Bevollmächtigten ausgeübt wurde,

ohne daß dieser die schriftliche Vollmacht in der Generalversammlung vorlegte?

2. . . .

3. Zur Frage des Einflusses ungültiger Stimmen auf die Gültigkeit eines Generalversammlungsbeschlusses.

II. Zivilsenat. Urt. v. 2. Februar 1923.

I. Landgericht Hamburg, Kammer für Handelssachen. — II. Oberlandesgericht daselbst.

Aus den Gründen:

Das Berufungsgericht ist der Ansicht, daß im gegenwärtigen Falle, wo im Gesellschaftsvertrage besondere Bestimmungen über die Ausübung des Stimmrechts nicht getroffen sind (§§ 252 Abs. 4, 255 HGB.), die für die Firma Ro. abgegebenen 385 Stimmen nicht deshalb ungültig seien, weil die Aktien, für die das Stimmrecht ausgeübt wurde, nicht in der Generalversammlung vorlagen und daß die Versammlung, indem sie den beigebrachten Hinterlegungsschein des Bankhauses B. als ausreichende Legitimation ansah, innerhalb ihrer Befugnisse gehandelt habe. Die Revision greift diese Beurteilung als rechtsirrig an. . . . Der Angriff ist nicht begründet. Die von dem Berufungsgerichte berührte Frage, welche Legitimation die Generalversammlung von dem das Stimmrecht beanspruchenden Aktionär verlangen darf, braucht hier nicht erörtert zu werden. Im gegebenen Falle kommt es nur darauf an, wie weit die Versammlung bei der Prüfung der Legitimation gehen mußte. Da nun das Statut der Beklagten in dieser Beziehung nichts vorschreibt, fragt es sich nur, wie nach dem Gesetz und, soweit dieses keine Bestimmung trifft, nach allgemeinen Rechtsgrundsätzen zu entscheiden ist. Das Gesetz selbst enthält für den vorliegenden Fall keine Anordnung. Es ist aber auch nicht anzuerkennen, daß allgemeine Rechtsgrundsätze zu der von der Revision vertretenen Auffassung führen. Auszugehen ist davon, daß es zunächst Sache der Generalversammlung ist, zu entscheiden, ob ein Aktionär zugelassen werden soll oder nicht, und daß sie, solange nicht Gesetz oder Statut ihrem Ermessen Grenzen ziehen, in ihrer Entschließung frei ist. Die Revision geht deshalb fehl, wenn sie eine genügende Grundlage für die erhobene Anfechtungsklage schon in der Art der Legitimationsprüfung findet. Erst dann könnte vielmehr die Klage Erfolg haben, wenn der dem Kläger obliegende Nachweis hinzukommen würde, daß das Gesetz oder der Gesellschaftsvertrag durch das Ergebnis der Prüfung verletzt ist. Dieser Nachweis ist aber noch nicht dadurch erbracht, daß die Legitimation vielleicht zu Unrecht bejaht wurde.

Bedenkenfrei ist auch die Annahme des Berufungsgerichts, daß die von dem ersten Richter angewendete Vorschrift des § 252 Abs. 2 HGB., wonach im Falle der Ausübung des Stimmrechts durch einen Bevollmächtigten die schriftliche Form für die Vollmacht erforderlich und genügend ist und die Vollmacht in der Verwahrung der Gesellschaft bleibt, die Klage nicht rechtfertige. Die Beklagte hat in der zweiten Instanz eine auf v. R. lautende, unbestritten vor der Generalversammlung ausgestellte schriftliche Vollmacht der Firma Ro. vorgelegt. Das sieht das Berufungsgericht als genügend an, indem es dabei erwägt, daß es nicht darauf ankomme, ob die Vollmacht, wie die Beklagte behauptet, schon in der Generalversammlung vorgelegt worden sei und, weil v. R. mit 324 Stimmen schon allein die Mehrheit in der Versammlung vertreten habe, ebensowenig darauf, ob, wie die Beklagte bezüglich der übrigen für die Firma Ro. abgegebenen Stimmen behauptet, schriftliche Untervollmachten v. R.s der Versammlung vorgelegen hätten. Entgegen der Meinung der Revision ist diese Auffassung nicht zu beanstanden. Auch hier kommt es nicht darauf an, ob die Versammlung berechtigt gewesen wäre, die für die genannte Firma Auftretenden zurückzuweisen, wenn schriftliche Vollmacht nicht vorgelegt wurde. Entscheidend ist nur, ob die Vorlegung Voraussetzung einer gültigen Beschlußfassung war. Dies muß aber mit dem Berufungsgerichte verneint werden. Die Vorschrift des § 252 Abs. 2 HGB. ist ein Formvorschrift, die über ihren Wortlaut hinaus nur ausgedehnt werden dürfte; wenn ihr Sinn und Zweck dazu nötigen würden. Letzteres trifft aber nicht zu, weil die durch die Schriftform gewährleistete Sicherheit der Vollmachtserteilung nicht dadurch notleidet, daß die Vorlegung in der Versammlung unterbleibt. Mit Recht hat es auch das Berufungsgericht abgelehnt, etwas Gegenteiliges der Vorschrift zu entnehmen, daß die Vollmacht in der Verwahrung der Gesellschaft bleibe. Der Gesetzgeber mag bei dieser, ersichtlich ebenfalls der Beweissicherung dienenden Anordnung davon ausgegangen sein, daß die Vollmachtsurkunde vor oder in der Generalversammlung überreicht wird. Damit ist aber noch nicht gesagt, daß diese Überreichung Voraussetzung des Stimmrechts sei.

Das Dargelegte ergibt zugleich die Hinfälligkeit der Ausführung der Revision, daß der in der Generalversammlung erfolgten Beschlußfassung über die Zulassung der beanstandeten Stimmen überhaupt keine rechtliche Bedeutung zukomme, daß nur das Gericht über die beanstandete Legitimation zu entscheiden habe und daß dies zu geschehen habe lediglich auf Grund der in der Versammlung vorgelegten Legitimation. Dieser Auffassung ist der Boden dadurch entzogen, daß es innerhalb der Befugnisse der Generalversammlung selbst lag, von der Vorlegung der Aktien und der schriftlichen Vollmacht abzusehen.

. . .

Danach ist der Revision des Klägers der Erfolg zu versagen.

Die Anschlußrevision der Beklagten wendet sich gegen die Auffassung des Berufungsgerichts, daß die Anfechtungsklage insoweit begründet sei, als die Generalversammlung beschlossen habe, den Bericht des Vorstands und Aufsichtsrats über die Entwicklung der Gesellschaft seit 1914 und ihre gegenwärtige Lage zu genehmigen. Das Berufungsgericht erblickt in dieser Beschlußfassung einen Verstoß gegen § 252 Abs. 3 HGB. Nach dieser Vorschrift hat derjenige, der durch eine Beschlußfassung entlastet oder von einer Verbindlichkeit befreit werden soll, hierbei kein Stimmrecht und darf ein solches auch nicht für andere ausüben. Die Vorschrift ist nach der Meinung des Berufungsgerichts dadurch verletzt, daß das Aufsichtsratsmitglied v. R., obgleich es sich bei dem Genehmigungsbeschluß um seine Entlastung handelte, an der Abstimmung teilgenommen hat. . . .

. . . Das Berufungsgericht ist der Meinung, der Genehmigungsbeschluß sei schon deshalb ungültig, weil die für die Genehmigung abgegebenen 324 Stimmen v. R.s für sich allein die Mehrheit darstellten. Diese Betrachtungsweise ist irrig. Wenn v. R. nicht abstimmen durfte, hatte das zunächst nur zur Folge, daß diese ungültigen Stimmen nicht mitzuzählen waren. Im weiteren kommt es dann auf das Verhältnis der gültig abgegebenen Stimmen an. Ist dieses so, daß noch eine sichere Mehrheit für die Annahme des Genehmigungsantrags bleibt so steht die Einflußlosigkeit der Gesetzesverletzung fest und für die Anfechtung des Beschlusses ist dann kein Raum mehr. Prüft man danach das Stimmenverhältnis, so ergibt sich, daß nach Abrechnung der 324 v. R.-schen Stimmen noch 61 Stimmen sich für die Annahme des Genehmigungsantrags aussprachen, während nur 50 sich dagegen erklärten. Diese 61 für den Antrag abgegebenen Stimmen rühren von fünf Personen her, die, ebenso wie v. R., als Bevollmächtigte der Firma Ro. aufgetreten sind. Wie erwähnt, hat das Berufungsgericht bezüglich dieser fünf Personen, anders als bei v. R., keine Feststellung nach der Richtung getroffen, ob der für die Vollmacht geltenden Formvorschrift des § 252 Abs. 2 HGB. genügt ist. Das Berufungsgericht hat daher diesen Punkt noch zu prüfen und daraufhin die entscheidende Frage zu beantworten, ob und wieviele gültige Stimmen für den Genehmigungsantrag abgegeben wurden. Dabei ließe sich die Ungültigkeit dieser Stimmen nicht etwa schon damit begründen, daß die fraglichen fünf Personen, weil sie mit Untervollmacht v. R.s aufgetreten seien, ebenso wie dieser selbst nach § 252 Abs. 3 HGB. kein Stimmrecht gehabt hätten. Etwas anderes hätte in dieser Beziehung nur etwa dann zu gelten, wenn es sich nicht um eine wirkliche Übertragung der Vollmacht, sondern nur darum gehandelt hätte, daß die fünf Personen als sogenannte Strohmänner v. R.s auftreten, also genau wie er selbst ihre Stimmen abgeben sollten.

RGZ. 108, 41.

1. . . .

2. Hat der Aktionär, der einen Kapitalerhöhungsüberschuß erfolgreich angefochten hat, gegen die Gesellschaft einen Anspruch auf Herbeiführung der Löschung der den Beschluß betreffenden Handelsregistereinträge?

II. Zivilsenat. Urt. v. 18. Januar 1924.

I. Landgericht Hildesheim. — II. Oberlandesgericht Celle.

Aus den Gründen:

. . .

. . . Das Verfahren, das nach der erfolgreichen Anfechtung eines Generalversammlungsbeschlusses hinsichtlich der Registerführung einzuhalten ist, ist in § 273 HGB. dahin geregelt, daß der Vorstand das rechtskräftige Urteil unverzüglich zum Handelsregister einzureichen und der Registerrichter, wenn der Beschluß eingetragen war, auch das Urteil einzutragen hat. Dabei findet die allgemeine Vorschrift des § 14 a. a. O. Anwendung, wonach der Registerrichter eine zur Einreichung von Schriftstücken verpflichtete Person hierzu durch Ordnungsstrafen anzuhalten hat. Neben dem so geregelten Offizialverfahren ist für einen privatrechtlichen Löschungsanspruch der Aktionäre kein Raum.

RGZ. 108, 322.

1. Muß, wenn als Gegenstand der Tagesordnung der Generalversammlung einer Aktiengesellschaft eine Kapitalerhöhung unter Ausschluß des gesetzlichen Bezugsrechts der Aktionäre angekündigt wird, gleichzeitig kundgegeben werden, daß die Zuteilung junger Aktien an den Vorstand und den Aufsichtsrat beabsichtigt wird?

2. Kennzeichnet sich die von der Generalversammlung beschlossene Zuteilung von jungen Aktien an Vorstand und Aufsichtsrat als ein mit deren Mitgliedern vorgenommenes Rechtsgeschäft?

3. . . .

4. Wann ist die dem Aufsichtsrat durch Zuteilung junger Aktien gewährte Vergütung übermäßig und unzulässig?

II. Zivilsenat. Urt. v. 24. Juni 1924.

I. Landgericht Leipzig, Kammer für Handelssachen. — II. Oberlandesgericht Dresden.

. . .

Aus den Gründen:

Mit Recht hat das Berufungsgericht angenommen, daß die von der Verwaltung vorgenommene Veröffentlichung der Tagesordnung für die einzuberufende außerordentliche Generalversammlung den Vorschriften der §§ 256, 274 Abs 2 HGB. genüge. Die Absicht, die Vorzugsaktien und einen Teil der Stammaktien den Mitgliedern der Verwaltung zuzuteilen, brauchte nicht angekündigt zu werden. Es war bekanntgegeben worden, daß die Kapitalerhöhung unter Ausschluß des Bezugsrechts der Aktionäre stattfinden solle; damit mußte nach der neuzeitlichen Entwicklung des Aktienwesens jeder geschäftskundige Aktionär auf eine Zuteilung von jungen Aktien an ein Bankkonsortium oder an die Verwaltung gefaßt sein. Überdies war in der Veröffentlichung bemerkt worden, daß über die näheren Einzelheiten der Ausgabe der Aktien Beschluß zu fassen sei. Damit war auch insoweit Zweck und Gegenstand der Beschlußfassung ausreichend gekennzeichnet. Alle Einzelheiten der geplanten Ausführung anzukündigen war die Verwaltung nicht verpflichtet. Wünschte ein Aktionär noch genauere Auskunft, so stand es ihm frei, die Erteilung einer Abschrift der Anträge zu verlangen, HGB. § 256 Abs. 1 Satz 2. Es muß übrigens befremden, daß gerade der Kläger seine Anfechtung auf Verletzung der Vorschrift des § 256 HGB. stützt. Hat er doch unstreitig vor der Generalversammlung mit der Verwaltung in dem Sinne verhandelt, daß er einen Widerspruch gegen den zu fassenden Beschluß unterlassen werde, falls man ihm und seinem Anhang eine Beteiligung an den der Verwaltung zugedachten Aktien gewähre. Der Kläger für seine Person war also über den Gegenstand der bevorstehenden Beschlußfassung vollständig unterrichtet.

. . .

Der Ansicht des Berufungsrichters, daß die Mitglieder der Verwaltung von der Abstimmung nicht ausgeschlossen gewesen seien, weil die Beschlußfassung nicht die Vornahme eines Rechtsgeschäfts mit ihnen betroffen habe, kann — soweit die Vorzugsaktien in Frage kommen — nicht beigetreten werden. Unter Nr. 7 des Beschlusses wird zwar der Aufsichtsrat nur ermächtigt, 6000 Stammaktien einem Bankkonsortium zu überlassen und die restlichen 1000 Stück den Mitgliedern des Aufsichtsrats und des Vorstands zu je 1000% anzubieten. Eine Bindung des Aufsichtsrats war somit auch hinsichtlich dieser 1000 jungen Stammaktien nicht ausgesprochen, und er hatte — jedenfalls theoretisch — das Recht, auch in anderer Weise über die Aktien zu verfügen. Anders stand es aber nach Nr. 2 mit den 1000 Vorzugsaktien. Hier heißt es wörtlich: „Die Vorzugsaktien werden zu pari ausgegeben an die Mitglieder des Aufsichtsrats und des Vorstands." Das war nicht eine bloße Ermächtigung des Aufsichtsrats, die Vorzugsaktien — nach freiem Belieben — an die Mitglieder der Verwaltung abzugeben, sondern eine unmittelbare Abgabe der Vorzugsaktien an diese. Die Mitglieder der Verwaltung wurden durch die Beschlußfassung berechtigt, und es hätte einem jeden freigestanden, in Vollmacht der übrigen die Zuteilung an beide Organe gemeinsam zu verlangen. Richtig ist, daß die Generalversammlung über die Art der Verteilung der Aktien unter die einzelnen Mitglieder nichts beschlossen hat. Das ändert aber nichts daran, daß die Zuteilung selbst durch den Beschluß erfolgt ist. Dabei kann es keine Rolle spielen, ob in der Generalversammlung zur Sprache gebracht worden ist, es solle der Aufsichtsrat auch bezüglich der Vorzugsaktien zur Zuteilung an Aufsichtsrat und Vorstand nur ermächtigt werden, und daß tatsächlich nach Schluß der Generalversammlung auf Grund der vom Aufsichtsrat vorgenommenen Verteilung auch Beamten der Gesellschaft Vorzugsaktien angeboten wurden. Maßgeblich bleibt allein der Wortlaut des Beschlusses, wie er zur Eintragung gelangt. Erläuterungen, die in der Generalversammlung vorgenommen worden sind, können, falls sie mit dem klaren Wortlaut im Widerspruch stehen, nicht beachtet werden. Tatsächlich ist der Unterschied in der Fassung der Nr. 2 und 7 des Beschlusses um so weniger zu verstehen, als die Leitung der Generalversammlung in den Händen eines erfahrenen Rechtskundigen lag.

Im übrigen muß aber auch hier in Übereinstimmung mit dem Berufungsgericht der Anfechtung der Erfolg versagt werden, weil klar zutage liegt, daß der Beschluß nicht auf der Verletzung des § 252 Abs. 3 Satz 2 beruhen kann. . . .

RGZ. 110, 194.

1. Wann ist der Anfechtungsklage des § 271 HGB. der Erfolg deshalb zu versagen, weil der angefochtene Beschluß der Generalversammlung nicht auf dem gerügten Formverstoße beruht?

2. Hat ein Verstoß gegen § 274 Abs. 2 HGB. die Anfechtbarkeit des Statutenänderungsbeschlusses zur Folge?

II. Zivilsenat. Urt. v. 13. Februar 1925.

I. Landgericht Köln, Kammer für Handelssachen. — II. Oberlandesgericht daselbst.

Aus den Gründen:

. . .

Diese Beurteilung ist insoweit nicht zu beanstanden, als das Berufungsgericht den grundsätzlichen Standpunkt einnimmt, daß die Klage des § 271 HGB. nicht den Nachweis des ursächlichen Zusammenhanges zwischen dem gerügten Formverstoß und dem angefochtenen Beschluß erfordere, daß aber auch andererseits der Verstoß dann unschädlich sei, wenn die Gesellschaft ihrerseits dartue, daß der Beschluß nicht auf dem Verstoß beruhen könne. Das Reichsgericht hat sich schon mehrfach in diesem Sinn ausgesprochen (vgl. RGZ. Bd. 90 S. 206, 208, Bd. 103 S. 6), und auch die Revision erhebt nur Einwendungen nach der Richtung, daß das Berufungsgericht in den Anforderungen an die Bedeutungslosigkeit des Verstoßes zu weit gegangen sei. . . .

Der Angriff ist nicht begründet. Das Oberlandesgericht geht mit Recht davon aus, daß ein bei der Berufung oder Vorbereitung der Generalversammlung unterlaufener, an sich das Anfechtungsrecht begründender Formverstoß nicht schon deshalb als bedeutungslos angesehen werden kann, weil es unwahrscheinlich ist, daß der angefochtene Beschluß auf ihn beruht. Erst dann ist dem Verstoß die Erheblichkeit abzusprechen, wenn es klar zutage liegt, daß er die Beschlußfassung nicht beeinflussen konnte; das folgt nicht nur aus dem vom Berufungsgericht zutreffend gekennzeichneten Zweck der Formvorschriften, sondern auch daraus, daß grundsätzlich Ursächlichkeit des Verstoßes nicht erforderlich ist. Selbstverständlich haben bei der Prüfung der Frage, ob die Ursächlichkeit ausnahmsweise zu verneinen ist, Möglichkeiten der Einwirkung, die außerhalb jeder vernünftigen Berechnung liegen, außer Betracht zu bleiben. Daß aber das Berufungsgericht hiergegen gefehlt und rechtsirrig den gegebenen Fall noch als einen solchen angesehen hätte, bei dem die Möglichkeit eines anderen Ergebnisses der Beschlußfassung nicht von der Hand zu weisen ist, kann nicht anerkannt werden. Damit die 1198 Stimmen der Mehrheit nicht mehr die Dreiviertelmehrheit darstellten, wäre allerdings erforderlich gewesen, daß statt 1523 mindestens 1598 von den überhaupt vorhandenen 1600 Aktien in der Versammlung vertreten waren. Mag nun auch die Wahrscheinlichkeit, daß bei ordnungsmäßiger Vorbereitung der Versammlung dieses Mehr von Aktien mit dem vom Berufungsgericht als möglich angenommenen Erfolg vertreten gewesen wäre, äußerst gering sein, so läßt sich mangels jedes den Rest dieser Wahrscheinlichkeit aufhebenden tatsächlichen Anhalts doch nicht sagen, daß das Berufungsgericht mit einer Möglichkeit gerechnet hat, die nicht mehr in Betracht kommen konnte.

. . .

. . . Die Ankündigung „Statutenänderung des § 1 betreffend Zweck des Unternehmens" ergab entgegen § 274 Abs. 2 HGB. nichts über den wesentlichen Inhalt der beabsichtigten Änderung. Daß die Verletzung der eben erwähnten Vorschrift die Anfechtbarkeit des gefaßten Beschlusses zur Folge hat, wird von dem erkennenden Senat in Übereinstimmung mit der herrschenden Lehre in ständiger Rechtsprechung angenommen (vgl. RGZ. Bd. 68 S. 232). . . .

RGZ. 112, 19.

1. Inwieweit können bei Aktiengesellschaften Einnahmen aus der Beteiligung an anderen Unternehmungen, wenn sie in dem für die Bilanzaufstellung maßgebenden Zeitpunkte noch nicht rechtlich feststehen, in die Bilanz über das abgelaufene Geschäftsjahr aufgenommen werden?

2. Über die rechtliche Bedeutung der Bilanzunterzeichnung gemäß § 41 HGB. Kann der Prokurist einer Kommanditgesellschaft einen persönlich haftenden Gesellschafter hierbei vertreten?

3. Unter welchen Voraussetzungen äußert die erfolgreiche Anfechtung des Beschlusses über die Genehmigung der Bilanz ihre Wirkung auch auf die Anfechtung des Beschlusses über die Entlastung des Vorstands und Aufsichtsrats?

HGB. §§ 39—41, 260 flg., 271 flg.

II. Zivilsenat. Urt. v. 23. Oktober 1925.

I. Landgericht Meiningen. — II. Oberlandesgericht Jena.

. . .

Das Landgericht wies die Klage ab; das Oberlandesgericht dagegen erklärte die beanstandeten Beschlüsse für nichtig. Die Revision der Beklagten blieb ohne Erfolg.

Aus den Gründen:

Die Klägerin hat die Generalversammlungsbeschlüsse vom 10. Dezember 1921 angefochten, weil zur Ermöglichung der Dividendenverteilung in Höhe von 6 % 50 000 M Gewinnanteil aus der Beteiligung der Beklagten an der Kommanditgesellschaft „Brauhaus Sonneberg" als Teil des Rohgewinns in die Bilanz aufgenommen seien, obwohl ein Gewinn aus jener Beteiligung noch nicht rechtswirksam festgesetzt gewesen und im Geschäftsjahre 1920/21 bei der Kommanditgesellschaft überhaupt kein Gewinn erzielt, sondern infolge ungünstiger Abwicklung eines Geschäfts auf Lieferung von amerikanischem Malz mit Verlust gearbeitet worden sei. . . .

Den Revisionsangriffen ist der Erfolg zu versagen.

Der Zweck der Vorlegung der Bilanz in der Generalversammlung ist die richtige und zuverlässige Darlegung und Feststellung des Vermögensstandes des Unternehmens in allen wesentlichen Beziehungen für den Zeitpunkt, auf den sich die Bilanz bezieht. Aus §§ 39 und 40 HGB. ergibt sich, daß bei der Bilanzaufstellung nur solche Vermögensgegenstände berücksichtigt werden dürfen, die im maßgebenden Zeitpunkt rechtlich zum Vermögen der Gesellschaft gehören. Diesen Grundsätzen würde es widersprechen, wenn man in die Bilanz als Aktiva solche Werte einstellte, die der Gesellschaft rechtlich noch nicht zustehen. Entscheidend für die Frage, ob die Gesellschaft einen rechtlichen Anspruch auf den Gewinnanteil aus der Kommanditgesellschaft hatte, ist der Zeitpunkt, der für die Bilanzaufstellung maßgebend war, also der Schluß des Geschäftsjahres 1920/21: der 30. September 1921.

Die Berücksichtigung des Gewinnanteils bei der Bilanz und Gewinnverteilung der Beklagten ist schon deshalb zu beanstanden, weil für die Beklagte innerhalb des Geschäftsjahres 1920/21 ein Anspruch auf Gewinn aus der Beteiligung an der Kommanditgesellschaft noch gar nicht entstanden war. Auch das Geschäftsjahr der Kommanditgesellschaft lief erst mit dem 30. September ab, der für die beklagte Aktiengesellschaft der maßgebende Zeitpunkt für die Bilanzaufstellung war. Von einem bestimmten Gewinnanspruch konnte in diesem Zeitpunkt noch nicht die Rede sein. In die Bilanz können aber regelmäßig nur solche Werte aufgenommen werden, die am Stichtage für die Bilanzaufstellung schon feste rechtliche Gestalt angenommen haben. Das ist noch nicht der Fall bei Ansprüchen auf gesellschaftlichen Gewinn, der erst durch das Zusammenwirken der Gesellschaftsorgane festgesetzt werden muß. Es genügt nicht, wenn zur Zeit der späteren tatsächlichen Bilanzaufstellung das Bestehen eines Gewinns festgestellt wird. Selbst wenn im Hinblick auf das Zusammenfallen der beiderseitigen Geschäftsjahre die schätzungsweise Aufnahme von bloßen Gewinnaussichten unter besonderen Umständen mit den Grundsätzen einer ordnungsmäßigen Bilanzaufstellung verträglich sein sollte, so kann doch dieser Gesichtspunkt hier nicht in Betracht kommen, weil es sich bei den 50 000 M nicht um eine bloße Schätzung von Gewinnaussichten handelt, dieser Betrag vielmehr im Geschäftsbericht als ein bereits festgestellter und der Gesllschaft zugeflossener Vermögenswert bezeichnet wird. Außerdem würde bei der gegebenen Sachlage die bloß schätzungsweise Aufnahme von Gewinnaussichten deshalb nicht haben erfolgen können, weil zur Zeit der Bilanzvorlegung jede sichere Grundlage fehlte, ob es überhaupt noch zu einer Gewinnverteilung kommen werde. Darauf, daß später, im neuen Geschäftsjahr, der Beklagten die 50 000 M tatsächlich zugeflossen sind, kann für die Frage, ob ihr im entscheidenden Zeitpunkt, dem 30. September 1921, ein derartiger Vermögenswert schon zustand, kein Gewicht gelegt werden. Diese Zuweisung erfolgte außerdem gegen den Widerspruch des einen Komplementärs auf Veranlassung des andern, der bei dem Zahlungsgeschäft zugleich die Beklagte als Vorstandsmitglied vertrat. Die Zuweisung konnte auch nur dann rechtliche Bedeutung haben, wenn wirklich ein rechtlich begründeter Anspruch auf den Gewinnanteil bestand und eine wirksame Festsetzung des Gewinns durch die Organe der Kommanditgesellschaft bereits erfolgt war. Das aber ist vom Berufungsgericht ohne Rechtsirrtum verneint worden. . . .

. . . Es ist zutreffend, wenn das Berufungsgericht für die in § 41 HGB. vorgeschriebene Unterzeichnung der Bilanz bei der Kommanditgesellschaft die Unterschrift aller persönlich haftenden Gesellschafter verlangt (§ 41 Abs. 1 Satz 2 HGB.) und eine Vertretung durch einen Prokuristen bei dieser Rechtshandlung für unzulässig hält. Es handelt sich hier um eine höchstpersönliche Rechtshandlung, auf die sich die weitgehende Ermächtigung der Prokuristen in § 49 Abs. 1 HGB. nicht erstreckt. Das Oberlandesgericht verkennt auch nicht, daß die Unterzeichnung der Bilanz durch alle persönlich haftenden Gesellschafter kein derart wesentliches Erfordernis ist, daß davon schlechthin der Rechtsbestand der Bilanz abhängig wäre. Es hebt vielmehr ausdrücklich hervor, daß unter Umständen eine Bilanz trotz einer fehlenden Unterschrift als vorhanden gelten kann, nämlich dann, wenn sich aus der Sachlage zweifellos ergibt, daß die Bilanz in der vorliegenden Form von dem Kaufmann als seine Bilanz anerkannt wird, für die er die Verantwortung übernehmen will (RGSt. Bd. 7 S. 87, Bd. 8 S. 424/27;

JW 1898 S. 438). Wenn hier das Vorliegen solcher Voraussetzungen verneint und das Fehlen der Unterschrift bei der festgestellten Sachlage dafür verwertet wird, daß es zu einer endgültigen Festsetzung der Bilanz und zu der auf ihr beruhenden Gewinnverteilung noch nicht gekommen sei, so läßt das keinen Rechtsirrtum erkennen. Der Hinweis der Revision darauf, daß das Handelsgesetzbuch für Gesellschafterbeschlüsse bei Kommanditgesellschaften keine besonderen Förmlichkeiten aufstellt, ist zwar richtig; die daraus gezogene Schlußfolgerung, daß in der Teilnahme des persönlich haftenden Gesellschafters B. an der Beratung der dem Verwaltungsbeirat vorgelegten Bilanz eine rechtswirksame Anerkennung der Bilanz zu finden sei, kann aber nach der vom Berufungsgericht festgestellten Sachlage trotzdem nicht als zutreffend erachtet werden. Die Bilanz bedurfte, auch wenn sie, wie die Vorinstanz ja annimmt, in ihren Grundzügen genehmigt war, in den einzelnen vorbehaltenen Punkten noch einer Ergänzung und mußte mit diesen Ergänzungen von beiden persönlich haftenden Gesellschaftern anerkannt werden. . . .

Lag mithin eine abgeschlossene Festsetzung der Bilanz und des aus ihr sich ergebenden Gewinnes für das Jahr 1920/21 noch nicht vor, so durfte auch aus diesem Grunde der Gewinnanteil keinesfalls als Aktivum in die Bilanz der Beklagten aufgenommen und für die Dividendenfestsetzung berücksichtigt werden. Die durch den angefochtenen Beschluß festgestellte Bilanz entsprach also nicht den tatsächlichen Verhältnissen; sie und die auf ihr beruhende Gewinnverteilung verstießen gegen das Gesetz, und der Beschluß der Generalversammlung ist daher mit Recht für nichtig erklärt worden.

Wenn die Revision endlich noch beanstandet, daß das Berufungsgericht den Generalversammlungsbeschluß ohne weiteres auch insoweit, als er die Entlastung des Vorstands und Aufsichtsrats betrifft, für nichtig erklärt habe, obwohl doch eine getrennte Betrachtung der Anfechtung der Bilanzgenehmigung und Gewinnverteilung einerseits und der Entlastung anderseits hätte erfolgen müssen und hinsichtlich des Entlastungsbeschlusses irgendwelche Verstöße gegen das Gesetz nicht behauptet seien, so greift dieser Einwand ebenfalls nicht durch. Aus § 260 HGB. folgt allerdings nicht, daß über die Bilanzgenehmigung sowie über die Entlastung des Vorstands und Aufsichtsrats nur einheitlich abgestimmt werden kann. Es handelt sich begrifflich um verschiedene Fragen, und die Beschlußfassung über sie kann deshalb eine verschiedene sein. Die Genehmigung der Bilanz enthält nicht notwendig schon eine Entlastung, und umgekehrt kann trotz Beanstandung von Ansätzen in der Bilanz die Geschäftsführung des Vorstands und Aufsichtsrats als ordnungsmäßig anerkannt werden (RGZ. Bd. 49 S. 141). Nicht jeder Anfechtungsgrund für den Beschluß auf Genehmigung der Bilanz äußert also ohne weiteres auch seine Wirkung auf den Entlastungsbeschluß. Immerhin hängt die Frage der Entlastung oft eng zusammen mit der Prüfung und Genehmigung der Jahresbilanz (Denkschrift zum Handelsgesetzbuch vom 10. Mai 1897 und RGZ. Bd. 44 S. 66). Das trifft besonders dann zu, wenn geltend gemacht wird, daß die in der Bilanz enthaltene Rechnungslegung unvollständig und nicht ordnungsmäßig sei. Wird in einem solchen Falle die Genehmigung der Bilanz mit Grund angefochten, so kann aus dem gleichen Grunde auch die auf die fehlerhafte Bilanz hin ausgesprochene Entlastung des Vorstands und Aufsichtsrats beanstandet werden (RGZ. Bd. 34 S. 57). Dem steht nicht entgegen, daß in der Generalversammlung die Mehrheit bei Erteilung der Entlastung auf Ansprüche aus Verstößen der Verwaltung verzichten kann, soweit das nicht dem § 826 BGB. widerspricht. Das setzt immer voraus, daß die Rechnungslegung der zu entlastenden Organe vollständig und ordnungsmäßig war. Auf eine richtige Rechnungslegung haben auch die Mitglieder der Minderheit Anspruch; sie können bei Mängeln in dieser Beziehung den Entlastungsbeschluß anfechten. Hiernach war es nicht rechtsirrig, wenn bei der hier gegebenen Sachlage das Berufungsgericht auch den Beschluß über die Entlastung für nichtig erklärt hat.

RGZ. 112, 109.

1. Bezieht sich eine Vorschrift der Satzung, welche die Ausübung des Stimmrechts von der Erfüllung gewisser Förmlichkeiten abhängig macht, ohne weiteres auch auf das Recht zur Teilnahme an der Versammlung?

2. Zum Begriff der Hinterlegung nach § 255 Abs. 2 HGB.

3. Kann die von der Hinterlegungsstelle zugelassene Art der Hinterlegung noch in der Generalversammlung beanstandet werden?

4. Unter welchen Voraussetzungen kann der Ausschluß von Aktionären von der Teilnahme an der Generalversammlung wegen formeller Bedenken gegen die Art der Hinterlegung einen Verstoß gegen die guten Sitten enthalten?

HGB. §§ 250, 252, 255, 271. BGB. § 138.

II. Zivilsenat. Urt. v. 17. November 1925.

I. Landgericht Frankfurt a. M., Kammer für Handelssachen. — II. Oberlandesgericht daselbst.

Aus den Gründen:

Die Kläger fechten in erster Linie den Beschluß über ihre Ausschließung von der Beratung und Abstimmung an. Dringen sie mit ihrer Klage insoweit durch, so hat das ohne weiteres zur Folge, daß die anderen, von den Klägern gleichfalls angefochtenen sachlichen Beschlüsse, die nach der Ausschließung gefaßt wurden, ebenfalls nichtig sind. Die Ausschließung der Kläger und einer Reihe anderer Aktionäre ist deshalb erfolgt, weil sie ihre Aktien nicht nach Vorschrift des § 14 der Satzung vor der Generalversammlung hinterlegt hätten. Nach dem Protokoll wurden diese Aktionäre nicht nur von der Ausübung des Stimmrechts, sondern überhaupt von der Teilnahme an der Versammlung (Beratung) ausgeschlossen; es wurde ihnen also auch jede Möglichkeit entzogen, zu den Gegenständen der Tagesordnung zu sprechen und Anträge zu stellen; sogar die Aufnahme eines Widerspruchs des Klägers Dr. G. gegen den Ausschließungsbeschluß ist abgelehnt worden.

Das Stimmrecht ist nur eine der den Inhalt des Teilnahmerechts bildenden Befugnisse; das Teilnahmerecht ist der weitere Begriff und umfaßt auch die Ausübung des Stimmrechts. Sind die Voraussetzungen der Satzung für die Teilnahme an der Generalversammlung nicht gegeben, so entfällt selbstverständlich auch die Möglichkeit der Stimmrechtsausübung in der Versammlung. Aber ein Ausschluß oder eine Beschränkung des Stimmrechts läßt regelmäßig das Recht der Teilnahme unberührt. . . . Regelmäßig ist davon auszugehen, daß eine Vorschrift der Satzung, die die Ausübung des Stimmrechts von der Erfüllung gewisser Förmlichkeiten abhängig macht, sich nicht ohne weiteres auch auf das Teilnahmerecht bezieht. Daß Teilnahmerecht und Stimmrecht bezüglich ihrer Voraussetzungen in der Satzung unterschiedlich behandelt werden können, hat der erkennende Senat in dem Urteil vom 17. Januar 1919 — Leipziger Zeitschrift 1919 Sp. 881 — bereits ausgesprochen. Hier bietet die Satzung der Beklagten, namentlich der § 14 keinen Anhalt dafür, daß die Hinterlegung der Aktien auch eine Voraussetzung für die Teilnahme an der Generalversammlung bilden sollte. . . . Selbstverständlich dürfen an einer Generalversammlung nur solche Personen teilnehmen, die sich in irgendeiner Weise als Aktionäre ausweisen, und hat die Generalversammlung das Recht, die Legitimation ihrer Teilnehmer zu prüfen. Aber für die bloße Teilnahme braucht nach der Satzung der Nachweis nicht, wie beim Stimmrecht, durch die Hinterlegung zu erfolgen. Die gegenteilige, in der mündlichen Verhandlung vor dem Revisionsgericht geltend gemachte Auffassung der Beklagten findet im Gesetze und in § 14 der Satzung keine Stütze. Zweifel daran, daß die Kläger Aktionäre oder Vertreter von Aktionären waren, sind in der Generalversammlung nicht erhoben worden und bestehen nicht.

Hiernach war es nicht zulässig, die Kläger wegen Mängel der Aktienhinterlegung auch von der Beratung in der Versammlung auszuschließen. Dieser von den Vorinstanzen nicht berücksichtigte rechtliche Gesichtspunkt läßt den in erster Linie angefochtenen Beschluß jedenfalls insofern als nichtig erscheinen, als er die Kläger auch von der Teilnahme an der Versammlung ausschloß. Schon das würde die Anfechtbarkeit auch der anderen in der Generalversammlung gefaßten Beschlüsse begründen, da den Klägern damit die Möglichkeit genommen wurde, durch Stellung von Anträgen und durch Rechtsausführungen die Beschlußfassung über die weiteren Punkte der Tagesordnung zu beeinflussen oder mindestens eine Vertagung zwecks Nachholung der Förmlichkeiten der Hinterlegung zu erreichen.

Dem Berufungsgericht kann aber auch darin nicht entgegengetreten werden, daß es in dem von der Mehrheit eingeschlagenen Verfahren, das einer größeren Anzahl von Aktionären die Vertretung ihrer Mitgliederrechte unmöglich machte, unter den gegebenen Umständen einen Verstoß gegen die guten Sitten erblickt und aus diesem Grunde die angefochtenen Beschlüsse für nichtig hält. Zwar ist dem Berufungsurteil darin nicht zuzustimmen, daß die von den Klägern geübte Art der Hinterlegung überhaupt nicht mehr habe beanstandet werden dürfen, und die Kläger auch zur Abstimmung hätten zugelassen werden müssen. Das Oberlandesgericht erwägt, daß die Einladung der Beklagten zur Generalversammlung nach § 133 BGB. auszulegen sei, und daß nach der „Abwandlung", die der Begriff der Hinterlegung in den hier vorliegenden Fällen unter dem Einfluß der Inflation erfahren, die Beklagte das früher nicht beanstandete und von der Vertrauensbank geübte Verfahren nicht habe als ungültig behandeln dürfen. Jedenfalls verstoße es gegen die guten Sitten, wenn hier die Mehrheit der Aktionäre unter dem äußeren Schein der Gesetzmäßigkeit die nicht vollständige Wahrung der äußeren Formen dazu benutze, um die ihr unbequeme Gegnerschaft der Kläger mundtot zu machen.

Mit Recht wird von der Revision die Annahme des Berufungsgerichts von einer „Abwandlung" des Begriffs der Hinterlegung im

Sinne von § 255 HGB. beanstandet. Die Hinterlegung, von der nach § 255 HGB. die Ausübung des Stimmrechts abhängig gemacht werden kann, soll dazu dienen, die Feststellung der Legitimation der Mitglieder in der Versammlung zu erleichtern und Mißbräuchen in der Benutzung von Aktien zu Stimmzwecken kurz vor der Versammlung entgegenzutreten; vgl. auch die Strafvorschrift in § 316 HGB. Diesem Zwecke wird nur eine tatsächliche Niederlegung der Aktien an der Hinterlegungsstelle gerecht. Abgesehen von der gesetzlich in allen Fällen zugelassenen Hinterlegung bei einem Notar bietet nur die Niederlegung der Aktien bei der in der Bekanntmachung bezeicheten Stelle, die das Vertrauen der Gesellschaft genießt, die bestimmte Gewähr dafür, daß die Aktien bis zur Generalversammlung auch wirklich der tatsächlichen Verfügung der Aktionäre entzogen sind. Der Begriff der Hinterlegung in § 255 HGB. und in den auf diese Vorschrift sich stützenden Bestimmungen der Satzung deckt sich mit dem der Verwahrung im Sinne von §§ 688 flg. BGB., die ebenfalls eine tatsächliche Übergabe der aufzubewahrenden Sache an den Verwahrer zur Voraussetzung hat. Von diesem Standpunkt aus ist es zwar zulässig, daß die Niederlegung auch in den Zweigstellen der für die Hinterlegung bestimmten Bank erfolgt, da diese den Weiungen der Zentrale nachzukommen haben, also lediglich als ihre Besitzdiener (§ 855 BGB.) anzusehen sind, während der unmittelbare Besitz der Bank selbst zusteht. Der mittelbare Besitz, wie ihn die Bank an den bei andern Banken in Verwahrung befindlichen Aktien erlangt, wenn diese sich ihr gegenüber verpflichten, die Aktien bis zur Generalversammlung zu treuen Händen für die Hinterlegungsstelle zu verwahren, kann aber als Hinterlegung im Sinne des Gesetzes und der einer Hinterlegung anordnenden Satzungsvorschriften nicht angesehen werden, weil es der Hinterlegungsstelle in diesem Falle an der eigenen tatsächlichen Verfügungsgewalt über die Aktien fehlt. Deshalb genügte die von den Klägern beobachtete Form der Hinterlegung ihrer Aktien bei der Firma Str. & Co. dem § 14 des Statuts nicht; blieben doch die Aktien in Verwahrung bei der Bank der Kläger, die lediglich die Erklärung abgab, sie bis zur Generalversammlung zu treuen Händen behalten zu wollen. Die von den Klägern in der Revisionsinstanz vertretene Auffassung, daß sich aus den Worten des § 14 „bei einer der in der öffentlichen Bekanntmachung zu b e z e i c h n e n d e n Stellen zu hinterlegen" die Befugnis des Vorstands oder Aufsichtsrats ergebe, die hier geübte Art der Hinterlegung zuzulassen, kann nicht für zutreffend erachtet werden.

Jedenfalls fehlt auch in der Einladung jede Erklärung nach dieser Richtung.

Unrichtig ist es überhaupt, wenn das Berufungsgericht wesentliches Gewicht auf die Auslegung der Einladung zur Generalversammlung legt. Maßgebend ist allein § 14 der Satzung, der für eine von der allgemeinen Meinung abweichende Auffassung der Hinterlegung keinen Anhalt bietet. Daß für den örtlichen Kreis Frankfurt ein Handelsgebrauch bestanden habe, der die von den Klägern geübte Art der Hinterlegung für allgemein zulässig hielt, hat das Oberlandesgericht nicht festgestellt. Daß man im Aktienverkehr wegen der Schwierigkeiten der tatsächlichen Hinterlegung der Aktien während der Inflationszeit sich vielfach mit einer solchen abgeschwächten Form der Hinterlegung begnügte, kann nicht die Wirkung haben, die klare Vorschrift der Satzung inhaltlich zu ändern.

Ebensowenig entzog der Umstand, daß die Hinterlegungsbank Str. & Co. selbst das Verfahren gebilligt hatte, der Generalversammlung das Recht der Beanstandung. Nicht die Hinterlegungsstelle hat die Art der Hinterlegung zu bestimmen; dafür war allein die Satzung maßgebend, und die Entscheidung über die Ordnungsmäßigkeit der Hinterlegung stand auf Grund der Satzung der Generalversammlung zu, welche die Legitimation ihrer Mitglieder zu prüfen und über die Zulassung zunächst zu befinden hat (RGZ. Bd. 106 S. 258). Das Verhalten der Hinterlegungsbank beeinträchtigte nicht die Befugnis der Generalversammlung, eine mit der Satzung nicht im Einklang stehende Hinterlegungsform zu bemängeln und die Aktionäre wegen Nichterfüllung der statutarischen Voraussetzungen von der Ausübung des Stimmrechts auszuschließen. Auch die bloße Nichtbeanstandung dieser Art der Hinterlegung in den früheren Generalversammlungen hinderte nicht, daß bei der jetzigen Abstimmung auf Innehaltung der Satzungsvorschriften bestanden wurde. Nachdem einmal die Mängel der Hinterlegung in der Generalversammlung hervorgehoben worden waren, mußte die Versammlung sich bei ihrer Entscheidung an die Satzung halten, um der Gefahr einer Anfechtung der Beschlüsse zu begegnen. Allerdings hätten die Beschlüsse, falls keine Beanstandung erfolgt wäre, wegen solcher Mängel nicht für nichtig erklärt werden können (Urteil vom 19. Oktober 1904, I 247/04, im Recht 1905 S. 22), aber angesichts des Widerspruchs durfte beim Fehlen der satzungsgemäßen Voraussetzungen eine Zulassung zur Ausübung des Stimmrechts nicht stattfinden.

Die Nichtzulassung der Kläger zur Abstimmung in der Generalversammlung verstößt also an sich weder gegen das Gesetz noch gegen die Satzung. Eine andere Frage aber ist, ob es nicht als grobe Verletzung von Treu und Glauben im aktienrechtlichen Verkehr und deshalb als sittenwidrig anzusehen ist, wenn unter den gegebenen Verhältnissen, obwohl mehr als die Hälfte der erschienenen Stammaktionäre wegen ungenügender Erfüllung der Satzungsvorschrift über die Hinterlegung sich als nicht stimmberechtigt herausgestellt hatte, trotzdem zur Beschlußfassung über die Tagesordnung geschritten und so den ausgeschlossenen Aktionären die Möglichkeit entzogen wurde, bei den zu treffenden wichtigen Verwaltungsmaßnahmen ihre Interessen wahrzunehmen. In dieser Beziehung gewinnen die von den Vorinstanzen hervorgehobenen besonderen Umstände eine wesentliche Bedeutung. Nach der Feststellung des Berufungsgerichts wurde in Frankfurt die hier geübte Art der Hinterlegung vielfach als zur Erfüllung derartiger Satzungsbestimmungen ausreichend angesehen und bei Generalversammlungen von Aktiengesellschaften nicht beanstandet; auch die Beklagte hatte in ihren beiden früheren Generalversammlungen gegen die Zulassung von so hinterlegten Aktien zur Abstimmung keinen Widerspruch erhoben, wenn die Frage auch nicht ausdrücklich zur Sprache gekommen war. Jedenfalls war den Gesellschaftsorganen diese tatsächliche Übung bekannt und hatten sie keine Veranlassung genommen, ihre Bedenken dagegen in der Bekanntmachung oder durch eine entsprechende Anweisung an die Hinterlegungsbank zum Ausdruck zu bringen, um Mängeln der Hinterlegung vorzubeugen. Tatsächlich sind mehr als die Hälfte der Stammaktionäre in einem nach den Umständen entschuldbaren Vertrauen auf die vielfach bestehende Übung und auf die frühere Nichtbeanstandung unter Billigung der Hinterlegungsbank dazu gekommen, den satzungsgemäßen Vorschriften über die Hinterlegung nicht voll zu genügen. Bei dieser Sachlage widerspricht es Treu und Glauben und verstößt es gegen die guten Sitten des aktienrechtlichen Verkehrs, wenn die Mehrheit in der Generalversammlung diese Mängel der Hinterlegung dazu benutzte, um einen großen Teil der in der Versammlung erschienenen Aktionäre von der Mitwirkung bei der bevorstehenden Beschlußfassung auszuschließen. Dabei ist es von besonderer Bedeutung, daß es sich in der betreffenden Versammlung um Beschlüsse handelte, welche die Rechte der Aktionäre, nämlich den Wert ihrer Anteile am Gesellschaftsvermögen mit Rücksicht auf die Umstellung des Grundkapitals auf Goldmark, in erheblichem Maße beeinflußten; es war deshalb noch besonders angebracht, auch die

Minderheit mit ihrer Auffassung zum Wort kommen zu lassen. Unter diesen Umständen hätte es den Anschauungen eines redlichen, anständigen Geschäftsverkehrs entsprochen, die Beschlußfassung in der Generalversammlung auszusetzen und durch eine Vertagung denjenigen Aktionären, welche in entschuldbarer Weise die Voraussetzungen für die Ausübung des Stimmrechts nicht erfüllt hatten, Gelegenheit zu geben, die Förmlichkeiten nachzuholen und ihre gesellschaftlichen Rechte in einer neuen Generalversammlung geltend zu machen. Wenn dagegen die Mehrheit, ohne Rücksicht auf die Interessen der ausgeschlossenen Aktionäre und ohne diese überhaupt zu Worte kommen zu lassen, gestützt auf das formale Recht die Beschlußfassung lediglich in der Absicht, die ihr unbequeme Gegnerschaft der Kläger mundtot zu machen, durchführte (wie das Berufungsgericht als erwiesen annimmt), so verstieß dies gegen die guten Sitten des Gesellschaftsrechts und mußte dies die Nichtigerklärung der gefaßten Beschlüsse nach sich ziehen. Der Umstand allein, daß zu befürchten war, der Kläger Dr. G. würde sich seinerseits auf Ordnungswidrigkeiten des Verfahrens bei Einberufung der Generalversammlung berufen, um die in ihr gefaßten Beschlüsse anzufechten, reicht nicht aus, um es zu rechtfertigen, daß die gegebene Sachlage zur völligen Lahmlegung der Minderheit in der Geltendmachung ihrer Mitgliederrechte bei der Abstimmung über wichtige Gesellschaftsangelegenheiten ausgenutzt wurde.

RGZ. 113, 188.

1. Steht die Schaffung von Stammaktien, die nach der Ausgabe für die Zwecke der Gesellschaft gebunden sind (Schutzaktien), mit den Grundsätzen des Aktienrechts in Widerspruch?

2. Unter welchen Voraussetzungen ist der Beschluß auf Bildung von Schutzaktien wegen Verstoßes gegen die guten Sitten nichtig?

HGB. §§ 178 flg., 185, 271 flg.
II. DurchfVO. zur GoldbilanzenVO. vom 28. März 1924 §§ 30 flg.
BGB. § 138.

II. Zivilsenat. Urt. v. 30. März 1926.

I. Landgericht Cottbus. — II. Kammergericht Berlin.

. . .

Aus den Gründen:

. . .

Bei dem Beschluß zu Nr. 1 der Tagesordnung handelt es sich nach den vom Vorstand in der Generalversammlung abgegebenen Erklärungen um die Schaffung von sogenannten Schutzaktien. Die Aktien sollten einer der Beklagten nahestehenden Gesellschaft zum Nennbetrag übergeben werden mit der Verpflichtung, sie der Beklagten auf Verlangen jederzeit zur Verfügung zu stellen. Die Verwaltung wollte damit einer von ihr angenommenen Gefahr der äußeren und inneren Überfremdung entgegentreten. Die Schutzaktien wie auch die Vorratsaktien (von welch letzteren jene nicht streng zu sondern sind, da der Schutzzweck oft mit dem Zwecke der Verwendung für eine spätere Kapitalbeschaffung verbunden ist) unterscheiden sich in der rechtlichen Ausgestaltung nicht von den übrigen Stammaktien und bilden deshalb keine besondere Gattung von Aktien im Sinne von § 185 HGB. Ihr Merkmal ist die Gebundenheit für Zwecke der Gesellschaft, auch nach der Ausgabe der Aktien. Der Übernehmer der Aktien wird durch Vereinbarung mit der Gesellschaft in der Verfügung über die Aktien beschränkt, so daß die Gesellschaft die Möglichkeit behält, im Rahmen der Vereinbarung demnächst anderweit über sie zu verfügen. Der Übernehmer hat in gewissem Sinne nur die Stellung eines Treuhänders und darf gemäß der Vereinbarung von seinen Rechten als Aktionär nur im Interesse der Gesellschaft Gebrauch machen. Soweit der Übernehmer verpflichtet ist, nach den Weisungen der Gesellschaft zu stimmen, oder deren Organe, etwa durch Aktienbesitz, sonst bestimmenden Einfluß auf die Willensentschließungen haben, ist die Verwaltung in der Lage, durch Schaffung von Schutzaktien die Abstimmungen in der Generalversammlung maßgebend zu beeinflussen. Ob die Übernahme der Aktien in solchen Fällen durch eine bereits bestehende Rechtspersönlichkeit erfolgt oder eine solche erst von der Verwaltung ins Leben gerufen wird, oder ob endlich die Verwaltungsorgane selbst unmittelbar die Aktien übernehmen, macht rechtlich keinen Unterschied. Wesentlich für die Natur der Aktien als Schutz- oder Vorratsaktien ist die Gebundenheit des ersten Übernehmers für die Zwecke der Gesellschaft, und damit für diese die Möglichkeit, unter gewissen Voraussetzungen weitere Verfügungen über die Aktien zu treffen.

Das Berufungsgericht geht davon aus, daß derartige Schutz- und Vorratsaktien in den Vorschriften des Handelsgesetzbuchs zwar keine unmittelbare Grundlage finden, mit ihnen aber auch nicht in Widerspruch stehen. Es weist mit Recht darauf hin, daß die wirtschaftlichen Verhältnisse der Nachkriegszeit bei den Aktiengesellschaften vielfach zu besonderen Maßnahmen geführt haben, um den Einfluß der Verwaltung gegenüber der in der Mehrheit der Aktionäre sich verkörpernden Macht des beteiligten Kapitals auch bei den Abstimmungen in der

Generalversammlung zu stärken, und daß die Vorschriften der §§ 185 und 252 Abs. 1 Satz 3 HGB. im Zusammenhang mit der Möglichkeit des Ausschlusses des Bezugsrechts der Aktionäre nach § 282 daselbst vielfach zur Durchführung solcher Bestrebungen benutzt worden seien. Der erkennende Senat hat die Berechtigung solcher Bestrebungen in RGZ. Bd. 107 S. 67, Bd. 108 S. 322 anerkannt. Die Grundsätze, die für den Fall der Zuweisung von Vorzugsaktien an die Mitglieder der Verwaltung unter Ausschluß des allgemeinen Bezugsrechts der Aktionäre dort aufgestellt sind, haben in gleicher Weise Anwendung zu finden bei der Schaffung von Stammaktien als Schutzaktien. Von der Zulässigkeit derartiger Aktien geht auch die neuere Gesetzgebung aus, indem sie in der II. DVO. zur GBVO. §§ 30 flg. die Schutz- oder Vorratsaktien einer besonderen Regelung bei der Umstellung des Aktienkapitals auf Goldmark unterwirft. Damit wird zum Ausdruck gebracht, daß die Schaffung solcher Aktien nach den Vorschriften des Aktienrechts an sich rechtlich möglich ist.

Die bloße Gefahr eines Mißbrauchs der auf solche Weise in die Hände der Verwaltung gelegten außerordentlichen Machtbefugnisse gegenüber den anderen Aktionären kann nicht dazu führen, derartige Maßnahmen schlechthin als mit den Grundsätzen des Aktienrechts unvereinbar zu bezeichnen. Mit Recht weist das Berufungsgericht darauf hin, daß im Falle eines Mißbrauchs der einzelne Aktionär Generalversammlungsbeschlüsse anfechten und eine Minderheit von Aktionären sich gegen Handlungen des Vorstands und Aufsichtsrats im Klageweg Geltung verschaffen kann. Gegenüber der Meinung der Revision, daß von solchem Vorgehen wegen der Schwierigkeit des Beweises eines Mißbrauchs selten ein Erfolg zu erwarten sei, ist darauf hinzuweisen, daß die Gerichte mehrfach zur Annahme eines mißbräuchlichen Vorgehens der die Mehrheit verkörpernden Verwaltung im Sinne eines Verstoßes gegen die guten Sitten gelangt sind; vgl. aus der reichsgerichtlichen Rechtsprechung RGZ. Bd. 107 S. 72, Bd. 108 S. 41, Bd. 112 S. 14.

Es kommt mithin für die Entscheidung des Rechtsstreits im wesentlichen darauf an, ob der Beschluß über die Schaffung der 100 Millionen Stammaktien einen Verstoß gegen die guten Sitten enthielt. Daß nicht schon die Art und Weise seines Zustandekommens, das Vorgehen der Verwaltung bei der Ankündigung der Tagesordnung und der Vertretung ihrer Anträge in der Generalversammlung sittenwidrig war, ist schon hervorgehoben. Die Frage der Sittenwidrigkeit des Beschlusses selbst hat das Berufungsgericht aus zutreffenden Erwägungen verneint. Es geht in Übereinstimmung mit der Rechtsprechung des Reichsgerichts (vgl. RGZ. Bd. 107 S. 72, S. 202, Bd. 112 S. 14) davon aus, daß es hierbei nicht sowohl auf den äußeren Inhalt und die formale Rechtsbeständigkeit des Beschlusses ankomme als auf die aus dem Zusammenhang der einzelnen Maßnahmen sich ergebende Wirkung für die Gesellschaft selbst und die nicht zur Mehrheit gehörenden Aktionäre, auf die Beweggründe und den Zweck des Vorgehens der Mehrheit; ein Verstoß gegen die guten Sitten liege dann vor, wenn die Mehrheit bei ihrem Vorgehen ohne Rücksicht auf das Wohl der Gesellschaft eigensüchtige Zwecke auf Kosten der Minderheit verfolge. Von diesem rechtlichen Standpunkt aus prüft das Kammergericht, aus welcher Veranlassung und zu welchem Zwecke die Mehrheit die Schaffung der Schutzaktien unternommen und ob und inwieweit sie dabei für sich vermögensrechtliche Vorteile erstrebt und die übrigen Aktionäre benachteiligt habe. Es wird festgestellt, daß die Verwaltung die Gefahr äußerer und innerer Überfremdung gefürchtet und zum Schutz hiergegen die Schaffung der neuen Stammaktien beantragt habe. Daß eine Überfremdungsgefahr die Erhöhung des Aktienkapitals durch sogenannte Schutzaktien rechtfertigen kann, scheint die Revision selbst im Grunde nicht zu bezweifeln; es bestehen hiergegen auch keine rechtlichen Bedenken (RGZ. Bd. 108 S. 327). Nach der Annahme des Berufungsgerichts sind, wie gegenüber den Ausführungen der Revision hervorzuheben ist, keine Anhaltspunkte dafür vorhanden, daß es sich bei dem Hervorkehren der Überfremdungsgefahr um einen bloßen Vorwand gehandelt habe, unter dessen Deckmantel eigensüchtige Interessen verfolgt worden wären. Insofern liegt der gegenwärtige Fall wesentlich anders als der in RGZ. Bd. 112 S. 14 entschiedene; außerdem steht hier nicht ein Machtkampf verschiedener Interessengruppen oder der Versuch in Frage, eine Minderheit durch Mißbrauch des Stimmrechts zur vollständigen Einflußlosigkeit herabzudrücken. Es haben nur wenige Aktionäre, und zwar aus rechtlichen Erwägungen, widersprochen. Darauf, ob wirklich eine Überfremdungsgefahr unmittelbar drohte, kommt es nicht an. Entscheidend ist, daß nach der Annahme des Vorderrichters die Verwaltung der Beklagten aus gewissen ihr mitgeteilten Anzeichen eine solche Gefahr als gegeben ansah und nach den damaligen Verhältnissen auch ansehen konnte.

Ohne Rechtsirrtum hat das Berufungsgericht weiter verneint, daß die Maßnahmen auf Schaffung der Schutzaktien zu einer Bereicherung der Verwaltung und zu einer Schädigung der Aktiengesellschaft oder der nicht zur Verwaltungsgruppe gehörenden Aktionäre geführt haben.

Aus der dargelegten Natur der Aktien als Schutzaktien ergibt sich, daß sie noch nicht endgültig in den freien Verkehr gebracht wurden. Die Verwaltung hat sie entsprechend ihren in der Generalversammlung abgegebenen Erklärungen bei der Begebung an die Lusatia vertraglich gebunden. Nach dem mit der Lusatia getroffenen Abkommen war diese verpflichtet, die Aktien gegen bloße Zahlung der geleisteten Einlagen zuzüglich Zinsen der Beklagten jederzeit zur Verfügung zu stellen. Die über den Betrag der Zinsen der Lusatia zustehende Dividende auf die neuen Aktien floß der Gesellschaft wieder zu, die Aktienurkunden oder Interimsscheine wurden durch Hinterlegung bei der Mitteldeutschen Kreditbank gesperrt. Der Aktiengesellschaft wurde also der Wert der Aktien noch nicht endgültig entzogen. Sie hatte die Möglichkeit, sie jederzeit wieder zu erwerben und nach Erfüllung des Schutzzwecks entweder einzuziehen (wie dies tatsächlich geschehen ist) oder sie als Vorratsaktien zu behandeln und zu ihrem wahren Werte veräußern zu lassen. Auch die Aktionäre wurden nicht geschädigt, da die auf die neuen Aktien entfallende Dividende nach Abzug der geringen Zinsen der Allgemeinheit der Aktionäre wieder zugute kam. Eine eigentliche Verwässerung des Aktienkapitals trat ebenfalls noch nicht ein, da die Fortgabe der Aktien keine endgültige war und die ganze Maßnahme nach Erledigung des Schutzzwecks wieder rückgängig oder der wirklichen Kapitalbeschaffung dienstbar gemacht werden konnte. Es läßt sich auch nicht sagen, daß der Verwaltung, selbst wenn man sie als mit der Lusatia identisch betrachtet, aus diesen Maßnahmen schon geldliche Vorteile erwuchsen; sie erhielt ja die neuen Aktien nicht endgültig zur freien Verfügung im eigenen Interesse, diese blieben vielmehr für die besonderen Zwecke der Gesellschaft gebunden.

Mit Unrecht berufen sich die Revisionen auf die Entscheidung des Obergerichts zu Danzig vom 13. Februar 1925 in der JW. 1925 S. 1297. Dort war die Sachlage eine wesentlich andere: Den Mitgliedern der Verwaltung waren Aktien zu niedrigem Kurs mit der Möglichkeit sofortiger freier Verfügung und ohne Bindung für Gesellschaftszwecke überwiesen; die Verwaltung erlangte also neben dem Machtzuwachs unmittelbare Vermögensvorteile (Dividendenbezugsrecht, Möglichkeit der Verwertung durch Kauf) auf Kosten der vom Bezugsrecht ausgeschlossenen übrigen Aktionäre. Hier aber durften die Aktien von der Übernehmerin nicht veräußert, sondern mußten zur Verfügung der Beklagten gehalten werden; der Schutzzweck wurde also ohne die Nebenwirkung eigener Vermögensvorteile für die Mitglieder der Verwaltung durchgeführt. Die Revisionen leugnen allerdings die wirkliche

Bindung der Aktien zugunsten der Beklagten, weil die Verwaltung es in der Hand hatte, die Rechte aus dem Vertrage mit der Lusatia nicht geltend zu machen oder den Vertrag zu ihren Gunsten abzuändern oder auch infolge der Stimmenmehrheit, über die sie mit diesen Aktien verfügte, einen die Aktienwerte ihr zuwendenden Generalversammlungsbeschluß herbeizuführen. Wenn auch die Möglichkeit eines derartigen Mißbrauchs gegeben sein mochte, so fehlt es doch nach den Feststellungen des Berufungsgerichts an jedem Anhalt dafür, daß die Verwaltung einen solchen Mißbrauch erstrebte und die Aktien anders als zu Schutzzwecken oder sonst im Interesse der Gesellschaft benutzen wollte. Jedenfalls wurde durch den angefochtenen Beschluß selbst und seine Ausführung (treuhänderische Begebung an die Lusatia mit Gebundenheit zur Rückübertragung) noch nicht der Wert der Aktien der Verwaltung zugeführt. Das wäre erst geschehen, wenn durch spätere Beschlüsse der Generalversammlung eine endgültige Zuweisung der Aktien an die Mitglieder der Verwaltung zur freien Verfügung erfolgt wäre; dann hätte eine Anfechtung dieser Beschlüsse wegen Sittenwidrigkeit in Frage kommen können. Im übrigen ist gegenüber dem Vorbringen der Revisionen noch darauf hinzuweisen, daß bei der Beschlußfassung über den Rückerwerb der neuen Aktien von der Lusatia diese als Aktieninhaberin nach § 252 Abs. 3 HGB. von der Ausübung des Stimmrechts ausgeschlossen gewesen wäre.

Ein Verstoß gegen die guten Sitten kann also nicht angenommen werden, weil es an einem Nachweis dafür fehlt, daß den Mitgliedern der Verwaltung besondere Vermögensvorteile auf Kosten der Gesellschaft und der übrigen Aktionäre zugewendet wurden. Was die Verwaltung durch den angefochtenen Beschluß erlangte, war ein Machtzuwachs bei Abstimmungen in der Generalversammlung, der ihr das Übergewicht innerhalb der Gesellschaft sicherte. Daß eine derartige Stärkung der Macht der Verwaltung, selbst wenn sie die anderen Aktionäre auf längere Zeit hinaus ihres Einflusses beraubt, zur Annahme einer Sittenwidrigkeit für sich allein nicht ausreicht, ist vom erkennenden Senat in RGZ. Bd. 108 S. 322 für den Fall angenommen worden, daß die Mehrheit eine solche Maßnahme beschließt, damit zum Wohl der Gesellschaft, insbesondere zur Verhütung der Überfremdung, davon Gebrauch gemacht werde. Einen für die Frage der Sittenwidrigkeit zu beachtenden geldlichen Vorteil stellt ein Machtzuwachs der Verwaltung an sich noch nicht dar. Erst der Mißbrauch der so erlangten Machtstellung, ihre Verwendung ohne Rücksicht auf die Interessen der Gesellschaft und der anderen Aktionäre würde mit den Anschauungen eines redlichen, anständigen gesellschaftlichen Geschäftsverkehrs in Widerspruch stehen. Die aus dem Übergewicht der Verwaltung sich ergebende bloße Möglichkeit eines Mißbrauchs kann noch nicht die Sittenwidrigkeit der ganzen Maßnahme begründen. . . .

RGZ. 114, 77.

1.—2. . . .

3. Über die rechtliche Bedeutung der unrichtigen oder unvollständigen Beurkundung eines Einbringungsabkommens im Gesellschaftsvertrag bei der qualifizierten Gründung (§ 186 Abs. 2 HGB.)

II. Zivilsenat. Urt. v. 11. Juni 1926.

I. Landgericht Frankenthal. — II. Oberlandesgericht Zweibrücken.

Aus den Gründen:

. . .

. . . Wenn der Beklagte aus der unvollständigen Beurkundung des Einbringungsabkommens, dessen Nichtigkeit und damit ein Recht auf Rückübertragung des Eigentums am Grundstück und zur Verweigerung der Räumung herleiten will, so ist das verfehlt. Der Zweck des § 186 HGB. ist es gerade, daß im Interesse des allgemeinen Geschäftsverkehrs die sachlichen Grundlagen des Unternehmens im förmlichen, zum Handelsregister einzureichenden Gesellschaftsvertrag vollständig und richtig dargestellt werden sollen. Deshalb kann ein Aktionär, der eine im Gesellschaftsvertrag ihrem Gegenstand und der Gegenleistung nach bezeichnete Sacheinlage gemacht hat, nicht nachträglich mit dem Einwand gehört werden, daß im Gesellschaftsvertrag das Abkommen nicht vollständig enthalten, namentlich die Gegenleistung nicht vollständig angegeben und aus diesem Grunde das ganze Einlageabkommen wegen unrichtiger Beurkundung unwirksam sei. Er muß das Abkommen so gegen sich gelten lassen, wie es im Gesellschaftsvertrag festgesetzt ist, und kann sich auf eine Unrichtigkeit oder Unvollständigkeit, die nicht aus dem Vertrag selbst erkennbar ist, nicht berufen. Es kommen hier die gleichen Grundsätze zur Anwendung, wie sie in der Rechtsprechung wegen der Verpflichtung aus einem Zeichnungsschein anerkannt sind. Jede derartige Nebenabrede, die sich nicht aus der Urkunde selbst ergibt, ist der Gesellschaft gegenüber unwirksam, läßt aber die Gültigkeit der Einlageverpflichtung, soweit diese aus dem Gesellschaftsvertrag zu ersehen ist, im übrigen unberührt. Der § 186 Abs. 4 HGB. hat in dieser Beziehung keine andere Bedeutung als § 189 Abs. 5 daselbst, vgl. RGZ.

Bd. 81 S. 404 [410/11]. Diese Entscheidung bezieht sich allerdings auf Art. 209 b des alten HGB. letztere Vorschrift stimmt jedoch mit dem jetzigen § 186 HGB. überein. Hiernach blieb das Einlageabkommen zwischen dem Beklagten und der Gesellschaft, soweit es sich aus dem notariellen Gesellschaftsvertrag ergibt, rechtswirksam und war nur die — nicht beurkundete — angebliche Zusicherung bei der Gründung, dem Beklagten die Nutzung des eingebrachten Grundstücks in gewissem Umfange weiter zu belassen, der Aktiengesellschaft gegenüber ohne Rechtswirkung. Ein Anspruch auf Rückübertragung des Eigentums (aus dem Gesichtspunkte der Bereicherung) wegen Nichtigkeit des Einlageabkommens besteht also nicht, und damit entfällt auch ein daraus hergeleitetes Recht zur Verweigerung der Räumung. Ob dem Beklagten aus der behaupteten Zusage Ansprüche gegen seine Mitgründer erwachsen sind, kann im gegenwärtigen Rechtsstreit auf sich beruhen . . .

RGZ. 114, 396.

1. Ist der Vorstand einer Aktiengesellschaft zu ihrer gerichtlichen Vertretung befugt, wenn es sich um Klagen von Aufsichtsratsmitgliedern auf Entlastung wegen ihrer Geschäftsführung handelt?

2. Erstreckt sich die Befugnis der Generalversammlung zur Bestellung von besonderen Vertretern zur Führung von Rechtsstreitigkeiten, welche die Geltendmachung von Schadensersatzansprüchen aus der Geschäftsführung des Aufsichtsrats betreffen, auch auf den Fall, daß die Gesellschaft auf Erteilung der Entlastung verklagt wird, weil die Generalversammlung wegen angeblicher Rückgriffsmöglichkeit gegen Mitglieder der Verwaltung (des Aufsichtsrats) die Entlastung verweigert hat?

HGB. §§ 231, 247, 260, 268, 272.

II. Zivilsenat. Urt. v. 15. Oktober 1926.

I. Landgericht Torgau. — II. Oberlandesgericht Naumburg a. S.

. . .

Aus den Gründen:

Die Klage auf Entlastung der Kläger als Mitglieder des Aufsichtsrats ist erhoben gegen die beklagte Aktiengesellschaft, vertreten durch ihren Vorstand, Fabrikdirektor P. Die Beklagte hatte den Einwand der mangelnden gesetzlichen Vertretung schon in den vorigen Rechtszügen erhoben, weil, wie sie meint, der Vorstand im Rechtsstreit auf Erteilung der Entlastung der Gesellschaft nicht vertreten könne und deshalb ein besonderer Vertreter hätte bestellt werden müssen. Mit Recht haben aber Landgericht und Oberlandesgericht diese Einrede zurückgewiesen. Sie gehen unter Berufung auf RGZ. Bd. 89 S. 396 zutreffend davon aus, daß Vorstand und Aufsichtsrat einen klagbaren Anspruch auf Entlastung gegen die Aktiengesellschaft haben, wenn die Generalversammlung die Erteilung der Entlastung ohne Grund verweigert oder die Beschlußfassung darüber auf unbestimmte Zeit vertagt, und daß von dem allgemeinen Grundsatz der gerichtlichen Vertretung der Aktiengesellschaft durch den Vorstand auch dann keine Ausnahme zu machen sei, wenn, wie hier, eine Handlung in Frage kommt, die nicht der Vorstand, sondern ein anderes Organ der Gesellschaft, nämlich die Generalversammlung, vorzunehmen hat.

Die Vorschriften des Handelsgesetzbuchs, insbesondere des § 231, bieten keinen Anhalt dafür, daß die allgemeine Befugnis des Vorstands zur gerichtlichen Vertretung der Aktiengesellschaft bei Klagen auf Entlastung von Aufsichtsratsmitgliedern eine Beschränkung erleide. Der Umstand, daß die Beschlußfassung über die Erteilung der Entlastung nach § 260 Abs. 1 HGB. Sache der Generalversammlung ist, hindert nicht, daß die gerichtliche Vertretung der Gesellschaft gegenüber der Klage auf Entlastung, die nicht gegen die Generalversammlung als Organ der Gesellschaft, sondern nur gegen diese selbst gerichtet werden kann, dem Vorstand verbleibt. Daß der Vorstand die Aktiengesellschaft nicht vertreten kann in einem Rechtsstreit, in dem er selbst Partei ist, wird im Handelsgesetzbuch als selbstverständlich vorausgesetzt. Für solche Fälle ist in §§ 247, 272 HGB. die Vertretung der Gesellschaft durch den Aufsichtsrat vorgesehen; ergänzend greift § 57 Abs. 1 ZPO. ein. Dagegen läßt sich dem Gesetz nicht entnehmen, daß der Vorstand auch im Falle eines möglichen bloßen Interessenwiderstreits ohne weiteres von der Befugnis zur gesetzlichen Vertretung der Gesellschaft im Prozeß ausgeschlossen sein soll. Das Handelsgesetzbuch hat eine allgemeine Ausnahme für derartige Fälle nicht gemacht, sondern nur für die besonderen Fälle des § 268 HGB. (darunter auch für die Geltendmachung von Ansprüchen der Gesellschaft aus der Geschäftsführung des Aufsichtsrats) die Möglichkeit der Wahl besonderer Prozeßvertreter durch die Generalversammlung geschaffen. Der § 268 a. a. O. muß in dem Sinne verstanden werden, daß die Generalversammlung die Befugnis zur Bestellung besonderer Vertreter auch dann hat, wenn die Gesellschaft auf Entlastung verklagt wird, weil die Generalversammlung wegen angeblicher Regreßansprüche gegen Mitglieder der Verwaltung die Entlastung verweigert hat. Denn im Ergebnis handelt es sich in beiden Prozessen um dasselbe, nämlich um die Frage, ob aus der Geschäftsführung der Organe Ansprüche der Gesellschaft auf Schadensersatz erwachsen sind. Die Vertretung durch besondere Vertreter kann aber auch bei Klagen auf Entlastung, die von Mitgliedern der Verwaltung gegen die Gesellschaft erhoben werden, zur Sicherung einer unabhängigen Prozeßführung geboten sein. Deshalb hat der Vorstand bei derartigen Klagen von Aufsichtsratsmitgliedern zu prüfen, ob er selbst nach der gegebenen Sachlage zur unabhängigen Vertretung der Gesellschaft geeignet ist gegebenenfalls muß er gemäß § 253 HGB. eine Generalversammlung berufen, um dieser zur Wahl eines besonderen Vertreters Gelegenheit zu geben. Andernfalls macht er sich schadensersatzpflichtig, wenn infolge solcher Unterlassung die Rechte der Gesellschaft nicht genügend wahrgenommen werden. Ebenso können Aktionäre, deren Anteile zusammen den zwanzigsten Teil des Grundkapitals erreichen, zu dem gedachten Zweck die Berufung einer Generalversammlung auf dem in § 254 HGB. angegebenen Wege erreichen. Wenn aber, wie im vorliegenden Fall, derartige Schritte nicht unternommen werden und die Bestellung besonderer Vertreter unterbleibt, so behält es bei der allgemeinen Befugnis des Vorstands zur gerichtlichen Vertretung der Aktiengesellschaft sein Bewenden.

RGZ. 115, 246.

1. Über den Umfang der Vertretungsmacht des Vorstands einer Aktiengesellschaft. Findet seine Vertretungsbefugnis nach außen ihre Grenze in dem satzungsgemäßen Zweck des Unternehmens?

2. Welche Bedeutung hat der Generalversammlungsbeschluß über nachträgliche Genehmigung eines vom Vorstand abgeschlossenen Rechtsgeschäfts, wenn die Genehmigung weder gesetzlich notwendig noch ausdrücklich vorbehalten war? . . .

3. . . .

HGB. §§ 235, 252 Abs. 3, § 260.

II. Zivilsenat. Urt. v. 19. November 1926.

I. Landgericht Bochum, Kammer für Handelssachen. — II. Oberlandesgericht Hamm.

. . .

Aus den Gründen:

. .

Der angefochtene Beschluß betraf zwar seinem Wortlaut nach die „Genehmigung" des Beitritts der Beklagten zur St.-Konzern-GmbH. Sachlich aber handelte es sich dabei nicht um eine gesetzlich notwendige oder vertragsmäßig vorbehaltene Genehmigung, welche das den Beitritt enthaltende Rechtsgeschäft erst rechtswirksam machte; die Erteilung der Genehmigung hatte vielmehr tatsächlich nur die Bedeutung einer Entlastung des Vorstands und Aufsichtsrats. Denn der Vorstand hatte, bevor der Generalversammlungsbeschluß ergangen war und ohne die Genehmigung der Generalversammlung vorzubehalten, mit Zustimmung des Aufsichtsrats die Geschäftsanteile des St.-Konzerns von der Treuhandgesellschaft S. erworben, und der Erwerb war nach der Anmeldung von der St.-Konzern-GmbH. genehmigt worden. Damit war die Beklagte rechtswirksam dem St.-Konzern beigetreten. Denn nach außen ist der Vorstand einer Aktiengesellschaft zu allen Rechtshandlungen für die Gesellschaft berechtigt, soweit das Gesetz nicht selbst Ausnahmen macht und die Mitwirkung anderer Gesellschaftsorgane anordnet. Weitere Beschränkungen durch die Satzung oder durch Weisungen der Generalversammlung haben nach außen, Dritten gegenüber, keine rechtliche Wirkung (§ 235 Abs. 2 HGB.). Diese Vertretungsbefugnis des Vorstands wird nicht begrenzt durch den satzungsmäßigen Zweck des Unternehmens. Selbst wenn eine Rechtshandlung des Vorstands über den Gegenstand des Unternehmens hinausgeht, wird dadurch an der Gültigkeit des Rechtsgeschäfts nichts geändert. Der Beitritt zu dem Konzern durch Erwerb von Geschäftsanteilen der Konzerngesellschaft m. b. H. betrifft keinen Fall, in dem das Gesetz ausnahmsweise die Vertretungsmacht beschränkt hat. Etwaige Beschränkungen der Satzung haben, wie schon hervorgehoben, für die Gültigkeit des Rechtsgeschäfts selbst keine Bedeutung, sondern kommen nur für die Frage der Haftung der Gesellschaftsorgane nach innen, der Gesellschaft gegenüber, in Betracht. Auch wenn der Beitritt zu dem Konzern zur Erweiterung des Geschäftsbetriebs der Beklagten über den satzungsmäßigen Gegenstand des Unternehmens hinaus führen sollte, so würde dadurch die Rechtsgültigkeit des Beitritts selbst nicht berührt.

. . . Ein nachträglicher Genehmigungsbeschluß hat nur nach innen, für die Haftung der beim Abschluß beteiligten Gesellschaftsorgane, Bedeutung; er enthält lediglich eine Entlastung, einen Verzicht auf etwaige Regreßansprüche der Gesellschaft aus dem Vorgehen der Verwaltung. So liegt die Sache auch hier. Daß weder der Beschluß selbst noch die Tagesordnung das Wort „Entlastung" gebraucht, steht dem nicht entgegen (RGZ .Bd. 106 S. 258). . . . In einem derartigen Falle sind die Mitglieder des Vorstands und gegebenenfalls auch die des Aufsichtsrats nach § 252 Abs. 3 Satz 1 HGB. von der Abstimmung ausgeschlossen, weil es sich um ihre Entlastung handelt. . . .

Erschöpft sich die Bedeutung des Beschlusses über die nachträgliche Genehmigung des rechtswirksam vollzogenen Beitritts zum St.-Konzern in der Wirkung einer Entlastungserklärung für die Mitglieder der Verwaltung, so kann nicht davon die Rede sein, daß der Beschluß selbst eine Abänderung des Gegenstands des Unternehmens enthalte und deshalb für seine Annahme eine Mehrheit von $^3/_4$ des bei der Beschlußfassung vertretenen Grundkapitals nötig gewesen wäre. Als Entlastungsbeschluß bedurfte er nach § 251 Abs. 1 in Verbindung mit § 260 Abs. 1 HGB. nur der einfachen Stimmenmehrheit, da in der Satzung der Beklagten keine weitergehenden Erfordernisse für einen solchen Beschluß aufgestellt sind. Der Beschluß selbst führte nicht zu einem Hinausgehen über den Zweck des Unternehmens; dies wäre höchstens eine Folge des durch den rechtsgültigen Abschluß des Vorstands veranlaßten Beitritts zum St.-Konzern. Daß auf diese Weise der Vorstand einer Aktiengesellschaft durch eigenmächtiges Handeln ohne einen Generalversammlungsbeschluß (HGB. § 275) eine Veränderung des Gegenstands des Unternehmens herbeiführen kann, ist eine notwendige Folge der Nichtbeschränkbarkeit seiner gesetzlichen Vertretungsmacht, die auch in dem satzungsmäßigen Zweck des Unternehmens keine Grenze findet. Die Revision sucht darzulegen, daß von diesem Standpunkt aus die Minderheit der Aktionäre, wenn, wie hier, das eigenmächtige Vorgehen der Verwaltung im Einverständnis mit einem bei dem Geschäft interessierten für sich allein schon die einfache Stimmenmehrheit besitzenden Aktionär erfolge, solchen Eigenmächtigkeiten des Vorstands gegenüber völlig machtlos sei. Das ist nicht zutreffend. Auch eine Minderheit von 10% des Aktienkapitals ist nach §§ 268, 270 HGB. in der Lage, Ansprüche aus der Geschäftsführung der Verwaltung gegen diese geltend zu machen und Verzichte auf Erhebung solcher Ansprüche zu verhindern. Im übrigen entspricht es dem Wesen der Aktiengesellschaft, daß sich die Geschäftsführung nach dem Willen der Mehrheit richtet, soweit darin nicht im einzelnen Falle ein die Rechte der Minderheit schädigender, gegen die guten Sitten verstoßender Mißbrauch enthalten ist.

. . .

RGZ. 115, 378.

1. Kann im Falle der Fusion unter Ausschluß der Liquidation gegen die übernehmende Gesellschaft auch eine Klage gerichtet werden, durch welche ein Aktionär die Nichtigkeit eines Generalversammlungsbeschlusses der untergegangenen Aktiengesellschaft betreibt?

2. Macht die absichtliche Unterbewertung von Vermögensgegenständen in der Goldmarkeröffnungsbilanz den Beschluß über Genehmigung dieser Bilanz unheilbar nichtig oder bloß anfechtbar?

3. Liegt unheilbare Nichtigkeit eines Generalversammlungsbeschlusses einer Aktiengesellschaft auch dann vor, wenn der Beschluß nicht durch seinen Inhalt, sondern nur durch die Art seines Zustandekommens gegen die guten Sitten verstößt?

4. Inwieweit können Generalversammlungsbeschlüsse nach den Regeln über die Anfechtung von Willenserklärungen angefochten werden?

HGB. §§ 40, 308, 271 flg. BGB. §§ 119 flg., 123 flg., 138. Goldbilanzverordnung § 4.

II. Zivilsenat. Urt. v. 11. Januar 1927.

I. Landgericht Essen, Kammer für Handelssachen. — II. Oberlandesgericht Hamm.

. . .

Aus den Gründen:

Der Kläger begehrt in erster Reihe Feststellung der Nichtigkeit der Generalversammlungsbeschlüsse vom 25. November 1924 über die Genehmigung der Goldmarkeröffnungsbilanz und über die Umstellung des Aktienkapitals auf Goldmark, sowie des Beschlusses vom 16. März 1925 über Genehmigung des Fusionsvertrags der E. Kreditanstalt mit der Beklagten. Erst in zweiter Reihe verlangt er auch die Nichtigerklärung des zweiten Beschlusses mit der aktienrechtlichen Anfechtungsklage. Die Klage ist gegen die Beklagte als Rechtsnachfolgerin der E. Kreditanstalt erhoben. Diese ging mit der Eintragung des Beschlusses über die Genehmigung des Fusionsvertrags unter; ihr Vermögen fiel durch Gesamtrechtsnachfolge an die Beklagte (§ 306 Abs. 1, § 304 Abs. 5 HGB.). Das hat zur Folge, daß Rechtsstreitigkeiten, welche die Verhältnisse der untergegangenen Aktiengesellschaft betreffen, nur noch gegen die übernehmende Aktiengesellschaft geltend gemacht werden können. Der § 308 HGB. schreibt dies für die Klage auf Anfechtung des den Übergang betreffenden Beschlusses der Generalversammlung ausdrücklich vor. Gleiches muß aber auch gelten, wenn nicht die Anfechtungsklage, sondern eine Klage auf Nichtigkeit des Genehmigungsbeschlusses erhoben wird. Des weiteren muß die übernehmende Gesellschaft als Rechtsnachfolgerin der untergegangenen auch als die richtige Beklagte angesehen werden, wenn ein Aktionär der untergegangenen Gesellschaft die Nichtigkeit eines früheren Generalversammlungsbeschlusses im Wege der Feststellungsklage betreibt.

Das Berufungsgericht hält eine Nichtigkeit der Beschlüsse vom 25. November 1924 aus dem vom Kläger vorgebrachten Grunde, der Unterbewertung von Aktivposten in der Goldmarkeröffnungsbilanz, nicht für gegeben, weil es sich dabei nicht um einen Verstoß gegen zwingende Gesetzesvorschriften handle. Zutreffend nimmt es an, daß für die Bewertung der Vermögensgegenstände in der Goldmarkeröffnungsbilanz, nachdem durch § 4 der Goldbilanzverordnung die besonderen Vorschriften des § 261 Nr. 1 bis 3 HGB. außer Anwendung gesetzt worden sind, nunmehr auch für Aktiengesellschaften uneingeschränkt der § 40 HGB. gilt, wonach der wahre Wert der Gegenstände in dem Zeitpunkt maßgebend ist, für den die Aufstellung stattfindet. Aber es legt dem § 40 HGB. nur insoweit die Eigenschaft einer im öffentlichen Interesse gegebenen zwingenden Gesetzesvorschrift bei, als er zugunsten der Gläubiger und Aktionäre eine h ö h e r e Bewertung verbietet. Ein Verstoß hiergegen mache — so nimmt der Berufungsrichter an — die Bewertung nichtig. Eine Minderbewertung von Vermögensgegenständen habe aber nicht die gleiche Wirkung, da sie kein öffentliches Interesse verletze. Sie könne nur eine Anfechtbarkeit des die Bilanz genehmigenden Beschlusses begründen.

Wenn das Berufungsgericht diese für die Jahresbilanzen anerkannten Grundsätze (vgl. RGZ. Bd. 72 S. 33, Bd. 94 S. 213) auch auf die Goldmarkeröffnungsbilanz anwendet, so ist das rechtlich nicht zu beanstanden es entspricht auch der überwiegenden Meinung im Schrifttum. . . . Hiernach finden die Vorinstanzen in der bloßen Minderbewertung von Aktivposten mit Recht noch keinen Grund für die Nichtigerklärung der Goldmarkeröffnungsbilanz und der auf ihr beruhenden Umstellung.

Der Kläger stützt die Nichtigkeit der Beschlüsse vom 25. November 1924 weiter darauf, daß sie auf einer arglistigen Täuschung der Aktionäre durch die Verwaltung der E. Kreditanstalt beruhten. . . . Das Berufungsgericht hat angenommen, daß, wenn die Fehlerhaftigkeit eines Rechtsgeschäfts ausschließlich in der unzulässigen Willensbeeinflussung durch arglistige Täuschung liege, das Geschäft nur anfechtbar und nicht nichtig sei, möge auch die Willensbeeinflussung gegen die guten Sitten verstoßen; der § 138 Abs. 1 BGB. greife nur dann Platz, wenn das Geschäft daneben noch andere Umstände enthalte, die es als mit den guten Sitten unvereinbar erscheinen ließen. Das steht im Einklang mit der Rechtsprechung des Reichsgerichts (RGZ. Bd. 72 S. 216; JW. 1908 S. 710 Nr. 2) und muß in Anwendung auf den vorliegenden Fall zur Verneinung der Nichtigkeit führen. Allerdings ist anerkannt, daß

Beschlüsse einer Generalversammlung nicht nur gemäß § 271 HGB. wegen Verletzung des Gesetzes oder des Gesellschaftsvertrags angefochten werden, sondern daß sie auch unheilbar nichtig sein können, wenn sie gegen zwingende Gesetzesvorschriften verstoßen, auf deren Einhaltung die Beteiligten nicht verzichten können. Eine solche Nichtigkeit kommt auch dann in Frage, wenn der Beschluß durch seinen Inhalt gegen die guten Sitten verstößt, ist aber nicht schon dann anzunehmen, wenn ein Verstoß gegen die guten Sitten nur in der Art des Zustandekommens des Beschlusses begründet ist (RGZ. Bd. 75 S. 243, Bd. 91 S. 316 [324]). Insbesondere läßt es sich nicht rechtfertigen, einen Generalversammlungsbeschluß schon dann für nichtig und nicht bloß für anfechtbar zu halten, wenn die Aktionäre oder ein für die Abstimmung bedeutungsvoller Teil von ihnen von der Verwaltung über die Tragweite des zu fassenden Beschlusses arglistig getäuscht worden ist. Dem steht schon das Bedenken entgegen, daß auch eine den guten Sitten widersprechende arglistige Täuschung das Rechtsgeschäft nicht nichtig, sondern bloß nach § 123 BGB. anfechtbar macht. Aber auch die besondere Regelung in §§ 271 flg. HGB. spricht gegen eine solche Auffassung. Diesen Vorschriften liegt der Gedanke zugrunde, daß es für das gesellschaftliche Leben notwendig ist, die Frage der Unwirksamkeit von Generalversammlungsbeschlüssen nicht zu lange in der Schwebe zu lassen, sondern möglichst bald darüber Klarheit zu schaffen, da eine länger dauernde Unsicherheit eine große Gefahr für den Verkehr bedeuten würde. Die Auffassung, daß ein durch arglistige Täuschung herbeigeführter Generalversammlungsbeschluß wegen Verstoßes gegen die guten Sitten nichtig sein sollte, würde auch mit der allgemeinen Regelung der Wirkung einer arglistigen Täuschung bei Willenserklärungen in Widerspruch stehen. Sie würde gerade für Fälle, in denen für das Verkehrsleben eine baldige Klarstellung der Frage der Wirksamkeit besonders geboten ist, eine Ungewißheit für längere Zeit bestehen lassen. Diese Erwägungen müssen dazu führen, mindestens in dem hier vorliegenden Falle der arglistigen Täuschung der Aktionäre durch die Verwaltung eine unheilbare Nichtigkeit zu verneinen. Es mag auch darauf hingewiesen werden, daß für den hier gegebenen Fall der Schaffung von stillen Reserven durch Unterbewertung von Vermögensgegenständen in den Jahresbilanzen die frühere Rechtsprechung (vgl. RGZ. Bd. 72 S. 33) auch bei böswilliger Unterbewertung nur die Anfechtung gemäß §§ 271 flg. zugelassen hat. Dafür, daß hier die Mehrheit darauf ausgegangen wäre, die Minderheit durch Unterbewertung von Vermögensgegenständen in der Eröffnungsbilanz und durch die darauf beruhende niedrige Umstellung der Aktien zu schädigen, bietet das Vorbringen des Klägers keinen Anhalt. Nach seiner Behauptung sollen die Aktionäre ja gerade durch die von der Verwaltung in der Generalversammlung hervorgehobenen sachlichen Gründe für die Notwendigkeit der Schaffung stiller Reserven dazu bestimmt worden sein, die vorgeschlagene Eröffnungsbilanz und die Umstellung zu genehmigen; sie haben hiernach ihrerseits keine sittenwidrigen Zwecke verfolgt.

(Es wird dann dargelegt, es liege nach den Feststellungen des Berufungsgerichts kein genügender Anhalt dafür vor, daß sich die Verwaltung der E. Kreditanstalt bei den vom Kläger gerügten Unterbewertungen von anderen als sachlichen kaufmännischen Erwägungen habe leiten lassen, und daß eine Nichtigkeit oder Anfechtbarkeit des Beschlusses über die Genehmigung des Fusionsvertrags nicht begründet sei, ebensowenig eine Anfechtbarkeit nach § 123 BGB. In diesem Zusammenhang heißt es weiter:)

Im übrigen ständen der Geltendmachung einer Anfechtung nach §§ 119 flg., 123 flg. BGB. auch rechtliche Bedenken entgegen. Durch außergerichtliche Erklärung im Sinne dieser Vorschriften könnten niemals die Beschlüsse einer der beiden Aktiengesellschaften auf Genehmigung der Fusion, sondern nur der Fusionsvertrag selbst angefochten werden, und eine solche Anfechtung würde nur den vertragschließenden Aktiengesellschaften, nicht aber einem einzelnen Aktionär zustehen. Als Gegenstand einer Anfechtung wegen Willensmängel ist beim Aktionär nur seine eigene Abstimmungserklärung denkbar, eine Anfechtung dieser Art könnte aber nur die Ungültigkeit der Stimmabgabe des betreffenden Aktionärs herbeiführen. Für die Gesamtabstimmung wäre sie nur dann von Bedeutung, wenn der Beschluß auf den Stimmen des Anfechtenden beruhte. Aber auch in diesem Falle würde der Beschluß durch die erfolgreiche Anfechtung der Abstimmungserklärung nicht ohne weiteres hinfällig; die Ungültigkeit müßte vielmehr auf dem in § 271 HGB. vorgeschriebenen Wege der Anfechtungsklage geltend gemacht werden. Für die Abstimmungserklärung des Klägers, der ja den Beschlüssen nicht zugestimmt hat, kommt eine Anfechtung gar nicht in Frage; die Geltendmachung etwaiger Anfechtungsrechte anderer Aktionäre steht ihm aber nicht zu.

RGZ. 116, 71.

Welche Wirkung hat die Fortsetzung eines auf die Dauer berechneten Rechtsverhältnisses durch die später eingetragene Aktiengesell-

schaft für die Haftung dessen, der vor der Eintragung im Namen der Gesellschaft den zur Begründung jenes Rechtsverhältnisses erforderlichen Vertrag abgeschlossen hat?

HGB. § 200.

II. Zivilsenat. Urt. v. 28. Januar 1927.

I. Landgericht III Berlin, Kammer für Handelssachen. — II. Kammergericht daselbst.

. . .

Aus den Gründen:

. . .

Nach der mit der Rechtsprechung des Reichsgerichts in Einklang stehenden Meinung des Oberlandesgerichts wird der vor der Eintragung der Aktiengesellschaft für sie Handelnde nicht ohne weiteres schon dann von der Haftung aus § 200 HGB. frei, wenn die Aktiengesellschaft nach ihrer Eintragung das Rechtsgeschäft genehmigt. Diese Genehmigung hat vielmehr im allgemeinen nur die Wirkung, daß die Aktiengesellschaft auf Grund der Schuldübernahme neben dem persönlich Handelnden als Gesamtschuldnerin haftet. Jedoch wird dem erkennbaren Willen der Beteiligten, auch wenn ausdrückliche Parteierklärungen hierüber nicht vorliegen, vielfach eine andere Regelung entsprechen, nämlich dahin, daß die Haftung des für die noch nicht eingetragene Aktiengesellschaft Handelnden mit der Übernahme des Vertrags durch die eingetragene Gesellschaft aufhören soll. So entspricht es bei Anstellung von Personal für den Betrieb der einzutragenden Gesellschaft allein dem Zwecke des Vertrags, wenn mit der Übernahme der angestellten Personen in den Geschäftsbetrieb der eingetragenen Gesellschaft nur noch die letztere haftet und mit dem Eintritt der Aktiengesellschaft in die Verträge die Haftung des persönlich Handelnden ihr Ende findet. Die gleiche Erwägung wird auch bei anderen Dauerverträgen Platz greifen. Bei solchen Verträgen kommt nach der Verkehrsauffassung und dem mutmaßlichen Willen der Beteiligten die Haftung aus § 200 HGB. in Wegfall, sobald die eingetragene Gesellschaft den Vertrag genehmigt und in das rechtliche Dauerverhältnis eintritt.

So liegt aber die Sache auch hier. Die beiden Vorstandsmitglieder der Aktiengesellschaft schlossen mit der Klägerin einen auf längere Dauer berechneten Krediteröffnungsvertrag ab. Über den Kredit sollte allmählich durch Ziehung von Schecks auf die Klägerin verfügt werden. Ein derartiger Geschäftsverkehr zwischen einem kaufmännischen Unternehmen und einer Bank vollzieht sich auch ohne besondere Vereinbarung regelmäßig in den Formen des Kontokorrents. Das wird hier durch den vorgelegten Buchauszug bestätigt, so daß von der Annahme eines Kontokorrenthältnisses zwischen der Klägerin und der Aktiengesellschaft auszugehen ist. Bei einem derartigen Rechtsverhältnis entspricht es zweifellos dem nach der Verkehrsauffassung zu unterstellenden Willen der Parteien, daß die Haftung der für die zukünftige Gesellschaft handelnden Vorstandsmitglieder aufhören soll, wenn die Gesellschaft nach ihrer Eintragung das für ihre Zwecke eingegangene Kontokorrentverhältnis mit Zustimmung der Bank fortsetzt. Der ganze *Kontokorrentverkehr muß von Anfang an, auch soweit er sich vor* Eintragung der Gesellschaft abgespielt hat, als ein einheitlicher angesehen werden. Es würde auch zu großen praktischen Schwierigkeiten führen, wenn im Falle der Fortsetzung eines einheitlichen Kontokorrentverhältnisses die einzelnen Posten der Kontokorrentrechnung nach § 356 HGB. eine verschiedene rechtliche Beurteilung erführen. Hier hat die Klägerin nach der Feststellung des angefochtenen Urteils alsbald nach Abschluß des Kredit- und Scheckabkommens in ihren Büchern ein Konto für die Aktiengesellschaft eingerichtet und dieses Konto nach der Eintragung der Aktiengesellschaft weitergeführt, so daß die Gesellschaft auch mit den Leistungen belastet wurde, die schon vor der Eintragung durch die Klägerin bewirkt waren. Diese hat also gar nicht daran gedacht, eine verschiedene Behandlung für die vor und nach der Eintragung im Kontokorrentverkehr gemachten Leistungen eintreten zu lassen. Daß die Aktiengesellschaften die vor der Eintragung für ihre Zwecke erfolgten Leistungen nachträglich genehmigt hat, nimmt das Berufungsgericht ohne Rechtsirrtum an.

Die besondere Haftung der Vorstandsmitglieder aus § 200 HGB. ist also mit dem Eintritt der Aktiengesellschaft in den vor ihrer Eintragung begonnenen Kontokorrentverkehr weggefallen.

RGZ. 118, 67.

1. Kann ein Aktionär mit mehreren eigenen Aktien in der Generalversammlung nur einheitlich abstimmen?

2. Ist ein Generalversammlungsbeschluß, der gegen den Grundsatz der gleichmäßigen Behandlung der Aktionäre verstößt, nichtig oder nur anfechtbar?

HGB. §§ 252, 271 flg., 282.

II. Zivilsenat. Urt. v. 16. September 1927.

I. Landgericht Wiesbaden. — II. Oberlandesgericht Frankfurt a. M.

. . .

Aus den Gründen:

. . . Dem angefochtenen Urteil ist darin beizustimmen, daß ein Aktionär mit mehrfachem Aktienbesitz in der Generalversammlung nur einheitlich stimmen kann und daß deshalb die verschiedene Abstimmung der Bevollmächtigten der Klägerin, obwohl der Aktienbesitz unter sie in bestimmter Weise aufgeteilt und jeder von ihnen nur Stimmführer für die ihm zugewiesenen Aktien war, die Stimmabgabe überhaupt ungültig macht. Die Frage, ob bei mehrfachem Aktienbesitz das Stimmrecht nur einheitlich oder auch derart ausgeübt werden kann, daß mit dem einen Teil der Aktien so, mit den übrigen anders gestimmt wird, ist zwar nicht unbestritten. Im Schrifttum wird aber die Zulässigkeit einer verschiedenen Abstimmungsweise ganz überwiegend verneint, und das mit Recht. Zunächst ist nicht zu erkennen, welches berechtigte und schutzwürdige Interesse an der Möglichkeit einer solchen verschiedenen Abstimmungsweise bestehen sollte. Die Abstimmung des Aktionärs in der Generalversammlung ist seine Willensäußerung in Absicht auf die Führung und Gestaltung der gesellschaftlichen Angelegenheiten; sie ist Rechtshandlung und Element der Willensbildung des obersten Organs der Gesellschaft. Diese Willensäußerung kann, wenn sie rechtlich beachtlich sein soll, vernünftigerweise nur einheitlich, nicht aber in sich widerspruchsvoll sein. Wenn sodann § 252 Abs. 1 Satz 1 HGB. anordnet, daß jede Aktie das Stimmrecht gewährt, so wird damit zunächst nur der Grundsatz festgelegt, daß mit jeder Aktie, gleichgültig welcher Gattung und welchen Betrags, an und für sich das Stimmrecht als unentziehbares Aktionärrecht verknüpft ist. Demgegenüber sagt dann aber Satz 2 das., daß das Stimmrecht nach Aktienbeträgen ausgeübt werde. Mag dabei auch zunächst nur an das Stimmrecht von Aktien verschiedenen Nennbetrags gedacht sein, so läßt sich doch die Vorschrift schon ihrem Wortlaut nach zwanglos auch auf das Verhältnis mehrerer Aktien gleicher Gattung und gleichen Betrags beziehen und bedeutet dann Vereinheitlichung des Stimmrechts mehrerer Aktien desselben Aktionärs und Bewertung der einheitlichen Stimmabgabe nach dem Gesamtbetrag der Aktien. Diese Auslegung ist um so unbedenklicher, als der unmittelbar anschließende Satz 3 des § 252 Abs. 1 bei mehrfachem Aktienbesitz Beschränkungen in der Ausübung des Stimmrechts zuläßt und damit ersichtlich die Stimmrechtsausübung aus solchem Besitz als etwas Einheitliches voraussetzt. Für die hier vertretene Rechtsauffassung sprechen noch andere Vorschriften des Gesetzes. So die Regelung des Anfechtungsrechts in

§ 271 Abs. 3 HGB. Sie ist mit der Möglichkeit verschiedener Abstimmung durch denselben Aktionär, wenn er nur mehrere Aktien besitzt, kaum zu vereinbaren. Dasselbe gilt z. B. im Fall des § 196 Abs. 4 HGB. Auch hier ist mit der Möglichkeit einheitlicher Stimmabgabe gerechnet. Daß ein Aktionär, der mehrere Aktien besitzt, mit dem einen Teil abstimmen, mit dem anderen sich der Stimme enthalten kann, ist richtig; das beweist aber nichts für die Zulässigkeit verschiedener Abstimmung. Zweifellos kann ferner der Bevollmächtigte mehrerer Aktionäre mit den Aktien des einen Vollmachtgebers anders als mit den Aktien des zweiten Vollmachtgebers stimmen. Dabei handelt es sich aber eben nicht um den Aktienbesitz eines und desselben Aktionärs und die Stimmrechtsausübung daraus. Zuzugeben ist, daß auf dem Umweg der Aufteilung eines Aktienpakets unter mehrere Legitimationsaktionäre im Ergebnis eine verschiedene Stimmabgabe ermöglicht wird. Dies ändert aber nichts daran, daß die Stimmabgabe des einzelnen Legitimationsaktionärs stets einheitlich sein muß. Demnach ist der Revisionsangriff, mit dem die Zulässigkeit verschiedener Stimmabgabe bei mehrfachem Aktienbesitz behauptet wird, nicht begründet.

Dagegen nimmt das Berufungsgericht zu Unrecht an, daß die Beschlüsse zur Kapitalerhöhung wegen Verstoßes gegen den aktienrechtlichen Grundsatz der Gleichbehandlung der Aktionäre nichtig seien. Die Beschlüsse über den Ausschluß des gesetzlichen Bezugsrechts der Aktionäre, über die anderweitige Begebung der jungen Aktien und über die Begebungsbedingungen bilden allerdings einen untrennbaren Bestandteil des Kapitalerhöhungs-Beschlusses selbst. Ihre Nichtigkeit müßte deshalb ohne ewiteres auch die Nichtigkeit der zur Frage der Kapitalerhöhung gefaßten Beschlüsse nach sich ziehen. § 282 Abs. 1 HGB. bestimmt nun, daß jedem Aktionär auf sein Verlangen ein seinem Anteil am bisherigen Stammkapital entsprechender Teil an den neuen Aktien eingeräumt werden muß, jedoch nur, soweit nicht die Generalversammlung bei der Kapitalerhöhung etwas anderes beschließt. Das gesetzliche Bezugsrecht der Aktionäre ist demnach kein unbedingtes „Sonderrecht" der Aktionäre. Es kann vielmehr von der Generalversammlung nach ihrem Ermessen im Kapitalerhöhungs-Beschluß ganz oder teilweise ausgeschlossen werden. Die Generalversammlung ist dabei nur an die allgemeinen Schranken der §§ 138, 826, 226 BGB. gebunden; darüber hinaus hat sie freie Hand. Sie kann insbesondere auch das Bezugsrecht nur einer bestimmten Gattung von Aktionären, ja nur einzelnen Aktionären einräumen und auch unter Ausschluß des gesetzlichen Bezugsrechts sämtliche neue Aktien Dritten zukommen lassen. Dem steht der Grundsatz der Gleichbehandlung der Aktionäre nicht entgegen. . . .

Gegen den Entscheidungsgrund des angefochtenen Urteils besteht übrigens noch ein weiteres, von der Revision ebenfalls betontes Bedenken. Das Berufungsgericht will als Folge der angeblichen Verletzung des Grundsatzes der Gleichberechtigung der Aktionäre nicht bloße Anfechtbarkeit, sondern Nichtigkeit des Beschlusses eintreten lassen. Für die Annahme der Nichtigkeit ist jedoch nur dann Raum, wenn es sich um Beschlüsse handelt, die mit dem Wesen der Aktiengesellschaft schlechthin unverträglich sind, weil sie zwingende, in erster Linie im öffentlichen Interesse gegebene Vorschriften verletzen, auf deren Einhaltung die Beteiligten nicht verzichten können (RGZ. Bd. 115 S. 378, 383; JW. 1927 S. 1677 Nr. 3). Darum handelt es sich aber hier nicht. Unzweifelhaft konnte mit Zustimmung der Klägerin ein Beschluß des hier beanstandeten Inhalts rechtsgültig gefaßt werden; es ist auch nicht einzusehen, weshalb einer nachträglichen Einverständnis-Erklärung der Klägerin die rechtliche Bedeutung zu versagen wäre. Irgendwelche zwingende öffentliche Interessen stehen nicht entgegen. In allen Fällen aber, in denen durch gesetzwidrige Beschlüsse nur einzelne Aktionäre „geschädigt" sind, die sich mit dem so geschaffenen Zustand auch abfinden können, ist eine von selbst eintretende Nichtigkeit nicht anzunehmen. Der Senat hält vielmehr in solchen Fällen, unter Aufgabe seines früheren abweichenden Standpunkts, nur die Anfechtungsklage aus § 271 HGB. für gegeben, welche die Vernichtung von Generalversammlungsbeschlüssen wegen unterlaufener Rechtsverstöße im Hinblick auf die besonderen Bedürfnisse des aktienrechtlichen Verkehrs, in erster Reihe aus Gründen der Rechtssicherheit, an weitere besondere Voraussetzungen knüpft, namentlich was Frist und Form der Geltendmachung betrifft. . . .

RGZ. 118, 269.

1. . . .

2. Zur Frage der Replik der Arglist gegenüber der Berufung auf die Formungültigkeit eines Zeichnungsscheins.

HGB. § 189 Abs. 2, § 281 Abs. 1. BGB. § 125.

II. Zivilsenat. Urt v. 28. Oktober 1927.

I. Landgericht I Berlin. — II. Kammergericht daselbst.

. . .

Aus den Gründen:

. . .

Das Kammergericht hält gegenüber der Berufung des Beklagten auf den Mangel der Form des Zeichnungsscheins die Replik der allgemeinen Arglist für durchgreifend, weil der Beklagte, der als Mitgründer und Aufsichtsratsmitglied der Klägerin zur ordnungsmäßigen Anmeldung und Beobachtung der Förmlichkeiten verpflichtet gewesen sei, nicht seine eigene pflichtwidrige Unterlassung heranziehen könne, um die Zahlungspflicht von sich abzuwälzen. Diese Darlegung beruht auf rechtsirrtümlicher Anwendung von Grundsätzen, die das Reichsgericht (vgl. insbesondere RGZ. Bd. 87 S. 281, Bd. 96 S. 313, Bd. 107 S. 357, Urteil des *erkennenden Senats vom 18. Februar 1927 II 205/26)* auf dem Gebiete des Vertragsrechts entwickelt hat. Danach kann die Replik der allgemeinen Arglist gegenüber der Berufung auf die Formungültigkeit eines Vertrags oder auf den Verjährungseinwand erhoben werden, wenn derjenige, der die Nichtigkeit oder die eingetretene Verjährung einwendet, die Nichtbeobachtung der Form oder die Unterlassung der rechtzeitigen Geltendmachung des Anspruchs zwar nicht arglistig, aber doch durch eine von ihm zu vertretende Irrtumserregung, wider Treu und Glauben selbst herbeigeführt hat. Hier handelt es sich aber weder um Vertragspflichten, die verletzt sein könnten, noch hat der Beklagte bei der Zeichnung in den Organen der Klägerin den Irrtum erweckt, daß es der Förmlichkeit der Verpflichtungserklärung nicht bedürfe. Was den Beklagten rechtlich hindern soll, den Mangel der Form zu rügen, ist nach Meinung des Vorderrichters nur die Tatsache, daß er als Aufsichtsratsmitglied zur ordnungsmäßigen Anmeldung und Beobachtung der Förmlichkeiten verpflichtet gewesen sei und dies unterlassen habe. Das reicht jedoch zur Begründung der Replik der Arglist nicht aus.

Nach der Rechtsprechung des Reichsgerichts ist die Aktienzeichnung kein gegenseitiger oder zweiseitiger Vertrag. Die Verpflichtungsurkunde des Zeichners ist vielmehr ein rechtserzeugender Akt, der sich nicht nur an die Gründer oder an die Gesellschaft richtet, sondern zugleich eine Erklärung gegenüber der Öffentlichkeit enthält. Wenn der Beklagte zu der Zeit, als er den Schein unterzeichnete und der Gesellschaft übergab, Aufsichtsratsmitglied der Klägerin war, so trat er dieser als Zeichner doch nur wie jeder zeichnende Dritte gegenüber, und es lagen ihm bei diesem Zeichnungsgeschäft keinerlei Pflichten ob, die er in seiner Eigenschaft als Aufsichtsratsmitglied zu erfüllen gehabt hätte. Was ihm als schuldhaft zur Last fallen könnte, ist also nur, daß er gleich den übrigen Vorstands- und Aufsichtsratsmitgliedern die Zeichnungen vor der Anmeldung der Kapitalerhöhung zum Handelsregister — die nach § 284 HGB. Sache des Vorstands und des Aufsichtsrats war — nicht auf ihre Rechtsgültigkeit geprüft und nicht dafür gesorgt hat, daß an Stelle der ungültigen Scheine gültige ausgestellt wurden. Sollte er bei Erfüllung dieser Obliegenheit nicht die Sorgfalt eines ordentlichen Geschäftsmanns angewandt haben, so mag er nach § 249 Abs. 1 und 2 HGB. der Gesellschaft zum Schadensersatz verpflichtet sein. Daraus erwächst aber der Klägerin nicht das Recht, die Berufung auf die Formungültigkeit der Zeichnung als arglistig abzuwehren. Denn hier ist der Rechtsgedanke nicht verwertbar, daß diejenige Vertragspartei, die durch ein von ihr zu vertretendes Verhalten die Wahrung der Form verhindert hat, sich nach Treu und Glauben auf den Mangel der Form nicht soll berufen dürfen.

Im Streitfall handelt es sich nicht darum, daß der Beklagte die Beobachtung der Form, etwa durch Erregung eines Irrtums auf der Gegenseite, schuldhaft vereitelt oder verhindert haben könnte. Nach seiner Behauptung war ihm der Schein, so wie er lautete, vom Rechtsberater der Klägerin zur Unterschrift vorgelegt worden. War er ungültig, so traf keine der Parteien im Verhältnis zueinander ein Verschulden. Denn daß der Beklagte als Zeichner die Organe der Klägerin von der Verwendung eines formgerechten Scheins abgehalten hätte, ist nicht festgestellt; eine solche Möglichkeit kommt als geradezu unsinnig überhaupt nicht in Betracht. Die Schuld, die der Beklagte im weiteren Verlauf im Verein mit den übrigen Vorstands- und Aufsichtsratsmitgliedern durch die ohne genügende Nachprüfung der Scheine bewirkte Anmeldung zum Handelsregister auf sich geladen haben soll, mag ihn (als Gesamtschuldner) zur Herstellung des Zustandes verpflichten, wie er ohne solches Verschulden bestanden hätte. Sie ist aber nicht ursächlich für den allein maßgebenden Umstand, daß der Schein bei der Zeichnung so wie geschehen und nicht anders abgefaßt wurde. Jenes angebliche Verschulden des Beklagten stellt also, anders als bei verschuldetem Mangel der Formwahrung innerhalb eines Vertragsverhältnisses, nicht das rechtserhebliche Moment her, das allein zu einem Einwand gegen die Berufung auf mangelnde Form berechtigen könnte.

Nach RGZ. Bd. 107 S. 357 (365) soll weiterhin Voraussetzung für den Erfolg der Replik der Arglist sein, daß der Zustand, der bestehen würde, wenn die Berufung auf die Nichtigkeit des Vertrags unterblieben wäre, zu dessen Erfüllung führen kann. Dies wird für den Fall verneint, daß die Nichtigkeit, mag sie auch nicht eingewendet worden sein, sich ohne weiteres aus dem Vorbringen der Partei ergab und daher von Amts wegen hätte berücksichtigt werden müssen. Letzteres war aber nach dem Parteivorbringen hier offensichtlich der Fall. Überdies wäre die Replik der Arglist gegenüber der Berufung auf mangelnde Form hier schon um deswillen wirkungslos, weil die Zeichnung nicht nur einen rein privatrechtlichen Akt, sondern zugleich eine Erklärung gegenüber der Öffentlichkeit darstellt. Diese Eigenschaft läßt sich, wenn der Schein nichtig ist, im Gegensatz zu dem Fall der Erfüllung formungültiger Verträge durch Unterlassung der Berufung auf den Formmangel überhaupt nicht herstellen.

Hiernach ist der Zeichnungsschein unheilbar nichtig und kann daher keinen Zahlungsanspruch der Klägerin begründen.

RGZ. 118, 330.

Zur Frage der Zulässigkeit und rechtlichen Begründung der sog. Legitimationsübertragung von Aktien zur Ausübung des Stimmrechts in der Generalversammlung.

HGB. §§ 250, 252, 258.

II. Zivilsenat. Urt. v. 4. November 1927.

I. Landgericht Köln, Kammer für Handelssachen. — II. Oberlandesgericht daselbst.

Am 12. Dezember 1925 fand die ordentliche Generalversammlung der Beklagten statt. In ihr wurden die Bilanz und die Gewinn- und Verlustrechnung für 1924/25 nebst dem Geschäftsbericht des Vorstands und dem Prüfungsbericht des Aufsichtsrats vorgelegt; auf der Tagesordnung stand weiter die Beschlußfassung über die Genehmigung der Bilanz, über die Entlastung von Vorstand und Aufsichtsrat sowie über die Verteilung des Reingewinns und die Wahl von Aufsichtsratsmitgliedern. In der Versammlung waren 5834 Aktien zu je 500 RM vertreten, darunter der Kläger mit einer Aktie. Nach Aufstellung des Verzeichnisses der erschienenen Aktionäre beanstandete der Kläger dessen Richtigkeit und erhob gegen sämtliche zu fassenden Beschlüsse Widerspruch, weil Scheinaktionäre sich als wirkliche Aktionäre in die Anwesenheitsliste hätten eintragen lassen und demgemäß an der Abstimmung teilnehmen würden. Es wurden über die oben aufgeführten Punkte der Tagesordnung verschiedene Beschlüsse gefaßt.

Der Kläger begehrt die Nichtigerklärung dieser sämtlichen Beschlüsse. Zur Begründung machte er unter anderem geltend: Alle Beschlüsse seien mit unlauteren Mitteln herbeigeführt worden, denn es hätten dabei Scheinaktionäre mitgewirkt, die entgegen den §§ 250, 252 Abs. 2, 258, 316 HGB. und dem § 18 der Satzung als wirkliche Aktionäre eingetragen worden seien. So seien 1920 500 M-Aktien mit

3861 Stimmen auf den Namen des Dr. M. eingetragen, obwohl sie nicht ihm, sondern der Großaktionärin Firma H. & Sohn in K. gehörten. Die Beklagte bestritt die Berechtigung der Anfechtung und wies darauf hin, daß auch ohne die vom Kläger beanstandeten Stimmen eine Mehrheit für die Beschlüsse vorhanden gewesen wäre.

Das Landgericht wies die Klage ab. Berufung und Revision des Klägers waren erfolglos.

Aus den Gründen:

Die Zulässigkeit der sog. Legitimationsübertragung von Aktien zur Ausübung des Stimmrechts in der Generalversammlung, d. h. die Überlassung der Aktien an einen Dritten mit der Ermächtigung, das Stimmrecht im eigenen Namen auszuüben, ist vom Reichsgericht in ständiger Rechtsprechung anerkannt. Es ist nicht nur, wie der Kläger meint, der II. Zivilsenat, der bis in die letzte Zeit, namentlich auch in verschiedenen Prozessen des Klägers (WarnRspr. 1920 Nr. 52 und 173), daran festgehalten hat, sondern schon vorher hatte sich der I. Zivilsenat in RGZ. Bd. 30 S. 50, Bd. 40 S. 80, Bd. 60 S. 172 für die Gültigkeit dieser Rechtsform ausgesprochen. Auch andere Zivilsenate haben diese Auffassung ausdrücklich gebilligt, so der III. Zivilsenat in RGZ. Bd. 111 S. 405, der IV. Zivilsenat in LZ. 1913 Sp. 778, der VI. Zivilsenat im Urteil vom 18. November 1920 VI 155/20 (Bankarchiv Bd. 20 S. 213) und der VII. Zivilsenat in RGZ. Bd. 105 S. 289. Die Bezeichnung „Legitimationsübertragung" für diese Rechtserscheinung bringt allerdings ihr Wesen nur ungenau zum Ausdruck. Die rechtliche Wirksamkeit einer solchen Stimmrechtsausübung — mit fremden Aktien im eigenen Namen — beruht wesentlich darauf, daß der Aktionär als Berechtigter einen andern ermächtigt, das Stimmrecht im eigenen Namen auszuüben. Die vorherige Zustimmung des Berechtigten, seine Einwilligung, macht die Verfügung, die der Nichtaktionär durch Ausübung des Stimmrechts in der betreffenden Generalversammlung trifft, nach § 185 BGB. rechtlich wirksam. Um dem Dritten die Ausübung des Stimmrechts im eigenen Namen zu ermöglichen, muß ihm nach außen die Stellung eines stimmberechtigten Aktionärs gegeben werden, d. h. es müssen die Formen und Voraussetzungen erfüllt werden, die für die Übertragung des Aktionärrechts gelten. Dazu genügt bei Inhaberaktien, wie sie hier in Betracht kommen, die Einräumung des Besitzes an den Aktienurkunden oder die Hinterlegung auf den Namen des Dritten bei der in der Satzung vorgeschriebenen Hinterlegungsstelle. Von einer fiduziarischen Übertragung unterscheidet sich diese Rechtsform dadurch, daß dem Dritten nicht das volle Recht zustehen soll, ihm vielmehr nur die äußere Rechtsstellung eingeräumt wird, um entsprechend der erteilten Ermächtigung einzelne aus dem Recht entspringende Befugnisse geltend zu machen. Gegenüber der Vollmacht, mit der eine gewisse Verwandtschaft besteht, liegt die Verschiedenheit darin, daß die Vollmacht die Befugnis verleiht, im Namen des Vertretenen und mit Wirkung für ihn Rechtshandlungen vorzunehmen (RGZ. Bd. 53 S. 274, Bd. 78 S. 87).

Eine solche Rechtsform, wie sie auch auf anderen Rechtsgebieten (so beim Vollindossament zu Inkassozwecken, bei der Abtretung zur bloßen Einziehung) von der Rechtsprechung, zum Teil allerdings unter Widerspruch des Schrifttums, anerkannt ist, steht also mit den allgemeinen Grundsätzen des Rechts im Einklang. Sie widerspricht auch nicht den besonderen Vorschriften des Aktienrechts. Der § 178 HGB. regelt nur die Art der Beteiligung des Aktionärs und den Ausschluß seiner persönlichen Haftung. Dafür, daß er seine Rechte nur selbst ausüben und ihre Ausübung, insbesondere das Stimmrecht, nicht auf andere übertragen dürfe, ist aus der Vorschrift nichts zu entnehmen. Wenn § 250 HGB. sagt, die Aktionäre übten ihre Rechte in bezug auf Beteiligung an der Geschäftsführung durch Beschlußfassung in der Generalversammlung aus, so wird damit die Wahrnehmung solcher Rechte durch andere, mit Zustimmung der Aktionäre, nicht für unzulässig erklärt. Der § 252 Abs. 2 HGB. läßt ja auch für die Aktionäre, im Gegensatz zu der Regelung bei anderen Körperschaften, eine Vertretung in der Ausübung des Stimmrechts ausdrücklich zu und schreibt für den Fall der offenen Stellvertretung die Vorlegung einer schriftlichen Vollmacht vor. Die Vorschrift bietet keinen genügenden Anhalt dafür, daß damit eine stille oder mittelbare Stellvertretung — durch Ermächtigung eines Dritten zur Stimmabgabe im eigenen Namen in der äußeren Form der Rechtsübertragung — ausgeschlossen sein sollte. Die bloße Möglichkeit eines Mißbrauchs dieser Rechtsform zur Umgehung der in § 252 Abs. 3 HGB. angeführten Stimmrechtsbeschränkungen kann eine derartige Auffasung nicht rechtfertigen. Wenn § 258 vorschreibt, daß in der Generalversammlung ein Verzeichnis der „erschienenen Aktionäre oder Vertreter von Aktionären" aufzustellen ist, so sind damit diejenigen Personen gemeint, die sich in der nach der Art der betreffenden Aktien erforderlichen oder durch die Satzung besonders vorgeschriebenen Weise als Aktionäre oder als deren Vertreter ausgewiesen haben. Dazu gehören namentlich auch Legitimationsaktionäre, die durch Besitz von Inhaberaktien oder durch Hinterlegung solcher Aktien ihre Berechtigung zur Stimmrechtsausübung im eigenen Namen dartun. Eine bei satzungsmäßiger Anordnung nach § 255 Abs. 2 HGB. zum Nachweis der Stimmrechtsberechtigung erforderliche Hinterlegungsbescheinigung bekundet nur, daß für eine bestimmte Person Aktien hinterlegt sind, nicht aber, daß derjenige, auf dessen Namen sie hinterlegt wurden, wirklich Aktionär ist. Durch Hinterlegung von Aktien für eine Person, die vom Aktionär zur Ausübung des Stimmrechts im eigenen Namen ermächtigt ist, kommt daher auch nicht ein falsche oder verfälschte Bescheinigung im Sinne der Strafvorschrift des § 316 HGB. zustande. Der § 318 verbietet nur und stellt nur unter Strafe die Benutzung fremder Aktien zur Stimmrechtsausübung ohne Vertretungsbefugnis und ohne Einwilligung des Berechtigten und weiter die Stimmrechtsausübung auf Grund entgeltlicher Leihe. Daraus läßt sich nichts dafür entnehmen, daß auch die unentgeltliche Überlassung von Aktien zur Stimmrechtsausübung und das Abstimmen auf Grund solcher Überlassung und Ermächtigung des Aktionärs unzulässig sein soll.

Die Ausübung des Stimmrechts durch sog. Legitimationsaktionäre widerspricht auch nicht dem § 18 der Satzung, wonach in der Generalversammlung diejenigen „Aktionäre" stimmberechtigt sind, die „ihre" Aktien hinterlegt haben, und die „Aktionäre" sich durch andere stimmberechtigte Aktionäre vertreten lassen können. Der Berufungsrichter lehnt das Vorliegen eines solchen Widerspruchs mit zutreffender Begründung ab unter Bezugnahme auf das Urteil des erkennenden Senats vom 25. November 1919 II 115/19 in Sachen des jetzigen Klägers gegen den E.er Bergwerksverein. Das Wort „ihre" kann sich auch auf den im Besitze von Aktien befindlichen Legitimationsaktionär beziehen, und auch das weitere paßt ebenso auf den Legitimationsaktionär, der sich durch einen Bevollmächtigten vertreten lassen will, wie auf den Eigentumsaktionär. Auch darin ist dem Berufungsrichter beizutreten, daß an dieser Beurteilung nichts geändert wird durch die besondere Bestimmung des § 18 Abs. 4 der Satzung, wonach „der Aktionär", der „seine" Aktien hinterlegt hat, vor der Versammlung eine persönliche Eintrittskarte empfängt. Auch hierzu gilt das oben Gesagte. Derjenige, auf dessen Namen die Aktien hinterlegt sind, wird der Gesellschaft gegenüber als Aktionär angesehen und erhält auf seinen Namen die Eintrittskarte; wer von einem Aktionär Inhaberaktien mit der Ermächtigung zur Stimmrechtsausübung erhalten hat, fällt gleichsfalls unter diese Bestimmung.

. . .

RGZ. 119, 229.

Kann dem Vorstand oder dem Aufsichtsrat einer Aktiengesellschaft, bei der alle Aktien in einer Hand vereinigt sind, ohne Einhaltung der Formen der Generalversammlung Entlastung erteilt werden?

HGB. §§ 259, 260.

II. Zivilsenat. Urt. v. 9. Dezember 1927.

I. Landgericht Frankfurt a. M., Kammer für Handelssachen. — II. Oberlandesgericht daselbst.

Die Frage wurde verneint.

Aus den Gründen:

Das Berufungsgericht geht zutreffend davon aus, daß es nach § 260 Abs. 1 HGB. an sich Sache der Generalversammlung sei, über die Entlastung des Aufsichtsrats und damit über den Verzicht auf einen Ersatzanspruch, wie er hier in Rede steht, zu beschließen. Wenn es aber dann weiter annimmt, daß im vorliegenden Falle, wo nur ein einziger Aktionär vorhanden gewesen sei, die Entlastung ohne Einhaltung der Form der Generalversammlung habe erteilt werden können, so steht dieser Auffassung § 259 HGB. entgegen. Dort ist bestimmt, daß jeder Beschluß der Generalversammlung zu seiner Gültigkeit der Beurkundung durch ein über die Verhandlung gerichtlich oder notariell aufgenommenes Protokoll bedarf und daß das Protokoll in beglaubigter Abschrift zum Handelsregister einzureichen ist. Diese Vorschrift ist auch bei der sog. Einmanngesellschaft keineswegs ohne sachliche Bedeutung. Sie dient dazu, die geschäftlichen Verhältnisse der Aktiengesellschaft, soweit sie sich aus Beschlüssen der Generalversammlung ergeben, klarzustellen und sie außerdem offenkundig zu machen, da das eingereichte Protokoll nach § 9 HGB. von jedem eingesehen werden kann. Soweit deshalb das Gesetz, wie es bei der Entlastung von Vorstand und Aufsichtsrat der Fall ist, einen Generalversammlungsbeschluß verlangt, sind die gesetzlichen Formvorschriften einzuhalten, einerlei, ob eine Mehrheit von Aktionären oder nur ein einziger vorhanden ist. In beiden Fällen trifft der Grund der gesetzlichen Regelung in gleicher Weise zu. Mit Unrecht glaubt sich das Oberlandesgericht auf das Urteil RGZ. Bd. 35 S. 83 berufen zu können. Dieses Urteil behandelt ein ganz anderes Verhältnis; es bezieht sich nicht auf eine Einmanngesellschaft und nicht auf den Fall einer durch das Gesetz der Generalversammlung vorbehaltenen Entschließung, sondern will nur in

Fällen, wo der Vorstand die Zustimmung der Generalversammlung zu einem von ihm vorgenommenen Geschäft hätte einholen sollen, den Beweis zulassen, daß die Versammlung zugestimmt hätte. . . .

RGZ. 119, 386.

1. Zur Frage der Beschränkung des Stimmrechts von Aktionären.

2. Welche Wirkungen hat die vertragliche Bindung eines Aktionärs gegenüber der Gesellschaft oder einem andern Aktionär, daß er in einem bestimmten Sinne abzustimmen habe? Kann die sich aus der Verletzung einer solchen Verpflichtung ergebende Schadensersatzpflicht zur Herstellung des ordnungsmäßigen Zustandes (Naturalrestitution) in dem Sinne führen, daß der Aktionär das Abstimmungsergebnis so gegen sich gelten lassen muß, wie es ohne seine Zuwiderhandlung ausgefallen wäre?

HGB. § 252. BGB. § 249.

II. Zivilsenat. Urt. v. 10. Januar 1928.

I. Landgericht III Berlin. — II. Kammergericht daselbst.

Aus den Gründen:

Der Beschluß, dem Kläger das Stimmrecht für 4000 Vorzugsaktien zu entziehen, ist nach dem Versammlungsprotokoll damit begründet worden, daß der Kläger seine Einzahlungen auf diese Aktien nicht voll geleistet habe. Diesen Beschluß hat das Berufungsgericht für nichtig erklärt, weil er im Gesetz keine Stütze finde. Nach § 252 Abs. 1 Satz 1 HGB. gewährt jede Aktie das Stimmrecht. Ausnahmen von diesem Grundsatz sind in § 252 Abs. 3 HGB. festgesetzt. Nach dieser Vorschrift darf der Aktionär nicht mitstimmen, wenn er durch die Beschlußfassung entlastet oder von einer Verpflichtung befreit werden soll, oder wenn es sich um die Vornahme eines Rechtsgeschäfts mit ihm oder um die Einleitung oder Erledigung eines Rechtsstreits zwischen ihm und der Gesellschaft handelt. Diese Ausnahmen weiter auszudehnen, als sie das Gesetz gefaßt hat, ist nicht angängig. Der erkennende Senat hat zwar in seiner Entscheidung vom 29. November 1912 (RGZ. Bd. 81 S. 39) ausgeführt, daß die gesetzlichen Vorschriften über die Stimmenthaltung nicht alle denkbaren Fälle erschöpften. Die Auffassung aber, daß nach § 157 BGB. ein gegen Treu und Glauben verstoßender Gebrauch des Stimmrechts nicht zu dulden sei, hat er abgelehnt, weil in der Praxis zur Frage der Stimmenthaltung klare und scharfe Grenzlinien unentbehrlich seien, und er hat die Grenze für die Ausübung des Stimmrechts da gesucht, wo die Rechtsausübung nur den Zweck haben kann, einem anderen Schaden zuzufügen (§ 226 BGB.). An diesen Grundsätzen, die der erkennende Senat seitdem ständig vertreten hat, ist auch jetzt festzuhalten. Danach kommt es weder darauf an, ob die Aktien des Klägers voll bezahlt waren, noch darauf, ob der Kläger strafbare Handlungen zum Nachteil der Gesellschaft begangen hat, noch auch darauf, ob die Ausübung des Stimmrechts schuldrechtlich von den Weisungen des Aufsichtsrats abhängig gemacht war.

Die von der Revision erbetene Nachprüfung kann daher zu keinem anderen Ergebnis führen, als zu dem des Berufungsgerichts, daß nämlich der Beschluß, soweit er die Stimmrechtsentziehung betrifft, wegen Verstoßes gegen § 252 Abs. 1 Satz 1 HGB. mit Recht angefochten ist und daher für nichtig zu erklären war. . . .

Nach § 21 der Satzung bedurfte der weitere Beschluß, die Gesellschaft zu liquidieren, der Dreiviertel-Mehrheit. Diese Mehrheit lag aber nach der Feststellung des Kammergerichts nicht vor, wenn die Stimmen des Klägers mitzurechnen waren. Die Beklagte will die Stimmen des Klägers deshalb nicht mitgezählt wissen, weil er auf Grund des Vertrags vom 21. Juni 1923 nicht berechtigt gewesen sei, mit seinen Vorzugsaktien gegen die Liquidation zu stimmen.

. . . Durch Vertrag vom 21. Juni 1923 hat der Kläger die Ausübung des Stimmrechts seiner Vorzugsaktien an den Aufsichtsrat übertragen und sich verpflichtet, mit den Stimmen dieser Aktien nur nach Weisung des Aufsichtsrats zu verfahren und sich jeder Verfügung hierüber ohne die Zustimmung des Aufsichtsrats zu enthalten. . . .

Daß der Vertrag vom 21. Juni 1923 eine sogen. Legitimationsübertragung auf den Aufsichtsrat enthielte, ist nicht geltend gemacht worden. . . . Im Rechtsstreit hat die Beklagte eingewandt, daß der Kläger nicht entgegen dem Standpunkt des Aufsichtsrats habe stimmen dürfen. Sie faßt also den Vertrag vom 21. Juni 1923 als eine schuldrechtliche Bindung des Klägers auf, sein Aktienrecht nur nach den Weisungen des Aufsichtsrats auszuüben, ein Standpunkt, den — und zwar mit Recht — auch die Revision vertritt. Daß eine vom Aktionär gegenüber der Gesellschaft oder einem anderen Aktionär übernommene vertragliche Verpflichtung, in bestimmtem Sinne abzustimmen, an sich rechtswirksam ist, nimmt die Revision mit Recht an. Der erkennende Senat hat dies für das Recht der Aktiengesellschaft und der Gesellschaft mit beschränkter Haftung schon mehrfach ausgesprochen. Durch eine schuldrechtliche Bindung dieser Art wird indessen die Abstimmung in der Generalversammlung sachlich nicht berührt. Hat also der Kläger entgegen seiner Verpflichtung statt für die Liquidation dagegen gestimmt, so hat er zwar den schuldrechtlichen Vertrag verletzt, die Folge der Verletzung dieses außerhalb des Aktienrechts stehenden Sondervertrags ist aber nicht die, daß seine Stimmen nicht zu zählen wären oder als für die Liquidation abgegeben zu gelten hätten, sondern nur die, daß er sich durch seine den Weisungen des Aufsichtsrats zuwiderlaufende Abstimmung schadensersatzpflichtig gemacht hat (RGZ. Bd. 107 S. 67, Bd. 112 S. 273, Urteil vom 23. September 1927 II 495/26).

Demgegenüber macht die Revision geltend, diese Schadensersatzpflicht müsse zur „Naturalrestitution" führen und der Kläger müsse daher das Abstimmungsergebnis so gelten lassen, wie es ohne seine Vertragsverletzung ausgefallen wäre. . . .

Dieser Angriff verkennt die Rechtslage. . . .

So wenig es angeht, daß gegen den Aktionär, der sich schuldrechtlich verpflichtet hat, in gewissem Sinne zu stimmen, ein Erfüllungszwang geübt und auf dem Wege des § 894 ZPO. seine Verurteilung zur vereinbarten Stimmabgabe vollstreckt wird (RGZ. Bd. 112 S. 273), so wenig kann das Ergebnis einer Abstimmung, wenn es nur aktienrechtlich einwandfrei zustande gekommen ist, dadurch berührt werden, daß durch die Stimmabgabe rein schuldrechtliche Verpflichtungen des abstimmenden Aktionärs gegenüber der Gesellschaft verletzt worden sind. Der Grundsatz der Naturalrestitution ist hier aber auch aus einem anderen Grunde nicht anwendbar. Wenn der Kläger, der gegen die Liquidation gestimmt und durch seine (aktienrechtlich zu zählenden) Stimmen das Zustandekommen einer Dreiviertel-Mehrheit für die Liquidation verhindert hat, das Abstimmungsergebnis so gegen sich gelten lassen müßte, wie es ohne seine Vertragsverletzung ausgefallen wäre, so würde dadurch gegebenenfalls der Verletzung des schuldrechtlichen Vertrags eine über das Verhältnis der Parteien zueinander hinausreichende, auch andere Aktionäre berührende Wirkung beigemessen. . . . Die Verletzung von Abmachungen der erwähnten Art kann daher grundsätzlich nur zu einem Schadensersatzanspruch in Geld führen. Ist der Kläger aber nur in diesem Umfang schadensersatzpflichtig, so steht seiner Anfechtungsklage auch nicht der Einwand der Arglist entgegen, weil er mit Recht geltend macht, daß seine Stimmen als gegen die Liquidation abgegeben zu zählen seien. . . .

RGZ. 120, 28.

Welchen Einfluß hat die unheilbare Nichtigkeit von Generalversammlungsbeschlüssen einer Aktiengesellschaft auf die Rechtsgültigkeit späterer derartiger Beschlüsse?

HGB. §§ 40, 271.

II. Zivilsenat. Urt. v. 20. Januar 1928.

I. Landgericht Gera. — II. Oberlandesgericht Jena

. . .

Aus den Gründen:

. . . Die Revision erhebt unter Hinweis auf die Bedürfnisse des Aktienverkehrs grundsätzliche Bedenken dagegen, daß auf die angebliche Nichtigkeit früherer Beschlüsse, die weder rechtzeitig angefochten noch mit der Nichtigkeits-Feststellungsklage angegriffen worden seien, zurückgekommen werden könne, um die Rechtsgültigkeit späterer Beschlüsse zu bekämpfen. . . . Ist gegen zwingende, in erster Linie im öffentlichen Interesse gegebene Vorschriften verstoßen, auf deren Einhaltung die Aktionäre nicht verzichten können, so greift nicht nur die befristete Anfechtungsklage durch. Solche Beschlüsse sind vielmehr unheilbar nichtig, und diese Nichtigkeit kann auch noch nach Ablauf der Monatsfrist des § 71 HGB. geltend gemacht werden, sei es mit der gewöhnlichen Nichtigkeits-Feststellungsklage, sei es durch einen Feststellungsantrag oder im Wege des Einwands. Dies ist für den aktienrechtlichen Verkehr in Schrifttum und Rechtsprechung anerkannten Rechtens (Staub-Pinner Anm. 18 und 19 zu § 273 HGB.; Hueck Anfechtbarkeit und Nichtigkeit von Generalversammlungsbeschlüssen S. 233 und 238; RGZ. Bd. 115 S. 379; JW. 1927 S. 2982 Nr. 2). Soweit spätere Beschlüsse auf unheilbar nichtigen Beschlüssen beruhen, sich sachlich an sie anschließen und inhaltlich ihre Gültigkeit voraussetzen, sind sie gleichfalls fehlerhaft und nichtig (Hueck a. a. O. S. 227; Staub-Pinner Anm. 18a zu § 273 und Anm. 6 zu § 251 HGB.). Sind hier die Beschlüsse zur Reichsmark-Eröffnungsbilanz und zur Umstellung nichtig, so können auch die zu Nr. 1 der Tagesordnung vom 29. März 1926 gefaßten Beschlüsse keinen Bestand haben. Eine rechtsgültige Umstellung des Grundkapitals läge dann überhaupt nicht vor, die Passivseite der Bilanz und damit diese selbst würde vielmehr völlig in der Luft schweben. Insoweit kann dem Berufungsgericht nicht entgegengetreten werden.

. . .

RGZ. 120, 177.

Zur Frage der Gültigkeit von Satzungsbestimmungen, die den allmählichen Übergang der Aktienrechte auf den an dem Unternehmen beteiligten Staat bezwecken.

HGB. § 227.

II. Zivilsenat. Urt. v. 17. Februar 1928.

I. Landgericht Hamburg, Kammer für Handelssachen. — II. Oberlandesgericht daselbst.

. . .

Gründe:

Die Klägerin hat ihre Anträge in doppelter Weise begründet. Sie hat geltend gemacht, daß eine Auslosung, wie sie hier stattfinden soll, aktienrechtlich unzulässig und die sie anordnende Satzungsbestimmung deshalb unwirksam sei. Ferner hat sie Nichtigkeit des den Einlösungsbetrag festsetzenden Generalversammlungs-Beschlusses vom 30. Juni 1924 behauptet und diese Behauptung darauf gestützt, daß die Generalversammlung durch den Beschluß, der nicht eine innere Angelegenheit der Gesellschaft, sondern die Rechtsbeziehungen der Finanzdeputation zu den einzelnen Aktionären betreffe und auch in Sonderrechte der Aktionäre eingreife, ihre Zuständigkeit überschritten habe und daß der Beschluß gegen die guten Sitten verstoße.

Das Berufungsgericht hält mit Recht beide Klaggründe für hinfällig.

Zunächst kann nicht anerkannt werden, daß die hier vorgesehene Auslosung, wenn sie auch eine sonst nicht gebräuchliche Regelung enthält, aktienrechtlichen Grundsätzen zuwiderlaufe. Allerdings läßt sie sich nicht, wie die Revisionsbeklagte in erster Reihe meint, schon damit rechtfertigen, daß es sich um eine von vornherein durch den Gesellschaftsvertrag bewirkte Ausgestaltung des Aktienrechts selbst handle und daß es einer der wesentlichen Zwecke der Beklagten sei, die nur vorübergehend gewollte Beteiligung des Privatkapitals durch erzielte Gewinne im Wege der Auslosung zu tilgen und die Privataktien in die Hand des Staates überzuführen. Neben diesen Erwägungen bleibt noch immer die Frage offen, ob das Gesetz eine solche Ausgestaltung des Aktienrechts überhaupt gestattet. Diese Frage ist aber mit dem Berufungsgericht zu bejahen. Die Auslosung mit der Wirkung, daß der Aktionär das Recht aus der Aktie verliert, ist eine Maßnahme, die der § 227 HGB. ausdrücklich zuläßt. Freilich ist dort nur von einer Auslosung die Rede, die zum Zweck der Einziehung (Amortisation) von Aktien stattfindet. Der hier getroffenen Regelung, wonach die

Auslosung nicht zum Untergang der Aktienrechte, sondern nur zu ihrem Übergang auf eine andere Person führen soll, stehen aber keine aktienrechtlichen Bedenken entgegen, weder nach dem jetzigen Gesetz noch nach den jedenfalls nicht strengeren Vorschriften des früheren, auf der Novelle vom 18. Juli 1884 beruhenden Rechts, unter dessen Herrschaft die beklagte Gesellschaft gegründet worden ist. Eine Gefährdung der Gläubiger der Beklagten ist dadurch ausgeschlossen, daß die Einlösung nicht aus Mitteln der Gesellschaft, sondern aus dem vom Staat gebildeten Fonds geschieht, daß also das Grundkapital nicht angetastet werden kann. Es liegt auch kein Verstoß gegen den Grundsatz vor, daß alle Aktionäre gleich zu behandeln sind und daß Umstände, die nur in den persönlichen Verhältnissen des einzelnen Aktionärs liegen, nicht zur Entziehung der Aktienrechte führen können. Daran ändert auch nichts die Tatsache, daß der Staat, auf den die ausgelosten Aktien übergehen sollen, mit ihnen an den weiteren Auslosungen nicht beteiligt ist. Diese besondere Stellung des Staates folgt nicht aus einem ihm als Aktionär zustehenden Vorrecht, sondern sie ist eine notwendige Folge des Rechtsverhältnisses, in das die Beklagte bei ihrer Gründung zu dem zunächst nicht als Aktionär beteiligten Staate getreten ist. Das von der Klägerin in diesem Zusammenhang angezogene Urteil RGZ. Bd. 49 S. 77, das die Gültigkeit einer die Verpflichtung zur Übertragung des Aktienrechts festsetzenden Bestimmung der Satzung verneint, behandelt einen anderen Fall. Dort war der Generalversammlung die Befugnis zum Ausschluß von Aktionären eingeräumt, die aufhören sollten, Mitglieder einer bestimmten Vereinigung zu sein. Ebensowenig sind Bedenken aus der Rechtsstellung zu entnehmen, die sich für den Aktionär im Falle der Auslosung seiner Aktien ergibt. Dieses Verhältnis ist nicht so aufzufassen, daß Rechtsbeziehungen zwischen dem Aktionär und dem Staat entstehen sollen, sondern der Aktionär ist satzungsgemäß verpflichtet, die Aktie, die in seiner Hand keine Rechte mehr verkörpert, der Gesellschaft zur Aushändigung an den Staat zur Verfügung zu stellen.

Was sodann die Gültigkeit des den § 34 Abs. 2 der Satzung abändernden Generalversammlungs-Beschlusses betrifft, so ist auch in dieser Hinsicht die angefochtene Entscheidung nicht zu beanstanden. Die Auslosung, mit der die Zahlung des Einlösungsbetrages untrennbar zusammenhängt, ist eine innere Angelegenheit der Gesellschaft und als solche in der Satzung geregelt; über ihre Abänderung konnte die Generalversammlung bindend für die Aktionäre beschließen. Daß der den neuen Einlösungsbetrag festsetzende Beschluß auch in die Rechte des

Staates eingriff, insofern nämlich der Umfang der jährlichen Auslosung mitbestimmt wird durch die Höhe des Einlösungsbetrags, ist zwar richtig, aber deshalb unerheblich, weil die Generalversammlung dadurch nicht gehindert war, sich mit der Angelegenheit zu befassen, die auch eine solche der Gesellschaft selbst war. Auch aus der Bemessung des Betrags ist nichts gegen den Beschluß zu entnehmen. Der Betrag konnte, wenn er sich auch nicht von selbst aus der Umstellung ergab, sondern im Wege der Aufwertung zu bestimmen war, nach der Natur des Rechtsverhältnisses doch nur gleichmäßig für alle Aktionäre festgesetzt werden (RGZ. Bd. 113 S. 152). Daß aber diese Festsetzung nicht, wie die Klägerin meint, gegen die guten Sitten verstieß, weil sie vom Staat unter mißbräuchlicher Ausnutzung seines Aktienbesitzes herbeigeführt worden sei, hat das Berufungsgericht einwandfrei dargelegt. Es weist dabei insbesondere auch darauf hin, daß auch die Stimmen, die für andere als dem Staat gehörige Aktien abgegeben wurden, sich in weit überwiegender Mehrheit für die beschlossene Satzungsänderung ausgesprochen haben.

RGZ. 121, 99.

1. Setzt die Übernahme von unbeweglichen Gegenständen nach § 186 HGB. den Abschluß formgerechter Verträge voraus?

2. . . .

3. Zur Frage der Umdeutung von Rechtsgeschäften.

HGB. §§ 186, 215. BGB. § 140.

VI. Zivilsenat. Urt. v. 23. April 1928.

I. Landgericht Hildesheim. — II. Oberlandesgericht Celle.

Das Grundstück P. stand im Miteigentum der Kläger zu 1—3. Die Klägerin zu 4, eine offene Handelsgesellschaft, deren Gesellschafter jene waren, betrieb früher auf diesem Grundstück eine Spritfabrik. Zwischen den Klägern auf der einen Seite und mehreren Personen auf der anderen Seite wurden im Jahre 1921 lange Zeit hindurch Verhandlungen über den Verkauf des Grundstücks geführt. Es wurde dabei in Aussicht genommen, das Grundstück für eine zu gründende Aktiengesellschaft zu erwerben, die dort eine Schrauben- und Mutternfabrik betreiben sollte. Schließlich einigte man sich über die Bedingungen. Am 8. Dezember 1921 wurde die Beklagte zu 1 als Aktiengesellschaft zu notariellem Protokoll gegründet. Das Grundkapital von 800 000 M übernahmen die Gründer. Sie meldeten kurz danach die Aktiengesellschaft zur Eintragung in das Handelsregister an. Die Eintragung verzögerte sich jedoch und erfolgte erst am 16. Februar 1922. Zur Übertragung des Grundstücks auf die Aktiengesellschaft schloß man nicht einen einheitlichen, klaren Vertrag, sondern zur Verschleierung aus steuerlichen Gründen mehrere Verträge ganz verschiedener Art. Am 8. Dezember 1921 wurden von den für die Aktiengesellschaft handelnden Personen abgeschlossen: 1. ein privatschriftlicher Vertrag, in dem die Grundstückseigentümer das Grundstück mit Ausnahme der Maschinen, die der Klägerin zu 4 gehörten, gegen die Hingabe von Aktien der Beklagten zu 1 verkauften; 2. ein privatschriftlicher Vertrag, durch den die Klägerin zu 4 die ihr gehörigen Maschinen gegen Hingabe von weiteren solchen Aktien und unter Verrechnung einer Pachtforderung verkaufte. Am 9. Dezember 1921 schlossen die Kläger zu 1—3 als Besitzer von 2 000 000 M Aktien mit der Beklagten zu 1, dem zu ihrem Direktor bestellten St. und weiteren Gründern privatschriftlich den sogenannten Dividenden-Garantievertrag ab. Darin übernahm die Beklagte zu 1 die Verpflichtung, den Klägern auf ihre Aktien Nr. 1—2000 von je 1000 M für die Dauer von 10 Geschäftsjahren, beginnend mit dem 1. Juli 1922, eine Dividende von 20% jährlich zu zahlen, auch wenn sonst keine Dividende zur Ausschüttung kommen sollte. Die handelnden Einzelpersonen übernahmen den Klägern gegenüber für diese Verpflichtung die selbstschuldnerische Gesamthaftung und ferner die Verpflichtung, ihnen in der Zeit vom 1. Juli 1922 bis 30. Juni 1923 und in der Zeit vom 1. Juli 1923 bis 30. Juni 1924 je 1 000 000 M Aktien zum Kurse von 400% abzunehmen, und zwar mit der Berechtigung, für je 1 000 000 M Aktien 4 000 000 M Grundschuldbriefe hinzugeben, die im Gesamtbetrag von 8 000 000 M an erster Stelle auf dem gekauften Grundstück eingetragen werden sollten. Die Beklagte zu 1 wiederum übernahm diesen Personen gegenüber die Verpflichtung, sie wegen aller erwähnten Verpflichtungen gegenüber den Klägern schadlos zu halten und ihnen dafür die Briefe über die 8 000 000 M einzutragende Grundschulden zur Verfügung zu stellen. Weiter erklärten St. für die Beklagte zu 1 und die Kläger zu 1—3 zu notariellem Protokoll vom 9. Dezember 1921 einen Vertrag, durch den die Beklagte zu 1 den Klägern ein Stück des von ihr gekauften Grundstücks mit Wohnhaus und Stall für die Zeit bis zum 30. Juni 1925 für 12 000 M verpachtete. Schließlich verpflichtete sich die Aktiengesellschaft noch mündlich, den Klägern 2 000 000 M A.-Obligationen aushändigen zu lassen.

Nachdem die Beklagte zu 1 in das Handelsregister eingetragen war, schloß sie den Vertrag über Veräußerung des Grundstücks, im Wortlaut genau mit demjenigen vom 8. Dezember 1921 übereinstimmend, in notarieller Form nochmals ab, und ebenso in privatschriftlicher Form nochmals den Vertrag über den Verkauf der Maschinen. Am 29. September 1922 erfolgte die Auflassung an die Beklagte zu 1, am 6. Oktober 1922 deren Eintragung im Grundbuch.

Mit der vorliegenden Klage begehren die Kläger u. a.: 1. Feststellung, daß die Verträge, auf Grund deren sie das Grundstück übertragen haben, im Verhältnis zu der Beklagten zu 1 nichtig sind, sowie Feststellung der Nichtigkeit des Dividendengarantievertrags; 2. Verurteilung der Beklagten zu 1, anzuerkennen, daß nicht ihr, sondern den Klägern das Eigentum an dem Grundstück zusteht, und deren Eintragung zu bewilligen; 3. Verurteilung der Beklagten zur Herausgabe des Grundstücks. Das Landgericht wies die Klage ab. Das Oberlandesgericht wies durch Teilurteil die Berufung der Kläger wegen der Klaganträge zu 1—3 zurück. Die Revision der Kläger führte zur Aufhebung und Zurückverweisung.

Aus den Gründen:

. . .

. . . Vereinbarungen in diesem Sinne waren aber hier nach den Feststellungen getroffen worden. . . . Die privatschriftlich abgeschlossenen Verträge über das Grundstück und die Einrichtung stimmen wörtlich mit denjenigen überein, die nach der Eintragung der Gesellschaft im Handelsregister über dieselben Gegenstände in notarieller Form abgeschlossen worden sind. Wenn man mit dem Berufungsgericht davon ausgeht, daß die Einlagen auf die Aktien von den Gründern zum vollen Betrag gemacht und auch nicht alsbald zurückgezahlt worden sind, daß also die Beklagte zu 1 die Aktien, welche die Kläger als Teil des Kaufentgeltes erhalten sollten, erst später von den Gründern erworben hat, so würde doch in jedem Falle eine Übernahme von Gegenständen vorliegen und es hätten daher die wesentlichen Festsetzungen darüber im Gesellschaftsvertrag getroffen werden müssen. Da das nicht geschehen ist, sind die Abkommen nach § 186 Abs. 4 HGB. der Beklagten zu 1 gegenüber „unwirksam", d. i. nichtig. . . .

Das Berufungsgericht entscheidet nicht, ob nach §§ 213, 215 HGB. die Vereinbarung nichtig ist, daß die Kläger für ihre Aktien Nr. 1—2000 zehn Jahre hindurch jährlich „eine Dividende" von 20 % erhalten sollten, und daß die Aktiengesellschaft die aufgeführten Personen von allen im „Dividendengarantievertrag" den Klägern gegenüber übernommenen Verpflichtungen, also auch von der Verpflichtung zur Übernahme der Aktien, befreien solle. Es meint, die Verpflichtung sei in jedem Falle deshalb rechtsgültig, weil alle Beteiligten bei Kenntnis der Nichtigkeit der Vereinbarungen die versprochenen Leistungen als Entgelt für die Überlassung des Grundbesitzes und der Einrichtungen gewollt haben würden und diese Kaufvereinbarung infolge der Auflassung und Eintragung als rechtsgültiger Bestandteil des Veräußerungsvertrags anzusehen sei.

Daß der genannte Vertrag gegen § 215 HGB. verstieß und deshalb nichtig ist, kann nicht zweifelhaft sein. Denn es sind dadurch den Klägern als Aktionären Zinsen von bestimmter Höhe versprochen worden, und ein solches Versprechen fällt auch dann unter § 215, wenn die Zinsen nicht für Aktien versprochen sind, die bei der Gründung oder Nachgründung übernommen wurden, sondern für Aktien, welche die Aktiengesellschaft erworben und dann für die Überlassung von Gegenständen übereignet hat (RGZ. Bd. 72 S. 32; Goldschmit a.a.O. § 215 A. 1; anderer Ansicht Staub § 215 A. 1). Nicht dagegen würde die Nichtigkeit aus § 213 HGB. herzuleiten sein, da diese Vorschrift nicht Platz greift, wenn die Einlösungspflicht im Zusammenhang mit einem anderen Umsatzgeschäft übernommen wird (Goldschmit § 213 A. 3; Staub § 213 A. 1). . . . Eine Umdeutung dieses nach § 215 HGB. nichtigen Geschäfts in einen Kaufvertrag über das Grundstück oder den Teil eines solchen gemäß § 140 BGB. ist schon deshalb nicht angängig, weil das nichtige Geschäft nicht, wie erforderlich wäre, die Bestandteile des Kaufgeschäfts enthält. . . .

RGZ. 121, 238.

1. Wie ist bei einer Aktiengesellschaft, deren Aktionären außer der Pflicht zur Leistung von Kapitaleinlagen noch bestimmte Nebenleistungen auferlegt sind, eine nachträgliche Erhöhung der Vertragsstrafe für die Verletzung solcher Pflichten zu beurteilen? Bildet sie eine Erhöhung dieser Pflichten und bedarf deshalb der sie anordnende Generalversammlungsbeschluß zu seiner Wirksamkeit der Zustimmung aller von der Verpflichtung betroffenen Aktionäre?

2. Kann von dem Erfordernis dieser Zustimmung abgesehen werden, wenn die Vermehrung oder Verschärfung der Nebenleistungspflicht im Interesse der Gesellschaft aus wirtschaftlichen Gründen geboten ist?

3. Kann die Unwirksamkeit einer derartigen Satzungsänderung, die sich auf das Fehlen der Zustimmung eines betroffenen Aktionärs gründet, nur im Wege der Anfechtungsklage nach § 271 HGB. geltend gemacht werden?

HGB. §§ 271, 276.

II. Zivilsenat. Urt. v. 8. Juni 1928.

I. Landgericht Braunschweig. — II. Oberlandesgericht daselbst.

. . .

Aus den Gründen:

. . .

. . . Dem Wesen der Aktiengesellschaft entspricht die Beschränkung der Haftung des einzelnen Aktionärs auf die Leistung von Kapitaleinlagen, wie sie § 211 HGB. grundsätzlich festlegt. Hiervon macht § 212, hauptsächlich um einem Bedürfnis der Rübenzucker-Aktiengesellschaften zu entsprechen, eine Ausnahme und läßt neben den Kapitaleinlagen die Auferlegung von Verpflichtungen zu wiederkehrenden, nicht in Geld bestehenden Leistungen zu, wenn die Übertragung der Aktien an die Zustimmung der Gesellschaft gebunden ist. Diese Erweiterung der Pflichten des Aktionärs kann aber, wenn sie nicht im ursprünglichen Gesellschaftsvertrag vereinbart ist, später nur mit Zustimmung sämtlicher von der Verpflichtung betroffener Aktionäre geschehen. § 276 HGB. verlangt also für eine spätere Schaffung von solchen Nebenleistungspflichten außer den sonstigen Erfordernissen einer Satzungsänderung, namentlich einer erhöhten Mehrheit in der Generalversammlung, die Zustimmung aller beteiligten Aktionäre. Die Aktionäre sollen nach dem Zwecke dieser Vorschrift dagegen geschützt werden, daß ihnen nachträglich durch bloßen Mehrheitsbeschluß derartige Nebenleistungspflichten auferlegt werden. Das Gesetz stellt damit das Bedenken, daß zweckmäßige und sachlich notwendige Erhöhungen der Pflichten der Aktionäre am Widerstand eines Mitglieds scheitern können, hinter die Rücksicht auf den Schutz des einzelnen Aktionärs und hinter die Erwägung zurück, daß seine durch den Beitritt zur Aktiengesellschaft begründeten Verpflichtungen nicht ohne seine Zustimmung erhöht werden können (RGZ. Bd. 90 S. 403). Seinem Wortlaut nach macht § 276 HGB., anders als § 53 Abs. 3 im Zusammenhang mit § 3 Abs. 2 GmbHG., nur die nachträgliche „Begründung" der Nebenleistungspflicht von der Zustimmung aller Beteiligten abhängig. Der Grundgedanke dieser Vorschrift, daß dem einzelnen Aktionär diese besonderen gesellschaftlichen Nebenverpflichtungen nicht ohne seine Einwilligung auferlegt werden sollen, muß aber dazu führen, daß auch bei einer Erweiterung oder Verschärfung einer bereits in der ursprünglichen Satzung wirksam bestimmten Verpflichtung zu Nebenleistungen das gleiche zu gelten hat (RGZ. Bd. 91 S. 166).

Im Streitfall kommt keine unmittelbare Erweiterung der dem Kläger nach dem ursprünglichen Gesellschaftsvertrag obliegenden Rübenlieferungspflicht in Frage; diese Verpflichtung selbst wird durch den Beschluß vom 25. August 1923 nicht erhöht oder erschwert. Wohl aber hat die Verpflichtung der Aktionäre durch diesen Beschluß insofern eine Verschärfung erfahren, als die schon im ursprünglichen Gesellschaftsvertrag vorgesehene Vertragsstrafe für den Fall nicht gehöriger Erfüllung der Rübenlieferungspflicht in erheblichem Maße erhöht worden ist. Dem Berufungsgericht ist darin beizutreten, daß auch eine solche Erhöhung der die Rübenlieferungspflicht sichernden Vertragsstrafe der Zustimmung der sämtlichen beteiligten Aktionäre bedarf. Die Sicherung der Verpflichtung zu Nebenleistungen durch Vertragsstrafen ist im § 212 Abs. 2 HGB. ausdrücklich zugelassen. Es wird dadurch, wie das Berufungsgericht zutreffend hervorhebt, neben der eigentlichen Natural-Nebenleistungspflicht eine weitere bedingte Verpflichtung zu Geldleistungen begründet. Auch das ist eine besondere Leistung, die dem Aktionär, wenn auch nur unter gewissen Voraussetzungen, neben seiner Kapitaleinlage zugemutet wird, und stellt daher eine Verpflichtung im Sinne des § 212 HGB. dar, deren Begründung und Erhöhung nach § 276 das. der Zustimmung der betroffenen Aktionäre bedarf.

Aber selbst wenn Bedenken gegen die Annahme bestehen sollten, daß auch die Vertragsstrafen des § 212 Abs. 2 unter die „Leistungen der im § 212 bezeichneten Art" im Sinne von § 276 fallen, so greift doch die Hilfserwägung des Oberlandesgerichts durch, daß durch die außerordentliche Erhöhung der Vertragsstrafe die eigentliche Rübenlieferungspflicht erheblich verschärft wird, und daß diese Verschärfung nicht ohne Einverständnis der Beteiligten erfolgen konnte. Denn die durch die Satzungsänderung herbeigeführte Erhöhung der Vertragsstrafe über den festen Satz von 50 M für den Morgen hinaus bis zum dreifachen Betrag des Kaufpreises hat für das hier in Betracht kommende Geschäftsjahr die Wirkung einer Steigerung der Vertragsstrafe um das 13½fache gehabt.

Der Schutz der Aktionäre von Nebenleistungs-Aktiengesellschaften gegen eine Vermehrung oder Verschärfung der Nebenleistungen ist deshalb besonders geboten, weil eine Veräußerung der Aktien nach § 212 HGB. nur mit Zustimmung der Gesellschaft möglich ist. Die Aktionäre sind also nicht (wie Aktionäre anderer Aktiengesellschaften ohne solche Beschränkungen) in der Lage, sich einer von ihnen als drückend empfundenen Verpflichtung durch freie Veräußerung der

Aktien zu entziehen. Deshalb wäre bei solchen Nebenleistungs-Aktiengesellschaften die Minderheit der Gefahr ausgesetzt, daß die Mehrheit die Nebenleistungen übermäßig steigern würde, wenn den Aktionären derartige Erhöhungen der Leistungen durch einen bloßen satzungsändernden Beschluß der Generalversammlung auferlegt werden könnten. Um dagegen einen Schutz zu gewähren, verlangt das Gesetz bei derartigen Maßnahmen die Zustimmung sämtlicher betroffener Aktionäre. In solchen Fällen kann deshalb nicht der von der Revision hervorgehobene Gesichtspunkt entscheiden, ob die Vermehrung der Nebenleistungen aus wirtschaftlichen Gründen geboten ist, sondern es kommt darauf an, ob durch die Veränderung der Nebenleistungen eine höhere Belastung des einzelnen Aktionärs herbeigeführt wird, als dies nach den früheren Bestimmungen der Fall war. Die Revision meint, jeder Aktionär, welcher einer Aktiengesellschaft beitrete, die satzungsgemäß eine Verpflichtung zu solchen Nebenleistungen begründet hat, unterwerfe sich damit stillschweigend allen Veränderungen, die nach den Zeitverhältnissen erforderlich seien und von der vorgeschriebenen Mehrheit in der Generalversammlung gebilligt würden. Aber diese Auffassung wird der besonderen Natur dieser Nebenleistungsverpflichtung nicht gerecht. Vielmehr darf der einzelne Aktionär gerade davon ausgehen, daß ihm neue Pflichten in dieser Beziehung ohne seine Einwilligung nicht auferlegt seien. Etwas anderes kann nur dann gelten, wenn schon in der Satzung eine Vermehrung oder Verschärfung der Nebenleistungspflicht nach bestimmter Richtung vorgesehen ist, die Satzung also nur den Rahmen bilden soll, innerhalb dessen die Ausgestaltung im einzelnen in einer bestimmt begrenzten Weise durch spätere Generalversammlungs-Beschlüsse erfolgen soll. Dafür bietet aber der § 9 der Satzung, namentlich auch die Bestimmung über die Vertragsstrafe, keinen Anhalt.

. . .

Zutreffend geht das angefochtene Urteil davon aus, daß die Zustimmung des einzelnen Aktionärs zu einer Veränderung der Nebenleistungspflicht nicht nur in der Generalversammlung selbst durch Abstimmung, sondern formlos und stillschweigend noch nachträglich erklärt werden kann. Es hat aber ohne Rechtsirrtum angenommen, daß sich das Verhalten des Klägers nicht als Zustimmung zu dem Beschluß über die Erhöhung der Vertragsstrafe auffassen lasse.

Weiter beanstandet die Revision noch die Auffassung des Berufungsrichters, daß die Unwirksamkeit wegen fehlender Zustimmung eines Aktionärs von diesem im Falle des § 276 HGB. ohne Einschränkung geltend gemacht werden könne und daß er nicht auf den Weg der Anfechtung gemäß § 271 HGB. angewiesen sei. Auch diesem Revisionsangriff war der Erfolg zu versagen.

Im Falle des § 276 ist für die volle Wirksamkeit der Begründung oder Vermehrung von Nebenleistungspflichten der Aktionäre nicht nur ein durch satzungsmäßige Mehrheit zustandegekommener Beschluß der Generalversammlung notwendig, sondern außerdem die Zustimmung sämtlicher von der Verpflichtung betroffenen Aktionäre. Es handelt sich also nicht um eine der Beschlußfassung durch die Generalversammlung entzogene Frage; die Veränderung der Nebenleistungspflicht muß vielmehr von der Generalversammlung beschlossen werden. Aber ein ordnungsmäßiger Beschluß reicht nicht aus, wie sonst bei der Satzungsänderung, sondern es muß die Zustimmung aller beteiligten Aktionäre hinzukommen. Es tritt zunächst, wie das Berufungsgericht unter Hinweis auf die Ausführungen von H u e c k , Anfechtbarkeit und Nichtigkeit von Generalversammlungsbeschlüssen S. 72, 94, 106, ausführt, ein Zustand schwebender Unwirksamkeit ein. Durch die Zustimmung aller Aktionäre wird der Beschluß voll wirksam; die Weigerung eines Aktionärs stellt seine Unwirksamkeit endgültig fest. Es handelt sich also nicht darum, ob der Generalversammlungs-Beschluß selbst nichtig oder anfechtbar ist, wenn nicht sämtliche Aktionäre zustimmen. Der Beschluß als solcher wird durch das Fehlen der Zustimmung, die ja nicht durch Abstimmung in der Generalversammlung betätigt zu werden braucht, weder nichtig noch anfechtbar. Nur die gewollte Wirkung einer Begründung oder Erhöhung der Nebenleistungspflichten vermag er nicht herbeizuführen, solange nicht alle Aktionäre zugestimmt haben. Ein derartiger Beschluß gewinnt nicht dadurch volle Wirksamkeit, daß die nicht zustimmenden Aktionäre seine Anfechtung nach § 271 HGB. unterlassen. Für die in der Versammlung nicht erschienenen, ordnungsmäßig geladenen Aktionäre wäre ein Recht zur Anfechtung gar nicht begründet (RGZ. Bd. 76 S. 170). Sie könnten also, wenn die Geltendmachung der Unwirksamkeit einer solchen Satzungsänderung nur auf dem Wege der Anfechtungsklage möglich wäre, die Verletzung des § 276 HGB. überhaupt nicht wirksam bekämpfen. Das wäre aber unverträglich mit der gesetzlichen Regelung der Voraussetzungen für die Begründung der Nebenleistungspflicht. Das Gesetz will, indem es die Notwendigkeit der Zustimmung aller betroffenen Aktionäre betont, dem einzelnen gerade einen wirksamen Schutz dagegen gewähren, daß er ohne seine Zustimmung mit Nebenleistungspflichten belastet wird. Demgemäß ist auch in der Rechtsprechung anerkannt (RGZ. Bd. 48

S. 102, Bd. 68 S. 263), daß sich die Aktionäre auf die Unwirksamkeit eines Beschlusses über die Begründung oder Erschwerung von Nebenleistungen ohne Rücksicht darauf berufen können, ob eine Anfechtung nach § 271 erfolgt ist oder ob die Voraussetzungen dafür vorliegen.

Da hiernach für den in der Generalversammlung nicht erschienenen Aktionär die Anfechtungsklage nach § 271 überhaupt kein geeignetes Mittel ist, um den Mangel seiner Zustimmung zu einer Veränderung der Nebenleistungspflicht zur Geltung zu bringen, so kann hier der Gesichtspunkt nicht durchgreifen, daß im Interesse der Rechtssicherheit *die Fälle der Nichtigkeit möglichst einzuschränken sind und regelmäßig* nur die Anfechtungsklage wegen Gesetzes- oder Satzungsverletzungen zuzulassen ist. Es handelt sich nicht darum, daß die Gültigkeit des Beschlusses selbst wegen einer Gesetzesverletzung beanstandet wird, sondern darum, ob den weiteren Erfordernissen für eine Steigerung der Nebenleistungspflicht Genüge geschehen ist. Im übrigen bemerkt das Berufungsgericht zutreffend, daß bei Aktiengesellschaften mit Nebenleistungspflicht (da es sich bei ihnen um Namensaktien handelt, die nur mit Zustimmung der Gesellschaft übertragen werden können) der Gesichtspunkt der Rechtsunsicherheit eine geringe Rolle spielt, weil die Verwaltung in der Lage ist festzustellen, ob sämtliche Aktionäre zugestimmt haben, und weil sie dann entweder die Zustimmung nachträglich einholen oder in zweifelhaften Fällen durch Feststellungsklage gegenüber den die Zustimmung verweigernden Aktionären geltend machen kann, daß in dem besonderen Falle eine Zustimmung nicht erforderlich gewesen sei. Im vorliegenden Falle wurde der Beklagten durch die Mitteilung des Klägers alsbald bekannt, daß er die Wirksamkeit der Erhöhung der Vertragsstrafen beanstande.

RGZ. 123, 279.

1. . . .

2. Über die Bedeutung der Eintragung der Aktionäre in das Aktienbuch.

HGB. §§ 222, 223.

II. Zivilsenat. Urt. v. 5. Februar 1929.

I. Landgericht Braunschweig, Kammer für Handelssachen. — II. Oberlandesgericht daselbst.

Aus den Gründen:

. . .

Die Revision rügt mit Recht Verletzung des § 223 Abs. 3 HGB., der bestimmt, daß im Verhältnis zur Gesellschaft nur derjenige als Aktionär gilt, der als solcher im Aktienbuch verzeichnet ist. Von der Auslegung dieser Vorschrift, die sich inhaltlich mit § 10 Satz 2 der Satzung der Beklagten deckt, hängt die Entscheidung ab. Nun ist richtig, daß die Voraussetzungen für die rechtsgeschäftliche Übertragung von Namensaktien nicht in § 223, sondern in § 222 Abs. 2 bis 4 HGB. und in § 9 der Satzung der Beklagten geregelt sind. Hiernach ist die Eintragung im Aktienbuch nicht Erfordernis des Rechtsübergangs. Sie ändert an der Inhaberschaft der Aktienrechte nichts und ersetzt weder eine fehlende oder eine rechtsunwirksame Übertragungserklärung, noch heilt sie sonstige Mängel des Übereignungstatbestands. Vielmehr vollzieht sich die rechtsgeschäftliche Übertragung von Namensaktien in jeder Hinsicht außerhalb und unabhängig vom Buchstand. Darüber herrscht in Rechtsprechung und Schrifttum Einigkeit (RGZ. Bd. 79 S. 163, Bd. 86 S. 154, Bd. 92 S. 315; LZ. 1915 Sp. 1150 Nr. 20; Staub-Pinner Anm. 4 zu § 223 HGB.; Brodmann Aktienrecht Anm. 2 zu § 223). In diesem Sinne, aber auch nur insofern, läßt sich sagen, daß die Eintragung im Aktienbuch der rechtsbegründenden Wirkung entbehre. Das heißt aber nicht, daß sie überhaupt rechtlich belanglos ist. Ihre Bedeutung ergibt sich aus § 223 Abs. 3 HGB. Sie dient dem Interesse und dem Schutz der Gesellschaft, die eines äußeren Merkmals bedarf, um sicher zu wissen, wem sie die Dividenden auszahlen, an wen sie sich wegen etwaiger rückständiger Einzahlungen auf das Grundkapital halten, wen sie zur Ausübung von Aktionärrechten in der Generalversammlung zulassen kann und darf. Schon in RGZ. Bd. 86 S. 154 (158/159) ist dargelegt, daß sich die Tragweite des Bucheintrags keineswegs in einer durch Gegenbeweis entkräftbaren Vermutung für das Bestehen der Aktionäreigenschaft des Eingetragenen erschöpfe, daß vielmehr einer der Ausnahmefälle vorliege, in denen eine „Duplizität" des Rechtsträgers angenommen werden müsse. Während nämlich Dritten gegenüber Aktionär sei, wer die Mitgliedschaft durch Zeichnung oder durch Abtretung von einem Rechtsvorgänger erworben habe, werde im Verhältnis zur Gesellschaft der im Aktienbuch Eingetragene als Aktionär behandelt. Die Entscheidung im Bd. 86 S. 154 weist weiter darauf hin, daß sich demgemäß der im Aktienbuch Eingetragene der Gesellschaft gegenüber weder auf Mängel des schuldrechtlichen Veräußerungsgeschäfts (RGZ. Bd. 72 S. 295), noch auf das Fehlen der gesetzlich oder satzungsgemäß vorgeschriebenen Form der Übertragung (RGZ. Bd. 77 S. 276) . . . berufen könne. Daran ist festzuhalten.

Nun handelt es sich hier allerdings nicht um das Verhältnis der Gesellschaft zum Buchaktionär, sondern um das zu einem nicht eingetragenen Aktionär. Aber auch insoweit müssen die vorstehenden Rechtsgrundsätze entsprechend gelten. Wollte man dies ablehnen, so würde der Schutzzweck des § 223 Abs. 3 HGB. nicht erreicht. Er würde sich vielmehr leicht in sein Gegenteil verkehren, wenn z. B. ein Nichteingetragener ohne weiteres unter Hinweis auf das bloße Fehlen des dinglichen Übertragungsgeschäfts einseitig, d. h. ohne Vorlegung der Zustimmungserklärung des Buchaktionärs oder eines sie ersetzenden verurteilenden Erkenntnisses (§ 894 ZPO.), die Gesellschaft auf Eintragung oder Wiedereintragung belangen könnte. . . .

Die Vorschrift des § 223 Abs. 3 HGB. gilt . . . für Namensaktien schlechthin, und zwar insbesondere auch für die Fälle, wo die Übertragung ohne Zustimmung der Gesellschaft möglich ist und durch Blankoindossament geschehen kann. Es ist nicht einzusehen, wie dann der Gesellschaft gegenüber der Beweis der Unrichtigkeit des Bucheintrags hinterher sollte geführt werden können. Im Aktienbuch ist gesetzlich nur die Tatsache der Übertragung zu vermerken, die Beweismittel sind nicht anzugeben. Eine den §§ 9, 29 GBO. entsprechende Vorschrift fehlt, konnte auch vom Gesetz nicht getroffen werden. Endlich kann der Streit zwischen Veräußerer und Erwerber oder Buchaktionär und angeblichem wirklichen Aktionär mit bindender Wirkung für beide unzweifelhaft nur zwischen ihnen ausgetragen werden. Wollte man trotz alledem so, wie es das Berufungsgericht tut, dem Veräußerer (z. B. wegen Mängel des dinglichen Übertragungsgeschäfts) das Recht zugestehen, ohne gleichzeitigen Nachweis der Zustimmung des Buchaktionärs oder eines ihn zur Bewilligung der Berichtigung verurteilenden Erkenntnisses seine Wiedereintragung von der Gesellschaft zu verlangen, so wäre diese, zumal wenn seit dem letzten Bucheintrag längere Zeit verstrichen ist, einem solchen Begehren gegenüber von vornherein in einer sehr mißlichen Lage. Sie wäre der Gefahr kostspieliger Prozesse mit ungewissem Ergebnis ausgesetzt und schließlich auch darüber im Ungewissen, wen sie nun als Aktionär behandeln kann und zur Ausübung der Gesellschaftsrechte zulassen darf. Ein solcher Rechtszustand ist mit dem unzweideutigen Zweck des § 223 Abs. 3 HGB. als einer Schutzvorschrift im Interesse der Gesellschaft schlechthin unvereinbar. Die Gesellschaft muß sich vielmehr, wie dem Buchaktionär, so auch dem nicht eingetragenen Aktionär gegenüber auf § 223 Abs. 3 berufen können. Wie der Buchaktionär ihr gegenüber nicht mit dem Hinweis auf Mängel des Übertragungsgeschäfts zu hören ist, ebensowenig kann der nicht oder nicht mehr eingetragene Aktionär auf dieser Grundlage allein seine Wiedereintragung verlangen. Ohne weiteres kann er dies nur dann tun, wenn das Anmeldeverfahren selbst an wesentlichen Mängeln leidet, sei es, daß der Bucheintrag überhaupt ohne Anmeldung oder Antrag erfolgt war, oder daß die Anmeldung, z. B. wegen Geschäftsunfähigkeit des Anmeldenden oder wegen erfolgreicher Anfechtung, nichtig war, oder daß es sich endlich um einen Fall arglistigen Zusammenwirkens der Organe der Gesellschaft mit dem neu einzutragenden Aktionär zum Schaden des früheren Buchaktionärs handelte. Tatbestände dieser Art kann aber auch der im Aktienbuch eingetragene Aktionär der Gesellschaft entgegenhalten, wenn sie aus dem Bucheintrag Rechte gegen ihn herleiten will. . . .

Eine andere Frage ist, ob dann, wenn sich herausstellt, daß der Eingetragene nicht Aktionär geworden ist, die Gesellschaft das Recht hat, ihrerseits diesen Mangel aufzugreifen und den Eingetragenen aus dem Buch zu entfernen. Diese Frage ist nach wie vor zu bejahen (RGZ. Bd. 86 S. 161). Der Schutzzweck des § 223 Abs. 4 HGB. steht dem nicht entgegen. Im übrigen handelt die Gesellschaft insoweit auf ihre Gefahr.

. . .

RGZ. 124, 279.

1. Steht der Erhebung oder Weiterverfolgung der Anfechtungsklage gegen Kapitalerhöhungs-Beschlüsse die Eintragung der Durchführung dieser Beschlüsse im Handelsregister im Wege?

2. Wann liegt im Sinne des § 303 Abs. 1 HGB. Verwertung des Gesellschaftsvermögens durch Veräußerung des Vermögens im ganzen vor?

3. Ist eine Verschmelzung nach § 306 HGB. auch dann noch möglich, wenn sich die aufzunehmende Gesellschaft schon in Liquidation befindet?

4. . . .

HGB. §§ 271, 292 flg., 303, 305, 306. (Jetzt: AktG. §§ 197, 198, 203, 233 ff., 255.)

II. Zivilsenat. Urt. v. 13. Mai 1929.

I. Landgericht Essen, Kammer für Handelssachen. — II. Oberlandesgericht Hamm.

Die Aktiengesellschaft Bochumer Verein für Bergbau und Gußstahlfabrikation in Bochum, die Deutsch-Luxemburgische Bergwerks-

und Hüttenaktiengesellschaft daselbst (Deutsch-Lux) und die Gelsenkirchener Bergwerksaktiengesellschaft in Gelsenkirchen (Gelsenberg) hatten je auf Grund von Ermächtigungsbeschlüssen ihrer Generalversammlungen vom 27. März 1926 unter dem 5. und 7. Mai 1926 mit der Aktiengesellschaft Vereinigte Stahlwerke in Düsseldorf Verträge abgeschlossen über die Einbringung von Betriebs- und Werkanlagen sowie anderen Vermögensstücken gegen Überlassung von Aktien und Genußscheinen der Vereinigten Stahlwerke. Die Verträge sind in der Folge durchgeführt worden. Am 7. Dezember 1926 sind dann zwischen der Beklagten Gelsenberg und dem Bochumer Verein, sowie zwischen ersterer und der Deutsch-Lux, je vorbehaltlich der Genehmigung der Generalversammlungen, zwei weitere Verträge geschlossen worden, nach denen das gesamte Vermögen des Bochumer Vereins und der Deutsch-Lux als ganzes unter Ausschluß der Liquidation auf die Beklagte Gelsenberg übergehen sollte gegen Gewährung von Gelsenberg-Aktien an die Aktionäre des Bochumer Vereins und der Deutsch-Lux im Austausch, Nennwert gegen Nennwert. Das Grundkapital des Bochumer Vereins betrug 56 000 000 RM; es bestand nur aus Stammaktien. Deutsch-Lux hatte ein Grundkapital von 97 500 000 RM, wovon 91 000 000 RM aus Stamm-, 6 500 000 RM aus Vorzugsaktien bestanden, letztere mit 6 % Dividendenvorrecht, Vorzugs-Anrecht zu 115 % am Liquidationserlös und 14fachem Stimmrecht. Nach den Fusionsverträgen sollte Gelsenberg ihr Grundkapital von 138 100 000 Reichsmark, eingeteilt in 131 600 000 RM Stamm- und 6 500 000 RM Vorzugsaktien, letztere ausgestattet mit denselben Vorrechten wie die Vorzugsaktien der Deutsch-Lux, um 118 400 000 RM Stammaktien und 6 500 000 RM Vorzugsaktien mit gleichem Recht wie die bisherigen Vorzugsaktien erhöhen; die zur Abfindung der Stammaktionäre des Bochumer Vereins und der Deutsch-Lux rechnungsmäßig erforderlichen weiteren 28 600 000 RM standen der Gelsenberg aus eigenen Vorratsaktien ohnehin zur Verfügung.

Der Bochumer Verein, Deutsch-Lux und Gelsenberg hatten auf den 9. Dezember 1926 außerordentliche Generalversammlungen einberufen, und zwar der Bochumer Verein und die Deutsch-Lux je mit der Tagesordnung:

„Beschlußfassung über einen mit Gelsenberg abzuschließenden Verschmelzungsvertrag, wonach das Vermögen der Gesellschaft als ganzes unter Ausschluß der Liquidation auf Gelsenberg gegen Gewährung von Aktien derselben, Nennwert gegen Nennwert, übergehen soll", während die Tagesordnung von Gelsenberg u. a. folgende Punkte enthielt:

„1. Beschlußfassung über die mit dem Bochumer Verein und mit Deutsch-Lux abzuschließenden Fusionsverträge; das Vermögen beider Gesellschaften soll als ganzes unter Ausschluß der Liquidation gegen Gewährung von Gelsenbergaktien, Nennwert gegen Nennwert, übernommen werden.

2. Erhöhung des Grundkapitals unter Ausschluß des gesetzlichen Bezugsrechts der Aktionäre durch Ausgabe

a) neuer auf den Inhaber lautender Stammaktien über 118 400 000 RM,

b) desgl. neuer Vorzugsaktien über 6 500 000 RM.

3. Festsetzung der Bedingungen für die Ausgabe der neuen Aktien und Beschlußfassung über die zur Durchführung der Kapitalerhöhung erforderlichen Maßnahmen.

Die neuen Stamm- und Vorzugsaktien sollen zur Durchführung der Fusionsverträge verwendet werden.

(4—6 betreffen Verlegung des Geschäftsjahrs, Entlastung ausgeschiedener Vorstandsmitglieder und Wahlen zum Aufsichtsrat.)

7. Änderungen des Gesellschaftsvertrags (z. B. über Höhe und Zusammensetzung des Grundkapitals u. a. m.)."

Zu den Punkten 3 und 7 waren von Verwaltungsseite noch besondere Anträge angekündigt.

In der zeitlich ersten Generalversammlung des Bochumer Vereins waren 41 769 940 RM Grundkapital mit 4 176 994 Stimmen, in der darauffolgenden Generalversammlung von Deutsch-Lux 66 185 700 RM in Stammaktien mit 1 323 614 Stimmen und das ganze Vorzugsaktienkapital mit 1 820 000 Stimmen, in der Generalversammlung der Gelsenberg endlich 48 931 520 RM Stammaktien mit 2 446 576 Stimmen und die 6 500 000 RM Vorzugsaktien mit 4 550 000 Stimmen vertreten.

In allen drei Generalversammlungen war auch der Kläger anwesend, und zwar verfügte er an Aktien, die auf seinen eigenen Namen angemeldet waren, durchweg Stammaktien, beim Bochumer Verein über 411 000 RM mit 41 100 Stimmen, bei Deutsch-Lux über 295 300 RM mit 5906 Stimmen und bei Gelsenberg über 11 000 RM mit 550 Stimmen. . . .

In sämtlichen Generalversammlungen wurden die Anträge der Verwaltung angenommen, und zwar bei Bochumer Verein und Deutsch-Lux gegen die Stimmen des Klägers allein, bei Gelsenberg gegen sie und teilweise auch gegen weitere 2900 Stimmen eines anderen Aktionärs.

Gegen die Beschlüsse über alle vorstehend angeführten Anträge hat der Kläger sofort zu Protokoll Widerspruch erhoben. Die Beschlüsse sind in der Folge, soweit vorgeschrieben, im Handelsregister eingetragen worden, und zwar die Beschlüsse der Generalversammlungen des Bochumer Vereins und der Deutsch-Lux über die Verschmelzung mit der Gelsenberg, sowie der Beschluß der letzteren über die Kapitalerhöhung noch im Dezember 1926, während die Eintragung über die Durchführung des letzteren Beschlusses unter dem 12. Januar 1927 geschehen ist. Die jungen Aktien aus der Kapitalerhöhung vom 9. Dezember 1926 sind seit März 1927 an der Börse eingeführt und seit April 1927 amtlich notiert. Wegen des Umtausches der Aktien des Bochumer Vereins und der Deutsch-Lux in solche von Gelsenberg ist nach § 305 Abs. 3, § 290 HGB. verfahren worden. Der Kläger hat je eine seiner Aktien des Bochumer Vereins und der Deutsch-Lux zurückbehalten; im übrigen ist der Umtausch nahezu restlos erfolgt. An der Börse werden die Bochumer Vereins- und Deutsch-Lux-Aktien seit Mai 1927 nicht mehr notiert. Die Kurse dieser Aktien und der Gelsenberg-Aktien waren am 7. und 9. Dezember 1926 nahezu dieselben; am 5. Januar 1927 stand Bochumer-Verein auf 181%, Deutsch-Lux auf 180,75% und Gelsenberg auf 180,75%.

Der Kläger bestreitet die Rechtsgültigkeit der Verschmelzungsverträge und der darauf bezüglichen Beschlüsse der Generalversammlungen vom 9. Dezember 1926. Er hat deswegen drei Anfechtungsklagen und Klagen auf Feststellung der Nichtigkeit erhoben, die im Lauf des Berufungsverfahrens zu einheitlicher Verhandlung und Entscheidung verbunden worden sind. In den beiden ersten Prozeßsachen, die sich mit den Beschlüssen der Generalversammlungen des Bochumer Vereins und der Deutsch-Lux befassen, geht das Klagbegehren dahin:

1. den Beschluß vom 9. Dezember 1926, wonach der Fusionsvertrag vom 7. Dezember 1926 über die Übertragung des Vermögens als ganzes unter Ausschluß der Liquidation auf Gelsenberg genehmigt wurde, im ganzen Umfang für ungültig und nichtig zu erklären,

in zweiter Linie:

2. den angefochtenen Beschluß vom 9. Dezember 1926 insoweit für ungültig und nichtig zu erklären, als die vereinbarte Gegenleistung gegenüber Deutsch-Lux aus 28 600 000 RM im Eigentum der Gelsenberg befindlichen Stammaktien besteht bzw. soweit er die vereinbarte Gegenleistung von Gelsenberg für die Verschmelzungsverträge mit Bochumer Verein und Deutsch-Lux

in Höhe von neu auszugebenden Aktien von Gelsenberg im Betrag von 118 400 000 RM. Stamm- und 6 500 000 RM Vorzugsaktien übersteigt, mithin insoweit für ungültig und nichtig zu erklären, als Gelsenberg dem Bochumer Verein und der Deutsch-Lux als teilweise Gegenleistung 28 600 000 RM alte Stammaktien zu gewähren hat,

in dritter Linie:

3. den angefochtenen Beschluß, soweit er den Ausschluß der Liquidation enthält, in seinem ganzen Umfang für ungültig und nichtig zu erklären.

In der dritten Prozeßsache, die sich auf die Beschlüsse der Generalversammlung der Gelsenberg bezieht, beantragt der Kläger:

1. den Beschluß betreffend die Genehmigung der mit der Deutsch-Lux und dem Bochumer Verein abgeschlossenen Fusionsverträge vom 7. Dezember 1926,
2. die Erhöhung des Grundkapitals unter Ausschluß des Bezugsrechts der Aktionäre durch Ausgabe neuer Inhaber-Stammaktien im Nennbetrag von 118 400 000 RM und ebensolcher mit 14-fachem Stimmrecht ausgestatteter Vorzugsaktien im Nennbetrag von 6 500 000 RM.,
3. die Beschlüsse über die Annahme der zu Punkt 3 und 7 der Tagesordnung gestellten, in Anlage 6 und 10 des Generalversammlungs-Protokolls niedergelegten Anträge betreffend Änderung des Gesellschaftsvertrags

für nichtig und ungültig zu erklären.

Der Kläger behauptet Gesetz- und Sittenwidrigkeit der angegriffenen Beschlüsse aus einer Reihe von Gründen. . . .

Das Landgericht hat die Klagen abgewiesen, das Oberlandesgericht die Berufungen des Klägers zurückgewiesen. Dessen Revision hatte keinen Erfolg.

Aus den Gründen:

I.

Das Berufungsgericht hat bei der sachlichen Erörterung des Prozeßstoffs zwischen Nichtigkeits- und Anfechtungsklagen unterschieden. Die letzteren Klagen will es schon daran scheitern lassen, daß inzwischen die Durchführung des Kapitalerhöhungs-Beschlusses im Handelsregister eingetragen worden ist. Der Vorderrichter erwägt hierzu, daß, wer aus aktienrechtlichen Zeichnungsscheinen hafte, sich nach feststehender Rechtsprechung nicht mehr auf Willensmängel (Irrtum, arglistige Täuschung, widerrechtliche Drohung, Schein) berufen könne, wenn die Durchführung des Kapitalerhöhungs-Beschlusses im Handelsregister eingetragen sei. Dasselbe müsse, so meint das Berufungsgericht, wegen Gleichheit des Rechtsgrundes auch für die Anfechtungsklage aus § 271 HGB. gelten. Zwar handle es sich im vorliegenden Fall nicht um Zeichnungsscheine, allein die Fusionsverträge vom 7. Dezember 1926 seien vollständig ausgeführt und die Vollziehung des Kapitalerhöhungs-Beschlusses der Beklagten sei ins Handelsregister eingetragen, ein Ertrag, welcher der Öffentlichkeit gegenüber die Ordnungsmäßigkeit und Rechtmäßigkeit der Kapitalerhöhungen verbürgen solle. Die neuen Aktien seien ausgegeben, und als Inhaberpapiere im freien Handel. Müßten die Fusionsverträge, weil mit Recht angefochten, als ungültig behandelt werden, so würde damit den jungen Gelsenberg-Aktien die Unterlage entzogen und die Verkehrssicherheit in unerträglicher Weise beeinträchtigt. Ob die jungen Aktien mit barem Geld, wie bei der Zeichnung, oder mit Sacheinlagen, wie bei der Fusion, einzulösen seien, mache keinen Unterschied; ebensowenig sei es von Bedeutung, daß bei der Fusion die Aktionäre der aufgenommenen Aktiengesellschaft die Bezugsberechtigten für die im übrigen frei weiter veräußerlichen Aktien seien. Die Gründe, aus welchen den Zeichnern von Aktien der sonst stets zulässige Rechtsbehelf der Anfechtung wegen Betrugs abgeschnitten sei, müßten demnach auch zur Versagung der Anfechtungsklage aus § 271 HGB. führen; denn es lägen keine Anhaltspunkte dafür vor, daß der Gesetzgeber zwar die bürgerlichrechtlichen Vorschriften über die Anfechtung wegen Betrugs, nicht aber auch die aktienrechtliche Vorschrift des § 271 über die Anfechtung von Generalversammlungs-Beschlüssen habe ausgeschaltet wissen wollen. Auch dieser Rechtsbehelf müsse hinter dem Erfordernis der Verkehrssicherheit zurückstehen.

Mit Recht rügt die Revision insoweit Verletzung des § 271 HGB.

. . .

Dem Berufungsgericht kann zugegeben werden, daß im Fall der Nichtigkeit oder Unwirksamkeit des Fusionsvertrags in Ansehung der Möglichkeit der Zurückforderung des eingebrachten Vermögens der aufgenommenen Gesellschaft ähnliche Rechtsfragen und Gesichtspunkte auftreten, wie bei behaupteter Nichtigkeit oder Anfechtbarkeit eines Gründungsvertrags oder der Verpflichtung aus einem Zeichnungsschein im Fall eines nichtigen oder mit Erfolg angefochtenen Kapitalerhöhungs-Beschlusses. Alles dies hat aber — und insofern irrt das Berufungsgericht — mit der Möglichkeit der aktienrechtlichen Anfechtungsklage gegen die hier angegriffenen Generalversammlungs-Beschlüsse nichts zu tun. Die Eintragung der Durchführung eines gewöhnlichen Kapitalerhöhungs-Beschlusses steht weder der Erhebung noch der Weiterverfolgung der Anfechtungsklage aus § 271 HGB. im Wege. Entsprechendes gilt auch hier. Welche weiteren Rechtsfolgen sich aus einer etwaigen Nichtigkeit oder Ungültigkeit des einen oder anderen Beschlusses oder aller angegriffenen Beschlüsse ergeben würden, ist eine ganz andere Frage. Hier handelt es sich zunächst um die innergesellschaftliche Anfechtung von Generalversammlungs-Beschlüssen, durch welche angeblich die Mitgliedsschaftsrechte eines Aktionärs gesetz-, sitten- und satzungswidrig verletzt worden sind. Als besonderen Rechtsbehelf zum Austrag solcher innergesellschaftlicher Streitigkeiten zwischen Gesellschaft und Einzelmitglied hat das Gesetz gerade die Anfechtungsklage des § 271 HGB. geschaffen, die keinen anderen und weitergehenden Beschränkungen als den in §§ 271 flg. angeführten unterliegt. Denn alle Erwägungen, die zur Versagung der Behelfe des allgemeinen Rechts (Anfechtung wegen Irrtums, Betrugs, Drohung, Nichtigkeit wegen Scheingeschäfts und wegen Wuchers oder Sittenwidrigkeit bei Verpflichtungen aus Gründungsverträgen und Zeichnungsgeschäften) geführt haben, treffen nicht zu für den Streit über die innergesellschaftliche Wirksamkeit der Generalversammlungs-Beschlüsse, um die es sich zunächst allein dreht. Insoweit kommen die Rücksichten auf den gutgläubigen Verkehr nicht in Betracht.

. . .

Die Zulässigkeit der innergesellschaftlichen Anfechtung eines Generalversammlungs-Beschlusses hat eben mit der Frage der unmittelbaren und mittelbaren Folgen der Vernichtung eines solchen Beschlusses nach außen nichts zu tun. Selbst wenn es hier beim Übergang des Vermögens der aufgenommenen Gesellschaft verbleiben müßte, wäre die Ungültigerklärung der Genehmigungsbeschlüsse jedenfalls in Ansehung etwaiger Schadensersatzansprüche der geschädigten Aktionäre gegen Vorstands- und Aufsichtsratsmitglieder der fusionierten Gesellschaft immer noch rechtlich von Bedeutung. Der einzigen Schwierigkeit, die sich im Fall einer Fusion nach § 306 HGB. für die Möglichkeit von Anfechtungsklagen gegen die Beschlüsse der aufgenommenen Gesellschaft hätte ergeben können, nämlich der, daß diese Gesellschaft mit Eintragung der Durchführung des Erhöhungsbeschlusses untergegangen ist, begegnet § 308 HGB., der damit unzweideutig auch gegen die Richtigkeit der Ansicht des Berufungsgerichts spricht (vgl. Denkschrift zum HGB. von 1897 S. 170). Das Berufungsgericht hält im übrigen die Geltendmachung „absoluter" Nichtigkeitsgründe nach wie vor für möglich; solche können aber auch im Zug der Anfechtungsklage verfolgt werden. Die Fragen des Schutzes des gutgläubigen Verkehrs treten in gleicher Weise bei Gründen dieser Art auf. . . .

II.

Eine der Hauptgrundlagen der Anfechtungs- wie übrigens auch der Nichtigkeitsklage bildet die Behauptung des Klägers, daß Bochumer Verein und Deutsch-Lux zur Zeit des Abschlusses der Verschmelzungsverträge und der Fassung der angefochtenen Beschlüsse schon längst aufgelöst gewesen seien und daß deshalb eine Verschmelzung unter Ausschluß der Liquidation nach § 306 HGB. rechtlich gar nicht mehr möglich gewesen sei.

1. Diese Auflösung will der Kläger zunächst daraus herleiten, daß der Bochumer Verein und die Deutsch-Lux sich zufolge der Beschlusses ihre Generalversammlungen vom 27. März 1926 über die Veräußerung von Werkanlagen und weiteren Vermögensstücken an die Vereinigten Stahlwerke-AG., die in Wahrheit eine Veräußerung des Vermögens im ganzen bedeutet habe, kraft Gesetzes aufgelöst hätten. Das Berufungsgericht hat dies verneint. . . .

Die Revision macht geltend, daß es für die Entscheidung der Frage, ob die Beschlüsse der Generalversammlung vom 27. März 1926 über die mit den Vereinigten Stahlwerken abzuschließenden Verträge gemäß § 303 HGB. zu einer Auflösung der beiden Gesellschaften geführt hätten, nicht auf die hierbei verfolgte Absicht ankomme. Habe man bei diesen Beschlüssen sachlich eine Vermögensveräußerung im ganzen im Auge gehabt, so sei die Auflösung ihre gesetzlich notwendige Folge gewesen, selbst wenn hieran nicht gedacht, ja selbst wenn das Gegenteil gewollt gewesen wäre. Es ist der Revision zuzugeben, daß ein Beschluß, der inhaltlich die Veräußerung des Gesellschaftsvermögens im ganzen bezweckt, gemäß § 303 Abs. 2 HGB. von selbst die Auflösung der Gesellschaft nach sich zieht, ganz ohne Rücksicht darauf, ob diese Folge gewollt oder nicht gewollt war. Selbst dann, wenn die Veräußerung nicht in der Absicht und zum Zweck der Verteilung des Erlöses, sondern deshalb geschieht, um mit ihr den Betrieb der Gesellschaft auf einen anderen Gegenstand umzustellen, wäre wiederum gemäß § 303 Abs. 2 nichtsdestoweniger die Auflösung der Gesellschaft die notwendige Folge eines solchen Beschlusses (vgl. Denkschrift von 1897 S. 165; Brodmann Aktienrecht Anm. 4 zu § 303 HGB.; Staub-Pinner Anm. 9, 10 zu § 303; ebenso Goldmann

Anm. 13 zu § 303 und Brand Anm. 4a zu § 303; Urteil des erk. Senats vom 15. Januar 1929 II 271/28 in JW. 1929 S. 1371 Nr. 8).

. . .

Wie der erkennende Senat im Anschluß an RGZ. Bd. 69 S. 284 in dem schon erwähnten Urteil vom 15. Januar 1929 dargelegt hat, liegt eine Vermögensveräußerung im ganzen im Sinne des § 303 Abs. 1 und 2 HGB. nur dann vor, wenn das Vermögen als ganzes Gegenstand der Veräußerung ist. Der Annahme einer solchen Veräußerung steht allerdings nicht im Weg, wenn dieses oder jenes einzelne Vermögensstück von untergeordneter, nebensächlicher Bedeutung von der Veräußerung ausgeschlossen wird. Zwischen den Parteien herrscht im einzelnen Streit darüber, was alles nach den Generalversammlungs-Beschlüssen vom März 1926 und den Maiverträgen Gegenstand der Veräußerung an die Vereinigten Stahlwerke gewesen ist; insbesondere ist bestritten, ob beim Bochumer Verein eine Geschoßfabrik ausgenommen werden sollte und ausgenommen worden ist. Das Berufungsgericht hat darüber und über die Frage der zurückbehaltenen Beteiligungen im einzelnen keine Feststellungen getroffen. Darauf kommt es aber auch nicht an. Denn jedenfalls sollten nach den Märzbeschlüssen die auch im Verhältnis zu den sonstigen Vermögenswerten beider Gesellschaften unstreitig sehr beträchtlichen, in viele Millionen gehenden Außenstände nicht mit Gegenstand der Veräußerung sein und sind das auch nicht gewesen. Dann handelte es sich aber bei den Beschlüssen vom 27. März 1926 unzweifelhaft nicht um eine Veräußerung des Vermögens im ganzen. Der Umstand, daß durch diese Veräußerungen das Vermögen des Bochumer Vereins und der Deutsch-Lux zum größeren Teil umgestaltet worden ist, insofern an die Stelle der werbenden Anlagen mit unbeweglichem und beweglichem „Zubehör" nunmehr eine aktienmäßige Beteiligung bei den Vereinigten Stahlwerken trat, spielt für die Frage der Anwendbarkeit der Vorschriften des § 303 keine Rolle. Ausschlaggebend kann immer nur sein, ob von der Veräußerung erhebliche Bestandteile des Gesellschaftsvermögens nicht umfaßt sein sollten. Dies ergibt sich deutlich einmal aus dem Wortlaut des § 303 Abs. 1 und 2, sodann aber auch aus seiner Entstehungsgeschichte. . . . Es kommt aber noch hinzu, daß eine Auslegung, wie sie der Kläger vertritt, zu bedenklicher Rechtsunsicherheit führen müßte. Häufig wäre schon äußerst zweifelhaft, was alles zum Substanzvermögen und damit zu dem für den Fortbestand der Gesellschaft unerläßlichen „Fundus" gehören würde. Dabei ist zu berücksichtigen, daß der Gegenstand des Unternehmens nicht unabänderlich ist, sondern der Mehrheitsherrschaft unterliegt. Ebenso zweifelhaft müßte vielfach sein, wann eine Veräußerung des Substanzvermögens im ganzen gegeben wäre. Davon soll es aber abhängen, ob sich die Gesellschaft von selbst aufgelöst hat oder nicht. Es liegt auf der Hand, daß eine Regelung, welche die Frage des Bestandes oder der Auflösung einer Aktiengesellschaft so ins Ungewisse stellt, nicht gewollt sein kann. Gesetzliche, von selbst wirkende Gründe für die Auflösung der Aktiengesellschaft können vernünftigerweise nur Tatbestände sein, die einfach und klar liegen. . . .

2. Die Revision kann aber auch insoweit keinen Erfolg haben, als sie auf Grund der Beschlüsse der Generalversammlung des Bochumer Vereins und der Deutsch-Lux sowie der mit den Vereinigten Stahlwerken geschlossenen Maiverträge eine Auflösung beider Gesellschaften aus § 292 herleiten will. Zunächst trifft hier keinesfalls einer der in § 292 Abs. 1 Nr. 1—3 aufgeführten Tatbestände zu. Insbesondere wurde damals kein ausdrücklicher Beschluß auf Auflösung der Gesellschaften gefaßt, wie ihn § 292 Abs. 1 Nr. 2 voraussetzen würde, und es sollte auch kein solcher Beschluß gefaßt werden, wie das Berufungsgericht zutreffend annimmt. Die in § 292 Abs. 1 Nr. 1—3 genannten drei Auflösungsgründe sind allerdings nicht die einzigen Fälle der Auflösung. Im Abs. 2 das. ist vielmehr noch von „anderen" solchen Gründen die Rede, ohne daß sie aber des näheren aufgezählt werden. Der Kläger sucht nun darzutun, daß die Beschlüsse vom März 1926 in Verbindung mit den Maiverträgen jenes Jahres und ihrer Durchführung rechtlich einem förmlichen Auflösungsbeschluß gleichzuachten seien. Er ist unter Berufung auf B r o d m a n n der Ansicht, daß die restlose Veräußerung des Betriebs einer Aktiengesellschaft zwangsläufig die Auflösung nach sich ziehe; um eine solche Veräußerung habe es sich aber nach den Maiverträgen bei beiden Gesellschaften gehandelt. Daran ist nur so viel richtig, daß, wenn eine derartige Betriebsveräußerung eine Veräußerung des Vermögens im ganzen im Sinne des § 303 Abs. 1 HGB. bedeutet, dann allerdings nach dieser Vorschrift mit dem Genehmigungsbeschluß der Generalversammlung die Auflösung als notwendige gesetzliche Folge eintritt. Davon abgesehen kann aber die Veräußerung des bisherigen Betriebs oder Unternehmens einer Aktiengesellschaft an sich nicht als von selbst wirkender Auflösungsgrund anerkannt werden. Dagegen spricht schon die Entstehungsgeschichte des § 292. . . .

Einer solchen Annahme steht auch die Erwägung entgegen, daß dann die Frage des Bestandes oder der Auflösung der Aktiengesellschaft häufig ins Ungewisse gestellt wäre. Dabei braucht nur darauf hingewiesen zu werden, daß die gewerbliche Betätigung einer Aktiengesellschaft nicht selten die mannigfachsten Gebiete umfaßt. Der Kläger übersieht endlich auch hier wieder, daß der satzungsmäßige Gegenstand des Unternehmens nicht unwandelbar ist, sondern der Mehrheitsherrschaft unterliegt, und daß sich eine Änderung des Gegenstandes des Unternehmens nicht selten in der Abstoßung der ganzen bisherigen Betriebseinrichtungen äußert. Ob der satzungsändernde Beschluß vorausgeht oder nachfolgt, ist unerheblich. Das Reichsgericht hat denn auch schon unter der Herrschaft des Art. 242 Allg. HGB. ausgesprochen, daß selbst der endgültige Wegfall des Gegenstandes des Unternehmens der Aktiengesellschaft nicht von selbst ihre Auflösung nach sich ziehe (SeuffArch. Bd. 37 Nr. 55; vgl auch RGU. vom 18. Juni 1915 II 9/15). Auch wenn schon bei Fassung der Märzbeschlüsse von 1926 die spätere Verschmelzung mit dem Bochumer Verein und der Deutsch-Lux von der Generalversammlung ins Auge gefaßt und gebilligt worden sein sollte, würde daraus immer noch nicht gefolgert werden können, daß deshalb die Märzbeschlüsse zugleich stillschweigend einen Auflösungsbeschluß im Sinne des § 292 Abs. 1 Nr. 2 HGB. enthalten sollten und enthalten würden; die Sachlage wäre dann vielmehr ganz offensichtlich die, daß eine sofortige Auflösung damals gerade n i c h t gewollt und eben deshalb auch nicht zum ausdrücklichen Beschluß erhoben wurde.

. . .

4. Völlig unerheblich ist in diesem Zusammenhang, ob die Märzbeschlüsse mit den Satzungen von Bochumer Verein und Deutsch-Lux im Einklang waren oder ob etwa insofern, als sie gleichzeitig auf eine Änderung des Gegenstands des bisherigen Unternehmens hinausliefen, ohne daß dem sofort durch einen Beschluß auf entsprechende Satzungsänderung Rechnung getragen worden wäre, ein Widerspruch mit den Satzungen vorliegt. Denn darauf hätte bestenfalls eine Anfechtung jener Beschlüsse gestützt werden können. Sie sind aber unstreitig nicht angefochten worden und deshalb unter allen Umständen rechtswirksam geworden. Daß die Satzungswidrigkeit von Beschlüssen kein gesetzlicher Auflösungsgrund ist, bedarf keiner weiteren Ausführung; daß der Wegfall oder die Unmöglichkeit der Weiterverfolgung des satzungsmäßigen Zweckes keinen solchen Grund bildet, ist schon dargelegt. . . .

Als Ergebnis der bisherigen Ausführungen ist demnach festzuhalten, daß der Bochumer Verein und die Deutsch-Lux zur Zeit der Fusionsbeschlüsse noch nicht aufgelöst waren. Damit fallen alle Revisionsangriffe ohne weiteres zusammen, die den gegenteiligen Standpunkt des Klägers zur Grundlage haben.

Im übrigen stünde einer Verschmelzung nach § 306 HGB. der Umstand nicht entgegen, daß die aufzunehmenden Gesellschaften aus anderem Grunde schon aufgelöst und in Liquidation getreten sind. § 306 HGB. stellt einen Unterfall des § 305 und damit des § 303 dar. Aus § 303 Abs. 2 folgt aber ohne weiteres, daß eine Veräußerung des Vermögens im ganzen auch noch nach erfolgter Auflösung möglich ist und von der Generalversammlung mit qualifizierter Mehrheit beschlossen werden kann. Es handelt sich insoweit um einen vom Gesetz zugelassenen und der Mehrheitsherrschaft unterstellten besonderen Fall der Vollbeendigung der Gesellschaft. Die Liquidation ist nicht Selbstzweck, sondern nur Mittel zu dem Zweck, die Rechtsbeziehungen der aufgelösten Gesellschaft nach innen und außen abzuwickeln. Diese Beziehungen werden aber, soweit die aufzunehmende Gesellschaft in Frage kommt, gerade im Fall des § 306 durch den Untergang der Gesellschaft als Rechtsträger endgültig erledigt. Der hier vertretenen Auffassung steht der Wortlaut des § 306 nicht im Wege; unter „Ausschluß der Liquidation" kann sehr wohl auch der Ausschluß ihrer weiteren Durchführung verstanden werden (Brodmann Aktienrecht Anm. 1b zu § 306 HGB.; Staub-Pinner Anm. 1 zu § 306; Brand Anm. 3e zu § 306; Goldmann Anm. 3 zu § 306; Ullmann a. a. O. S. 68). Demgegenüber könnte sich der Kläger auch nicht auf § 300 HGB. berufen. Gewiß kann ihm sein Anteil am Gesellschaftsvermögen nicht durch Mehrheitsbeschluß entzogen werden. Wohl aber hat die Mehrheit im Rahmen der §§ 298 flg., 303, 306 HGB. insbesondere darüber zu befinden, ob dieser Anteil in Form von barem Geld nach Versilberung der Masse oder in Aktien einer anderen Gesellschaft (§§ 305, 306) zur Ausschüttung kommen soll. Zugegeben ist dem Kläger nur so viel, daß, wenn die Liquidation schon bis zur Versilberung der Masse vorgeschritten ist, diese also im wesentlichen aus barem Gelde besteht, eine Fusion nach §§ 305, 306 nicht mehr möglich ist, weil dann von einer Sacheinlage, wie diese Vorschriften sie voraussetzen, nicht mehr die Rede sein könnte. Es mag im Einzelfalle zweifelhaft sein, ob die Liquidation schon diesen Abschnitt erreicht hat. Hier würde dies schon angesichts der noch vorhandenen großen aktienmäßigen Beteiligungen des Bochumer Vereins und der Deutsch-Lux keinesfalls zutreffen.

III.

. . .

2. Weitere Angriffe gegen die Gültigkeit der Fusionsbeschlüsse, insbesondere des Kapitalerhöhungs-Beschlusses, hat der Kläger auf das Maß der Erhöhung und deren Grundlagen gestützt.

Die Beklagte hat ihr Kapital bei Gelegenheit der Fusion mit Deutsch-Lux um 6 500 000 RM Vorzugsaktien mit 14fachem Stimmrecht erhöht. Nötig wäre das nicht gewesen; denn von dem ebenso hohen und mit gleichen Rechten ausgestatteten Vorzugsaktienkapital der Deutsch-Lux besaß sie schon 2 666 700 RM, während umgekehrt auch die Deutsch-Lux 2 666 700 RM gleichberechtigte Gelsenberg-Vorzugsaktien besaß. Da die ersteren Aktien nach Eintragung der Beschlüsse auf liquidationslose Verschmelzung vernichtet werden konnten, die Gelsenberg-Vorzugsaktien der Deutsch-Lux aber durch die Verschmelzung an die Beklagte selbst fielen, die es in der Hand hatte, die zu eigenen Aktien gewordenen 2 666 700 RM zur Befriedigung der übrigen Vorzugsaktionäre der Deutsch-Lux zu verwenden, hätten nur noch 6 500 000 — (2 666 700 + 2 666 700) = 1 166 600 RM neue Vorzugsaktien geschaffen zu werden brauchen. Dadurch, daß statt dessen solche im Nennwert von 6 500 000 RM geschaffen wurden, sind die bisherigen Aktien der Beklagten verwässert, d. h. sowohl auf vermögensrechtlichem Gebiet wie namentlich auf dem Gebiet des Stimmrechts beeinträchtigt worden. Ähnlich verhält es sich mit einem Posten von 800 800 RM Stammaktien des Bochumer Vereins, die im Besitz von Deutsch-Lux waren und nach Durchführung beider Fusionen von der Beklagten hätten vernichtet werden können. Auch das Stammaktienkapital der Beklagten ist zu diesem Betrag in stärkerem Maße erhöht worden, als durch den Fusionszweck geboten war.

Der Kläger behauptet nun, die übermäßigen Erhöhungen seien durch arglistige Täuschung der Aktionäre herbeigeführt worden. . . . Aber die Behauptungen des Klägers sind erst nach Ablauf der Monatsfrist des § 271 Abs. 2 HGB. nachgeschoben worden. Die Anfechtungsfrist ist daher versäumt. . . .

RGZ. 124, 380.

Ist die Abtretung von Einlageansprüchen einer Aktiengesellschaft nur gegen vollwertiges Entgelt zulässig?

HGB. §§ 211, 221. (Jetzt AktG. §§ 49, 60.)

II. Zivilsenat. Urt. v. 14. Juni 1929.

I. Landgericht Nordhausen. — II. Oberlandesgericht Naumburg a. S.

Die Beklagte ist Mitbegründerin der Aktiengesellschaft H.-H. Gipswerke in J., deren Grundkapital ursprünglich 10 000 000 PM betrug. Der § 13 des notariellen Gründungsvertrags vom 6. März 1923 bestimmt u. a.:

„Frau C. (die Beklagte) bringt in die Gesellschaft ihre schuldenfreien Fabrikgrundstücke

J. Bd. VIII Bl. 390 . . .

N. Bd. XV Bl. 726 . . .

mit dem in der Anlage verzeichneten Zubehör derart ein, daß Lasten und Nutzungen vom 1. März 1923 ab auf die Gesellschaft übergehen.

Dafür werden ihr Aktien zum Nennwerte von zwei Millionen gewährt. Von diesem Entgelt entfällt auf die Grundstücke 850 000 PM, auf das Zubehör 1 150 000 PM . . ."

Die restlichen 8000 Aktien wurden von den Mitgründern, und zwar zum Kurs von 150% übernommen. Die Gesellschaft wurde unter dem 20. August 1923 in das Handelsregister eingetragen. Sie erhielt die von der Beklagten einzubringenden Grundstücke alsbald übergeben, zur Auflassung an die Aktiengesellschaft kam es jedoch nicht. Zur Zeit des Abschlusses des Gesellschaftsvertrags war auf dem Grundstück Bl. 390 eine Hypothek von 200 000 M und auf dem Grundstück Bl. 726 eine solche von 135 000 M eingetragen; beide Hypotheken waren jedoch in der Geldentwertungszeit „zurückgezahlt" worden. In der Folge erwirkten die Eheleute F. auf Grund von Arresten die Eintragung weiterer Hypotheken, teils Papiermark-, teils Goldmarkhypotheken. Ende August 1924 bestellte die Beklagte an dem Grundstück Bl. Nr. 390 für einen gewissen K. Kr. eine Hypothek über 3516/2790 kg Feingold.

Durch Beschluß des Amtsgerichts K. vom 15. Oktober 1924 wurde über das Vermögen der Gipswerke AG. der Konkurs eröffnet; Aktienurkunden waren bis dahin nicht ausgegeben worden. Die Beklagte verweigerte nunmehr die Auflassung der fraglichen Grundstücke. Massemittel zur Prozeßführung hatte der Konkursverwalter nicht. In einem Termin vom 19. Juni 1925 vor dem Konkursgericht wurde vom Gläubigerausschuß und von der Gläubigerversammlung der Vorschlag des Konkursverwalters einstimmig genehmigt, das gesamte Gesellschaftsvermögen einschließlich der aus dem Gründungsvertrag gegen die Beklagte bestehenden Ansprüche auf Leistung der Sacheinlage für 200 RM an den Kläger zu veräußern. Der Veräußerungsvertrag wurde unter dem 27. Juni 1925 notariell beurkundet. Nach Abhaltung des Schlußtermins wurde das Konkursverfahren durch Beschluß des Konkursgerichts vom 17. November 1925 aufgehoben. In einem Vorprozeß verlangte der Kläger von der Beklagten Auflassung der bezeichneten Grundstücke und siegte in zweiter Instanz ob. Das Urteil erlangte Rechtskraft. Der Kläger erwirkte demnächst auf Grund dieses Rechtstitels seine Eintragung als Eigentümer.

Inzwischen waren die Papiermarkhypotheken der Eheleute F. ganz, ihre Goldmarkhypotheken teilweise gelöscht, anderseits aber von sonst eingetragenen und früher eingetragen gewesenen Hypothekengläubigern mit Erfolg Aufwertungsansprüche geltend gemacht und im Grundbuch verlautbart worden. Es handelt sich dabei zusammen um rund 708 GM; dazu kommen noch eine Hypothek von 1000 GM und eine solche von 2254,30 GM, sowie die Hypothek über 3516/2790 kg Feingold.

Der Kläger beantragte nunmehr Verurteilung der Beklagten dahin, daß sie die fraglichen Hypotheken und die für einen Teil der Gläubiger gegen die Löschung eingetragenen Widersprüche zur Löschung zu bringen habe. Er stützt diesen Anspruch auf Gesetz und Einbringungsvertrag sowie darauf, daß die Rechte der Gipswerke AG. an ihn abgetreten worden seien. Das Landgericht gab der Klage in vollem Umfang statt. Die Berufung der Beklagten wurde zurückgewiesen. Ihre Revision führte zur Aufhebung und Zurückverweisung.

Aus den Gründen:

. . . Nichtigkeit des zwischen dem Konkursverwalter und dem Kläger abgeschlossenen Abtretungsvertrags vom 27. Juni 1925 wegen Verstoßes gegen § 138 BGB. ist vom Berufungsgericht rechtlich einwandfrei verneint worden. Gegen die Rechtsgültigkeit dieser Abmachung erheben sich jedoch Bedenken aus einem anderen rechtlichen Gesichtspunkt, der von der Revision ebenfalls geltend gemacht worden ist. Nach § 221 HGB. (vgl. auch § 19 GmbHG.) können die Aktionäre von den ihnen nach §§ 211, 220 HGB. obliegenden Leistungen, Geld- und Sacheinlagen, nicht befreit werden; Rechtsgeschäfte, die gegen dieses Verbot verstoßen, sind nichtig. Das Verbot bezweckt den Schutz der Gläubiger, aber auch den der Gesellschaft und der Aktionäre in ihrer Gesamtheit. Dabei besteht ersichtlich das Wesentliche und Entscheidende nicht darin, daß der Aktionär und Gesellschafter voll leistet, sondern darin, daß seine Leistung der Gesellschaft vollständig zufließt. Es kann nicht genügen, wenn die Leistung nur an den Zessionar der Gesellschaft in vollem Umfang erfolgt und wenn insofern eine Vollleistung vorliegt. Ist im Fall der Abtretung solcher Einlage- und Einbringungsansprüche der vereinbarte Gegenwert zu gering, also dem Wert des abgetretenen Anspruchs nicht angemessen, so erhält die Gesellschaft eben nicht die Einlage, wie es § 221 HGB. vorschreibt, sondern in Form des Abtretungsentgelts einen geringeren Wert. Dann verstößt aber eine solche Abtretung gegen § 221 HGB. mit der Folge der Nichtigkeit des schuldrechtlichen und des dinglichen Abtretungsgeschäfts. Abtretungen von Einlageansprüchen können hiernach nur dann als rechtsgültig anerkannt werden, wenn durch sie der Vermögensstand der Gesellschaft nicht verringert wird, wenn also an die Stelle des abgetretenen Anspruchs ein angemessenes, vollwertiges Entgelt tritt (Brodmann Aktienrecht Anm. 6a zu § 218 HGB.; Lehmann-Ring Anm. 1 zu § 221 HGB.). Sonst wäre für die Möglichkeit der Umgehung des § 221, gerade über den Weg der Abtretung, Tür und Tor offen. Der hier vertretene Standpunkt gilt für die Abtretung solcher Ansprüche der Aktiengesellschaft gleicherweise innerhalb wie außerhalb des Konkursverfahrens. Es kommt demnach weiter darauf entscheidend an, ob das vom Konkursverwalter bei Abtretung der Ansprüche erzielte Entgelt angemessen war; dabei muß selbstverständlich von den Ansprüchen ausgegangen werden, so wie sie in der Masse lagen. Unter dem Gesichtspunkt der Angemessenheit des erzielten Preises hat aber das Berufungsgericht die Frage der Rechtsgültigkeit des Abtretungsvertrags noch nicht geprüft. Die Erwägungen, auf Grund deren es ein auffälliges Mißverhältnis zwischen Leistung und Gegenleistung verneint hat, reichen dazu nicht aus...

RGZ. 127, 186.

Über die Folgen der unrichtigen Beurkundung eines Einbringungsabkommens im Gesellschaftsvertrag einer Aktiengesellschaft und über die rechtliche Bedeutung der Angaben, die dem Registergericht von den Gründern aus Anlaß der Eintragung der Gesellschaft über die Einbringungsverhältnisse gemacht werden.

HGB. §§ 186, 191, 202.

II. Zivilsenat. Urt. v. 28. Januar 1930.

I. Landgericht Liegnitz, Kammer für Handelssachen. — II. Oberlandesgericht Breslau.

. . .

Aus den Gründen:

. . .

Der Berufungsrichter sieht als erwiesen an, daß bei Abschluß des Gründungsvertrags alle Beteiligten, d. h. die sämtlichen Gründer, darüber einig gewesen sind, daß nicht das ganze Grundstück L.straße 12 so, wie es auf Bl. 814 des Grundbuchs beschrieben war, sondern nur ein Trennstück davon, nämlich der bisher schon von Otto S. besessene Teil, Gegenstand seiner Sacheinlage sein sollte. Insoweit handelt es sich um rechtlich einwandfreie Sach- und Beweiswürdigung; ein besonderer Revisionsangriff ist dagegen nicht erhoben worden. Weiterhin nimmt das Berufungsgericht an, es lägen keine Anhaltspunkte dafür vor, daß die Gründer böslich zum Nachteil der Aktiengesellschaft gehandelt, d. h. daß sie als Gegenstand der Einlage im Gesellschaftsvertrag das ganze Grundstück bezeichnet hätten, während nach allseitiger Willensübereinstimmung in Wirklichkeit nur ein Trennstück habe eingelegt werden sollen. Auch diese Annahme beruht auf rein tatsächlichen Erwägungen, die wiederum keinen Rechtsirrtum enthalten, von der Revision auch nicht angegriffen worden sind. Die Feststellungen des Berufungsgerichts sind im übrigen um so unbedenklicher, als sich die Gründer in ihrer Anmeldung zum Handelsregister in Ansehung des von Otto S. einzubringenden Grundstücks ausdrücklich auf das beigefügte Sachverständigengutachten bezogen haben, aus dem sich bis in alle Einzelheiten unzweideutig ergibt, was Gegenstand der Sacheinlage des Otto S. sein sollte, nämlich nicht das ganze Grundstück, sondern nur ein bestimmt begrenztes Trennstück davon.

Hiernach ist davon auszugehen, daß, wenn Otto S. nach § 22 des Gesellschaftsvertrags das ganze Grundstück einzulegen hatte, angesichts des übereinstimmenden Willens aller Beteiligten, so wie ihn das angefochtene Urteil feststellt, nur eine unrichtige Bezeichnung des Gegenstands der Einbringung vorlag, die als solche gar nicht gewollt war.

Bei dieser Sachlage würde nach allgemeinen Grundsätzen keinesfalls eine rechtsgültige Verpflichtung des Otto S. zur Übereignung des ganzen Grundstücks entstanden sein. Es kann sich nur darum handeln, ob die Bedürfnisse des aktienrechtlichen Verkehrs hier zu einer anderen Beurteilung führen müssen. . . .

Anerkannten Rechtens ist nun, daß bis zur Eintragung der Aktiengesellschaft unter den Gründern eine Gesellschaft bürgerlichen Rechts bestanden hat. Nichtigkeitsgründe, welche sich als rechtliche Folge aus Willensmängeln oder aus unrichtiger Bezeichnung des Gegenstands einer Gesellschaftsverpflichtung ergeben, sind in Ansehung des Gesellschaftsvertrags durchaus nach den allgemeinen Grundsätzen des Bürgerlichen Gesetzbuchs zu beurteilen. Nicht anders verhält es sich mit der Vertragsauslegung. Auch insoweit gelten bis zu jenem Zeitpunkt die allgemeinen Rechtsgrundsätze.

Mit dem Vollzug der Eintragung der Gesellschaft im Handelsregister und ihrer Entstehung als selbständige Rechtspersönlichkeit tritt aber insofern eine grundlegende Änderung ein. Die Gründererklärungen, die eine Wirkung bisher nur auf die Rechtsbeziehungen der Beteiligten untereinander ausübten, gewinnen durch die Eintragung eine ganz andere Bedeutung. Sie sind mit der durch die Anmeldung zum Handelsregister bezweckten Verlautbarung nach außen auch der Allgemeinheit gegenüber abgegeben und bilden die wesentlichen Grundlagen auch des Vertrauens Dritter (späterer Aktionäre und Gläubiger), die in Rechts-, insbesondere in Kreditbeziehungen zur Gesellschaft treten. Das Interesse aller derer, die auf der so verlautbarten Kapitalgrundlage den Verkehr mit der Aktiengesellschaft aufgenommen haben, erfordert, daß das nach den Gründererklärungen vorhandene, der Gesellschaft zuzuführende Vermögen ihr in der Tat auch zufließt und verbleibt.

Aus diesen Erwägungen hat die Rechtsprechung abweichend von den Grundsätzen des allgemeinen bürgerlichen Rechts den Gründern und Aktienzeichnern jede Anfechtung ihrer Erklärung wegen solcher Mängel des Beitritts versagt, die nur in den Beziehungen des Gründers zu den Mitgründern oder zu dritten Personen wurzeln, so auch den Einwand der Nichtigkeit des Beitritts wegen einer aus solchen Beziehungen hergeleiteten Sittenwidrigkeit (vgl. namentlich RGZ. Bd. 123 S. 102 und die dort angeführten weiteren Urteile). Aus Gründen derselben Art sind auch nach Eintragung der Gesellschaft der Auslegung von Gründererklärungen sehr viel engere Grenzen gezogen als vorher. Gewiß ist für die Auslegung des Gesellschaftsvertrags auch dann nicht schlechthin dessen Wortlaut maßgebend; vielmehr sind, soweit nicht die besonderen Bedürfnisse des aktienrechtlichen Verkehrs im Wege stehen, immer noch die §§ 133, 157 BGB. anwendbar. Allein einmal können bei der Auslegung Umstände nicht berücksichtigt werden, die der Allgemeinheit, an die sich die Erklärungen nunmehr richten, unbekannt sind und nicht erkennbar waren. Ferner muß berücksichtigt werden, daß diese Erklärungen, eben weil sie auch für das Verhältnis der Gesellschaft zu Dritten maßgebend sind, nur einheitlich ausgelegt werden können (RGZ. Bd. 70 S. 331, Bd. 79 S. 418, Bd. 101 S. 246). Von diesem Standpunkt aus ist dem Berufungsgericht unbedenklich darin beizutreten, daß der Versuch des Landgerichts fehlgeht, aus dem Beisatz „ihm gehörig" einen beachtlichen Anhaltspunkt für die Annahme zu gewinnen, daß Otto S. nur einen Teil des Grundstücks Bl. 814 einzubringen hatte. Denn mit Recht führt das Berufungsgericht aus, daß das Wort „gehörig" in dem Zusammenhang, wie es hier gebraucht ist, im allgemeinen Rechtsverkehr das Eigentumsverhältnis bezeichnet und in einer notariellen Urkunde von der Allgemeinheit vollends nicht anders aufgefaßt werden kann. Ebensowenig würde an sich die Bewertung der Einbringung im Vertrag selbst eine Auslegung im Sinne des Beklagten rechtfertigen. Gewiß betrug am 21. Juni 1923, nach dem Dollarstand gerechnet (1 Dollar = 127 000 PM.), der Goldmarkwert des ganzen Grundkapitals von 5 000 000 M nur rund 160 GM und die 60 000 M, die auf die Sacheinlage des Otto S. entfielen, nur rund 2 GM. Allein die Gründer waren in der Bewertung der Einbringung völlig frei, sofern die Bewertung nur nicht zu hoch war; einer Unterbewertung auch in einem Maße wie hier stand rechtlich kein Hindernis entgegen.

Im Wege der bloßen Auslegung des Gesellschaftsvertrags läßt sich daher nicht mit Erfolg die Ansicht des Klägers bekämpfen, daß Otto S. der Aktiengesellschaft gegenüber als zur Einbringung des ganzen Grundstücks verpflichtet zu gelten habe. Denn anders könnte § 22 des Gesellschaftsvertrags auch unter Mitheranziehung der §§ 133, 157 BGB. vom Standpunkt der Allgemeinheit aus nicht ausgelegt werden. Der von diesem „allgemeinen" Inhalt der Erklärung abweichende, im Gesellschaftsvertrag nicht verlautbarte Willen der Gründe kann daher an sich im Verhältnis zu Dritten keine Berücksichtigung finden, insbesondere auch nicht im Verhältnis zu den Gläubigern, deren Interessen der Kläger als Konkursverwalter mit wahrzunehmen hat.

Indessen kommt es nicht allein auf den Gesellschaftsvertrag als solchen an. Vielmehr sind mit zu berücksichtigen die von den Gründern bei der Anmeldung zum Handelsregister den gesetzlichen Vorschriften gemäß beigefügten, für die Allgemeinheit bestimmten erweiteren Erklärungen. Diese Erklärungen zusammen mit dem Gesellschaftsvertrag in ihrer Gesamtheit stellen nämlich die der Allgemeinheit gegenüber erfolgte Verlautbarung dar, an welche sich diese halten darf und muß. Die Vorschrift des § 202 Abs. 1 Satz 1 HGB., auf die sich der Kläger mit beruft, bestimmt u. a. allgemein und ausdrücklich, daß die Gründer für die Richtigkeit und Vollständigkeit der Angaben, die sie über die in § 186 HGB. vorgesehenen Festsetzungen zum Zweck der Eintragung der Gesellschaft machen, der Gesellschaft als Gesamtschuldner verhaftet sind. Unter den Angaben über die in § 186 vorgesehenen Festsetzungen sind aber nicht nur die hierüber im Gesellschaftsvertrag selbst getroffenen Bestimmungen zu verstehen, sondern das ganze hierauf bezügliche Gründervorbringen in der Anmeldung zum Register, soweit es von rechtserheblicher Bedeutung ist. Die Gründerhaftung ist insoweit genau dieselbe, ob es sich um Angaben im Gesellschaftsvertrag oder außerhalb des Vertrags handelt, sofern sie nur zur Erreichung der Eintragung im Handelsregister gemacht sind.

Wenn sich aber umgekehrt aus der Anmeldungserklärung und den ihr beigefügten Urkunden zweifelfrei ergibt, daß eine im Gesellschaftsvertrag über den Gegenstand der Einlage getroffene Festsetzung offensichtlich unrichtig und so, wie dort niedergelegt, in Wirklichkeit gar nicht gewollt ist, und wenn ferner das in Wahrheit Gewollte aus der Anmeldung selbst und ihren Anlagen für die Allgemeinheit ohne weiteres ersichtlich ist, dann muß gegenüber dem Wortlaut des Gesellschaftsvertrags die Berufung auf diese „Richtigstellung" der in ihm enthaltenen Festsetzungen auch den Gründern offen stehen. Dann ergibt sich eben aus der Gesamtheit der für die Allgemeinheit bestimmten und ihr beim Registergericht jederzeit auch zugänglichen Erklärungen, daß die Sacheinlagepflicht des betreffenden Gründers eine andere sein sollte, als es nach dem Wortlaut des Gesellschaftsvertrags den Anschein hatte. Dann besteht aber auch bei Berücksichtigung der Verhältnisse und Bedürfnisse des aktienrechtlichen Verkehrs kein hinreichender Anlaß, die Gründer schlechthin an jener, allerseits nicht gewollten, Erklärung festzuhalten, wie sie der Gesellschaftsvertrag wiedergibt. Aus der Anmeldung der Gründer zum Handelsregister und aus dem einen Bestandteil von ihr bildenden Sachverständigengutachten über das von Otto S. einzulegende Grundstück ist jedoch, wie das Berufungsgericht feststellt, zweifelfrei zu entnehmen, daß Gegenstand der Einlage nur ein ganz bestimmtes, in seinen Einzelheiten beschriebenes Trennstück der auf Grundbuchblatt Nr. 814 verzeichneten Liegenschaft sein sollte.

Dieses Trennstück hat der Kläger unbestrittenermaßen zum Nutzen der Masse verwendet. Hierwegen hat er auch keinerlei Ansprüche erhoben. Erstreckte sich aber die Einlageverpflichtung des Otto S. nicht auch auf das Restgrundstück, so kann der Kläger daraus, daß auch dieses im Gründungsvertrag und in den Anmeldungsunterlagen unrichtigerweise als sein Eigentum bezeichnet ist, unter den obwaltenden Umständen keine Rechte für sich herleiten.

Dem Wert nach war der auf die Sacheinlage des Otto S. entfallende Kapitalbetrag von 60 000 M durch den Wert des Trenngrundstücks Blatt Nr. 828a immer noch um ein vielfaches überdeckt.

RGZ. 129, 180.

Zur Auslegung des § 243 Abs. 2 HGB.

II. Zivilsenat. Urt. v. 3. Juni 1930.

I. Landgericht Frankenthal, Kammer für Handelssachen. — II. Oberlandesgericht Zweibrücken.

Die Erstklägerin, die mit ihrem Ehemann, dem Zweitkläger, im Güterstand der Verwaltung und Nutznießung des Bürgerlichen Gesetzbuches lebt, ist Aktionärin der verklagten Aktiengesellschaft, die am 15. September 1923 gegründet und am 23. September 1923 im Handelsregister eingetragen worden ist. Nach § 2 der Satzung ist das Geschäftsjahr das Kalenderjahr, und zwar sollte das erste Geschäftsjahr mit dem 31. Dezember 1923 endigen. Die Amtsdauer des Aufsichtsrats war durch § 12 der Satzung auf die nach § 243 Abs. 3 HGB. längstmögliche Zeit festgelegt. Die erste ordentliche Generalversammlung der Beklagten fand am 5. Juli 1924 statt mit der Tagesordnung: Genehmigung der Bilanz und Gewinn- und Verlustrechnung von 1923, der Goldmarkeröffnungsbilanz u. a. m. Am 17. Dezember 1924 wurde eine außerordentliche Generalversammlung abgehalten; Gegenstände der Tagesordnung waren die Änderung der Goldmarkeröffnungsbilanz, die Umstellung des Aktienkapitals, Satzungsänderung und Wahl des Aufsichtsrats. Zu letzterem Punkt gab nach dem Protokoll über die Generalversammlung der Vorsitzende bekannt, daß gemäß § 243 Abs. 2, 3 HGB. der Aufsichtsrat neu zu wählen sei. Widerspruch erhob sich nicht. Es wurden dann die seitherigen Aufsichtsratsmitglieder von der Versammlung, in der das ganze Grundkapital vertreten war, einstimmig wiedergewählt. Die Gewählten, die alle persönlich anwesend waren, erklärten sofort die Annahme der Wahl. Durch Beschluß der Generalversammlung vom 2. März 1926 wurde der Zweitkläger an Stelle seines ausgeschiedenen Schwiegervaters in den Aufsichtsrat gewählt. Über die Bilanz für das Geschäftsjahr 1924 faßte die ordentliche Generalversammlung vom 12. August 1925 Beschluß. Am 14. November 1928 tagte eine außerordentliche Generalversammlung der Beklagten, auf deren Tagesordnung u. a. die Neuwahl des Aufsichtsrats stand. Gegen die Erledigung dieses Punktes erhoben der Zweitkläger, der die Aktien seiner Ehefrau und weiterer Aktionäre vertrat, sowie ein anderer Aktionärvertreter Widerspruch. Trotzdem schritt die Versammlung zur Wahl. Es wurden vier Personen in den Aufsichtsrat gewählt. Hiergegen gab mit anderen auch der Zweitkläger Widerspruch zu Protokoll. Dieser Beschluß ist Gegenstand der Anfechtungsklage, mit der die Kläger seine Nichtigerklärung begehren. Sie vertreten den Standpunkt, daß die Amtsdauer des zweiten Aufsichtsrats erst vom Beginn des Geschäftsjahres 1926 ab zu rechnen sei und bis zu der Generalversammlung reiche, die über die Bilanz für das Geschäftsjahr 1929 zu beschließen habe; der angefochtene Beschluß verstoße deshalb gegen § 243 HGB. und § 13 der Satzung; er sei aber auch sittenwidrig, weil die verfrühte Neuwahl nur erfolgt sei, um den Zweitkläger, welcher der Mehrheit unbequem geworden sei, aus dem Aufsichtsrat los zu werden, bevor die Ergebnisse des Geschäftsjahres 1928 vorgelegen hätten.

Das Landgericht gab der Anfechtungsklage statt. Die Berufung der Beklagten war erfolglos, ebenso ihre Revision.

Gründe:

Das Oberlandesgericht führt aus: Nach § 243 Abs. 2 HGB. gelte die Wahl des ersten Aufsichtsrats für die Zeit bis zur Beendigung der ersten Generalversammlung, die nach Ablauf eines Jahres seit der Eintragung der Gesellschaft in das Handelsregister zur Bechlußfassung über die Jahresbilanz abgehalten wird. Da die verklagte Gesellschaft am 23. September 1923 ins Handelsregister eingetragen worden und die Jahresfrist des § 243 Abs. 2 HGB. mithin erst mit dem 23. September 1924 abgelaufen gewesen sei, müsse die erste ordentliche Generalversammlung vom 5. Juli 1924 hier außer Betracht bleiben. Die außerordentliche Generalversammlung vom 17. Dezember 1924 habe über die Goldmarkeröffnungsbilanz und die Goldmarkumstellung zu beschließen gehabt, Beschlüsse, die nicht als Beschlußfassung über die Jahresbilanz im Sinne des § 243 Abs. 2 HGB. angesehen werden könnten. Demnach sei die Gültigkeit der Wahl des ersten Aufsichtsrats mit der außerordentlichen Generalversammlung vom 17. Dezember 1924 nicht erloschen. Die damals vollzogene Neuwahl des Aufsichtsrats habe gegen § 243 Abs. 2 HGB. und § 13 der Satzung verstoßen. Gegen diese Wahl sei allerdings kein Widerspruch zu Protokoll erklärt worden, auch keine Anfechtung erfolgt. Sie gelte deshalb als zu Recht bestehend. Ihre Wirksamkeit sei indessen erst von der Zeit der Beendigung der ersten Generalversammlung an zu berechnen, die nach Ablauf eines Jahres seit Eintragung der Gesellschaft ins Handelsregister zur Beschlußfassung über die Jahresbilanz abgehalten worden sei. Dies sei die ordentliche Generalversammlung vom 12. August 1925 gewesen; von ihrer Beendigung an berechne sich demnach die Amtsdauer des wiedergewählten Aufsichtsrats, wobei das Geschäftsjahr 1925, in dem die Ernennung erst wirksam erfolgt sei, nicht mitrechne. Da dieser Aufsichtsrat nach § 243 Abs. 3 HGB. und § 13 der Satzung rechtsgültig bis zur Beendigung derjenigen Generalversammlung gewählt sei, die über die Jahresbilanz für das vierte Geschäftsjahr nach seiner rechtswirksamen Ernennung zu beschließen habe, sei die Amtsdauer erst mit der über die Jahresbilanz des Geschäftsjahres 1929 abzuhaltenden Generalversammlung beendet.

Dem kann nicht beigetreten werden. Nach Art. 191 Abs. 2, 3 (Art. 224) der Aktiennovelle von 1884 sollte die Amtsperiode des Aufsichtsrats schlechthin mit Ablauf des letzten Geschäftsjahres der Wahlzeit endigen. Dies wurde durch das neue Handelsgesetzbuch geändert. Die Denkschrift (vgl. Hahn-Mugdan Materialien Bd. 6 S. 308) bemerkt hierzu wörtlich: es sollten in Zukunft die fraglichen Zeiträume nicht mehr wie bisher mit dem Schluß eines bestimmten Geschäftsjahres, sondern mit der Beendigung derjenigen ordentlichen Generalversammlung ablaufen, welche die Neuwahlen vorzunehmen habe; die bisherige Vorschrift führe zu dem Mißstand, daß die Aufsichtsratsmitglieder regelmäßig zu einem Zeitpunkt ausscheiden müßten, in dem die Möglichkeit von Neuwahlen durch die ordentliche Generalversammlung nicht bestehe, ein Übelstand, dem durch die vorgeschlagene — in der Folge Gesetz gewordene — Fassungsänderung abgeholfen werden solle. Der Sinn des Gesetzes ist mithin angesichts seiner Entstehungsgeschichte nur der, daß aus praktischen Erwägungen heraus für die Zukunft das Erlöschen der Amtsdauer des Aufsichtsrats mit dem Ende des letzten Geschäftsjahres vermieden und die Amtszeit bis zu einem Zeitpunkt erstreckt werden soll, zu dem ohnehin der Wahlkörper, d. h. die Generalversammlung, regelmäßig zusammentritt. Das ist die ordentliche Generalversammlung, die über die Genehmigung der Jahresbilanz usw. zu beschließen hat. § 243 Abs. 2 HGB. stellt also nicht deshalb auf die erste Generalversammlung ab, die sich mit der Jahresbilanz zu befassen hat, weil bei deren Besprechung und Genehmigung Grund, Anlaß und Möglichkeit auch zur Erörterung und Prüfung der Amtstätigkeit des ersten Aufsichtsrats ist, diese Generalversammlung sich mithin zugleich ein Bild von der sachlichen Eignung und Zuverlässigkeit der bisherigen Aufsichtsratsmitglieder vor der Vornahme der Neuwahlen machen kann. Ein solcher Gedanke ist, wie die Entstehungsgeschichte des § 243 Abs. 2 HGB. in seiner jetzigen Fassung beweist, dem Gesetze fremd (Brodmann Anm. 5 zu § 243 HGB.; a. M. anscheinend Staub-Pinner Anm. 5 Abs. 2 ebenda). Bei dieser Sachlage darf unbedenklich angenommen werden, daß die in der Vollgeneralversammlung vom 17. Dezember 1924 (auf deren Tagesordnung ausdrücklich die Neuwahl des Aufsichtsrats stand) unter allseitiger Zustimmung vollzogene, unangefochten gebliebene Aufsichtsratswahl nicht nur gültig, sondern auch mit sofortiger Wirkung vom Ende der Versammlung an vorgenommen worden ist. Unerläßlich war nur, daß damals schon ein Jahr seit der Eintragung der Gesellschaft im Handelsregister verstrichen war. Entgegen der Annahme des Berufungsgerichts ging demnach die Amtsdauer des im Dezember 1924 gewählten Aufsichtsrats nicht erst mit der Generalversammlung für das Geschäftsjahr 1929 zu Ende, sondern schon mit derjenigen, die über die Bilanz des Geschäftsjahres 1928 Beschluß zu fassen hatte (§ 243 Abs. 3 HGB., § 13 der Satzung).

Allein im Endergebnis muß es doch bei dem angefochtenen Urteil sein Bewenden haben. Zur Zeit der Generalversammlung vom 14. November 1928 war die Wahlzeit des im Dezember 1924 gewählten Aufsichtsrats noch nicht zu Ende; sie lief nach der Satzung erst ab mit der Generalversammlung, die über die Bilanz für 1928 beschloß. In diese satzungsmäßig festgelegte Amtsdauer griff aber der angefochtene Beschluß ein, der die Neuwahlen mit Wirkung vom 1. Januar 1929, an vollziehen wollte. Er lief auf eine Verkürzung der satzungsmäßigen Amtsdauer des Aufsichtsrats hinaus und war insofern satzungswidrig. Er konnte aber auch nicht schon im November 1928 in dem Sinne gefaßt werden, daß er erst mit dem Zeitpunkt des Ablaufs der Amtsperiode des damaligen Aufsichtsrats — also mit Schluß der Generalversammlung über die Jahresbilanz von 1928 — Geltung haben sollte. Auch eine solche, sachlich durch nichts gerechtfertigte, vorzeitige Wahl war gesetz- und satzungswidrig. Insofern ist dem Berufungsgericht grundsätzlich beizutreten.

RGZ. 129, 272.

Haftet der Vorstand der Aktiengesellschaft für die der Gesellschaft nachteiligen Handlungen auch bei bedingtem Vorsatz?

HGB. § 312. BGB. § 823 Abs. 2.

IX. Zivilsenat. Urt. v. 28. Juni 1930.

I. Landgericht Liegnitz. — II. Oberlandesgericht Breslau.

Aus den Gründen:

Das Oberlandesgericht lehnt die auf § 823 Abs. 2 BGB. in Verbindung mit § 312 HGB. gestützte erste Klagebegründung ab, weil nicht einmal nachgewiesen sei, daß Sch. die Klägerin absichtlich benachteiligt habe. Daß es hierauf ankommt, ist zweifellos richtig, wird auch von der Revision nicht beanstandet. Mit Recht greift sie aber die vom Oberlandesgericht gegebene Begründung für die Verneinung einer absichtlichen Benachteiligung als rechtsirrig an. Es mag sein, daß Sch. als Gründer, alleiniger Vorstand und stark beteiligter Aktionär der Klägerin nicht die Absicht hatte, gegen die Interessen seiner eigenen Schöpfung zu handeln und dieser durch sein Verhalten im Endergebnis Schaden zuzufügen. Darauf kommt es aber im vorliegenden Falle nicht entscheidend an. Denn die Tatsachen, auf die sich die Klage stützt, stehen als solche einwandfrei fest, und es braucht nicht erörtert zu werden, ob das dem Sch. vorgeworfene absichtliche Handeln zum Nachteil der Klägerin nach der sonstigen Sachlage mehr oder weniger wahrscheinlich war. *Das Oberlandesgericht verkennt den Tatbestand des* § 312 HGB., indem es sowohl für die Annahme eines Handelns zum Nachteil der Gesellschaft wie auch für die Absichtlichkeit eines solchen Handelns dem Gesetz eine zu enge Auslegung gibt. Geht man von der unstreitigen Tatsache aus, daß Sch. namens der Gesellschaft die von ihm persönlich akzeptierten Wechsel unterzeichnete, so kann man ohne weiteres feststellen, daß dadurch eine Belastung der Gesellschaft erfolgte, zu deren Übernahme eine Verpflichtung bisher nicht bestand. . . . Zwar war Sch. überzeugt, daß er mindestens in Höhe der Wechsel Erstattungsansprüche gegen die Klägerin habe, nämlich aus den von ihm im Interesse der Gesellschaft übernommenen persönlichen Verpflichtungen. Aber es war für ihn keineswegs gewiß, daß diese Erstattungsansprüche bei einer Abstimmung in der Generalversammlung der Klägerin eine Mehrheit finden würden. Denn das Oberlandesgericht stellt fest, daß Sch. von dem Aktienkapital von 140 000 RM nur 38 000 RM Aktien besaß. Es stellt ferner fest, daß der Hauptaktionär V. schon vor Ausstellung der sämtlichen hier in Betracht kommenden Wechsel erklärt hatte, mit der Geschäftsführung des Sch. nicht einverstanden zu sein. Eine anerkannte Verpflichtung der Klägerin zur Erstattung des Betrages von rund 46 000 RM konnte Sch. also nicht in Rechnung stellen. Von seinem Standpunkt aus stand vielmehr der für die Gesellschaft übernommenen Verpflichtung nur eine streitige Verbindlichkeit der Gesellschaft gegenüber. Deren Rechtslage wurde also durch die Handlungsweise des Sch., wie dieser nicht verkennen konnte und nach den Feststellungen des Vorderrichters auch nicht verkannt hat, verschlechtert. . . . Das Oberlandesgericht übersieht aber, daß dem sog. direkten Vorsatz auch im Sinne dieser Vorschrift der bedingte Vorsatz gleichzustellen ist. Das wird zwar von einer Reihe von Schriftstellern abgelehnt (vgl. Staub-Koenige Anm. 8 zu § 312 HGB.; Brodmann Anm. 2d zu § 312 HGB. S. 555), dagegen in der strafrechtlichen Rechtsprechung des Reichsgerichts anerkannt

(RGSt. Bd. 38 S. 1, Bd. 49 S. 358 und besonders Bd. 53 S. 194). Die gegenteilige Ansicht, der das Oberlandesgericht sich anschließt, stützt sich auf die Erwägung, der Vorstand müsse bei seinem geschäftlichen Verhalten stets mit der Möglichkeit rechnen, daß irgendeine Maßnahme für die Aktiengesellschaft auch ungünstig auslaufen könne; das liege im Begriff des natürlichen geschäftlichen Risikos. In solchem Falle wird in der Regel allerdings niemand von einem absichtlichen Handeln zum Nachteil der Gesellschaft reden können. Jedenfalls muß aber dann die Möglichkeit oder naheliegende Wahrscheinlichkeit bestehen, daß das Geschäft sich als für die Gesellschaft vorteilhaft erweist. Wenn aber eine solche Möglichkeit überhaupt nicht besteht, das Geschäft vielmehr günstigenfalls im Endergebnis ohne Nachteil für die Gesellschaft ablaufen kann, ihr jedoch keinerlei Vorteile bringen könnte, so kann man nicht sagen, daß der Vorstand durch seine Stellung im kaufmännischen Leben verpflichtet wäre, auch solche Geschäfte vorzunehmen. Die Rechtsprechung des Reichsgerichts hat deshalb für die Tatbestände des § 266 Abs. 1 Nr. 2 StGB. und des § 146 Gen.G. unter ausdrücklicher Erwähnung des gleichliegenden § 312 HGB. angenommen, daß ein Vergehen gegen diese Vorschriften nicht etwa nur dann vorliegt, wenn der Täter darauf ausgegangen ist, sich einen Vermögensvorteil zu verschaffen und die Gesellschaft zu schädigen. Es kommt nach jener Rechtsprechung auch weder auf den Beweggrund noch auf das erstrebte Endziel an, sondern nur darauf, ob die Handlung für die Gesellschaft nachteilig ist, und ob sich der Täter die nachteilige Wirkung wenigstens als möglich vorgestellt und sie für den Fall ihres Eintretens innerlich gebilligt und in seinen Willen aufgenommen hat. Dabei wird betont, daß auch eine Gefährdung des Vermögensstandes der Gesellschaft einen Nachteil darstellt, wenn das Vermögen durch die Gefährdung schon gegenwärtig in seinem Werte vermindert erscheint. . . .

RGZ. 130, 248.

1. Kann die Unwirksamkeit nach § 186 Abs. 4 HGB. auch vom Vertragsgegner der Aktiengesellschaft geltend gemacht werden?

2.–7. . . .

HGB. § 186 . . . (Jetzt: § 20 AktG.)

VI. Zivilsenat. Urt. v. 13. November 1930.

I. Landgericht I Berlin. — II. Kammergericht daselbst.

Aus den Gründen:

. . .

Der Ausgangspunkt des Berufungsgerichts ist nicht zu beanstanden. Der Kaufvertrag hatte zum Inhalt, daß die damals noch in der Gründung begriffene beklagte Aktiengesellschaft das Grundstück der Klägerin übernahm. Er war also ein Übernahmevertrag im Sinne des § 186 Abs. 2 HGB. und bedurfte nach Gegenstand, Person der Verkäuferin und zu gewährender Vergütung (Kaufpreis) der Festsetzung im Gesellschaftsvertrag sowie der für die qualifizierte Gründung vorgeschriebenen Erklärung, Prüfungen und Berichte (§§ 191 flg. HGB.). Da die Festsetzung im Gesellschaftsvertrag unstreitig unterblieben ist, so war der Übernahmevertrag nach § 186 Abs. 4 HGB. „der Gesellschaft gegenüber unwirksam". Ob diese Unwirksamkeit zutreffend mit „Nichtigkeit" zu bezeichnen ist (RGZ. Bd. 131 S. 103), wogegen sich Cohnitz wendet (JW. 1930 S. 2643 flg.; vgl. jedoch schon JW. 1904 S. 182 Nr. 29 = Holdheim Bd. 13 S. 165; JRsch. 1926 Nr. 2355; ferner Staub-Pinner HGB. § 186 Anm. 16; Brodmann Aktienrecht § 186 Anm. 6 a), ist nicht von entscheidender Bedeutung, sofern man sich darüber einig ist, daß sich beide Vertragsteile auf die Unwirksamkeit berufen können, nicht nur die Aktiengesellschaft . . . Daß sich beide Teile auf die Unwirksamkeit berufen können, sofern nicht etwa die Einrede der Arglist eingreift, steht in der Rechtsprechung des Reichsgerichts seit langem fest (JW. 1904 S. 182 Nr. 29, Urteile des II. Zivilsenats vom 10. Januar 1908 II 280/07, abgedr. LZ. 1908 Sp. 297, und vom 15. Oktober 1926 II 80/26, abgedr. JRsch. 1926 Nr. 2355), wird auch sonst kaum bestritten und insbesondere von Flechtheim, auf den sich die Revision beruft, ausdrücklich anerkannt (JW. 1929 S. 2105 flg.). . . .

RGZ. 131, 27.

Kann die Mitteilung, daß bei Einbringung eines Handelsgeschäfts mit Firma in eine zu gründende Aktiengesellschaft der Ausschluß der Schuldenübernahme vereinbart worden sei, mit Wirkung gegen Dritte schon vor der Eintragung der Aktiengesellschaft ins Handelsregister gemacht werden?

HGB. §§ 25, 188, 200 (Jetzt AktG. §§ 22, 34).

II. Zivilsenat. Urt. v. 9. Dezember 1930.

I. Landgericht Köln. — II. Oberlandesgericht daselbst.

Am 25. Juli 1924 schloß der Kläger mit der Kommanditgesellschaft in Firma K. & Ku. in Köln einen Vertrag ab, durch den er sein Speditionsgeschäft einschließlich seiner bisher innegehabten Vertretung der Köln-Düsseldorfer Dampfschiffahrtsgesellschaft mit Wirkung vom 1. August 1924 auf die Kommanditgesellschaft übertrug; letztere verpflichtete sich, ihm auf die Dauer von 10 Jahren eine monatliche Vergütung von 350 Goldmark zu bezahlen.

Mit der im Oktober 1927 erhobenen Klage verlangte der Kläger Zahlung der seit Ende August 1925 fällig gewordenen und der künftig fällig werdenden Raten der vereinbarten Vergütung. Er begründete den Antrag damit, daß die Kommanditgesellschaft nur bis Ende August 1925 Zahlungen geleistet und daß sie ihr Handelsgeschäft mit der Firma bei Gründung der verklagten Aktiengesellschaft in diese eingebracht habe; die Beklagte hafte deshalb nach § 25 HGB. für die Schuld der Kommanditgesellschaft. Ebenso hafte sie gemäß § 419 BGB., weil sie das Vermögen der Kommanditgesellschaft übernommen habe. . . .

Das Landgericht wies die Klage ab. Das Oberlandesgericht dagegen verurteilte die Beklagte zur Zahlung der bis zum 1. Oktober 1929 fällig gewordenen Beträge und der seit dem 1. November 1929 bis zum 31. August 1934 fällig werdenden Monatsraten. Die Revision der Beklagten führte zur Aufhebung und Zurückverweisung.

Aus den Gründen:

Der Berufungsrichter geht davon aus, daß die Beklagte durch den Gründungsvertrag vom 12. Dezember 1925 das von der Kommanditgesellschaft K. & Ku. betriebene Handelsgeschäft mit der bisherigen Firma erworben und es tatsächlich fortgeführt hat. . . . Das Berufungsgericht hält die Befreiung der Beklagten auf Grund der zweiten Möglichkeit des § 25 Abs. 2 HGB. nicht für gegeben. Voraussetzung der dort vorgesehenen Mitteilung an den Dritten durch den Veräußerer oder den Erwerber sei, daß die Aktiengesellschaft, um als Erwerber in Tätigkeit treten zu können, überhaupt bestehe. Sie sei durch ihre Eintragung ins Handelsregister vom 26. Februar 1926 entstanden (§ 200 HGB.). Daß nach diesem Zeitpunkt, und zwar bevor oder als die Beklagte mit dem Betrieb des ehemaligen Geschäfts der Kommanditgesellschaft begann, diese oder die Beklagte dem Kläger den vereinbarten Ausschluß des Übergangs der Passiven mitgeteilt habe, sei nicht behauptet worden. Eine vorherige Mitteilung, die nach Lage der Sache nur dahin gehen könne, daß dieser Ausschluß beabsichtigt sei, habe keine rechtliche Wirkung. Es komme deshalb nicht darauf an, ob dem Kläger im Dezember 1925 (um die Weihnachtszeit) von der Kommanditgesellschaft K. & Ku. eine solche Mitteilung gemacht worden sei.

Die hiergegen gerichtete, auf Verletzung des § 25 HGB. gestützte Revisionsklage ist gerechtfertigt. . . .

Die Beklagte hat behauptet, R., der persönlich haftende Gesellschafter der Kommanditgesellschaft, habe dem Kläger um die Weihnachtszeit 1925 telephonisch erklärt, der Übergang der Aktiven und Passiven auf die Aktiengesellschaft sei ausgeschlossen. Träfe diese Behauptung zu, so wäre die Mitteilung in die Zeit nach Abschluß des Gründungsvertrags gefallen, wonach zugleich der Erwerb des Handelsunternehmens der Kommanditgesellschaft vereinbart wurde und die Gründer sämtliche Aktien übernahmen. Dann galt aber die Gesellschaft mit dem Abschluß des Gründungsvertrags als errichtet (§ 188 HGB.). Allerdings entstand die Aktiengesellschaft als solche nach § 200 das. erst mit der Eintragung ins Handelsregister; daraus folgt aber nicht, daß die vorhergegangenen Rechtshandlungen, insbesondere der Abschluß des Gesellschaftsvertrags und der damit verbundene Einbringungsvertrag, vor der Eintragung keine Rechtswirkung hatten. Es ergab sich vielmehr ein Schwebezustand, der mit der Eintragung sein Ende erreichte. Auch während dieses Schwebezustands bestand eine rechtliche Bindung der Gründer. Diese bildeten eine Gesellschaft bürgerlichen Rechts, die mit der Eintragung der Gesellschaft in diese überging. Die Gründer konnten von ihren Mitgründern in Vollzug des Gründungsvertrags die Mitwirkung bei der Eintragung verlangen und damit auch erreichen, daß die übernommenen Sacheinlagen geleistet wurden (S t a u b - P i n n e r Anm. 4 zu § 188, Anm. 2 flg. zu § 200 HGB.). War aber der Vertrag über die Veräußerung des Handelsunternehmens der Kommanditgesellschaft an die zur gründende Aktiengesellschaft in rechtlich bindender Form zustande gekommen, so stand auch der Mitteilung durch den Veräußerer nichts mehr im Wege. Denn nunmehr konnte der Dritte, dem die Mitteilung zuging, klar erkennen, daß die Übernehmerin des Handelsunternehmens für die im Betrieb begründeten Verbindlichkeiten des früheren Inhabers nicht eintreten werde.

Hiernach mußte der Berufungsrichter Stellung nehmen zu dem Vorbringen der Beklagten, der eine persönlich haftende Gesellschafter der veräußernden Kommanditgesellschaft habe dem Kläger um Weihnachten 1925, also nach Abschluß des Gesellschaftsvertrags, von dem vertragsmäßig erfolgten Ausschluß der Schuldenhaftung der Beklagten Mitteilung gemacht. . . .

RGZ. 131, 192.

Zur Anwendung des § 271 Abs. 3 Satz 2 HGB. (Jetzt: § 198 AktG.)

II. Zivilsenat. Urt. v. 23. Januar 1931.

I. Landgericht Duisburg, Kammer für Handelssachen. — II. Oberlandesgericht Düsseldorf.

Am 7. September 1927 fand eine Generalversammlung der verklagten Aktiengesellschaft statt. . . .

Die Anträge der Verwaltung wurden durchweg mit 11 393 Stimmen gegen die 110 Stimmen des Klägers angenommen, der gegen die Beschlüsse über die Genehmigung der Bilanz und der Gewinn- und Verlustrechnung, über die Gewinnverwendung und die Entlastung von Vorstand und Aufsichtsrat sofort Widerspruch zu Protokoll eingelegt hat. Er hat demnächst Klage auf Nichtigerklärung dieser Beschlüsse und Anfechtungsklage erhoben, ist aber in beiden Vorinstanzen abgewiesen worden. Seine Revision führte zur Aufhebung und Zurückverweisung, soweit die Anfechtungsklage abgewiesen worden ist.

Aus den Gründen:

. . . Weiter hatte sich der Kläger darauf gestützt, daß in der Bilanz wesentliche Vermögensbestandteile überhaupt nicht aufgeführt seien, nämlich einmal die Vorräte an Kohlen, Koks, Briketts und Nebenprodukten, deren Wert mit 1 000 000 RM viel zu niedrig eingesetzt sei. Insoweit hat also der Kläger die Bilanz selbst beanstandet. Er hat sodann behauptet, daß seine Frage nach den am Bilanzstichtag vorhandenen Vorräten von Verwaltungsseite unrichtig und irreführend beschieden worden sei, daß ferner die Beklagte am Bilanzstichtag rund 3½ Millionen Reichsmark eigener Aktien im Besitz oder durch Treuhänder in ihrer Verfügungsmacht gehabt habe, während seine Anfrage nach dem Besitz solcher Aktien wiederum unrichtigerweise verneint worden sei.

Der Vorderrichter hält dieses ganze Vorbringen für unerheblich. Wenn er aber dabei meint, falsche Auskünfte könnten überhaupt nicht zur Stütze der Anfechtungsklage dienen, so ist dies verfehlt. Gewiß kann die Verwaltung auf Anfragen eines Aktionärs die Auskunft verweigern, und es bleibt dann zunächst dem Fragesteller überlassen, ob er sein Begehren durch einen entsprechenden Antrag an die Generalversammlung weiterverfolgen will; erst wenn die Versammlung seinen

Antrag ablehnt, erwächst ihm daraus möglicherweise ein Anfechtungsgrund. Ganz anders steht es, wenn sich die Verwaltung zur Beantwortung der Anfrage herbeiläßt. Wird die Auskunft z. B. wissentlich falsch erteilt, so kann das eine Irreführung der Generalversammlung oder erheblicher Teile davon bedeuten und, falls die Auskunft für die Beschlußfassung erheblich war oder wenigstens gewesen sein kann, die Anfechtbarkeit des so zustande gekommenen Beschlusses begründen. Die Behauptungen des Klägers laufen aber auf eine solche Irreführung der Generalversammlung oder erheblicher Teile von ihr hinaus. Dies hat das Berufungsgericht verkannt, wie die Revision zutreffend rügt. Der Kläger bemängelt außerdem die Bilanz selbst um deswillen, weil erhebliche Aktivposten, nämlich „die angeblichen Vorräte an Kohlen, Koks, „Nebenprodukten" darin überhaupt nicht berücksichtigt seien, nicht einmal mit einem Merkposten. Der Berufungsrichter hält dieses Vorbringen, ohne sachlich dazu Stellung zu nehmen, für unerheblich, und zwar deshalb, weil dem Kläger auch insoweit § 271 Abs. 3 Satz 2 HGB. entgegenstehe. Allein damit verkennt er, daß Anfechtungsgrund nicht die Bildung übermäßiger stiller Rücklagen ist, sondern eine unrichtige Bilanzaufstellung zufolge der Auslassung wesentlicher Vermögensstücke und die dergestalt bezweckte und bewirkte Verschleierung des Vermögensstands der Beklagten. Insofern wird, ganz unabhängig von der Frage der Abschreibungen und stillen Reserven, Verletzung der §§ 40, 261 HGB. gerügt. Eine solche Bilanzgebarung könnte auch nicht auf die Satzung der Beklagten gestützt werden; diese enthält kein Wort davon, daß gewisse Gegenstände überhaupt nicht in die Bilanz aufzunehmen seien. Eine derartige Satzungsbestimmung wäre übrigens mit den §§ 40, 261, 314 Abs. 1 Nr. 1 HGB. unvereinbar und ungültig. Gegenteiliges kann auch nicht aus dem Urteil des erkennenden Senats RGZ. Bd. 105 S. 45 hergeleitet werden. Vielmehr ist dort ausgeführt, daß der damalige Kläger die Bilanz selbst oder das Zustandekommen des Genehmigungsbeschlusses hätte beanstanden müssen. Gerade dies hat aber der jetzige Kläger getan und er hat sich weiterhin noch auf geflissentlich unrichtige Auskunftserteilung berufen, die nach seiner Behauptung für die Beschlußfassung selbst von Erheblichkeit gewesen sein soll. Es hätte deshalb, wie die Revision zutreffend bemerkt, eines sachlichen Eingehens auf das hier erörterte Klagevorbringen bedurft. Daß die Vorräte, wenn sie vorhanden waren, nicht in die Bilanz eingestellt worden sind, ist anscheinend außer Streit. Nicht anders verhält es sich mit der weiteren Behauptung des Klägers, daß die Beklagte, entgegen der von Verwaltungsseite erteilten Auskunft, am Bilanzstichtag über 3 500 000 RM eigene — voll eingezahlte — Aktien unmittelbar oder durch Treuhänder verfügt habe, die ebenfalls nicht in die Bilanz aufgenommen worden seien.

Schon hiernach muß die Revision in Ansehung des angefochtenen Bilanzgenehmigungs-Beschlusses wie auch des von ihm abhängigen Beschlusses über die Gewinnverteilung Erfolg haben. Das gleiche gilt aber auch für die Entlastungsbeschlüsse. Denn ist das hier erörterte Klagvorbringen richtig, so haben die Verwaltungsorgane der von ihnen in erster Reihe durch Vorlegung einer gesetz- und satzungsmäßigen Bilanz zu erfüllenden Rechnungsablegungspflicht nicht genügt.

RGZ. 132, 33.

1. **Zur Auslegung des § 317 HGB.** (Jetzt: § 299 AktG.).
2. . . .

II. Zivilsenat. Urt. v. 24. Februar 1931.

I. Landgericht Breslau. — II. Oberlandesgericht daselbst.

Der Kläger gründete im April 1922 im Verein mit dem Hotelbesitzer K. in B. die E. F.-Aktiengesellschaft daselbst mit einem Grundkapital von 2 400 000 M, das in der Folge wiederholt erhöht und bei der Goldmarkumstellung auf 720 000 GM umgestellt wurde. Er veräußerte an die Aktiengesellschaft, deren alleiniger Vorstand er wurde, seine Gaststättenbetriebe. Von dem Grundkapital der Gesellschaft hatte er rund 11/20, K. rund 9/20 im Besitz; Aktien im Nennbetrag von zusammen 8000 RM sind im Besitze Dritter. Im Jahre 1925 wurde der Kläger, der damals als Vorstand ein Monatsgehalt von 1400 RM hatte, der Gesellschaft größere Beträge schuldig, nach seiner Angabe 27 000 RM, nach Behauptung der Gesellschaft 65 000 RM. Der Aufsichtsrat wußte nur um 16 000 RM. Nachdem eine Generalversammlung vom 15. Oktober 1925 dem Kläger die Entlastung versagt hatte, berief ihn der Aufsichtsrat unter dem 17. Oktober 1925 fristlos aus der Vorstandsstelle ab, verlangte die sofortige Abdeckung der Schuld und drohte mit Strafanzeige. Anfang November 1925 klagte die Aktiengesellschaft 65 000 RM gegen ihn ein; er erkannte 27 000 RM an, konnte aber nicht zahlen. Die E. F.-Aktien, sein angeblich so gut wie einziger Besitz, wurden nicht an der Börse gehandelt. Schließlich trat der Kläger nach verschiedenen Versuchen, sich anderwärts auf seine E. F.-Aktien Geld zu verschaffen, in Verbindung mit den Beklagten, den Inhabern eines Konkurrenzunternehmens der E. F.-Aktiengesellschaft. Es kam in der Folge zum Abschluß mehrerer notarieller Verträge zwischen den Parteien und zur Erteilung einer ebensolchen Vollmacht des Klägers an die Beklagten. Um die Gültigkeit dieser Abmachungen dreht sich der Rechtsstreit. Im ersten Vertrag vom 26. Oktober 1925 verkaufte der Kläger Aktien der E. F.-Aktiengesellschaft im Nennwert von 70 000 RM für 35 000 RM an die beiden Beklagten. Er räumte diesen bis zum 31. Dezember 1928 ein Vorkaufsrecht in Ansehung seines gesamten gegenwärtigen und künftigen Besitzes an E. F.-Aktien zum Kurs von höchstens 75 % ein; auch sollte er seinen verfügbaren Aktienbesitz nur im ganzen veräußern dürfen; das Vorkaufsrecht sollte erlöschen, wenn die Beklagten von ihrem Recht Gebrauch machten, vom Kläger den Rückerwerb der 70 000 RM E. F.-Aktien zu verlangen. Die Beklagten ihrerseits verpflichteten sich, dem Kläger durch ihre Bürgschaft einen am 1. November 1926 rückzahlbaren Kredit von 10 000 RM zu verschaffen; zu ihrer Sicherung verpfändete ihnen der Kläger seinen Anspruch an K. auf Herausgabe von E. F.-Aktien im Nennwert von 120 000 RM, die er diesem für eine Forderung von 20 000 RM. in Pfand gegeben hatte. Weiter übernahm der Kläger die Verpflichtung, dafür einzutreten, daß die Beklagten zwei Sitze im Aufsichtsrat der Aktiengesellschaft erhielten, während sie sich verbindlich machten, mit ihren Stimmen im Aufsichtsrat dafür einzutreten, daß der Kläger wieder deren Vorstand würde. In der nächsten Generalversammlung konnte jedoch der Kläger seine Pläne nicht durchsetzen, weil ihm K. das Stimmrecht aus den verpfändeten 120 000 RM Aktien streitig machte und er — Kläger — deshalb in der Minderheit war. Um die Mittel zur Auslösung der an K. verpfändeten Aktien in die Hand zu bekommen, schloß der Kläger nun mit den beiden Beklagten einen weiteren notariellen Vertrag vom 30. November 1925. Danach versprachen die Beklagten dem Kläger ein Darlehen von 20 000 RM, wofür er ihnen die damit auszulösenden, an K. verpfändeten 120 000 RM Aktien zu Pfand gab. Weiter bot der Kläger den Beklagten, jetzt befristet bis zum 30. September 1930, seinen ganzen gegenwärtigen und künftigen Besitz an E. F.-Aktien zum Kurs von 75 % zum Kauf an. Da K. ein Vorkaufsrecht auf nennwertlich 79 000 RM E. F.-Aktien hatte, verpflichtete sich der Kläger ferner, im Falle der Ausübung dieses Vorkaufsrechts, um den Beklagten unter allen Umständen die Aktienmehrheit zu verschaffen, vor Annahme des Verkaufsangebots bei der Aktiengesellschaft mit seiner Stimmenmacht eine Kapitalerhöhung durchzusetzen und den Beklagten sein Aktienbezugsrecht zu überlassen, dafür einzutreten, daß bei der Aktiengesellschaft alles unterbleibe, was dem Erwerb der Aktienmehrheit durch die

Beklagten entgegenstehe, und endlich sich dafür einzusetzen, daß die Beklagten je einen Sitz im Aufsichtsrat erhielten. In einem ferneren notariellen Vertrag vom 6. Dezember 1925 sagten die Beklagten dem Kläger ein weiteres Darlehen von 10 000 RM zu, wofür er ihnen sicherheitshalber nennwertlich 120 000 RM E. F.-Aktien übereignete, die sich in Bankverwahrung befanden und für den Magistrat in B. gesperrt waren. In einer zweiten notariellen Urkunde vom selben Tage gab der Kläger sodann jedem der Beklagten Vollmacht, ihn in seiner Eigenschaft als Aktionär der E. F.-Aktiengesellschaft zu vertreten, insbesondere das Stimmrecht für ihn auszuüben, ohne daß er jedoch behindert sein sollte, dies selbst zu tun. Die Vollmacht sollte nur im Fall des Erlöschens des den Beklagten im Vertrag vom 30. November 1925 eingeräumten Optionsrechts widerruflich sein. Die Beklagten, die dem Kläger den Kaufpreis von 35 000 RM alsbald auszahlten, ihm die Kredite verschafften und die Darlehen gewährten, haben das ihnen im Vertrag vom 30. November 1925 eingeräumte Optionsrecht geltend gemacht.

Der Kläger behauptet, alle diese Verträge seien u. a. wegen Verstoßes gegen § 317 HGB. nichtig. Sein Antrag geht dahin: 1. festzustellen, daß die Verträge vom 26. Oktober, 30. November, 6. Dezember 1925 und die an letzterem Tag erteilte Vollmacht nichtig seien; 2. die Beklagten als Gesamtschuldner zu verurteilen, ihm Zug um Zug gegen Zahlung von 35 000 RM ktien der E. F.-Aktiengesellschaft im Nennwert von 70 000 RM herauszugeben.

Das Landgericht erklärte den Vertrag vom 30. November 1925 und die Vollmacht vom 6. Dezember 1925 für nichtig, wies aber im übrigen die Klage ab. Beide Teile legten Berufung ein, der Kläger insoweit, als seine Feststellungsklage in Ansehung des Vertrags vom 26. Oktober 1925 und sein Leistungsanspruch abgewiesen worden sind. Das Oberlandesgericht wies die Berufung der Beklagten zurück; auf die Berufung des Klägers erklärte es auch den Vertrag vom 26. Oktober 1925 für nichtig und gab dem Leistungsantrag statt. Die Revision der Beklagten hatte keinen Erfolg.

Aus den Gründen:

1. Der Berufungsrichter hält die beiden Verträge vom 26. Oktober und vom 30. November 1925 sowie die Vollmacht vom 6. Dezember 1925 wegen Verstoßes gegen § 317 HGB. für nichtig. Er führt hierzu im einzelnen aus: Nach dem Vertrag vom 26. Oktober 1925 bestehe die Leistung des Klägers im Verkauf eines Teils seiner E. F.-Aktien, in der Einräumung eines Vorkaufsrechts hinsichtlich seines übrigen

Besitzes an solchen Aktien und in dem Versprechen, jedem der Beklagten einen Sitz im Aufsichtsrat zu verschaffen. Die Gegenleistung der Beklagten aber bestehe in der Zahlung des Kaufpreises, in dem Versprechen, im Aufsichtsrat für die Wahl des Klägers zum Vorstand der Gesellschaft einzutreten, und in der Zusage der Verschaffung eines Kredits von 10 000 RM durch Übernahme der selbstschuldnerischen Bürgschaft. Das Versprechen des Klägers, für die Wahl der Beklagten in den Aufsichtsrat zu stimmen, und die Kreditzusage der Beklagten stünden im Verhältnis von Leistung und Gegenleistung; die Kreditbeschaffung sei für den Kläger ebenso wesentlich gewesen wie der Aktienverkauf. Anderseits habe das Hauptinteresse der Beklagten darin gelegen, sich durch Sitze im Aufsichtsrat einen Einblick in die Geschäftsführung der Aktiengesellschaft und Einfluß auf diese selbst zu verschaffen. Sie würden den Kredit nie gewährt haben, wenn ihnen der Kläger nicht je einen Sitz im Aufsichtsrat versprochen hätte. Die Verpflichtung, die Beklagten in den Aufsichtsrat zu wählen, sei auch keine Folge ihres Vorkaufsrechts, sondern eine selbständige Verpflichtung des Klägers, für deren Übernahme die Kreditzusage der Beklagten, wenn auch nicht ausschließlich, bestimmend gewesen sei. Damit habe sich der Kläger für diese seine Abstimmung besondere Vorteile gewähren lassen, nämlich eben den Kredit von 10 000 RM.

In Ansehung des Vertrags vom 30. November 1925 gelangt das Berufungsgericht zu dem Ergebnis, daß die Verpflichtung des Klägers, mit seinen Aktien für die Wahl der Beklagten in den Aufsichtsrat und gegebenenfalls für eine Kapitalerhöhung einzutreten, „in erster Linie" seine Gegenleistung für die Gewährung des weiteren Darlehens von 20 000 RM gewesen sei. Die Beklagten hätten ihm das Darlehen für diese seine Abstimmungsverpflichtungen gewährt; es handle sich also um die Gewährung und Annahme besonderer, mit dem Ergebnis der Abstimmung in keinem ursächlichen Zusammenhang stehender Vorteile, was dem § 317 HGB. zuwiderlaufe und den Vertrag in vollem Umfang nichtig mache.

Die Revision rügt insoweit Verletzung des § 317 HGB., der §§ 133, 157 BGB. und des § 286 ZPO. Sie meint zunächst, rechtsirrig sei, daß das Berufungsgericht einen „besonderen Vorteil" schon dann annehmen wolle, wenn sich dieser aus der Abstimmung selbst ergebe. Gewiß trifft das letztere Erfordernis des § 317 a. a. O. auch dann nicht zu, wenn der ausbedungene Vorteil a l l e n Aktionären zugute kommen soll und kommt. Das hat der erkennende Senat in dem von der Revision angeführten Urteil vom 30. November 1928 (JW. 1929 S. 642 Nr. 7) unter Aufgabe einer hiervon etwa abweichenden Rechtsauffassung des Urteils vom 22. Februar 1916 (JW. 1916 S. 575 Nr. 2) ausgesprochen. Von einem besonderen Vorteil im Sinne des § 317 könnte übrigens z. B. auch dann keine Rede sein, wenn der Vorteil der Gesellschaft als solcher und damit mittelbar der Gesamtheit der Aktionäre zugute kommen soll. Allein das angefochtene Urteil beruht nicht auf der von ihm gegebenen Begriffsbestimmung. Denn es hat den Tatbestand des § 317 nicht deshalb als vorhanden angenommen, weil Kredit- und Darlehenszusage sich schon aus der Abstimmung ergeben habe, sondern deshalb, weil beide die Gegenleistung oder mit die Gegenleistung für die übernommene Abstimmungsverpflichtung des Klägers gebildet und ausschließlich dem Kläger hätten zugute kommen sollen. Wäre dem so, dann würde die Vereinbarung wegen der Abstimmung allerdings gegen § 317 verstoßen. Dies muß auch die Revision zugeben. Ihr weiterer Angriff, mit dem sie Verletzung der §§ 133, 157 BGB. und des § 286 ZPO. rügt, richtet sich deshalb gerade gegen die Annahme des Berufungsgerichts, daß die Abstimmungsverpflichtung gegen einen „besonderen Vorteil" übernommen worden sei. Sie macht geltend, die Verträge seien als Ganzes zu würdigen; ihre Zerlegung in Einzel-Abreden werde dem Parteiwillen nicht gerecht; es habe sich um den Erwerb der Aktienmehrheit durch die Beklagten gehandelt. Dahin hätten neben den anderen Abreden auch die Abstimmungs-Abreden gezielt, die mit den übrigen Leistungen des Klägers dessen „einheitliche" Verpflichtung gebildet hätten. Es sei nicht angängig, die Abstimmungs-Verpflichtungen herauszugreifen und die Darlehens- und Kreditzusage als besondere Gegenleistung für sie hinzustellen. Die Auffassung des Berufungsgerichts lasse jede nähere Begründung vermissen, sie sei willkürlich und stehe im Widerspruch mit den sonstigen Ausführungen des Urteils über den Inhalt der beiderseitigen Leistungspflichten. Diese Angriffe schlagen nicht durch. Ob die Abstimmungs-Verpflichtung des Klägers gerade in der Kredit- und Darlehenszusage ihre „besondere" Gegenleistung finden sollte, ist rechtlich unerheblich, Entscheidend kommt es nur darauf an, ob diese Verpflichtung für die Bemessung der Gegenleistungen der Beklagten nach Art und Umfang mit ursächlich gewesen ist, ob sich die Beklagten zu ihren Leistungen sonst überhaupt nicht oder nicht in dieser Höhe oder Art verstanden hätten. Denn dann hat der Kläger eben mit für seine Stimmrechtsbindung einen besonderen Vorteil erhalten. Daß dem nach dem Inhalt der beiden Verträge so ist, kann aber füglich nicht in Zweifel gezogen werden. Unerheblich ist vorab, welche Endzwecke die Parteien mit den

Verträgen und der Stimmabrede im besonderen verfolgten. § 317 HGB. stellt nur darauf ab, ob für die Stimmrechtsverpflichtung ein besonderer Vorteil bedungen wurde, nicht aber auf den Inhalt der Abstimmungs-Vereinbarung im übrigen. Dieser kann zur Nichtigkeit einer solchen Abrede aus anderem Grunde führen, z. B. wegen Sittenwidrigkeit. Mit der Frage der Anwendbarkeit des § 317 hat dies aber nichts zu tun.

Das Tatbestandsmerkmal des „besonderen Vorteils" im Sinne des § 317 liegt ferner nicht nur dann vor, wenn für die Übernahme der Stimmrechts-Verpflichtung im Vertrag ausdrücklich und im besonderen ein bestimmter Vorteil festgelegt ist. Es ist vielmehr ausreichend, wenn sich die Abstimmungs-Verpflichtung im Rahmen eines weiter gespannten Vertrags befindet, wenn sie für die Bemessung der Leistungen des anderen Teils mitbestimmend war und wenn ohne sie der ganze Vertrag entweder überhaupt nicht oder jedenfalls nicht mit Gegenleistungen solcher Art und solchen Umfangs abgeschlossen worden wäre, wie sie tatsächlich gewährt wurden. Es kommt also nicht darauf an, ob gerade die Kredit- und Darlehenszusage als solche ihre Gegenleistung in der Abstimmungs-Verpflichtung des Klägers finden sollte, sondern entscheidend ist nur, ob die den Beklagten nach den Verträgen obliegenden Gegenleistungen in ihrer Gesamtheit wesentlich durch die Mitübernahme der Abstimmungs-Verpflichtung bestimmt worden sind. Daß aber die Abstimmungs-Verpflichtung des Klägers, wenn nicht für die Vertragsschlüsse überhaupt, so doch jedenfalls für die Höhe und den Umfang gerade auch der geldlichen Gegenleistung der Beklagten sehr wesentlich mitbestimmend war, ist nach den Feststellungen des Berufungsgerichts nicht zu bezweifeln. Mit Recht weist das Berufungsgericht darauf hin, daß die Stimmrechtsbindung des Klägers in Ansehung seines nicht an die Beklagten veräußerten Besitzes keineswegs eine selbstverständliche Folge des Aktienverkaufs und der Einräumung des Vorkaufs- oder des Optionsrechts der Beklagten war, sondern eine weitere selbständige Verpflichtung bedeutete, die aber wegen der Höhe des dem Kläger verbliebenen Besitzes von erheblicher Bedeutung war. Zutreffend hebt das Urteil auch hervor, daß weder die Größe des von den Beklagten im Vertrag vom 26. Oktober 1925 erworbenen Aktienbesitzes noch das ihnen weiter eingeräumte Vorkaufsrecht einen „Anspruch" auf ihre Zuwahl in den Aufsichtsrat begründete. Denn die von den Beklagten damals erworbenen Aktien stellten nur einen kleinen Bruchteil, nämlich kaum $^{1}/_{10}$ des Aktienkapitals dar. In der Tat gewährten also die beiden Verträge vom 26. Oktober 1925 und 30. November 1925 den Beklagten eine durch die Stimmrechts-Verpflichtung und die Stimmenmacht des Klägers gesicherte Aussicht auf zwei Sitze im Aufsichtsrat und damit gegen verhältnismäßig kleinen Kapitalaufwand einen außerordentlichen Einfluß auf die Aktiengesellschaft selbst, der für sie als Konkurrenten naturgemäß um so höher zu bewerten war. Dies lag auch für die geschäftskundigen Parteien offen zutage. Daraus darf aber unbedenklich gefolgert werden, daß für die Ansprüche des Klägers und für die Zugeständnisse der Beklagten über Höhe und Umfang ihrer Vertragsleistungen gerade die Stimmrechtsverpflichtung wegen ihrer Zuwahl zum Aufsichtsrat wesentlich mitbestimmend war. Denn sie sicherte ihnen auch ohne Besitz der Mehrheit einen weitgehenden Einfluß auf die Aktiengesellschaft. Damit hatte sich der Kläger auf alle Fälle für die Ausübung seines Stimmrechts besondere Vorteile versprechen lassen, anderseits sind ihm solche von den Beklagten gewährt worden. Dies gilt sowohl für den Vertrag vom 26. Oktober 1925 als auch für den vom 30. November 1925. Wie es sich mit der Verpflichtung des Klägers wegen Ausübung seines Stimmrechts in Absicht auf eine Kapitalerhöhung der Aktiengesellschaft verhält, mit anderen Worten: ob gerade auch die Übernahme dieser Verpflichtung für die Bemessung der Gegenleistung der Beklagten von Bedeutung war, kann unerörtert bleiben, da dies für die Stimmrechts-Verpflichtung in Ansehung der Aufsichtsratsposten unbedenklich zu bejahen ist. . . .

RGZ. 132, 149.

1. Über satzungsmäßig gebundene Namensaktien im amtlichen Börsenhandel.

2. Sind Stimmvollmachten gültig, die sich der von der Gesellschaft abgelehnte Aktienaufkäufer für die fraglichen Aktien von seinen Vormännern hat erteilen lassen?

3. Zur Frage der Sittenwidrigkeit von Generalversammlungs-Beschlüssen auf Schaffung von Schutzaktien in Form von Stammaktien.

HGB. §§ 222, 252, 264 flg., 271, 725. (Jetzt: AktG. §§ 61, 114, 197, 198.) BGB. §§ 134, 138.

II. Zivilsenat. Urt. v. 31. März 1931.

I. Landgericht I Berlin, Kammer für Handelssachen. — II. Kammergericht daselbst.

Das — voll eingezahlte — Grundkapital der verklagten Aktiengesellschaft belief sich vor der hier mit den Streitgegenstand bildenden Kapitalerhöhung auf 3 000 000 RM, eingeteilt in 6000 Stück Namensaktien zu je 500 RM. „Erwerb und Übergang" der Aktien bedürfen der Genehmigung durch den Aufsichtsrat, der zur Begründung seiner Entscheidung nicht verpflichtet ist (§ 6 der Satzung). Nach § 20 Abs. 2 das. ist stimmberechtigt in der Generalversammlung jeder „in das Aktienbuch eingetragene Aktionär entweder persönlich oder durch seinen gesetzlichen Vertreter oder durch einen anderen schriftlich bevollmächtigten Aktionär..." Die Aktien der verklagten Gesellschaft sind an der Berliner Börse zugelassen. Die dem M.-Konzern angehörige Klägerin ist im Aktienbuch der Beklagten mit zwei Aktien als Aktionärin eingetragen.

Am 12. Juni 1928 fand eine ordentliche Generalversammlung der Beklagten mit folgender Tagesordnung statt:

1. Vorlage des Jahresberichts und der Gewinn und Verlustrechnung, sowie Genehmigung der Bilanz für 1927.
2. Verwendung des Überschusses von 1927.
3. Entlastung des Vorstands und Aufsichtsrats.
4. Wahl eines Aufsichtsratsmitglieds.
5. Wiederholung der in der außerordentlichen Generalversammlung vom 5. April 1928 gefaßten Beschlüsse hinsichtlich der Kapitalerhöhung unter formaler Aufhebung derselben.

   Demgemäß:
6. Erhöhung des Aktienkapitals um 2 000 000 RM auf 5 000 000 RM durch Ausgabe von 4000 Namensaktien im Nennwert von je 500 RM unter Leistung einer Bareinlage von 25 % des Nennbetrages und unter Ausschluß des gesetzlichen Bezugsrechts der Aktionäre. Festsetzung der Einzelheiten der Begebung.
7. Änderung des Gesellschaftsvertrags:
   §§ 5, 9, 14, 16, 20 Ziff. 3, § 21 Ziff. 2, § 25 Abs. 3 III und VIIb (je unter Anführung der einzelnen Abänderungsvorschläge).
8. Ermächtigung des Aufsichtsrats zur Vornahme von Änderungen des Gesellschaftsvertrags nach § 274 HGB. und der Abänderungsbeschlüsse nach § 123 und § 39 Abs. 3 des Reichsgesetzes über die privaten Versicherungsunternehmen vom 12. Mai 1901.

Zu Punkt 6 der Tagesordnung stellten Vorstand und Aufsichtsrat der Beklagten den Antrag, zu beschließen:

a) Das Grundkapital wird von 3 000 000 RM um 2 000 000 RM auf 5 000 000 RM erhöht durch Ausgabe von 4000 Stück Namensaktien über je 500 RM. Erwerb und Übergang der Aktien unterliegen den Bestimmungen des § 6 der Satzung.

b) Die neuen Aktien werden zum Nennbetrag ausgegeben. Vor der Einreichung der durchgeführten Kapitalerhöhung zum Handelsregister sind 25 % des Nennbetrags einzuzahlen. Die restlichen Einzahlungen sind nach den Bestimmungen des Aufsichtsrats zu leisten.

c) Das gesetzliche Bezugsrecht der Aktionäre wird ausgeschlossen.

d) Der Vorstand wird ermächtigt, mit Zustimmung des Aufsichtsrats die neuen Aktien zu begeben, wenn:

   1. der Übernehmer der neuen Aktien die durch die Kapitalerhöhung entstehenden Kosten einschließlich der Gesellschaftssteuer trägt,

   2. der Übernehmer der neuen Aktien der Gesellschaft gegenüber die Verpflichtung eingeht, die Aktien nur im Einvernehmen mit ihr und zu einem von ihr zu bestimmenden Zeitpunkt zu verwerten. Dabei sind die Aktien zunächst den Aktionären zu einem von der Gesellschaft festzusetzenden Kurse zum Bezug anzubieten. Den Übernehmern der jungen Aktien steht kein Bezugsrecht zu. Das Bezugsangebot hat im Verhältnis des Anteils der bezugsberechtigten Aktionäre an dem bezugsberechtigten Grundkapital zu erfolgen. Ein Mehrerlös über den Einstandspreis fließt der Geselschaft zu.

e) Die neuen Aktien nehmen an dem den Aktionären zustehenden Reingewinn der Gesellschaft nach Zeit und Höhe der eingezahlten Beträge teil; im übrigen sind sie mit den alten Aktien gleichberechtigt.

f) Die Festsetzung der weiteren Modalitäten für die Ausgabe der jungen Aktien wird dem Aufsichtsrat im Benehmen mit dem Vorstand übertragen. Hierbei müssen die Übernehmer verpflichtet werden, solange sie Aktionäre sind, von der auf die neuen Aktien bezogenen Dividende an die Gesellschaft den Betrag zurückzuvergüten, der die Verzinsung des für die neuen Aktien aufgewendeten Kapitals einschließlich der übernommenen Kosten übersteigt. Die Höhe dieser Verzinsung soll dem durchschnittlichen Zinssatz entsprechen, der in dem in Betracht kommenden Geschäftsjahr für erststellig hypothekarisch gesicherte Darlehen von der Gesellschaft erzielt wird.

In der Anwesenheitsliste sind unter Teil I 4064 Aktien mit ebensovielen Stimmen aufgeführt, deren Stimmberechtigung nicht beanstandet worden ist. Bezüglich der im Teil II vermerkten 221 Aktien hat die Verwaltung erklärt, daß die Abtretungen an diese Aktionäre zwar satzungsmäßig genehmigt, aber rechtlich unwirksam seien; die Stimmberechtigung solle aber für die diesmalige Generalversammlung nicht bestritten werden. In Ansehung der unter Teil III verzeichneten Aktionäre mit 130 Stimmen gab die Verwaltung die Erklärung ab, daß die zu diesen Aktien vorgelegten Volmachten den § 6 der Satzung umgehen sollten, daher rechtsunwirksam seien; diese Aktien könnten deshalb nicht zur Abstimmung zugelassen werden. Im Teil IV endlich sind 48 Aktien aufgeführt, deren Inhaber verschiedenen Personen Vollmachten erteilt hatten oder für einen Teil ihrer Aktien selbst erschienen, für einen anderen Teil Vollmacht erteilt hatten. Insoweit erklärte die Verwaltung, daß die Abstimmung eines Aktionärs nur einheitlich für den ganzen Aktienbesitz erfolgen könne und, wenn die verschiedenen Bevollmächtigten oder der Aktionär und sein Bevollmächtigter nicht einheitlich stimmten, die sämtlichen von ihnen abgegebenen Stimmen als ungültig behandelt würden.

Bei der Abstimmung wurden sämtliche Anträge der Verwaltung angenommen. Vertagungsanträge der Klägerin und eines weiteren Aktionärs zu Punkt 1, sowie der ersteren zu Punkt 5 und 6 wurden abgelehnt. Das gleiche Schicksal hatten Abänderungsanträge der Klägerin zu Punkt 5 bis 8. Gegen die Ablehnung der Vertagungsanträge und gegen die Beschlüsse zu Punkt 1, 2, 3, 6, 7, 8 gab die Klägerin sofort Widerspruch zu Protokoll.

Mit der am 6. Juli 1928 zugestellten Klage ficht die Klägerin die Generalversammlungs-Beschlüsse zu Punkt 1, 2, 3, 6, 7, 8 der Tagesordnung als gesetz-, satzungs- und teilweise auch sittenwidrig an mit dem Antrag, sie für nichtig zu erklären. Hilfsweise begehrt sie Feststellung dahin, daß die Aktien über nennwertlich 2 000 000 RM, die durch den Kapitalserhöhungsbeschluß vom 12. Juni 1928 geschaffen sind, kein Stimmrecht haben und daß die neuen Aktien bei der Berechnung des Grundkapitals in den Fällen, in denen das Gesetz Minderheitsrechte gewährt, nicht zu berücksichtigen sind. Ein weiterer Hilfsantrag verlangt Feststellung dahin, daß diese Aktien bei Beschlüssen über Satzungsänderungen kein Stimmrecht haben. Die Beklagte hat um Abweisung der Klage gebeten.

Der erste Richter erklärte die Beschlüsse zu Punkt 1, 2, 3 der Tagesordnung für nichtig, im übrigen wies er die Klage ab. Beide

Parteien legten Berufung ein. Diejenige der Klägerin wurde zurückgewiesen; die Berufung der Beklagten dagegen führte zur Abweisung der Klage im vollen Umfang. Die Revision der Klägerin hatte teilweise Erfolg.

Aus den Gründen:

I.

Bei dem Anfechtungsgrund der gesetz- und satzungswidrigen Nichtzulassung von Aktionären zur Generalversammlung und zur Abstimmung handelt es sich um verschiedenartige Tatbestände:

1. Nichtzulassung der Klägerin selbst mit angeblich 665 Stück Aktien, die sie an der Börse gekauft hatte.

Insoweit ist unstreitig, daß der Aufsichtsrat der Beklagten seine Genehmigung zum Erwerb diseer Aktien durch die Klägerin versagt hat und daß letztere mit diesen Aktien nicht im Aktienbuch der Beklagten eingetragen ist. Der zweite Richter hat die Auffassung der Klägerin abgelehnt, daß § 6 der Satzung nur für nicht voll eingezahlte Aktien gelte und daß in der mit Wissen und Zustimmung des Aufsichtsrats beantragten und erfolgten Zulassung der Aktien der Beklagten zum Börsenverkehr die allgemeine und im voraus erteilte Einwilligung zum börsenmäßigen Erwerb der volleingezahlten Aktien liege. Er hält weiter eine solche allgemeine Einwilligung für rechtsunwirksam, weil es sich sonst in Wahrheit um eine Satzungsänderung handeln würde, die nur von der Generalversammlung mit erhöhter Mehrheit habe beschlossen werden können. Die Revision rügt insoweit Verletzung des § 222 HGB., des § 133 BGB. und des § 286 ZPO. Ihre Angriffe sind jedoch nicht begründet.

Das Gesetz läßt in § 222 Abs. 2 HGB. bei Namensaktien dem Gesellschaftsvertrag völlig freie Hand, darüber zu bestimmen, ob die Übertragung an die Zustimmung der Gesellschaft geknüpft sein soll, sei es überhaupt oder nur für eine gewisse Art von Fällen. Die Satzung lautet aber hier dahin, daß zum Erwerb und zum Übergang der Aktien die Genehmigung des Aufsichtsrats erforderlich sei (wegen der Zulässigkeit einer solchen Bestimmung vgl. RGZ. Bd. 72 S. 290), und fügt bei, der Aufsichtsrat sei nicht zur Angabe von Gründen für seine Entscheidung verpflichtet. Mit keinem Wort ist angedeutet, daß diese Genehmigung nur für solche Aktien erforderlich sein soll, die noch nicht voll eingezahlt sind. Gewiß ist richtig, daß das Erfordernis der Genehmigung für die Beklagte besondere Bedeutung haben mußte, solange die Aktien noch nicht voll eingezahlt waren und es sich auch darum handelte, zahlungsunfähige Aktionäre fernzuhalten. Indessen ist weder die gesetzliche Zulässigkeit einer solchen Satzungsbestimmung auf den Fall nicht voll eingezahlter Aktien beschränkt, noch ist durch die Satzung selbst eine solche Schranke gesetzt. Das Erfordernis der Genehmigung des Aufsichtsrats ist vielmehr nach Wortlaut und Sinn des § 6 als ein ganz allgemeines aufgestellt, und diese Auslegung wird noch wesentlich durch die weitere Bestimmung unterstützt, daß der Aufsichtsrat nicht zur Angabe von Gründen für seine Entscheidung verpflichtet ist und daß nach § 20 Abs. 2 der Satzung als Bevollmächtigte für andere Aktionäre nur wieder Aktionäre bestellt werden können. Irgendwelche Anhaltspunkte für eine anderweitige Auslegung ergeben sich aus der Satzung selbst nicht; nur sie könnte aber insoweit herangezogen werden. Ganz abgesehen davon, daß die Vorschrift dem Aufsichtsrat völlig freie Hand in der Versagung oder Erteilung der Genehmigung läßt, ist ferner im Ernst nicht zu bestreiten, daß die Beklagte gewichtige und schutzwürdige Interessen daran haben kann, auch nach und trotz der Volleinzahlung ihrer Aktien gewisse Personen — seien es natürliche oder juristische — aus dem Kreis ihrer Gesellschafter fernzuhalten oder wenigstens ihren Aktienbesitz nicht über ein gewisses Maß hinaus anwachsen zu lassen. Es ist also keineswegs an dem, daß die Klausel nur für nicht voll eingezahlte Aktien einen vernünftigen Sinn und Zweck hätte. Ob die wirtschafts-, finanz- und gesellschaftspolitischen Gesichtspunkte, welche die Verwaltung der Beklagten bei Versagung oder Erteilung der Genehmigung verfolgt, richtig und zweckmäßig sind oder nicht, unterliegt nicht der Nachprüfung durch die Gerichte.

Der Zweck des § 6 der Satzung, der mithin dahin ging, die Entscheidung über die Zusammensetzung der Aktionäre auf alle Fälle in die Hand der Gesellschaft zu geben, war sonach trotz Volleinzahlung der Aktien keineswegs erreicht, geschweige denn, daß diese Satzungsklausel gegenstandslos geworden wäre. Die gegenteilige Ansicht der Revision beruht auf einer Verkennung der Bedeutung dieser Satzungsbestimmung, die der freien Auslegung durch das Revisionsgericht zugänglich ist. Damit erledigt sich gleichzeitig die Rüge aus § 286 ZPO. Gewiß ist sodann unter Genehmigung im Sinne des § 6 der Satzung nicht nur die nachträgliche, sondern auch die im voraus erteilte Zustimmung zu verstehen. Das Gesetz selbst spricht von Zustimmung, worunter nach §§ 182 bis 184 BGB. sowohl die vorherige wie die nachträgliche Zustimmung fällt; im ersten Fall spricht das Gesetz von Einwilligung, im zweiten von Genehmigung. Daraus allein, daß die

Satzung hier das Wort „Genehmigung" verwendet, ist indessen noch nicht zu schließen, daß dies nur im rechtstechnischen Sinne, d. h. nur im Sinne der nachträglichen Zustimmung gemeint ist. Das behauptet die Beklagte selbst nicht. Gegen die Möglichkeit einer im voraus erteilten Zustimmung sind daher allerdings an sich keine Bedenken zu erheben. Wohl aber ist eine allgemeine Zustimmung, wie sie die Klägerin behauptet und auch die Revision vertritt, rechtsgrundsätzlich ausgeschlossen. Die Genehmigung kann freilich auch stillschweigend erteilt werden, aber auch im voraus nur für einzelne bestimmte Geschäfte. Die Klägerin behauptet aber eine allgemeine Zustimmung für sämtliche über die Aktien der Beklagten börsenmäßig abgeschlossenen Erwerbsgeschäfte, gleichgültig, wieviel, wann und zwischen welchen Parteien solche abgeschlossen sein sollten. Zustimmung im Sinne des § 222 Abs. 2 HGB. ist aber eine einseitige empfangsbedürftige Willenserklärung, die schon vermöge dieser ihrer Rechtsnatur nur bestimmten Personen, d. h. nur den Parteien des einzelnen Erwerbsgeschäfts oder ihren Vertretern gegenüber abgegeben werden kann (Brodmann Aktienrecht Anm. 4 b zu § 222 HGB.). Dazu kommt, daß jede Aktie der verklagten Gesellschaft einen Vermerk trägt, wonach zur Übertragung die Genehmigung des Aufsichtsrats erforderlich ist (vgl. § 180 Abs. 4 HGB.), und daß sich auf der Rückseite ein Vordruck für die Genehmigungserteilung befindet. In den Aktienurkunden selbst war und ist demnach mit aller nur wünschenswerten Deutlichkeit betont und klargestellt, daß zur Übertragung der Aktionärrechte die Genehmigung des Aufsichtsrats notwendig und unerläßlich sei. Es kann deshalb füglich nicht behauptet werden, daß die Beklagte nicht auf die Notwendigkeit ihrer Zustimmung zum rechtsgeschäftlichen Erwerb ihrer Aktien hingewiesen habe. Gerade das Gegenteil ist angesichts des Vermerks auf den Aktienurkunden der Fall. Dieser Vermerk konnte auch den Zulassungsstellen nicht entgehen. Es ist aber nicht ersichtlich, wie aus dem Antrag auf Zulassung so ausgestatteter Aktien zum Börsenhandel und aus dem — wenn auch jahrzehntelangen — Dulden eines solchen Handelns durch die Beklagte eine allgemeine Zustimmungserklärung ihrerseits zu sämtlichen börsenmäßig abgeschlossenen Umsatzgeschäften in ihren Aktien sollte abgeleitet werden können. Und vollends willkürlich wäre es, wegen der Bedeutung des Zulassungsantrags und der Duldung des Börsenhandels für die Frage der Genehmigung einen Unterschied zu machen, je nachdem die Aktien voll eingezahlt sind oder nicht. Ebensowenig kann von einem Verzicht auf die Anwendung des § 6 der Satzung oder von der Übernahme einer Verpflichtung zur Erteilung der Genehmigung die Rede sein. Daß deren Versagung gerade im Hinblick auf die Sonderfälle des Erwerbs der Klägerin gegen die guten Sitten verstieße oder sich als ein bloßer Akt der Schikane darstellte, ist nicht dargetan. Die Beklagte glaubt — ob mit Recht oder mit Unrecht, ist unerheblich — daß die Klägerin und deren Hintermänner als Großaktionäre der ruhigen, gedeihlichen Weiterentwicklung des Unternehmens Hindernisse bereiten könnten. Wenn deshalb die Organe der verklagten Gesellschaft von der Bestimmung des § 6 a. a. O. in der Weise Gebrauch machen, daß sie die zum Erwerb der Aktien durch die Klägerin erforderliche Genehmigung versagen, so verstößt dies weder gegen die guten Sitten noch gegen § 226 BGB., zumal da die Klägerin selbst nicht behaupten kann, daß ihr von der Beklagten irgendwelche Zusagen über die Erteilung der Genehmigung gemacht worden seien. Im übrigen war das Erfordernis der Genehmigung der Klägerin von vornherein bekannt; sie hat überdies einen Teil der Erwerbsgeschäfte in Kenntnis davon abgeschlossen, daß ihr die Genehmigung nicht erteilt werde. Genehmigungsbedürftig ist unzweifelhaft nur das Verfügungs-, nicht auch das schuldrechtliche Veräußerungsgeschäft (LZ. 1913 Sp. 766, 1919 Sp. 534 und JW. 1928 S. 1552 Nr. 1).

. . .

2. Die Revision rügt weiter Verletzung des sachlichen Rechts, insbesondere der § 252 Abs. 2, § 222 HGB., soweit der Vorderrichter die Nichtzulassung der Klägerin zur Teilnahme an der Generalversammlung und an der Stimmrechtsausübung mit denjenigen Aktien gebilligt hat, die sie aufgekauft und für die sie sich nach Versagung der Genehmigung von ihren legitimierten Vormännern Stimmvollmachten hatte geben lassen. Daß ein insofern etwa untergelaufener Rechtsverstoß gegen Gesetz oder Satzung für das Beschlußergebnis offenbar belanglos gewesen wäre, stellt das Kammergericht nicht fest. Es muß deshalb auf diesen Anfechtungsgrund sachlich eingegangen werden. Unzweifelhaft liegen die formellen Voraussetzungen einer gültigen Bevollmächtigung vor. Die Klägerin ist insbesondere im Aktienbuch der Beklagten als Aktionärin eingetragen und damit ist dem Erfordernis des § 20 Abs. 3 der Satzung genügt, daß eine Vollmachterteilung nur an Aktionäre zulässig ist. Im übrigen hat die Beklagte selbst keine formellen Anstände gegen die Gültigkeit der Vollmachten erhoben. In der Sache selbst kann es auf sich beruhen, ob den Ausführungen des Berufungsgerichts allenthalben zugestimmt werden könnte. Getragen wird die angefochtene Entscheidung jedenfalls durch die Er-

wägung, daß die beanstandeten Vollmachten nach dem offen zutage liegenden Sachverhalt nur die äußere Form für die in Wahrheit bezweckte Übertragung des Stimmrechts als solchen unter dessen Abspaltung vom Mitgliedschaftsrecht darstellen sollten. Mit Recht folgert dies der Vorderrichter eben daraus, daß es sich nur um solche Aktien handelte, welche die Klägerin aufgekauft hatte, für die ihr aber dann die Erwerbsgenehmigung verweigert worden war. Diese Annahme ist um so unbedenklicher, als die Klägerin die Vollmachten unter Berufung auf die Kaufgeschäfte als ihr Recht verlangt hatte. Eine Trennung des Stimmrechts vom Aktienrecht selbst verstößt gegen zwingende aktienrechtliche Vorschriften, und damit verstößt auch eine Vollmachterteilung, die solchen Zwecken dienen soll, gegen § 134 BGB. mit der Folge der Nichtigkeit. Mit Recht hat dabei das Berufungsgericht der Frage keine Bedeutung beigemessen, ob die Vollmachten widerruflich oder unwiderruflich gegeben worden sind. Da die Klägerin nicht bestreiten kann, daß sie die Vollmachten unter Berufung auf einen ihr angeblich zustehenden Rechtsanspruch gefordert hat, ergibt sich ohne weiteres, daß sie als unwiderrufliche gemeint waren. Demgemäß scheitert die Revision auch zu diesem Anfechtungsgrund. . . .

II.

Die weiteren Rügen richten sich gegen die Abweisung der Anfechtungsklage in Ansehung der Kapitalerhöhungs- und Anhangsbeschlüsse.

1. Unstreitig ist die Kapitalerhöhung nicht zur Befriedigung eines vorhandenen oder demnächst in Aussicht stehenden Kapitalbedürfnisses der verklagten Gesellschaft erfolgt, sondern zu dem Zweck, die Möglichkeit einer Einflußnahme der Klägerin oder des hinter ihr stehenden M.-Konzerns auf die Beklagte hintanzuhalten. Es handelte sich also um die Schaffung von sog. Schutzaktien, und zwar in der Form von Stammaktien. . . .

2. Das Berufungsgericht hat entgegen der Auffassung der Klägerin im Anschluß an die Rechtsprechung des erkennenden Senats grundsätzlich die Zulässigkeit solcher Schutzaktien auch in Form von Stammaktien bejaht. Daran ist in Übereinstimmung insbesondere mit RGZ. Bd. 108 S. 322, Bd. 113 S. 188, Bd. 119 S. 248 festzuhalten, entgegen der Ansicht der Revision, die insoweit Verletzung der §§ 178, 213, 226, 252 HGB. rügt und behauptet, der Kapitalerhöhungs-Beschluß mit Anhang sei ein Scheingeschäft und verstoße gegen den Grundsatz der Gleichbehandlung der Aktionäre.

3. Es kommt mithin darauf an, ob die Beschlüsse über die Schaffung der nennwertlich 2 Millionen RM neuer Stammaktien gegen die guten Sitten verstoßen und deshalb nichtig sind. Diese Frage hat das Berufungsgericht geprüft, jedoch verneint. Die Revision rügt insoweit unter Bezugnahme auf die Rechtsausführungen der Berufungsbegründung im besonderen Verletzung des § 138 BGB. . . .

Diese Angriffe mußten Erfolg haben.

Die Kapitalerhöhung und die Schaffung weiterer Stammaktien dienten hier nur dem Zweck, die Stellung der Mehrheit gegenüber der von der Klägerin geführten Minderheit zu stärken und so eine der Beklagten angeblich schädliche Einflußnahme der Klägerin auf die Gesellschaft auszuschalten und unmöglich zu machen. Es handelte sich nicht — nicht einmal zugleich — darum, einen vorhandenen oder demnächst in Aussicht zu nehmenden Kapitalbedarf der Beklagten zu befriedigen oder sicherzustellen. Vielmehr sind die Stammaktien als reine Schutzaktien gegen sog. innere Überfremdung geschaffen worden. Die Rechtsform der Stamm- und Kapitalaktie ist demnach rein machtpolitischen Zwecken dienstbar gemacht worden, nämlich dem Zweck, die Klägerin und ihre Machtgruppe niederzuhalten. Daß dies im wirklichen oder vermeintlichen Gesellschaftsinteresse geschah, ändert daran nichts. Entscheidend ist zunächst, daß die Frage des Kapitalbedarfs der Beklagten bei der Kapitalerhöhung keine Rolle spielte.

Nun ist nicht zu verkennen, daß zur Befestigung der Machtstellung der Verwaltung und der hinter ihr stehenden Mehrheit Schutzaktien in Form von Stammaktien das schärfste und wirksamste Mittel bildeten, aber auch das Mittel, das in die finanziellen Rechte sowie in die Herrschafts- und Mitverwaltungsrechte der Aktionäre überhaupt und der Minderheit im besonderen am tiefsten eingriff. Die Verwaltungsgruppe erhielt nicht nur eine sehr große Verstärkung ihrer Stimmenmacht, sondern gleichzeitig erfuhren auch die gesetzlichen Minderheitsrechte, soweit sie im Gesetz auf einer bestimmten Kapitalquote beruhen, eine außerordentliche Verwässerung. Hinzuweisen ist hier auf § 275 Abs. 1 und 2 HGB. vergl. mit § 21 Abs. 2 der Satzung, auf die § 288 Abs. 1, § 303 Abs. 1 HGB., insbesondere aber auch auf §§ 264, 266 Abs. 2, § 268 das. Von diesen Vorschriften ist die des § 275 Abs. 1 allerdings abänderlich; die Satzung der Beklagten hat aber von der Abänderungsmöglichkeit nur insofern Gebrauch gemacht, als sie die Dreiviertel-Kapitalmehrheit durch eine solche von zwei Dritteln ersetzte (wegen der Bedeutung des § 275 Abs. 2 vgl. RGZ. Bd. 125 S. 356). Im übrigen handelt es sich jedoch hierbei um Vorschriften zwingender Natur, durch welche ersichtlich im Interesse nicht bloß gewisser Kapitalminderheiten, sondern auch der Gesellschaft selbst besondere Sicherungen gegen Mißbräuche der Mehrheitsherrschaft und gegen solche in den Verwaltungen der Gesellschaften geschaffen werden sollen. . . .

Schon aus dem Gesagten ergibt sich, daß Maßnahmen wie die Schaffung von Schutzaktien in Form von Stammaktien wegen der damit in der Regel verbundenen Beeinträchtigung der besonderen kapitalistischen Minderheitsrechte für Verwaltung und Mehrheit eine sorgfältige und gewissenhafte Prüfung in der Richtung nötig machen, ob sich der verfolgte Zweck nicht auch in sehr viel schonenderer Form erreichen läßt. Aus der Befugnis, im Wege des Mehrheitsbeschlusses zugleich auch für die Minderheit zu beschließen und damit mittelbar über deren in der Gesellschaft gebundene Vermögensrechte zu verfügen, ergibt sich ohne weiteres die gesellschaftliche Pflicht der Mehrheit, im Rahmen des Gesamtinteresses auch den berechtigten Belangen der Minderheit Berücksichtigung angedeihen zu lassen und deren Rechte nicht über Gebühr zu verkürzen. . . .

. . . Verwaltung und Mehrheit mochten auch, wie das Berufungsurteil ausführt, aus „vertretbaren Gründen" von einer Einflußnahme der Klägerin und ihrer Gruppe auf die Gesellschaft ernste Gefahren für deren gedeihliche Entwicklung befürchtet haben. Das schließt aber nicht aus, daß bei der Wahl der hiergegen ergriffenen Schutzmaßnahmen und ihrer Ausgestaltung weit über das erforderliche Maß hinausgegangen wurde und daß zugleich in Verfolgung gesellschaftsfremder Interessen die Minderheitsrechte in macht-mißbräuchlicher Weise verkümmert und verkürzt wurden. So aber liegt nach dem Ausgeführten der Fall in der Tat hier. Deshalb kann der angegriffene Kapitalerhöhungs-Beschluß nebst seinen Anhangs- und Ausführungsbeschlüssen vor dem Recht keinen Bestand haben. In diesem Umfang mußte daher der Anfechtungsklage Raum gegeben werden. Im übrigen ist die Revision unbegründet. . . .

RGZ. 133, 33.

Können Vergleiche oder Verzichtleistungen, welche die der Aktiengesellschaft aus der Gründung zustehenden Ansprüche gegen die nach den §§ 202 bis 204 HGB. verpflichteten Personen betreffen, wirksam werden, wenn sie zwar, entgegen der Vorschrift des § 205 HGB., vor Ablauf der fünfjährigen Sperrfrist abgeschlossen oder ausgesprochen worden sind, wenn aber im Vergleich oder in der Verzichtserklärung

vorbehalten wurde, daß nach Ablauf der Fünfjahrefrist die Genehmigung der Generalversammlung eingeholt werde, und wenn dann diese Genehmigung erteilt wird?

HGB. § 205. (Jetzt: § 43 AktG.)

II. Zivilsenat. Urt. v. 19. Mai 1931.

I. Landgericht Hannover. — II. Oberlandesgericht Celle.

Aus den Gründen:

. . .

Im Gegensatz zu Staub-Pinner Anm. 3 zu § 205 HGB., auf den sich der Berufungsrichter stützt, und mit Brodmann Aktienrecht Anm. 85 zu § 205 HGB. ist die Frage zu verneinen, ob Vergleiche und Verzichtleistungen, welche die der Gesellschaft aus der Gründung zustehenden Ansprüche gegen die nach den §§ 202 bis 204 HGB. verpflichteten Personen (die Gründer und die ihnen gleichgestellten Personen) betreffen, dann wirksam werden können, wenn sie zwar, entgegen dem § 205, vor Ablauf von fünf Jahren seit Eintragung der Gesellschaft ins Handelsregister abgeschlossen oder ausgesprochen worden sind, wenn aber in der betreffenden Erklärung vorbehalten wurde, daß nach Ablauf der Fünfjahresfrist die Genehmigung der Generalversammlung eingeholt werde, und wenn dann diese Genehmigung wirklich erteilt wird. Bei der Vorschrift des § 205, welche derartige Vergleiche und Verzichtleistungen vor Ablauf der Fünfjahresfrist für unzulässig erklärt, handelt es sich um ein im öffentlichen Interesse erlassenes gesetzliches Verbot. Dieses hat den Zweck, die Aktiengesellschaft dagegen zu schützen, daß die in den §§ 202 bis 204 a. a. O. festgesetzte strenge Haftung der Gründer usw. durch vorzeitige Entlastungsvereinbarungen oder Verzichte von seiten der Organe der Aktiengesellschaft hinfällig gemacht wird. Solche Rechtsakte der Gesellschaftsorgane sollen erst rechtswirksam vorgenommen werden können, wenn seit der Entstehung der Aktiengesellschaft ein so großer Zeitraum verstrichen ist, daß einerseits das Vorhandensein von Haftungsansprüchen übersehen werden kann, andererseits zu vermuten ist, es habe der Einfluß der Gründer auf die Organe der Gesellschaft aufgehört oder er werde so geschwächt sein, daß bei einem Vergleich oder Verzicht die Wahrung der Interessen der Gesellschaft tunlichst gewährleistet sei. Aus dem Zweck der Vorschrift ergibt sich, daß jede Bindung der Aktiengesellschaft, durch welche sie gehindert wird, die Ansprüche aus der Gründerhaftung jederzeit geltend zu machen, unzulässig ist und nach

§ 134 BGB. die Nichtigkeit des erstrebten Rechtsgeschäfts zur Folge hat. Aus den §§ 308, 309 BGB. ergibt sich keineswegs das Gegenteil. Wollte man aus diesen Vorschriften herleiten, daß der Vergleich gültig sei, sofern er unter der Bedingung der später zu erklärenden Genehmigung der Generalversammlung geschlossen wurde und die Bedingung eintrat, so würde man übersehen, daß auch die zwischenzeitliche, nur bedingte Bindung der Gesellschaft (§§ 160 flg. BGB.) dem Zwecke des § 205 HGB. widerspricht. Solche Bindung enthält einen Verzicht auf die Geltendmachung des Schadensersatzanspruchs während der Schwebezeit. Diese würde aber unmittelbar gegen § 205 verstoßen. Es ist Pflicht der Gesellschaftsorgane, die Ansprüche der Gesellschaft gegen die Gründer zu verfolgen. Dieser Verpflichtung würden sie zuwiderhandeln, wenn sie die Fünfjahrefrist verstreichen ließen, ohne die Ansprüche geltend zu machen. Sie würden durch ihre Untätigkeit während der Fünfjahrefrist unter Umständen die Verfolgung der Ansprüche überhaupt unmöglich machen. Denn die Ansprüche der Gesellschaft aus der Gründerhaftung verjähren nach § 206 HGB. mit Ablauf der gleichen Frist von fünf Jahren seit Eintragung der Gesellschaft in das Handelsregister. Wenn auch dem Verjährungseinwand mit der Einrede der allgemeinen Arglist begegnet werden könnte, falls die Gesellschaft im Vertrauen auf den Vergleich die Verjährung nicht unterbrochen hätte, so verstieße eine Bindung zur Nichtausnutzung der Frist trotzdem gegen das Verbot des § 205. Denkbar wäre hiernach höchstens ein Vertrag, durch den die Gesellschaft einen endgültigen Verzicht für den Fall der späteren Genehmigung durch die Generalversammlung nur ganz unverbindlich in Aussicht stellte und allein der Vertragsgegner die Gegenleistung bindend zusicherte. Ein solcher Vertrag, der im Verhältnis zwischen Gründer und Aktiengesellschaft nicht als Vergleich bezeichnet werden könnte, da er kein gegenseitiges Nachgeben enthielte, kommt aber im Geschäftsleben nicht vor, war jedenfalls im vorliegenden Falle von den Vertragschließenden nicht gewollt. Er wäre auch nicht einmal für die Gesellschaft von Vorteil. Denn da der Vorstand nicht wissen könnte, ob die künftige Generalversammlung den Vertrag genehmigen werde, bliebe er genötigt, den Gegner zur Unterbrechung der Verjährung innerhalb der Schwebezeit auf Schadensersatz zu verklagen. Damit fiele aber dessen Bindung an die vertragsmäßige Gegenleistung wieder weg. Von einem Vertrag mit einseitiger Bindung des Klägers kann also im vorliegenden Falle nicht die Rede sein. Vielmehr wollten die Parteien des Vorprozesses einen wirklichen Vergleich abschließen und haben einen solchen abgeschlossen mit dem Ziele, die bestehenden Streitpunkte endgültig aus der Welt zu schaffen. Dabei hat auch die Aktiengesellschaft eine Gegenleistung gewährt, indem sie auf ihre Ansprüche aus der Gründerhaftung verzichtete. Sie hat sich weiter verpflichtet, die Genehmigung der Generalversammlung (alsbald) herbeizuführen und nach Ablauf der Fünfjahrefrist sie wiederholen zu lassen. Damit hat sie zugleich die Verpflichtung übernommen, wegen ihrer Schadensersatzansprüche gegen die Gründer, gleichviel welcher Art sie seien, nicht gegen den Kläger vorzugehen.

Aus alledem ergibt sich die Nichtigkeit des Vergleichs (§ 134 BGB.). . . .

RGZ. 133, 90.

Zur Frage der Rechtsgültigkeit von schuldrechtlichen Verträgen, die zwischen Aktionären einer Aktiengesellschaft über die Ausübung des Stimmrechts in der Generalversammlung, insbesondere bei Wahlen zum Aufsichtsrat, geschlossen werden.

HGB. §§ 243, 317. (Jetzt: §§ 87, 299 AktG.) BGB. §§ 134, 138.

II. Zivilsenat. Urt. v. 11. Juni 1931.

I. Landgericht Wiesbaden. — II. Oberlandesgericht Frankfurt a. M.

. . .

Zur Frage der Rechtsgültigkeit der vereinbarten Stimmrechtsbindungen besagen die

Gründe:

Vereinbarungen zwischen Aktionären, durch die sie sich gegenseitig verpflichten, bei einer Abstimmung oder allgemein bei der Abstimmung über gewisse Beschlußgegenstände ihr Stimmrecht in bestimmter Weise auszuüben, sind an und für sich zulässig. Es handelt sich insoweit um rein schuldrechtliche Verpflichtungen der Vertragschließenden untereinander, durch welche die Abstimmung in der Generalversammlung selbst sachlich nicht berührt wird (RGZ. Bd. 107 S. 67, Bd. 119 S. 386 flg. [388] und für die Gesellschaft mbH. Bd. 112 S. 273; ferner Staub-Pinner Anm. 8 zu § 317 HGB.). Solche Abmachungen müssen sich aber selbstverständlich im Rahmen der allgemeinen Vertragsfreiheit halten; sie dürfen mithin, wenn sie rechtsgültig sein sollen, insbesondere nicht gegen § 138 BGB. verstoßen. Sie dürfen sich ferner nicht mit zwingenden aktienrechtlichen Vorschriften in Widerspruch setzen. Weder in der einen noch in der anderen

Richtung sind hier Bedenken zu erheben, soweit der Stimmvertrag die Neugestaltung der Satzung der G. Rh. Aktiengesellschaft und das gesetzliche Bezugsrecht der Parteien im Fall einer Kapitalerhöhung betrifft. Dem Vorderrichter ist aber auch insoweit beizutreten, als die Stimmabrede die Wahlen zum Aufsichtsrat im Auge hat. Vorab liegt insofern kein Verstoß gegen § 317 HGB. vor. Es fehlt auf alle Fälle an dem Erfordernis des „besonderen" Vorteils im Sinne dieser Vorschrift (JW. 1929 S. 642 Nr. 7; Brodmann Aktienrecht Anm. 1a zu § 317 HGB.). Zweifelhafter könnte die Rechtslage im Hinblick auf § 243 HGB. sein. Die Wahl des Aufsichtsrats ist hiernach kraft zwingender *gesetzlichen Vorschrift im allgemeinen einzig und allein Sache der Generalversammlung*.... Aus dem zwingenden Charakter des § 243 HGB. folgt, daß er einer Abänderung durch die Satzung nicht zugänglich ist. Gewiß können satzungsgemäß für die Wählbarkeit zum Aufsichtsrat besondere Erfordernisse aufgestellt werden; hierdurch darf aber der Kreis der wählbaren Personen nicht so eingeschränkt werden, daß von einer freien Auswahl durch die Generalversammlung nicht mehr die Rede sein könnte (vgl. Brodmann a. a. O. Anm. 2g zu § 243 HGB.; Staub-Pinner Anm. 4 zu § 243 HGB.). Eine Satzungsbestimmung des Inhalts, daß der oder jener Aktionär oder ein Dritter oder eine Behörde das Recht haben solle, eine oder mehrere von ihnen ausgewählte Personen in den Aufsichtsrat als dessen Mitglieder zu entsenden, wäre ebenfalls ungültig (anders jetzt § 74 Abs. 1 und 5 des Entwurfs eines Gesetzes über Aktiengesellschaften und Kommanditgesellschaften auf Aktien). Die Satzung der G. Rh. Aktiengesellschaft enthält denn auch von alledem nichts (vgl. Punkt 11 flg. der Satzung); die Stimmabrede über die Wahlen zum Aufsichtsrat ist nicht Satzungsbestandteil. Allein aus Zweck und Ziel des § 243 HGB. wird weiter hergeleitet, daß damit auch rein schuldrechtliche Vereinbarungen von Aktionären untereinander über die Abgabe ihrer Stimmen bei Aufsichtsratswahlen unvereinbar und deshalb, weil gegen ein gestzliches Verbot verstoßend (§ 243 HGB. vgl. mit § 134 BGB.), schlechthin nichtig seien.

. . .

Der erkennende Senat ist sodann zu der Überzeugung gelangt, daß sich weder aus Wortlaut, Sinn und Zweck des § 243 HGB. noch aus der Stellung und dem Aufgabenkreise des Aufsichtsrats der Aktiengesellschaft die Annahme herleiten läßt, Wahlabreden, wie sie hier in Frage stehen, seien ohne weiteres nichtig. Durch solche Abmachungen wird die Wahlfreiheit der Generalversammlung nicht angetastet. Auch der einzelne Aktionär ist und bleibt in seiner Abstimmung gegenüber der Gesellschaft frei. Er kann sich, wenn er dem Stimmvertrag zuwiderhandelt, wohl seinem Vertragsgegner gegenüber schadensersatzpflichtig machen, auch kann er die Vertragsstrafe verwirken, durch die etwa die Einhaltung der Stimmabrede gesichert ist. Er kann aber nicht auf Erfüllung verklagt werden; ein solcher unmittelbarer Erfüllungszwang ist mit den aktienrechtlichen Vorschriften über die Willensbildung der Generalversammlung nicht vereinbar (RGZ. Bd. 119 S, 386 flg.). Derartige Stimmverträge stehen im besonderen unter dem Grundsatz von Treu und Glauben. Das gilt vollends, soweit es sich um Wahlen zum Aufsichtsrat handelt. *Daraus folgt ohne weiteres, daß die Stimmrechtsbindung — unter Fortgeltung im übrigen — für eine betimmte einzelne Wahl dann entfallen kann, wenn der Verpflichtete gegen die Person des Vorgeschlagenen (etwa wegen mangelnder Kenntnisse oder Fähigkeiten oder wegen Vertrauensunwürdigkeit) triftige sachliche Grunde anzuführen vermag, deretwegen eine sachgemäße Wahrnehmung der Obliegenheiten eines Aufsichtsrats durch ihn nicht gewährleistet erscheint.* Dabei darf aber nicht übersehen werden, daß es die Belange der Gesellschaft und nicht die der einzelnen Aktionäre sind, deren Wahrung das Gesetz dem Aufsichtsrat und seinen Mitgliedern zur ersten und unabdingbaren Pflicht macht. Weshalb nun in diesem Rahmen schuldrechtliche Abreden zwischen einzelnen Aktionären oder Gruppen von Aktionären über die Wahlen zum Aufsichtsrat mit § 243 HGB. unvereinbar sein sollten, ist nicht einzusehen.

Ganz unverkennbar sprechen für die Zulässigkeit von Abmachungen dieser Art auch gewichtige sachliche und wirtschaftliche Gesichtspunkte. Der hier vorliegende Fall bietet geradezu ein Schulbeispiel dafür. Die Stimmabrede der Parteien verstößt auch nicht gegen § 138 BGB. Sie ist getroffen zwischen den beiden einzigen Aktionären der Gesellschaft mit annähernd gleichem Aktienbesitz; sie sollte jedem der Vertragschließenden eine gleichmäßige Vertretung im Aufsichtsrat sichern, also in dem Organ, dem durch Gesetz und hier im besonderen noch durch die Satzung Aufgaben übertragen sind, von deren befriedigender Lösung weithin das Gedeihen der Gesellschaft abhing. Es handelt sich um ein sogenanntes gemischt-wirtschaftliches Unternehmen, bei dem die öffentliche und die private Hand kapitalistisch so gut wie gleichbeteiligt sind. Es lag im wohlverstandenen Interesse der Gesellschaft selbst, wenn sich bei dieser Sachlage ihre beiden einzigen Aktionäre über die Zusammensetzung des Aufsichtsrats nicht nur für die erste Wahl, sondern auch für die späteren Wahlen einigten. Irgendwelche besonderen Umstände, die der Abrede sonstwie den Makel der Sittenwidrigkeit aufprägen könnten, sind nicht ersichtlich. Gegen die Gültigkeit der Stimmabrede sind daher keine Bedenken zu erheben. ...

RGZ. 134, 303.

Kann eine sogenannte unechte Gesamtvertretung der Aktiengesellschaft eine Prokura erteilen und anmelden?

HGB. §§ 48, 53, 232 Abs. 2 (Jetzt: § 71 AktG.)

II. Zivilsenat. Beschl. v. 22. Dezember 1931 in einer Handelsregistersache.

I. Amtsgericht Bunzlau. — II. Landgericht Liegnitz, Kammer für Handelssachen.

Aus den Gründen:

. . .

... Durch § 48 wird die Berechtigung eines Prokuristen zur Erteilung der Prokura an einen anderen ausgeschlossen, wie ihm auch durch § 52 Abs. 2 HGB. die Übertragung seiner Prokura auf einen anderen entzogen ist. Diese die Macht des Prokuristen für sich allein begrenzenden Vorschriften treffen jedoch nicht den vorliegenden Fall, daß gemäß gesetzlicher Zulassung (§ 232 Abs. 2 HGB.), sei es kraft einer Bestimmung im Gesellschaftsvertrag, sei es kraft der dem Aufsichtsrat im Vertrag übertragenen Ermächtigung, ein Prokurist gemeinsam mit einem Vorstandsmitglied zur Vertretung der Aktiengesellschaft befugt ist. Diese sogenannte unechte Gesamtvertretung, die bei der offenen Handelsgesellschaft im § 125 Abs. 3 HGB. ihr Gegenstück hat, ist ihrem Wesen nach keine beschränkte Vertretung. Der Umfang dieser Vertretungsbefugnis richtet sich nicht nach der Macht des Prokuristen, sondern nach der Macht des Vorstandsmitglieds oder Gesellschafters. Die gegenteilige Meinung, die in der Denkschrift zur Reichstagsvorlage des Handelsgesetzbuchs von 1897 S. 99 bei der offenen Handelsgesellschaft ausgesprochen war, ist gegenüber der angeführten Gesetzesvorschrift über die Unbeschränktheit der Vertretungsmacht des Gesellschafters unhaltbar, wie seinerzeit Staub sofort bemerkt hat. Dieser Unbeschränktheit gegenüber wurde die Macht des Prokuristen gesetzlich auch sonst als erweiterungsfähig behandelt (§ 49 Abs. 2 HGB.). Der § 125 Abs. 3 steht unmittelbar vor dem § 126. Der Grundsatz der Unbeschränktheit der Vertretungsmacht des Gesellschafters ist also auch für den zugelassenen Fall seiner Gesamtvertretung im Zusammenwirken mit einem Prokuristen aufgestellt. Das Gesetz deutet durch nichts an, daß die nach § 125 Abs. 3, § 232 Abs. 2 geschaffenen, verschiedenartig zusammengesetzten Gesamtvertretungen im Umfang der Vertretungsmacht einander nicht gleichstehen sollen. Es kann im Gegenteil darauf hingewiesen werden, daß die Gesamtvertreter nach § 125 Abs. 3 Satz 2, § 232 Abs. 2 Satz 3 HGB. für die Zulässigkeit der Ermächtigung zur alleinigen Vornahme bestimmter Geschäfte und für die sogenannte passive Vertretung (§ 125 Abs. 2, § 232 Abs. 1, je Satz 2, 3) sämtlich einander gleichgestellt sind. Aus der Gesamtheit der Vorschriften des Gesetzes läßt sich kein bestimmter Anhalt dafür gewinnen, daß die Bestellung von Prokuristen wegen der Beteiligung eines solchen aus dem Machtbereich solcher unechter Gesamtvertretungen ausgeschlossen sei. Wie die Denkschrift (S. 99, 150) ergibt, wurde diese Art von Vertretung, welche zahlreichen damals schon vorhandenen Vertrags- und Satzungsbestimmungen gleichen Inhalts Rechnung trug, um des Verkehrsbedürfnisses der Gesellschaften willen eingeführt. Es lassen sich nicht wenige Fälle denken, wo bei zeitweiligem oder dauerndem Wegfall allein- oder gesamtvertretungsberechtigter Gesellschafter oder Vorstandsmitglieder das Bedürfnis eintritt, für die Schaffung einer Aushilfe durch eine weitere Prokura auf eine solche unechte Gesamtvertretung zurückzugreifen. Der Gesetzgeber sieht selbst im inneren Verhältnis der Gesellschafter der offenen Handelsgesellschaft bei Gefahr im Verzug von dem Erfordernis der Zustimmung auch nur aller geschäftsführenden Gesellschafter ab, und für die Aktiengesellschaft hat er das Erfordernis der Mitwirkung aller Vorstandsmitglieder von vornherein gar nicht aufgestellt. Im Sinne des Handelsgesetzbuchs und seines § 48 Abs. 1 ist die Gesellschaft auch durch eine unechte Gesamtvertretung gesetzlich vertreten, wenngleich im Sinne anderer Gesetze, insbesondere der Zivilprozeßordnung, der mitwirkende Prokurist nicht „gesetzlicher Vertreter" wird (RGZ. Bd. 102 S. 328 [331]).

Daß es für die Eintragung ins Handelsregister nur auf das Vorliegen einer nach außen wirksamen Prokura ankommt, ist die herrschende Meinung. Dies nimmt jetzt auch das Kammergericht im Gegensatz zu seiner früheren Meinung (KGJ. Bd. 22A S. 111) an; vgl. JW. 1925 S. 268 Nr. 4).

2. Kann aber eine unechte Gesamtvertretung der Aktiengesellschaft einen Prokuristen bestellen, so muß sie auch befugt sein, diese Prokura-Erteilung zum Handelsregister anzumelden. Nur so genügt man dem praktischen Bedürfnis.... Man kann nicht annehmen, daß das Gesetz für die Anmeldung strengere Anforderungen als für die

Erteilung der Prokura aufstellen und die hier eingeführte Erleichterung durch die Anmeldevorschriften praktisch wieder hinfällig machen wollte....

RGZ. 136, 313.

Über die Rechtslage im Fall der Vollverschmelzung zweier Aktiengesellschaften mit Sonderleistungspflichten der Aktionäre.

HGB. §§ 276, 306. (Jetzt: AktG. §§ 147, 240, Abs. 3).

II. Zivilsenat. Urt. v. 27. Mai 1932

I. Landgericht Halberstadt. — II. Oberlandesgericht Naumburg a. S.

Der Beklagte war mit vier Aktien über je 500 RM Aktionär der Zuckerfabrik V., Aktiengesellschaft in V.; die Aktien waren Namensaktien, ihre Veräußerung an die Genehmigung der Gesellschaft geknüpft. Die Dauer der Gesellschaft war satzungsgemäß nicht auf eine bestimmte Zeit beschränkt. Den Aktionären lagen nach der Satzung gewisse Sonderleistungen ob, nämlich eine Rübenanbau- und eine Rübenlieferungspflicht. Im Fall der Nichterfüllung der einen oder anderen dieser Verpflichtungen waren Vertragsstrafen vorgesehen. Am 8. Mai 1929 haben der Vorstand der Zuckerfabrik V. AG. und der Vorstand der Zuckerfabrik O. AG. vorbehaltlich der Genehmigung der beiderseitigen Generalversammlungen in notarieller Urkunde einen Vertrag abgeschlossen, nach dem die letztere Gesellschaft das Vermögen der ersteren als Ganzes unter Ausschluß der Liquidation übernehmen und ihr dafür aus einer noch zu beschließenden Kapitalerhöhung einen bestimmten Betrag in Aktien gewähren sollte; im einzelnen war unter anderem vorgesehen, daß die Zuckerfabrik O. AG. zunächst ihr Grundkapital von 417 600 RM auf 222 000 RM herabsetzen und es sodann wieder um 263 000 RM erhöhen sollte; eingeteilt in 495 Vorzugsaktien und 31 Stammaktien über je 500 RM; diese so geschaffenen jungen Aktien sollten an die V. AG. fallen, und zwar die Vorzugsaktien dergestalt, daß für jede V.-Aktie eine dieser Vorzugsaktien gegeben wurde. Der Verschmelzungsvertrag war ferner von der Erfüllung verschiedener Bedingungen abhängig gemacht, so unter anderem davon, daß die Zuckerfabrik O. AG. ihre Satzung entsprechend einem dem Verschmelzungsvertrag angeschlossenen Entwurf ändere; nach diesem Satzungsentwurf mußte die Zuckerfabrik O. AG. ihre Firma in „Zuckerfabrik N. AG." ändern; den Aktionären sollten wiederum Sonderleistungen obliegen, nämlich ebenfalls eine Rübenanbau- und Rübenlieferungspflicht; wegen Nichterfüllung dieser Pflichten sollten Vertragsstrafen verhängt werden können. Ebenfalls noch am 8. Mai 1929 fanden Generalversammlungen der beiden Gesellschaften statt. Diejenige der Zuckerfabrik O. AG. hieß einstimmig den Verschmelzungsvertrag gut, beschloß ferner auch die Kapitalherabsetzung und Wiedererhöhung und die vorgesehenen Satzungsänderungen. In der Generalversammlung der V. AG. stimmten von 395 Aktionären 316 dem Verschmelzungsvertrag zu. Nach dem Generalversammlungsprotokoll erklärte der Bevollmächtigte eines Aktionärs, daß er für die Fusion stimme, und zwar ohne jede Bedingung, daß er aber der Meinung sei, sein Vollmachtgeber sei trotzdem nicht zur Rübenlieferung an die Klägerin verpflichtet; gleiche Erklärungen gaben fünf weitere Aktionäre ab, darunter der Beklagte; eine Anzahl anderer Aktionäre stimmte gegen die Verschmelzung. Die Verschmelzungs- und Anhangsbeschlüsse wie auch ihre Durchführung sind in der Folge im Handelsregister eingetragen worden.

Der Beklagte bestreitet aus einer Reihe von Gründen der Klägerin gegenüber seine Rübenlieferungspflicht und hat ihr auch nichts geliefert. Sie hat deshalb Klage erhoben mit dem Antrag, den Beklagten zur Zahlung einer Vertragsstrafe wegen Nichterfüllung der Rübenlieferungspflicht im Jahr 1929 und zur Lieferung von mindestens je 1600 Ztr. Rüben in den Jahren 1930 bis 1933 zu verurteilen.

Das Landgericht verurteilte durch Teilurteil den Beklagten, seine ganze Rübenernte in den Jahren 1930 bis 1933 an die Klägerin zu liefern, und zwar mindestens 1600 Ztr. reine Rüben im Jahr. Das Oberlandesgericht wies dagegen die Klage ab, soweit im Teilurteil darüber erkannt war. Die Revision der Klägerin führte zur Wiederherstellung des erstinstanzlichen Urteils.

Aus den Gründen:

... Mit Recht hat der Vorderrichter die Rechtswirksamkeit der Vollverschmelzung beider Aktiengesellschaften bejaht und die dagegen vom Beklagten erhobenen Bedenken zurückgewiesen. Mit der Eintragung der Beschlüsse im Handelsregister ist der Beklagte ohne weiteres auch Aktionär der Klägerin geworden, und zwar nach dem im Verschmelzungsvertrag festgesetzten Beteiligungsverhältnis; ob er seine bisherigen V.-Aktien zum Umtausch eingereicht hat oder ob er sich geweigert hat und noch weigert, dies zu tun, ist hierfür völlig unerheblich. Auch eine Kraftloserklärung dieser Aktienurkunden würde daran nichts ändern. Rechtlich bedenkenfrei sind ferner die Erwägungen des Vorderrichters, auf Grund deren er zur Verneinung eines außerordentlichen Kündigungsrechts des Beklagten für die Sonderleistungspflichten sowie zur Zurückweisung des Einwands arglistigen Handelns der Klägerin gelangt ist.

Das zwischen den Aktionären und der Aktiengesellschaft bestehende Sonderleistungsverhältnis ist gesellschaftsrechtlicher Natur. Die daraus für die Aktiengesellschaft fließenden Rechte sind deshalb nach § 399 BGB. (s. auch § 717 BGB.) nicht abtretbar. Für den Fall der Vollverschmelzung (der liquidationslosen oder eigentlichen Fusion) von Aktiengesellschaften mit Sonderleistungspflichten der Aktionäre ist aber nicht § 399 BGB., auch nicht in Verbindung mit § 412 das., anwendbar (a. M. Staudinger-Werner BGB. § 412 Anm. 1 Abs. 2). Hier entscheidet vielmehr § 306 Abs. 1 HGB. in Verbindung mit § 304 Abs. 5 das., wonach mit der Eintragung der Fusionsbeschlüsse im Handelsregister eine Gesamtrechtsnachfolge ähnlich wie beim Erbfall eintritt. Bei der Gesamtrechtsnachfolge gelten aber für die Frage des Übergangs oder des Erlöschens bisher bestehender Rechtsverhältnisse ganz andere Grundsätze als im Fall der Sonderrechtsnachfolge. Nur solche Rechtsverhältnisse erlöschen, die ihrer Natur nach oder kraft bestehender gesetzlicher Vorschrift nicht auf den Gesamtrechtsnachfolger übergehen. Dabei kann hier unerörtert bleiben, ob, wenn kraft ausdrücklicher gesetzlicher Vorschrift ein Rechtsverhältnis mit dem Tod des bisherigen Rechtsträgers endigt, dasselbe ohne weiteres auch im Fall der Vollverschmelzung gilt. Es besteht keine gesetzliche Bestimmung, daß bei Aktiengesellschaften mit Sonderleistungen der Aktionäre das Sonderleistungsverhältnis mit der Vollverschmelzung endigt. Ein solches Ergebnis läßt sich auch nicht daraus herleiten, daß die aufgenommene Gesellschaft sich auflöst und untergeht. Das hieße eben das Wesen der Gesamtrechtsnachfolge verkennen. Aus der Natur des Sonderleistungsverhältnisses, wie es hier in Frage steht, läßt sich ebenfalls kein durchschlagendes Bedenken gegen die rechtliche Möglichkeit einer Rechtsnachfolge der aufnehmenden Gesellschaft in das Sonderverhältnis herleiten. Das Recht auf die Sonderleistungen gehört unbedenklich zum Vermögen der aufgenommenen Gesellschaft. Daß die Sonderleistungen keine unentgeltlichen sind, ändert daran und an der gesellschaftsrechtlichen Natur des Verhältnisses nichts, steht insbesondere der Möglichkeit einer Gesamtrechtsnachfolge nicht im Wege; auch im Fall der Erbfolge kann sich z. B. der Vertragsgegner des Erblassers seinen Vertragspflichten dem Erben gegenüber nicht durch den bloßen Hinweis darauf entledigen, daß ihm in dessen Person ein anderer Schuldner aufgezwungen würde. Wenn sich ferner zwei Versicherungsaktiengesellschaften im Wege der Vollfusion verschmelzen, werden die Dinge nicht selten so liegen, daß sowohl bei der aufgenommenen wie bei der aufnehmenden Gesellschaft nur 25 % der Einlage eingezahlt sind (s. auch § 278 Abs. 1 Satz 2, § 305 Abs. 1 HGB.). Die Einlagerückstände bei der aufgenommenen Gesellschaft sind Bestandteil des Gesellschaftsvermögens und gehen mit diesem auf die aufnehmende Gesellschaft über. Werden dann später weitere Teile der Einlage eingefordert, so muß diese gesellschafterliche Leistung auch von den früheren Aktionären der aufgenommenen Gesellschaft gemacht werden. Die Sonderleistungen, um die es sich bei der Verschmelzung von Zuckerfabrik-Aktiengesellschaften handelt, insbesondere die Rübenanbau- und Rübenlieferungspflicht, sind freilich keine Geld-, sondern Naturalleistungen und haben als solche ihre Besonderheiten. Der Inhalt der Sonderleistung wird durch die örtliche Lage der Fabrik und zahlreiche technische Einzelheiten bestimmt. Deshalb ist es unabweislich, daß die Naturalleistungspflichten der aufgenommenen Aktionäre in der Satzung der übernehmenden Gesellchaft neu regelt und an die veränderte Sachlage angepaßt werden.

Dabei muß als erste und oberste Richtschnur der Grundsatz gelten, daß die Pflichten nicht ohne Zustimmung der betroffenen Aktionäre erhöht und erschwert werden dürfen. An diesem Satz, der in § 276 HGB. nur einen unvollkommenen Ausdruck gefunden hat und für die gewöhnlichen Fälle der Satzungsänderung erst durch die Rechtsprechung klar herausgearbeitet worden ist (s. zuletzt RGZ. Bd. 121 S. 238 [242]) — der Entwurf eines Gesetzes über Aktiengesellschaften usw. von 1931 beläßt es in seinem § 144 bei der bisherigen unzulänglichen Fassung —, muß auch für den Fall der Vollverschmelzung festgehalten werden. Allein gerade in Fällen dieser Art darf jeder Grundsatz nicht überspannt werden. Es muß vielmehr der Eigenart dieses Rechtsvorgangs und den Verhältnissen Rechnung getragen werden. Zweierlei muß beachtet werden. Einmal bringt es die Art der in Rede stehenden Naturalleistungen mit sich, daß sie schon bei der einzelnen Aktiengesellschaft, z. B. wegen der Verschiedenheit der Entfernung von der Fabrik oder der Beschaffenheit des Bodens, das eine Mitglied stärker belasten als das andere. Werden Änderungen auf Grund von Verschmelzungen vorgenommen, so wird es sich kaum vermeiden lassen, daß auch dadurch wieder die Mitglieder ungleich belastet werden. Das muß bei der rechtlichen Würdigung beachtet werden. Während sonst ein Eingriff in Sonderrechte gegenüber jedem von der Zustimmung aller betroffenen

Mitglieder abhängt und eine die einzelnen unterscheidende Behandlung nur stattfinden darf, wenn sie in dem Änderungsbeschluß vorgesehen ist (vgl. auch das Urteil des erkennenden Senats S. 185 dieses Bandes), muß hier grundsätzlich jeder Aktionär für sich beturteilt werden, und zwar so, daß sich keiner seinen Naturalleistungen schon um deswillen entziehen kann, weil ein anderer, sei es auch mit Recht, der Änderung widersprochen hat. Sodann aber muß bedacht werden, daß ein Haften am Buchstaben der Satzung überhaupt unzulässig ist. Der erkennende Senat hat ferner zu § 3 Abs. 2, § 53 Abs. 3 GmbH. entschieden — und gleiches gilt auch für die Sonderleistungen des § 212 HGB. —, daß solche in der Satzung selbst nicht nach allen Richtungen hin genau bestimmt zu sein brauchen (RGZ. Bd. 87 S. 261); sind sie dies aber, so liegt doch eine gewisse Biegsamkeit und Abänderlichkeit im Wesen der Sache selbst begründet. Dabei wird nicht selten die eine Änderung an und für sich gesehen dem Aktionär zum Nachteil, die andere zum Vorteil gereichen. Hier wäre eine Einzelbetrachtung rechtlich verfehlt. Nur wenn sich in einem Punkt eine Benachteiligung ergibt, die so schwer wiegt, daß sie durch die neuen Vergünstigungen nicht wettgemacht wird, behält es insoweit bei der Regelung sein Bewenden, wie sie für die alte, durch die Verschmelzung erloschene Aktiengesellschaft gegolten hatte. Eine völlige Befreiung aber von der Naturalleistungspflicht kann erst verlangt werden, wenn ein solches Zurückgreifen auf die frühere Satzung unmöglich ist oder von der übernehmenden Gesellschaft endgültig verweigert wird. ...

Nach dem Ausgeführten ist der Lieferungsanspruch der Klägerin begründet.

RGZ. 142, 123.

1. Wie ist die Rechtslage, wenn der Vorsitzende der Generalversammlung einer Aktiengesellschaft die Ablehnung eines Antrags verkündet, der beim Nichtmitzählen der Stimmen angenommen gewesen wäre, die einem gesetzlichen Stimmverbot zuwider abgegeben worden sind?

2. Kann mit der Anfechtungsklage nur die Vernichtung des angefochtenen Generalversammlungsbeschlusses oder auch die Feststellung der Annahme des durch den Beschluß abgelehnten Antrags erreicht werden?

3. ...

HGB. §§ 271, 273. (Jetzt: §§ 197—200 AktG.)

II. Zivilsenat. Urt. v. 24. Oktober 1933.

I. Landgericht Plauen. — II. Oberlandesgericht Dresden.

Aus den Gründen:

. . .

Darüber, ob ein Antrag angenommen oder abgelehnt ist, hat zunächst vorbehaltlich der gerichtlichen Nachprüfung der Vorsitzende der Versammlung zu entscheiden, und diese seine Entscheidung ist vorläufig maßgeblich, wenn nicht der Fall etwa so liegt, daß auch ohne Verkündung eine ganz unzweideutige protokollarisch festgelegte Willensäußerung der Generalversammlung vorliegt. Letzteres traf hier nicht zu. Es herrschte Streit darüber, ob die Verwaltungsmitglieder und die Rechtsanwälte Le. und R. bei der Beschlußfassung über den Antrag des Erstklägers mitabstimmen durften oder ob sie an der Stimmrechtsausübung gesetzlich behindert waren. Die Beantwortung dieser Frage lag keineswegs so klar und offen zutage, daß sich die Zulassung der Verwaltungsmitglieder zur Stimmabgabe durch den Vorsitzenden und die auf ihre Stimmen gestützte Entscheidung dahin, daß der Antrag abgelehnt sei, als eine rechtlich unbeachtliche reine Willkürmaßnahme darstellte. Das haben die Kläger selbst auch gar nicht behauptet. Unter diesem Gesichtspunkt kann also der Erklärung des Vorsitzenden jedenfalls nicht die rechtliche Bedeutung abgesprochen werden. Unzutreffend ist sodann, daß der Vorsitzende als Ergebnis der Abstimmung verkündet hätte, welche und wieviel Stimmen für und gegen den Beschluß abgegeben worden seien. Von einer solchen Verkündung steht im Protokoll kein Wort. Es heißt darin zu Eingang, die Generalversammlung habe einstimmig als „Abstimmungsmodus" für alle Fälle festgestellt, daß Aufstehen „Nein", Sitzenbleiben „Ja" bedeute. Wenn nun im Protokoll zu dem hier fraglichen Antrag festgestellt ist, von wem und mit wie vielen Stimmen dafür oder dagegen gestimmt worden ist, so war damit protokollarisch nicht mehr festgelegt als eben die Tatsache dieser Abstimmungsweise. Wie diese aber zu deuten war, ob sie Annahme oder Ablehnung des Antrags zur Folge hatte, war, wie dargelegt, zunächst Sache des Vorsitzenden, und dieser Aufgabe hat er sich hier offensichtlich durch die Verkündung der Ablehnung des Antrags entledigt. So nur ist seine „Erklärung" auch unzweifelhaft protokolliert. Der Fall liegt deshalb insofern rechtsgrundsätzlich nicht anders als die in dem vom Vorderrichter selbst angeführten Urteil des erkennenden Senats RGZ. Bd. 75 S. 239 (243) und in den späteren Urteilen RGZ. Bd. 116 S. 83 und Bd. 122 S. 102 behandelten Fälle. Nach den in diesen Entscheidungen niedergelegten Rechtsgrundsätzen, von denen abzugehen insoweit kein Anlaß ist, muß deshalb der Antrag des Erstklägers als abgelehnt gelten und dieser vom Vorsitzenden verkündete Beschluß erst im Wege der Anfechtung beseitigt werden (s. auch Düringer-Hachenburg-Lehmann HGB. Anm. 10 bis 14 zu § 259).

Wäre in Fällen der vorliegenden Art so, wie es der Vorderrichter will, eine Feststellungsklage darüber statthaft, welcher Beschluß gefaßt ist, so wäre die unabweisliche Folge einer solchen Möglichkeit größte Rechtsunsicherheit und Verwirrung. Eine derartige Feststellungsklage wäre zeitlich unbeschränkt zulässig das ergangene Urteil würde Rechtskraft nur zwischen den Parteien bewirken. Im Interesse der Gesellschaft und der Gesamtheit der Aktionäre muß aber mit Wirkung für und gegen alle tunlichst bald Klarheit darüber bestehen, was beschlossen und für das Leben der Gesellschaft richtung- und maßgebend ist. Diese Belange haben im Gesetz durch die kurze Befristung der Anfechtungsklage (§ 271 Abs. 2 HGB.) und die Rechtskraftwirkung eines Urteils auf Nichtigkeitserklärung eines angefochtenen Beschlusses (§ 273 Abs. 1 HGB.) weithin Anerkennung gefunden. Vom Standpunkt des Vorderrichters aus müßten die Gesellschaft und die Aktionäre damit rechnen, daß sie sich unter Umständen erst nach Jahren vor einen Beschluß gestellt sähen, der selbst wieder an Gesetz- und Satzungswidrigkeiten litte und deshalb mit Erfolg hätte angefochten werden können. Sollten sie ihrer Anfechtungsrechte nicht verlustig gehen, so müßten sie solchenfalls gegen einen nach ihrer Überzeugung gar nicht gefaßten Beschluß Widerspruch zu Protokoll erklären und fristzeitig Anfechtungsklage erheben. Man käme so zu Anfechtungsklagen mit entgegengesetzten Zielen. Darauf ist schon in dem eine Anfechtungsklage aus § 51 GenG. betreffenden Urteil des erkennenden Senats in RGZ. Bd. 116 S. 83 (87) hingewiesen. Für die Anfechtungsklage des § 271 HGB. gilt aber insoweit nichts anderes. Nach alledem muß es grundsätzlich dabei verbleiben, daß, wenn der Vorsitzende als Ergebnis der Abstimmung die Ablehnung eines Antrags verkündet hat und dies im Protokoll beurkundet ist (§ 259 HGB.), Aktionäre aber der Ansicht sind, daß der Antrag angenommen sei, eine Feststellungsklage dahin, welcher Beschluß denn nun zustandegekommen ist, auch dann nicht möglich ist, wenn etwa die Abstimmungszahlen in das Protokoll mitaufgenommen sind. Vielmehr ist auch dann die Anfechtungsklage aus § 271 HGB. der einizge Rechtsbehelf gegen den „verkündeten"

Beschluß, falls dieser nicht etwa an Mängeln leidet, die schlechtweg seine Nichtigkeit nach sich ziehen müßten.

In RGZ. Bd. 122 S. 107 ist freilich die Ansicht vertreten, daß das Ergebnis einer Anfechtungsklage, wenn sie durchdringt, nicht nur ein „negatives", d. h. die Vernichtung des angefochtenen Beschlusses, sein, sondern daß unter Umständen darüber hinaus auch „positiv" entschieden werden könne, was an Stelle des für nichtig erklärten Beschlusses zu treten habe, sofern dieser „positive" Beschluß nur gemäß § 259 HGB. in dem Generalversammlungsprotokoll mit beurkundet sei. An dieser Auffassung kann indessen nach wiederholter Prüfung *nicht festgehalten werden. § 271 HGB. gibt lediglich ein Recht auf* Anfechtung, also auf Vernichtung des angegriffenen Beschlusses. Sodann aber sprechen gegen eine solche Möglichkeit gerade auch die Erwägungen, welche im Vorstehenden gegen eine Feststellungsklage darüber, welcher Beschluß zustandegekommen ist, angeführt worden sind. Ein weiterer Beweisgrund läßt sich aus § 273 Abs. 1 HGB. über die Rechtskraftwirkung eines der Anfechtungsklage stattgebenden Urteils entnehmen (s. a. Staub-Pinner HGB. Anm. 2 zu § 273; Düringer-Hachenburg-Lehmann HGB. Anm. 14a. E. zu § 259). Daß im übrigen auch ein ablehnender Beschluß Gegenstand der Anfechtungsklage sein kann, ist nicht zu bezweifeln.

Aus dem bisher Gesagten folgt ohne weiteres, daß das angefochtene Urteil, soweit es dem Feststellungsbegehren auf Annahme des Antrags des Erstklägers stattgibt, nicht aufrechterhalten werden kann und daß die Sache in diesem Punkte zur Endentscheidung im Sinne der Zurückweisung der Berufung der Kläger gegen das landgerichtliche Urteil reif ist, das die Klage zu diesem Teil abgewiesen hatte. . . .

RGZ. 142, 134.

Kommt es für das Stimmrechtsverbot des § 266 Abs. 1 Satz 2 n. F. HGB. nur an auf die Zugehörigkeit zum Vorstand oder Aufsichtsrat im Zeitpunkt der Beschlußfassung?

Notverordnung des Reichspräsidenten über Aktienrecht, Bankenaufsicht und über eine Steueramnestie vom 19. September 1931, Erster Teil (Vorschriften über Aktiengesellschaften usw.) Art. VII (RGBl. I S. 493, 499). (Jetzt: § 118, Abs. 1 AktG.)

II. Zivilsenat. Urt. v. 24. Oktober 1933.

I. Landgericht Plauen. — II. Oberlandesgericht Dresden.

Aus den Gründen:

Die Entscheidung des Rechtsstreits hängt, soweit er in die Revisionsinstanz gelangt ist, in erster Linie davon ab, ob die Rechtsanwälte Le. und R. mit den auf sie angemeldeten Aktien in der Generalversammlung vom 8. Juni 1932 bei der Beschlußfassung über die jetzt noch in Betracht kommenden Anträge der Verwaltung abstimmen durften oder nicht. Unbestritten ist, daß die Aktien nicht ihnen, sondern dem Kommerzienrat P. Schl. gehörten; sie haben nur dessen Stimmrecht kraft Legitimationsübertragung ausgeübt. Ihre Stimmberechtigung konnte aber nicht weitergehen als diejenige von P. Schl. und war allen gesetzlichen Stimmrechtsverboten unterworfen, die gegenüber einer Stimmrechtsausübung durch ihn Platz gegriffen haben würden.... Ein Stimmrechtsverbot ließe sich bezüglich der jetzt angegriffenen Beschlüsse aus § 252 Abs. 3 HGB. unzweifelhaft nicht herleiten. Denn die Beschlußfassung über die Bestellung von Prüfern zur Prüfung der Bilanz nebst Gewinn- und Verlustrechnung und von Vorgängen bei der Geschäftsführung betrifft unmittelbar weder ein mit Mitgliedern der Verwaltungsorgane abzuschließendes Rechtsgeschäft noch ihre Befreiung von einer Verbindlichkeit noch die Einleitung oder die Erledigung eines Rechtsstreits mit ihnen noch endlich ihre Entlastung. Daß die Prüfung und ihr Ergebnis für die Entschließung der Generalversammlung in der einen oder anderen Richtung möglicherweise von Erheblichkeit sein konnte, wäre nicht von Belang gewesen; ein solcher bloß mittelbarer Zusammenhang hätte nach der in Rechtsprechung und Rechtslehre herrschenden Meinung nicht genügt, um die Anwendbarkeit des § 252 Abs. 3 HGB. zu rechtfertigen (so. z. B. Staub-Pinner Anm. 1 zu § 266 a. F. HGB.; Goldschmit Aktienrecht Anm. 3 zu § 267 HGB.; Schlegelberger-Quassowski-Schmölder Verordnung über Aktienrecht Anm. 4 zu § 266).

Nun bestimmt aber § 266 Abs. 1 HGB. in der Fassung der Notverordnung des Reichspräsidenten über Aktienrecht usw. vom 19. September 1931, Erster Teil Art. VII, daß die Generalversammlung mit einfacher Stimmenmehrheit die Bestellung von Prüfern zur Prüfung von Vorgängen bei der Gründung oder der Geschäftsführung beschließen kann und daß bei der Beschlußfassung Aktionäre, die zugleich Mitglieder des Vorstands oder Aufsichtsrats „sind", weder für sich selbst noch für einen anderen mitstimmen können, wenn sich die Prüfung auf Vorgänge erstrecken soll, die mit der dem Vorstand oder Aufsichtsrat zu erteilenden Entlastung oder der Einleitung eines Rechtsstreits zwischen Mitgliedern des Vorstands oder des Aufsichtsrats und der Gesellschaft im Zusammenhang stehen. Der Vorderrichter ist der Meinung, daß dieses Stimmrechtsverbot hier gegenüber P. Schl. durchgreife, weil er zu der Zeit, in welche die zu prüfende, Bilanz und die weiteren zu untersuchenden Geschäftsvorgänge — Entnahmen der Mitglieder der Verwaltungsorgane aus der Gesellschaftskasse — fielen, jedenfalls Mitglied des Aufsichtsrats der Beklagten gewesen sei. Ob er dies auch noch zur Zeit der Abstimmung gewesen ist, erklärt der Berufungsrichter für unerheblich. . . .

Der dem Stimmrechtsverbot des § 266 Abs. 1 Satz 2 n. F. HGB. zugrundeliegende Rechtsgedanke ist der, daß Aktionäre, welche bei den zum Gegenstand der Prüfung gemachten Vorgängen der Geschäftsführung als Verwaltungsmitglieder beteiligt waren, bei der Beschlußfassung über die Prüferbestellung nicht sollten mitwirken dürfen, damit sie nicht mit ihrer Stimmenmacht die Nachprüfung der fraglichen Geschäftsvorgänge zu Fall bringen oder sonstwie in einer der Aufhellung des wahren Sachverhalts abträglichen Weise beeinflussen könnten. Daraus folgt aber ohne weiteres, daß es für die Anwendbarkeit des § 266 Abs. 1 Satz 2 n. F. HGB. trotz des Wortlauts entscheidend in erster Linie darauf ankommt, ob der einzelne Aktionär an den zu untersuchenden Geschäftsvorgängen als damaliges Organmitglied b e t e i l i g t war. Die von der Revision vertretene Meinung, das es schlechthin und ausschließlich auf die Zugehörigkeit zur Zeit der Abstimmung ankomme, würde zu ganz unannehmbaren Folgen führen. So könnte z. B. danach ein Mitglied des Aufsichtsrats, das wegen Verfehlungen zum Nachteil der Gesellschaft aus seinem Amt abberufen worden war, bei einer späteren Beschlußfassung über die Bestellung von Prüfern zum Zweck der Nachprüfung jener Geschäftsvorgänge mitabstimmen, während umgekehrt ein Aktionär, der vielleicht mit seinen Stimmen die Abberufung durchgesetzt hat und an Stelle des Abberufenen in den Aufsichtsrat gewählt worden war, von der Stimmrechtsausübung ausgeschlossen wäre. Es liegt auf der Hand, daß dies nicht der Sinn und Zweck des § 266 Abs. 1 Satz 2 n. F. HGB. sein kann. Gegen die hier vertretene Rechtsauffassung lassen sich auch vom Standpunkt der Rechtssicherheit aus keine Bedenken herleiten. Die Zeit und Dauer der Zugehörigkeit eines Aktionärs zum Vorstand oder Aufsichtsrat läßt sich stets in Kürze ohne weiteres feststellen.

In der Regel wird auch von vornherein klar und offen liegen, wer die gegenwärtigen oder früheren Verwaltungsmitglieder sind, gegen deren Geschäftsführung sich die Prüfungsanträge richten.

Das Stimmrechtsverbot des § 266 Abs. 1 Satz 2 n. F. HGB. gilt u. a. für die Prüfung von Geschäftsvorgängen, die mit der Einleitung eines Rechtsstreits gegen Vorstands- oder Aufsichtsratsmitglieder im Zusammenhang stehen. Es genügt auch ein nur mittelbarer Zusammenhang. Ein solcher ist hier zweifellos vorhanden, sofern die Prüfung über die Entnahmen der Verwaltungsmitglieder während des Geschäftsjahres 1930/31 die Grundlage auch für etwaige Rückgriffe und Rückgriffsprozesse gegen sie schaffen sollte (s. a. Schlegelberger-Quassowski-Schmölder Verordnung über Aktienrecht a. a. O.; Staub-Pinner HGB. Anm. 6 zu § 266 n. F. HGB.). Demgemäß hat der Vorderrichter mit Recht die form- und fristgerecht angefochtenen Generalversammlungsbeschlüsse vom 8. Juni 1932, welche auf der zu Unrecht erfolgten Stimmabgabe beruhen, für nichtig erklärt.

RGZ. 142, 219.

Ist ein Aktionär, der die Mehrheit der Aktien einer Aktiengesellschaft besitzt, berechtigt und verpflichtet, ein ihn aus einem Lieferungsvertrag persönlich treffendes Wettbewerbsverbot auch bei der Aktiengesellschaft durchzusetzen?

HGB. §§ 250, 252, 271. (Jetzt: §§ 102, 114, 197 ff. AktG.)

II. Zivilsenat. Urt. v. 14. November 1933.

I. Landgericht Hannover. — II. Oberlandesgericht Celle.

Der Kläger schloß am 11./21. Dezember 1922 mit dem Preußischen Staat einen Vertrag, „wegen Lieferung von elektrischer Arbeit". Der Staat versprach darin dem Kläger, ihm für sein aus den Kreisen N. und F. bestehendes „Versorgungsgebiet" den ganzen augenblicklichen Bedarf an elektrischem Strom wie auch den späteren Mehrbedarf zu liefern.... Nach § 8 Nr. 2 des Vertrags verpflichtete sich der Staat, „in dem Versorgungsgebiet des Kreises N. (des Klägers) ohne dessen Genehmigung weder unmittelbar noch mittelbar elektrischen Strom abzugeben".... Das vom Staat übernommene Wettbewerbsverbot soll nach Behauptung des Klägers auf die verklagte Aktiengesellschaft übergegangen sein, deren Aktienkapital sich zu 83 % in den Händen des Preußischen Staates befindet....

Im Herbst 1930 gliederte sich die Beklagte die „A.-Zentralen" an, welche bereits seit 1922 den südöstlichen Teil des Kreises F. mit Strom versorgten. Schon zuvor war im April 1929 unter Mitwirkung der Beklagten die H.-Br. Stromversorgungs-Aktiengesellschaft in H. („Hastra") gegründet worden, von deren Aktien sich 55 % in der Hand der Beklagten befinden. Die Hastra übernahm im Oktober 1930 das Elektrizitätsunternehmen des Kreises F. und verteilte nun den von der Beklagten in den A.-Zentralen erzeugten und ihr gelieferten Strom ohne Genehmigung des Klägers im südöstlichen und im nördlichen Teil dieses Kreises. Zu diesem Zweck bezog sie auch noch Strom von der *Pulverfabrik W. in B.... Der Kläger...* macht die Beklagte auch für das Handeln der Hastra verantwortlich und erklärt sich für geschädigt durch das Entgehen des Gewinns, der ihm zugeflossen wäre, wenn er als Alleinberechtigter auch den übrigen Strom für den Kreis F. geliefert hätte.

Das Landgericht hat den Klaganspruch dem Grunde nach für gerechtfertigt erklärt. Die Berufung der Beklagten wurde zurückgewiesen. Ihre Revision führte zur Zurückverweisung der Sache an das Oberlandesgericht,

Aus den Gründen:

... Der Vorderrichter will die Beklagte für die Hastra einstehen lassen, nicht nur, soweit diese den ihr von der Beklagten gelieferten Strom, sondern auch, soweit sie den von der Firma W. bezogenen Strom im Kreise F. abgibt. Die Abgabe des von der Firma W. bezogenen Stromes hat als Grundlage für den Schadensersatzanspruch des Klägers jedoch ganz auszuscheiden. Denn die Tatsache, daß die Hastra im Kreise F. Strom abgibt, den sie von der Beklagten unmittelbar (durch die A.-Zentralen) bezieht, ist für den Ersatzanspruch grundlegend nicht deshalb, weil das Handeln der Hastra als solches von der Beklagten zu vertreten ist, sondern weil die Beklagte selbst handelt: sie beliefert die Hastra obwohl sie weiß, daß diese den Strom im Kreise F. weiter abgibt.

... Die Ansicht des Vorderrichters, die Beklagte müsse für die Handlungen der Hastra aus dem Grunde einstehen, weil sie bei dieser die Aktienmehrheit (55 %, also nicht einmal die regelmäßig zu einer Satzungsänderung zureichende Mehrheit von drei Vierteilen) besitze, läuft darauf hinaus, daß der Aktionär einer Aktiengesellschaft in Ausübung seiner Herrschaftsrechte ohne Rücksicht auf die Interessen dieser Gesellschaft zu handeln berechtigt sei nach Maßgabe seiner persönlichen Verpflichtungen, die mit der Mitgliedschaft in gar keinem Zusammenhang stehen.... Das ist abwegig. Daran kann auch der Umstand nichts ändern, daß die Beklagte in ihren Geschäftsberichten die Hastra als ihr „Tochterunternehmen" bezeichnet und sich über ihre Entwicklung nicht anders ausläßt, als ob es sich um ihre eigene handelte. Das würde auch gelten, wenn die Beklagte mit einem viel höheren Hundertsatz an Aktien bei der Hastra beteiligt wäre als mit 55 %, neben denen doch eine sehr starke Beteiligung fremder Interessen steht. Nur dann, wenn die Hastra — was weder behauptet, geschweige denn festgestellt ist — eine Gründung der Beklagten zur Umgehung ihrer Wettbewerbsverpflichtungen wäre, läge die Sache insofern anders, als dann allerdings die Beklagte kraft ihres böswilligen Handelns dem Kläger für das Tun der Gesellschaft und die dadurch sich vollziehende Verletzung des Wettbewerbsverbots haftbar wäre. Aber auch dann wäre sie, gesellschaftsrechtlich betrachtet, nicht berechtigt, im Widerstreit zu den Interessen der Gesellschaft ihre Mitgliedschaftsrechte zum Zweck der Erfüllung ihrer eigenen Verpflichtungen zu gebrauchen, richtiger zu mißbrauchen....

RGZ. 142, 223.

Können Aktionäre oder Genußscheininhaber gegen einen Dritten auf Feststellung der Nichtigkeit eines von ihm mit der Aktiengesellschaft geschlossenen Vertrags klagen?

ZPO. § 256.

II. Zivilsenat. Urt. v. 14. November 1933.

Die Entsscheidung ist abgedruckt unter „Verfahrensrecht, Zivilprozeßordnung".

RGZ. 143, 20.

1. Inwieweit haftet der Verkäufer von Aktien, wenn nach dem Kaufabschluß der Konkurs über das Vermögen der Aktiengesellschaft eröffnet worden ist?

2. Ist der Beschluß der Generalversammlung einer Aktiengesellschaft über Erhöhung des Grundkapitals nichtig, wenn danach die neuen Aktien für einen höheren als den Nennbetrag ausgegeben werden, aber der Mindestbetrag nicht festgesetzt wurde, unter dem die Ausgabe nicht erfolgen soll?

BGB. §§ 323, 325, 433, 437. HGB. § 278 Abs. 3.
(Jetzt: § 149, Abs. 3 AktG.)

I. Zivilsenat. Urt. v. 6. Dezember 1933.

I. Landgericht Hamburg. — II. Oberlandesgericht daselbst.

Am 22. Dezember 1928 beschloß eine hamburgische Vericherungsaktiengesellschaft, ihr Kapital durch Ausgabe neuer Aktien zu erhöhen. Das Bezugsrecht der alten Aktionäre wurde ausgeschlossen. Ein Konsortium unter Führung der Klägerin übernahm die jungen Aktien und verpflichtete sich, sie im Verhältnis 2 : 1 und zum Kurse von 115 % den alten Aktionären anzubieten. Zu diesen gehörte die Erstbeklagte. Die auf sie entfallenden Aktien verpflichtete sich die Klägerin auf eigene Rechnung zu übernehmen. Die Erstbeklagte sollte sie im Verlauf von vier Jahren in annähernd gleichen Teilen nach Ablauf eines jeden Jahres, erstmalig um den 31. Januar 1930 herum. abnehmen. Über das Vermögen der Versicherungsgesellschaft wurde aber am 4. Juli 1931 das Konkursverfahren eröffnet.

Gegenüber der Klage, mit der die drei letzten Teile des Aktienpreises gefordert werden, haben die Beklagten u. a. eingewendet: für die Zeit nach der Konkurseröffnung könne die Klägerin keine Leistung verlangen, da sie ihrerseits nicht mehr erfüllen könne; sie könne keine Aktien, d. h. Mitgliedsrechte bei einer lebenden Aktiengesellschaft, mehr beschaffen. Hiervon abgesehen habe aber die Unmöglichkeit von Anfang an bestanden, weil der Generalversammlungsbeschluß der Versicherungsgesellschaft über die Kapitalserhöhung und die Ausgabe der jungen Aktien nichtig gewesen sei. Es sei eine Ausgabe für einen höheren als den Nennbetrag beschlossen, aber entgegen dem Gesetz unterlassen worden, den Mindestbetrag festzusetzen, unter dem die Ausgabe nicht erfolgen sollte.

Die Vorinstanzen haben der Klage entsprochen. Die Revision der Beklagten hatte teilweise Erfolg.

Aus den Gründen:

Das Berufungsgericht kommt zu dem Ergebnis, durch die Stundung der Übernahmeverpflichtung sei die Klägerin noch nicht ihrer Lieferpflicht ledig geworden, und die Erfüllung der Verpflichtung sei, soweit die beiden letzten Raten in Betracht kommen, nicht mehr möglich, weil am 4. Juli 1931 über das Vermögen der Aktiengesellschaft das Konkursverfahren eröffnet worden sei; dadurch seien an Stelle der Aktien Ansprüche gegen den Konkursverwalter auf Beteiligung am Überrest des Vermögens der Aktiengesellschaft getreten, und diese seien der Erstbeklagten von der Klägerin nicht verkauft worden. Insoweit befindet sich das Berufungsgericht in Übereinstimmung mit dem Urteil des erkennenden Senats vom 6. Juli 1932 I 54/32[1]). An der dort ausgesprochenen Ansicht ist festzuhalten....

Die Beklagten haben weiter geltend gemacht, daß die Lieferung aller Aktien, also auch die der ersten Rate, von vornherein unmöglich gewesen sei, weil der Generalversammlungsbeschluß vom 22. Dezember 1928 und die daraufhin erfolgte Kapitalerhöhun nicht gewesen seien...

Der Generalversammlungsbeschluß als solcher kann nicht als nichtig oder anfechtbar angesehen werden, sondern nur als unvollständig. Es fragt sich, ob die Kapitalerhöhung, die vom Aufsichtsrat im Widerspruch mit dem Beschlusse durchgeführt worden ist, aus diesem Grunde als nichtig angesehen werden muß. Das Gesetz beantwortet diese Frage nicht ausdrücklich. Sie würde aber mit Rücksicht auf die Verkehrssicherheit nur dann zu bejahen sein, wenn wesentliche Belange der Beteiligten verletzt worden wären. Das ist nicht der Fall....

Auch wenn man annimmt, daß die Generalversammlung in Wahrheit eine Ausgabe für einen höheren als den Nennbetrag beschlossen und es wider das Gesetz (§ 278 Abs. 3 HGB.) unterlassen habe, den Mindestbetrag festzusetzen, unter dem die Ausgabe nicht erfolgen sollte, so würde das Ergebnis kein anderes sein. Die Erstbeklagte würde sich auf die Verletzung des Gesetzes nicht berufen können, da Nichtigkeit des Beschlusses nicht eingetreten wäre. Beeinträchtigt könnten nur die Belange der alten Aktionäre sein; ihnen hätte die Möglichkeit der Anfechtung offen gestanden, wovon sie keinen Gebrauch gemacht haben. Die Nichtigkeit des Beschlusses anzunehmen, ist keinesfalls geboten (vgl. den ähnlichen Fall RGZ. Bd. 79 S. 112).

RGZ. 143, 301.

In welchem Zeitpunkt haben die Liquidatoren einer aufgelösten Aktiengesellschaft den Gesellschaftsgläubigern, deren Forderungen noch nicht fällig oder streitig sind, Sicherheit zu leisten?

HGB. § 301. (Jetzt: § 213 AktG.)

II. Zivilsenat. Urt. v. 6. Februar 1934.

I. Landgericht Lübeck. — II. Oberlandesgericht Hamburg.

---

[1]) Abgedruckt SeuffArch. Bd. 86 Nr. 164 (S. 296)

. . .

Aus den Gründen:

... § 301 HGB. aber soll den Gesellschaftsgläubiger nur davor bewahren, daß er deshalb nicht befriedigt wird, weil das Gesellschaftsvermögen unter die Aktionäre verteilt wird ... Zu einer Sicherstellung für eine Forderung, die noch nicht befriedigt werden kann, besteht nur Anlaß, wenn zur Verteilung geschritten werden soll, weil dann erst die Gefahr des Verlustes — soweit sie auf der Auflösung der Gesellschaft beruht — eintritt. Es kann deshalb — jedenfalls in der Regel — die Sicherheitsleistung nicht etwa schon mit dem Eintritt der Wirksamkeit des Auflösungsbeschlusses gefordert werden. Wenn auch die Belange der Aktionäre nicht allein maßgebend sind, so ist es doch auch eine Aufgabe der Liquidatoren, die ebenso wie die Befriedigung der Gläubiger im Allgemeininteresse liegt, das Gesellschaftsvermögen bestmöglich zu verwerten, es wieder einem wirtschaftlich nützlichen Zweck zuzuführen und es vor Verschleuderung zu bewahren. Es kann daher nicht allgemein gesagt werden, daß es den Liquidatoren verwehrt sei, zu Gunsten der Aktionäre zum Zweck der Erhaltung und Verwertung des Gesellschaftsvermögens die Durchführung der Liquidation hinauszuschieben.... Wenn auch dem Berufungsgericht darin zuzustimmen ist, daß die Sicherheit vor Beginn der Verteilung des Vermögens gestellt sein muß, da sie andernfalls häufig ihren Zweck verfehlen würde, so muß doch verlangt werden, daß die Vermögensverteilung nach dem Stande der Liquidation bevorsteht. Das Berufungsgericht mußte daher prüfen, ob eine Verteilung des Vermögens in naher Aussicht oder ob sie in weiter Ferne steht. Solange jenes nicht der Fall ist, kann von der Gesellschaft nicht verlangt werden, etwa Vermögensstücke mit Verlust in Geld umzusetzen und dafür Wertpapiere zu kaufen und Gefahr zu laufen, bis zum Ende der Liquidation die Sicherheit ergänzen zu müssen, weil diese durch Kursänderungen entwertet ist. . . .

RGZ. 143, 394.

Findet der dem § 311 Abs. 3 HGB. zugrundeliegende Rechtsgedanke auch Anwendung auf die Einzahlungsverpflichtungen der Aktionäre aus im Handelsregister eingetragenen, aber nichtigen Goldmarkumstellungsbeschlüssen der Generalversammlung?

HGB. § 311. (Jetzt: § 218 AktG.)

II. Zivilsenat. Urt. v. 16. Februar 1934.

I. Landgericht Hamburg, Kammer f. Handelssachen. — II. Oberlandesgericht daselbst.

. . .

Aus den Gründen:

. . .

In RGZ. Bd. 120 S. 363 [369/371] ist ferner erörtert, ob und welche Bedeutung für die Einzahlungsverpflichtung der Aktionäre bei absoluter Nichtigkeit der Umstellungsbeschlüsse der Tatsache zukommt, daß die Beschlüsse im Handelsregister eingetragen und veröffentlicht sind. Dort ist ausgeführt, daß eine solche Eintragung keine heilende Wirkung habe, auch § 311 Abs. 3 HGB. keine entsprechende Anwendung finden könne (s. a. z. B. JW. 1933 S. 1015 Nr. 5). An dieser Auffassung kann jedoch nach wiederholter Prüfung nicht festgehalten werden. Dem § 311 Abs. 3 HGB. liegt der Gedanke zugrunde, daß der Rechtsschein, wenn er nach außen in einer Weise und mit dem Anspruch hervortritt, daß sich Dritte auf ihn verlassen sollen, ebenso wirkt wie die Rechtswirklichkeit. Dieser Gedanke gilt auch sonst im Handelsrecht und auf dem Gebiet der Kapitalgesellschaften im besonderen, so z. B. bei der Frage, ob ein Aktionär nach Eintragung der Gesellschaft im Handelsregister seine Übernahme und Zeichnungserklärung wegen Irrtums oder arglistiger Täuschung anfechten oder den Einwand des Scheins oder sittenwidrigen Verhaltens der Mitgründer erheben kann (s. a. RGZ. Bd. 123 S. 102). Demgemäß hat der erkennende Senat den § 311 Abs. 3 HGB. wiederholt schon auf Fälle der Kapitalerhöhung für entsprechend anwendbar erklärt (s. z. B. JW. 1933 S. 1015 Nr. 5). . . .

RGZ. 144, 138.

1. Ist der Beschluß der Generalversammlung einer Aktiengesellschaft über die Erhöhung des Grundkapitals unheilbar nichtig, wenn, obwohl die neuen Aktien zu einem höheren als dem Nennbetrag ausgegeben werden sollen, in dem Beschluß nicht ein Mindestbetrag festgesetzt ist, unter dem die Ausgabe nicht erfolgen dürfe?

2. Zum Begriff der Bareinzahlung im Aktienrecht.

HGB. § 195 Abs. 3, §§ 278, 284 Abs. 3. (Jetzt: AktG. §§ 28 Abs. 2, 149, 155, Abs. 2).

II. Zivilsenat. Urt. v. 13. März 1934.

I. Landgericht Hamburg. — II. Oberlandesgericht daselbst.

Über das Vermögen der A. Union von 1865 (A. U.), einer Versicherungs-Aktiengesellschaft, ist am 4. Juli 1931 Konkurs eröffnet worden. Die Kläger sind Konkursverwalter. Am 22. Dezember 1928 hatte eine außerordentliche Generalversammlung der A. U. beschlossen, das Grundkapital von 6 000 000 RM auf 9 000 000 RM zu erhöhen, und zwar lautete der einstimmig gefaßte Beschluß dahin:

> Das Grundkapital der Gesellschaft wird um 3 000 000 RM von 6 000 000 RM auf 9 000 000 RM erhöht durch Ausgabe von 15 000 Stück auf den Inhaber lautenden Aktien zu je 200 RM. Das gesetzliche Bezugsrecht der Aktionäre wird ausgeschlossen. Die neuen Aktien nehmen am Gewinn ab 1. Januar 1929 teil.
>
> Der Aufsichtsrat wird ermächtigt, die Einzelheiten der Durchführung der Erhöhung des Grundkapitals und der Aktienausgabe festzusetzen.

Wiederum einstimmig wurde weiter beschlossen, nach Durchführung der beschlossenen Kapitalerhöhung den § 3 Abs. 1 der Satzung dahin zu ändern:

> Das Grundkapital der Gesellschaft beträgt 9 000 000 RM. Es ist eingeteilt in 20 000 auf den Namen lautende Aktien Nr. 1 bis 20 000 zu je 200 RM, auf welche 50 % eingezahlt sind, und in 25 000 auf den Inhaber lautende Aktien Nr. 20 001 bis 45 000 (Lit. B-Aktien) zu je 200 RM, welche voll einbezahlt sind.

Mit der Beklagten war vereinbart, daß sie die neuen Aktien zum Kurse von 108 % übernehmen solle, um diese nach Eintragung der Durchführung der Kapitalerhöhung im Handelsregister den alten Aktionären zum Kurse von 115 % anzubieten; der Unterschiedsbetrag von 7 % sollte der Beklagten als Provision verbleiben. Sie hatte sich ferner verpflichtet, „die gesetzlich vorgeschriebene Einzahlung in Höhe von 25 % der übernommenen nennwertlich 3 000 000 RM neue Aktien mit 750 000 RM zuzüglich des Aufgelds von 450 000 RM, zusammen 1 200 000 RM zum Tage der Einreichung der Anmeldung der durchgeführten Kapitalerhöhung zur Eintragung im Handelsregister zu leisten und diesen Betrag in bar oder in einem bestätigten Reichsbankscheck zur freien Verfügung des Vorstands zue halten"....

Unter dem 27. Dezember 1928 hat sodann die Beklagte in zweifacher Ausfertigung der A. U. folgenden Zeichnungsschein ausgestellt:

> In der außerordentlichen Generalversammlung der Aktionäre der A. U. vom 22. Dezember 1928 ist beschlossen worden, das

Grundkapital um 3 000 000 RM auf 9 000 000 RM zu erhöhen, und zwar durch Ausgabe von 15 000 volleinbezahlten, auf den Inhaber lautenden Aktien von je 200 RM. Das gesetzliche Bezugsrecht der Aktionäre ist ausgeschlossen. Die Ausgabe der Aktien erfolgt zum Kurse von 115 %. Die Aktien sind in voller Höhe zuzüglich des Agios sofort in bar einzuzahlen, und zwar mit 25 % des Nennwertes zuzüglich des Agios vor Anmeldung des Kapitalerhöhungsbeschlusses zum Handelsregister.

Wir übernehmen die gesamten nominell 3 000 000 RM neuer Aktien und verpflichten uns, die neuen Aktien den alten Aktionären im Verhältnis von 2 : 1 zum Kurse von 115 % zuzüglich des von den Beziehern zu tragenden Schlußnotenstempels anzubieten. Diese Zeichnung wird jedoch unverbindlich, wenn die erfolgte Erhöhung des Stammkapitals nicht bis zum 31. Januar 1929 im Handelsregister eingetragen ist.

Kapitalerhöhung und ihre Durchführung wurden unter dem 27. Dezember 1928 zum Handelsregister angemeldet. Dabei gaben Vorstand und Aufsichtsrat der A. U. u. a. nachstehende Erklärung ab:

Die beschlossene Kapitalerhöhung ist durchgeführt. Die Ausgabe der neuen Aktien erfolgt zum Kurse von 115 %. Wir versichern, daß auf jede in bar zu leistende Aktie 25 % des Nennbetrags und das Aufgeld von 15 % in bar eingefordert und eingezahlt worden sind. Der eingeforderte Betrag von insgesamt 1 200 000 RM befindet sich im Besitz des Vorstands.

... Außer Streit ist, daß die Beklagte am 27. Dezember 1928 1 200 000 RM weder in bar noch in Gestalt eines bestätigten Reichsbankschecks oder auf Postscheckkonto zur Verfügung des Vorstands der A. U. gestellt hat.

Die Kläger als Konkursverwalter verlangen nun mit der vorliegenden Klage von der Beklagten Zahlung von 500 000 RM nebst Zinsen in Höhe von 2 % über Reichsbankdiskont seit 28. Dezember 1928 als Teilbetrag der gesamten Einzahlungsverpflichtung von 3 450 000 RM aus dem Zeichnungsschein; sie machen u. a. geltend, die Barzahlungspflicht von 1 200 000 RM sei nicht erfüllt; ihr könne auch nicht durch Aufrechnung oder sonstwie genügt werden; auf alle Fälle aber sei die Beklagte noch mindestens in Höhe von 500 000 RM mit ihren Einzahlungen im Rückstand. Die Beklagte hat die Gültigkeit des Erhöhungsbeschlusses bemängelt und im übrigen Erfüllung behauptet.

Das Landgericht hat die Klage abgewiesen, das Oberlandesgericht dagegen unter Abweisung des weitergehenden Zinsanspruchs die Beklagte zur Zahlung von 500 000 RM nebst 2 % über Reichsbankdiskont vom 28. Dezember 1928 bis 31. Dezember 1931 und von 5 % seit dem 1. Januar 1932 hieraus verurteilt. Die Revision der Beklagten blieb erfolglos.

Aus den Gründen:

I. Die Beklagte hat zunächst die Gültigkeit des Kapitalerhöhungsbeschlusses überhaupt bemängelt und dessen absolute Nichtigkeit behauptet, weil seine Durchführung in zweifacher Hinsicht, nämlich einmal hinsichtlich ihres Zeitpunkts und zum anderen bezüglich der Festsetzung des Ausgabekurses, unzulässigerweise dem Aufsichtsrat überlassen worden sei. Der Vorderrichter hat diese Einwendungen der Beklagten für unbegründet erachtet.

Beschlüsse der Generalversammlung einer Aktiengesellschaft und so auch Kapitalerhöhungsbeschlüsse, können freilich mit Mängeln behaftet sein, die ihre absolute Nichtigkeit nach sich ziehen, eine Nichtigkeit, die weder durch die Eintragung im Handelsregister noch sonstwie geheilt wird. Immerhin müßte aber dann, wie der erkennende Senat schon wiederholt ausgesprochen hat (z. B. JW. 1933 S. 1015 Nr. 5; RGZ. Bd. 143 S. 394), § 311 Abs. 3 HGB. auch auf die Einzahlungsverpflichtungen von Zeichnern oder Übernehmern von Aktien aus solchen nichtigen Kapitalerhöhungsbeschlüssen entsprechende Anwendung finden. Mit dem Hinweis auf die Nichtigkeit des Kapitalerhöhungsbeschlusses könnte sich daher die Beklagte ihrer Einzahlungspflicht jedenfalls insoweit nicht entledigen, als deren Erfüllung zur Befriedigung der Gläubiger der A. U. erforderlich ist. Insoweit sind Einwendungen gegenüber dem Klagbegehren der Konkursverwalter überhaupt nicht erhoben. Dem Berufungsrichter ist aber auch — im Ergebnis jedenfalls — darin beizutreten, daß der Kapitalerhöhungsbeschluß nicht mit einem absoluten Nichtigkeitsmangel behaftet ist. Der Beschluß besagt allerdings ausdrücklich nichts darüber, bis wann er durchzuführen ist. Daraus folgt aber noch keineswegs, daß es dem Aufsichtsrat oder dem Vorstand überlassen bleiben sollte, ob und wann dies zu geschehen habe. Auch ein Kapitalerhöhungsbeschluß unterliegt der Auslegung nach den Grundsätzen des § 133 BGB. Nun weist schon die Bestimmung, daß die jungen Aktien ab 1. Januar 1929 gewinnberechtigt sein sollten, darauf hin, daß die Erhöhung sofort durchgeführt werden sollte. Dazu kommen die schon vor der Generalversammlung vom 22. Dezember 1928 mit der Beklagten selbst geführten Verhandlungen und getroffenen Abmachungen wegen der in Aussicht genommenen Kapitalerhöhung, die offensichtlich den Zweck verfolgten, die beschleunigte Durchführung eines solchen Beschlusses zu ermöglichen und sicherzustellen. Angesichts dieser Umstände und in weiterer Berücksichtigung dessen, daß in der Generalversammlung gleichzeitig über die für den Fall der Durchführung der Kapitalerhöhung notwendig gewordenen Satzungsänderungen Beschluß gefaßt worden ist, kann der Erhöhungsbeschluß nur so gemeint gewesen sein, daß die Erhöhung des Grundkapitals sofort durchgeführt werden sollte, wie dies tatsächlich auch der Fall gewesen ist. Dann enthielt der Beschluß aber in *zeitlicher* Hinsicht überhaupt keine Ermächtigung an den Aufsichtsrat zur näheren Ausgestaltung der Durchführung.

Über die Höhe des Ausgabekurses der jungen Aktien besagt der Beschluß selbst nichts. Der Fall liegt hier tatsächlich insoweit auch anders als in der Rechtssache der Konkursverwalter der N.-AG. gegen die Beklagte und dem hierzu ergangenen Urteil des Vorderrichters vom 6. April 1932, auf dessen Gründe sich dieser bezogen hat. Denn dort sollte die Ausgabe der Aktien zum Nennbetrag erfolgen, hier aber nach der Anmeldung zum Handelsregister und dem Zeichnungsschein gerade nicht, sondern zu 115 %. Die der Kapitalerhöhung vorausgegangenen Verhandlungen der A. U. mit der Beklagten stellen auch klar, daß von vornherein ein über dem Nennbetrag liegender Ausgabekurs beabsichtigt war. Bei dieser Sachlage kann nicht in Zweifel gezogen werden, daß, wenn in dem Kapitalerhöhungsbeschluß gesagt ist, der Aufsichtsrat werde ermächtigt, die Einzelheiten der Durchführung der Kapitalerhöhung und der Aktienausgabe festzusetzen, ihm gerade auch die Bestimmung des den Nennbetrag übersteigenden Ausgabekurses überlassen bleiben sollte. Das verstieß freilich gegen das Gesetz. Denn § 278 Abs. 3 HGB. schreibt vor, daß, wenn die jungen Aktien zu einem höheren Kurs als dem Nennbetrag ausgegeben werden, der Mindestbetrag, unter dem die Ausgabe nicht erfolgen soll, in dem Beschluß über die Erhöhung des Grundkapitals festzusetzen ist. Indessen kann, zumal die Satzung der A. U. die Ausgabe von Aktien zu einem höheren Kurse als dem Nennbetrag für statthaft erklärt (§ 3 Abs. 2 das.) und immerhin die n ä h e r e n Bestimmungen über die Höhe des Ausgabekurses dem Aufsichtsrat ohnehin in weitestem Umfang überlassen werden können, nicht zugegeben werden, daß der weitergehende Ermächtigungsbeschluß und mit ihm der Erhöhungsbeschluß selbst um deswillen an einem absoluten und unheilbaren Nichtigkeitsmangel litte. Vielmehr muß auch dieser

Fehler noch als ein solcher gelten, der im Fall nicht fristzeitiger Anfechtungsklage gemäß §§ 271 flg. HGB. geheilt wird (s. a. RGZ. Bd. 143 S. 20 [23/24]; a. M. z. B. Staub-Pinner HGB. Anm. 13 zu § 278).

II. . . .

III. Das Berufungsgericht vertritt im Gegensatz zum Landgericht unter Hinweis auf § 284 Abs. 3 HGB. in Verbindung mit § 195 Abs. 3 das. grundsätzlich die Auffassung, daß die Beklagte bezüglich der ersten 25 % und des Aufgelds ihre Einlageverpflichtung überhaupt nur durch Barzahlung in deutschem Geld. Reichskassenscheinen, *sowie den gesetzlich zugelassenen Noten deutscher Banken oder* auf Grund der Bekanntmachung zur Erleichterung der Einzahlung auf Aktien vom 24. Mai 1917 (RGBl. S. 431) durch die Übergabe eines bestätigten Reichsbankschecks oder durch Gutschrift auf Reichsbank- oder Postscheckkonto habe rechtswirksam erfüllen können, gleichviel ob die A. U. mit einer anderen Tilgungsweise einverstanden gewesen sei oder nicht.

Dagegen richtet sich einer der Hauptangriffe der Revision. Sie vertritt unter Bezugnahme auf die Ausführungen von Wittgensteiner im Bankarchiv Bd. 31 S. 296 die Auffassung, daß sich die nach § 284 Abs. 3 HGB. auch für Kapitalerhöhungen entsprechend anzuwendende Bestimmung des § 195 Abs. 3 das. gar nicht auf den Inhalt der Leistungspflicht der Aktionäre beziehe, sondern sich darauf beschränke, die formellen Voraussetzungen für die Eintragung der Gesellschaft und der Durchführung des Kapitalerhöhungsbeschlusses im Handelsregister zu regeln, insofern sie diese u. a. von dem Vorliegen bestimmter Erklärungen des Vorstands und Aufsichtsrats über die Leistung des Aufgelds und der ersten 25 % der Einlage abhängig mache. § 195 Abs. 3 HGB. soll danach nur auf die Anmeldepflicht Bezug haben, nicht aber auch den sachlich-rechtlichen Inhalt der Zahlungspflicht selbst regeln (ähnlich wie Wittgensteiner auch Mann in ZentrBlHR. 1932 S. 131 und Bergmann das. 1933 S. 207).

Dem kann nicht gefolgt werden. Zunächst spricht schon der Wortlaut des Gesetzes nicht für, sondern sehr viel eher gegen diese Deutung. Das Handelsgesetzbuch besagt sonst nirgends ausdrücklich, wie die Aktionäre ihrer Verpflichtung zur Einzahlung ihrer Geldeinlagen zu genügen haben. Geldforderungen sind durch Zahlung in den gesetzlichen Zahlungsmitteln und dem, was ihnen gleichsteht, zu erfüllen. Das Gesetz trifft aber im Interesse der Kapitalsammlung und, um Scheinzahlungen und -leistungen zu vermeiden, Bestimmung darüber, was bei Anmeldung der Gesellschaft oder bei der Durchführung des Kapitalerhöhungsbeschlusses zum Handelsregister zu erklären ist, und setzt im Zusammenhang damit so, wie geschehen, fest, was als Barzahlung zu gelten habe und nur gelten könne. Dann ist jedenfalls die nächstliegende, dem Sinn und Zweck des Gesetzes am besten gerecht werdende Deutung die, daß damit in erster Linie zwingend Bestimmung auch mit darüber getroffen werden sollte und getroffen ist, wie überhaupt nur mit schuldtilgender Wirkung Zahlung geleistet werden könne, gleichviel ob sich der Vorstand der Gesellschaft mit anderweitiger Ansicht einverstanden erklärt oder nicht. Die gegenteilige Ansicht läuft auf eine auch sachlich nicht zu rechtfertigende Einschränkung der Vorschrift hinaus und gibt Raum einmal für eine Umgehung der im öffentlichen Interesse getroffenen Vorschriften über die Sachgründung, nicht minder aber auch für Scheinleistungen. Sie beachtet ferner nicht genügend die Strafbestimmungen des § 313 Nr. 1 und 3 HGB. Demgemäß hat sich denn auch der erkennende Senat schon in RGZ. Bd. 94 S. 61 (s. a. RGZ. Bd. 72 S. 265) dahin ausgesprochen, daß die Einzahlungsverpflichtung auf das Aufgeld und die ersten 25 % nur durch „Barzahlung" erfüllt werden könne (s. a. RGSt. Bd. 53 S. 149). Dies ist auch die im Schrifttum jedenfalls ganz überwiegend vertretene Meinung (z. B. Staub-Pinner HGB. Anm. 21 a zu § 195 und Anm. 4 Abs. 4 zu § 221; Düringer-Hachenburg-Bing HGB. Anm. 30 zu § 195; Düringer-Hachenburg-Flechtheim HGB. Anm. 8 zu § 221; Brodmann Aktienrecht Anm. 6c zu § 195 HGB. und Anm. 2a zu § 221).

Die vorstehenden Ausführungen gelten gleicherweise für die bei Gründung der Gesellschaft wie auch für die bei einer Kapitalerhöhung durch Übernahme oder Zeichnung eingegangenen Verpflichtungen zur Einzahlung der ersten 25 % und des Aufgelds. Angesichts der klaren und unzweideutigen Gesetzeslage ist nicht ersichtlich, weshalb insoweit für die Einzahlungspflichten im Fall der Kapitalerhöhung etwas anderes Rechtens sein sollte (s. a. RGZ. Bd. 94 S. 61 und RGSt. Bd. 53 S. 149, die gerade auch Kapitalerhöhungen betreffen.) ...

An der Bareinzahlungspflicht der Beklagten in dem vorstehend vertretenen Sinn hat sich auch dadurch nichts geändert, daß die Durchführung der Kapitalerhöhung ungeachtet dessen, daß die Einzahlung nicht geleistet war, von dem Registerrichter im Vertrauen auf die gegenteilige Versicherung des Vorstands und des Aufsichtsrats in das Handelsregister eingetragen worden ist. Gewiß ist mit dieser Eintragung, wie schon hervorgehoben, die Haftung der Beklagten aus dem

Zeichnungsschein in ihre Haftung als Ersterwerberin der neuen Mitgliedschaftsrechte übergegangen. Indessen änderte dieser Umstand nichts an dem sachlich-rechtlichen Inhalt ihrer Zahlungspflicht hinsichtlich des Aufgelds und der ersten 25 %. Es fehlt an allem und jedem Grund, weshalb ein Verstoß gegen eine zwingende, im öffentlichen Interesse gegebene Vorschrift, das gesetzwidrige Verhalten der Verwaltungsorgane der A. U. und der Umstand, daß die Beklagte ihrer Bareinlagepflicht nicht rechtzeitig, d. h. vor der Eintragung, genügt hat, geeignet sein sollten, eine Abschwächung und Änderung des sachlich-rechtlichen Inhalts der Leistungspflicht der Beklagten zu ihren Gunsten herbeizuführen. Alles, was die Revision in diesem Zusammenhang vorträgt, ist nicht stichhaltig. Ebensowenig kann davon die Rede sein, daß sich die Beklagte hinterher ihrer Haftung für das Aufgeld und die ersten 25 % durch Überlassung ihrer Aktien an die mittelbar Bezugsberechtigten oder sonstige Zweitnehmer, sei es mit, sei es ohne Zustimmung der Gesellschaft, hätte entschlagen können. Die Möglichkeit einer befreienden Schuldübernahme scheiterte auf alle Fälle an § 221 HGB.... (Düringer-Hachenburg-Flechtheim HGB. Anm. 3 zu § 218).

Gewiß bedeutet die „Bar"zahlungspflicht nicht, daß Zeichner oder Aktionäre selbst der Gesellschaft den Einzahlungsbetrag, sei es in Geld, sei es in den nach § 195 Abs. 3 HGB. und der Verordnung vom 24. Mai 1917 zulässigen Ersatzleistungen, übermitteln; entscheidend kommt es nur darauf an, daß die Gesellschaft so oder so in den freien Besitz des „bar" zu entrichtenden Teils der Aktionäreinlagen selbst gelangt ist. So ist bar gezahlt, wenn die Einzahlung seitens des Zeichners auf dem Konto der Gesellschaft geschehen ist und etwa der Vorstand den eingezahlten Betrag abgehoben hat oder wenn er die ihm zur Versilberung zwecks Leistung der Bareinzahlung von dem Zeichner und Aktionär überlassenen Aktien anderer Gesellschaften versilbert und den Erlös bar erhalten hat. All das hat aber mit der hierzu entscheidenden Fragen nichts zu tun, weil in jenen Fällen eben der Gesellschaft die Barmittel selbst, wenn auch auf einem Umweg, zugeflossen sind. Insoweit kann der Revision zugestimmt werden, nicht aber wenn sie ausführt, daß als Barzahlung im Sinn von § 195 Abs. 3, § 284 Abs. 3 HGB. auch zu gelten habe, wenn der Zeichner oder Aktionär auf Anweisung der Gesellschaft an einen Dritten zahle. Das mag richtig sein, soweit durch diese Zahlung die Gesellschaft selbst in den unmittelbaren oder mittelbaren Besitz der Gelder kommt und über diese freie Verfügungsmacht hat, sonst aber nicht. Das Handelsgesetzbuch bestimmt eben in § 195 Abs. 3 und § 284 Abs. 3 in Verbindung mit der Bekanntmachung vom 24. Mai 1927 klar und deutlich, was unter „Barzahlung" zu verstehen ist, und daraus ergibt sich zwingend, daß jede andere Leistung die „bar" zu entrichtende Einlageschuld nicht zum Erlöschen bringt, und Zeichner und Aktionäre, die zur Bereinigung ihrer Einzahlungsverpflichtung hinsichtlich der ersten 25 % und des Aufgelds einen anderen Weg wählen, dies auf ihre Gefahr und ohne schuldbefreiende Wirkung tun, gleichviel, ob dies mit oder ohne Einverständnis oder Genehmigung der Gesellschaft geschieht (Staub-Pinner HGB. Anm. 17, 21a zu § 195)....

RGZ. 145, 336.

1. Was ist im Sinn des § 262 HGB. unter einem aus der Bilanz sich ergebenden Verlust zu verstehen?

2. Steht § 262 HGB. einer Deckung des Verlustes aus freiwilligen Reserven entgegen?

3. Ist es zulässig, solange der gesetzliche Reservefonds nicht erschöpft ist, den Verlust auf neue Rechnung vorzutragen?

HGB. § 262. (Jetzt: § 130 AktG.)

II. Zivilsenat. Urt. v. 13. November 1934.

I. Landgericht Chemnitz. — II. Oberlandesgericht Dresden.

Aus den Gründen:

Die Klage ist mit Recht für begründet erachtet worden.

Nach § 262 HGB. ist zur Deckung eines aus der Bilanz sich ergebenden Verlustes ein Reservefonds zu bilden. Der Kläger erblickt in dem angefochtenen Beschlusse, durch welchen der Vortrag des Verlustes auf neue Rechnung angeordnet worden ist, einen Verstoß gegen diese Vorschrift. Die Beklagte vertritt mit der Revision, wie bereits in den Vorinstanzen, den Standpunkt, daß unter einem „Verlust" im Sinne des § 262 HGB. nur eine wirkliche Unterbilanz im Sinn einer Überschuldung zu verstehen sei, eine Voraussetzung, die im vorliegenden Falle im Hinblick auf das unstreitige Vorhandensein freiwilliger Reserven im Gesamtbetrage von 300 000 RM nicht gegeben wäre.

Dieser Auffassung ist das Berufungsgericht indes mit Recht entgegengetreten. Die Bedeutung des Wortes „Verlust" in § 262 HGB. kann nur im Zusammenhang mit den vorhergehenden Bestimmungen des Handelsgesetzbuches zutreffend gewürdigt werden. Der § 261a HGB. n. F., der die Gestaltung der Jahresbilanz regelt, bestimmt in Abs. 1 B II, daß auf der Seite der Passiven der gesetzliche Reservefonds und andere Reservefonds einzustellen seien, und ordnet sodann in Abs. 2 an, daß der Reingewinn oder Reinverlust des Jahres am Schlusse der Bilanz ungeteilt und vom vorjährigen Gewinn- oder Verlustvortrag gesondert auszuweisen sei (vgl. auch die ähnliche Vorschrift in § 261 Nr. 5 und 6 HGB. a. F. sowie bezüglich der Gewinn- und Verlustrechnung § 261c Abs. 2 n. F.).

Es kann hiernach kein Zweifel bestehen, daß das Wort „Verlust" in § 262 ebenso wie in den bezeichneten Vorschriften nicht eine Unterbilanz im Sinne einer Überschuldung bedeutet, sondern den Unterschied, um den bei der Vergleichung sämtlicher Aktiven und Passiven (einschließlich der Reservefonds) die Aktiven hinter den Passiven zurückbleiben, d. h. also die bilanzmäßig an letzter Stelle der Aktivseite ausgewiesene Verlustsumme. Der vereinzelt im Schrifttum (vgl. vor allem Brodmann Aktienrecht § 262 Erl. 2c) vertretenen gegenteiligen Meinung kann hiernach nicht beigetreten werden.

Wie das Berufungsgericht zutreffend bemerkt, darf nach § 262 HGB. die Verlustsumme aus Gründen der Bilanzklarheit nicht neu vorgetragen werden, solange der gesetzliche Reservefonds nicht völlig ausgeschöpft ist; jedem Aktionär steht das Recht zu, die Deckung des Verlustes aus dem gesetzlichen Reservefonds zu verlangen.

Eine andere Frage ist es, ob § 262 HGB. dahin zu verstehen ist, daß in jedem Falle zur Deckung des bilanzmäßigen Verlustes gerade der gesetzliche Reservefonds verwendet werden muß.

Das ist zu verneinen. Der Wortlaut des § 262 zwingt nicht zu einer solchen Auslegung; sie würde auch nicht dessen Sinn entsprechen. Der Sinn geht vielmehr dahin, daß der Reservefonds zur Deckung eines solchen bilanzmäßigen Verlustes bestimmt ist, der nicht in zulässiger anderer Weise gedeckt werden kann. Einer Satzungsbestimmung, welche die Anordnung trifft, es seien Bilanzverluste in erster Reihe aus den vorhandenen offenen freiwilligen Reserven zu decken, würde daher kein rechtliches Bedenken entgegenstehen. Die Satzung der Beklagten enthält jedoch eine solche Bestimmung nicht. Es würde aber auch weiterhin mit der Vorschrift des § 262 HGB. nicht im Widerspruche stehen, daß eine Generalversammlung auch ohne eine Satzungsbestimmung des bezeichneten Inhaltes — sofern nur nicht positive Satzungsbestimmungen dem entgegenstehen sollten — anordnet, es solle der Bilanzverlust aus freiwilligen Reservekonten gedeckt werden.

Im vorliegenden Falle hat die Generalversammlung indes auch einen solchen Beschluß nicht gefaßt; es ist in ihr vielmehr nur beschlossen worden, den Verlust auf neue Rechnung vorzutragen. Daß dies, entgegen der Meinung der Beklagten, etwas ganz anderes ist als die Anordnung der Deckung des Verlustes aus freiwilligen Reserven, mag auch rechnerisch das Ergebnis dasselbe bleiben, erhellt schon allein aus den Wirkungen, die ein solcher Verlustvortrag für die Gewinnausschüttung an die Aktionäre haben könnte.

Demnach ist der Beschluß der Generalversammlung, durch welchen der Vortrag des Bilanzverlustes auf neue Rechnung angeordnet ist, zutreffend für nichtig erklärt worden.

RGZ. 146, 84.

1. Für welchen Fall ist in der Rechtsprechung des Reichsgerichts die Unterscheidung zwischen Erstaktionär und nachträglichem Erwerber der Aktie im Hinblick auf § 213 HGB. gemacht worden?

2. Über die Voraussetzungen des sogenannten Umsatzgeschäftes nach dieser Rechtsprechung.

3. Genügt es im Falle der Zahlung des Kaufpreises für Aktien der Aktiengesellschaft durch diese aus ihrem Stammvermögen zur Ausschließung der Anwendbarkeit der §§ 213, 217 HGB., daß sie die Zahlung erkennbar „im Auftrage“ oder „als Vertreterin“ oder als Bürgin des Erwerbers der Aktien leistet?

HGB. §§ 213, 215, 217. (Jetzt: §§ 52, 54, 56 AktG.)

II. Zivilsenat. Urt. v. 19. Oktober 1934.

I. Landgericht Düsseldorf. — II. Oberlandesgericht daselbst.

. . .

Aus den Gründen:

Der Kläger gründet die Klagansprüche gegen die Beklagten Cl. A., K. und die Kommanditgesellschaft C. A. in erster Linie auf die §§ 213, 215, 217 HGB. Das Berufungsgericht sieht im Gegensatz zum Landgericht diesen Klagegrund in bezug auf diese drei Beklagten nicht als gegeben an auf Grund der Erwägung, daß als „Einlage“ im Sinne des § 213 HGB. nur die Leistung des „ersten Erwerbers" der Aktien an die Aktiengesellschaft D. & Co. gelten könne, die Kommanditgesellschaft C. A. aber nicht Erstnehmerin der Aktien sei. Das Berufungsgericht glaubt, sich für seine Auffassung über den Inhalt des § 213 a. a. O. auf eine seiner Ansicht nach seit dem Urteil des erkennenden Senats vom 1. Mai 1908 in RGZ. Bd. 68 S. 309 ständig festgehaltene Rechtsprechung des Reichsgerichts stützen zu können. Weiter bezieht es sich auf die mit der seinigen übereinstimmende Auffassung von Heinz Pinner in seinem Aufsatz über den „Erwerb eigener Aktien durch die Gesellschaft und Rückzahlung der Einlage" in der Festschrift für *Albert Pinner* S. 613 flg. sowie auf Staub-Pinner HGB. Anm. 1 und 2 zu § 213.

Demgegenüber rügt die Revision des Klägers Verletzung der §§ 213, 215, 217 HGB. und des § 286 ZPO. Sie wendet sich in erster Reihe gegen die Ansicht des Berufungsgerichts, daß die Vorschrift des § 213 HGB. nur für eine Leistung an den Erstnehmer der Aktien gelte und daß in der Rechtsprechung des Reichsgerichts ein Rechtsgrundsatz dieses Inhalts zur Anerkennung gelangt sei. Der Standpunkt der Revision ist zutreffend.

Die Unterscheidung, die neuere Entscheidungen des Reichsgerichts bei der Anwendung des § 213 HGB. zwischen dem Erstaktionär und einem späteren Erwerber des Aktienrechts machen, hat, soweit ersichtlich, in der Rechtslehre überwiegend Ablehnung gefunden. Eigentlich vertritt sie nur Staub-Pinner Anm. 1 zu § 213 HGB. Dagegen lehnen sie ab: Düringer-Hachenburg-Flechtheim Anm. 6 zu § 213 HGB.; Schlegelberger-Quassowski-Schmölder Anm. 14 S zu § 226 HGB. Nord im Zentralbatt für Handelsrecht 1931 S. 178 flg.; auch Brodmann Anm. 3 zu § 213 HGB. hält die Begründung der Unterscheidung nicht für überzeugend und meint, es wäre besser gewesen, bei der früheren Rechtsprechung zu bleiben, die eine solche Unterscheidung nicht machte.

Die Schwenkung in der Rechtsprechung ist anscheinend darauf zurückzuführen, daß das Reichsgericht einen Ausgleich gesucht hat zwischen der Vorschrift des § 213 HGB. und allgemeinen Rechtsvorschriften, deren Anwendung sich für die Aktiengesellschaft namentlich dann ergab, wenn die Aktien auf Grund eines Kaufvertrags mit der Aktiengesellschaft erworben wurden. Bezeichnend ist in dieser Richtung RGZ. Bd. 71 S. 97 (I. Zivilsenat); dort handelt es sich um den Erwerb eigener Aktien der Aktiengesellschaft durch einen Dritten; die Unterscheidung zwischen Erstnehmer und späterem Erwerber in der

Anwendung des § 213 wird damit begründet (vgl. S. 99 das.), daß die Aktiengesellschaft im Verkehr keine Vorrechte gegenüber dem Aktionär genieße, der ihr nur als Käufer gegenübertrete. Dieser Begründung ist entgegenzuhalten, daß es sich doch gerade fragt, ob ein solches „Vorrecht" nicht aus § 213 folgt, der doch gewiß nicht in erster Reihe dem Interesse der Gesellschaft dient. Daß das Bestreben, einen solchen Ausgleich zwischen allgemeinen Rechtsgrundsätzen und Aktiensonderrecht zu finden, der Grund für die Änderung der Rechtsprechung war, ergeben auch andere Entscheidungen. So heißt es in RGZ. Bd. 88 S. 188 (Urteil des erkennenden Senats), die früheren Entscheidungen des I. Zivilsenats „gingen nur darin zu weit, daß sie keinen Unterschied machten zwischen der ursprünglichen Beteiligung an der Gesellschaft und einem mit ihr oder einem Dritten über den rechtlich bestehenden Anteil geschlossenen Kaufvertrag". In RGZ. Bd. 88 S. 271 (III. Zivilsenat) hatte ein Aktionär eigene Aktien der Gesellschaft von dieser erworben; er verlangte Rückzahlung des Kaufpreises für die wertlos gewordenen Aktien als Schadensersatz gemäß § 45 BörsG., weil er durch unrichtige, für die Beurteilung des Wertes der Aktien erhebliche Angaben in dem von der Gesellschaft ausgehenden Prospekt betrogen worden sei. Das Reichsgericht billigt ihm den Anspruch zu und sagt (S. 273), daß die Ausnahme, die für den Ersterwerber von Aktien in dieser Hinsicht von den allgemeinen Grundsätzen gemacht worden sei, „aus wirtschaftlichen Gründen nicht ausgedehnt werden darf, daß es vielmehr — in dem gedachten Falle — bei den allgemeinen Grundsätzen des Verkaufsrechts sein Bewenden haben muß"; dabei wird ausdrücklich auf RGZ. Bd. 71 S. 97 hingewiesen. Die Entscheidung in RGZ. Bd. 87 S. 339 betraf den Verkauf eines Fabrikunternehmens an eine Aktiengesellschaft, bei dem der Kaufpreis durch Hingabe eigener Aktien beglichen werden sollte, die Gesellschaft aber zugleich versprach, die Aktien zu einem bestimmten Kurse nach Ablauf einer gewissen Frist einzulösen. Das Reichsgericht (der erkennende Senat) hält die Abrede für gültig und bemerkt (S. 340), es halte an den in zwei Entscheidungen für die Gesellschaft mbH. vertretenen Anschauungen fest, „daß unterschieden werden muß, ob das Versprechen dem Aktionär in Verbindung mit der Gründung oder Kapitalerhöhung erteilt wurde oder ob es einem die Aktien betreffenden Umsatzgeschäft als Bestandteil angehört; nur im ersten Fall greift § 213 HGB. Platz und hat die Nichtigkeit der Einlösungsgarantie zur Folge". Eine ganz ähnliche Formel kehrt in RGZ. Bd. 121 S. 106 (VI. Zivilsenat) wieder bei der Beurteilung eines im

Zusammenhang mit einem Grundstückskaufgeschäft mit der Aktiengesellschaft als Käuferin abgeschlossenen Dividendengarantievertrags. auch die bereits erwähnte Entscheidung in RGZ. Bd. 71 S. 97 spricht (S. 100 a. E. und S. 101 oben) von einem auf Erwerb der Aktien gerichteten „Umsatzvertrag", durch den die Anwendung des § 213 HGB. ausgeschlossen werde.

Nach dem Inhalt der vorstehend behandelten Rechtsprechung des Reichsgerichts muß angenommen werden, daß bisher die Unterscheidung zwischen Erstaktionär und nachträglichem Erwerber der Aktie im Hinblick auf § 213 HGB. nur da gemacht worden ist, wo die Aktiengesellschaft aus *allgemeinen* Rechtsgründen zu Maßnahmen verpflichtet war oder sich verpflichtete, die im Erfolg eine Ausschüttung von Stammvermögen an den Aktionär zur Folge haben mußten oder hatten. Hier soll § 213 vorgehen, wenn solche Verpflichtung bei der ersten Begründung des Aktienrechts geschaffen wurde, dagegen soll es bei den allgemeinen Rechtsgrundsätzen verbleiben, wenn das nicht der Fall war. . . . In dem gleichen allgemeinen Sinne muß auch die Begründung des Urteils des erkennenden Senats in RGZ. Bd. 107 S. 161 (166) verstanden werden. Dort wird ein Fall behandelt, in dem ein Treuhänder das ganze Vermögen einer Aktiengesellschaft übernahm und sich verpflichtete, den Aktionären entweder das Stammkapital auszuzahlen oder ihnen die Erträgnisse des Vermögens — nicht bloß den bilanzmäßigen Gewinn zukommen zu lassen. Der Senat billigt dort die Entscheidung des Berufungsgerichts, das die Abrede als gegen §§ 213, 215 HGB. verstoßend erklärt hatte. Richtig ist auch hier, daß es sich zur Zeit des Vertrags tatsächlich um Erstaktionäre handelte. Aber in den Gründen des Urteils wird auf diesen Umstand keinerlei Gewicht gelegt; im Gegenteil: das Berufungsgericht hatte dort zunächst (S. 166 Abs. 3 das.) ausgeführt, daß die Anfechtungsklage gemäß § 271 HGB. begründet sei, weil die §§ 213, 215 HGB. einen vermögensrechtlichen Anspruch der Aktionäre auf etwas anderes als den bilanzmäßigen Reingewinn für die Zeit des Bestehens der Aktiengesellschaft als Erwerbsverein ausschlössen, dann aber betont (S. 167), es sei für die Beurteilung bedeutungslos, ob die Zuwendungen den gegenwärtigen oder zukünftigen Aktionären zugute kommen sollten. Und das Reichsgericht erklärt in fast unmittelbarem Anschluß daran, die Ausführungen des Berufungsgerichts ließen einen wesentlichen Rechtsirrtum nicht erkennen. — Auch in der Entscheidung des I. Zivilsenats in RGZ. Bd. 77 S. 71 wird in der Begründung mit keinem Wort erklärt, daß die Einlösungszusage der verklagten

Aktiengesellschaft gemäß § 213 HGB. deshalb für nichtig erklärt worden sei, weil sie dem ersten Übernehmer der Aktien erteilt sei, was allerdings nach dem Sachverhalt der Fall war. Es wird vielmehr ohne Einschränkung auf den Erstaktionär dort (S. 73) ausgeführt, daß die von einer Aktiengesellschaft ihrem Aktionär gegenüber übernommene Verpflichtung, ihm die Aktien gegen Entgelt wieder abzunehmen, eine Verpflichtung zur Zurückzahlung seiner Einlage darstelle, eine solche aber, solange die Gesellschaft bestehe, ausgeschlossen sei; weiter: daß jede Vertragsbestimmung, die eine derartige Verpflichtung der Aktiengesellschaft zum Gegenstand habe, mit dem Grundsatz des § 213 HGB. unvereinbar sei. Auch die bereits erwähnte Entscheidung des III. Zivilsenats in RGZ. Bd. 88 S. 271 erklärt (S. 273) in Übereinstimmung hiermit, RGZ. Bd. 77 S. 71 „besage nur, daß die von der Aktiengesellschaft ihren Aktionären gegenüber eingegangene Verpflichtung zur Zurücknahme der Aktien eine mit dem Grundsatz des § 213 HGB. unvereinbare Verpflichtung zur Zurückzahlung der Einlage enthalte". . . .

Im vorliegenden Falle handelt es sich nun aber nicht um ein solches „Umsatzgeschäft", das nach der oben inhaltlich wiedergegebenen, richtig verstandenen neueren Rechtsprechung des Reichsgerichts zu §§ 213, 215 HGB. die Anwendung der allgemeinen Rechtsgrundsätze rechtfertigen würde, auch wenn dies im Ergebnis eine Ausschüttung von Stammvermögen an den Aktionär zur Folge haben würde. Ein Zusammentreffen von aktienrechtlichen Vorschriften mit Bindungen, welche die Aktiengesellschaft nach allgemeinen Rechtsgrundsätzen auf sich genommen hatte, kommt hier überhaupt nicht in Frage. Betrachtet man vielmehr die ganzen Vorgänge, die sich hier abgespielt haben, in ihrem Zusammenhang, wie es erforderlich ist, weil sie aufs engste zusammengehören und nur bei dieser Betrachtungsweise nach ihrem Sinn und Zweck verständlich werden, so gelangt man zu dem Ergebnis, daß die verklagte Kommanditgesellschaft und der Beklagte Dr. Do. ihre Aktien der Gemeinschuldnerin bezahlt bekommen haben aus deren Stammvermögen, und zwar zu einem Kurse von 200 %, das diese den Aktienkäufern ohne die geringste Verpflichtung hierzu zur Verfügung gestellt hatte.

Es handelt sich um folgende Vorgänge: Die Meinungsverschiedenheiten, zu denen es nach der Feststellung des Berufungsgerichts in den Jahren 1925 und 1926 gekommen war zwischen den Beklagten Cl. A. und seinem Schwiegersohn K. einerseits und dem Beklagten P. D. und dessen Sohn W., der dem Vorstand der jetzigen Gemeinschuldnerin angehörte, anderseits über die Art und Weise der Weiterführung des Geschäfts der letzteren, hatten in Besprechungen zu dem Entschluß einer endgültigen Trennung der beiden Gruppen geführt in der Weise, daß die eine die Aktien der anderen übernahm. Cl. A. und K. wollten aus der Gesellschaft ausscheiden. Rechtlich betrachtet war Cl. A. nicht selbst Aktionär, sondern die von ihm beherrschte A.-AG. Ein Verkauf ihrer Aktien und der des K. an D. war nicht möglich, weil dieser nicht über die zum Erwerb erforderlichen Geldmittel verfügte. Das Geld zur Veräußerung der Aktien an D. wurde nun auf Kosten der jetztigen Gemeinschuldnerin beschafft, nämlich durch zwei Hypothekendarlehen, die sie zu diesem Zweck aufgenommen, ihrem Vermögen entnommen hatte. Hätte diese Gemeinschuldnerin aus dem von ihr aufgenommenen Darlehen unmittelbar den Aktienkaufpreis bezahlt, so hätte derselbe Fall vorgelegen wie in der oben behandelten Entscheidung des erkennenden Senats vom 30. Mai 1930 in JW. 1930 S. 3730 Nr. 1. Diesen wirtschaftlichen Erfolg verdunkelt nun aber eine Reihe von Geschäften, deren wirtschaftlicher Sinn und Zweck, mögen sie auch rechtlich voneinander trennbar und ernst gemeint sein, nicht erkennbar ist; einen Sinn erhalten sie überhaupt nur, wenn man sie als Bestandteile des einheitlichen Unternehmens ansieht, das den Beklagten A. und K. den Wert ihrer Aktien aus dem Stammvermögen der Gemeinschuldnerin zuführen soll. Diese gibt der A.-Kommanditgesellschaft am 3. Juli 1926 ein Darlehen von 150 000 RM sowie dem K. am 3. und 8. Juli 1926 ein solches von zusammen 50 000 RM aus dem Erlös der von ihr aufgenommenen ersten hypothekarischen Anleihe. Weshalb das geschieht, ist zunächst unverständlich, da ein Geldbedarf beider unstreitig gar nicht bestand. Aber der Grund und Zweck dieser beiden Darlehen wir klar, wenn man den Aktienkaufvertrag vom 31. Juli 1926 betrachtet. Mit diesen Darlehnshingaben sind die nach diesem Vertrag an die Ehleute D. verkauften Aktien bezahlt worden. Hätte man das aber einfach gesagt, so hätte die Verletzung der §§ 213, 215 HGB. offen am Tage gelegen. Deshalb verschleierte man sie durch eine Reihe von Geschäften, die nur juristische Aufmachungen ohne wirtschaftlichen Zweck sind. . . . (Wird im einzelnen dargelegt.)

Noch deutlicher ist das Verfahren, das von den Beteiligten in bezug auf das zweite Hypothekendarlehen der Gemeinschuldnerin geübt worden ist. . . . (Wird im einzelnen näher ausgeführt.)

Nach alledem ist es zweifellos, daß der Preis der Aktien, die D. und seine Ehefrau durch den erwähnten Aktienkaufvertrag von der C. A.-Kommanditgesellschaft erworben haben, dem Vermögen der Gemeinschuldnerin entnommen worden ist, daß also in Wirklichkeit Vermögen der Gemeinschuldnerin auf die Aktien ausgezahlt worden ist. Auf die von jeher streitige Frage der Abgrenzung des § 226 a. F. HGB. von § 213 das. braucht hier nicht eingegangen zu werden; die Vorschrift des § 226 HGB. kann außer Betracht bleiben, da ja die Gemeinschuldnerin die Aktien nicht erworben hat.

Auch die weitere Voraussetzung des § 213, daß Stammvermögen der Gemeinschuldnerin an einen Aktionär ausgeschüttet ist, liegt vor. . . . (Wird ausgeführt.)

Hiernach ist der Tatbestand einer nach den §§ 213, 215 HGB. verbotenen Rückzahlung der Einlage an einen Aktionär, nämlich die C. A.-Kommanditgesellschaft, gegeben. Verfehlt ist der gegenteilige Standpunkt des Berufungsgerichts, der auf der, wie dargelegt, rechtsirrigen Auffassung beruht, daß der Tatbestand der verbotenen Rückzahlung der Einlage deshalb nicht vorliege, weil die genannte Beklagte nicht Erstzeichnerin der Aktien gewesen sei. . . . Die Verpflichtung zur Rückerstattung der zu Unrecht empfangenen Zahlungen ist durch § 217 Abs. 1 HGB. geregelt. Danach haften die Aktionäre für die Verbindlichkeiten der Gesellschaft, soweit sie den Vorschriften des Handelsgesetzbuchs entgegen Zahlungen von der Gesellschaft empfangen haben. Die Verbindlichkeiten der Gemeinschuldnerin übersteigen, wie schon das Landgericht festgestellt hat, nach den Erklärungen, die der klagende Konkursverwalter über den Vermögensstand der Gemeinschuldnerin abgegeben hat, erheblich den eingeklagten Teilbetrag. In Höhe dieses Teilbetrags haften daher die Beklagte Kommanditgesellschaft C. A. und als ihre persönlich haftenden Gesellschafter auch die Beklagten Cl. A. und K. den Gläubigern der Gemeinschuldnerin. Diesen Anspruch der Gläubiger kann der Kläger als Verwalter des Konkurses über das Vermögen der Gemeinschuldnerin nach § 217 Abs. 2 HGB. geltend machen. . . .

Weiter hatte die Revision Erfolg, insoweit sich die Klage gegen den Beklagten Dr. Do. richtet, und zwar in Höhe des Teilbetrages von 7900 RM nebst Zinsen des vom Kläger in der Berufungsinstanz gegen diesen Beklagten schließlich nur noch in Höhe von 37 900 RM nebst Zinsen aufrecht erhaltenen Anspruchs, der sich zusammensetzt aus zwei selbständigen Ansprüchen: einem solchen auf Zahlung von 30 000 RM und einem solchen auf Zahlung von 7900 RM. Letzterer stützt sich ebenso wie der bereits behandelte auf §§ 213, 215, 217 HGB. und betrifft den Kaufpreis, den der Beklagte Dr. Do. gezahlt erhalten hat für seine an den Beklagten D. verkauften 40 Aktien der Gemeinschuldnerin im Nennwert von insgesamt 4000 RM. Das Berufungsgericht stellt fest, daß der Beklagte Dr. Do. „den Kaufpreis für seine Aktien tatsächlich aus dem Vermögen der Gemeinschuldnerin erhalten hat". Trotzdem verneint das Berufungsgericht eine Haftung dieses Beklagten aus §§ 213, 217 HGB. für den empfangenen Kaufpreis, und zwar — wenn man von dem ersten, nach den früheren Ausführungen ohne weiteres rechtsirrigen Entscheidungsgrund, daß der Beklagte nicht Ersterwerber der von ihm verkauften Aktien gewesen sei, absieht — deshalb, weil die Zahlungen von der Gemeinschuldnerin erkennbar „*im Auftrage und als Vertreterin*" des *Beklagten D.* als des Kaufpreisschuldners geleistet worden sein; der Beklagte Dr. Do. habe annehmen können und dürfen, daß die Geheimschuldnerin als Zahlstelle des letzteren zahle. Gegen diese Begründung des Berufungsgerichts wendet sich die Revision, indem sie Verletzung der §§ 213, 217 HGB. rügt. Die Rüge ist begründet.

Für die Haftung des Beklagten Dr. Do. aus diesen Gesetzesvorschriften ist nicht das Entscheidende, ob er angenommen habe und habe annehmen können und dürfen, daß die Gemeinschuldnerinn namens und für Rechnung des D. gezahlt habe. War dies der Fall, war also, wie das Berufungsgericht ausdrücklich feststellt, die Zahlung von der Gemeinschuldnerin aus eigenen und nicht aus Mitteln des D. geschehen, so bedarf es, um die Anwendbarkeit des § 213 abzulehnen, noch der weiteren Feststellung, daß D. die Zahlungen der Gemeinschuldnerin auch erstattet hat oder zum mindesten durchaus in der Lage war, sie alsbald zu erstatten. Andernfalls wäre jederzeit die Möglichkeit gegeben, durch Verwendung entsprechender Bezeichnungen wie „namens und in Vollmacht", „im Auftrage" oder dergleichen in bezug auf einen zur Erstattung nicht fähigen Dritten seitens einer Aktiengesellschaft trotz Zahlungen aus ihrem Stammvermögen an einen Aktionär die Anwendbarkeit der §§ 213, 217 für diesen auszuschließen. Auch die Zahlung seitens einer Gesellschaft auf Grund einer Bürgschaftsübernahme wäre rechtlich nicht anders zu beurteilen. Entscheidend für die Frage, ob aus dem Stammvermögen einer Aktiengesellschaft einem Aktionär in einer nach § 213 HGB. unzulässigen Weise Werte zugeführt worden sind, ist stets, ob der Gesellschaft vor, bei oder nach Eingehung der Leistungspflicht eine vollwertige Gegenleistung zugeflossen ist, so daß die Leistung der Gesellschaft ohne Minderung des zur Erhaltung des Stammkapitals erforderlichen Vermögens der Gesellschaft möglich war (RGZ. Bd. 133 S. 393 [395], Bd.

136 S. 261 [264, 266], Bd. 142 S. 286 [290] zu § 30 GmbHG.). Nun kann aber nach dem Inhalt der vom Beklagten Dr. Do. überreichten, von ihm selbst verfaßten „Aktennotiz von Anfang August 1926 und Entwurf einer Anlage zum Protokoll der 10. Aufsichtsratssitzung" nicht angenommen werden, daß D. der Gemeinschuldnerin die von ihr für seine Rechnung an den Beklagten Dr. Do. für seinen — des D. — Aktienerwerb geleisteten Zahlungen von zusammen 7500 RM und den von ihr auf Anweisung des D. dem Beklagten Dr. Do. in Anrechnung auf den Kaufpreis weiter gutgebrachten Betrag von 400 RM auf dem Kleiderkonto des Beklagten Dr. Do., insgesamt also die Summe von 7900 RM, erstattet hat oder wenigstens für diese Zahlungen „gut war". Denn in jenem Schriftstück heißt es wörtlich: „Da Herrn D. trotz eigenen großen Vermögens flüssige Mittel gegenwärtig nicht zur Verfügung stehen, hat die Aktiengesellschaft Darlehen in entsprechender Höhe aufgenommen".

Danach ist der Standpunkt des Berufungsgerichts rechtsirrig, daß „für eine Haftung des Beklagten Dr. Do. aus den §§ 213, 217 HGB. trotz des Umstandes, daß die Gemeinschuldnerin das Geld für den Erwerb der Aktien desselben seitens des D. aus ihren eigenen Mitteln gezahlt und diesem vorgestreckt hat, kein Raum sei". Der Beklagte Dr. Do. war daher unter Aufhebung des die Klage gegen ihn in diesem Punkt abweisenden Urteils des Berufungsgerichts, das insoweit auch mit dem Urteil des Landgerichts übereinstimmt, zur Zahlung von 7900 RM an den Kläger zu verurteilen....

RGZ. 146, 385.

1. Unter welchen Voraussetzungen gelten die Stimmrechtsverbote in § 252 Abs. 3, § 266 Abs. 1 Satz 2 HGB. auch für die Aktien einer juristischen Person, deren gesetzlicher Vertreter zu den im Sinne dieser Gesetzesvorschriften beteiligten Vorstands- oder Aufsichtsratsmitgliedern der Aktiengesellschaft gehört?

2. Kann sich die Erhebung der aktienrechtlichen Anfechtungsklage (§ 271 HGB.) auch ohne die Voraussetzungen des § 226 BGB. als eine unzulässige Rechtsausübung darstellen, die zur Abweisung der Klage selbst dann führt, wenn der mit ihr behauptete Gesetzes- oder Satzungsverstoß dargetan ist?

II. Zivilsenat. Urt. v. 22. Januar 1935.

I. Landgericht München I. — II. Oberlandesgericht daselbst.

Aus den Gründen:

1. . . . Der Beurteilung des Revisionsgerichts unterliegen die beiden angefochtenen Beschlüsse nur im Zuge der von dem Kläger erhobenen Anfechtungsklage (§ 271 HGB.).

Es handelt sich um den Beschluß, durch den dem Vorstand der Beklagten Entlastung erteilt worden ist, sowie um den Beschluß, durch den der Antrag des Klägers und des Rechtsanwalts E. auf Prüferbestellung abgelehnt worden ist. . . .

2. Der Kläger hat seine Anfechtung in erster Reihe auf eine Verletzung der in § 252 Abs. 3 sowie in § 266 Abs. 1 Satz 2 HGB. enthaltenen Stimmrechtsverbote gestützt. Er ist der Ansicht, daß nach diesen Vorschriften der Justizrat D. auf Grund der ihm von J. W. erteilten Vollmacht mit den Aktien der Gesellschaft mbH. von insgesamt nennwertlich 528 000 RM, mindestens aber mit den 300 000 RM Aktien dieser Gesellschaft mbH., die M. W. in sie eingebracht hatte, das Stimmrecht nicht hätte ausüben dürfen.

. . .

Die Stimmrechtsverbote in § 252 Abs. 3, § 266 Abs. 1 Satz 2 HGB. betreffen die einem Vorstands- oder Aufsichtsratsmitglied der Aktiengesellschaft gehörigen Aktien, sofern das Vorstands, oder Aufsichtsratsmitglied entlastet werden soll oder die Bestellung von Prüfern zur Prüfung seiner Geschäftsführung in Frage steht. Voraussetzung für das Stimmrechtsverbot ist also, daß das betreffende Vorstands- oder Aufsichtsratsmitglied Aktionär der Gesellschaft ist. . . .

Unzweifelhaft ist hiernach, daß M. W. als Vorstandsmitglied der Beklagten, falls er selbst Aktionär gewesen wäre, das Stimmrecht bei den beiden angefochtenen Beschlüssen nicht hätte ausüben dürfen. Seine Aktionäreigenschaft bestand jedoch im Zeitpunkt der Abstimmung nicht mehr. Die Aktien, mit denen Justizrat D. auf Grund der ihm von J. W. als dem allein vertretungsberechtigten Mitgeschäftsführer der Gesellschaft mbH. erteilten Vollmacht das Stimmrecht ausgeübt hatte, waren, wie das Berufungsgericht zutreffend dargelegt hat, in diese rechtswirksam begründete Gesellschaft von den bisherigen Eigentümern — M. W. und seinen Familienmitgliedern — eingebracht worden und damit in das Eigentum der Gesellschaft übergegangen. Sie aber war allein dadurch, daß ihr Mitgeschäftsführer M. W. Vorstandsmitglied der Aktiengesellschaft war und die Beschlußfassung der Generalversammlung seine Entlastung und die Bestellung von Prüfern zur Prüfung seiner Geschäftsführung zum Gegenstand hatte, an sich nicht an der Stimmrechtsausübung behindert. Bei der Rechtsgestaltung der Gesellschaft mit beschränkter Haftung als einer selbständigen Rechtspersönlichkeit ist nach geltendem Recht eine solche allgemein ausdehnende Anwendung der Stimmrechtsverbote ausgeschlossen, eben weil die Stimmrechtsverbote nur für den Aktionär gelten, der Geschäftsführer einer Gesellschaft mit beschränkter Haftung aber im Hinblick auf die Selbständigkeit der Rechtspersönlichkeit der Gesellschaft nicht als Aktionär der ihr gehörigen Aktien angesehen werden kann.

Der erkennende Senat hat in seinem in diesem Bande S. 71 abgedruckten Urteil in Abweichung von der bisherigen Rechtsprechung entschieden, daß das Stimmrechtsverbot des § 266 Abs. 1 Satz 2 HGB. n. F. auch für solche Aktien zu gelten hat, die im Eigentum einer offenen Handelsgesellschaft stehen, sofern ein Vorstands- oder Aufsichtsratsmitglied der Aktiengesellschaft der offenen Handelsgesellschaft als Gesellschafter angehört und sofern die Prüfung der Frage bezweckt wird, ob gegen die Mitglieder des Vorstands oder Aufsichtsrats wegen ihrer Geschäftsführung Schadensersatzansprüche erhoben werden können. Für diese Beurteilung war jedoch der Gesichtspunkt entscheidend, daß bei der offenen Handelsgesellschaft nach herrschender Auffassung das Gesellschaftsvermögen im Gesamthandeigentum der Gesellschafter steht, daß die der offenen Handelsgesellschaft gehörigen Aktien einen Teil des Gesellschaftsvermögens bilden und daß deshalb auch den Gesellschaftern im Sinne der gedachten Gesetzesvorschriften die Eigenschaft von „Aktionären" zukommt. Eine entsprechende Anwendung dieser Grundsätze in ihrer Allgemeinheit auf die Gesellschaft mit beschränkter Haftung ist jedoch mit Rücksicht darauf ausgeschlossen, daß bei dieser ein Miteigentum der Gesellschafter an dem Gesellschaftsvermögen nicht in Frage kommt.

3. Gleichwohl war in dem vorliegenden Fall nach dessen besonderer Gestaltung eine Ausübung des Stimmrechts für die der Gesellschaft mbH. gehörigen Aktien nach § 252 Abs. 3, § 266 Abs. 1 Satz 2 HGB. ausgeschlossen. Dies ergibt sich, unabhängig von dem zuvor Ausgeführten, unmittelbar aus Sinn und Zweck der genannten Gesetzesvorschriften. Diese gehen dahin: Handelt es sich bei der Beschlußfassung der Generalversammlung um die Entlastung eines Vorstands- oder Aufsichtsratsmitgliedes (oder um eine der sonstigen in § 252 Abs. 3 HGB. bezeichneten Maßnahmen) oder handelt es sich um die Bestellung von Prüfern zur Prüfung der Geschäftsführung des Vorstands oder des Aufsichtsrats zu dem Zweck, Schadensersatzansprüche gegen die Vorstands- oder Aufsichtsratsmitglieder aus der Geschäftsführung herzuleiten (§ 266 Abs. 1 Satz 1 HGB.), so sollen

Vorstands- und Aufsichtsratsmitglieder bei der Bildung des körperschaftlichen Willens durch Ausübung des Stimmrechts in der Generalversammlung nicht Richter in eigener Sache sein. Dies wäre aber nicht nur der Fall, wenn die Vorstands- oder Aufsichtsratsmitglieder mit ihren eigenen Aktien stimmten, sondern auch dann, wenn Aktien mitstimmen würden, auf deren Verwaltung die betreffenden Vorstands- oder Aufsichtsratsmitglieder oder eines von ihnen von Rechts wegen einen entscheidenden Einfluß ausüben, weil auch insoweit eine freie und unabhängige, nur den Gesellschaftsinteressen dienende Stimmrechtsausübung im Hinblick auf die widerstreitenden Interessen des betroffenen Vorstands- oder Aufsichtsratsmitgliedes nicht gewährleistet wird. Deshalb kann es für die Frage des Vorliegens der Stimmrechtsverbote keinen Unterschied machen, ob das betroffene Vorstands- oder Aufsichtsratsmitglied im Rechtssinn Eigentümer der Aktien ist oder ob die Aktien im Eigentum einer juristischen Person stehen, die eine derartige Gestaltung gefunden hat, daß sie von dem Willen des betroffenen Vorstands- oder Aufsichtsratsmitgliedes derart vollständig beherrscht wird, daß alle Rechtshandlungen, welche die juristische Person vornimmt, allein und ausschließlich von ihm bestimmt werden. Die juristische Person bildet hier nur die Rechtsform, unter der das Vorstands- oder Aufsichtsratsmitglied selbst die Rechte ausübt, die sich aus dem Aktienbesitz der juristischen Person ergeben. Das Vorstands- oder Aufsichtsratsmitglied, das in dieser Weise den Aktienbesitz der juristischen Person beherrscht und über die Ausübung ihres Stimmrechts entscheidet, ist im Sinne der bezeichneten Gesetzesvorschriften einem Aktionär gleichzustellen. . . .

Eine derartige Gleichstellung der juristischen Person als Aktienbesitzerin mit der sie verfassungsmäßig beherrschenden natürlichen Person wird insbesondere dann unerläßlich sein, wenn es sich um eine Gesellschaft mbH. handelt, bei der sich sämtliche Geschäftsanteile in einer Hand befinden (sogenannte Einmanngesellschaft), bei der also sämtliche Rechtshandlungen von dem Willen dieses einzigen Gesellschafters abhängig sind. Ein Fall dieser Art ist aber nach den Feststellungen des angefochtenen Urteils auch hier gegeben, und zwar im Hinblick auf die Rechtsgestaltung, welche die neu gegründete Gesellschaft mbH. erhalten hatte, in welche die Aktien der Familie W. eingebracht worden waren. . . .

4. Einer Einschränkung bedürfen diese Ausführungen jedoch nach folgender Richtung: Für den Beschluß der Generalversammlung, durch den der Antrag auf Prüferbestellung abgelehnt wurde, galt das Stimm-

rechtsverbot nicht in vollem Umfang. Der erste Punkt des Antrags auf Prüferbestellung verlangte allgemein die Prüfung „der Geschäftsführung des abgelaufenen Geschäftsjahres". Eine Beschlußfassung über diesen Teil des Antrags lag nicht im Rahmen der der Generalversammlung in § 266 Abs. 1 Satz 1 HGB. erteilten Ermächtigung. Diese Vorschrift gestattet — und zwar sowohl in ihrer alten wie in ihrer neuen Fassung — die Bestellung von Prüfern nur zur Prüfung von V o r - g ä n g e n bei der Geschäftsführung; es muß sich also um bestimmte Vorgänge handeln, während die Prüfung der „gesamten Geschäftsführung" ohne Beziehung zu einzelnen Vorgängen nicht verlangt werden kann. . . .

5. Wenn hiernach auch, entsprechend den obigen Ausführungen, der Entlastungsbeschluß sowie der den Antrag auf Prüferbestellung ablehnende Beschluß der Generalversammlung jedenfalls in den Punkten 3 bis 5 unter Verletzung der Stimmrechtsverbote in § 252 Abs. 3, § 266 Abs. 1 Satz 1 HGB. zustande gekommen ist, so ist der Senat gleichwohl noch nicht in der Lage, der Anfechtungsklage durch Ausspruch der Nichtigkeit der Beschlüsse in dem bezeichneten Umfang stattzugeben, weil der von der Beklagten erhobene Einwand, daß sich die Ausübung des Anfechtungsrechts durch den Kläger nach den besonderen Umständen des vorliegenden Falles als eine unzulässige Rechtsausübung, als ein Rechtsmißbrauch darstelle, bisher keine ausreichende Würdigung gefunden hat. . . .

Es ist zwar in der Rechtsprechung des Reichsgerichts, an der festzuhalten ist, anerkannt, daß das Anfechtungsrecht des einzelnen Aktionärs nach § 271 HGB. nicht an die Voraussetzung eines besonderen Rechtsschutzinteresses im Sinne des § 256 ZPO. geknüpft ist; das Rechtsschutzinteresse des Aktionärs liegt nach der gesetzlichen Regelung schon allein in der Tatsache der Mitgliedschaft zur Aktiengesellschaft, des Anteilsbesitzes am Aktienkapital, vermöge deren ihm die Befugnis eingeräumt worden ist, zur Wahrung der Ordnung gegen Beschlüsse der Aktiengesellschaft, die mit Gesetz oder Satzung nicht im Einklang stehen, anzugehen, mögen sie ihm persönlich auch keinen Nachteil bringen (vgl. z.B. RGZ. 145 S. 336 [338]). Seine Schranke findet dieses Anfechtungsrecht des Aktionärs jedoch dort, wo es mit der das gesamte Aktienrecht beherrschenden und in der Aktienrechtsverordnung vom 12. September 1931 noch besonders betonten Treupflicht, die jedem Aktionär der Gesellschaft gegenüber obliegt, in Widerspruch steht. Der Aktionär hat sich bei allen seinen Maßnahmen als Glied der Gemeinschaft zu fühlen, der er angehört, und ist gehalten, die Treupflicht gegenüber dieser Gemeinschaft zur obersten Richtschnur seines Handelns zu machen. Übt ein Aktionär das ihm an sich nach § 271 HGB. zustehende Anfechtungsrecht, wie es im vorliegenden Fall von der Beklagten unter Beweis gestellt worden war, zu dem Zweck aus, um selbstsüchtig der Gesellschaft seinen Willen erpresserisch aufzuzwingen, also zu gesellschafts f r e m d e n Zwecken, dann liegt darin eine so gröbliche Verletzung der Treupflicht, daß sich die Ausübung des Rechts als ein Rechts m i ß b r a u c h darstellt, der von der Rechtsordnung nicht geduldet werden kann. Der Gedanke der Unzulässigkeit einer mißbräuchlichen Rechtsausübung hat seinen gesetzlichen Niederschlag in dem Schikaneverbot des § 226 BGB. gefunden. Er muß aber über den Rahmen dieser Vorschrift hinaus überall dort Anwendung finden, wo sich die Ausübung eines Rechts als eine gröbliche Verletzung gegen den das gesamte bürgerliche Recht beherrschenden Grundsatz von Treu und Glauben darstellt. . . .

Selbstverständlich wird die Behauptung einer mißbräuchlichen und darum unzulässigen Rechtsausübung in jedem einzelnen Falle mit besonderer Vorsicht zu begegnen sein. Regelmäßig wird davon ausgegangen werden müssen, daß der Aktionär, dem das Gesetz das Recht zur Anfechtung zugesteht, auch befugt ist, von diesem Recht Gebrauch zu machen. Die Beweislast dafür, daß sich die Ausübung des Anfechtungsrechts im Einzelfall als eine unzulässige Rechtsausübung darstelle, trifft in vollem Umfang den Anfechtungsbeklagten. . . . Wenn die Möglichkeit nicht ausgeräumt werden kann, daß der Kläger mindestens der Meinung war, die Vorstandsmitglieder hätten sich infolge einer — wenn auch nur fahrlässigen — Verletzung der ihnen obliegenden Pflichten der Gesellschaft gegenüber schadensersatzpflichtig gemacht, so wird der der Beklagten obliegende Nachweis, daß die Anfechtungsklage ausschließlich zu gesellschaftsfremden Zwecken erhoben worden sei und sich deshalb als eine unzulässige Rechtsausübung darstelle, schwerlich erbracht werden können. . . .

RGZ. 148, 175.

1. Liegt dieselbe Rechtsfrage im Sinne von § 28 Abs. 2 FGG. vor, wenn über die Notwendigkeit des Sonderbeschlusses einzelner Aktionärgruppen einmal zu § 288 Abs. 3 HGB. entschieden worden ist und nun erneut zu § 275 Abs. 3 a. a. O. entschieden werden soll?

2. Ist ein Sonderbeschluß der in Betracht kommenden Aktionärgruppen auch dann erforderlich, wenn der Gesamtbeschluß der Generalversammlung einstimmig gefaßt ist?

3. Hat das Registergericht beim Fehlen des notwendigen Sonderbeschlusses die Eintragung einer Satzungsänderung abzulehnen?

FGG. § 28 Abs. 2. HGB. § 275 Abs. 3. (Jetzt: § 146 AktG)

II. Zivilsenat. Beschl. v. 21. Juni 1935.

I. Amtsgericht Worms. —

II. Landgericht Mainz. Kammer für Handelssachen in Worms.

Aus den Gründen:

In das Handelsregister des Amtsgerichts in Worms ist am 17. April 1923 die C. H. AG. eingetragen worden. Das Aktienkapital beträgt jetzt 15 000 000 RM, eingeteilt in 12 900 Stammaktien und 2100 Vorzugsaktien zu je 1000 RM. Nach § 4a und § 26 des Gründungsvertrags erhalten die Vorzugsaktien vor den Stammaktien eine Dividende bis zu 6 % auf die geleisteten Einzahlungen, und bei Auflösung der Gesellschaft genießen die Vorzugsaktien für die Rückzahlung des Grundkapitals bis zum Nennwert der geleisteten Einzahlungen Vorrang vor den Stammaktien. In der Generalversammlung vom 3. Mai 1934, in der 11 825 Stammaktien und sämtliche 2100 Vorzugsaktien vertreten waren, haben die erschienenen Aktionäre zu Punkt 6 der Tagesordnung einstimmig eine Abänderung des Gesellschaftsvertrags dahin beschlossen, daß die Vorzugsdividende der Vorzugsaktien bis zu 7 % betragen solle und daß ihnen bei der Rückzahlung des Grundkapitals bis zu $116^2/_3$ % des Nennwertes der geleisteten Einzahlungen der Vorrang vor den Stammaktien zustehen solle. Dementsprechend sollten § 4a Abs. 1 und 4 und § 26 Nr. 3 des Gesellschaftsvertrags geändert sein.

Das Amtsgericht ist der Ansicht, daß durch die am 3. Mai 1934 beschlossene Änderung des Gesellschaftsvertrags das Verhältnis der beiden in der Gesellschaft bestehenden Gruppen von Aktionären zu Ungunsten der Stammaktionäre verschoben werde. Es hält deshalb gemäß § 275 Abs. 3 HGB. einen Beschluß der benachteiligten Stammaktionäre neben dem Gesamtbeschluß der Generalversammlung für erforderlich und hat, da ein solcher Sonderbeschluß nicht gefaßt worden ist, die Eintragung der Satzungsänderung durch Beschluß vom 5. Juli 1934 abgelehnt.

Unter Hinweis auf den Beschluß des Kammergerichts vom 26. Oktober 1933 (JFG. Bd. 11 S. 149), in dem sich diese für einen Fall des § 288 Abs. 3 HGB. auf den Standpunkt gestellt hat, es bedürfe eines Sonderbeschlusses der einzelnen Aktionärgruppen dann nicht, wenn der Gesamtbeschluß der Generalversammlung einstimmig gefaßt sei, wiederholten die Vorstandsmitglieder der C. H. AG. am 10. Oktober 1934 den Eintragungsantrag; gleichzeitig erklärten sie für den Fall, daß dem Antrag nicht stattgegeben werde. gegen die Ablehnung Beschwerde erheben zu wollen. Das Amtsgericht ist bei seiner Ablehnung geblieben; die Kammer für Handelssachen des Landgerichts hat durch Beschluß vom 10. Januar 1935 die Beschwerde als unbegründet verworfen. Hiergegen richtet sich die weitere Beschwerde des Vorstandes der C. H. AG. Das Oberlandesgericht Darmstadt möchte diese weitere Beschwerde zurückweisen, glaubt sich an einer solchen Entscheidung aber gehindert durch den erwähnten Beschluß des Kammergerichts vom 26. Oktober 1933. Das Oberlandesgericht hat deshalb die weitere Beschwerde gemäß § 28 Abs. 2 FGG. dem Reichsgericht vorgelegt.

I. Es fragt sich zunächst, ob die Voraussetzungen für eine Entscheidung des Reichsgerichts nach Maßgabe der bezeichneten Vorschrift des Reichsgesetzes über die Anglegenheiten der freiwilligen Gerichtsbarkeit gegeben sind. . . .

Daß zur Anwendung des § 28 Abs. 2 FGG. nicht notwendig die frühere Entscheidung, von der abgewichen werden soll, zu dem gleichen Tatbestand und zu derselben gesetzlichen Vorschrift ergangen zu sein braucht, die neuerdings zur Beurteilung steht, ist in der Rechtsprechung anerkannt. . . . (RGZ. Bd. 117 S. 346). . . . (Bd. 133 S. 102). . . . (Bd 130 S. 106). . . . Für die Notwendigkeit ausdrücklicher Ankündigung der gesonderten Beschlußfassung unter den Zwecken der Generalversammlung verweisen § 278 Abs. 2 und § 288 Abs. 3 auf § 275 Abs. 3 HGB. . . . Die Frage, ob trotz Vorliegens eines einstimmigen Abänderungsbeschlusses aller in der Generalversammlung erschienenen Aktionäre noch ein Beschluß der beteiligten Sondergruppen erforderlich ist oder nicht, kann deshalb für § 288 und § 275 HGB. nur einheitlich entschieden werden; es handelt sich in beiden Fällen um dieselbe Rechtsfrage.

. . . Die Voraussetzungen für eine Vorlage der weiteren Beschwerde an das Reichsgericht sind somit nach jeder Richtung gegeben.

II. . . .

Wenn das Kammergericht zur Begründung seiner Entscheidung, mit der es sich zweifellos in Widerspruch zu dem Wortlaut von § 275 Abs. 3, § 278 Abs. 2 und § 288 Abs. 3 HGB. setzt, die Ansicht vertritt, der Gesetzgeber habe bei Aufstellung des Erfordernisses der Sonderbeschlußfassung nicht an den „klaren Fall" der einhelligen Zustimmung aller erschienenen Aktionäre bei dem Gesamtbeschluß gedacht, so findet diese Ansicht in der Entstehungsgeschichte der bezeichneten Gesetzesvorschrift jedenfalls keine Stütze. Wie bereits angedeutet, enthielt das Allgemeine Deutsche Handelsgesetzbuch in seiner ursprünglichen Fassung keine Bestimmung, die eine Sonderbeschlußfassung einzelner Aktionärgruppen vorsah. Erst das Gesetz vom 18. Juli 1884 schuf die Vorschriften in Art. 215 Abs. 6, Art. 215a Abs. 2 Satz 4 und Art. 248 Abs. 1 Satz 4. . . . Die Regelung im Allgemeinen Deutschen Handelsgesetzbuch ging nunmehr dahin, daß es in allen diesen Fällen, sofern verschiedene Gattungen von Aktien ausgegeben waren, zu dem von der gemeinschaftlichen Generalversammlung gefaßten Beschlusse der Zustimmung einer besonderen Generalversammlung der benachteiligten Aktionäre bedurfte, . . . es erscheint unzweifelhaft, daß während der Geltungsdauer dieser Vorschrift unter gar keinen Umständen eine besondere Beschlußfassung der benachteiligten Aktonärgruppe unterbleiben durfte. . . .

Im Handelsgesetzbuch vom 10. Mai 1897 ist in allen drei in Betracht kommenden Fällen das Erfordernis einer besonderen Generalversammlung der zur Sonderabstimmung berufenen Aktionärgruppen weggelassen worden. Die Denkschrift zum Entwurf eines Handelsgesetzbuchs (S. 154) betont dazu, daß sachlich die Vorschrift des bisherigen Art. 215 Abs. 6 ADHGB. beibehalten sei; nur solle die Beschlußfassung der benachteiligten Aktionäre nicht mehr in einer besonderen Generalversammlung, sondern durch gesonderte Abstimmung in der allgemeinen Generalversammlung stattfinden; eine Regelung in diesem Sinne diene zur Vereinfachung des Verfahrens und habe eine erhebliche Kostenersparnis zur Folge.

Wenn also überhaupt die Stellungnahme des Gesetzgebers zu erforschen ist, dann darf dabei die Entstehungsgeschichte der heute geltenden Vorschriften nicht außer acht gelassen werden. Diese aber rechtfertigt allein den Schluß, den das Kammergericht selbst in seiner ersten Entscheidung vom 10. Oktober 1907 dahin gezogen hat, daß man eine noch weitergehende Vereinfachung des Verfahrens und einen Ersatz der Sonderabstimmung auf andere Weise, insbesondere durch einen einstimmigen Gesamtbeschluß, augenscheinlich nicht hat zulassen wollen. Vielmehr hat man entscheidenden Wert auf eine Beschlußfassung durch gesonderte Abstimmung der Aktionäre gelegt. Es kommt noch hinzu, daß die Ansicht des neueren Beschlusses des Kammergerichts, der Gesetzgeber habe an den durchaus naheliegenden Fall der einhelligen Zustimmung aller erschienenen Aktionäre bei dem Gesamtbeschluß nicht gedacht, wenig Wahrscheinlichkeit für sich hat.

Dem Kammergericht kann aber auch darin nicht zugestimmt werden, wenn es meint, daß die im Gesetz getroffene Regelung auf einen Fall wie den vorliegenden nicht berechnet sein könne. Praktisch mag es selten vorkommen, daß sich ein Aktionär, der bei der Gesamtbeschlußfassung dem Antrag auf Abänderung der Satzung zugestimmt hat, bei der Sonderabstimmung anders erklärt. Ganz ausgeschlossen erscheint diese Möglichkeit aber nicht. Bei der Regelung, wie sie das Allgemeine Deutsche Handelsgesetzbuch getroffen, war es sehr wohl denkbar, daß in der Zwischenzeit zwischen der allgemeinen Generaversammlung und der Sonderversammlung Einflüsse, z. B. von seiten eines in der allgemeinen Generalversammlung nicht erschienenen Aktionärs, an die Mitglieder der Sondergruppe herantraten, die bei einzelnen von ihnen einen Umschwung der Stellungnahme zur Folge hatte. Auch heute ist es zulässig, daß der Sonderbeschluß von der benachteiligten Aktionärgruppe in einer eigens hierzu einberufenen Versammlung gefaßt wird (Brodmann a a. O.). Hierzu kann vor allem dann Veranlassung vorliegen, wenn wie in dem zur Entscheidung stehenden Falle die Einladung zur Generalversammlung ohne die in § 275 Abs. 3 Satz 2 HGB. vorgeschriebene ausdrückliche Ankündigung der Sonderabstimmung erfolgt ist. Gerade in einem derartigen Fall ist aus denselben Gründen wie unter der Herrschaft des früheren Rechts die Möglichkeit eines von dem Gesamtbeschluß abweichenden Abstimmungsergebnisses in der Versammlung der Sondergruppe gegeben. Aber auch sonst ist eine Änderung in der Stellungnahme einzelner Aktionäre, z. B. unter dem Eindruck von Vorgängen in der Generalversammlung, die sich zwischen der Gesamt- und der Sonderabstimmung abspielen, nicht völlig ausgeschlossen. Bedenken, die vorher bereits bestanden, aber zurückgedrängt waren, können erneut Nahrung gefunden haben. Gerade für den Fall, daß derartige Bedenken bestehen, soll den benachteiligten Aktionären oder — bei Erhöhung oder Herabsetzung des Grundkapitals — den verschiedenen Aktionärgruppen noch einmal Gelegenheit gegeben werden, sich der Bedeutung der Beschlußfassung und ihrer Folgen bewußt zu werden und ihre Stimme daraufhin zu prüfen. Jedenfalls darf den Aktionären die ihnen vom Gesetz gewährte Möglichkeit nicht beschnitten werden, einen auch nur möglicherweise drohenden Nachteil durch eine von der Gesamtabstimmmung abweichende Beschlußfassung in der Sondergruppe nachträglich noch abzuwenden. An dem Erfordernis der gesonderten Beschlußfassung der in Betracht kommenden Aktionärgruppen muß deshalb für den Fall des § 275 Abs. 3 wie für die Fälle von § 278

Abs. 2 mit § 288 Abs. 3 HGB. festgehalten werden, auch wenn der Gesamtbeschluß der Generalversammlung einstimmig gefaßt is.t

Völlig unbeachtlich ist es, ob sich, wie in der Beschwerdeschrift vorgebracht wird, bei der C. H. AG. alle beteiligten Aktionäre vorher vertraglich verpflichtet haben, den satzungsändernden Beschlüssen zuzustimmen. Eine derartige schuldrechtliche Vereinbarung der Aktionäre kann die Sonderbeschlußfassung nicht ersetzen, weil nach anerkannter Rechtsprechung ein Erfüllungszwang gegen den einzelnen Aktionär aus jener Verpflichtung heraus nicht ausgeübt werden kann....

III. Es fragt sich weiter, welche *rechtliche Bedeutung* dem Fehlen des notwendigen Sonderbeschlusses zukommt, ob vor allem der Registerrichter die Eintragung der nur von der Gesamtheit der Generalversammlung beschlossenen Satzungsänderung im Hinblick auf das Fehlen eines notwendigen Sonderbeschlusses ablehnen darf....

Das Reichsgericht hat zu dieser letzten Frage, soweit ersichtlich, bisher nicht Stellung genommen. Die im Schrifttum vielfach erwähnte Entscheidung in RGZ. Bd. 79 S. 112 hatte einen Fall zu beurteilen, in dem die Kapitalerhöhung einer Aktiengsellschaft trotz Fehlens der Sonderbeschlüsse der einzelnen Aktionärgruppen in das Handelsregister eingetragen war. Für diesen Fall hat der I. Zivilsenat ausgesprochen (S. 115 a. a. O.), daß entweder der Generalversammlungsbeschluß in der Frist des § 271 HGB. hätte angefochten werden können oder, da ein Sonderrecht gewisser Aktionäre verletzt sei, diese auch ohne Einhaltung der Frist des § 271 ihr Sonderrecht hätten geltend machen können. Die Frage, ob nicht richtigerweise die Eintragung hätte unterbleiben müssen, wird dort nicht erörtert....

Es muß zunächst die Ansicht abgelehnt werden, daß das Fehlen des erforderlichen Sonderbeschlusses den Gesamtbeschluß der Generalversammlung absolut „nichtig" mache. Als nichtig sind nach der Rechtsprechung des beschließenden Senats die Beschlüsse einer Aktiengesellschaft dann angesehen worden, wenn sie mit dem Wesen einer Aktiengesellschaft schlechthin unverträglich sind, weil sie gegen zwingende, in erster Linie im öffentlichen Interesse gegebene Vorschriften verstoßen, auf deren Einhaltung die Aktionäre nicht verzichten können (vgl. RGZ. Bd. 118 S. 72, Bd. 120 S. 31 u. S. 366, Bd. 131 S. 144). Davon kann in einem Falle wie dem vorliegenden keine Rede sein. Im Gegenteil, die Generalversammlung muß ja, um die beabsichtigte Satzungsänderung zustande zu bringen, auch in ihrer Gesamtheit einen entsprechenden Beschluß fassen, der Beschluß ist also gültig. Er hat jedoch, wenn die Voraussetzungen des § 275 Abs. 3 HGB. gegeben sind, für sich allein nicht die Wirkung, daß die Satzung endgültig geändert ist. Nach § 277 HGB. ist aber nicht der Beschluß der Generalversammlung, in dem eine Satzungsänderung beschlossen ist, sondern es ist „die Abänderung des Gesellschaftsvertrages" zur Eintragung in das Handelsregister anzumelden und einzutragen. Voraussetzung der Eintragung ist mithin, daß die Abänderung wirksam beschlossen ist. Dazu aber müssen im Falle des § 275 Abs. 3 HGB. wiederum zwei Voraussetzungen erfüllt sein: Es muß neben einem Gesamtbeschlusse der Generalversammlung ein zustimmender Sonderbeschluß der benachteiligten Aktionäre vorliegen. Solange eine von den beiden Voraussetzungen nicht erfüllt ist, solange liegt eine Abänderung des Gesellschaftsvertrags noch nicht vor. Für sich allein vermag weder der Gesamtbeschluß der Generalversammlung noch der Sonderbeschluß der benachteiligten Aktionärgruppen die Satzung abzuändern....

Wenn aber das Registergericht hier nicht einfach einen Beschluß der Generalversammlung, sondern die Abänderung des Gesellschaftsvertrags einzutragen hat, so folgt daraus mit Notwendigkeit, daß ihm auch die Prüfung obliegt, ob eine solche Abänderung überhaupt erfolgt ist, ob die Voraussetzungen dafür erfüllt sind; dies um so mehr, als der Eintragung in das Handelsregister nach § 277 Abs. 3 HGB. hier rechtsbegründende Wirkung zukommen (vgl. Brodmann a. a. O. Anm. 2a zu § 277; Brand-Meyer zum Gottesberge a. a. O. S. 246, 249). Muß der Registerrichter feststellen, daß einer der zum Zustandekommen einer Satzungsänderung erforderlichen Beschlüsse fehlt, so hat er die Eintragung abzulehnen; er darf nicht lediglich auf Grund des Gesamtbeschlusses der Generalversammlung die dort beschlossene Abänderung des Gesellschaftsvertrags in das Register eintragen, um es den benachteiligten Aktionären zu überlassen, gegen jenen Beschluß mit der Anfechtungsklage vorzugehen.

Anders wäre zu entscheiden, wenn zwar der erforderliche Sonderbeschluß neben dem Gesamtbeschluß gefaßt worden wäre, wenn jedoch die in § 275 Abs. 3 HGB. vorgschriebene ausdrückliche Ankündigung der Beschlußfassung der benachteiligten Aktionäre unterblieben wäre. In einem derartigen Falle lägen die beiden zur Herbeiführung der Satzungsänderung erforderlichen Beschlüsse vor, und deshalb hätte das Registergericht unter solchen Umständen dem Ersuchen um Eintragung der Satzungsänderung in das Handelsregister stattzugeben. Der Mangel in der Ankündigung der Generalversammlung wäre hier wie in anderen Fällen für den Registerrichter nicht beachtlich. In dem zur Entscheidung stehenden Fall aber, wo es an einem Sonderbeschluß der benachteiligten Aktionäre fehlt, hat das Amstgericht den Antrag auf Eintragung einer Abänderung des Gesellschaftsvertrags der C. H. AG. mit Recht abgelehnt....

RGZ. 150, 289.

Geht im Falle der Verschmelzung einer Aktiengesellschaft (Kommanditgesellschaft auf Aktien), welche gemäß § 1189 BGB. zur Grundbuchvertreterin bestellt war, die Vertreterstellung auf die übernehmende Gesellschaft über?

BGB. §§ 168, 673, 675, 1189. HGB. §§ 305, 306.

V. Zivilsenat. Beschl. v. 19. Februar 1936.

I. Amtsgericht (Grundbuchamt) Gleiwitz. — II. Landgericht daselbst.

Aus den Gründen:

...

... Nun unterliegt es keinem Zweifel, daß man einer natürlichen Person eine rechtsgeschäftliche Vertreterstellung nur auf Grund des sich auf ihre persönlichen Eigenschaften gründenden besonderen Vertrauens einzuräumen pflegt und daß man dieses Vertrauen nicht ohne weiteres auch ihrem Erben entgegenbringt. Wesentlich andersv erhält es sich aber, wenn eine Aktiengesellschaft zum Grundbuchvertreter gemäß § 1189 BGB. bestellt wird. Hierbei wird das entscheidende Gewicht nicht auf die Persönlichkeit ihrer Gesellschafter oder ihrer einem Wechsel ausgesetzten Vorstands- und Aufsichtsratsmitglieder gelegt. Maßgebend ist vielmehr ihr Geschäftsbetrieb, der sie zur Erfüllung der Aufgaben des Grundbuchvertreters besonders geeignet erscheinen läßt, ferner ihr Kredit. Diese Umstände werden aber durch die Verschmelzung regelmäßig nicht berührt, sondern gehen auf die aufnehmende Gesellschaft über und sind dort nach wie vor vorhanden (vgl. RGZ. Bd. 123 S. 289 [295]). Es ist daher, wenn wie im gegebenen Falle bei der Bestellung keine andere Bestimmung getroffen ist, in der Regel davon auszugehen, daß nach dem Willen der Beteiligten die einer Aktiengesellschaft nach § 1189 BGB. eingeräumte Stellung mit der Auflösung der Gesellschaft infolge von Verschmelzung nicht endigen, sondern auf die übernehmende Gesellschaft übergehen soll....

... Geht die Vertreterstelle im Wege der Rechtsnachfolge ohne weiteres auf eine andere Person über, so hat die Eintragung des neuen Vertreters nur die Bedeutung einer Berichtigung des Grundbuchs.

Dieser Berichtigung bedarf es aber vorliegend bei entsprechender Anwendung des § 41 GO. nicht, weil lediglich die Löschung der Sicherungshypothek eingetragen werden soll.

RGZ. 152, 292.

1. . . .

2. Liegt stets eine Umgehung des Aufrechnungsverbots in § 221 Satz 2 HGB. vor, wenn sich der Aktionär den Betrag, den er auf seine Kapitalanlage gezahlt hat, alsbald auf Darlehen zurückzahlen läßt, die ihm die Aktiengesellschaft schuldet.

II. Zivilsenat. Urt. v. 16. Oktober 1936.

Die Entscheidung ist abgedruckt unter „Verfahrensrecht, Zivilprozeßordnung."

RGZ. 154, 65.

1. Nach welchen Rechtsgrundsätzen haften die Gründer einer Aktiengesellschaft den Aktienzeichnern für die von ihnen aufforderungsgemäß geleisteten Einzahlungen, wenn die geplante Stufengründung scheitert?

2. Unter welchen Voraussetzungen können die Gründer über die eingezahlten Beträge verfügen, nachdem die Bindung der Zeichner aus den Zeichnungsscheinen erloschen ist?

HGB. §§ 189, 195 Abs. 3, 200 Abs. 2.
(Jetzt: §§ 30, 34, Abs. 4 AktG.).

II. Zivilsenat. Urt. v. 8. Dezember 1936.

I. Landgericht Berlin. — II. Kammergericht daselbst.

Der für die Revisionsinstanz allein noch in Betracht kommende Beklagte B., die früheren Mitbeklagten R., Sch. und W., sowie der wegen Vermögensverfalls von vornherein nicht mitverklagte Ratszimmermeister D., sämtlich in B., haben am 28. September 1927 zu Protokoll des Notars Dr. E. in B. eine Aktiengesellschaft unter der Firma „Arbeitsgemeinschaft des Großb.er Bauhandwerks zur Förderung des Wohnungsbaues, Gemeinnützige Aktiengesellschaft" gegründet und deren Satzung festgestellt. Das Grundkapital war auf 500 000 RM bemessen, eingeteilt in 500 Namensaktien zu je 1000 RM. Da die Gründer nur einen kleinen Teil des Grundkapitals übernommen hatten, mußte zunächst die Zeichnung der übrigen Aktien erfolgen. Dazu wurden Zeichnungsscheine benutzt, die u. a. den Satz enthielten: „Diese Zeichnung wird unverbindlich, sofern die Errichtung der Gesellschaft nicht bis zum 1. Januar 1928 beschlossen ist". Demnächst wurden auch von zahlreichen Handwerkern formgerechte Zeichnungen getätigt, die schließlich zusammen mit den von den fünf Gründern gezeichneten je 1000 RM insgesamt 398 000 RM erbrachten. Am 21. Dezember 1927 fand eine weitere Verhandlung vor dem Notar statt. Laut der notariellen Verhandlungsniederschrift nahmen daran teil die fünf Gründer und alle übrigen Zeichner. In der Niederschrift heißt es, daß die Erschienenen „heute die ordentliche Generalversammlung der Arbeitsgemeinschaft des Großb.er Bauhandwerks zur Förderung des Wohnungsbaues, Gemeinnützige Aktiengsellschaft, abhalten mit der Tagesordnung: 1. Beschlußfassung über die Errichtung der Aktiengesellschaft, 2. Wahl des Aufsichtsrats." Sodann wurden einstimmig „die Errichtung" der Aktiengesellschaft, weiterhin einige Satzungsänderungen beschlossen, der Gründungsaufwand festgesetzt und schließlich auch der Aufsichtsrat (darunter der Beklagte Sch.) gewählt, der seinerseits am selben Tag den Beklagten B. zum geschäftsführenden Vorstandsmitglied, den Beklagten W. sowie D. zu weiteren Vorstandsmitgliedern bestellte. Die auf die Zeichnungserklärungen eingegangenen Beträge wurden zum größten Teil zum Erwerb von Grundstücken und zum Bau von Wohnhäusern verwendet. Die Beklagten und D. hatten auf ihre Kapitalabschnitte nur geringfügige Einzahlungen geleistet, nämlich R., Sch., W. und D. je 300 RM und der Beklagte B. 100 RM. Zu einer Generalversammlung im Sinne des § 196 HGB. kam es nicht, ebensowenig zu einer Eintragung der Gesellschaft im Handelsregister, und zwar namentlich deshalb nicht, weil die Zahlungen auf die Zeichnungen sehr langsam eingingen.

Auf Anraten des Notars beschlossen deshalb die vier Beklagten und D. die geplante Stufengründung nicht durchzuführen, sondern die Aktiengesellschaft im Weg der „Simultangründung" ins Leben zu rufen. Demgemäß fand am 16. Februar 1929 wiederum vor dem Notar Dr. E. eine weitere Verhandlung statt, an der sich die vier Beklagten und D. beteiligten. Sie erklärten, daß die Durchführung der ursprünglich geplanten Stufengründung auf erhebliche Schwierigkeiten stoße, daß insbesondere die Gründung bis zur Eintragung im Handelsregister noch erhebliche Zeit in Anspruch nehmen werde. Dann heißt es in der notariellen Verhandlungsniederschrift weiter: „Deshalb beschließen die Gründer nunmehr die Durchführung der Gründung im Wege der Simultangründung. Die Erschienenen erkennen uneingeschränkt an, daß sie hinsichtlich aller Rechte und Pflichten, die sich aus der Gründung der Aktiengesellschaft ergeben, sämtlichen Beteiligten der ursprünglich in Aussicht genommenen Gründung im Innenverhältnis als Treuhänder gegenüberstehen". Der Gesellschaftsvertrag wurde neu festgesetzt. Von dem Grundkapital in Höhe von 50 000 RM, eingeteilt in 50 Namensaktien zu je 1000 RM, übernahm jeder der Erschienenen 10 Aktien. Von dem Grundkapital sollte ein Viertel sofort, der Rest auf Beschluß des Aufsichtsrats eingezahlt werden. In der Anmeldung der Gesellschaft zur Eintragung im Handelsregister erklärten die Gründer, Vorstands- und Aufsichtsratsmitglieder u. a., daß der auf jede Aktie eingeforderte Betrag von 25 v. H. des Nennwerts bar eingezahlt und im Besitz des Vorstandes sei, sowie daß die Beklagten B. und W. sowie D., der erste als geschäftsführendes Mitglied, zu Vorstandsmitgliedern bestellt seien; sie legten weiter dem Registergericht eine Bescheinigung der B.er Stadtbank vom 13. Februar 1929 vor, laut deren das dort „für die Arbeitsgemeinschaft des Großb.er Bauhandwerks zur Förderung des Wohnungsbaues, Gemeinnützige Aktiengsellschaft" geführte Konto am 13. Februar 1929 auf Grund der erfolgten Einzahlungen einen Guthabenstand von 14 702,83 RM zur freien Verfügung der „vorbezeichneten Aktiengesellschaft" aufwies. Weil der Registerrichter die Bescheinigung der B.er Stadtbank beanstandete, brachte der Beklagte B. eine weitere Bescheinigung dieser Bank vom 26. April 1929 des Inhalts bei, daß an diesem Tag ein Betrag von 12 500 RM als Bardepot zur freien Verfügung des Vorstands „der Arbeitsgemeinschaft des Großb.er Bauhandwerks zur Förderung des Wohnungsbaues, Gemeinnützige Aktiengesellschaft" vorhanden sei. Daraufhin wurde die Aktiengesellschaft, die jetzige Klägerin, noch am selben Tage ins Handelsregister eingetragen. Aktienurkunden oder Interimsscheine sind von der Klägerin nicht ausgegeben worden.

Im November 1931 beantragte die Klägerin die Eröffnung des gerichtlichen Vergleichsverfahrens wegen Zahlungsunfähigkeit. Dem Antrag wurde von dem Amtsgericht unter dem 23. Januar 1932 entsprochen. Die Aktienzeichner wurden, soweit sie Zahlung geleistet hatten, in das Verzeichnis der am Vergleichsverfahren beteiligten Gläubiger aufgenommen. Zum Vorsitzenden des Gläubigerausschusses und Bevollmächtigten der Aktienzeichner wurde der Töpfermeister K. „gewählt", dem sämtliche Aktien der Klägerin abgetreten wurden. Im Frühjahr 1932 schloß die Klägerin mit ihren Gläubigern einen Vergleich ab, der durch Beschluß des Vergleichsgerichts vom 23. März 1932 bestätigt worden ist; der Vergleich sah keine zahlenmäßig bestimmte Befriedigung der Gläubiger vor, vielmehr stellte die Klägerin ihren Gläubigern, zu denen die „Aktienzeichner" gehörten, ihr Vermögen, darunter das „Aktienkapital", zwecks anteilmäßiger Verteilung an die Gläubiger zur Verfügung.

Im Februar 1930 hatten der Ratszimmermeister F. und andere gegen die Beklagten und D. Klage erhoben mit dem Antrag, sie unter gesamtschuldnerischer Haftung zur Zahlung von 6750 RM nebst 2 v. H. Zinsen über dem jeweiligen Reichsbankdiskont seit 1. Dezember 1929 zu verurteilen. Die Klage war im wesentlichen darauf gestützt, daß die Kläger den geforderten Betrag auf die ungültig gewordenen Zeichnungsscheine der ersten Gründung an die Beklagten gezahlt hätten und diese Zahlung nunmehr zurückfordern könnten. Der Rechtsstreit führte zur antragsmäßigen Verurteilung der Beklagten B. und W. sowie des D. Zur Abwendung der Zwangsvollstreckung haben die Beklagten B. und W. im April 1931 aus der Kasse der Klägerin 7500 RM entnommen und damit die Urteilsschuld bezahlt.

Im gegenwärtigen Prozeß hat die Klägerin beantragt, die jetzigen Beklagten B., R., Sch. und W. als Gesamtschuldner zur Zahlung von 50 000 RM nebst Zinsen an den Töpfermeister K. zu verurteilen. Zur Begründung hat sie u. a. geltend gemacht: Die Beklagten hätten als Gründer der Klägerin bei deren Eintragung zu Unrecht angegeben, ein Viertel des Aktienkapitals sei bar eingezahlt; denn die Einzahlungen seien nicht für die Klägerin, sondern im Rahmen der ersten Gründung gemacht worden. Die Gründer hätten die bei der B.er Stadtbank eingezahlten Beträge gar nicht zur freien Verfügung gehabt; sie seien daher jetzt noch für die Einzahlung von einem Viertel des Stammkapitals als Gesamtschuldner haftbar, d. h. also auf 12 500 RM.

Das Landgericht hat der Klage stattgegeben. Die Berufung der Beklagten blieb insofern ohne Erfolg, als das Kammergericht durch Teilurteil die Beklagten auf Grund ihrer Gründerhaftung als Gesamtschuldner u. a. verurteilt hat, an K. 11 200 RM (nämlich 12 500 RM abzüglich der von ihnen selbst und D. auf das Konto der ersten Aktiengründung eingezahlten 1300 RM) nebst Zinsen zu zahlen. Die Revision des Beklagten B. führte insoweit zur Aufhebung und Zurückverweisung.

Aus den Gründen:

Bei der ersten Gründung handelte es sich um eine Stufengründung. Errichtet werden sollte eine von vornherein mit einem Grundkapital von 500 000 RM ausgestattete Aktiengesellschaft. Die von den Zeichnern darauf gezeichneten Zeichnungsscheine enthielten unter Beachtung des § 189 Abs. 3 Nr. 4 HGB. die Klausel, daß die Zeichnung unverbindlich werde, sofern nicht die „Errichtung" der Gesellschaft bis zum

1. Januar 1928 beschlossen sei. Zu dieser Errichtung ist es nicht gekommen. Gewiß hat am 21. Dezember 1927 eine Versammlung der Gründer und Zeichner stattgefunden. Es ist damals auch die „Errichtung" der Gesellschaft beschlossen worden. Allein diese Versammlung war nicht die Generalversammlung, welche bei der Stufengründung nach § 196 HGB. berufen und in der Lage gewesen wäre, im Rechtssinne die Errichtung der Gesellschaft zu beschließen. Denn die Versammlung war weder von dem Registergericht einberufen noch von ihm geleitet. Die Gründung war nicht einmal zum Handelsregister angemeldet, geschweige denn, daß die hierzu erforderlichen Unterlagen vorgelegen hätten (§ 196 Abs. 3, § 193 HGB.). Der in der Generalversammlung vom 21. Dezember 1927 gefaßte Beschluß, „die Gesellschaft zu errichten", führte deshalb eben nicht zur „Errichtung" der Gesellschaft im Rechtssinne mit der weiteren Folge, daß die Zeichner der ersten Gründung mit Ablauf des in dem Zeichnungsschein genannten Endtermins ihrer Verpflichtungen aus der Aktienzeichnung auf alle Fälle ledig geworden sind (§ 189 Abs. 3 Nr. 4 HGB.). Es kann ferner auch keine Rede davon sein, daß die oder ein Teil der Zeichner der ersten Gründung trotz Ablaufs des in dem Zeichnungsschein genannten Zeitpunktes für die Errichtung der Gesellschaft hinterher etwa um deswillen wieder an die ursprünglich im Zeichnungsschein übernommene Verpflichtung gebunden worden wären, weil nachmals die Voraussetzungen des § 189 Abs. 4 Satz 2 HGB. eingetreten wären. Denn zur Eintragung der Gesellschaft, die am 28. September 1927 gegründet wurde, ist es nie gekommen. Die tatsächlich auf Grund der „Simultangründung" vom 16. Februar 1929 im Handelsregister eingetragene Aktiengesellschaft, die Klägerin, war rechtlich und wirtschaftlich ein ganz anderes Rechtsgebilde, als es aus der gescheiterten ersten Gründung herauswachsen sollte, aber nicht herausgewachsen ist. Die gerade wesentlich zur Sicherung des Verkehrs durch Offenlegung und Klarlegung der Gründungsvorgänge und Sicherstellung der Kapitalgrundlagen der Aktiengesellschaft und damit zum Schutze der Allgemeinheit getroffenen zwingenden aktienrechtlichen Vorschriften über die Gesellschaftsgründung schließen eine solche Vermischung zweier Gründungsvorgänge, wie sie hier anscheinend den Beklagten vorgeschwebt haben mag, schlechthin aus. Daran ändert weder die Gleichheit des verfolgten Gründungsendzwecks etwas noch die gleichförmige Gesellschaftsfirma und dergl. mehr. Aktienrechtlich können und müssen vielmehr die beiden Gründungen, die gescheiterte erste und die durchgeführte zweite Gründung, scharf auseinandergehalten werden.

Aktienrechtlich ist deshalb davon auszugehen, daß die Bindung der Zeichner der ersten Gründung mit fruchtlosem Ablauf des in dem ersten Zeichnungsschein genannten Zeitpunktes schlechthin erloschen war. Gewiß hätte durch Ergänzung oder Änderung der Zeichnungsscheine oder in neuen Zeichnungsscheinen ein neuer Endtermin der Gebundenheit rechtswirksam festgesetzt werden können. Das ist aber nicht geschehen. Vielmehr ist die mit dem Gründungsvertrag vom 28. September 1927 eingeleitete Errichtung einer Aktiengesellschaft aufgegeben worden. Aus dem Gesagten ergibt sich gleichzeitig, daß, soweit auf die Zeichnungsscheine der ersten Gründung Zahlungen geleistet waren, die aktienrechtliche Grundlage und damit der aktienrechtliche Rechtsgrund diese Zahlungen weggefallen ist.

Mit Rücksicht darauf ist in dem Vorprozeß F. gegen die Beklagten B. und W. und gegen D. die gesamtschuldnerische Haftung dieser drei damaligen Beklagten für die dort genannten Einzahlungen der Zeichner der ersten Gründung aus dem Rechtsgrund der ungerechtfertigten Bereicherung bejaht worden. Dagegen bestehen allerdings erhebliche rechtliche Bedenken. Denn die damals verklagten Gründer haben persönlich weder dadurch, daß die Zeichner der an sie ergangenen Aufforderung zur Leistung ihrer Einzahlungen auf das Bankkonto der ursprünglich geplanten Aktiengesellschaft nachkamen, noch durch die spätere Führung dieses Kontos für die Klägerin „etwas" erlangt, wie dies § 812 BGB. voraussetzt. Die Auffassung sodann, daß jeder einzelne der Gründer die ganzen geleisteten Einzahlungen erlangt habe, so wie es mindestens erforderlich wäre, um vom Bereicherungsstandpunkt aus zu einer Verurteilung unter gesamtschuldnerischer Haftung gelangen zu können, wäre vollends unmöglich und in sich widerspruchsvoll. Wohl aber folgt die Haftung der Gründer der ersten fehlgegangenen Aktiengründung, und zwar die gesamtschuldnerische Haftung, den damaligen Zeichnern gegenüber, soweit diese Einzahlungen geleistet hatten, aus einem anderen Rechtsgrund. Die Gründergesellschaft und ihr geschäftsführendes Organ hatten bei Entgegennahme dieser Einzahlungen zugleich als Treuhänder der Zeichner gehandelt und waren kraft dieses Treuhandverhältnisses nach dem Scheitern der Gründung an sich zur Rückerstattung des Gezahlten gemäß § 667 BGB. verpflichtet. Die gesamtduldnerische Haftung der Gründer ergab sich aus § 427 BGB. Keine Rede kann davon sein, daß die Zeichner der ersten Gründung wegen ihrer Rückerstattungsansprüche auf einen etwaigen Auseinandersetzungsanspruch beschränkt gewesen wären. Eine Gesellschaft, und zwar eine solche des bürgerlichen Rechts, bestand wohl kraft des Gründungsvertrags vom 28. September 1927 zwischen den damaligen Gründern, nicht aber zwischen ihnen und den übrigen Aktienzeichnern. Die Gründer der ersten Gründung hatten den Zeichnern gegenüber an und für sich auch keineswegs freie Hand, über die von diesen auf das Konto der zu errichtenden ursprünglichen Aktiengesellschaften in Erfüllung der — weggefallenen — Einzahlungspflicht geleisteten Zahlungen zu verfügen. Die eingezahlten Beträge waren zweckgebunden, nämlich gebunden für die Zwecke der im Wege der Stufengründung zu errichtenden Gesellschaft. Sie mußten, wie dargelegt, im Fall des Scheiterns dieser Gründung den Zeichnern zurückgezahlt werden. In jedem Fall durften die Gründer nicht frei über die eingezahlten Beträge verfügen.

Rechtlich stand indessen dem kein Hindernis im Wege, daß die Zeichner, statt Erfüllung der Rückgabeverpflichtung zu verlangen, die Beklagten ausdrücklich oder stillschweigend ermächtigten und beauftragten, die auf dem Konto der gescheiterten ersten Gründung stehenden Beträge für ihre (d. h. der Zeichner, welche eingezahlt hatten) Rechnung zum Zwecke der Leistung des Pflichteinzahlungsviertels bei der Gründung der jetzigen Klägerin zu verwenden. Ein solcher Auftrag und eine solche Ermächtigung bedurften keinerlei Form, weder der gerichtlichen oder notariellen Beurkundung noch der bloßen Schriftform. Eine solche Abmachung war rechtlich völlig verschieden von den Rechten und Verpflichtungen der Zeichner aus den Zeichnungsscheinen. Sie hätte in der Tat die Gründer berechtigt, über die eingezahlten, auf dem Konto der fehlgegangenen ersten Aktiengründung stehenden Beträge für die Gründungszwecke der Klägerin zu verfügen. Eine etwaige damit im Zusammenhang stehende Abrede zwischen den Zeichnern und Gründern, daß diese hinsichtlich der aus der Aktienübernahme erworbenen gesellschafterlichen Anteilsrechte Treuhänder der Geldgeber und demzufolge ihnen gegenüber gegebenenfalls zur Übertragung der Aktien der zu gründenden Gesellschaft verpflichtet sein sollten, bedurfte ebenfalls keinerlei Form. Auch § 200 Abs. 2 HGB. bezieht sich unstreitig insoweit nur auf das Verhältnis des Anteilserwerbers zur Aktiengesellschaft. Aus dem Hinweis in dem Gründungsprotokoll, daß die Gründer als Treuhänder für die Zeichner handeln, konnte sodann immerhin ein Anzeichen für die Richtigkeit der von den Beklagten behaupteten weitergehenden Abmachungen entnommen werden, daß die Zeichner der ersten Gründung die erfolgten Einzahlungen den Gründern zur Leistung der Pflichteinzahlung anläßlich der Gründung der Klägerin überlassen hätten. Die bisherigen Erwägungen, auf Grund deren das Kammergericht den auch von dem Beklagten B.

angebotenen Zeugenbeweis für das Einverständnis der Zeichner der ersten Gründung mit der erfolgten Verwendung ihrer Einzahlungen für die Gründungszwecke der Klägerin abgelehnt hat, reichen deshalb nicht aus, um das angefochtene Urteil hinsichtlich der Gründerhaftung für das Pflichteinzahlungsviertel von restlich 11 200 RM. zu tragen.

RGZ. 154, 276.

1. Ist die Vorschrift des Württembergischen Landesrechts „der öffentliche Notar ist nicht Staatsbeamter" mit dem Reichsrecht vereinbar?

2. Handelte im Juli 1926 ein Registerrichter fahrlässig, der eine neu angemeldete Aktiengesellschaft unbeanstandet in das Handelsregister eintrug, obwohl

a) der Notar, der den Gründungsvertrag beurkundet hatte, denselben Namen trug wie einer der Gründer;

b) ein Gründer die Versicherung nach § 195 Abs. 3 HGB. durch einen Bevollmächtigten abgegeben hatte;

c) kein Revisionsbericht nach § 192 Abs. 2 HGB. vorlag trotz der Tatsache, daß sich ein Gründer bei der Errichtung der Gesellschaft kraft rechtsgeschäftlicher Vollmacht durch eine nicht zum Gründerkreis gehörige, aber zum Vorstand bestellte Person hatte vertreten lassen?

3. Kann der auf Schadensersatz nach § 839 BGB. klagenden Aktiengesellschaft entgegengehalten werden, ihr Schaden sei mitverursacht worden durch eine vor ihrer Eintragung gegen sie begangene unerlaubte Handlung ihres späteren Vorstands?

4. Wer ist „Dritter" im Sinne des § 839 Abs. 1 Satz 1 BGB., wenn ein Notar fahrlässig eine Vollmacht zur Errichtung und Anmeldung einer Aktiengesellschaft öffentlich beglaubigt hat?

BGB. §§ 31, 254, 839.
HGB. §§ 192, 195, 200 flg. (Jetzt: §§ 25, 28, 39—41 AktG.)
FGG. § 170. Württemb. AG. z. BGB. v. 28 Juli 1899 Art. 99.

V. Zivilsenat. Urt. v. 7. April 1937.

I. Landgericht Stuttgart. — II. Oberlandesgericht daselbst.

Aus den Gründen:

I. . . .

II. Zur Klage gegen den zweitverklagten Notar.

Das Berufungsgericht geht in Übereinstimmung mit dem Landgericht ohne ersichtlichen Rechtsirrtum davon aus, daß der verklagte Notar bei der Beglaubigung der Unterschrift des angeblichen Ludwig

M. die ihm obliegende Amtspflicht sorgfältigster Prüfung der Persönlichkeit (RGZ. Bd. 124 S. 63) fahrlässig verletzt hat. Er glaubt auf diese Fahrlässigkeit die Folge zurückführen zu können, daß der am 29. Juni 1928 gegründeten Gesellschaft am Aktienkapital ein Abschnitt von 500000 RM. fehlte. Die Gesellschaft bestehe, so führt das angefochtene Urteil weiterhin aus, trotz der Gründungsmängel, namentlich ohne Rücksicht auf die entgegen § 170 Nr. 3, 4 FGG. vorgenommene Beurkundung des Gründungsvertrags und auf den Ausfall des Hauptgründers M., den es in Wirklichkeit nicht gibt, nach außen hin für den Rechtsverkehr zu Recht, da sie ins Handelsregister eingetragen und eine Klage aus § 309 HGB. *nicht* erhoben worden ist. Trotz dieses Ausgangspunktes hat das Oberlandesgericht die gegen den Notar erhobene Schadensersatzklage abgewiesen, und zwar sowohl insoweit, als sie auf eigenes Recht der vom Kläger verwalteten Konkursmasse und der Gesamtheit ihrer Gläubiger gestützt ist, als auch insoweit, als sie aus abgetretenem Recht der R.-Versicherungs-AG. hergeleitet wird. Gegen die Begründung des Urteils in beiden Richtungen erhebt die Revision durchgreifende Rechtsbedenken.

1. Soweit der Kläger aus eigenem Recht klagt, kann er allerdings nicht geltend machen, daß die dem verklagten Notar zur Last gelegte unerlaubte Handlung unmittelbar das Vermögen dieses oder jenes einzelnen Konkursgläubigers der D. A.-Versicherungs-AG. geschädigt habe. Schon mehrfach hat das Reichsgericht dargelegt, daß die Klagbefugnis des Konkursverwalters so weit nicht reicht (vgl. z. B. LZ. 1930 Sp. 720 Nr. 3 und JW. 1935 S. 1562 Nr. 10 unter II). Wenn also einem Konkursgläubiger in seiner Person und seinem Vermögen ein Schadensersatzanspruch nach § 839 BGB. gegen den Beklagten erwachsen sein sollte, so müßte er ihn selbst verfolgen. Nur soweit ein solcher Schadensersatzanspruch in der Person der Gemeinschuldnerin durch Schädigung ihres Vermögens entstanden ist, kann der klagende Konkursverwalter ihn kraft seines Amtes aus eigenem Recht geltend machen, um die Konkursmasse aufzufüllen. Der Kläger behauptet denn auch in erster Reihe, daß der verklagte Notar durch fahrlässige Amtspflichtverletzung bei der Vollmachtsbeglaubigung gerade das Vermögen der D. A.-Versicherungs-AG. benachteiligt habe. Diesem Vortrag folgend erkennt das Oberlandesgericht an, daß die Nichteinzahlung der 500000 RM Aktien des angeblichen M. einen Schaden für die vom Kläger vertretene Gesellschaft darstelle. Es nimmt ferner an, daß der Kläger diesen Schaden von dem verklagten Notar wegen dessen Fahrlässigkeit bei der Beglaubigung am 30. Juni 1928 nach § 839 BGB. er-

setzt verlangen könnte, wenn nicht ein besonderer Grund für den Ausschluß der Ersatzpflicht spräche. Einen solchen Grund findet es in dem für berechtigt befundenen Einwand des Beklagten, daß die Gesellschaft selbst ihren Schaden durch überwiegendes eigenes mitwirkendes Verschulden verursacht habe (§ 254 BGB.). . . .

Rechtsirrig ist zunächst die Anwendung des § 31 BGB. Nach dieser Vorschrift kann eine Aktiengesellschaft verantwortlich gemacht werden für den Schaden, den ihr Vorstand durch eine im Rahmen seines Geschäftsbereichs begangene unerlaubte Handlung einem Dritten zufügt. Hier aber handelt es sich nicht um eine von der Gesellschaft durch ihr Vertretungsorgan gegen einen Dritten begangene Handlung, sondern um Handlungen, die der spätere Vorstand im Bunde mit Dritten während des Gründungsvorgangs gegen die Gesellschaft selbst verübt haben soll. Die Haftung für solche Handlungen ist nicht in § 31 BGB., sondern in den §§ 202, 204 HGB. geregelt. Ist S. nach diesen Vorschriften seiner Gesellschaft haftpflichtig geworden, so würde seine Haftpflicht, wenn sie mit anderen gleichfalls begründeten Schadensersatzansprüchen der Gesellschaft gegen andere Personen zusammentrifft, zu einem Gesamtschuldverhältnis nach § 840 BGB. führen. Im Rahmen des § 839 BGB. könnte die Haftung des S. auch unter den Voraussetzungen des Abs. 1 Satz 2 zu einer Feststellung des nur aus fahrlässigem Handeln in Anspruch genommenen Notars führen. Für eine Anwendung der §§ 31, 254 BGB. gegen die Gesellschaft, die durch die §§ 202, 204 HGB. gerade geschützt werden soll, ist aber hier kein Raum.

Rechtsirrig ist ferner die Ansicht des Oberlandesgerichts, aus dem Grundsatz, daß die gegründete Aktiengesellschaft nur eine Fortsetzung der früher in der Entstehung begriffenen Gesellschaft sei, folge ohne weiteres, daß die fertige Gesellschaft auch für unerlaubte Handlungen ihres Vorstands aus der Zeit vor ihrer Eintragung (§ 200 HGB.) einzustehen habe. Die vom Berufungsgericht angezogenen höchstrichterlichen Entscheidungen ergeben nichts für diese Ansicht. Wohl aber hat das Reichsgericht in RGZ. Bd. 151 S. 86 ausdrücklich das Gegenteil ausgesprochen. Dort ist (S. 91) ausgeführt, daß die Gesellschaft für unerlaubte Handlungen ihres späteren Vertretungsorgans aus der Zeit vor ihrer Eintragung grundsätzlich nicht einzustehen brauche. Eine Ausnahme wird nur gemacht, wenn sich die Gesellschaft die Früchte eines während der Gründung begangenen schadenstiftenden Handelns ihrer Vertreter später nach ihrer Entstehung zu eigen und zu nutze macht. Ein solcher Ausnahmefall kommt aber naturgemäß nur dann in Frage, wenn der Geschädigte nicht die Gesellschaft selbst, sondern ein außenstehender Dritter ist. Hier also, wo sich die unerlaubten Handlungen des S. während des Gründungsvorgangs gegen die Gesellschaft selbst richteten, hat die entstandene Gesellschaft für die Folgen dieser Handlungen nicht aufzukommen. . . .

2. Soweit der Kläger aus abgetretenem Recht der R.-Versicherungs-AG. klagt, hat das Berufungsgericht die Klage daran scheitern lassen, daß es der abtretenden Gesellschaft einen Schadensersatzanspruch gegen den zweitverklagten Notar aus § 839 BGB. grundsätzlich versagt. Es meint, die Unterschriftsbeglaubigung vom 30. Juni 1928 sei ein Amtsgeschäft des Notars gewesen, bei dem ... nicht die künftigen Gläubiger der errichteten Gesellschaft zum Kreise derer gehörten, denen gegenüber der Notar eine Sorgfaltspflicht bei der Prüfung der Persönlichkeit des angeblichen Ludwig M. gehabt hätte. Die R.-Versicherungs-AG., die mit der unter Verwendung der Vollmacht vom 28./30. Juni 1928 errichteten D. A.-Versicherungs-AG. nach deren Entstehung in Verbindung getreten sei, habe mithin nicht die Rechtsstellung eines „Dritten" im Sinne des § 839 Abs. 1 Satz 1 BGB.

. . . Das Oberlandesgericht hat den Begriff des „Dritten" in § 839 BGB. verkannt, indem es ihn zu eng gezogen hat. In der Rechtsprechung des Reichsgerichts steht fest, daß dieser Begriff gerade auf dem Gebiet des öffentlichen Beurkundungs- und Beglaubigungswesens weit zu ziehen ist. Auf diesem Gebiet ist „Dritter" jeder, dessen Belange durch die fehlerhafte Amtshandlung nachträglich irgendwie berührt werden, auch wenn dieser Erfolg nur mittelbar und unbeabsichtigt herbeigeführt wird. Die weite Grenzziehung rechtfertigt sich hier daraus, daß jede öffentliche Beurkundung oder Beglaubigung ihrer Natur nach in eine ungewisse Zukunft hinaus wirkt und die Belange eines zunächst ganz unbestimmten Kreises auch solcher Personen, die an dem beurkundeten oder beglaubigten Privatrechtsgeschäft nicht beteiligt waren, zu beeinflussen geeignet und bestimmt ist (RGZ. Bd. 78 S. 241, Bd. 86 S. 104, Bd. 151 S. 113, S. 177 und S. 398). Gerade für das Gebiet der Unterschriftsbeglaubigung durch einen Notar ist schon in RGZ. Bd. 86 S. 104 festgelegt, daß auf die Ordnungsmäßigkeit eines solchen Aktes jedermann im Rechtsverkehr müsse vertrauen dürfen. . . . Mit diesen Rechtsgrundsätzen, die zur Wahrung der Sicherheit des Rechtsverkehrs aufgestellt und heute wie ehedem zu beachten sind, ist unvereinbar die Ansicht des Berufungsgerichts, daß die R.-Versicherungs-AG. aus der fahrlässigen Amtspflichtverletzung des verklagten Notars am 30. Juni 1928 nur dann einen Schadensersatzanspruch nach

§ 839 BGB. geltend machen könnte, wenn sie bei ihrem Geschäftsverkehr mit der D. A -Versicherungs-AG. gerade auf die Gültigkeit der Vollmacht vom 28./30. Juni 1928 oder gar im besonderen auf die ordnungsmäßige Persönlichkeitsprüfung des beglaubigenden Notars vertraut hätte. Vielmehr muß für die Begründung ihres Anspruchs unter dem hier erörterten Gesichtspunkt („Dritter" nach § 839 BGB.) genügen, wenn sie sich auf die mittels der fehlerhaften Vollmacht geschaffene Rechtslage verlassen hat, wenn sie also bei ihrem Geschäftsverkehr mit der mangelhaft gegründeten Gesellschaft davon ausgegangen ist, die Gründung als Ganzes sei in Ordnung und das Grundkapital vertrags- und gesetzmäßig eingezahlt. Von dieser Voraussetzung wird aber regelmäßig jeder Gläubiger einer Aktiengesellschaft ausgehen, und das Berufungsgericht unterstellt zum mindesten zugunsten der R.-Versicherungs-AG., daß es auch bei ihr so gewesen sei. Dann durfte ihr die Rechtsstellung des „Dritten" im Sinne des § 839 BGB. nicht abgesprochen werden. . . .

RGZ. 156, 52.

1. Ist die stille Auflösung freiwilliger Rücklagen auch nach den neuen aktienrechtlichen Vorschriften mit dem Grundsatz der Bilanzwahrheit und Bilanzklarheit vereinbar?

2. Was ist „Reingewinn" und „Reinverlust" im Sinne der Bilanzierungsvorschriften?

HGB. §§ 260 b, 261 a, 261 c. AktG. §§ 129, 131, 132.

II. Zivilsenat. Urt. v. 15. Oktober 1937.

I. Landgericht Chemnitz. — II. Oberlandesgericht Dresden.

In der ordentlichen Generalversammlung der Beklagten vom 21. Juni 1935 wurde der Jahresabschluß (die Jahresbilanz nebst Gewinn- und Verlustrechnung) für das Geschäftsjahr 1934 genehmigt; zugleich wurde dem Vorstand und dem Aufsichtsrat Entlastung erteilt. Der Kläger, ein Kleinaktionär der Beklagten, der mit zwei anderen Aktionären gegen die Annahme gestimmt hatte, erhob gegen diese Beschlüsse Widerspruch zu Protokoll. Innerhalb Monatsfrist hat dann der Kläger die Anfechtungsklage erhoben mit dem Antrage, die Beschlüsse für nichtig zu erklären. Er macht geltend, daß die Jahresbilanz, die Gewinn- und Verlustrechnung und der Geschäftsbericht kein genügend klares Bild über die Lage der Gesellschaft vermittelten, zum Teil auch unwahre Angaben enthielten und einen erheblichen Verlust verschleierten.

Die Gerichte des ersten und des zweiten Rechtszuges haben die Klage abgewiesen. Die Revision hatte keinen Erfolg.

Aus den Gründen:

In die Bilanz für 1933 war das Passivum ein „Erneuerungs- und Dispositionsfonds" mit 58 261,70 RM eingestellt. In der Bilanz für 1934, die äußerlich ohne Gewinn oder Verlust abschließt, ist dieser Posten auf 40 240,39 RM herabgesetzt worden, indem der Unterschiedsbetrag von 18 021,31 RM in folgender Weise aufgelöst wurde:

a) 12 085,27 RM unter der Bezeichnung: „Auflösung laut Beschluß der Generalversammlung vom 29. Mai 1934", wonach dieser Betrag zur teilweisen Deckung des auf neue Rechnung vorgetragenen Verlustes des Geschäftsjahres 1933 verwendet werden sollte;

b) 5936,04 RM unter der Bezeichnung: „Auflösung zugunsten der Gewinn- und Verlustrechnung".

Im Geschäftsbericht heißt es zu dem Posten b) und zugleich zur Erläuterung der Herabsetzung einer angeblichen Warenreserve:

Im ersten Teil des Jahres konnte nicht ohne Verlust gearbeitet werden, er wurde aus der nicht benötigten Warenreserve in Höhe von 42 834,82 RM und dem Erneuerungs- und Dispositionsfonds mit 5936,04 RM gedeckt.

Der Kläger hat an dieser Art der Bilanzaufstellung beanstandet, daß durch die Auflösung des Erneuerungs- und Dispositionsfonds in Höhe von 5936,04 RM ein entsprechend hoher Verlust unzulässig innerhalb der Bilanz zum Ausgleich gebracht und dadurch verschleiert worden sei. Er meint, daß dieser Verlust als Saldo auf der Aktivseite der Bilanz hätte ausgewiesen werden müssen; seine Deckung könne nur außerhalb der ihn ausweisenden Bilanz, entweder aus dem Reservefonds im Rahmen des § 262 HGB. oder, falls keine Reserven zur Verfügung stünden, erst in der künftigen Bilanz erfolgen, nachdem er zunächst auf neue Rechnung vorgetragen worden sei. Da die Auflösung in der Bilanz „zugunsten der Gewinn- und Verlustrechnung" vorgenommen werde, müsse der Posten in dieser folgerichtig unter den Erträgen zu finden sein; dort fehle er aber. Auch der Bericht lasse die notwendige Erläuterung für diese Folgewidrigkeit und für das „Wunder" vermissen, daß die Bilanz und die Gewinn- und Verlustrechnung trotzdem im Endergebnis übereinstimmten.

Das Berufungsgericht stellt auf Grund des Beweisergebnisses fest, daß der Teilposten von 5936,04 RM in der Gewinn- und Verlustrechnung unter den „außerordentlichen Erträgen" enthalten sei. Im übrigen ist es der Meinung, daß der Ausgleich des Verlustes in Höhe von 5936,04 RM innerhalb der Bilanz allerdings gegen die Vorschriften des § 261 a Abs. 2 und des § 261 c Abs. 2 HGB. verstoße, wonach der Reingewinn oder Reinverlust des Jahres am Schlusse der Bilanz ebenso wie am Schlusse der Gewinn- und Verlustrechnung ungeteilt auszuweisen sei. Es hält jedoch die hierauf gestützte Anfechtung nicht für gerechtfertigt, weil auf einen Verstoß gegen diese Vorschriften für sich allein gemäß § 261 e HGB. eine Anfechtung nicht gestützt werden könne und weil diese Verstöße sich nicht zugleich als Verletzung des in § 260 b Abs. 2 HGB. enthaltenen Gebots der Bilanzklarheit und Bilanzwahrheit oder als eine Bilanzfälschung oder Bilanzverschleierung im Sinne des § 314 HGB. darstellten. . . .

Die Revision beanstandet diese Ausführungen des Berufungsgerichts. . . .

Der Streit dreht sich im wesentlichen um die Frage, ob es mit dem Grundsatz der Bilanzwahrheit und Bilanzklarheit (vgl. § 260 b HGB.) vereinbar ist, zur Deckung eines Verlustes stille Rücklagen (Reserven) innerhalb der Bilanz aufzulösen, ohne daß der Verlust in der Bilanz unmittelbar in die Erscheinung tritt. Diese Frage läßt sich nicht beantworten ohne Stellungnahme zu der Vorfrage, inwieweit überhaupt stille Rücklagen zulässig sind. Denn es liegt in deren Wesen begründet, daß sie den Einblick in die Lage der Gesellschaft bis zu einem gewissen Grade beeinträchtigen. Sie dienen dazu, im Bedarfsfalle herangezogen zu werden, um eingetretene Verluste möglichst unauffällig zu decken. Mit Rücksicht hierauf sind seit langem wissenschaftliche Auseinandersetzungen darüber geführt worden, ob stille Rücklagen betriebswirtschaftlich gerechtfertigt und mit dem Grundsatz der Bilanzwahrheit und Bilanzklarheit vereinbar seien.

Es ist nicht zu verkennen, daß durch die Zulassung stiller Rücklagen dieser Grundsatz, der auch bereits in den unverändert gebliebenen §§ 39, 40 HGB. sowie in § 314 Ziffer 1 HGB. zum Ausdruck gekommen ist, eine wesentliche Einschränkung erleidet. Aber eine absolute Bilanzwahrheit und Bilanzklarheit läßt sich schon deshalb niemals durchführen, weil alle Wertansätze auf mehr oder weniger unsicheren Schätzungen beruhen. Außerdem entspricht es einem gesunden und durchaus berechtigten kaufmännischen Bedürfnis, das Unternehmen dadurch vor Erschütterungen zu bewahren, daß man gewisse unvermeidliche Konjunkturschwankungen und unvorhersehbare Verluste durch Bildung und Auflösung stiller Rücklagen möglichst unauffällig ausgleicht. Dem hat der Gesetzgeber nicht grundsätzlich entgegentreten wollen, wie sich insbesondere daraus ergibt, daß die Bewertungsvorschriften des § 261 HGB. sowohl in der ursprünglichen Fassung als auch in der hier maßgeblichen Fassung der Aktienrechtsnovelle vom 19. September 1931 nur obere Wertgrenzen festsetzen. Dies hat auch das Reichsgericht in ständiger Rechtsprechung angenommen (vgl. z. B. RGZ. Bd. 116 S. 119; RGSt. Bd. 62 S. 359). Allerdings ist die Möglichkeit der Bildung stiller Rücklagen und ihrer stillen Auflösung gelegentlich zu unlauteren Zwecken und zur Täuschung der Aktionäre sowie auch der Öffentlichkeit über die Erträgnisse des Unternehmens mißbraucht worden. Dies wird zwar dazu führen, daß solchen Mißbräuchen entgegengetreten wird, es gibt aber keinen Anlaß, die Bildung stiller Rücklagen und deren stille Auflösung grundsätzlich als unzulässig zu erachten. Für die Art und Weise, in der die Bildung und Auflösung stiller Rücklagen erfolgen darf, sind die Grundsätze ordnungsmäßiger Buchführung und Bilanzierung maßgebend. Von diesen Erwägungen ist auch der Gesetzgeber sowohl bei der Schaffung der Aktienrechtsnovelle vom 19. September 1931 (vgl. S. 112 des im Jahre 1930 veröffentlichten Entwurfs für ein neues Aktiengesetz) als auch bei der Schaffung des Aktiengesetzes vom 30. Januar 1937 ausgegangen (vgl. amtl. Begr. zu § 133 AktG.), obwohl diese neuen Vorschriften gerade bestrebt sind, die Mißstände weitestgehend zu beseitigen (vgl. hierzu Schlegelberger - Quassowski - Schmölder Vo. über Aktienrecht § 260b Anm. 17 flg.; Schlegelberger-Quassowski Aktiengesetz § 129 Anm. 15 flg.; Trumpler Die Bilanz der Aktiengesellschaft 1937 S. 156 flg.). So heißt es in der amtlichen Begründung zu § 133 AktG.:

> Der Entwurf sieht die Bildung stiller Rücklagen und ihre stille Auflösung entsprechend dem bisherigen Rechtszustand grundsätzlich als zulässig an.

Nach Anführung der vorstehend mitgeteilten Gründe, die für und gegen diese Zulassung sprechen, fährt die Begründung dann fort:

> Aus allgemeinen volkswirtschaftlichen Erwägungen kann daher ein Verbot der stillen Rücklage nicht befürwortet werden. Der Entwurf hält daher im Einvernehmen mit der Akademie für Deutsches Recht an dem geltenden Rechtszustand fest und verbietet in der Gliederungsvorschrift des § 131 Abs. 5 nur die Bildung stiller Rücklagen durch Einstellung erdichteter Kreditoren auf der Passivseite sowie die Verrechnung von Forderungen und Verbindlichkeiten. Im übrigen dürften auch die weitgehenden Vorschriften über

die Gliederung des Jahresabschlusses die Bildung stiller Rücklagen einschränken.

Damit erledigen sich die grundsätzlichen Erwägungen, welche die Revision gegen die Zulassung stiller Rücklagen und ihrer stillen Auflösung vorbringt.

Es kann sich daher nur noch darum handeln, ob die Beklagte im vorliegenden Falle gegen besondere Bilanzierungsvorschriften der Aktienrechtsnovelle verstoßen hat oder ob sonst besondere Umstände vorliegen, die den Vorwurf der Bilanzverschleierung rechtfertigen könnten.

Das Berufungsgericht sieht die Vorschriften des § 261 a Abs. 2 und des § 261 c Abs. 2 HGB. als verletzt an und lehnt die Anfechtbarkeit der hierauf beruhenden Beschlüsse nur mit Rücksicht auf § 261 e HGB. ab, wonach eine Anfechtung auf eine Verletzung der Vorschriften der §§ 261 a bis 261 c nicht gegründet werden kann. Jedoch ist die Annahme, daß diese Vorschriften verletzt seien, nicht einmal richtig. Nach ihnen ist der Reingewinn oder Reinverlust des Jahres am Schlusse der Bilanz sowie am Schlusse der Gewinn- und Verlustrechnung „ungeteilt und vom vorjährigen Gewinn- oder Verlustvortrage gesondert auszuweisen". Die Auffassung des Vorderrichters und des Klägers, daß gegen diese Vorschriften verstoßen sei, beruht auf einer Verkennung dessen, was der Gesetzgeber hier unter Reingewinn und Reinverlust versteht. Diese Ausdrücke sind nicht gleichbedeutend mit Betriebsgewinn und Betriebsverlust (vgl. RGZ. Bd. 103 S. 367 [371]). Vielmehr ist der Reingewinn nur der Überschuß der Aktivposten über die Passivposten und der Reinverlust nur der Überschuß der Passivposten über die Aktivposten (vgl. jetzt § 131 Abs. 3 AktG.). Der Reingewinn und der Reinverlust sind also nur das rechnerische Ergebnis der Bilanz sowie der Gewinn- und Verlustrechnung, das man erhält, wenn man deren beide Seiten einander gegenüberstellt, und zwar bei der Bilanz unter Einbeziehung aller Rücklagen, soweit sie nicht erst aus dem Reingewinn des Jahres gemäß § 262 Ziffer 1 HGB. entnommen werden sollen, und bei der Gewinn- und Verlustrechnung unter Einbeziehung der für diese Rücklagen etwa einzusetzenden Aufwendungen oder — im Falle der Auflösung von Rücklagen — der dafür einzusetzenden Erträge (vgl. Schlegelberger-Quassowski-Schmölder a.a.O. zu § 261a Anm. 28 und zu § 261c Anm. 15; Schlegelberger-Quassowski a.a.O. § 131 Anm. 47, 48). Die in Rede stehenden Vorschriften, von denen der § 261a Abs. 2 HGB. der ursprünglichen Bestimmung des § 261 Ziff. 6 HGB. und jetzt dem § 131

Abs. 3 AktG. und der § 261c HGB. jetzt dem § 132 Abs. 2 AktG. entspricht, verbieten nicht die Bildung und Auflösung freiwilliger Rücklagen innerhalb der Bilanz und innerhalb der Gewinn- und Verlustrechnung; denn als „Reingewinn" oder „Reinverlust" kann nur angesehen werden, was nach der Bildung oder Auflösung freiwilliger Rücklagen als Ergebnis der Aufstellung herauskommt. Freilich ist es auch möglich, freiwillige Rücklagen dadurch zu bilden oder aufzulösen, daß zu diesem Zweck über einen entsprechenden Teil des ausgewiesenen Reingewinns verfügt oder die Deckung eines ausgewiesenen Reinverlustes aus einer freiwilligen Rücklage besonders beschlossen wird. Aber das Wesen der stillen Rücklage und der stillen Auflösung einer freiwilligen Rücklage besteht gerade darin, daß der Ausgleich innerhalb der Bilanz und der Gewinn- und Verlustrechnung erfolgt und daß hierdurch der sich bilanzmäßig ergebende Reingewinn oder Reinverlust unmittelbar beeinflußt wird. Läßt man die Bildung stiller Rücklagen und die stille Auflösung freiwilliger Rücklagen überhaupt zu, dann ergibt sich daraus also notwendig auch die Zulassung eines solchen rechnerischen Ausgleichs innerhalb der Bilanz und der Gewinn- und Verlustrechnung. Dem entgegenzutreten ist nicht der Sinn der §§ 261a Abs. 2 und 261c Abs. 2 HGB. Vielmehr soll danach nur das rechnerische Ergebnis, das nach Einstellung aller in die Bilanz gehörigen Aktiv- und Passivposten, und zwar auch insoweit, als sie etwa neue stille Rücklagen oder die stille Auflösung freiwilliger Rücklagen enthalten, ebenso wie nach Einstellung aller in die Gewinn- und Verlustrechnung gehörigen Aufwendungen und Erträge herauskommt, in einem einheitlichen Posten und gesondert von dem vorjährigen Gewinn- und Verlustvortrag ausgewiesen werden. Dadurch soll klargestellt werden, was als Reingewinn zur Verfügung bleibt oder was als Reinverlust noch der Deckung oder des Vortrags auf neue Rechnung bedarf. Der § 131 Abs. 2 AktG. schreibt sogar ausdrücklich vor, daß Rücklagen, die „für das Geschäftsjahr" gemacht werden, bereits in der Jahresbilanz vorzunehmen sind; dies gilt für stille Rücklagen ebenso wie für offene; das gleiche ist auch von der Auflösung freiwilliger Rücklagen anzunehmen, die für das Geschäftsjahr erfolgt.

Hiermit erledigen sich zugleich auch die Folgerungen, welche die Revision aus den § 262 Satz 1 und § 265 HGB. ziehen zu können glaubt. Nach § 262 ist „zur Deckung eines aus der Bilanz sich ergebenden Verlustes" ein Reservefonds zu bilden. (In der entsprechenden Vorschrift des § 130 AktG. ist übrigens der Zusatz: „eines aus der Bilanz sich ergebenden" weggefallen.) Der sich aus der Bilanz ergebende Verlust ist nichts weiter als der Reinverlust im Sinne des § 261a Abs. 2 HGB., der allein besonderer Deckung bedarf (vgl. hierzu auch RGZ. Bd. 145 S. 336 [339]). Der aus freiwilligen Rücklagen bilanzmäßig bereits gedeckte Betriebsverlust kommt als Reinverlust überhaupt nicht mehr in Betracht. § 265 HGB. schreibt lediglich die Bekanntmachung der durch die Generalversammlung genehmigten Bilanz nebst Gewinn- und Verlustrechnung vor; über den Inhalt des Jahresabschlusses besagt diese Vorschrift nichts. Die Revision geht hier immer wieder von der irrigen Annahme aus, daß Reingewinn und Reinverlust dem Betriebsgewinn und Betriebsverlust gleichzusetzen seien. Ein Unternehmen, das den Betriebsverlust des Jahres innerhalb der Bilanz durch stille Auflösung freiwilliger Rücklagen deckt, schneidet tatsächlich bilanzmäßig ohne Reinverlust ab. . . .

Nach alledem ist der Vorwurf des Klägers unbegründet, daß die Art und Weise, wie die in dem Erneuerungs- und Dispositionsfonds (angeblich) enthalten gewesene freiwillige Rücklage von 5 936,04 RM aufgelöst worden ist, gegen die §§ 39, 40, 260a flg. HGB. verstoße und sogar eine Bilanzverschleierung im Sinne des § 314 HGB. darstelle.

RGZ. 156, 129

1. Gilt für die stille Gesellschaft § 723 BGB. nur, soweit er das Verbot des vertragsmäßigen Ausschlusses der (außerordentlichen) Kündigung aus wichtigem Grunde ausspricht, oder auch, soweit er den Ausschluß der ordentlichen Kündigung verbietet?

2. Kann eine Vereinbarung über die Dauer der Gesellschaft auf bestimmte Zeit mit einer solchen über deren Dauer auf unbestimmte Zeit verbunden werden?

3. Ist das ordentliche Kündigungsrecht bei einer stillen Gesellschaft ausgeschlossen, wenn der persönlich haftende Gesellschafter zwar jederzeit das Gesellschaftsverhältnis der stillen Gesellschaft durch einseitige Erklärung beendigen kann, dann aber das Geschäft in eine zu gründende Aktiengesellschaft einbringen muß, in welche die stillen Gesellschafter ihre bisherigen Einlagen als Aktionäreinlagen einzubringen haben?

4. Verstößt eine derartige Bindung, insbesondere bei einer Familiengesellschaft, gegen die guten Sitten?

5. Ist eine Gesellschaft als auf die Lebenszeit eines Gesellschafters eingegangen anzusehen, wenn einer der Gesellschafter nicht kündigen darf, solange er lebt, die anderen Gesellschafter aber schon vor seinem Tode die Gesellschaft durch Kündigung beendigen können?

6. Welches Maß von Bestimmtheit erfordert ein Vorvertrag über die Gründung einer Aktiengesellschaft?

7. Kann der Mehrheit der Gründer hierbei die Ergänzung des Gesellschaftsvertrags durch Entscheidung nach Kopfzahl übertragen werden, soweit bei der endgültigen Feststellung der Satzung Zweifel auftreten oder es sich um Fragen handelt, für die beim Abschluß des Vorvertrags eine Festlegung noch nicht möglich war, wenn der Vorvertrag die nach dem Gesetze wesentlichen Bestimmungen der künftigen Satzung enthält?

BGB. §§ 723, 724. HGB. §§ 132, 134, 182, 252, 339. AktG. §§ 16, 114.

II. Zivilsenat. Urt. v. 22. Oktober 1937.

I. Landgericht Plauen. — II. Oberlandesgericht Dresden.

Die verklagte Firma ist vom Geh. Kommerzienrat K. gegründet worden. Dieser hatte zehn Kinder. Am 2. September 1913 schloß er mit seinen beiden Söhnen Leonhard und Emil einen notarisch beurkundeten Vertrag, wonach die Vertragschließenden vom 1. Juli 1913 ab das bisher von dem Vater betriebene Unternehmen gemeinsam und in offener Handelsgesellschaft betrieben. Der Vertrag wurde auf zehn Jahre fest abgeschlossen; er sollte jeweils zwei Jahre weiterlaufen, wenn er nicht mit halbjähriger Frist vor Ablauf eines Jahres gekündigt wurde. Er enthielt außerdem Bestimmungen für den Fall, daß ein Gesellschafter durch Tod ausschiede. Am 23. Juli 1924 starb Emil K. Die überlebenden Gesellschafter setzten die Gesellschaft nach den Bestimmungen des Gesellschaftsvertrages fort. Am 4. Januar 1925 starb der Vater. Leonhard K. übernahm gemäß § 13 des Gesellschaftsvertrags das Geschäft als alleiniger Inhaber. Die Erben des Verstorbenen verhandelten über die Auseinandersetzung des Nachlasses. Die Geschwister des Leonhard K. hatten den Wunsch, an der Firma beteiligt zu sein. Das sollte nach ihrer Meinung geschehen, um den großen Verlust auszugleichen, den der Vater durch den Währungsverfall an seinem sonstigen bedeutenden Vermögen erlitten hatte; dieses hätte nach der Behauptung der Klägerin der Gleichstellung der nicht an der Firma beteiligten Kinder dienen sollen. Am 29. Dezember 1925 schlossen sämtliche Erben des Geh. Kommerzienrats K. zur Urkunde des Notars Dr. S. einen neuen Gesellschaftsvertrag. Danach blieb Leonhard K. alleiniger Inhaber des Geschäfts; seine Geschwister und die Erben des Emil K. wurden mit Wirkung vom 5. Januar 1925 stille Gesellschafter. Der Kapitalanteil des Leonhard K. wurde auf 2 000 000 RM, die Kapitaleinlage jedes Erbstammes der Geschwister auf 400 000 RM, zusammen also auf 3 600 000 RM, festgesetzt. Nach § 4 Abs. 1 des Vertrages ist die Einlage der stillen Gesellschafter dem persönlich haftenden Gesellschafter „fest und ohne irgendwelches Kündigungsrecht während der Dauer von sieben Jahren, also bis zum 31. Dezember 1931, zu belassen". 100 000 RM jeder Einlage sind der Firma während der ganzen Vertragsdauer zu belassen. Im übrigen, also vom 1. Januar 1932 ab, sollte die Kündigung der Einlage nach näherer Bestimmung des § 4 Abs. 2 möglich sein.

§ 6 des Vertrags bestimmt:

Vertragsdauer und Kündigung: die stille Gesellschaft wird auf 15 Jahre geschlossen und endigt am 31. Dezember 1939.

Der Gesellschaftsvertrag läuft jedoch jeweilig zwei Jahre weiter, wenn er nicht ausdrücklich ein Jahr vor dem jeweiligen Ablauf aufgekündigt wird. Diese Aufkündigung ist erstmalig zulässig am 1. Januar 1939 für den 31. Dezember 1939.

Das Kündigungsrecht ist auf seiten des Herrn Leonhard K. oder eines anderen persönlich haftenden Gesellschafters ausgeschlossen, dagegen steht es jedem stillen Gesellschafter zu, seine Beteiligung aufzukündigen, was im eingeschriebenen Briefe zu erfolgen hat.

Die Kündigung eines einzelnen stillen Gesellschafters berührt nicht die Vertragsrechte der anderen stillen Gesellschafter, vielmehr besteht die Gesellschaft zwischen ihnen und Herrn Leonhard K. oder einem anderen persönlich haftenden Gesellschafter so lange fort, als sie nicht auch ihrerseits kündigen.

Die stillen Gesellschafter haben wegen der Bilanz lediglich die dem stillen Gesellschafter nach dem Gesetz zustehenden Rechte (§ 8 Satz 2). Nach § 9 bestimmt der persönlich haftende Gesellschafter, welcher Prozentsatz des Reingewinns zur Ausschüttung kommt. Am Gewinn oder Verlust sind beteiligt: der oder die persönlich haftenden Gesellschafter mit 60 %, die stillen Gesellschafter mit 40 % (§ 10).

§ 14 lautet:

Der oder die persönlich haftenden Gesellschafter dürfen keinem stillen Gesellschafter die Beteiligung aufkündigen, sie sind aber jederzeit berechtigt, die Umwandlung des Unternehmens in eine Familienaktiengesellschaft zu verlangen. Andererseits sind die stillen Gesellschafter berechtigt, die Umwandlung dieses Vertrags in einen neuen Gesellschaftsvertrag zu verlangen, falls Herr Leonhard K. durch eine länger als ein Jahr ununterbrochen andauernde Krankheit verhindert ist, im Geschäfte tätig zu sein, oder verstirbt. Sollte über einen solchen neuen Vertrag eine Einigung zwischen den Gesellschaftern nicht erzielt werden können, so ist eine Familienaktiengesellschaft zu gründen, gemäß den in der Anlage I bezeichneten näheren Bestimmungen.

Der Inhaber der Beklagten, Leonhard K., hält den Vertrag vom 29. Dezember 1925 wegen Ausschlusses der Kündigung aus wichtigem Grunde für beide Parteien und wegen unzulässigen Ausschlusses des ordentlichen Kündigungsrechts des persönlich haftenden Gesellschafters für nichtig. Er hat den stillen Gesellschaftern vorgeschlagen, ihre Einlage um ein Drittel abzuwerten und sie in festverzinsliche Darlehnsforderungen umzuwandeln. Ein Teil der stillen Gesellschafter ist damit nicht einverstanden. Durch Schreiben vom 11. November 1934 kündigte ihnen Leonhard K. den Vertrag vom 29. Dezember 1925 vorsorglich gemäß § 723 Abs. 3 BGB. in Verbindung mit § 339 und § 132 HGB. zum frühesten Zeitpunkt, also zum 31. Dezember 1935.

Die Klägerin, die älteste Tochter des Geh. Kommerzienrats K., eine der stillen Gesellschafter, hält den Vertrag für gültig; äußerstenfalls sei der in § 6 Abs. 3 bestimmte Kündigungsausschluß gegenüber dem persönlich haftenden Gesellschafter zu streichen. Sie hat Klage gegen die Firma K., Alleininhaber Leonhard K., mit dem Hauptantrag erhoben:

festzustellen, daß der Vertrag vom 29. Dezember 1925 gültig sei, und

mit dem Hilfsantrage:

festzustellen, daß der Vertrag abgesehen von der Bestimmung in § 6 Abs. 3, wonach die Kündigungsbefugnis des persönlich haftenden Inhabers für die Dauer ausgeschlossen sei, in den übrigen Teilen gültig sei.

Das Landgericht hat nach dem Hilfsantrage der Klägerin erkannt. Ihre Berufung gegen dieses Urteil hat das Oberlandesgericht zurückgewiesen. Auf die Berufung der Beklagten hat es die Klägerin mit ihrem Hauptantrage abgewiesen, im übrigen auch die Berufung der Beklagten zurückgewiesen. Die Revision der Beklagten wurde zurückgewiesen; auf die Revision der Klägerin wurde festgestellt, daß der Gesellschaftsvertrag vom 29. Dezember 1925 gültig ist.

Aus den Gründen:

I. Die Beklagte hält den Gesellschaftsvertrag vom 29. Dezember 1925 für nichtig, weil er 1. die außerordentliche Kündigung des Gesellschaftsverhältnisses aus wichtigem Grunde, 2. das ordentliche Kündigungsrecht, bei dem es eines Grundes für die Auflösung des Gesellschaftsverhältnisses nicht bedarf, gesetzwidrig ausschließe. Die Beklagte leitet daraus die Folge ab, daß ein Gesellschaftsverhältnis auf Grund des Vertrags zwischen den Geschwistern K. und deren Rechtsnachfolgern niemals bestanden habe, daß alles, was der Inhaber der Beklagten an die Vertragsgenossen als Gewinnanteil in den letzten zwölf Jahren bezahlt habe, ohne Rechtsgrund geleistet und zurückzuerstatten sei und daß die Auseinandersetzung unter den Erben des Geh. Kommerzienrats K. ohne Rücksicht auf diesen Vertrag zu erfolgen habe.

A. Der Ausschluß des außerordentlichen Kündigungsrechts aus wichtigem Grunde ist nach § 723 Abs. 3 BGB. unzulässig. Diese Vorschrift gilt nach ausdrücklicher Bestimmung des § 339 HGB. auch für die stille Gesellschaft. Danach ist eine Vertragsabrede nichtig, wodurch die Kündigung einer stillen Gesellschaft aus wichtigem Grunde für einen der Gesellschafter, den persönlich haftenden oder den stillen, ausgeschlossen wird. Eine nichtige Vertragsabrede wird auch nicht dadurch rechtswirksam, daß die Vertragschließenden den Vertrag jahrelang ausgeführt haben oder ein Vertragsgenosse sich der nichtigen Abrede in Kenntnis ihrer Nichtigkeit unterworfen hat.

Die Parteien streiten darüber, ob der Vertrag vom 29. Dezember 1925 tatsächlich eine Bestimmung enthält, durch die das außerordentliche Kündigungsrecht der einen oder der anderen Partei ausgeschlossen ist. Es handelt sich hier um eine Frage der Vertragsauslegung, die in erster Linie Aufgabe des Tatrichters ist. Der Vertrag, der die Errichtung einer stillen Gesellschaft zum Gegenstand hat, berührt nur die Belange der Vertragschließenden, nicht die Rechte Dritter, denn als sogenannte Innengesellschaft tritt die stille Gesellschaft nach außen nicht hervor; Leonhard K. ist der alleinige Inhaber des Geschäfts. Das gilt namentlich auch im Verhältnis zu Dritten, die mit der Firma in Geschäftsbeziehungen treten. Der Vertrag unterliegt daher nicht wie die Satzung einer Kapitalgesellschaft (Aktiengesellschaft, Gesellschaft mbH., Genossenschaft) der freien Auslegung durch das Revisionsgericht. Das Reichsgericht ist vielmehr an die Vertragsauslegung des Berufungsgerichts gebunden, wenn sie nicht anerkannte Auslegungsgrundsätze verletzt, insbesondere nicht unmöglich ist. In Übereinstimmung mit dem Landgericht legt das Berufungsgericht den Vertrag dahin aus, daß er das außerordentliche Kündigungsrecht keines der Gesellschafter ausschließe. Die Auslegung des Berufungsgerichts ist nicht unmöglich (Wird ausgeführt).

B. Der Ausschluß des ordentlichen Kündigungsrechts. Der Vertrag vom 29. Dezember 1925 enthält eine Verbindung von bestimmter und unbestimmter Vertragsdauer. Eine Bindung auf bestimmte Zeit liegt insofern vor, als die stillen Gesellschafter bis zum 31. Dezember 1931 ihre Einlagen überhaupt nicht zurückfordern können und dann auch weiterhin je 100000 RM dem Geschäftsinhaber bis zum 31. Dezember 1939 belassen müssen, während sie den Rest vom 1. Januar 1932 ab kündigen können (§ 4). Nach § 6 Abs. 1 wird die Gesellschaft „auf 15 Jahre geschlossen" und endigt am 31. Dezember 1939 (wenn sie von einem stillen Gesellschafter jeweils für sich gekündigt wird, § 6 Abs. 2). Bis zum 31. Dezember 1939 müssen also die stillen Gesellschafter dem Leonhard K. die restlichen je 100000 RM belassen. Von da an haben sie ein Kündigungsrecht, ist also für sie der Vertrag auf unbestimmte Zeit geschlossen. Eine solche Mischung der Gesellschaftsdauer, zuerst auf bestimmte und später auf *unbestimmte Zeit, ist rechtlich möglich.* Für fest bestimmte Zeit ist aber das ordentliche Kündigungsrecht ausgeschlossen, ebenso wie wenn die Gesellschaft überhaupt nur auf fest bestimmte Zeit eingegangen wäre. Einen solchen Ausschluß, der dem Bedürfnis entspricht, hat auch die Rechtsprechung als zulässig anerkannt (RGZ. Bd. 82 S. 395; RG. in JW. 1926 S. 1959 Nr. 2 = JRsch. 1926 Nr. 1266).

Das Berufungsgericht nimmt an, eine Gesellschaft für die Lebenszeit eines Gesellschafters sei nicht eingegangen. Denn wenn auch Leonhard K. zu Lebzeiten nicht von dem ordentlichen Kündigungsrecht Gebrauch machen könne, so könne die Gesellschaft doch von den stillen Gesellschaftern für die Zeit nach Ablauf der ersten sieben Jahre zum Teil, für die spätere ganz gekündigt werden. Das Berufungsgericht hält aber die Ausschließung des ordentlichen Kündigungsrechts für Leonhard K., die nach seiner Ansicht in § 14 Abs. 1 des Vertrags liegt, nach § 723 BGB. für unzulässig. Keinen Ersatz für diesen Ausschluß biete die dem Leonhard K. eingeräumte Befugnis, jederzeit die Umwandlung des Unternehmens in eine Aktiengesellschaft zu verlangen.

Die hiergegen erhobenen Angriffe der Revision der Klägerin sind begründet. Nach § 339 Abs. 1 HGB. finden auf die Kündigung der stillen Gesellschaft die Vorschriften der §§ 132, 134, 135 HGB. Anwendung und bleiben die Vorschriften des § 723 BGB. über das Recht, die Gesellschaft aus wichtigem Grunde zu kündigen, unberührt. Im übrigen gilt § 723 BGB. für die stille Gesellschaft nicht. Danach kann bei der stillen Gesellschaft nur das Recht zur Kündigung aus wichtigem Grunde nicht durch Vertrag ausgeschlossen werden. Dagegen besteht kein allgemeiner Rechtssatz, nach dem bei der stillen Gesellschaft auch das sogenannte ordentliche Kündigungsrecht nicht ausgeschlossen werden könnte. Auch in der Entscheidung des Reichsgerichts JW. 1926 S. 1959 Nr. 2 ist der Ausschluß des Kündigungsrechts bei einer stillen Gesellschaft nur dann für unzulässig erklärt worden, wenn den Gesellschafter k e i n n o c h s o w i c h t i g e r G r u n d zum Ausscheiden berechtigt. Wenn der Ausschluß des ordentlichen Kündigungsrechts danach bei der stillen Gesellschaft nicht grundsätzlich unmöglich ist, so kann er doch nach den Gesamtumständen des einzelnen Falles einen Verstoß gegen die guten Sitten darstellen und dadurch die Nichtigkeit der Vertragsbestimmung begründen (§ 138 BGB.). Im vorliegenden Falle liegt aber ein solcher Verstoß gegen die guten Sitten nicht vor. Da das Unternehmen von dem Vater der Gesellschafter gegründet war, ist es nicht unbillig, daß es möglichst lange in der Familie bleiben soll, damit alle Familienmitglieder an dem Genusse des von dem gemeinsamen Vorfahren erworbenen Vermögens teilnehmen. Häufig wird in solchen Fällen von vornherein eine Familienaktiengesellschaft gegründet, durch die die Beteiligung aller Familienmitglieder dauernd festgelegt wird. Leonhard K. hat in der Gesellschaft ein bedeutendes Übergewicht. Er ist der Geschäftsinhaber; er hat die Leitung des Unternehmens und verfügt allein über das zu dem Unternehmen gehörige Vermögen. Sein Geschäftsanteil wurde auf 2 000 000 RM festgesetzt, der aller anderen neun Erbstämme zusammen nur auf 3 600 000 RM. Zwar können die stillen Gesellschafter nach sieben Jahren drei Viertel ihrer Einlage und auf den 31. Dezember 1939 das ganze Gesellschaftsverhältnis kündigen. Leonhard K. kann aber jederzeit die Umwandlung in eine Aktiengesellschaft verlangen. Er kann also den günstigsten Zeitpunkt abwarten. Unter diesen Umständen kann nicht gesagt werden, die überwiegenden Vorteile seien auf seiten der neun Geschwisterstämme, der überwiegende Nachteil auf seiten des Leonhard K.

Es kann sich danach nur noch darum handeln, ob durch die Bestimmung der § 14 Abs. 1, § 6 Abs. 3 des Vertrags eine Gesellschaft auf Lebenszeit eingegangen worden ist und ob deshalb nach § 134 HGB. die Gesellschaft einer für unbestimmte Zeit eingegangenen gleichsteht und für den Schluß eines Kalenderjahres mit sechsmonatiger Frist gekündigt werden kann. Dem Berufungsgericht ist nicht beizustimmen, wenn es das Eingehen einer Gesellschaft auf Lebenszeit deshalb verneint, weil die stillen Gesellschafter dem Leonhard K. nach Ablauf von sieben Jahren zum Teil, auf den 31. Dezember 1939 aber ganz kündigen können. Konnte Leonhard K. seinerseits nicht kündigen, solange er lebte, so lag trotz dieses Rechts der stillen Gesellschafter eine auf Lebenszeit eingegangene Gesellschaft vor. Der § 134 HGB. spricht von einer Gesellschaft, die auf die Lebenszeit e i n e s Gesellschafters, nicht aller, eingegangen ist. Der Grund des § 134 HGB. hierfür ist, wie bei der entsprechenden Bestimmung des § 724 BGB. für die bürgerlich-rechtliche Gesellschaft, der, daß eine lebenslange Bindung einer Person an eine Personalgesellschaft mit den Anschauungen über die persönliche Freiheit unvereinbar ist. Diese Bindung besteht aber auch dann, wenn nur ein Gesellschafter bis an sein Lebensende in der Weise gebunden ist, daß er sich nicht von sich aus frei machen kann.

Wenn das Berufungsgericht nun aber im Anschluß an den Wortlaut der § 6 Abs. 3, § 14 Abs. 1 des Vertrags annimmt, das Kündigungsrecht des Leonhard K. sei ausgeschlossen, so geht es von einer unrichtigen Rechtsauffassung über den Begriff der Kündigung und des Kündigungsausschlusses aus. Eine unzulässige persönliche Bindung und ein Ausschluß des Kündigungsrechts bestünden nur, wenn Leonhard K. lebenslänglich in einer Personalgesellschaft gebunden wäre. Nur gegen eine solche Bindung will der § 134 HGB. Schutz gewähren. Es besteht aber kein Hindernis, daß sich jemand rein vermögensrechtlich auf Lebenszeit oder auch für seine Erben in einer Kapitalgesellschaft bindet. Wer sein Unternehmen in eine Aktiengesellschaft einbringt, ist mit seinem Einbringen dauernd an diese Gesellschaftsform gebunden. Es bleibt ihm regelmäßig nur die Möglichkeit, seine Aktien zu veräußern. Das Gesetz gestattet aber zu bestimmen, daß auch eine solche Veräußerung, z. B. bei einer Familiengesellschaft, nur mit Genehmigung der übrigen Gesellschafter zulässig sei. Bei der Gesellschaft mbH. ist die Auflösung der Gesellschaft regelmäßig nur beim Vorliegen eines wichtigen Grundes möglich. Nach § 14 Abs. 1 des Vertrags ist nun Leonhard K. keineswegs lebenslänglich an die stille Gesellschaft gebunden. Er kann sich jederzeit aus dieser Personalgesellschaft lösen, indem er eine Umwandlung des Unternehmens in eine Aktiengesellschaft verlangt. Damit ist der Zweck des § 134 HGB., die Ermöglichung der Loslösung von der Bindung in einer Personalgesellschaft, erreicht. Die Vorschrift des § 14 Abs. 1 stellt in Wirklichkeit nichts anderes als eine Auseinandersetzungsvereinbarung dar. Sie gestattet dem Leonhard K., jederzeit die Personalgesellschaft zu beendigen. Nur muß die Auseinandersetzung in der Weise erfolgen, daß das in der Gesellschaft steckende Vermögen in eine Aktiengesellschaft eingebracht wird, wie dies auch von Anfang an rechtswirksam hätte vereinbart werden können. Derartige Vereinbarungen sind rechtlich durchaus zulässig, nicht nur bei der stillen Gesellschaft, sondern auch bei der offenen Handelsgesellschaft und bei der Kommanditgesellschaft. Auch bei diesen muß keine Abwicklung und Auszahlung des Abwicklungserlöses in bar erfolgen. Es kann auch dort vereinbart werden, daß derjenige, der ein Unternehmen eingebracht hat, dieses nicht in Natur zurückerhält, sondern daß es in eine Kapitalgesellschaft eingebracht oder von einem anderen Gesellschafter übernommen wird. Wenn eine solche Vereinbarung fehlt, so kann ein Gesellschafter sogar durch richterliches Urteil für berechtigt erklärt werden, das Geschäft zu übernehmen (§ 142 HGB.). Auch für den Fall des Todes eines Gesellschafters sind Auseinandersetzungsvereinbarungen dahin möglich, daß das Geschäft in eine Kapitalgesellschaft eingebracht wird.

Hiernach war die Vereinbarung in § 14 Abs. 1 des Gesellschaftsvertrags rechtlich zulässig. Leonhard K. kann die stille Gesellschaft, auch wenn kein wichtiger Grund zur fristlosen Kündigung vorliegt, zwar *jederzeit beendigen, aber nur in der Weise, daß er die Umwandlung* in eine Aktiengesellschaft verlangt.

II. Im zweiten Rechtszuge hat die Beklagte geltend gemacht, daß auch die übrigen Bestimmungen des Gesellschaftsvertrags, insbesondere der Vorvertrag über die Gründung einer Aktiengesellschaft (Anlage I), nichtig seien. Satz I Ziffer 5 des Vorvertrags verstoße gegen die Vorschrift des § 252 Abs. 1 Satz 1 HGB., wonach jede Aktie das Stimmrecht gewähre. Sie bestimme, daß die bisherigen stillen Gesellschafter für je zwei Aktien nur eine Stimme abgeben dürften. Der Entwurf des Gesellschaftsvertrags enthalte nicht alle für den Gesellschaftsvertrag einer Aktiengesellschaft notwendigen Bestimmungen. Nach Satz IV des Vorvertrags hätten die Gesellschafter der stillen Gesellschaft das Recht, durch Mehrheitsbeschluß die Lücken des Vertrags auszufüllen. Diese Bestimmung gebe den stillen Gesellschaftern die Macht, Vorschriften in den Gesellschaftsvertrag aufzunehmen, die für den bisherigen Geschäftsinhaber Leonhard K. unerträglich sein würden. Die Erteilung einer so weitgehenden Befugnis an die Mehrheit der Gründer sei unzulässig und habe die Nichtigkeit des Vorvertrags und damit des ganzen Vertrags vom 29. Dezember 1925 zur Folge.

Diese Rügen sind nicht begründet. Nach ständiger Rechtsprechung ist ein Vertrag zulässig, durch den sich die zur Gründung einer Aktiengesellschaft erforderliche Anzahl von Personen zur Gründung einer solchen verpflichtet (Vorgründungsvertrag). Der Vertrag kann auch in der Weise geschlossen werden, daß sich die Vertragschließenden zur Gründung verpflichten, wenn einer von ihnen es verlangt oder ein bestimmtes Ereignis eintritt. Der Vorvertrag bedarf aber derselben Form wie der Hauptvertrag, also der gerichtlichen oder notarischen Beurkundung (§ 182 HGB., § 16 AktG.). Der Vertrag muß ein solches Maß von Bestimmtheit enthalten, daß im Streitfall der Inhalt des Vertrages richterlich festgesetzt werden kann. Das wäre dann der Fall, wenn die Bestimmungen des Vorvertrags den nötigen Anhalt gewährten, um die fehlende Einigung der Parteien richterlich zu ergänzen (RGZ. Bd. 66 S. 121, Bd. 106 S. 177, RG. in JW. 1926 S. 2897 Nr. 3). Es muß nicht unbedingt alles in § 182 HGB. als Inhalt der Satzung Vorgeschriebene endgültig feststehen; unter Umständen kann sogar die Höhe des Grundkapitals oder der Nennbetrag der Aktien offen gelassen werden, wenn sie nur bestimmbar sind, z. B. nach der Bilanz des einzubringenden Unternehmens; es genügt, wenn die wesentlichen Bestimmungen der Satzung festgelegt sind. Dagegen können Einzelheiten der Festsetzung durch Mehrheitsbeschluß der Gesellschafter überlassen werden (RGZ. Bd. 30 S. 95; Brodmann GmbHGes. § 2 Anm. 5d). Die Anlage I enthält nun alle die Bestimmungen, die nach § 182 Abs. 2 HGB. die Satzung einer Aktiengesellschaft enthalten muß. Es fehlt nur eine Bestimmung über die Zusammensetzung des Vorstandes. Nach I 4 bestimmt sich das Grundkapital nach der Summe der Kapitaleinlagen aller Gesellschafter in der für die Umwandlung maßgebenden Jahresbilanz der stillen Gesellschaft. Maßgebend ist diejenige Jahresbilanz, die der Umwandlung vorausgeht, es sei denn, daß die Gesellschafter übereinstimmend eine andere Bilanz zugrunde legen. Danach ließe sich die Höhe des Grundkapitals nötigenfalls durch richterliches Urteil eindeutig bestimmen. Nach I 5 lauten die Aktien über 100 RM. Sie lauten auf den Inhaber. „Die bisherigen stillen Gesellschafter dürfen für je zwei Aktien nur eine Stimme abgeben." Die letztere Vorschrift stimmt allerdings nicht mit dem Aktienrecht des Handelsgesetzbuchs überein (wonach jede Aktie eine Stimme hat, § 252 Abs. 1 Satz 1). Nach dem Handelsgesetzbuch gab es keine Aktien ohne Stimmrecht, während das Aktiengesetz solche kennt, allerdings als Vorzugsaktien. Aber das Handelsgesetzbuch kannte Vorzugsaktien mit mehrfachem Stimmrecht (§ 185), wenn auch eine Verschiedenheit des Stimmrechts allein meist nicht für zulässig angesehen wurde; das Aktiengesetz läßt sie regelmäßig nicht zu (§ 12 Abs. 2). Was von den Vertragschließenden gewollt war, ist völlig eindeutig: die bisherigen stillen Gesellschafter sollten nicht das Übergewicht der Stimmenmehrheit haben und den Inhaber der Beklagten aus seiner bisherigen Machtstellung verdrängen. Wie dieses Ziel erreicht wurde, war Sache der Ausführung der Vorschrift I 5 der Anlage I. Sie konnte unbedenklich einem Mehrheitsbeschluß überlassen werden. Dabei boten sich mehrere Wege, innerhalb deren die Mehrheit sich halten mußte. So konnte nach § 252 Abs. 1 Satz 2 HGB. die Ausübung des Stimmrechts durch Festsetzung eines Höchstbetrags oder von Abstufungen beschränkt werden (vgl. auch § 114 Abs. 1 Satz 2 AktG.). Wenn dem Inhaber der Beklagten ein Mehrstimmenrecht verliehen werden sollte, um das Ziel zu erreichen, so konnte ein Vorzug wenig einschneidender Art, z. B. Zustimmung zur Sitzverlegung, gefunden werden. Wenn dadurch Aktien verschiedener Gattungen entstanden (§ 185 HGB.), so wäre dies nichts Ungewöhnliches und müßte in Kauf genommen werden. Den stillen Gesellschaftern konnten statt Aktien zum Teil auch Genußscheine mit Gewinnbeteiligung gegeben werden. Es konnte auch ein schuldrechtlicher Vertrag über die Ausübung des Stimmrechts abgeschlossen werden (RGZ. Bd. 133 S. 90). Die Zusammensetzung des Vorstandes konnte ebenfalls durch Mehrheitsbeschluß festgelegt werden. Auch aus der Fassung des Satzes IV der Anlage I ergibt sich nicht die Nichtigkeit der in der Anlage enthaltenen Bestimmungen. Satz IV lautet:

> Sobald bei der Gründung Zweifel oder Meinungsverschiedenheiten auftauchen oder Fragen zu entscheiden sind, für die zur Zeit eine Festlegung nicht erfolgen kann oder nicht erfolgt ist, entscheidet rechtsverbindlich die Mehrheit der Gesellschafter nach Kopfzahl.

Da alles für eine Aktiengesellschaft Wesentliche im Satzungsentwurf niedergelegt ist und die Vorschrift über das Stimmrecht leicht ergänzt werden konnte, kann es sich bei den der Mehrheit vorbehaltenen Entscheidungen nicht um Fragen handeln, die von großer Bedeutung sind und durch deren Lösung der Inhaber der Beklagten vergewaltigt werden konnte. Diese Gefahr war um so geringer, als der Inhaber der Beklagten nach den vorstehenden Ausführungen, sobald die Aktiengesellschaft zustande gekommen war, in der Generalversammlung die Mehrheit und damit auch den maßgebenden Einfluß auf die Bestellung des Aufsichtsrats hatte (§§ 190, 243 HGB.). Den Vorstand hatte aber der Aufsichtsrat zu bestellen (I 6 des Vorvertrags). Auch wenn in die Satzung durch Mehrheitsbeschluß aufgenommen wurde, daß ein mehrgliedriger Vorstand zu bestellen sei, war dies weder ungewöhnlich noch für Leonhard K. bei seinem sonstigen Übergewicht unerträglich. Gegen willkürliche Entscheidungen der Mehrheit gab es auch Rechtsbehelfe. Es konnte die richterliche Entscheidung angerufen werden (§§ 242, 315 BGB.). Die Vorschrift in IV der Anlage I gab der Mehrheit zwar weitgehende Befugnisse, aber es ist nicht erkennbar, warum die Bestimmung nichtig sein sollte.

Sollte die Mehrheit die Ergänzung der Vertragslücke in Anlage I 5 verweigern, so würde sich daraus nicht die Nichtigkeit des Vertrages ergeben. Unter Umständen könnte Ergänzung des Fehlenden durch richterliches Urteil erfolgen. Verweigerte die Mehrheit ihre Mitwirkung, so trafen sie die Folgen der Vertragsverletzung. Für Leonhard K.

konnte sich daraus auch das Recht zur fristlosen Kündigung aus wichtigem Grunde ergeben.

RGZ. 157, 213.

1. Zur Haftung der Verwaltungsträger einer Aktiengesellschaft gegenüber Aktionären und solchen Dritten, die nach der schädigenden Handlung Aktien erwerben.

2. Über die Erfordernisse einer Bar-Kapitalserhöhung nach § 279 HGB.

HGB. §§ 195, 279, 284, 312, 313 Nr. 3, § 314 Nr. 1. BGB. §§ 823, 826. Verordnung des Bundesrats zur Erleichterung der Einzahlung auf Aktien vom 24. Mai 1917 (RGBl. S. 431) § 1. Gesetz zur Änderung des Handelsgesetzbuchs vom 7. März 1935 (RGBl. I S. 352) Art. 2.

II. Zivilsenat. Urt. v. 5. März 1938.

I. Landgericht Berlin. — II. Kammergericht daselbst.

Aus den Gründen:

I. Der Berufungsrichter geht davon aus, daß ein Aktionär bei schuldhafter Verletzung von Gesetzen, die seinen Schutz bezwecken (§ 823 Abs. 2 BGB.), sowie aus vorsätzlicher sittenwidriger Schadenszufügung (§ 826 BGB.) Schadensersatzansprüche unmittelbar gegen Verwaltungsträger der Aktiengesellschaft geltend machen könne, und daß als solche Schutzgesetze die §§ 312, 313 Nr. 3, § 314 Nr. 1 HGB. anzusehen seien, da diese Bestimmungen auch die Aktionäre selbst vor einer Gefährdung ihrer Belange schützen sollten. Weiter nimmt er im Anschluß an die Entscheidungen in RGZ. Bd. 115 S. 296 und Bd. 142 S. 228 an, der Aktionär sei an der Geltendmachung seiner Ansprüche gegen die Verwaltungsträger durch einen etwaigen Schadensersatzanspruch der Gesellschaft selbst jedenfalls so lange nicht gehindert, wie dieser Anspruch nicht befriedigt sei. Allerdings sei eine Beschränkung des unmittelbaren Anspruchs des Aktionärs dann anzunehmen, wenn dessen Klage zu einer Doppelhaftung der Gesellschaftsorgane führen würde, so etwa, wenn die Gesellschaft bereits klagbar geworden und durch ein Obsiegen oder in sonstiger Weise befriedigt sein sollte. Die Voraussetzungen einer solchen Doppelhaftung der Beklagten seien aber im vorliegenden Falle nicht gegeben, nachdem eine Klage der J. Holding gegen die Beklagten rechtskräftig abgewiesen worden sei. Endlich meint der Berufungsrichter, die Schutzbestimmung des § 312 HGB. (aktienrechtliche Untreue) schütze nur die Aktionäre, die zur Zeit der schädigenden Handlung der Verwaltungsträger oder wenigstens zur Zeit des Schadenseintritts schon Aktionäre gewesen seien, nicht aber auch solche, die erst später Aktien erworben hätten.

Im letzten Punkt ist ihm zuzustimmen, da aktienrechtliche Untreue nur dem gegenüber begangen werden kann, zu dem schon ein Treueverhältnis besteht, ein solches aber gegenüber einem Aktionär erst mit dem Zeitpunkte beginnt, in dem er die Aktien erwirbt (s. auch Schlegelberger-Quassowski AktG. 2. Aufl. Anm. 29 Abs. 3 zu § 84). Demnach hat der Berufungsrichter mit Recht eine Haftung des Beklagten gegenüber der Klägerin aus § *312 HGB.* (*jetzt* § *294* AktG.) für die Handlungen verneint, die vor dem Erwerbe der Aktien seitens der Klägerin liegen.

Dagegen nimmt der Berufungsrichter grundsätzlich an, daß die Bestimmungen des § 313 Nr. 3 und des § 314 Nr. 1 HGB. den Schutz der Öffentlichkeit bezwecken und deshalb Schutzgesetze auch zu Gunsten Dritter seien, insbesondere solcher, die die Aktien erst nach den dort behandelten Vorgängen erwerben. Das entspricht der Rechtsprechung des Reichsgerichts (RGZ. Bd. 81 S. 269 [271]; JW. 1935 S. 3301 Nr. 9). Er will aber bei der Frage, ob eine Haftung auch gegenüber mehreren aufeinanderfolgenden Besitzern der gleichen Aktien bestehe, einen Unterschied machen, ob der Zeichner der Aktien bei dem Erwerbe der neuen Aktien die schädigenden Handlungen der Verwaltungsmitglieder gekannt ... oder ob er sich bei deren Erwerb über die maßgeblichen Vorgänge in Unkenntnis befunden habe....

Diese Unterscheidung des Berufungsrichters kann jedoch nicht gebilligt werden. Wenn die Schutzbestimmungen des § 313 Nr. 3 HGB. (jetzt § 295 Abs. 1 Nr. 3 AktG.) und des § 314 Nr. 1 HGB. (jetzt § 296 Abs. 1 Nr. 1 AktG.) grundsätzlich auch dem Dritten zugute kommen, so kann dieser Schutz nicht schon deshalb entfallen, weil der Vorbesitzer die Unrichtigkeit der Angaben kannte und billigte; denn das Gesetz will ja gerade dem gutgläubigen Dritten einen Anspruch gegen die schuldhaft handelnden Verwaltungsmitglieder geben. Wenn der Berufungsrichter meint, es könne sonst aus der Aufeinanderfolge von Aktienbesitzern eine Kette von Ansprüchen gegen die Verwaltungsmitglieder entstehen, so spricht das nicht gegen die Annahme einer Haftung; denn wer schuldhaft gegen ein Schutzgesetz verstößt, muß grundsätzlich jedem, zu dessen Schutz es erlassen ist, den dadurch verursachten Schaden ersetzen.

Die Revision sagt hierzu, der Schaden des Aktionärs bestehe in der Entwertung des Vermögens der Gesellschaft, er erfasse also die Spanne zwischen dem Betrage, den die Klägerin für die Aktien bezahlt habe, und dem inneren Wert der Aktien unter Berücksichtigung der schädigenden Handlung; im Rahmen dieses Gesamtschadens sei eine Mehrheit von selbständigen Ansprüchen verschiedener Geschädigter denkbar, der Gesamtbetrag dieser Ansprüche könne aber niemals höher sein als der insgesamt eingetretene Schaden, so daß die Haftung der Beklagten nicht erhöht werde, gleichviel ob der Schaden nur von einem Aktionär oder in verschiedenen getrennten Ansprüchen von mehreren Personen, die hintereinander Aktieninhaber waren, geltend gemacht werde.

Die Auffassung der Revision, daß der Schade des Aktionärs in der Entwertung des Vermögens der Gesellschaft bestehe, wird in den Fällen der aktienrechtlichen Untreue (§ 312 HGB., § 294 AktG.), soweit der Aktienwert durch die Untreuehandlung überhaupt beeinflußt wird, in der Regel zutreffen. Es braucht aber nicht immer der Fall zu sein. Insbesondere braucht in den Fällen des § 313 Nr. 3 und des § 314 Nr. 1 HGB. — unrichtige Angaben bei Anmeldungen und unwahre Darstellungen oder Verschleierungen — die Gesellschaft selbst nicht immer geschädigt zu sein, während der Dritte, der im Vertrauen auf die Richtigkeit der Angaben Aktien etwa zu einem zu hohen Preise erworben hat, geschädigt sein kann. Deshalb brauchen sich der Schade der Gesellschaft und der Schade der Aktionäre nicht immer zu decken. Auch wird, wenn die einzelne Aktie den Besitzer wiederholt gewechselt hat, der Gesamtschaden der verschiedenen Besitzer nicht immer dem entsprechenden Schaden der Gesellschaft gleich sein. Das hindert aber nicht, daß derjenige, der gegen die Schutzbestimmungen der §§ 313, 314 HGB. verstoßen hat, grundsätzlich jedem dadurch Verletzten den Schaden ersetzen muß, den er wirklich erlitten hat. Eine andere Frage ist, ob der von dem einzelnen Aktienerwerber geltend gemachte Schaden wirklich durch die von den Verwaltungsträgern begangene Verletzung der Schutzgesetze verursacht ist. Denn wenn Verwaltungsträger einer Aktiengesellschaft gegen die Bestimmungen der §§ 313, 314 HGB. verstoßen haben und nachher Dritte dadurch Schaden erleiden, daß sie Aktien dieser Gesellschaft zu überhöhten Preisen erwerben, so braucht dieser Schaden nicht stets durch die Verletzung der Schutzgesetze verursacht zu sein, das hängt vielmehr ganz von den Umständen des Einzelfalls ab.

Es bedarf hier keines näheren Eingehens auf die oben wiedergegebene Auffassung des Berufungsrichters, die Klage des Aktionärs dürfe nicht zu einer Doppelhaftung der Gesellschaftsorgane gegenüber der Gesellschaft und gegenüber den Aktionären führen, weil eine Haftung der Beklagten gegenüber der Gesellschaft rechtskräftig verneint ist. Es ergibt sich aber schon aus den vorhergehenden Ausführungen, wonach sich der Schade der Gesellschaft und der der Aktionäre nicht zu decken brauchen, daß eine solche Doppelhaftung nicht grundsätzlich ausgeschlossen ist.

Hiernach ist die Auffassung des Berufungsrichters rechtsirrig, eine Haftung des Beklagten O. auf Grund der handelsrechtlichen Bestimmungen der §§ 313, 314 HGB. sei deshalb ausgeschlossen, weil die Vorbesitzer der Aktien über die eine Verletzung der Schutzgesetze begründenden Handlungen genau unterrichtet gewesen seien. Das Berufungsurteil beruht allerdings nicht auf dieser unrichtigen Rechtsauffassung. Denn der Berufungsrichter hat den Sachverhalt hilfsweise auch auf den Fall erörtert, daß die Haftung des Beklagten aus diesen Bestimmungen nicht schon aus dem von ihm in erster Linie herangezogenen Grunde entfalle.

Der Berufungsrichter geht weiter zutreffend davon aus, daß eine Haftung der Beklagten nach § 826 BGB. dann gegeben sein könne, wenn diese, wie die Klägerin behauptet, die J. Holding nach einem einheitlichen Plan zum Vorteil der Ross. ausgehöhlt und dadurch den Aktionären der J. Holding vorsätzlich Schaden zugefügt oder wenn sie dies auch nur durch einzelne Handlungen -- so durch bewußt unrichtige Angaben bei den Kapitalserhöhungen — getan haben; zutreffend hält er eine solche Haftung auch zu Gunsten solcher Aktionäre für möglich, die die Aktien erst nach der schädigenden Handlung erworben haben. Die Revisionsbeantwortung meint zu Unrecht, im gegebenen Falle komme eine Haftung nach § 826 BGB. gar nicht in Betracht, weil dazu eine mittelbare Schädigung künftiger Aktienerwerber durch Schädigung des Gesellschaftsvermögens im ganzen überhaupt nicht ausreiche, mehr aber nirgends vorliege. Für den Anspruch des Dritten aus § 826 BGB. gegen die Verwaltungsorgane gilt grundsätzlich nichts anderes als bei sonstigen vorsätzlichen gegen die guten Sitten verstoßenden Handlungen. Es genügt also auch hier, daß jene mit bedingtem Vorsatz handeln und durch ihr Handeln oder Unterlassen dem Dritten in einer gegen die guten Sitten verstoßenden Weise Schaden zufügen. Es ist deshalb nicht richtig, daß, wie die Revisionsbeantwortung meint, stets nur ein unmittelbarer, kein mittelbarer Schade zu ersetzen sei und daß die Aktionäre keinen Schaden geltend machen können, den sie lediglich am Wert ihrer Aktien infolge einer Schädigung des Gesellschaftsvermögens im ganzen erleiden. In den beiden von Schlegelberger-Quassowski (AktG. § 84 Anm. 29) für letztere Auffassung angeführten Entscheidungen des Reichsgerichts hat die in RGZ. Bd. 62 S. 29 abgedruckte eine Schadensersatzklage gegen die Aktiengesellschaft, gestützt auf falsche Angabe der Vorstandsmitglieder, zum Gegenstand. In der Entscheidung RGZ. Bd. 115 S. 295/296 ist nur als sicher ausgesprochen, daß die Kläger ihre Schadensersatzansprüche nicht aus den §§ 241, 249 HGB. (jetzt §§ 84, 99 AktG.) herleiten, daß die Aktionäre aber nach § 826 BGB. als unmittelbar Betroffene klagen können. Der Schade des Aktionärs aus § 826 BGB. kann und wird häufig gerade darin bestehen, daß das Vermögen der Aktiengesellschaft geschädigt ist und die Aktie deshalb an Wert verloren hat. Die Verwaltungsträger brauchen bei ihren schädigenden Handlungen auch nicht die Schädigung bestimmter Aktionäre vor Augen zu haben; es genügt vielmehr, daß sie sich allgemein bewußt sind, zum Nachteil auch künftiger Aktienerwerber zu handeln. Daraus folgt selbstverständlich nicht — wogegen sich die Revisionsbeantwortung deshalb ohne Grund wendet —, daß jeder Aktionär gegen Verwaltungsträger mit Erfolg Schadensersatz wegen ungünstiger Geschäfte erheben könnte, die sie für die Gesellschaft geschlossen haben. Es kommen nur solche Handlungen in Frage, die wenigstens mit bedingtem Vorsatz auch gegen die Aktionäre gerichtet sind, und weiter ist auch hier gerade die Frage des ursächlichen Zusammenhangs von besonderer Bedeutung. Auch werden z. B. vor Jahren aufgestellte unrichtige Bilanzen in der Regel ohne Einfluß auf den Erwerb von Aktien durch den Dritten sein und deshalb als Grundlage eines Schadensersatzanspruchs ausscheiden. Ob im einzelnen Falle die vorsätzliche gegen die guten Sitten verstoßende Handlung der Verwaltungsorgane den Schaden in der Person des Aktionärs wirklich verursacht hat, ist vorwiegend Tatfrage. Jedenfalls geht im vorliegenden Falle der Berufungsrichter zutreffend davon aus, daß, wenn die Klagebehauptungen sich als richtig erweisen sollten, die Voraussetzungen des § 826 BGB. gegeben sind. Die Frage der Doppelhaftung aus § 826 BGB. gegenüber der Gesellschaft und den Aktionären sowie gegenüber mehreren einander folgenden Inhabern derselben Aktien und die weitere Frage, ob der Aktionär seinen Schaden aus unerlaubter Handlung nicht eher verlangen kann, als bis das mangelnde Interesse der Gesellschaft an der Verfolgung des ihr zustehenden Ersatzanspruchs feststeht (so Schlegelberger-Quassowski AktG. § 84 Anm. 29, letzter Absatz), spielt im vorliegenden Falle keine Rolle, weil nach den Feststellungen des Berufungsrichters weder die Ross. noch St. geschädigt sind und weil die Klage der Gesellschaft rechtskräftig abgewiesen worden ist. Im übrige gilt aber auch hier, daß, ebenso wie bei Verstößen gegen die § 313 Nr. 3, § 314 Nr. 1 HGB., grundsätzlich eine Doppelhaftung nicht ausgeschlossen ist.

II. Von den Einzelhandlungen, die die Klägerin dem Beklagten O. zum Vorwurfe macht, kommen in erster Linie die Kapitalserhöhungen vom 2. Dezember 1930 und 30. Januar 1931 in Betracht. Das Berufungsurteil stellt hierzu folgendes fest:

Nach dem unstreitigen Sachverhalt habe die Ross. das erhöhte Grundkapital der ersten wie der zweiten Kapitalserhöhung der J. Holding in vollem Umfange gezeichnet. In beiden Fällen sei die Zahlung des Kapitalbetrages mit einem von der Reichsbank bestätigten Scheck der Danatbank belegt und sei bei der Anmeldung zum Handelsregister von den Mitgliedern des Vorstandes und des Aufsichtsrates der J. Holding die Erklärung abgegeben worden, daß auf die zu 100% gezeichneten neuen Stammaktien der volle Gegenwert in einem bestätigten Reichsbankscheck eingezahlt worden sei; daß dieser Scheck zur freien Verfügung des Vorstandes stehe, die Verfügung insbesondere nicht durch Gegenforderungen beeinträchtigt sei und daß also auf diese Weise auf jede Aktie der eingeforderte volle Nennbetrag eingezahlt sei und sich im Besitze des Vorstandes befinde. Diese Erklärung habe den Vorschriften des § 284 Abs. 3 und des § 195 Abs. 3 HGB. nebst der Bundesratsverordnung zur Erleichterung der Einzahlung auf Aktien vom 24. Mai 1917 (RGBl. S. 431) entsprochen.

Nach der Beschlußfassung über die Vornahme der Kapitalserhöhungen habe die J. Holding umfangreiche Aktienbestände von der Ross. und von der J. G. Allg. erworben und zwar

1. nach der Kapitalserhöhung vom 2. Dezember 1930:
   am 6. Dezember 1930 von der Ross.

nom.	1 333 500 RM	Aktien J. G. Leben	für	2 667 000 RM,
„	2 000 000 „	„ J. G. Allg.	„	4 000 000 RM,
	396 000 „	„ J. G. Allg.	„	396 000 RM;
	am 8. Dezember 1930 von derselben:			
nom.	675 000 RM	J. Holding-Aktien	für	603 500 RM;
	am 6. Dezember 1930 von der J. G Allg.:			
nom.	584 000 RM	Aktien J. G. Leben	für	999 500 RM,
sämtliche Aktien (die fremden voll eingezahlt)				
für insgesamt				8 666 000 RM,

wonach ein Betrag von 1 084 000 RM
aus der Kapitalserhöhung von 9 750 000 RM
zur Verfügung der J. Holding verblieben sei;

2. nach der Kapitalserhöhung vom 30. Januar 1931:
am 13. Februar 1931 von der Ross

nom. 3 509 000 RM Aktien J. G. Allg., eingezahlt mit 2 234 000 RM
nom. 1 204 500 RM Aktien J. G. Leben eingezahlt mit 100 %.
} für 13 000 000 RM.

Unstreitig sei auch der Erwerb dieser Aktienpakete bereits vor den Kapitalserhöhungen vom 2. Dezember 1930 und 30. Januar 1931 jeweils vorbereitet und seien mit den Veräußerern Vereinbarungen im Sinne der später erfolgten Übernahme durch die J. Holding getroffen gewesen. Die beiden Kapitalserhöhungen seien gerade zu dem Zwecke des Erwerbes der Mehrheitsaktien der J. G. Leben und der J. G. Allg. eingeleitet und durchgeführt worden. Auch sei das Reichsaufsichtsamt für Privatversicherung über diese Ziele der J. Holding laufend unterrichtet worden.

Aber auch beim Vorliegen einer solchen bindenden Verpflichtung zur Übernahme von Aktien der Betriebsgesellschaften gegenüber der Ross. und der J. G. Allg. könne in dem Erwerbe fremder Aktienpakete nach den Kapitalserhöhungen nicht der Tatbestand einer Sach-Kapitalserhöhung im Sinne des § 279 HGB. gefunden werden; weder liege der Fall vor, daß auf das erhöhte Grundkapital eine Einlage gemacht werde, die nicht durch Barzahlung zu leisten sei, noch der Fall, daß auf eine Einlage eine Vergütung für Vermögensgegenstände angerechnet werde, welche die Gesellschaft übernehme. Denn die Beträge von 9¾ Millionen und 13 Millionen seien auf einem bei der Danatbank für die J. Holding geführten Kapitalerhöhungskonto zur Einzahlung gelangt, so daß die Bank je einen von der Reichsbank bestätigten Scheck über die vorgenannten Beträge habe ausstellen und dem Beauftragten der J. Holding zur Vorlegung beim Notar habe aushändigen können. Es sei nicht anzunehmen, daß es sich hierbei nur um ein Scheinmanöver gehandelt habe. Demnach könne auf Grund des eigenen Vortrags der Klägerin eine Sach-Kapitalserhöhung im Sinne des § 279 HGB. nicht als vorgenommen angesehen werden. Auch sei die Erklärung der Verwaltungsmitglieder nicht unrichtig, der volle Gegenwert der neuen Aktien stehe „zur freien Verfügung des Vorstandes, die Verfügung sei insbesondere nicht durch Gegenforderungen beeinträchtigt". Denn unter „Gegenforderungen" seien hier nur solche Ansprüche der Zeichnerin der neuen

Aktien zu verstehen, die sich unmittelbar auf das gezeichnete Kapital erstreckten und mit der Verpflichtung aus der Zeichnung in einem derart engen rechtlichen Zusammenhang stünden, daß die Aktienzeichnung und die Gegenforderung als ein einheitliches Rechtsgeschäft anzusehen seien. Dies sei hier nicht der Fall. Die Ross. sei vielmehr ohne Einschränkung verpflichtet gewesen, das gezeichnete Kapital in voller Höhe einzuzahlen. Die Rechtsgültigkeit ihres Zeichnungsaktes würde unberührt geblieben sein, wenn die J. Holding die Übernahme der Aktien der Betriebsgesellschaften abgelehnt hätte oder wenn die hierauf gerichtete Vereinbarung der Gesellschaften etwa nichtig gewesen oder aufgehoben worden wäre. Auch dann hätte die Ross. ihrer Einzahlungspflicht in voller Höhe nachkommen müssen, ohne aus dem Wegfall der Abnahmeverpflichtung Gegenansprüche herleiten zu können. Aus diesem losen Zusammenhang von Einzahlungsverpflichtung der Ross. und Abnahmeverpflichtung der J. Holding ergebe sich, daß die von jener gezahlten Beträge nicht mit „Gegenforderungen" im Sinne der hier maßgebenden Bestimmungen belastet gewesen seien.

Diese Ausführungen des Berufungsrichters sind in mehrfacher Richtung von Rechtsirrtum beeinflußt. Eine Reihe von Umständen, die der Berufungsrichter selbst anführt, sprechen in hohem Grade gegen die Ernstlichkeit der dem Wortlaut nach beschlossenen Bar-Kapitalserhöhung. Schon der Umstand, daß die Ross., die in beiden Fällen die Bar-Kapitalserhöhungen zeichnete, im unmittelbaren Anschluß an die Erhöhungsbeschlüsse in ihrem Besitz befindliche Aktien der Betriebsgesellschaften an die Gesellschaft geliefert hat, und zwar zu Kaufpreisen, die im ersten Falle den weitaus größten Teil der Erhöhung, im zweiten Falle den vollen Betrag gerade der Erhöhung ausmachen, spricht in hohem Maße dagegen, daß es den Beteiligten ernstlich auf eine wirkliche Barerhöhung ankam; er spricht vielmehr dafür, daß in Wirklichkeit eine Erhöhung durch Sacheinlage (§ 279 HGB., erster Fall) gewollt war oder wenigstens auf eine Einlage eine Vergütung für Vermögensgegenstände angerechnet werden sollte, welche die Gesellschaft übernahm (§ 279 HGB., zweiter Fall). Dazu kommt, daß diese Übernahmen nicht nur vor der Beschlußfassung in Aussicht genommen, sondern schon vor der Beschlußfassung bindend vereinbart waren, und daß die Gesellschaft die Danatbank schon durch ihre Schreiben vom 14. November 1930 und 13. Februar 1931 unwiderruflich angewiesen hatte, aus ihrem Kapitalerhöhungskonto am 2. Dezember 1930 und 13. Februar 1931 den Verkäufern der J. G. Aktien die Kaufpreise zu überweisen. Die Folge der Vereinbarungen war, daß die Gesellschaft von der ersten Erhöhung von $9^3/_4$ Millionen nur 1 084 000 RM als Barbetrag und von der zweiten Erhöhung von 13 Millionen nichts in bar zu ihrer Verfügung behielt. Die zweite Erhöhung scheint danach dem noch vorhandenen Bestand der Ross. an Aktien der Betriebsgesellschaften entsprechend auf 13 Millionen abgestimmt worden zu sein.

Diese starken Bedenken gegen die Ernsthaftigkeit einer Bar-Kapitalserhöhung werden nicht etwa durch die vom Beklagten vorgebrachte Erwägung aus dem Wege geräumt, daß bei Kapitalserhöhungen meistens über die Verwendung des auf die Erhöhung einzuzahlenden Kapitals voher Bestimmung getroffen sei; denn dieser an sich richtige Gedanke *darf nicht dazu führen, eine in Wirklichkeit* vorgenommene Sacherhöhung als Kapitalserhöhung zu beschließen und anzumelden. Sonst würde die vom Gesetz gewollte Klarlegung einer Kapitalserhöhung, die insbesondere auch Dritte unterrichten soll, die an den Verhältnissen der Gesellschaft interessiert sind, gerade nicht erreicht werden. — Der Beklagte kann sich für seine Auffassung auch nicht darauf berufen, daß bei der Gründung einer Aktiengesellschaft nach § 186 Abs. 2 HGB. über die übernommenen Vermögensgegenstände nähere Angaben gemacht werden müssen, während dies bei Kapitalserhöhungen im § 279 HGB. nicht vorgeschrieben ist. Daraus folgt nur, daß im Kapitalerhöhungsbeschluß nicht jedes Rechtsgeschäft genannt zu werden braucht, wodurch die Gesellschaft im Hinblick auf die Kapitalserhöhung Gegenstände erwirbt, die sie mit den ihr durch die Kapitalserhöhung zufließenden Mitteln bezahlen will. Hierbei wird vorausgesetzt, daß sie die Barmittel aus der Kapitalserhöhung wirklich erhält und dann diese zu ihrer freien Verfügung stehenden Barmittel zur Tilgung der aus dem Erwerbe der Gegenstände sich ergebenden Verpflichtungen verwendet. Dagegen ergibt sich aus dem Fehlen einer entsprechenden Bestimmung bei der Kapitalserhöhung keineswegs, daß der Zeichner eines auf eine Barerhöhung zu leistenden Betrages statt dessen einen anderen Vermögensgegenstand einbringen darf.

Ähnliche Bedenken bestehen gegen die Annahme des Berufungsrichters, die Erklärung des Vorstandes sei richtig, daß auf die Stammaktien der volle Gegenwert in einem bestätigten Reichsbankscheck eingezahlt worden sei und dieser zur freien Verfügung des Vorstandes stehe, die Verfügung insbesondere nicht durch Gegenforderungen beeinträchtigt sei. Dem Erfordernis des Gesetzes ist selbstverständlich nicht dadurch genügt, daß sich der Vorstand rein äußerlich im Besitz eines bestätigten Reichsbankschecks befindet und deshalb an sich in der Lage wäre, den Scheck einzulösen oder sonstwie darüber zu verfügen.

Sondern es kommt zunächst darauf an, daß er hierzu auch dem Aussteller gegenüber berechtigt ist. Gegen eine solcher Berechtigung sprechen aber im vorliegenden Falle die stärksten Bedenken. Denn nach den bisherigen Feststellungen muß angenommen werden, daß der Vorstand der J. Holding den von der Danatbank ausgestellten und dem Beklagten O. ausgehändigten Scheck nur zu dem Zweck érhalten hat, um ihn dem Notar vorzuzeigen, daß damit aber die Auflage verbunden war, ihn dann sogleich der Danatbank zurückzugeben. Wenn aber die Sache so liegen sollte, so entspricht schon die Erklärung, der volle Gegenwert der Aktien sei in einem bestätigten Reichsbankscheck eingezahlt worden, nicht der Wahrheit; denn die unter einer solchen Auflage erfolgte Hingabe eines Schecks ist keine wirkliche Zahlung, sondern kann nur als eine Scheinhandlung angesehen werden. Das wird nicht dadurch anders, daß häufig so verfahren worden sein mag. Auch kann die Auffassung des Berufungsrichters nicht gebilligt werden, womit er das Bestehen von Gegenforderungen, welche die freie Verfügung des Vorstandes beeinträchtigten, verneint. Er will dies daraus folgern, daß die Gültigkeit des Zeichnungsaktes der Ross. nicht dadurch berührt werde, daß etwa die auf Übernahme der Aktien gerichtete Vereinbarung nichtig gewesen oder aufgehoben worden sei. Bei Prüfung der Frage, ob eine Beeinträchtigung durch Gegenforderungen vorliegt, darf aber nicht von der Annahme ausgegangen werden, daß die der Gegenforderung zugrunde liegende Vereinbarung nichtig ist — dann mag wohl keine Gegenforderung vorliegen —, sondern es muß umgekehrt von der Gültigkeit der Vereinbarung ausgegangen werden. Dann aber spricht die Sachlage für die Annahme einer solchen Beeinträchtigung. Mangels anderweitiger Feststellung muß jedenfalls für die Revisionsinstanz davon ausgegangen werden, daß der Vorstand auch der Ross. gegenüber gebunden war, den Scheck nur beim Notar vorzuzeigen, ihn insbesondere nicht zu anderen Zwecken für die Gesellschaft zu benutzen, sondern der Danatbank sofort zurückzugeben. Er war dann gerade der Ross. gegenüber nicht frei in der Verfügung der von dieser gezeichneten Beträge, sondern mußte sie der Bank zurückerstatten und in Wirklichkeit statt des gezeichneten Barbetrages von der Ross. deren Aktien der Betriebsgesellschaften als Gegenwert der jungen J. Holding-Aktien übernehmen. Der Berufungsrichter meint, daß die Zeichnung auf die neuen Aktien seitens der Ross. und die Vereinbarung zwischen ihr und der J. Holding über die Übernahme der Aktien der Betriebsgesellschaften in keinem rechtlichen Zusammenhang ständen. Wenn dies richtig sein sollte, so besteht jedenfalls ein so enger wirtschaftlicher Zusammenhang, daß die Verfügung des Vorstandes über die Schecke als durch Gegenforderungen beeinträchtigt angesehen werden muß. Denn ohne die Verpflichtung der J. Holding zur Übernahme der Aktien der Betriebsgesellschaften von der Ross. würde diese die Beträge der Kapitalserhöhung nicht gezeichnet haben, da der Zweck der Kapitalserhöhung die Schaffung einer Holdinggesellschaft war, die gerade die im Besitze der Ross. befindlichen Aktien der Betriebsgesellschaften übernehmen sollte, und weil die Ross. selbst offenbar keine Mittel hatte, um die gezeichneten Beträge bar zu zahlen.

Nach alledem könnte sowohl eine ernstlich gemeinte Bar-Kapitalserhöhung wie die Einzahlung der Barbeträge durch zur freien Verfügung des Vorstandes stehende Reichsbankschecke nur dann angenommen werden, wenn die hiergegen sprechenden starken Bedenken durch Tatsachen widerlegt würden; aus den bisherigen Feststellungen des Berufungsrichters sind solche aber nicht zu entnehmen. . . .

RGZ. 158, 248.

1.—2. . . .

3. Kann die Aktie als ein „sonstiges Recht" i. S. des § 823 Abs. 1 BGB. schon durch Schmälerung der Ertragsfähigkeit der Aktiengesellschaft oder nur dadurch verletzt werden, daß der Inhaber ganz oder teilweise um die Aktie selbst gebracht wird?

HGB. § 187. BGB. §§ 823, 826.

II. Zivilsenat. Urt. v. 21. September 1938.

I. Landgericht Naumburg. — II. Oberlandesgericht daselbst.

. . .

Die Kläger haben bisher keine Haftung aus § 823 Abs. 1 BGB. geltend gemacht; sie ist aber auch nicht gegeben. Denn die Aktie begründet für den Aktionär die Mitgliedschaft in der Aktiengesellschaft; sie verschafft ihm aber keinen unmittelbaren Anteil an dem eingerichteten Gewerbebetrieb, der vielmehr nur der Aktiengesellschaft selbst zusteht. Dagegen wird die Aktie zwar als ein „sonstiges Recht" im Sinne des § 823 Abs. 1 BGB. anzusehen sein (vgl. RGZ. Bd. 100 S. 278 für den Anteil an einer GmbH.), sie kann aber nicht dadurch im Sinne dieser Bestimmung widerrechtlich verletzt werden, daß ihr Wert durch Handlungen, die den Wert und die Ertragsfähigkeit der Aktiengesellschaft schmälern, gemindert wird, sondern nur dadurch, daß der Aktionär um die Aktienrechte selbst ganz oder teilweise gebracht wird. Deshalb kommt eine Haftung der Beklagten aus § 823 Abs. 1 BGB. aus Rechtsgründen nicht in Frage. . . .

RGZ. 159, 211.

1. . . .

2. Inwieweit dienen die gesetzlichen Vorschriften über die Pflichten der Vorstandsmitglieder einer Aktiengesellschaft dem Schutze der Gläubiger?

3. Können sich Vorstandsmitglieder einer Aktiengesellschaft, die aus Anlaß einer Kapitalerhöhung eine unrichtige Erklärung über Bareinzahlung abgegeben haben und deshalb auf Schadensersatz in Anspruch genommen werden, mit dem Einwand entlasten, sie hätten den ihnen bekannten Sachverhalt rechtlich unrichtig beurteilt?

4. Unter welchen Voraussetzungen besteht ein ursächlicher Zusammenhang zwischen einer unrichtigen Erklärung der vorerwähnten Art und dem Schaden?

5. Sind die Ersatzansprüche aus § 241 Abs. 3 HGB. (§ 84 Abs. 3 AktG.) Schadensersatzansprüche? Welche Besonderheiten weisen sie auf, und zwar insbesondere der Ersatzanspruch wegen Ausgabe von Aktien vor voller Leistung des Nennbetrages?

HGB. §§ 22, 25, 240 Abs. 2, § 241 Abs. 3, § 313 Abs. 1 Nr. 3, § 315 Abs. 1 Nr. 2. AktG. § 83 Abs. 2, § 84 Abs. 3, § 295 Nr. 3, § 297 Nr. 2. BGB. § 823 Abs. 2.

II. Zivilsenat. Urt. v. 30. November 1938.

I. Landgericht Bremen. — II. Oberlandesgericht Hamburg.

. . .

Aus den Gründen:

Der Kläger stützt seine Ansprüche auf die Ausfälle, die seine Rechtsvorgänger bei dem Zusammenbruch der Aktiengesellschaft an ihren Forderungen erlitten haben, indem er für diese Ausfälle die Beklagten haftbar macht. Deshalb ist insoweit erste Voraussetzung für die Berechtigung der einzelnen Klageansprüche, daß die Rechtsvorgänger des Klägers entsprechende Ansprüche gegen die zusammengebrochene Firma gehabt haben und mit ihnen ausgefallen sind. Von allen Ansprüchen bedürfen nur noch die einer weiteren Prüfung, die auf die Abtretungen der Be. AG. und Rh. El. AG. gestützt sind (wird näher ausgeführt).

I. Wegen des Ausfalls, den diese beiden Gläubiger im Konkurse der Auto BreHa AG. (früheren HLW. AG.) erlitten haben, nimmt der

Kläger als Rechtsnachfolger dieser Gläubiger die Beklagten in erster Linie aus Vermögensübernahme (§ 419 BGB.) und aus Geschäfts- und Firmenübernahme (§ 25 HGB.) in Anspruch. Dies sind die einzigen Klagegründe, die gegen alle drei Beklagten geltend gemacht werden können, und zwar gegen die Erstbeklagte als die übernehmende offene Handelsgesellschaft und gegen die Beklagten zu 2 und 3 als die persönlich haftenden Gesellschafter (§ 128 HGB.). Alle weiteren Klagegründe sind auf angebliche pflichtwidrige und unerlaubte Handlungen der Beklagten zu 2 und 3 gestützt, für welche diese nur persönlich verantwortlich gemacht werden können.

1. Der Anspruch aus Vermögensübernahme (§ 419 BGB.) wird vom Berufungsgericht ohne Rechtsirrtum abgelehnt, weil der HLW. AG. wesentliche Vermögensstücke verblieben sind (wird näher ausgeführt).

2. Geschäfts- und Firmenübernahme (§ 25 HGB.).

Das Berufungsgericht tritt dem Kläger darin bei, daß die Beklagten auf Grund der Verträge vom 15. Dezember 1931 das „Handelsgeschäft" der HLW. AG. als solches erworben hätten, da sie alles erstanden hätten, was das Geschäft als solches ausgemacht und die Grundlage für die Fortführung des Unternehmens gebildet habe. Dies ist rechtlich auch nicht zu beanstanden. Gleichwohl hält das Berufungsgericht die Voraussetzungen für eine Haftung der Beklagten aus § 25 HGB. nicht für gegeben, weil erstens das Geschäft nicht unter der bisherigen Firma fortgesetzt worden sei und zweitens das Rundschreiben vom 31. Dezember 1931 die Gläubiger, zu denen auch die Be. AG. und die Rh. El. AG. gehört hätten, auf die Nichtübernahme der Verbindlichkeiten deutlich hingewiesen habe. In beiden Punkten beanstandet die Revision die Ausführungen des Berufungsgerichts mit Unrecht (wird ausgeführt).

. . .

Hieraus rechtfertigt sich die Zurückweisung der Revision gegenüber der Erstbeklagten in vollem Umfange.

II. Für die gegen die Beklagten zu 2 und 3 erhobenen Ansprüche, soweit sie auf die Abtretungen der Be. AG. und der Rh. El. AG. gestützt sind, kommt es zunächst darauf an, ob der Ausfall, den diese Gläubiger im Konkurse der Auto BreHa AG. (früheren HLW. AG.) erlitten haben, auf solchen Pflichtverletzungen der Beklagten zu 2 und 3 als der Vorstandsmitglieder der Aktiengesellschaft beruht, für welche sie den Gläubigern unmittelbar einzustehen haben.

1. Verschiedener Pflichtverletzungen der angegebenen Art sollen sich die Beklagten zu 2 und 3 nach der Ansicht des Klägers bereits gelegentlich der Kapitalerhöhung im Januar 1930 schuldig gemacht haben.

a) In dieser Hinsicht sieht der Kläger zunächst eine den Schaden verursachende Pflichtverletzung der Beklagten darin, daß sie bei der am 27. Januar 1930 erfolgten Anmeldung der Kapitalerhöhung zum Handelsregister die Erklärung abgegeben haben, der hierauf entfallende Kapitalbetrag sei bar eingezahlt und in ihrem Besitze (vgl. § 284 Abs. 3 in Verb. m. § 195 Abs. 3 HGB. in der damals noch geltenden Fassung).

Das Berufungsgericht stellt fest, daß diese Erklärung jedenfalls sachlich unwahr gewesen sei, weil die Zahlung lediglich durch buchmäßigen Ausgleich mit dem zu 100 % gerechneten Tilgungswert einer Obligationsanleihe aus dem Jahre 1927 geleistet worden sei, die das gleiche Konsortium gehalten habe. Die Richtigkeit dieser Auffassung kann nach der Entscheidung des Senats vom 13. März 1934 in RGZ. Bd. 144 S. 138, 148 flg. keinem Zweifel mehr unterliegen, da nach den Abmachungen dem Vorstand keineswegs die freie Verfügungsmacht über den Betrag des Bardepots zustand. Das Berufungsgericht prüft dann weiter, ob der Mangel bei der Einzahlung nicht nachträglich durch das Gesetz zur Änderung des Handelsgesetzbuches vom 7. März 1935 (RGBl. I S. 352) als geheilt angesehen werden kann. Es verneint dies jedoch mit der Begründung, daß das Gesetz eine der Barzahlung wirtschaftlich gleichwertige Leistung voraussetze, daß hiervon aber im vorliegenden Falle keine Rede sein könne, da, wie ohne weiteres anzunehmen sei, der Kurs oder Wert der Obligationenanleihe den damaligen Verhältnissen entsprechend nicht zu 100 % habe gerechnet werden dürfen. Diese Feststellung, durch die der Kläger keinesfalls beschwert ist, mag nun zwar einer ausreichenden tatsächlichen Grundlage entbehren, da das Berufungsgericht hierbei möglicherweise übersehen hat, daß die Obligationen hypothekarisch gesichert waren. Jedenfalls ist aber der Nichtanwendung des Gesetzes vom 7. März 1935 im Ergebnis beizustimmen, da es sich bei der Verrechnung der Einlageforderung auf die Obligationen in Wahrheit um eine verschleierte Sacheinlage handelt (vgl. RGZ. Bd. 121 S. 103), die gemäß § 279 HGB. in dem Beschluß über die Kapitalerhöhung hätte festgesetzt werden müssen, und da nach der ausdrücklichen Bestimmung des Art. 2 Abs. 1 Satz 2 des Gesetzes vom 7. März 1935 (ebenso wie jetzt des § 5 EG. z. AktG.) die Vorschriften der §§ 186 und 279 HGB. unberührt geblieben, verschleierte Sacheinlagen also nicht nachträglich wirksam geworden sind (vgl. auch RGZ. Bd. 157 S. 227 = JW. 1938 S. 1653 Nr. 14 mit Besprechung durch R u t h). . . .

Nach den vorstehenden Ausführungen haben sich die Vorstandsmitglieder jedenfalls sachlich einer Pflichtverletzung schuldig gemacht, indem sie wahrheitswidrig dem Handelsregister gegenüber erklärten, der Betrag der Kapitalerhöhung sei bar eingezahlt und in ihrem Besitze. Jedoch haften sie hierfür, wie auch das Berufungsgericht annimmt, von dem Rechtsgrund der unerlaubten Handlung zunächst abgesehen, grundsätzlich nur gegenüber der Gesellschaft selbst, nicht auch unmittelbar gegenüber deren Gläubigern. Denn es liegt keiner der Ausnahmefälle vor, in denen Ansprüche aus § 241 HGB. unmittelbar von den Gläubigern der Gesellschaft geltend gemacht werden können (Abs. 3 in Verb. mit Abs. 2). . . .

Hiernach käme wegen der unwahren Erklärung über die Bareinzahlung nur noch eine Haftung der Beklagten aus unerlaubter Handlung (§ 823 Abs. 2, § 826 BGB.) in Betracht.

aa) Die Haftung aus § 823 Abs. 2 BGB. lehnt das Berufungsgericht mit der Begründung ab, daß § 195 Abs. 3, § 241 Abs. 1 und § 313 Abs. 1 Nr. 3 HGB. keine Schutzgesetze seien. Die Revision bittet um Nachprüfung dieser Frage. Der § 195 Abs. 3 HGB. (in Verbindung mit § 284 Abs. 3 HGB.) kommt n e b e n dem § 241 Abs. 1 und dem § 313 Abs. 1 Nr. 3 als selbständiges Schutzgesetz überhaupt nicht in Betracht. Auch der Annahme des Berufungsgerichts, daß die Vorschrift des § 241 Abs. 1 HGB. nicht unmittelbar dem Schutze der Gläubiger der Aktiengesellschaft diene, ist zuzustimmen; sie entspricht der ständigen Rechtsprechung (vgl. RGZ. Bd. 63 S. 325, Bd. 73 S. 30, Bd. 115 S. 296; vgl. auch JW. 1935 S. 3301 Nr. 9; ferner S c h l e g e l b e r g e r - Q u a s s o w s k i Aktiengesetz § 84 S. 378 und R i t t e r Aktiengesetz § 84 Anm. 11), von der abzugehen keine Veranlassung vorliegt. Ihre Richtigkeit ergibt sich schon daraus, daß der Abs. 4 des § 241 die Haftung des Vorstandes den Gläubigern gegenüber besonders, und zwar in beschränkendem Sinne, regelt. Jedoch verneint das Berufungsgericht mit Unrecht, daß auch die Strafvorschrift des § 313 Abs. 1 Nr. 3 HGB. nicht zugleich den Schutz der Gläubiger bezwecke. Das Reichsgericht nimmt in ständiger Rechtsprechung das Gegenteil an (RGZ. Bd. 157 S. 217 mit weiteren Nachweisen; JW. 1938 S. 3297 Nr. 13). Die Anwendung der Strafvorschrift setzt nun freilich voraus, daß die Angabe des Vorstandes, der Betrag der Kapitalerhöhung sei bar eingezahlt und in seinem Besitz, wissentlich falsch gewesen ist. Im Sinne dieser Vorschrift bedeutet „wissentlich" nichts anderes als „vorsätzlich" (JW. 1935 S. 2427 Nr. 2). Nach der ständigen Rechtsprechung der Strafsenate des Reichsgerichts, der auch der jetzt entscheidende Zivilsenat sich angeschlossen hat (vgl. JW. 1938 S. 3297 Nr. 13), ist eine solche Angabe schon dann wissentlich falsch, wenn der Erklärende alle die Tatsachen kannte, auf Grund deren bei richtiger rechtlicher Beurteilung keine Bareinzahlung oder keine freie Verfügung über das Eingezahlte vorliegt, und ist eine unrichtige rechtliche Beurteilung des Sachverhalts als bloßer Strafrechtsirrtum unbeachtlich (RGSt. Bd. 65 S. 178, 180 mit weiteren Nachweisen). Geht man hiervon aus, dann hängt auch die Verletzung des § 313 Abs. 1 Nr. 3 HGB. als eines Schutzgesetzes im Sinne des § 823 Abs. 2 BGB. lediglich davon ab, ob die Vorstandsmitglieder, welche die Erklärung abgaben, den Sachverhalt gekannt haben, nicht aber auch davon, ob sie diesen rechtlich richtig beurteilt haben. Im vorliegenden Falle kann nach der Feststellung des Berufungsgerichts, daß der Erklärung der Beklagten das ihnen zugegangene Schreiben der D.-Bank vom 27. Januar 1930 zugrunde liegt, kein Zweifel darüber bestehen, daß die Beklagten den Sachverhalt gekannt haben, aus dem sich ergibt, daß sie über das sogenannte Bardepot nicht frei verfügen konnten, daß ihre Erklärung also unrichtig war. Demzufolge haben die Beklagten sich einer vorsätzlichen Verletzung des § 313 Abs. 1 Nr. 3 HGB. schuldig gemacht und hierdurch zugleich ein dem Schutz der Gläubiger der Aktiengesellschaft dienendes Schutzgesetz verletzt. Sie sind daher diesen Gläubigern hierfür verantwortlich, falls diese durch die Abgabe der unrichtigen Erklärung einen Schaden erlitten haben. . . .

Der ursächliche Zusammenhang zwischen der falschen Erklärung und dem Schaden, den ein Dritter durch sie erlitten haben will, kann nur bestehen, wenn der Dritte von der Erklärung Kenntnis genommen und im Vertrauen auf ihre Richtigkeit eine Handlung, im vorliegenden Falle die Kreditlieferungen, vorgenommen hat (vgl. Urteil des Senats in II 286/36 v. 5. Oktober 1938, JW. 1938 S. 3297 Nr. 13). Daß die Direktoren oder Beauftragte der Be. AG. oder der Rh. El. AG. die von den Beklagten zum Zwecke der Eintragung der Kapitalerhöhung gemachten Angaben beim Registergericht eingesehen oder sonst von ihrem Wortlaut, etwa in Form von Abschriften, Kenntnis genommen hätten, hat der Kläger nicht behauptet. . . . Man kann es auch keinesfalls als allgemeinen Erfahrungssatz hinstellen, daß jemand seine Kreditlieferungen davon abhängig macht, ob eine Kapitalerhöhung dem Kunden neues B a r kapital zugeführt hat. Wer auf eine in dieser Hinsicht unrichtige Erklärung der Vorstandsmitglieder einen

Schadensersatzanspruch stützt, muß vielmehr im einzelnen dartun und beweisen, inwiefern er sich gerade durch die unrichtige Erklärung zu den Kreditlieferungen hat verleiten lassen. . . .

bb) Die Haftung aus § 826 BGB. wegen der unrichtigen Anmeldung der Kapitalerhöhung lehnt das Berufungsgericht ebenfalls ab. Die Revision rügt an seinen Ausführungen hierzu, es gehe mit Unrecht davon aus, ob die Beklagten einen selbst nur bedingten Vorsatz gehabt hätten, Dritte zu schädigen. Vielmehr komme es darauf an, daß die Erklärung als solche bewußt falsch gewesen sei, sowie daß sie dann auch die Eintragung der Kapitalerhöhung bewirkt und dadurch den Schaden verursacht habe. Die Beklagten hätten die wissentlich unrichtige Erklärung abgegeben in dem Bewußtsein, daß ohne sie die Kapitalerhöhung nicht eingetragen werde.

Diese Revisionsrüge ist unbegründet. Auf die von der Revision angeführten Umstände kommt es zwar, wie oben ausgeführt ist, für die Anwendung des § 823 Abs. 2 BGB. in Verb. mit § 313 Abs. 1 Nr. 3 HGB. an, wenn man zunächst den ursächlichen Zusammenhang zwischen der Verfehlung der Beklagten und dem Schaden der Rechtsvorgänger des Klägers als gegeben unterstellt. Für die Anwendung des § 826 BGB. gelten jedoch andere Voraussetzungen. Hierfür ist in der Tat der auf den Schadenserfolg gerichtete Vorsatz maßgeblich. Auch steht hier — im Gegensatz zu § 313 Abs. 1 Nr. 3 HGB. — ein etwaiger Rechtsirrtum über die tatsächlichen Voraussetzungen, unter denen die Erklärung abgegeben werden kann, der Annahme eines vorsätzlichen Handelns entgegen. Daß die Beklagten sich in solchem Rechtsirrtum befunden haben, hält das Berufungsgericht zum mindesten für nicht widerlegt. Dies ist rechtlich nicht zu beanstanden. . . .

b) Sodann hat der Kläger seinen Anspruch darauf gestützt, daß die Beklagten auf das erhöhte Kapital die Aktien vor der vollen Leistung des Nennbetrages ausgegeben und insofern gegen § 241 Abs. 3 Nr. 4 HGB. verstoßen hätten, also nach Abs. 4 dieser Vorschrift auch unmittelbar den Gläubigern dieser Gesellschaft, soweit sie von dieser ihre Befriedigung nicht erlangen könnten, Ersatz zu leisten hätten.

. . .

Die Frage, ob es sich bei der Ersatzpflicht des § 241 Abs. 3 und 4 um eine Schadensersatzpflicht der Vorstandsmitglieder handelt, die einen der Gesellschaft enstandenen Schaden voraussetzt, oder ob auf Grund dieser Vorschriften ohne Rücksicht auf einen Schaden Ersatz des zu Unrecht aufgewendeten Betrages (in den Fällen 1 bis 3, 5 und 6) oder des die Ersatzpflicht veranlassenden Fehlbetrages (im Falle Nr. 4) verlangt werden kann, ist, wie das Berufungsgericht bereits hervorhebt, streitig; und zwar ist sie auch bei der jetzigen, nur geringfügig abweichenden Fassung des § 84 AktG. streitig geblieben. . . .

In letzter Zeit hat das Reichsgericht keine Gelegenheit gehabt, zu der Frage Stellung zu nehmen.

Auszugehen ist auf alle Fälle davon, daß es sich, wie der ganze Zusammenhang ergibt, offenbar um einen Schadensersatzanspruch handelt. Jedoch ist es — insofern ist wiederum der Gegenauffassung beizutreten — ein Schadensersatzanspruch besonderer Art, der einem Anspruch auf Wertersatz für einen entzogenen Gegenstand (vgl. z. B. §§ 255, 256, 290, 849 BGB.) an die Seite zu stellen ist. Die besondere Bedeutung der Ansprüche aus § 241 Abs. 3 und 4 HGB. (jetzt § 84 Abs. 3 und Abs. 5 Satz 1 AktG.) liegt darin, daß sie grundsätzlich auf Ersatz des vollen Betrages gehen, welcher der Aktiengesellschaft durch die Verfehlung der Vorstandsmitglieder entzogen oder — im Fall der Ziffer 4 — vorenthalten worden ist. Hierbei wird die Entziehung oder Vorenthaltung des Betrages zunächst jedenfalls ohne weiteres als ursächlich angesehen für den Eintritt eines entsprechenden Schadens. Daraus ergibt sich als erste Folge die Umkehrung der Beweislast wegen einer Schädigung der Aktiengesellschaft. Außerdem aber können die zur Verantwortung gezogenen Vorstandsmitglieder sich nicht etwa schon damit entlasten, daß sie dartun und beweisen, die betreffende Verfehlung habe bisher keinen Schaden für die Aktiengesellschaft zur Folge gehabt, z. B. im Falle Ziffer 3, weil die erworbenen eigenen Aktien bisher den Wert des dafür aufgewendeten Betrages decken, oder im Falle Nr. 4, weil die der Aktiengesellschaft noch verbliebene Einlageforderung vollwertig ist. Vielmehr können sie sich nur durch den Nachweis entlasten, daß eine Schädigung der Aktiengesellschaft als Folge der Pflichtverletzung überhaupt nicht mehr möglich ist, weil der zu Unrecht verausgabte oder vorenthaltene Betrag oder doch wenigstens ein ihn ausgleichender Wert auf andere Weise endgültig in das Vermögen der Aktiengesellschaft gelangt ist, z. B. im Falle Nr. 3 infolge Weiterverkaufs der erworbenen eigenen Aktien. Der so begründete Ersatzanspruch geht nicht über das Ziel der Schadensersatzleistung hinaus, weil der in Anspruch Genommene nach § 255 BGB. — soweit wenigstens die Geltendmachung eines Zurückbehaltungsrechts nicht dem Wesen des in Rede stehenden Ersatzanspruchs entgegensteht — zum Ersatze nur gegen Abtretung der etwaigen Ansprüche verpflichtet ist, die der ersatzberechtigten Gesellschaft aus den die Ersatzpflicht begründenden Vorgängen gegen Dritte zustehen, er jedenfalls nach Ersatzleistung die Abtretung dieser Ansprüche von der Gesellschaft verlangen kann. Andererseits ist der Ersatzanspruch des § 241 Abs. 3 und 4 HGB. (jetzt § 84 Abs. 3 und Abs. 5 Satz 1 AktG.) auf den Betrag begrenzt, welcher der Aktiengesellschaft durch die Verfehlung der Vorstandsmitglieder entzogen oder vorenthalten worden ist; ein etwa darüber hinausgehender Schadensersatzanspruch läßt sich nur auf § 241 Abs. 2 HGB. (jetzt § 84 Abs. 2 und Abs. 5 Satz 2 AktG.) stützen.

Im vorliegenden Falle ist, wenn man zunächst ein Verschulden der Beklagten unterstellt, deren Ersatzpflicht durch die vorzeitige Ausgabe der Aktien vor ordnungsmäßiger Einzahlung der Kapitaleinlage seitens der D.-Bank (Fall Nr. 4 des § 241 Abs. 3 HGB.) begründet worden. Der hierdurch etwa entstandene Schaden ist endgültig abgeschlossen, da die Aktiengesellschaft nach beendetem Konkurs nicht mehr besteht und der Konkursverwalter sich mit der einlagepflichtigen D.-Bank über den nachzuzahlenden Betrag verglichen hat; unstreitig sind auf den fehlenden Einlagebetrag von 2 400 000 RM auf diese Weise nachträglich 450 000 RM bezahlt worden. Damit ist nun aber der durch das Fehlen der Einlage entstandene Schaden noch nicht, wie das Berufungsgericht anzunehmen scheint, behoben. Vielmehr verbleibt, trotz des mit der Br. Bank als der Rechtsnachfolgerin der D.-Bank geschlossenen Vergleichs und trotz andauernder Zahlungsfähigkeit der Einlagepflichtigen, noch immer ein Fehlbetrag von 1 950 000 RM. Um diesen Betrag ist aber die Aktiengesellschaft nicht ohne weiteres geschädigt. Sie hat vielmehr in — allerdings unzulässiger — Anrechnung auf den Einlagebetrag ihre Obligationen zum Nennwert von 2 400 000 RM zurückerhalten und diese hierdurch getilgt. Der Bank hatte daher, soweit sie ihrer Einlagepflicht nachträglich noch genügte, ein Anspruch aus ungerechtfertigter Bereicherung gegen die Gesellschaft zugestanden, weil der mit der Rückgabe der Obligationen bezweckte Erfolg nicht eingetreten war (§ 812 BGB.). Auf diesen Anspruch mag sie, zumal er ziemlich wertlos geworden war, mit dem Abschluß des Vergleichs stillschweigend verzichtet haben. Jedenfalls ist er im Konkurs nicht geltend gemacht worden und ist die Gesellschaft um den Wert, den die Obligationen zur Zeit ihrer Tilgung gehabt haben, bereichert geblieben. Sie muß sich daher auf ihren Ersatzanspruch gegen die Vorstandsmitglieder diese Bereicherung anrechnen lassen. Darüber, wie hoch der Tilgungswert der Obligationen für die Gesellschaft anzusetzen ist, hat das Berufungsgericht keine Feststellungen getroffen. Dies hängt im wesentlichen von dem Werte der für die Obligationen bestellt gewesenen hypothekarischen Sicherungen ab. Da der Anspruch aus § 241 Abs. 3 Nr. 4 HGB. nur auf Ersatz des Fehlbetrages geht, wenn auch im Rahmen eines Schadensersatzanspruchs, kann auf Grund dieser Vorschrift Ersatz für einen darüber hinausgehenden Schaden, der der Gesellschaft etwa durch das zeitweilige Fehlen des erforderlichen Barbetrages erwachsen ist, nicht verlangt werden. Dies wäre nur auf Grund des Abs. 2 des § 241 HGB. möglich, der aber einen Schadensersatzanspruch nur der Gesellschaft selbst, nicht auch unmittelbar den Gläubigern gewährt. Im vorliegenden Falle ist im übrigen auch nicht ersichtlich, inwiefern der Gesellschaft ein solcher weiterer Schaden gerade durch die vorzeitige Aktienausgabe entstanden sein könnte. Das etwaige Fehlen des Bargeldes beruht vielmehr auf der von der Aktienausgabe unabhängigen Nichteinforderung der Bareinlage. Der Anspruch der Gläubiger aus Abs. 4 des § 241 HGB. entspricht, soweit diese von der Gesellschaft ihre Befriedigung nicht erlangen können, dem der Gesellschaft selbst aus der Sondervorschrift des Abs. 3. Wegen der Schädigung bedarf der Sachverhalt hiernach erneuter Prüfung durch das Berufungsgericht.

Die Revision rügt weiter, daß das Berufungsgericht die Haftung der Beklagten zu Unrecht von dem Verschulden abhängig mache; sie meint, es genüge, daß die Beklagten ihre Obliegenheiten verletzt hätten. Dies ist nicht richtig. Nach Abs. 1 des § 241 HGB. haben die Mitglieder des Vorstandes die Sorgfalt eines ordentlichen Geschäftsmannes (nach § 84 Abs. 1 AktG. die Sorgfalt eines ordentlichen und gewissenhaften Geschäftsleiters) anzuwenden. Nur wenn sie dieser Sorgfaltspflicht nicht genügen, verletzen sie ihre Obliegenheiten i. S. des Abs. 2 und kommt daher ihre Haftung für den daraus entstehenden Schaden in Betracht; dies gilt auch in den Fällen des Abs. 3 und 4, wie der ganze Zusammenhang ergibt und auch in ständiger Rechtsprechung ohne weiteres angenommen wird. Jedoch ist es Sache der Vorstandsmitglieder, wenn durch ihre Maßnahmen oder Unterlassungen eine Schädigung der Gesellschaft herbeigeführt wird, zu ihrer Entlastung den Nachweis zu führen, daß sie ihrer Sorgfaltspflicht genügt haben (vgl. z. B. JW. 1936 S. 2313 Nr. 9, 1938 S. 2019 Nr. 18). Diesen Nachweis sieht das Berufungsgericht im vorliegenden Falle als geführt an, indem es ausführt, daß die Beklagten sich auf die sie beratenden Juristen hätten verlassen können, da ihnen ein Erkennen der Rechtslage aus eigener Beurteilung nicht zuzumuten gewesen sei. Richtig ist, daß die Rechtslage damals noch ungeklärt war; hierüber hat erst die

Entscheidung in RGZ. Bd. 144 S. 138 weitgehend Klarheit geschaffen. Jedoch können die Beklagten nur dann als entlastet angesehen werden, wenn sie sich wirklich darauf verlassen konnten, daß die in Zahlung genommenen Schuldverschreibungen damals vollwertig waren. Denn darüber, daß es sich im Grunde um eine Verrechnung der Einlageforderung gegen die Schuldverschreibungen handelte, sowie darüber, daß die Hereinnahme nicht vollwertiger Schuldverschreibungen zum Nennwert in Anrechnung auf die Bareinlageforderung jedenfalls unzulässig war und die Gesellschaft schädigte, konnten die Vorstandsmitglieder nicht im Zweifel sein. Dies hat das Berufungsgericht nicht beachtet, obwohl es an anderer Stelle als selbstverständlich annimmt, daß die Schuldverschreibungen damals nicht vollwertig gewesen seien. Nach dieser Richtung wird es daher auch die Frage des Verschuldens erneut prüfen müssen. . . .

2. Demnächst hat der Kläger den Schadensersatzanspruch darauf gestützt, daß die Beklagten die Gläubiger der HLW. AG., insbesondere auch die Be. AG. und die Rh. El. AG. durch falsche Bilanzen und Berichte, und zwar auch durch irreführende Zeitungsberichte, getäuscht hätten. Dieser Anspruch entfällt nach den tatsächlichen Feststellungen des Berufungsgerichts, die rechtlich nicht zu beanstanden sind, auf Grund der Verjährungseinrede (wird näher ausgeführt).

3. Ferner macht der Kläger den Beklagten zum Vorwurf, daß sie nicht rechtzeitig Konkurs angemeldet oder das Vergleichsverfahren beantragt hätten (Verstoß gegen § 240 Abs. 2 HGB. in der Fassung des Gesetzes vom 25. März 1930, RGBl. I S. 93) sowie daß sie nach Eintritt der Zahlungsunfähigkeit noch Zahlungen geleistet und auch die Verträge vom 15. Dezember 1931 nicht nur geschlossen, sondern — wenigstens bezüglich der beweglichen Vermögensgegenstände der Aktiengesellschaft — auch erfüllt hätten (Verstoß gegen § 241 Abs. 3 Nr. 6 HGB. in der Fassung vom 25. März 1930).

Soweit der Anspruch auf § 826 BGB. gestützt ist, läßt das Berufungsgericht die Einrede der Verjährung durchgreifen. . . . Dies ist rechtlich nicht zu beanstanden. . . .

Da das Berufungsgericht insoweit zur Frage der Verjährung nicht Stellung nimmt, ist auf seine weiteren Ausführungen hierzu einzugehen. Insoweit greift die auf § 286 ZPO. gestütze Verfahrensrüge der Revision durch (wird näher ausgeführt).

. . .

III. Endlich stützt der Kläger einen Anspruch aus § 826 BGB. darauf, daß die Beklagten zu 2 und 3 die HLW. AG. zugunsten der

Go. GmbH. im inneren Betriebe planmäßig ausgebeutet und durch die seit dem 7. November 1931 mit ihr geschlossenen Verträge auch planmäßig ausgehöhlt hätten. Das Berufungsgericht wird Gelegenheit haben, auch hierzu erneut Stellung zu nehmen (wird näher ausgeführt).

RGZ. 167, 40.

1. . . .

2. Hängt die Nichtigkeit nach § 65 Abs. 3 Satz 2 AktG. davon ab, ob der Erwerb eigener Aktien im einzelnen Falle tatsächlich eine Gefährdung der Gesellschaft, ihrer Gläubiger oder Aktionäre befürchten läßt?

3. Unter welchen Voraussetzungen besteht ein Abhängigkeitsverhältnis im Sinne des § 15 Abs. 2 AktG.?

II. Zivilsenat. Urt. v. 21. April 1941.

I. Landgericht Dresden. — II. Oberlandesgericht daselbst.

In einem Rechtsstreite der Klägerin gegen den Provinzialverband der Provinz Sachsen kam es zu einem Vergleich und im Zusammenhange damit zu Abmachungen, an denen außer den Streitteilen auch die Th. Landeselektrizitätsversorgungs-AG. (kurz: Th.werk) in W., die El.AG. in D. und die Th. El.- und Gaswerke AG. in A. (kurz: Thega) teilnahmen. Die Vereinbarungen wurden in mehreren Schreiben vom 12. April 1933 niedergelegt. In einem Schreiben der Klägerin an die El.AG. von diesem Tage heißt es:

„Als Bestandteil der heute zwischen uns und der Th. Landeselektrizitätsversorgungs-AG. ‚Th.werk' getroffenen Vereinbarungen werden wir Ihnen am 15. Dezember 1933, Kosten zu Ihren Lasten, 130000 RM nom. Aktien der Th. El.- und Gaswerke AG. in A. mit Dividendenscheinen für das Geschäftsjahr 1933/34 folgende zum Kurse von 120 v. H. für 156000 RM verkaufen ... Für den Fall, daß bis zum 1. Juli 1936 zwischen uns einerseits und Th.werk, AG. SW., Pr.El. andererseits eine Einigung über ein elektrowirtschaftliches Zusammengehen in Thüringen nicht zustande gekommen ist, verpflichten Sie sich, das erworbene Aktienpaket uns auf Verlangen zum 1. Juli 1938 ohne Dividendenscheine 1937/38, sonst unter den gleichen Bedingungen zurückzuübereignen."

Die El.AG. teilte der Klägerin mit Brief vom 19. Mai 1933 mit, daß sie nur nom. 118000 RM Thega-Aktien benötige, und bestätigte im übrigen den Inhalt des Schreibens....

Die Aktienverkäufe wurden, wie vereinbart, durchgeführt; die Klägerin veräußerte an die El.AG. Thega-Aktien im Nennwerte von 118 000 RM zum Preise von 141 600 RM. Die El.AG. ist am 21. Dezember 1937 mit der Beklagten verschmolzen worden und in ihr aufgegangen. Da die im Schreiben vom 12. April 1933 vorgesehene Einigung über ein elektrowirtschaftliches Zusammengehen bis zum 1. Juli 1936 nicht zustande gekommen war, forderte die Klägerin mit Brief vom 20. Mai 1937 die Beklagte auf, ihr die ihrer Rechtsvorgängerin überlassenen nom. 118 000 RM Thega-Aktien unter den vereinbarten Bedingungen bis spätestens zum 1. Juli 1938 zurückzugeben. Ein sich hieran anschließender längerer Briefwechsel der Parteien führte jedoch zu keiner Einigung. Die Klägerin erhob deshalb im Dezember 1938 Klage mit dem Antrage, die Beklagte zu verurteilen, an sie nom. 118 000 RM Aktien der Th. El.- und Gaswerke AG. in A. nebst Gewinnanteilscheinen für das Geschäftsjahr 1938/39 und folgende gegen Zahlung von 141 600 RM herauszugeben.

. . .

Das Landgericht hat die Klage abgewiesen, das Berufungsgericht hingegen die Beklagte antragsgemäß verurteilt. Ihre Revision blieb erfolglos.

Aus den Gründen:

1. . . .

2. Die Revisionsbeantwortung zieht in Zweifel, ob § 65 AktG. nach dem Sinn und Zweck der Bestimmung auf einen Fall wie den vorliegenden überhaupt Anwendung finden könne. Es habe sich für die Klägerin, so führt sie aus, nicht darum gehandelt, Thega-Aktien neu zu erwerben, sondern Aktien wiederzuerlangen, die sie vorher bereits besessen habe. Die Aktien seien im Jahre 1933 auf die Rechtsvorgängerin der Beklagten unter der auflösenden Bedingung übertragen worden, daß der in Aussicht genommene elektrowirtschaftliche Zusammenschluß bis zum 1. Juli 1936 nicht zustande komme. Mit dem Eintritt dieser Bedingung sei der frühere Rechtszustand wieder eingetreten, und die Klägerin verlange lediglich Herausgabe dessen, was ihr früher zu Eigentum gehört habe und nunmehr wieder gehöre. Schon danach könne das Verbot des § 65 AktG. nicht eingreifen. Aber auch sonst fehle jeder Grund, der seine Anwendung rechtfertige. Da der Klägerin der Betrag, den sie für den Rückerwerb der Aktien aufzuwenden habe, im Jahre 1933 für dieselben Aktien bereits zugeflossen sei, der Rückkaufspreis auch weit hinter dem derzeitigen wirklichen

Werte der Aktien zurückbleibe, komme weder eine Gefährdung der Gläubiger noch eine Beeinträchtigung der übrigen Aktionäre in Betracht. Nach Lage der Sache könne auch keine Rede davon sein, daß sich eine herrschende Gesellschaft eines von ihr abhängigen Unternehmens bediene, um auf diese Weise einen ihr selbst verbotenen Aktienerwerb zu verwirklichen.

Diese Ausführungen gehen zunächst insofern fehl, als nach der im Jahre 1933 getroffenen Vereinbarung das Nichtzustandekommen des vorgesehenen Zusammenschlusses nicht die Übertragung der Aktien auflösend bedingte, sondern eine aufschiebende Bedingung für die Verpflichtung der Erwerberin bildete, die Aktien auf die Klägerin zurückzuübertragen. Die El.AG. sollte Eigentümerin der ihr verkauften Aktien werden und bleiben und das Nichtzustandekommen des elektrowirtschaftlichen Zusammenschlusses nur zur Folge haben, daß der Klägerin des Recht erwachse, die Aktien zurückzuverlangen. Das Klagebegehren bezweckt also nicht die Verwirklichung eines bereits bestehenden Rechtszustandes, sondern die Erfüllung eines Schuldverhältnisses, das nach Eintritt der Bedingung wirksam geworden ist. Es trifft damit einen Sachverhalt, für dessen rechtliche Beurteilung die Vorschrift des § 65 Abs. 3 Satz 2 AktG. von Bedeutung werden kann. Diese Vorschrift stellt auch für ihre Anwendbarkeit nicht darauf ab, ob der Erwerb eigener Aktien oder solcher der herrschenden Gesellschaft im einzelnen Falle die Gefahren begründet, denen mit dem Verbote begegnet werden soll. Sie unterscheidet insbesondere nicht nach dem Zwecke des Erwerbs. Sofern dieser nicht unter die in § 65 Abs. 1 und 2 näher bezeichneten Ausnahmen fällt und deshalb zulässig ist, erstreckt sich das Verbot auch auf Geschäfte, durch die im Ergebnis nur ein früherer Zustand wiederhergestellt wird. Die Klägerin kann sich deshalb nicht darauf berufen, daß ihre Vermögenslage durch den Rückerwerb der Thega-Aktien zu dem ihr früher gezahlten Preise nicht verschlechtert, sondern verbessert werde. Wenn sie in Anspruch nimmt, daß der Erwerb als Deportgeschäft anzusehen sei, dessen Zulässigkeit mangels eines damit verbundenen Wagnisses auch von der Rechtslehre bejaht werde, so mag dahingestellt bleiben, ob das hier in Frage stehende Rechtsgeschäft, bei dem ein Anspruch auf Rückerwerb erst nach Jahren entstehen und vom Eintritt einer Bedingung abhängen sollte, überhaupt unter jenen Begriff fällt. Die im Schrifttum vereinzelt vertretene Meinung, daß der Erwerb eigener Aktien im Rahmen eines Deportgeschäfts statthaft sei, hat überwiegend Ablehnung erfahren. Sie findet auch im Gesetz keine Stütze.

3. Der Einwand der Beklagten, das Abkommen vom 12. April 1933 verstoße, soweit es den Anspruch der Klägerin auf Rückübertragung der Aktien betreffe, gegen § 65 AktG. und sei deshalb nichtig, könnte nur Erfolg haben, wenn die Klägerin von der Thega, um deren Aktien es sich handelt, abhängig wäre. . . . Das Berufungsgericht hält im Gegensatze zum Landgericht das Bestehen eines Abhängigkeitsverhältnisses zwischen Thega als herrschender und der Klägerin als ihr untergeordneter Gesellschaft nicht für erwiesen. Es ist der Meinung, daß sich ein beherrschender Einfluß der Thega weder aus ihrer kapital- und stimmenmäßigen Beteiligung an der Klägerin noch aus der teilweise bestehenden *Gemeinsamkeit der beiderseitigen* Verwaltungsträger noch auch aus einem Zusammenwirken beider Merkmale herleiten lasse und daß es auch sonst an Umständen fehle, aus denen eine, wenn auch nur mittelbare Abhängigkeit gefolgert werden könne. Dem ist beizutreten. Die Angriffe, mit denen die Revision diese Auffassung bekämpft, greifen nicht durch.

Der Begriff der Abhängigkeit zweier Gesellschaften voneinander ist schon in § 226 Abs. 4 HGB. im Zusammenhange mit dem dort ausgesprochenen Verbote des Erwerbs, der Inpfandnahme oder der Zeichnung von Aktien der herrschenden Gesellschaft durch die abhängige Gesellschaft dahin umrissen worden, daß eine Handelsgesellschaft als von einer Aktiengesellschaft oder Kommanditgesellschaft auf Aktien abhängig zu gelten habe, wenn sie auf Grund von Beteiligungen oder in sonstiger Weise unmittelbar oder mittelbar unter deren beherrschendem Einfluß stehe. Diese Begriffsbestimmung hat das Aktiengesetz in § 15 Abs. 2 unter erweiterter Anwendung auf rechtlich selbständige Unternehmen überhaupt übernommen und in Beziehung zu dem in Abs. 1 daselbst behandelten Begriffe des Konzerns und des Konzernunternehmens gebracht. Auch danach ist für das Bestehen eines Abhängigkeitsverhältnisses entscheidend, daß das herrschende Unternehmen über Mittel verfügt, die es ihm ermöglichen, das abhängige Unternehmen seinem Willen zu unterwerfen und diesen bei ihm durchzusetzen. Welche Mittel es hierzu befähigen, ist ohne Belang. Neben rechtlichen Gestaltungen, die einen beherrschenden Einfluß gewährleisten, können es auch tatsächliche Gegebenheiten sein, die einem Unternehmen das Übergewicht über ein anderes verleihen. Nur darf es sich dabei nicht lediglich um zufällige Entwicklungen und Ereignisse handeln, die einem Unternehmen im einzelnen Falle zwar dazu verhelfen mögen, seinen Willen zur Geltung zu bringen, die sich aber wegen ihrer Abhängigkeit von der jeweiligen Sachlage einer voraussehenden Lenkung entziehen und deshalb keinen Herrschaftsanspruch begründen. Von einem Abhängigkeitsverhältnis kann auch nur dann gesprochen werden, wenn das Unternehmen selbst imstande ist, beherrschenden Einfluß auf das andere Unternehmen auszuüben. Das ist nicht der Fall, wenn es zur Durchsetzung seines Willens auf eine Mitwirkung Dritter angewiesen ist, auf die es nicht mit Bestimmtheit rechnen kann.

Die Ansicht des Berufungsgerichts, es fehle an ausreichenden Merkmalen für das Bestehen eines Abhängigkeitsverhältnisses zwischen der Thega und der Klägerin, erweist sich hiernach als zutreffend....

4. Das Berufungsgericht hält auch die bei der Thega und der Klägerin bestehende Einheitlichkeit der leitenden Persönlichkeiten nicht für ausreichend, um die Annahme eines Abhängigkeitsverhältnisses zu rechtfertigen. Es verkennt nicht, daß auch hierin ein Mittel gegeben sein könnte, das geeignet wäre, die Möglichkeit einer Beherrschung der Klägerin durch die Thega zu begünstigen, besonders in Anbetracht der bevorzugten Stellung, die der Generaldirektor L. als Vorsitzer im Vorstande beider Unternehmungen genieße. Nach seiner Meinung könnte aber auch eine einheitliche Leitung nur dann zu einer Herrschaft der Thega über die Klägerin führen, wenn sie bereits durch ein hierauf abzielendes dauerndes Zusammenwirken der Großaktionäre der Thega getragen würde und so zur Verstärkung der schon auf andere Weise gesicherten Beherrschung beitrüge. Das sei, so führt das Berufungsgericht aus, nicht der Fall, da mehr als die bloße Möglichkeit eines solchen Zusammenwirkens nicht dargetan sei und der Beweis, daß es dazu für die Dauer kommen werde, fehle. Durch die einheitliche Leitung werde nur die wirtschaftliche Verflechtung der beiden Unternehmungen offenbar, die ihrem Zweck entsprechend einer ersprießlichen Zusammenarbeit förderlich sein werde, aber nicht notwendig zur Beherrschung des einen Unternehmens durch das andere führe.

Die Revision verweist demgegenüber auf ihr Vorbringen, daß ein Zusammenwirken zwischen den Großaktionären der Thega in der vom Berufungsgericht für erforderlich erachteten Weise tatsächlich stattfinde und damit eine Beherrschung der Klägerin durch die Thega — mindestens in Verbindung mit dem in beiden Unternehmungen maßgebenden Einfluß ihres Generaldirektors — vorliege. Sie knüpft damit an ihre Ausführungen an, mit denen sie darlegen will, daß schon der bestimmende Einfluß der Firma S. & H. AG. sowie der Stadt A. auf die Willensbildung der Thega, der in ihrem ständigen Zusammengehen in deren Angelegenheiten zutage trete, genüge, um eine Abhängigkeit der Klägerin von der Thega zu begründen. Die Revision kann hiermit schon deshalb keinen Erfolg haben, weil, wie oben dargetan, ein Herrschaftsverhältnis der Thega über die Klägerin aus dem bloßen Zusammengehen der beiden Großaktionäre nicht hergeleitet werden kann, es hierzu vielmehr des Nachweises bedürfte, daß die S. & H. AG. kraft rechtlicher oder tatsächlicher Gegebenheiten imstande sei, die Willensbildung der Thega nach ihren Wünschen zu gestalten. Da es hieran fehlt, kann dem Berufungsgericht nicht entgegengetreten werden, wenn es der einheitlichen Leitung der beiden Unternehmen, soweit eine solche vorhanden ist, keine entscheidende Bedeutung für das Bestehen eines Abhängigkeitsverhältnisses beilegt....

RGZ. 167, 151.

1. Wieweit geht das Auskunftsrecht des Aktionärs und wie ist in der Hauptversammlung Auskunft zu erteilen? Unter welchen Voraussetzungen kann ein Beschluß der Hauptversammlung wegen ungenügender Auskunfterteilung angefochten werden?

2. Welche Bedeutung hat ein im Anschluß an die Jahresabrechnung der Aktiengesellschaft ergangener Entlastungsbeschluß?

AktG. § 84 Abs. 4, §§ 104, 112, 132, 197.

II. Zivilsenat. Urt. v. 12. Juni 1941.

I. Landgericht Dortmund. — II. Oberlandesgericht Hamm.

Der Kläger ist seit Jahren Aktionär der Beklagten. Er besizt Aktien im Nennwerte von 320 000 RM. Das Grundkapital der Gesellschaft beträgt 6 370 000 RM. Am 19. Februar 1940 fand die ordentliche Hauptversammlung der Beklagten für deren 50. Geschäftsjahr 1938/39 statt, das mit dem 30. September 1939 abgelaufen war. Auf der Tagesordnung stand u. a. 1. Vorlegung des Jahresabschlusses für das Geschäftsjahr 1938/39 mit dem Berichte des Vorstandes und des Aufsichtsrats, 2. Beschlußfassung über die Verteilung des Reingewinns, 3. Beschlußfassung über die Entlastung des Vorstandes und des Aufsichtsrats. In der Hauptversammlung, die vom Vorsitzer des Aufsichtsrats geleitet wurde, lag der vom Vorstand aufgestellte und von der Deutschen Revisions- und Treuhand-Aktiengesellschaft nachgeprüfte und in Ordnung befundene Jahresabschluß für das Geschäftsjahr 1938/39 nebst dem Geschäftsbericht des Vorstandes und dem Bericht des Aufsichtsrats vor. Der Jahresabschluß wies einen verteilbaren Gewinn von 506 138,17 RM aus; es wurde die gleiche Dividende wie im vorhergehenden Geschäftsjahre vorgeschlagen. Zum ersten Punkte der Tagesordnung stellte der Kläger in der Hauptversammlung mehrere Fragen. Da er sich mit der ihm erteilten Auskunft nicht zufrieden gab, befragte der Vorsitzer die Versammlung, ob die Aufklärung genüge. Das wurde von ihr gegen die Stimmen des Klägers und vier weiterer Aktionäre bejaht. Der Vorsitzer ging hierauf zum zweiten Punkte der Tagesordnung über. Die Gewinnverteilung wurde entsprechend dem Vorschlage des Vorstandes genehmigt, und zwar gegen die Stimmen des Klägers und dreier weiterer Aktionäre. Hierzu heißt es in der Niederschrift: „Diese vier Aktionäre stimmten gegen die vorgeschlagene Gewinnverteilung und verlangten die Ausschüttung einer höheren Dividende". Der Kläger erhob gegen diesen Beschluß Widerspruch zur Niederschrift. In gleicher Weise wurde auch zum dritten Punkte der Tagesordnung die Entlastung des Vorstandes und des Aufsichtsrats beschlossen, und zwar gegen die Stimmen des Klägers und zweier weiterer Aktionäre. Auch gegen diesen Beschluß erhob der Kläger Widerspruch zur Niederschrift.

Er hat dann rechtzeitig Klage erhoben mit dem Antrage, die Beschlüsse der ordentlichen Hauptversammlung der beklagten Aktiengesellschaft vom 19. Februar 1940 für nichtig zu erklären, soweit sie die Beschlußfassung über die Verteilung des Reingewinns und über die Entlastung des Vorstandes und des Aufsichtsrats betreffen. Die Klage ist darauf gestützt, daß die Beschlüsse auf unzureichender Auskunfterteilung über die vom Kläger in der Hauptversammlung gestellten Fragen beruhten. Bei diesen Fragen handelt es sich um zwei Punkte mit folgendem Sachverhalt:

a) Die Beklagte war seit etwa 1931/32 an die Brauerei W. in M., einer offenen Handelsgesellschaft, mit einem Kapitalanteil von 60 v. H. beteiligt; in früheren Jahren waren Verluste von ihrem Kapitalkonto abgeschrieben worden. Außerdem hatte die Beklagte der Brauerei W. größere Darlehnsbeträge gegeben. Ferner war die Beklagte an der G.-Brauerei AG. in G. beteiligt. In der Bilanz der Beklagten zum 30. September 1938 waren die Beteiligten auf der Aktivseite mit einem Betrage von 5 791 127,39 RM, in der Bilanz zum 30. September 1939 mit einem Betrage von 6 198 790,29 RM aufgeführt; dem stand auf der Passivseite in beiden Jahren ein Wertberichtigungsposten von 800 000 RM gegenüber. Im Geschäftsbericht des Geschäftsjahres 1937/38 war angegeben, daß das seinerzeit zum Erwerbe der Beteiligung an der Brauerei W. aufgewandte Kapital sich gut verzinse, im Geschäftsbericht des Geschäftsjahres 1938/39, daß im Geschäftsjahr 1939/40 von den 60 v. H. Kapitalanteil an dieser Brauerei „40 v. H. über pari mit Wirkung ab

1. Oktober 1938 verkauft" worden seien und daß der neue Gesellschafter mit eine Gewähr dafür biete, daß die Bierabsatzinteressen der Beklagten im Münsterlande durch die Brauerei W. in der bisherigen Form gewahrt blieben.

b) Im Jahresabschluß 1937/38 waren in der Gewinn- und Verlustrechnung, wie in den vorhergehenden Jahren, die „sonstigen Aufwendungen" (mit Ausnahme der Aufwendungen für Roh-, Hilfs- und Betriebsstoffe, die entsprechend der bisherigen Vorschrift des § 261c HGB. zu I 7 und II 1 von den Erträgen unmittelbar in Abzug gebracht waren) als besonderer Posten aufgeführt, und zwar mit einem Betrage von 2 172 662,86 RM. *Im Geschäftsbericht war hierzu vermerkt,* daß insoweit von der Befugnis unmittelbarer Saldierung (gemäß § 132 AktG. zu II 1) „im Interesse einer größeren Publizität" kein Gebrauch gemacht worden sei. In der Gewinn- und Verlustrechnung für 1938/39 waren jedoch die „sonstigen Aufwendungen" nicht mehr besonders angegeben, sondern ebenso wie die „Aufwendungen für Roh-, Hilfs- und Betriebsstoffe" unmittelbar vom Jahresertrag abgezogen, wie dies im § 132 AktG. zu II 1 zugelassen ist.

. . .

Das Landgericht hat die Klage abgewiesen. Auf die Berufung des Klägers hat das Oberlandesgericht den Beschluß der Hauptversammlung der Beklagten vom 19. Februar 1940 über die Entlastung des Vorstandes und des Aufsichtsrats (Punkt 3 der Tagesordnung) für nichtig erklärt; im übrigen hat es die Berufung zurückgewiesen. Die Revision der Beklagten blieb ohne Erfolg.

Aus den Gründen:

Im Revisionsverfahren bedarf nur noch der Nachprüfung, ob die Annahme des Berufungsgerichts rechtlich haltbar ist, daß der Beschluß der Hauptversammlung, durch den dem Vorstand und dem Aufsichtsrat für das Geschäftsjahr 1938/39 Entlastung erteilt worden ist, auf Verletzung des Gesetzes beruhe. Die Gesetzesverletzung wird vom Berufungsgericht in der Nichterteilung ausreichender Auskunft auf einige Fragen erblickt, die der Kläger in der Hauptversammlung vom 19. Februar 1940 gestellt hat. Zutreffend geht es hierbei davon aus, daß nach § 112 AktG. jedem Aktionär auf Verlangen in der Hauptversammlung Auskunft über Angelegenheiten der Gesellschaft zu geben ist, die mit dem Gegenstande der Verhandlung im Zusammenhang stehen (§ 112 Abs. 1 Satz 1 AktG.), und daß die Auskunft den Grundsätzen einer gewissenhaften und getreuen Rechenschaft zu entsprechen hat (§ 112 Abs. 2

AktG.). Nach Abs. 3 darf die Auskunft nur so weit verweigert werden, wie überwiegende Belange der Gesellschaft oder eines beteiligten Unternehmens oder der gemeine Nutzen von Volk und Reich es erfordern; ob diese Voraussetzung vorliegt, entscheidet der Vorstand nach pflichtgemäßem Ermessen.

Bei Beurteilung der Rechtslage werden zweckmäßigerweise die Fragen des Klägers zur Angelegenheit W.-Brauerei und über die „sonstigen Aufwendungen" einer getrennten Betrachtung unterzogen, wie dies die Revision ebenfalls tut.

I. 1. . . .

2. Die Beklagte hat ihre Auskunftspflicht in erster Reihe mit der Begründung verneint, die 40 v. H. Anteile an der W.-Brauerei seien erst im Oktober 1939, also nicht in dem bis zum 30. September 1939 laufenden Geschäftsjahre 1938/39 verkauft worden. Diesen Einwand hat das Berufungsgericht zurückgewiesen, indem es sagt, der angegebene Umstand sei für die Auskunftspflicht ohne Bedeutung; maßgebend sei nach § 112 AktG. allein, daß die Angelegenheit mit dem Gegenstande der Verhandlung im Zusammenhange gestanden habe, wie sich aus dem Jahresbericht sowie auch daraus ergebe, daß die Erörterung des Verkaufs in der Hauptversammlung zugelassen worden sei. Darüber, daß die Angelegenheit W.-Brauerei, obwohl der Verkauf der 40 v. H. Anteile erst im Laufe des Geschäftsjahres 1939/40 zum Abschluß gekommen ist, mit dem Gegenstande der Hauptversammlung, die mit dem Jahresabschluß für das Geschätfsjahr 1938/39 befaßt war, nach Lage der Sache zusammenhing und daß insoweit daher die Voraussetzung des § 112 Abs. 1 Satz 1 AktG. gegeben war, kann in der Tat kein Zweifel sein. Die Revision hat hiergegen auch nichts weiter vorgebracht.

3. Auf das dem Vorstande durch § 112 Abs. 3 AktG. gegebene Recht, unter Umständen eine Auskunft zu verweigern, geht das Berufungsgericht nicht näher ein. Es sagt hierzu lediglich, die Beklagte habe sich auf ein Geheimhaltungsrecht nach § 112 Abs. 3 AktG. nicht berufen. Die Revision rügt in dieser Hinsicht Verletzung des § 286 ZPO. Sie verweist auf einen Schriftsatz der Beklagten und führt aus: Dort sei deutlich geltend gemacht, daß eine Entscheidung des Vorstandes im Sinne des § 112 Abs. 3 AktG. zur Frage „Verlust bei W." vorliege; einer näheren Begründung habe das nicht bedurft, zumal da ohne weiteres klar gewesen sei, daß eine nähere Erörterung der Verluste im Interesse weder der Beklagten noch der W. gelegen habe. In der Hauptversammlung habe die Beklagte sich nicht besonders darauf zu berufen brauchen, daß die Voraussetzungen des § 112 Abs. 3 AktG. gegeben

seien; denn die Ablehnung der Auskunfterteilung schließe das Auskunftsrecht ohne weiteres aus, wenn jene Voraussetzungen vorgelegen hätten.

Diese Rüge der Revision ist nicht begründet. Gegenüber der tatsächlichen Feststellung des Berufungsgerichts, daß sich die Beklagte auf ein Geheimhaltungsrecht nach § 112 Abs. 3 AktG. nicht berufen habe, hat die Beklagte keine Tatbestandsberichtigung veranlaßt. Die Feststellung steht auch nicht etwa im Widerspruch zu dem Akteninhalt, auf den das Berufungsgericht im übrigen verweist. In dem von der Revision angeführten Schriftsatze der Beklagten wird nur kurz gesagt: Der Vorstand habe seiner Auskunftspflicht voll genügt; weitere Einzelheiten hätten nach seinem pflichtmäßigen Ermessen zur Zeit nicht mitgeteilt werden können; hieran sei sowohl der Kläger wie auch das Gericht gebunden. Wenn hierbei auch auf eine Stelle bei Schlegelberger-Quassowski AktG., Bem. 9 zu § 112, Bezug genommen wird, wo es heißt: „Soweit der Vorstand die Auskunft aus Gründen des Abs. 3 Satz 1 verweigert hat, ist das Gericht hieran gebunden", so deutet doch der Schriftsatz damit nur ganz versteckt einen Hinweis auf den Abs. 3 des § 112 AktG. an, ohne auch nur mit einem Worte zu behaupten, geschweige denn zu erläutern, daß und inwiefern dessen Vorausetzungen vorlägen. Angesichts der obigen Feststellung des Berufungsgerichts muß deshalb angenommen werden, daß dieses in der mündlichen Verhandlung klargestellt hat, die Beklagte wolle einen Einwand aus § 112 Abs. 3 AktG. nicht erheben, wie es dies bei Erörterung der Auskunft zur Frage nach den „sonstigen Aufwendungen" auch noch einmal ausdrücklich hervorhebt. Unter diesen Umständen kann dahingestellt bleiben, ob es nicht überhaupt Sache des Vorstandes gewesen wäre, bereits in der Hauptversammlung in irgendeiner Weise auf sein Auskunftsverweigerungsrecht nach § 112 Abs. 3 AktG. hinzuweisen, wenn er davon Gebrauch machen wollte. Im vorliegenden Falle hat der Vorstand jedenfalls nichts dergleichen getan. Die Auskünfte sind, ausweislich der Niederschrift über den Verlauf der Hauptversammlung, ausschließlich vom Vorsitzer des Aufsichtsrats erteilt worden, ohne daß überhaupt erkennbar wäre, daß der Vorstand hierzu in irgendeiner Weise Stellung genommen hätte, obwohl es an sich dessen Aufgabe gewesen wäre, die verlangten Auskünfte zu erteilen (vgl. Schlegelberger-Quassowski AktG. Bem. 3 Abs. 2 zu § 112; W. Schmidt Großkomm. z. AktG. Bem. 2 letzter Absatz zu § 112; Teichmann-Koehler AktG. Bem. 2b zu § 112; von Godin-Wilhelmi AktG. Bem. 6 zu § 112; Ritter AktG. Bem. 3a zu § 112). Soweit der

Vorsitzer des Aufsichtsrats dem Kläger gegenüber den Standpunkt vertrat, daß er ausreichende Auskunft erteilt habe, hat er insbesondere auch nicht etwa den Vorstand, sondern — wie dies nach früherem Recht üblich war, aber jetzt ohne Bedeutung ist — die Hauptversammlung nach ihrem Einverständnis mit dieser Auffassung gefragt; dies läßt eher darauf schließen, daß er auf Verlangen der Hauptversammlung bereit gewesen wäre, weitere Auskunft zu erteilen, daß er also keine grundsätzlichen Bedenken dagegen hatte. Im übrigen hat über die Geltendmachung eines etwaigen Auskunftsverweigerungsrechts nach § 112 Abs. 3 AktG. allein der Vorstand nach pflichtmäßigem Ermessen zu entscheiden.

4. Einen weiteren Einwand gegen die Auskunftspflicht hat die Beklagte daraus hergeleitet, daß der Kläger mit seinen Fragen keine sachliche Aufklärung bezweckt, sondern die Fragen nur gestellt habe, um dem Vorstande Schwierigkeiten zu bereiten und dadurch seine Wahl in den Aufsichtsrat zu erreichen oder um die Bewilligung einer höheren Dividende durch die Hauptversammlung durchzusetzen, was rechtlich unmöglich gewesen sei. Das Berufungsgericht hält diesen Einwand mit Recht für erheblich, da die Auskunftspflicht nur der sachlichen Aufklärung der Aktionäre dienen soll und es deshalb dem Vorstande nicht verwehrt werden kann, die Auskunft auf mißbräuchlich gestellte Fragen zu verweigern. Jedoch liegt der Beklagten in diesem Falle der Beweis dafür ob, daß der Kläger mit seiner Fragestellung ausschließlich andere Zwecke als den der sachlichen Aufklärung, daß er damit insbesondere nur selbstsüchtige Ziele der angegebenen Art verfolgt habe. Diesen Beweis sieht das Berufungsgericht nicht als geführt an....

5. Weitere Voraussetzung für eine erfolgreiche Anfechtung des Entlastungsbeschlusses ist, wie auch das Berufungsgericht nicht verkennt, daß dieser Beschluß bei pflichtmäßiger Auskunfterteilung (des Vorstandes) über die gestellten Fragen möglicherweise nicht gefaßt worden wäre. Jedoch ist es Sache der Beklagten, darzulegen und zu beweisen, daß die etwaige Verletzung der Auskunftspflicht ohne Einfluß auf das Zustandekommen des Entlastungsbeschlusses gewesen ist, daß sie hierfür also nicht ursächlich gewesen sein kann. Das Aktiengesetz bietet, wie auch im Schrifttum allgemein angenommen wird, keinen Anlaß, in dieser Hinsicht von der bisherigen ständigen Rechtsprechung (vgl. RGZ. Bd. 90 S. 206, Bd. 108 S. 322, Bd. 110 S. 194, Bd. 115 S. 350) abzugehen.

a) Gegen die Annahme eines ursächlichen Zusammenhanges hatte die Beklagte in erster Reihe geltend gemacht, der erst im Geschäftsjahr

1939/40 bewirkte Verkauf der 40 v. H. Anteile an der W.-Brauerei habe auf die Bilanz und die Gewinn- und Verlustrechnung und daher auch auf die Erteilung der Entlastung für das Geschäftsjahr 1938/39 keinen Einfluß haben können. Das Berufungsgericht hält dies nicht für stichhaltig, indem es sagt: Obwohl der Verkauf der Anteile erst zu Beginn des Geschäftsjahres 1939/40 zum Abschluß gebracht worden sei, lasse sich die Möglichkeit nicht von der Hand weisen, daß eine ordnungsmäßige Auskunft über die diesbezüglichen Fragen des Klägers ein ungünstiges Licht auf die Geschäftsführung des Vorstandes und des Aufsichtsrats geworfen und dies die Hauptversammlung veranlaßt hätte, die Entlastung zu verweigern, zumal da nach eigener Angabe der Beklagten die Verkaufsverhandlungen sich lange Monate hingezogen hätten und die Wirkung des Verkaufs aus diesem Grunde auf den 1. Oktober 1938 zurückverlegt worden sei. Die Revision hält dem entgegen, daß es für den Entlastungsbeschluß nur auf abgeschlossene Vorgänge aus dem der Beurteilung unterliegenden Geschäftsjahr ankommen könne; daran ändere sich auch dadurch nichts, daß ein erst im neuen Geschäftsjahr zum Abschluß gelangter Vorgang im Geschäftsbericht des vorhergehenden Geschäftsjahres bereits erwähnt werde, ebensowenig dadurch, daß die Wirkung zurückdatiert sei.

Dieser Angriff der Revision ist nicht begründet. Es kommt hierbei nicht darauf an, ob eine etwaige Verweigerung der Entlastung möglicherweise schon auf Grund eines Geschäftsvorganges, der in das neue Geschäftsjahr fällt, berechtigt gewesen wäre, sondern lediglich darauf, ob eine die Geschäftsführung in diesem Punkte belastende Auskunft die Hauptversammlung möglicherweise veranlaßt haben würde, dem Vorstand und Aufsichtsrat die Entlastung zu versagen oder auch nur bis zur Aufklärung auch anderer Punkte hinauszuschieben. Die Entlastung, die nach § 84 Abs. 4 Satz 3 AktG. nicht mehr die Bedeutung eines Verzichts auf Ersatzansprüche haben kann, bringt nichts weiter zum Ausdruck, als die Billigung der Geschäftsführung und das Vertrauen in sie (vgl. RG. II 24/40 vom 23. Oktober 1940 in DR. Ausg. A 1941 S. 508 = HRR. 1941 Nr. 132). Dieses Vertrauen kann aber erschüttert sein, wenn auch nur ein späterer Vorgang Anlaß zu Beanstandungen gibt, insbesondere wenn dieser Vorgang in seinen Vorbereitungshandlungen auf das abgeschlossene Geschäftsjahr zurückgreift; der spätere Vorgang kann auch Anlaß zu weiteren Nachforschungen über Vorgänge des früheren Geschäftsjahres geben. Deshalb hat das Berufungsgericht dem geltend gemachten Gesichtspunkte mit Recht keine Beweiskraft gegen die Möglichkeit eines ursächlichen Zusammenhanges beigemessen.

b) Weiter hatte sich die Beklagte zur Widerlegung dieser Möglichkeit darauf berufen, daß die Hauptversammlung auf Befragen des Vorsitzenden die gegebene Aufklärung für ausreichend erklärt habe und daß sie daher in jedem Falle für die Entlastung gestimmt haben würde. Das Berufungsgericht lehnt auch diesen Einwand ab, indem es sagt, das Einverständnis mit der Verweigerung weiterer Auskünfte lasse noch nicht den Schluß zu, daß die Hauptversammlung auch bei Erteilung weiterer Auskünfte, gleichviel wie diese gelautet haben würden, die Entlastung erteilt hätte. Die Revision bekämpft auch diese Begründung. Sie meint, wenn keine besonderen Anhaltspunkte vorlägen, müsse angenommen werden, daß die Hauptversammlung auf die Auskünfte, wenn sie trotz ihres Verzichts erteilt worden wären, kein Gewicht gelegt hätte. Es ist jedoch denkbar, daß das bisher vorhandene Vertrauen in die Geschäftsführung, das die Hauptversammlung veranlaßt hatte, auf weitere Auskünfte zu verzichten, durch die Erteilung einer wahrheitsgemäßen, aber ein ungünstiges Licht auf die Geschäftsführung werfenden Auskunft erschüttert worden wäre. Deshalb hat das Berufungsgericht mit Recht auch diesem Umstande keine ausschlaggebende Bedeutung beigemessen.

Hiernach würden die den Verkauf der Anteile der Beklagten an der W.-Brauerei betreffenden Vorgänge geeignet sein, die Anfechtungsklage zu rechtfertigen, wenn klargestellt wäre, ob der Kläger die von ihm behaupteten Fragen gestellt hat und ob ihm hierauf eine unzureichende Antwort erteilt worden ist, mit der er sich auch nicht zufrieden gegeben hat. In dieser Hinsicht hätte der Sachverhalt jedoch einer weiteren Aufklärung bedurft, ehe der Anfechtungsklage daraufhin stattgegeben wurde.

II. Einen weiteren, völlig selbständigen Anfechtungsgrund bildet der Vorwurf des Klägers, auch seine Frage nach Art und Höhe der „sonstigen Aufwendungen" sei unzureichend beantwortet worden.

1. Das Berufungsgericht geht mit Recht davon aus, daß gegen die Art der Bilanzierung der Beklagten nach § 132 AktG. zu II 1 (in Abweichung von der früheren Vorschrift des § 261c HGB. zu II 1) nichts einzuwenden sei. Denn dann genügt es, wenn in der Gewinn- und Verlustrechnung der Jahresertrag nach Abzug nicht nur der „Aufwendungen für Roh-, Hilfs- und Betriebsstoffe", sondern auch der „sonstigen Aufwendungen", deren gesonderte Angabe nicht ausdrücklich verlangt ist, aufgeführt wird. Diese Milderung in der Offenlegungspflicht der Aufwendungen beruht darauf, daß die Aktiengesellschaft nicht gezwungen werden soll, Wettbewerbsunternehmen einen Einblick

in ihre inneren Betriebsverhältnisse, namentlich Kenntnis von der Höhe ihres Umsatzes zu geben; unter die „sonstigen Aufwendungen" fallen insbesondere die Aufwendungen für die gekauften Materialien und die Kosten für die bezogenen Waren (vgl. amtl. Begründung zu § 132 AktG.).

Diese Beschränkung der gesetzlichen Offenlegungspflicht hat aber nicht, wie die Revision meint, zur Folge, daß die Beklagte die Beantwortung einer Frage des Aktionärs nach Art und Höhe der „sonstigen Aufwendungen" ohne weiteres hätte verweigern dürfen. Ein solches Verweigerungsrecht hätte der Vorstand der Beklagten höchstens auf § 112 Abs. 3 AktG. stützen können. Das hat er aber gerade nicht getan. Das Berufungsgericht stellt vielmehr ausdrücklich fest, die Beklagte habe in der mündlichen Verhandlung erklärt, sie wolle das Vorliegen eines Interesses an der Geheimhaltung der Art und Höhe der einzelnen Posten nicht geltend machen. Die Annahme des Berufungsgerichts, die Beklagte sei unter diesen Umständen auf Befragen des Klägers grundsätzlich verpflichtet gewesen, die Art und die Höhe ihrer „sonstigen Aufwendungen" mitzuteilen, unterliegt daher keinen rechtlichen Bedenken.

2. Die Beklagte hat behauptet, auf die Frage des Klägers, welcher Art und wie hoch die sonstigen Aufwendungen gewesen seien, habe der Vorsitzende geantwortet, für „Reparaturen und Wiederherstellungskosten im Zuge der Reorganisation des Geschäfts" seien Aufwendungen über „Unkosten" verbucht worden, die auch nach Ansicht des Wirtschaftsprüfers nicht aktiviert zu werden brauchten; der Posten „sonstige Unkosten" setze sich aus 300 Konten zusammen, die aus technischen Gründen nicht im einzelnen angegeben werden könnten; der Kläger möge die erforderlichen Unterlagen später einsehen. Das Berufungsgericht unterstellt diese Behauptung der Beklagten als richtig und sagt hierzu: Der Kläger habe ein Recht auf Auskunfterteilung in der Hauptversammlung gehabt; die Beklagte habe ihn daher nicht darauf verweisen dürfen, daß er die Unterlagen später einsehen möge. . . .

Die Revision macht hiergegen folgendes geltend: Das Berufungsgericht nehme zu Unrecht an, daß die Beklagte auch Auskünfte hätte erteilen müssen, die sie in der Hauptversammlung nicht habe geben können, für die sie vielmehr die Unterlagen erst habe herbeischaffen müssen. Die Auskunftpflicht könne sich grundsätzlich nur auf Punkte erstrecken, über die alsbald Auskunft erteilt werden könne. Wenn der Kläger weitergehende Auskunft habe verlangen wollen, hätte er dies vor der Hauptversammlung ankündigen müssen, damit die Beklagte sich darauf hätte einrichten können. Mindestens habe es genügt, daß die Beklagte den Kläger gebeten habe, die erforderlichen Unterlagen einzusehen, zumal da nur diese Einsicht geeignet gewesen sei, ihn weiter zu unterrichten, wie die Beklagte vorgetragen habe.

Auch dieser Revisionsangriff kann keinen Erfolg haben. Hervorzuheben ist freilich, daß, wie bereits oben unter I 3 ausgeführt ist, nicht der Vorsitzende der Hauptversammlung, der zugleich Vorsitzender des Aufsichtsrats war, sondern allein der Vorstand die verlangte Auskunft zu erteilen hatte, was das Berufungsgericht nicht klar auseinanderhält. Der Vorstand hätte jedoch einen anderen, z. B. den Prokuristen, mit der Beantwortung der gestellten Fragen beauftragen dürfen, sofern er damit selbst die Verantwortung für die Richtigkeit der geteilten Antwort übernahm. Aber hierauf kommt es im vorliegenden Falle nicht weiter an. Das Berufungsgericht stellt fest, der Vorstand sei infolge der Nähe des Büros in der Lage gewesen, sich die erforderlichen Unterlagen für eine genauere Auskunftserteilung alsbald zu beschaffen; dies sei ihm in einem solchen Fall auch durchaus zuzumuten gewesen. Wenn das Berufungsgericht hieraus folgert, der Vorstand habe nicht alles Erforderliche getan, um seiner Auskunftspflicht nach Möglichkeit zu genügen, so ist dies rechtlich nicht zu beanstanden. Mehr als das den Umständen nach Zumutbare fordert auch das Berufungsgericht nicht, was die Revision zu verkennen scheint. Soweit der Vorstand die Unterlagen für die Auskunfterteilung ohne wesentliche Verzögerung der Hauptversammlung herbeischaffen und daraufhin die verlangte Auskunft erteilen konnte, hätte er dies also auch tun müssen. Insoweit durfte er den Kläger nicht auf eine spätere Einsichtnahme in die Unterlagen verweisen. Daß der Vorstand seiner Pflicht in diesem Umfange voll genügt habe, hat die Beklagte selbst nicht behauptet. Die Frage, ob das, was auf diese Weise hätte mitgeteilt werden können, geeignet gewesen wäre, den Kläger zu befriedigen und ihm ein richtiges Bild über die einzelnen Posten zu geben, läßt sich ohne Kenntnis der hierfür in Betracht kommenden Unterlagen schwerlich beantworten, könnte auch nur für die Frage von Bedeutung sein, ob die Verweigerung weiterer Auskunfterteilung möglicherweise ursächlich für das Zustandekommen des Entlastungsbeschlusses gewesen ist. . . .

Hiernach hat das Berufungsgericht der Anfechtungsklage jedenfalls insofern mit Recht stattgegeben, als sie sich auf die unzureichende Auskunfterteilung über die Fragen des Klägers nach den sonstigen Aufwendungen stützt, so daß es auf die Berechtigung des an erster

Stelle erörterten. Anfechtungsgrundes wegen der vom Kläger zur Angelegenheit der W.-Brauerei gestellten Fragen nicht weiter ankommt.

RGZ. 169, 300.

Kann das Vorstandsmitglied einer Aktiengesellschaft einen Ruhegehaltsanspruch auf die Fürsorgepflicht des Unternehmers und einen innerhalb des Betriebes bestehenden Brauch stützen? Genügt hierfür ein Brauch gegenüber den leitenden Angestellten des Betriebes?

Gesetz zur Ordnung der nationalen Arbeit vom 20. Januar 1934 (RGBl. I S. 45) — AOG. — § 2 Abs. 2, § 3. BGB. § 242.

II. Zivilsenat. Urt. v. 18. Juli 1942.

I. Landgericht Halberstadt. — II. Oberlandesgericht Naumburg.

. . .

Aus den Gründen:

Das Berufungsgericht geht zutreffend davon aus, daß § 2 Abs. 2 AOG., der die Fürsorgepflicht des Betriebsführers gegenüber der Gefolgschaft regelt, . . . auf das Verhältnis der Beklagten zum Kläger unmittelbar keine Anwendung finden kann. Denn der Kläger gehörte nicht der Gefolgschaft des Betriebes der Beklagten an, sondern war als deren Vorstandsmitglied selbst Betriebsführer (§ 3 AOG.), stand also gerade im Gegensatze zur Gefolgschaft. Das schließt allerdings, wie die Revision mit Recht geltend macht, nicht aus, daß auch die Aktiengesellschaft gegenüber ihrem Vorstand eine gewisse Fürsorge- und Treupflicht hat. . . . In diesem Rahmen wäre es durchaus denkbar, aus einem Brauche, der sich in der Regelung dieser Beziehungen herausgebildet hat, z. B. für die Art der Gehaltsgewährung und für gewisse Nebenleistungen, in Verbindung mit der Féürsorgepflicht der Aktiengesellschaft auch Ansprüche von Vorstandsmitgliedern herzuleiten. Insoweit steht nur eine besondere Anwendung des allgemeinen Grundsatzes von Treu und Glauben (§ 242 BGB.) in Frage. Jedoch ist es nicht gerechtfertigt, aus einem Brauche, der sich für die Ruhegehaltsgewährung gegenüber der Gefolgschaft herausgebildet hat, ohne weiteres entsprechende Folgerungen gegenüber den Vorstandsmitgliedern zu ziehen. Freilich liegt die Auffassung nahe, daß, wenn schon Angestellten, insbesondere auch leitenden Angestellten, ein Ruhegehalt gewährt werde, ein solches billigerweise erst recht auch den Vorstandsmitgliedern zustehen müsse, weil bei ihnen die Gewährung eines Ruhegehaltes noch häufiger ist als bei anderen Angestellten. Aber abgesehen hiervon, liegen doch die Verhältnisse bei den Vorstandsmitgliedern insoweit wesentlich anders. Für die „konkrete Ordnung" des Betriebes und daher auch für die Regelung der Voraussetzungen, unter denen Gefolgschaftsmitgliedern ein Ruhegehalt zuzubilligen ist, sind grundsätzlich die Vorstandsmitglieder selbst in ihrer Eigenschaft als Betriebsführer verantwortlich (§ 70 Abs. 1 AktG.); es geht aber nicht an, daß sie aus einem Brauche, den sie oder ihre Amtsvorgänger gegenüber der Gefolgschaft selbst geschaffen haben, Rechte auch für sich herleiten. Die inneren Beziehungen der Vorstandsmitglieder zur Gesellschaft hat allein der Aufsichtsrat zu regeln; dieser kann auch nur an einen Brauch gebunden werden, der unmittelbar von ihm selbst ausgeht. Im übrigen hängen die Voraussetzungen, unter denen Vorstandsmitgliedern Ruhegehälter gewährt werden, auch weit mehr vom Einzelfall ab als bei den Gefolgschaftsmitgliedern; von der Höhe der vereinbarten Gehalts- und sonstigen Bezüge, von den Umständen, unter denen sie das Amt übernehmen, vom Umfang ihrer Tätigkeit, von ihrer Bedürftigkeit und dergleichen. Die Vorstandsmitglieder sind auch kraft ihrer sozialen Stellung in ganz anderem Maß als bloße Gefolgschaftsmitglieder in der Lage, die Bedingungen ihrer Anstellung im voraus vertraglich zu regeln und erwartete Ruhegehaltsansprüche für sich sicherzustellen. Aus allen diesen Gründen lassen sich aus einem Brauche, der sich gegenüber den im Betrieb angestellten Gefolgschaftsmitgliedern herausgebildet hat, keine Folgerungen für entsprechende Ruhegehaltsansprüche der Vorstandsmitglieder ziehen. Daß aber ein entsprechender Brauch auch gegenüber den Vorstandsmitgliedern der Beklagten bestehe, hat der Kläger in keiner Weise dargetan; denn er hat insoweit nur einen obendrein viele Jahre zurückliegenden Fall (B.) anzuführen vermocht, für den es auch an jeder Darlegung der näheren Umstände fehlt. . . .

Da im vorliegenden Fall im Anstellungsvertrage des Klägers unstreitig kein Ruhegehalt vorgesehen ist, ist hiermit bereits dem Klageanspruch die Grundlage entzogen, auf die er in erster Reihe gestützt ist. Aber der Kläger hat auch nichts dargetan, woraus sich unter sonstiger Anwendung der Grundsätze von Treu und Glauben (§ 242 BGB.) ein Ruhegehaltsanspruch für ihn herleiten ließe. Insbesondere kann es hierfür nicht darauf ankommen, ob ihm im Jahre 1938 der damalige Aufsichtsratsvorsitzende R. ein Ruhegehalt in Aussicht gestellt hat, in welcher Weise und in welchem Umfange der Kläger im Betriebe der Beklagten tätig gewesen ist und ob er sich um sie besondere Verdienste erworben hat; jedenfalls reicht das alles nicht aus, um den Anspruch zu begründen. Zur Eingehung einer vertraglichen Verpflichtung gegenüber dem Kläger war R. als Aufsichtsratsvorsitzender nicht befugt, mag er auch die Mehrheit der Aktien der Beklagten besessen haben. Daß er sich hierbei auf einen Beschluß des Aufsichtsrats gestützt habe, hat der Kläger nicht behauptet. . . .

Sachregister

(Die Ziffern bedeuten die Seitenzahlen dieses Bandes)

A

B

D

E

F

G

H

P

R

S

T

U

W

Z

Kolibri 360 GmbH
Ferdinand-Jühlke-Straße 7
99095 Erfurt, Deutschland
produktsicherheit@kolibri360.de